문화심리학 2판

한민 · 이누미야 요시유키 · 심경섭 · 윤상연 · 서신화 공저

Cultural Psychology

학지사

2판 머리말

『문화심리학: 동양인, 서양인, 한국인의 마음』의 1판이 나온 지 벌써 10년이라는 시간이 지났다. 한국인 저자들(일본인을 포함한)이 쓴 최초의 문화심리학 교재라는 자부심으로 출간된 이 책은 여러 대학과 기관에서 교재로 채택되며 한국에 문화심리학의 중요성을 알리는 데 이바지해 왔다. 특히 동양(한국과 일본)의 관점과 한국의 토착심리이론들을 풍부하게 다루고 있는 이 책은 서양에서 출판된 문화심리학 교재들에 아쉬움을 갖고 있던 강사들과 수강생들의 호평을 받았다.

그동안 한국 문화심리학의 행보는 그렇게 희망차지만은 않았다. 국내 단 세 곳이었던 문화심리학 전공은 사실상 문을 닫았고 이제는 대학원의 문화심리학 전공을 지망하는 학생들도 거의 없다. 기존의 문화심리학 전공자 중에서도 대학에서 문화심리학을 연구하는 이들은 찾아보기 힘들다. 아무리 학문에도 유행이 있다고는 하지만 스스로 '멸종위기종'이라 소개할 수밖에 없는 문화심리학자의 현실은 아무래도 씁쓸하다.

역설적이게도, 사회에서의 문화 그리고 문화심리학에 대한 관심은 점점 커지고 있다. 2010년대 후반, 한류 열풍을 중심으로 한국 문화에 대한 관심이 세계적으로 크게 늘었고, 코로나19 팬데믹으로 한국의 문화콘텐츠가 세계에서 인기를 끌면서 그러한 추세는 더욱 확장되고 있다. K-pop과 K-드라마, 영화를 필두로 한식과 한복 등 전반적인 K-culture에 대한 관심은 그 저변의 한국 문화와 한국인으로 옮겨 가고 있다.

한국 문화와 한국인이 궁금한 것은 외국인들뿐만이 아니다. 10여 년 전까지만 해도 내세울 것 하나 없고 그저 스스로 부끄럽기만 했던 한국인들은, 외국인들의 한국 문화에 대한 관심과 사랑에 감동하고 감격하는 한편, 스스로를 바로 알려는 노력도 시작하고 있다. 일부 무분별한 소위 국뽕 콘텐츠들이 눈살을 찌푸리게도 하지만, 한국인들은 이제 과거의 무조건적인 자국 폄하 위주의 시각에서 벗어나 보다 동등하고 공정하게 세계 속에서 스스로의 자리를 찾아가고 있다.

지난 몇 년간 여러 매체와 언론에서 문화심리학적 관점, 특히 한국인 심리 이론에 대한 수요가 많이 있었고, 그러한 과정에서 문화심리학자로서 부끄럽지 않은 설명을 할 수 있었던 데에는 그간의 한국 문화심리학자들의 노력이 집약된 이 책이 있었음을 부정할 수 없다. 따라서 세계가 우리를 이해하고 우리가 자신을 이해할 수 있는 문화심리학 이론서가 앞으로도 필요할 것임을 피부로 느끼고 개정판을 준비하게 되었다.

2판은 기본적으로 1판의 증보확장판이다. 『문화심리학』 2판은 우선 1판의 토대 위에 각 주제들의 기존 연구를 업데이트하였다. 이 책은 크게 3부로 구성되어 있다. 제1부는 문화심리학 자체에 대한 이해이며, 제2부는 비교문화심리학 연구의 소개, 제3부는 한국의 토착문화심리학 이론이다.

제1부 문화심리학의 이해는, 문화 이해의 필요성(제1장), 문화심리학의 기원(제2장), 문화심리학의 연구방법론(제3장)의 3개 장으로 이루어져 있으며, 제2부 문화와 인간은, 문화와 성격(제4장), 문화와 인지(제5장), 문화와 정서(제6장), 문화와 사회(제7장), 문화와 정신건강(제8장), 문화 적응과 다문화주의(제9장), 문화와 범죄(제10장)의 7개 장, 제3부 한국인의 심리는, 한국인의 마음(제11장), 한국인의 자기관(제12장), 한국인의 사회심리(제13장), 한국인의 마음건강(제14장), 유교심리학(제15장), 한국의 범죄 현상(제16장)의 6개 장으로 되어 있다.

1판이 나온 후 짧지 않은 시간이 흐른 만큼 주제별로 새롭게 추가된 연구를 검토하고 종합하여 정리하였다. 특히 최근의 급격하게 진행된 다문화 사회화를 반영하여 제9장(문화 적응과 다문화주의)을 보강하였으며, '범죄'라는 새로운 주제로 2개 장(제10장 문화와 범죄, 제16장 한국의 범죄 현상)을 추가하였다.

대학에서는 전공이 사라졌고 학계에서는 발붙일 곳을 잃었지만 문화심리학이 필요한 곳은 많으며, 앞으로 더욱 많아질 것이다. 지금은 문화의 시대이며 현재 일어나고 있는, 앞으로 일어날 많은 일은 문화에 대한 이해 없이는 도저히 이해할 수 없는 종류의 것이기 때문이다. 이 책은 문화심리학을 배우고 공부하고자 하는 이들에게 여전히 중요한 책으로 자리 잡을 것이다.

이런 중요한 책이 나오기까지 애써 주신 학지사의 김진환 대표님과 김은석 상무님, 박선민 편집자님께 감사의 말씀을 드린다. 개설도 쉽지 않은 비인기 전공의 비인기 도서(?)를 2판까지 출간할 수 있었던 것은 '꼭 필요한 책'을 만든다는 학지사의 철학 덕분이라고밖에 말할 수 없다.

이 자리를 빌려 저자 여러분께도 감사 인사를 전하고 싶다. 각자의 일로 바쁜 와중에 대표 저자로서 원고 독촉까지 하게 되어 면목이 없었다. 때로는 다투고 때로는 토라졌지만 끝내 원고 및 교정까지 신경 써 주셔서 감사드린다. 어디서 무슨 일을 하시건 우리가 같은 뜻을 품고 같은 길을 걸었던 그 기억만큼을 가져가시기를 바란다.

마지막으로, 이 책의 밑거름이 되어 주신 1판의 대표 저자 한성열 교수님께 감사의 말씀을 드린다. 교수님께서는 한국의 스승과 제자 관계에 대해 "한국의 스승들은 제자들이 스승을 뛰어넘기를 바란다."라고 말씀하셨다. 교수님을 비롯한 1세대 문화심리학자들께서 강단에서 제자들을 키워 내시고 한국 문화심리학의 토대를 세우셨다면, 그 제자들인 우리는 문화심리학을 세상에, 그리고 세계에 알려 내는 역할을 맡을 것이다.

그리고 누군가는 학교도 전공도 없는 이 공부를 이어받아 문화심리학의 명맥을 이어 갈 것이다. 그것이 문화가 세대에서 세대로 이어지는 방식이니까.

2025년 9월

대표 저자 멸종위기 1급 토종문화심리학자 한민

1판 머리말

문화심리학을 강의해 온 지도 30여 년이 지났다. 1998년 고려대학교 심리학과 대학원에 우리나라에서는 처음으로 문화심리학 전공 석 · 박사학위 과정을 개설한 후, 드디어 우리나라에서도 문화심리학이 심리학의 한 분야로 인정받게 되었다는 설렘을 가지고 열심히 공부하였다. 하지만 마음 한구석에는 설렘과 함께 부담감을 가지고 있었다.

그것은 일반적인 문화심리학을 소개하는 것뿐만 아니라 한국 문화와 한국인의 심리를 탐구하고 알릴 수 있는 문화심리학 교재가 없는 실정에서 빨리 좋은 교재를 출판하여야 한다는 것이었다.

심리학 개론서를 위시하여 우리나라에서 교재로 쓰이고 있는 거의 모든 심리학 교재는 미국 책을 번역한 것이거나, 한국 학자에 의해 집필되었다고 해도 대부분 넓게는 서양, 좁게는 미국 위주의 심리학 연구를 소개하는 것이었다. 이런 상황에서 한국인의 심리를 제대로 이해하기 위해서는 한국 문화와 이에 기반을 둔 문화와 심리의 관계를 이해하는 심리학이 필요한 것은 당연한 것이었다. 하지만 이와 같은 목표를 이룰 수 있도록 도와주는 동양과 한국 문화에 기반을 둔 심리학 교재는 전무하였다. 물론 한국인에 대한 문화심리학적 연구는 있었지만 문화심리학 전반을 아우르는 개론서는 없었다.

문화심리학에 대한 필자의 관심은 지극히 사적인 경험에서 시작되었다. 1979년 8월 유학생활을 위해 처음 미국 시카고에 도착한 후 첫날부터 소위 문화충격에 빠졌다. 미국 영화를 통해, 그리고 미국 잡지를 통해 어느 정도 미국 문화를 알고 있다고 생각했었지만 실제로 본 미국은 전혀 생각 밖이었다. 모든 것이 너무 낯설고 이해할 수 없었다.

기숙사에 짐을 풀고 첫 번째 맞는 일요일 아침, 사람들에게 물어 근처에 있는 교회를 찾아갔다. 그런데 겉모습은 멀쩡한 교회가 문을 닫은 것이었다. 다시 물어 또 다른 교회를 겨우 찾아갔더니 역시 문을 닫은 것이었다. 그 후 먼저 유학 온 선배에게 물어보았더니 대답이 너무 뜻밖이었다. '8월에는 교인들이 대개 휴가를 가기 때문에 교회도 한 달 동안 방학을 한다'는 것이다. 교회가 방학을 하다니? 그것도 한 달씩이나!

이후 학위를 마치고 귀국할 때까지 크고 작은 문화충격을 계속 경험하였다. 실생활에서뿐만 아니라 연구주제나 결과에 대한 해석도 좀처럼 이해가 되지 않는 것이 많이 있었다. 다행히 필자가 수학한 시카고대학교 대학원 심리학과에는 문화심리학을 강조하는 전통이 있었기 때문에 학문적으로 문화와 심리의 관계를 공부하면서 문화적 차이와 미국인들의 행동을 차츰 이해할 수 있었다.

그 후 귀국하여 대학교에서 심리학을 공부하고 가르치면서 문화의 중요성을 강조하였다. 하지만 대부분의 사람은 '보편성을 기본으로 하는 과학적 심리학에서 문화가 무엇이 중요한가?'라는 의외의 반응을 보였다. 더 노골적으로는 '너는 심리학자냐?'라는 학문적 정체성을 의심하는 질문까지 받았다.

거의 30여 년이 지난 지금, 세계 심리학계는 물론 한국의 거의 모든 심리학자가, 비록 자신의 연구에서는 문화를 중요하게 다루지 않을지라도, 사람의 행동을 이해하는 데 문화가 중요하다고 말할 정도로 문화의 중요성을 인정하기에 이르렀다. 이제는 한국인의 심리를 이해하기 위해서는 한국 문화를 알아야 한다는 점에 이의를 제기할 학자는 없으리라. 이런 상황에서 비록 부족한 점이 많이 있지만 서양의 문화에서 배태된 문화심리학뿐만 아니라 동양 문화 그리고 한국 문화에 바탕을 둔 문화심리학 교재를 출판하는 것에 대해 두렵지만 한편으로는 큰 기쁨을 느낀다.

이 교재는 몇 가지 특징을 가지고 있다. 첫째는 '문화'라는 개념이 사회과학, 특히 인류학에서 어떤 과정을 거쳐 중요한 변인이 되었는지를 살펴보았다. 더불어 '문화'와 '심리'가 어떤 필요성에 의해, 그리고 어떤 과정을 거쳐 문화심리학이라는 학문 분야가 생겨났는지 살펴보았다. 둘째는 서양의 문화심리학을 소개함과 동시에 동양, 특히 일본과 한국의 문화심리학을 소개하였다. 이는 서양에 치우친 심리학적 연구의 균형과 조화를 이루려는 학문적 노력의 일환이다. 셋째는 오랫동안 한국 문화와 한국 사람들의 삶에 큰 영향을 끼쳐 온 유교를 심리학적으로 연구한 노력들을 소개하였다.

이러한 특징을 가진 책을 출판할 수 있기까지 무엇보다 먼저 함께 이 책을 집필한 젊은 문화심리학자들에게 그들의 선생으로 그리고 동료로서 고마운 마음을 전한다. 한국적 심리학에 관심을 가지고 연구하고 있는 한민 교수, 멀리 이국땅으로 유학 와서 지금까지 한 · 일 비교문화심리학을 연구하고 있는 이누미야 요시유키 교수, 그리고 대학원에서 유학을 전공하고 다시 심리학에 입문하여 유학심리학을 연구하는 심경섭 박사에게 깊은 감사를 드린다. 이들이 없었다면 이 책이 동양심리학과 유학심리학을 아우르는 내용으로 출판될 수 없었을 것이다.

모든 저자가 공통적으로 경험하는 것이겠지만, 이 책을 세상에 내놓으면서 즐거움도 있다. 하지만 그 즐거움보다는 더 완성된 내용이었으면 좋았을 것이라는 아쉬움과 저자들의 능력의 한계를 절실히 느끼는 아픔이 더 크다. 그리고 부족한 책을 세상에 내놓는 미안함마저 느낀다.

하지만 이 책은 문화심리학에 대한 마지막 책이 아니라 이제 한국 심리학자에 의해 집필된 문화심리학 교재의 시작일 뿐이라는 사실에 스스로 위안을 삼는다. 이 책을 기반으로 더욱더 알찬 문화심리학 교재가 계속 출판되기를 기대한다.

끝으로 오랜 기간 동안 기다려 주시고 기꺼이 출판해 주신 학지사의 김진환 사장님과 편집자 여러분에게 감사의 말씀을 전한다. 그리고 이 책이 나올 수 있도록 같이 공부하고 좋은 연구와 조언을 해 준 고려대학교 심리학과 대학원 문화심리학 전공 학생들에게 감사를 드린다. 그들이 없었다면 이 책도 출판될 수 없었을 것이다.

2015년 3월

저자 대표 한성열

차례

제2장 문화심리학의 기원 · 50

제3장 문화심리학의 연구방법론 · 80

제2부 문화와 인간

제3부 한국인의 심리

제11장 한국인의 마음 • 332

제12장 한국인의 자기관 • 364

제1부

문화심리학의 이해

제1장

문화 이해의 필요성

우리가 살고 있는 세상은 과거 우리의 선조들이 살아왔던 세상과는 질적으로 다르다. 1873년 쥘 베른이 소설『80일 간의 세계일주』를 발표할 때에만 해도 세계를 일주하는 데 80일이라는 시간이 필요했지만 현재는 지구 반대편까지 가는 데에도 하루 반이면 충분하다. 교통·통신의 발달은 세계를 '지구촌'이라는 마을 단위로 만들어 놓았고 최근의 IT 기술의 발달로 촉진된 SNS(Social Network Service)기반 환경은 전통적인 시공간 개념조차 바꿔 놓고 있다. 이러한 환경에서 고유성을 유지해 왔던 세계 각국의 문화는 빠른 속도로 교류하고 혼합되며 변화하고 있다.

앞으로도 교통과 통신 기술이 더욱 발전할 것으로 기대되는 만큼 문화 교류 및 변화의 속도는 지금보다 훨씬 빨라질 것이다. 어떤 이는 이런 시대에 문화를 이해하는 것이 왜 중요하냐고 반문할 수 있다. 어차피 세계의 문화는 빠른 속도로 하나의 공통적인 문화로 수렴하고 있는 것처럼 보이기 때문이다. 그러나 다른 문화를 만나고 그것들과 섞일수록 자신의 정체성

을 지키며 그것들을 이해해야 할 필요성 또한 커진다. 따라서 지금은 그 어느 때보다 문화 이해의 중요성이 큰 시기라 할 수 있다.

그러나 문화를 이해하는 일은 말처럼 쉽지 않다. 우리는 마치 물고기가 자신이 살고 있는 물에 익숙하듯이 저마다의 문화에 익숙해져 있기 때문이다. 다른 문화를 이해하는 일은 한 곳에만 살던 물고기가 갑자기 전혀 다른 곳의 물을 만나는 것과 같다. 따라서 다른 문화를 이해하기 위해서는 전문적인 훈련과 각고의 노력이 필요하다. 이 장에서는 문화를 이해해야 하는 이유 및 문화의 정의와 속성, 문화에 대한 인식이 변화해 온 과정 등을 차례대로 살펴보도록 할 것이다.

1. 문화 이해의 필요성

Lawrence와 Huntington(2000)은 저서『문화가 중요하다(Culture matters)』의 서문에서 한국과 가나를 비교하며 문화의 중요성을 강조한 바 있다. 1960년대 초, 한국과 가나 두 나라는 세계에서 가장 가난한 나라들이었다. 양국의 1인당 GNP 수준은 비슷했고, 경제구조(1차 · 2차 · 3차 산업의 비율) 역시 유사하였다. 그러나 30년 뒤, 한국은 세계 14위의 경제 규모를 가진 산업 강국으로 발전한 데 반해, 가나는 30년 전의 모습을 크게 벗어나지 못하고 있었다. 저자들은 그 이유를 두 나라의 문화가 다르기 때문이라고 설명한다. 한국인들은 검약, 투자, 근면, 교육, 조직, 기강, 극기 등을 중요한 가치로 생각하는 반면, 가나인들은 이와는 질적으로 다른 가치관을 갖고 있었다는 것이다.

이렇듯, 문화는 우리의 삶을 바꿔 놓을 수 있는 힘을 지닌 것이다. 이처럼 우리가 문화를 보다 잘 이해한다면 급격히 변화하는 환경에 보다 효과적으로 적응하고 삶을 보다 능동적으로 영위해 나갈 수 있을 것이다. 이외에도 우리가 문화를 이해해야 하는 이유들을 정리해 보면 다음과 같다.

1) 세계화 시대

세계화 시대라는 것은 우리가 원하든 원치 않든 세계인들과 함께 살아가야 한다는 것을 의미한다. 세계화 시대는 세계인들이 아름답게 공존해 가는 낭만적인 시대가 될 수도 있지만, 자국의 이익을 위해서라면 어제의 동지도 오늘의 적으로 돌려야 하는 치열한 경쟁의 시대이기도 하다. 세계가 하루가 다르게 가까워지고 있고 국경과 국적의 의미가 퇴색해 가는 것처럼 보여도 그 이면에는 자원과 시장을 사이에 둔 치열한 투쟁이 벌어지고 있다.

이러한 상황에서 세계인들과의 경쟁에서 도태되지 않고 나아가 평화롭게 공존하길 바란다면 우리가 함께 경쟁하고 공존해야 할 대상들을 이해하는 것이 최우선이어야 한다. 예를 들어, 천문학적 액수가 걸린 무역 협상의 현장에서 한쪽은 상대의 숨은 의도와 협상에서의 어법을 잘 이해하고 있지만, 다른 한쪽은 그렇지 못하다면 그 협상의 실익을 어느 쪽이 취할 것인지는 불 보듯 뻔한 일이다. 따라서 우리가 문화를 이해해야 하는 첫째 이유는 세계화라는 이름의 무한 경쟁 앞에서 우리 자신의 실익을 지키기 위해서이다.

2) 문화의 시대

21세기는 또한 문화의 시대이기도 하다. 문화의 시대에 문화란 곧 자원을 의미한다. K–pop과 K–드라마 등 한류가 세계적으로 유행하면서 한류로 인한 문화콘텐츠, 소비재 및 관광 수출액은 18조 4145억 원(141억 6,500만 달러)으로, 2022년 대비 6.91억 달러(≈9,500억 원) 증가한 규모다(한국 국제문화교류진흥원 2023년 통계). 영화나 드라마, 음악 등의 문화상품에는 그 이면에 그러한 콘텐츠가 제작된 나라의 가치관과 정서, 사고방식, 즉 문화가 담겨 있다. 따라서 어떤 나라가 다른 나라의 문화콘텐츠를 소비한다는 말은 곧 그 나라의 문화를 소비한다는 뜻이 된다. 이러한 방식으로 문화는 자원이 되며 문화산업을 위해서라도 문화를 이해하는 것은 중요하다.

그러나 문화의 교류를 우려하는 목소리 역시 크다. 특히 자본과 채널을 독점한 소수 나라의 문화가 여과 없이 다른 나라로 전파될 경우, 그 문화를 받아들이는 나라에서는 가치관 혼란 등의 문화적 갈등이 발생할 소지가 있으며 나아가 문화의 다양성이 사라지고 주류문화로 획일화 또는 종속화될 가능성이 있다. 실제로 중국과 같은 나라에서는 연간 수입되는 한국 드라마의 편수를 제한하고 있으며, 이슬람 문화권에서는 여성의 사회참여를 제한하는 등 문화의 교류가 늘어감에 따라 오히려 사회가 보수화되는 경향도 나타난다.

유네스코는 2005년 '문화다양성 협약'을 채택하여 각국이 문화정책을 수립할 자주권을 보장하고, 문화 교류 과정에서 발생할 수 있는 분쟁을 조정하며, 문화 약소국에 대한 지원을 명시하는 등 국제사회의 문화다양성 유지를 위한 노력 또한 이루어지고 있다.

3) 다문화 시대, 예정된 통일 시대

한국은 또한 대내적으로 빠른 속도로 다문화 시대에 접어들고 있다. 불과 2, 30년 전만 해도 단일민족을 강조하던 한국은 2024년 기준 국내 거주 외국인의 수가 226만 명을 상회할 정도로 급격히 다문화사회로 변모하고 있다. 다문화사회란 우리의 환경이 바뀌는 것이고, 우리의 삶의 모습들이 바뀌는 것을 의미한다. 이러한 다문화사회를 살아가기 위해 우리는 우리와 함께 살아가야 할 사람들을 이해할 필요가 있다. 나아가 그들이 우리와 더불어 바꾸어 갈 환경을 이해하고, 바뀐 삶의 방식에 적응해야 한다.

겉으로 두드러지는 인종 간 갈등은 다문화사회가 맞이할 여러 가지 변화 중 극히 일부에 지나지 않는다. 다문화는 결코 간단한 현상이 아니다. 다문화는 이질적 문화들이 서로 만나는 것이고, 서로 다른 가치들이 부딪치는 현장이다. 이에 대한 해답은 오직 문화를 이해하는 데에서 찾을 수 있다.

또한 한국은 세계 유일의 분단국가로서 언젠가는 도래할 수밖에 없는 통일 시대를 앞두고 있다. 남과 북이 같은 민족이라고는 하지만 분단 후 수십 년 동안 서로 다른 가치와 생활방식의 추구로 이미 많은 부분에서 서로를 이해하기 어려운 실정이 되었다. 독일은 1993년 통일 이후, 아직까지도 분단이 초래한 심리문화적 갈등을 봉합해 나가고 있다. 우리도 통일에 대비하지 않으면 독일보다 더한 어려움을 겪게 될지 모른다.

이러한 시기에 다른 문화에 대한 이해가 없다면, 즉 내가 믿는 것만이 옳은 것이라 생각하고 다른 사람들을 나의 방식대로 바꾸어야겠다고 생각한다면 많은 저항과 위험을 유발할 수 있다. 앞으로 우리가 다양한 민족과 학문, 예술, 종교가 어울려 살아갈 수 있는 방법을 배우지 않는다면 세상을 살아가기가 상당히 어려워질 것이다. 문화에 대한 이해는 이러한 불필요한 비용을 줄이고 다른 이들과 조화롭게 살아갈 수 있는 길을 제시할 것이다.

4) 자기이해와 문화적 정체성

우리가 문화를 이해해야 하는 이유가 외부에만 있는 것은 아니다. 세계화, 문화의 시대에 세계를 무대로 세계인들과 상호작용하는 이들도 많겠지만 대다수의 한국인은 한국에서 살아가고 한국인들을 대상으로 활동할 것이다. 즉, 우리가 우리 자신을 이해하기 위해서도 문화를 이해하는 것은 반드시 필요하다.

계층 갈등, 세대 갈등, 남녀 갈등 등 점점 심화되고 있는 사회적 갈등은 물론이고, 부모자식 간의 갈등과 연인 사이의 다툼조차도 서로 간의 가치와 사고방식, 생활 습관이 달라서 발생하는 것이 대부분이다. 가치와 사고방식, 생활 습관이 의미하는 바가 곧 문화이며, 다시 말해 우리의 삶에서 일어나는 모든 일상사는 문화의 작용인 것이다. 따라서 문화에 대한 이해는 이러한 질문들에 대한 효과적인 답을 제공할 수 있다.

문화 이해가 중요한 또 하나의 이유는 바로 문화적 정체성을 갖기 위해서이다. 어차피 세계가 하나가 되어 가는데 구태여 우리 문화를 알 필요가 있느냐고 생각할 수도 있지만 조금만 더 생각해 보면 바로 그렇기 때문에 우리가 우리 자신을 더 잘 알아야 한다는 것을 알 수 있다. 『손자병법』에 '지피지기면 백전불태(知彼知己 百戰不殆)'라 하였다. 적을 알고 나를 알면 백 번을 싸워도 위태롭지 않다는 뜻이다. 세계화 시대에 알아야 할 것은 남뿐만이 아니다. 세계화 시대에 자신의 문화적 자긍심을 지키며 세계인들과 공존하기 위해서는 우리 자신이 어떤 사람인가부터 알 필요가 있다.

문화다양성 유지를 위한 국제사회의 공조가 이루어질 수 있었던 이유는 문화가 각 나라의 역사문화적 자긍심과 직결되어 있기 때문이다. 그리스의 역사가 헤로도토스(Herodotus)는 문화란 특정 지역의 사람들이 오랜 역사 속에서 발달시켜 온 것으로, 따라서 사람들은 자신의 문화가 가장 뛰어난 것이라 믿는다고 하였다(『historiai』, Herodotus). 아무리 세계가 빠른 속도로 가까워진다고 해도 문화적 거리만큼은 쉽게 좁힐 수 있는 것이 아니다. 가장 많은 문화가 뒤섞여 있는 미국에서조차도 각각의 인종집단(ethnic group)은 미국 문화라는 단일한 문화로 융합되는 것이 아니라 자신들의 문화를 유지하면서 공존하고 있다.

자존감에는 개인 수준의 자존감과 집단 수준의 자존감이 있다. 자신이 속한 공동체에 대한 자긍심은 개인의 자기존중감과 유사한 역할을 한다. 기존의 연구들에 따르면, 자기존중감이 낮은 사람은 정신건강 및 심리사회적 적응에서 부정적 지표를 보인다. 자문화에 대한 건강한 문화적 정체성을 가진 사람이 높은 문화적 자긍심을 유지하면서 세계인들과 자주적으로 상호작용하면서 그들과 공존해 나갈 가능성이 그렇지 않은 경우보다 훨씬 높을 것이다.

물론 문화적 정체성을 갖는 데에는 적절한 자기객관화 역시 필요하다. 자문화에 대한 객관적 시각을 갖추지 못하면 국수주의와 같은 편협한 사고로 이어지게 된다. 우리가 문화를 이해해야 하는 또 다른 이유는 바로 우리 문화에 대한 자기 객관화를 이루어 올바른 문화적 정체성을 갖기 위함이다. 그것이 세계화 시대를 살아나가는 생존의 전략이다. 올바른 문화 정체성을 갖고 다른 문화들을 접하면서 다양한 삶의 방식이 있다는 것을 인정하고, 그것들을 이해함으로써 궁극적으로 진정한 인간의 삶에 대한 이해에 도달할 수 있을 것이다.

2. 문화란 무엇인가

사람들은 '문화'라는 단어를 매우 다양한 방식으로 사용한다. 문화는 행위나 행동을 기술하거나 한 집단의 유산이나 전통을 지칭할 때, 집단의 조직을 정의하거나 집단의 기원을 지칭하는 경우 등에서 사용된다(Berry et al., 1992). 또한 문화라는 말은 의식주나 경제, 개인과 가족의 활동, 복지와 종교, 삶의 주기 등에 대한 보편적 특성을 지칭할 때 쓰인다. 즉, 문화는 우리 삶이 이루어지는 광범위한 영역을 기술하고 설명하는 데 사용되는 개념인 것이다.

1) 문화의 기원

문화가 비롯되는 최소 조건은 어떠한 생태적 환경과 거기서 사는 사람들일 것이다. 사람들은 주어진 환경에 적응하여 살아남기 위해 다양한 생활방식과 가치관을 발달시키는데, 그것이 문화의 다양성과 다면성을 낳는 직접적인 원인이 된다.

(1) 생태계

사람들은 특정 생태계에 존재하는 집단에서 살아가며, 그들이 살고 있는 장소의 유형은 그들의 생활방식에 중대한 영향을 미친다. 문화에 영향을 미치는 생태계의 첫 번째 조건은 기후이다. 열대지방에 사는 사람들은 온대나 한대 기후에 사는 사람들과는 상이한 생활방식과 문화를 가지고 있다. 최근의 연구들은 문화에 영향을 미치는 것은 단순히 절대적 기온이 아니라 '온화한 기후로부터의 편차'라는 것을 보여 주고 있다(van de Vliert, 2009).

사람은 체온을 조절해야 하며, 그것은 대략 평균기온 22℃ 정도의 온화한 기후에서 용이하다. 지나치게 춥거나 더운 기후에서 사람들은 체온조절을 비롯한 적응문제에 많은 노력을 기울여야 한다. 거친 기후는 식량 부족과 부패, 질병 등의 위험성을 높이고, 특수한 의복과 주거 형태, 작업 방식을 요구하며, 먹거리의 생산, 저장 및 운송을 위한 특별한 시스템을 발달시킨다. 이 과정에서 사람들이 공유하게 되는 바람직한 행동 및 행위 양식이 나타나게 된다.

문화에 영향을 미치는 또 다른 요인은 인구밀도이다. 인구밀도란 먹거리를 생산하여 인구를 유지할 수 있는 지역의 크기에 대한 사람 수의 비율이다. 어떤 지역은 매우 좁은 공간에서 많은 사람들이 살고, 또 어떤 지역은 매우 넓은 지역에서 적은 사람들이 살아간다. 인구밀도는 식량의 생산 및 분배에 따른 경쟁을 유발하며, 지식 혹은 질병의 전파 속도 양상과도 관련이 있다.

지정학적 위치 또한 문화에 영향을 미친다. 지정학적 위치는 의식주의 종류와 그것들을 얻기 위한 방법을 결정하며, 특히 다른 문화와의 접촉 빈도 및 양상과 관련이 크다. 바다나 산맥은 문화의 교류를 방해하며, 주변에 존재하는 타문화 집단은 자문화의 유지와 관계된 여러 상호작용을 유발한다.

또 다른 요인으로 자원을 들 수 있다. 자원에는 물이나 경작지 등에서부터 생존 및 교역에 필요한 식량 및 광물, 사람들이 천연자원을 가공하여 생산해 낸 직물, 기구류 등의 2차 자원 등이 포함된다. 자원이 부족한 지역에서는 생존을 위해 구성원들 사이의 희생과 협동, 상호의존성 등이 중요한 가치가 될 것이고, 자원이 풍족한 지역에서는 그러할 가능성이 낮을 것이다.

(2) 사람

사람들은 문화를 만들어 내는 주체라 할 수 있다. 문화를 생성하는 사람의 가장 기본적인 특징 두 가지는 첫째, 사회생활(집단)을 한다는 점이고, 둘째, 욕구를 가진 존재라는 점이다. 생존의 가능성을 높이기 위해 사람들은 수십만 년 전에 집단생활을 택했다. 또한 집단은 분업을 가능하게 해 주기 때문에 효율적이다. 분업은 한 사람이 할 수 있는 것보다 더 많은 것을 달성할 수 있게 해 준다.

이러한 이점에도 불구하고 집단생활의 단점은 구성원 사이의 갈등과 혼란의 가능성이 존재한다는 것이다. 집단의 요구는 집단의 유지와 구성원들의 생존에 있으나 집단 구성원 개개인은 저마다의 욕구와 동기를 지닌 존재이기 때문이다. 오랜 시간에 걸쳐 사람들은 집단의 요구와 개인의 욕구를 조절하는 방식을 발전시켜 왔다. 여기에는 신분 질서를 확립하고, 도덕과 법률을 제정하며, 구성원의 의무와 권리를 명확히 하는 등의 일들이 포함된다. 사람의 이러한 특징들은 그가 살고 있는 생태적 환경조건의 영향과 상호작용하여 다양한 형태의 문화를 형성한다.

2) 문화의 정의

'문화의 정의는 문화를 공부하는 학자의 수 만큼이다'라는 이야기가 있을 정도로 문화를 한마디로 정의하기란 어렵다. 문화란 라틴어 'cultus'에 그 어원을 두고 있으며, 이 말은 "밭을 갈아 경작한다."라는 뜻을 가지고 있다. 그러나 이 단어는 앞과 같은 뜻 외에도 "가치를 창조한다."라는 뜻으로 변용되기도 한다. 즉, 문화란 '밭을 경작함'으로 상징되는 인간의 모든 창조활동으로 이해할 수 있다.

그러나 '문화'라는 개념은 다양한 맥락에서 사용되고 있다. 넓게는 '자연'에 대립하는 인간의 모든 활동과 그 산물을 가리키는 말로 사용되기도 하며, 좁게는 인간활동 중에서 경제적 · 정치적 활동과 구분되는 학문이나 예술, 종교활동 및 그 산물을 가리키는 말로도 사용된다.

Williams(1961)는 문화를 가장 까다로운 단어 중 하나로 꼽으면서 그 세 가지 차원을 구분하였다. 첫째, 한 개인이나 집단의 지적 · 정신적 발전을 표현하는 것(예, 지성의 도야), 둘째, 지적 · 예술적 활동의 실천이나 성과를 의미하는 것(예술문화), 그리고 마지막으로 어떤 지역의 주민이나 집단의 특정한 생활양식(인류학적 문화)을 뜻하는 것이다.

이 중 문화심리학에서 다루고 있는 문화는 세 번째 차원의 문화를 말한다. 이러한 관점에 가까운 문화의 의미는 Tyler의 고전적 정의에서 발견할 수 있다.

> 문화란 지식, 신념체계, 예술, 도덕, 법, 그리고 관습을 비롯해 사람들이 사회의 성원으로 살아가면서 획득하는 능력 및 습속을 포함하는 복합적 총체이다(Tylor, 1871).

여기서 우선 주목할 것은 문화란 복합적 총체라는 점이다. 이러한 총체적 문화의 개념은 하부구조로서의 문화와 상부구조로서의 문화를 포괄한다. 하부구조로서의 문화는 물질적인 것으로 구성된 문화로서 환경이나 생태와 인간이 이를 이용하고 적응해 나가는 방식과 기술 등을 포함한다. 반면, 상부구조로서의 문화는 인간이 이루어 낸 정신적인 부분, 즉 사상이나 철학 등을 의미한다. 전자에 초점을 둔 입장을 문화유물론(cultural materialism)이라 하며, 후자는 문화

관념론(cultural idealism)이라 한다. 그러나 문화와 인간 심리의 관계는 상호적인 것으로, 인간은 문화의 영향을 받지만 문화 역시 인간에 의해 생성, 변화하는 만큼 이 두 입장을 배타적으로 이해할 필요는 없다.

Tyler의 정의 외에도 문화에 대한 정의는 많다. 인류학, 사회학, 심리학 등에서 적용되고 있는 문화에 대한 대표적인 정의들을 통해 문화의 성격을 파악해 보자.

- "문화는 환경과 집단, 집단과 집단 사이, 집단 구성원들 사이의 관계에 있어서 구성원 개인의 행동을 특정 짓는 정신적 · 신체적인 반응 및 행위들의 총체이다." (Boas, 1911)
- "문화는 사람들을 결속시켜 주는 것이며, 그들이 공유하고 있는 생각과 표준이다." (Benedict, 1934)
- "문화는 특정 사회에서 공유되고 전승되어 온 학습된 행동들이다." (Linton, 1936)
- "문화는 특정 사회나 하위집단의 학습된 행위이다." (Mead, 1937)
- "문화는 인간이 만든 환경이다." (Herskovits, 1948)
- "문화는 구체적이고 관찰 가능한 활동과 인공물과 그 기저에 있는 상징, 가치 및 의미로 구성되어 있다." (Kroeber & Kluckhohn, 1952)
- "문화는 상징들로 구현되어 있는 역사적으로 전승된 의미 패턴으로서뿐만 아니라 '개념화된 아이디어 구조 혹은 체계' 이다." (Geertz, 1966)
- "문화는 공유하고 있는 인간 학습의 소산으로서 지각, 신념, 가치관, 행동을 결정짓는 표준으로서 이루어진 것이다." (Goodenough, 1971)
- "문화는 특정한 인간 집단이 유지하고, 세대에서 세대로 계승해 온 학습에 의한 의미를 가진 것들의 집합체이다." (Rohner, 1984)

- "문화는 한 사회에서 공유되어 온 인간이 만든 객관적 · 주관적 요소의 집합체이다."
(Triandis, 1989)

- "문화는 의도를 가진 인간들이 구성한 도식이다. 인간과 문화는 의도적인 행위들을 통해 변증법적으로 구성하고 재구성되는 상호의존적 관계에 있다."
(Shweder, 1991)

- "문화는 어떤 집단에 속해 있는 사람들이 공유하고 있는 생활방식을 뜻한다."
(Berry et al., 1992)

이러한 정의들을 종합해 보면 문화는 한 사회 내에서 생산되어 공유되는 생활방식을 비롯한 상징 및 의미 체계를 포괄하며, 학습을 통해 전승되고, 인간의 신념, 가치관, 행동을 통제하는 객관적 · 주관적 환경이라 이해할 수 있을 것이다.

3) 문화의 속성

인류학자들이 비교적 의견의 일치를 보이고 있는 문화의 속성은 문화의 공유성, 학습성 및 축적성, 초유기체성, 총체성, 보편성과 상대성, 가변성의 여섯 가지로 요약할 수 있다(LeVin, 1984). 또한 문화는 외부적으로 드러나는 외재적 문화와 의식 수준에서 인식되지는 않지만 구성원들의 심층적인 동기 등과 관련있는 내재적 문화가 존재한다(Kluckhohn, 1949).

(1) 공유성

문화의 첫 번째이자 가장 중요한 속성은 문화란 공유된다는 사실이다. 한 사회 구성원들의 행위에는 다른 집단의 것과 구별될 만한 어떤 공통적인 경향이 존재한다. 문화란 구성원 개인의 독특한 취향이나 버릇이 아닌, 구성원 간에 공유되는 행위 양식이며, 이를 바탕으로 문화 내 의사소통이 가능해진다. 우리는 사회의 다른 구성원들과 함께 공유하고 있는 언어로 의사소통을 할 수 있고, 특정 상황에서 상대방이 어떻게 행동할 것인지 그리고 그들이 우리로부터 무엇을 기대하고 있는지를 예측할 수 있기 때문에 사회생활이 가능하다.

따라서 문화는 전형성과 대표성을 갖는다. 개인의 행위는 편차가 크기 때문에 어떠한 문화가 존재한다고 해도 그 문화에 동의하지 않는 개인이 존재하기 마련이다. 하지만 일부의 사람들이 공유하지 않는다고 해도 그 행위가 해당 집단 내에서 대다수의 구성원에게 거부감 없이 용인된다면 그 행위는 그 집단의 문화라 할 수 있다. 또한 그러한 행위나 습관이 공유되는 범위에 따라 전반적인 문화현상이 되기도 하고, 특정 집단만 가지고 있는 하위문화가 되기도 한다.

(2) 학습성 및 축적성

두 번째 속성은 문화는 학습된다는 것이다. 먹고, 자고, 배설하는 것과 같이 태어날 때부터 알고 있는 것은 문화가 아니라 본능이다. 인간이 집단을 이루고 살게 되면서 집단 유지에 필요한 여러 가지의 일이 발생하였고, 그에 따르는 가치들이 파생되었을 것이다. 사회가 점점 복잡해지면서 인류는 사회를 유지하기 위해 많은 제도와 규칙, 관습 등을 만들었고, 복잡해진 사회의 유지를 위해 사람들은 후속 세대들에게 그것들을 가르쳐야 했다. 농경사회에서 사람들은 언제, 어떻게 씨를 뿌리고, 김을 매고, 수확을 할지를 배워야 하며, 유목민족의 자녀들은 말을 타고, 양털을 깎고, 소젖을 짜는 법을 배워야 한다.

또한 문화는 학습에 의해 축적되고 또 후대로 전승된다. 만약 한 세대의 문화가 그 다음 세대로 전해지지 않았다면 인간은 매 세대 똑같은 일들을 반복하며 살아가고 있을지 모른다. 최초에 입에서 입으로 전해지던 조상들의 지혜는 종이의 발명으로 축적되기 시작하였고, 일부 선택된 이것들을 통해 이어지던 지식은 인쇄술의 발명을 통해 많은 사람에게 보급될 수 있었다. 그러한 과정을 통해 현재와 같은 기술과 문명의 발전도 가능할 수 있었다.

(3) 초유기체성

문화는 인간의 행동에 영향을 미칠 뿐만 아니라, 행위를 위한 지침(guideline)이 된다. 문화요소로서의 관념, 태도, 감정, 사상 등은 모두 인간의 생물학적인 구조(the biological make-up of man)에 기원한 것이며, 또한 거기에 기초하여 나타났고 유지되고 있다. 즉, 상징 행위를 할 수 있는 인간의 능력과 지능이 아니었다면 문화는 존재할 수 없었을 것이다. 그러나 그런 요소들이 일단 등장하여 하나의 문화 전통으로 정립되고 난 뒤에는 마치 그것이 '비생물학적인 성격'(non-biological in character)의 것인 양 인간과는 독립적으로 존재하면서 영향력을 미치게 된다.

개인은 문화를 가지고 태어나는 것이 아니라, 기존의 문화적인 전통 속에서 태어나는 것이다. 인간(유기체)과 문화 전통이 별개의 차원에 독립적으로 존재하고, 다만 인간은 살아가면서 그런 전통을 접하게 되면서 자신의 생활양식으로 익히게 된다. 생활양식으로서의 문화는 행위자에게 내면화되어 있기 때문에 반드시 유기체 바깥(extraorganismic)에 위치하고 있는 것은 아니지만, 앞에서 논의한 바와 같은 의미에서 문화 전통은 유기체 외적(extrasomatic) 성격을 가지고 있다는 것이다.

(4) 총체성

문화는 각 부분 부분들이 서로 잘 조화를 이루고 통합적으로 연결되어 있다. 그렇기 때문에 문화의 한 부분에 변화가 생기면 겉으로는 상관없어 보이는 다른 부분까지 영향을 받아 변화하거나 수정된다. 예를 들면, 우리나라는 불과 몇십 년 전만 해도 농업이 산업의 70%를 차지하는 농경사회였다. 이후 급격한 산업화 과정을 거치면서 경제구조뿐 아니라 사회 전반에서 커다란 변화가 이어졌다.

경제구조가 농업 중심에서 공업 중심으로, 그리고 3차산업 및 IT 산업 중심으로 변화하였고, 일자리가 있는 도시에 인구가 집중되면서 아파트 등 새로운 주거 문화가 등장하였으며, 새로운 계층의 새로운 욕구를 충족하기 위한 다양한 산업과 문화가 나타났다. 혈연공동체의 집약적 노동을 필요로 하던 농업이 쇠퇴함에 따라 전통적 가족제도가 대가족 중심에서 소가족, 핵가족으로 바뀌었고, 전통적인 가치들도 예전과는 그 의미를 달리하게 되었다.

경제구조의 변화에 따라 새로운 계층과 새로운 삶의 방식, 새로운 가치관, 새로운 갈등의 형태가 나타나게 된 것이다. 이렇듯 문화는 다양한 구조가 서로 총체적으로 얽혀 있다. 문화를 이해할 때는 어떤 한 부분에 초점을 맞추는 것으로는 부족하고, 그 부분이 유기적 관련을 맺고 있는 다른 모든 부분까지 고려해야 한다.

(5) 보편성과 상대성

여러 문화는 보편성, 즉 기본적인 유사성을 가지고 있다. 문화란 결국 인간이 살아가는 모습이기 때문이다. 문화를 막론하고 모든 인간은 먹고, 자고, 배설하고, 짝짓기를 해서 2세를 세상에 남기려 한다. 하지만 그렇다고 모든 인간은 똑같다고 생각할 수는 없다. 즉, 보편성의 정도를 구분해야 한다. 침팬지와 인간이 유전자의 98%를 공유한다고 해서 침팬지와 인간이 보편적 행동 특성을 지닌다고 할 수는 없는 노릇이다.

인간이 여타 동물과 구분되는 가장 큰 특징은 인간이 문화를 가졌다는 점이다. 물론 동물들도 원시적 수준의 문화를 가진다는 연구들이 있지만, 인간처럼 자신들의 행위에 의미를 부여하고 그것을 학습하고 축적하며 후대에 전달하는 동물은 없다.

문화는 인간이 발전시킨 삶의 방식들로, 그 본질적 기능은 같지만 내용은 대단히 다양하다. 예를 들어, 결혼제도를 보면 모든 문화는 사회 구성원들의 결속과 인구의 유지를 위한 결혼제도를 가지고 있다는 보편성을 띤다. 하지만 결혼제도는 문화에 따라 상당한 다양성을 보이는데, 어떤 사회는 일부일처제를, 어떤 사회는 일부다처제를 가지며, 시기와 문화에 따라 다양한 형태의 결혼제도가 존재해 왔다. 고구려의 형사취수제나 유교문화권의 일부일처다첩제, 티벳 산악지역의 형제공동혼 등이 그것이다. 이러한 문화의 다양성에서 문화상대주의 관점이 배태되었다.

(6) 가변성

문화는 변화한다. 사람들은 살아가면서 수많은 문제에 부딪치고 그것들을 해결하고자 다양한 노력을 경주한다. 어떤 사람에 의해 발견된 새로운 지식이 사회생활에 효과적으로 활용될 수 있다는 점이 밝혀지면, 이것은 사회의 다른 구성원들에 의해서 학습되고 전체 사회에 확산된다. 뿐만 아니라 이런 혁신들은 문화의 다른 부분과 상호작용하는 과정에서 연쇄적인 변동을 유발하게 되어 문화의 전체적인 변화를 가져올 수 있다.

또한 외부의 영향에 의해 문화가 변화하는 경우도 있다. 문화가 다른 문화와 장기간 접촉하여 한쪽 또는 양쪽의 문화가 변하는 현상을 문화접변(acculturation)이라고 한다. 문화접변보다 광의의 개념으로 문화전파(culture diffusion)가 있다. 문화전파는 개인적 접촉에서 생기는 것으로서 모든 종류의 문화모방, 문화차용, 문화의 전이 등을 포함하는 개념이다. 또한 문화전파의 개념에는 직접적인 접촉을 하지 않은 상태에서 발생하는 자극전파(stimulus diffusion)도 포함된다.

문화는 사회의 유지체계로 기능하기 때문에 모든 문화는 연속성 및 지속성을 갖는다. 그러나 문화 구성원들의 필요나 외부로부터의 요구에 의해서 문화는 변화한다.

(7) 외재적 문화와 내재적 문화

외재적 문화란 법, 제도 등과 같이 외현적으로 드러나는 현상 같은 것들이고, 내재적 문화는 사람들이 당연하게 받아들이고 있지만 의식적으로 구체화해서 인식하지는 못하고 있는 부분들을 의미한다(Kroeber & Kluckhohn, 1952). 정신역동이론에서의 의식 대 무의식 구분에서 발전된 이론으로 모든 문화에는 외재적인 부분과 내재적인 부분이 있으며, 그중 내재적 부분이 보다 본질적이라는 것이 기본 전제이다. 문화의 외재적 부분들은 내재적 부분과 기타 요인들의 상호작용에 의해 다양한 형태로 변형되어 나타날 수 있다.

예를 들어, 한국의 음주문화는 부정적 측면들을 많이 드러내고 있다. 그러나 과도한 음주를 근절하기 위한 다양한 노력에도 불구하고 한국인들의 술 소비량은 여전하다. 그렇다면 한국인들의 음주 행위에는 겉으로 드러나지 않는 내재적인 이유가 존재한다고 볼 수 있다. 이 부분을 이해하지 못하고 한국인의 음주 행위를 이해하기는 어려울 것이다. 따라서 문화적 현상, 특히 문화와 관련된 인간 행동을 해석할 때는 겉으로 드러난 부분 이면에 있는 내재적이고 본질적인 부분에 더 많은 주의를 기울일 필요가 있다.

3. 문화 인식론의 변천

지금부터는 사람들이 문화를 어떻게 인식해 왔는가를 살펴보도록 하겠다. 문화 인식론은 문화 및 문화와 관련된 내용들을 어떻게 받아들일 것인가에 대한 생각으로 문화와 문화 차이를 설명하는 기본이 된다. 다른 문화를 가진 사람들은 우리와 많은 면에서 다르다. 그러한 다름의 이유를 어디에서 찾느냐에 따라 다른 문화를 어떻게 받아들이고 그 문화를 가진 사람들과 어떤 방식으로 관계를 맺을 것인가가 결정된다.

인류가 다른 문화를 바라보는 관점은 역사적으로 여러 차례에 걸쳐 큰 변화를 겪어 왔다. 우리가 그러한 관점들과 그들이 변화해 온 이유를 이해한다면 문화가 다른 사람들을 어떻게 이해하고 관계를 만들어 가야 하는지 알 수 있을 것이다.

1) 고대(古代)–신화적 이해

사람들이 자기가 살던 곳에서만 계속 살았던 시절에는 다른 문화를 이해할 필요가 없었다. 자신과 다른 모습으로 살아가는 사람들이 있다는 사실 자체를 상상하기 어려웠기 때문이다. 그러던 중 이민족의 침입이나 항해에서의 표류 등의 이유로 다른 문화를 가진 사람들을 만나게

[그림 1–1] 켄타우로스족(좌)과 처용(우)의 얼굴

되었을 때의 충격은 상상을 초월한 것이었다. 사람들은 그들을 자신과 같은 사람이라고는 차마 생각하지 못하고 신적(神的)인 존재 혹은 괴물이라고 여겼다. 고대 신화에 등장하는 이러한 존재들은 다른 지역, 다른 문화에서 온 사람들일 가능성이 크다.

이러한 신화적 존재들은 당시 사람들이 자신과 다른 사람들을 이해하기 위해서 노력했던 결과로, 그 첫 번째 해답은 '그들은 사람이 아니다'라는 것이었다. 예를 들면, 그리스 신화의 반인반마 종족인 켄타우로스는 해양민족이었던 그리스인들이 처음 만난 기마민족의 이미지일지 모른다.

우리나라의 경우에서도 『삼국유사』의 처용설화를 보면, 처용은 '동해 용왕의 아들'로서 신비로운 능력을 가진 것으로 묘사되고 있다. 그런데 문 밖에 붙여 역신의 침입을 막았다는 그림을 바탕으로 만든 처용탈의 모습을 보면 처용의 외모는 아랍문화권의 얼굴과 흡사하다. 당시 이슬람 세계와 신라의 교류가 있었다는 기록을 참조하면(851년 역사학자 술라이만, 966년 지리학자 알마크디시, 1154년 지리학자 알 이드리시 등이 신라에 대한 기록을 남김) 처용은 신라에 이주하여 정착한 아랍인일 가능성이 있다.

2) 중세(中世)-신학적 이해

중세 이후의 문화에 대한 관점은 동양과 서양의 경우가 약간 다르다. 중국인들은 천하의 중심을 자신들이라 생각하고 자신들이 살고 있는 곳을 중국(中國)이라 불렀다. 그리고 타 지역의 사람들은 모두 오랑캐(이민족을 비하하는 말)로 여겼는데, 자신들의 동쪽에 사는 오랑캐는 동이(東夷), 서쪽에 사는 오랑캐는 서융(西戎), 남쪽에 사는 오랑캐는 남만(南蠻), 북쪽에 사는 오랑캐는 북적(北狄)이라 하였다. 이러한 말들에서 중국인들의 세계관을 짐작할 수 있다.

이러한 시각은 비단 중국에만 국한되지 않는다. 우리나라도 문화적 우월감을 바탕으로 서양제국들을 오랑캐라 무시하고 쇄국정책을 펼쳤으며, 일본 역시 1853년 미국 페리 제독이 이끌고 온 군함의 위세에 눌려 개항할 때까지 쇄국을 유지해 왔다. 이렇듯 동양의 역사에서는 비교적 근대에 이르기까지 다른 문화를 이해하기 위한 관점의 변화는 그리 두드러지지 않는다.

반면, 서양은 동양에 비해 상대적으로 타문화와의 접촉이 많았다. 근대 이전, 유럽은 넓지 않은 지역에 많은 집단이 모여 사는 지역이었다. 좁은 지역에서 많은 사람이 경쟁하다 보니 새로운 부와 기회를 찾아 다른 지역에 진출하려는 시도 역시 많아질 수밖에 없었다. 예로부터 로마제국의 확장이나 중세 초기의 십자군 전쟁, 15세기경 지리상의 발견과 대항해 시대로 일컬어지는 초기 식민지 시대, 그리고 19, 20세기의 제국주의시대는 모두 이러한 경쟁의 산물이다. 그 과정에서 서양인들은 다른 문화를 가진 사람들을 많이 접하게 되었다.

(1) 인간이 아닌 존재(Non-human being)

서양인들이 다른 문화의 사람들을 접하고 처음 느낀 인상은 저들을 자신들과 같은 사람이라고 믿기에는 너무나 다르다는 것이었다(Non-human being). 서양인들은 이러한 상황이 당황스러웠고, 이들의 존재에 대한 설명을 할 필요성이 제기되었다.

일단 상대방을 무엇이라 정의하게 되면 그 정의에 의해서 상대방과의 관계가 형성된다. 상대방을 사람이라고 정의 내리는 것과 사람이 아니라고 정의 내리는 것에 따른 관계 양상은 상당히 다를 수밖에 없다. 일단 어떤 존재가 사람이 아니라면 '그것'을 죽이든, 잡아다가 짐승처럼 부리든 문제가 되지 않는다. 이는 우리가 고릴라를 동물원에 집어넣고 구경하는 것에 대해 전혀 죄책감을 느끼지 않는 것과 같다. 그래서 서양인들이 다른 사람들을 '인간이 아닌 존재(Non-human being)'라고 정의 내린 후부터 노예사냥이 시작되고, 그들에 대한 착취가 정당화되기 시작하였다.

물론 고대에도 다른 문화를 가진 이들을 인간이 아닌 존재로 여겼다. 하지만 고대의 문화교류는 교류의 양 자체가 제한되어 있었으므로 타문화를 가진 이들과 '관계'를 맺는 단계까지는 도달하기 어려웠다. 따라서 고대의 이민족들은 단지 '다름'에 초점이 맞추어져 있었으나 시간이 흘러 문화 간 차이가 커지고 교류가 빈번해지면서 다른 문화를 가진 이민족은 점차 미개인을 의미하게 되었다. '다른 언어를 쓰는 사람들'이라는 뜻의 그리스어 barbaroe가 후대로 가면서 '야만인'이라는 뜻을 더하게 된 것이 그 예이다.

(2) 다원발생론(polygenesis theory)

시간이 지남에 따라 그들과 관계를 맺게 되고 점차 상대방을 이해하게 되면서 '이들은 사람이다'라는 결론에 도달하게 되었다. 결정적으로 그들이 사람이라는 것을 인정할 수밖에 없었던 계기는 이민족 노예에서 인간 아이가 태어나는 것을 보게 된 것이다. 따라서 서양인들은 그들이 괴물이나 동물이 아니라 생물학적으로 사람이라는 쪽으로 정의를 바꾸게 되었다.

그러나 다른 문화를 가진 사람들이 자신들과 같은 인간이라고 받아들이기에는 이해가 안 되는 것들이 너무 많았다. 생소한 의식주며 낯선 풍습들…… 그들을 서양인 자신들과 동급의 인간으로 받아들이기에는 거부감이 들 수밖에 없었던 것이다. 여기에서 비롯된 설명이 인간은 단일한 종이 아니라 여러 종이 있을 거라는 생각(polygenesis theory, 다원발생설)이다. 인류의 조상은 하나가 아니라 다양한 조상에서부터 발생되었다는 것이다. 서양인 자신들의 조상과 저 미개한 야만인들의 조상이 같을 리가 없다는 생각이 이러한 이론을 만들어 낸 것이다.

이러한 과정은 간단해 보이지만 대단히 어렵게 발전된 설명체계이다. 중세 유럽인들의 사고를 지배하고 있던 것은 기독교적 세계관이었다. 기독교의 설명에 의하면, 인류는 아담과 이

브라고 하는 최초의 남녀로부터 출발한다. 따라서 중세 유럽인들은 기본적으로 단일발생설(monogenesis theory)을 유지하고 있었다. 그러한 상황에서 인류의 또 다른 기원이 존재한다는 설명체계가 출현했다는 사실은 당대의 사람들이 자신들과 다른 사람들을 같은 인간으로 받아들이는 것을 얼마나 곤혹스러워 했는지를 잘 보여 준다.

(3) 타락설(degeneration theory)

그 이후에 다시 여러 가지 증거가 축적되어 단지 종이 다르다는 설명으로는 더 이상 현실을 이해하는 것이 어려워지자, 그들이 자신들(서양인)과 같은 종이라는 사실까지도 받아들이게 되었다. 그럼에도 그들을 자신들과 완전히 같은 존재로 받아들이기에는 여전히 불편함을 느꼈고, 그래서 등장한 설명이 타락설이다. 다른 문화를 가진 이민족들은 서양인들과 종은 같지만 타락한 인간들이라는 것이다. 이러한 설명의 배경에도 기독교적 세계관의 영향이 존재한다.

사람들은 누구나 죄를 짓고 살아가지만 서양인들은 기독교를 믿음으로써 죄를 씻을 수 있는데, 다른 사람들은 그렇지 못하기 때문에 타락한 상태로 살아가고 있다는 것이다. 즉, 이민족의 다른 가치관, 풍습, 생활습관들은 타락의 증거로 해석된다. 그러므로 타락한 인간들이기 때문에 그들을 노예로 쓰는 것은 문제 될 것이 없다는 식으로 서양인들은 자신들의 행동을 정당화하였다.

당시에는 서구 강국들이 식민지를 만들기 위해 세계 여러 곳으로 많이 진출하던 시기였다(대항해 시대). 이 시기에 타락설은 유럽인들의 행보에 중요한 근거를 제공해 주었다. 세계 곳곳의 타락한 형제자매들을 구원하여 자신들과 같은 상태로 만들어 주어야 한다는 것이다. 이런 사명감을 가진 사람들이 바로 선교사(missionary)들이었다.

사명(mission)을 다하는 사람이라는 뜻인 선교사들은 이민족들에게 기독교를 전파하여 그들을 타락한 상태에서 구원하는 것이 자신들의 사명이라고 생각했기 때문이다. 이런 배경에서 선교사들은 본인들의 의사와는 별개로 서구 제국주의의 첨병 역할을 하게 된다. 스페인 및 포르투갈의 식민지였던 남미 대부분의 나라가 가톨릭을 국교로 하고 있는 것도 같은 이유에서이다. 최근 가톨릭에서는 교황이 과거 식민지 국가들을 찾아가 교회가 저지른 과오를 사과하는 행보를 보여 화제가 되기도 하였다.

3) 근대(近代)–진화론적 관점

현상을 설명하고자 하는 이론들은 당대의 가치와 세계관에 근거했을 때에야 비로소 타당할 수 있다. 단일발생설과 다원발생론 및 타락설은 중세 서양의 기독교적 세계관에서 도출된 설명체계로 시대가 변화함에 따라 이러한 설명의 타당성에도 의문이 생길 수밖에 없었다.

그러한 의문을 촉발한 대표적 사건은 지리상의 발견이다. 그 이전의 사람들은 지구는 평평하기 때문에 그 끝에 가면 낭떠러지가 있어 떨어져 죽는다고 생각했다. 다음의 지도는 당시의 지리에 대한 인식을 잘 보여 준다. 아시아, 유럽, 아프리카의 세 개의 대륙과 그 사이의 T모양의 바다(흑해, 지중해, 홍해), 그것들을 O모양으로 둘러싼 대양을 나타낸 이 지도는 TO 지도라 불리며, 중세의 기독교적 세계관에 근거해 작성된 것이다.

그러나 15세기경, 대항해 시대로 일컬어지는 식민지 경쟁의 산물로 유럽에 알려지지 않았던 세계의 곳곳이 드러나면서 TO 지도로 대변되는 기존의 지리 관념은 대폭 수정되기에 이르렀다. 지구는 평평하지 않고 둥글며, 세계에는 아시아, 유럽, 아프리카 외에도 다른 대륙들이 존재한다는 것을 믿을 수밖에 없는 시대가 열린 것이다. 콜럼버스가 '발견'한 아메리카 대륙을 '신대륙'이라 부르는 이유가 여기에 있다.

종교적 교리에 의해서 영향을 받았던 기존의 세계관이 지속적으로 축적되는 과학적 근거들에 의해 도전 받게 되면서 중세 유럽인들의 사고와 가치를 지배했던 신학적 사고는 차츰 자연과학적 사고에 그 자리를 내어 주게 되었다.

그러한 흐름을 더욱 촉진시켰던 사건은 산업혁명이다. 지리상의 발견은 유럽 여러 나라에게 신대륙의 막대한 부를 안겼고, 그들은 그 부를 바탕으로 더욱 큰 부를 생산하고 소비할 시스템을 구축하였는데, 이것이 산업혁명이다. 산업혁명과 과학의 발전을 통해서 인간이 인간을 바라보는 새로운 틀이 나타나는데, 그것이 바로 진화론(evolutionism)이다.

약육강식, 적자생존의 논리로 생물의 진화를 설명하는 진화론은 인간이 다른 인간을 설명하는 데에도 새로운 설명체계를 제공하였다. '저 사람들은 왜 우리와는 다른 모습으로 살아갈까'

[그림 1-2] 중세의 TO지도(좌)와 세계관(우)

라는 의문에 진화가 덜 되어서 그렇다는 답을 제공한 것이다. 또한 이런 생각들이 전 세계로 뻗어 나가면서 생물학뿐만 아니라 인문학 및 사회과학 등 모든 곳에서 인간이 자기 자신과 이웃과 역사를 바라보는 큰 시각에 변화가 일어났다.

다윈의 생물학적 진화 개념을 문화(혹은 사회)에 적용한 것은 Herbert Spencer이다. 간단히 말해 '사회와 문화는 저차원에서 고차원으로 진화한다'는 Spencer의 문화진화론은 인류학을 비롯한 당대의 사회과학에 많은 영향을 미쳐 20세기 초까지 문화와 사회의 변화를 설명하는 유력한 이론으로 대접받았다(Spencer, 1852, 1857). 이 이론은 문화의 차이를 '인종'에 돌리는 인종론과 함께 제국주의의 강력한 이론적 근거로 활용되기도 하였다.

지리상의 발견 이후 유럽 열강들의 식민지 경쟁은 그 열기를 더해 갔다. 산업혁명 이후 발달한 과학기술과 군사력은 그들로 하여금 더 많은 식민지를 개척하고 효과적으로 관리할 수 있게 해 주었고, 그러한 모습이 하나의 나라가 많은 제후국을 거느린 '제국'과 같다고 하여 이 시기를 제국주의시대라고 한다. 다음은 구한말 한 신문에 실린 문구로 문화진화론과 인종론이 결합한 예를 잘 보여 준다.

> 구라파 사람들은 가죽이 희고 털이 명주실 같이 곱고 얼굴이 분명하게 생겼으며 ……중략…… 황인종은 가죽이 누르고 털이 검고 거세며 이가 밖으로 두드러지게 났으며 흑인종들은 가죽이 검으며 털이 양의 털같이 곱실곱실하다. ……중략…… 백인종은 오늘날 세계 인종 중에 제일 영민하고 부지런하며 담대한, 고로 온 천하각국에 모두 펴져서 하등 인종들을 이긴다.
>
> –제국신문 1900년 5월 26일자

문화진화론은 서구 열강들의 식민지가 된 나라의 사람들을 '덜 진화된 사람들'이라고 정의 내림으로써 식민지 사람들이 자신들의 '도움을 받아' 뒤처진 진화의 과정을 완성해야 한다는 논리를 발전시켰다. 즉, 그들이 식민지가 된 이유는 그들 자신의 능력이 모자라서이고 자신들은 오직 그들이 빨리 '진화하여 인간답게 살도록' 도와줄 뿐이라는 것이다. 피부색은 다르지만 조선을 강제 병합한 일본 제국주의자들의 논리도 이와 동일하다.

(1) 진화론적 사고의 문제

진화론적 사고는 근대 지식체계의 곳곳에 영향을 미쳤다. 그중에서도 심리학은 인문사회과학 계통에서 진화론적 사고를 가장 많이 받아들인 학문이다. 심리학 중에서도 소위 발달이라는 이름이 붙은 분야는 거의가 진화론의 영향을 받았다고 볼 수 있다. 성격발달, 인지발달 등 표현은 발달이지만 발달의 전 단계는 진화가 덜 되었다는 것을, 발달의 후 단계는 진화가 많이 이루어졌다는 것을 의미한다.

문제는 이러한 진화론적 사고가 모든 진화의 가장 상위 위계를 차지하는 것은 서구 유럽 사람들이라는 생각을 은연중에 포함하고 있다는 점이다. 사람들은 자신의 문화가 가장 우수한 것이라는 편향적 사고를 갖기 마련인데, 이를 자민족 중심주의(ethnocentrism)라고 한다(LeVine, & Campbell, 1972). 헤로도토스가 말했듯이, 자민족 중심주의 자체는 어디에나 있을 수 있다. 하지만 이 자민족 중심주의가 제국주의시대의 패권을 차지했던 유럽인들에게서 발현되면서 결국 각기 다른 문화들을 진화론적 위계로 설명하기에 이른 것이다.

진화론적 위계에는 유럽인들의 자민족 중심주의, 즉 유럽 중심주의(Eurocentrism)가 반영되어 있다. 유럽인들은 다른 사람들의 삶의 모습을 자신들과 비교해서 순서를 매겨 나갔는데, 자신들과 비슷할수록 많이 진화한 것이고, 자신들과 많이 다를수록 진화가 덜 된 것으로 이해하였다. 문화의 다양성을 진화의 위계로 나누었다는 것, 그리고 그 진화의 단계를 유럽 중심으로 설정하였다는 것, 이것이 바로 진화론적 사고가 갖는 가장 큰 단점이다.

결혼제도의 예를 들면, 유럽인들은 최소한 법적으로는 일부일처제를 유지하고 있다. 그런데 다른 문화는 일부다처제, 일처다부제 등의 제도를 갖고 있고, 심지어 어느 문화에는 아예 결혼이라는 제도 없이 혼음으로 자손을 번식시키고 있었다. 이들을 진화론적으로 이해하게 되면 일부일처제가 가장 진화된 것이고, 혼음을 하는 사람들이 가장 덜 진화한 것이다. 그리고 혼음을 하는 사람들이 좀 더 진화하면 일처다부제나 일부다처제로 발전할 것이고, 다시 조금 더 진화하면 일부일처제를 갖게 될 것이라는 식의 생각을 가지게 된다.

이러한 사고의 문제는 사람들을 다른 방식으로 이해할 수 있는 가능성을 좁힌다는 데 있다. 예를 들어, 진화론적 시각으로 일부다처제를 하는 사람들을 보게 되면 이 사람들이 뭔가 진화가 덜 되었기 때문에 이런 야만스러운 결혼제도를 갖고 있다는 생각이 들게 마련이다. 몇 명씩의 아내를 두는 남성들은 성욕에 눈이 어두운 짐승으로, 그러한 삶을 당연하게 받아들이는 여성들은 '진정한 여자로서의 삶'을 모르고 살아가는 불쌍한 사람들로 이해하게 되는 것이다. 그러나 결혼제도의 차이는 문화의 차이일 뿐이다.

그러나 진화론적 사고로 문화를 바라보게 되면 진화가 덜 된 열등한 문화에 살고 있는 '불쌍한 사람들'을 도와줘야 한다는 생각으로 발전하게 된다. 문화의 차이란 곧 진화의 차이로 귀결되는데, 진화란 엄청난 시간이 지나야 이루어지는 것이기 때문이다. 그러한 진화의 과정을 지켜보기에는 계속 그렇게 살아가야 하는 사람들이 불쌍하다고 생각하게 된다. 진화한 서양인들의 의무는 진화의 단계에서 뒤처져 불행한 삶을 살고 있는 이들을 빨리 진화시켜 주는 것이다. 『정글북』의 저자이며 노벨문학상을 수상한 Joseph Kipling(1865~1936)이 '야만인을 문명화할 의무를 진 백인'의 우월성을 노래한 시 〈백인들의 무거운 짐〉은 이러한 인식에서 나온 작품이다.

제국주의시대에 새로운 식민지를 개척할 때에는 그곳의 풍습과 문화를 이해하여 식민통치를 쉽게 하기 위한 인류학자(anthropology)들이 먼저 투입되고, 그다음으로 선교사와 교사, 그리고 의사들이 들어가는데, 이들의 목적은 식민지의 전통적 가치관을 신속히 자신들의 것으로 바꾸기 위함이었다. 종교는 사람들의 신념체계이고, 교육은 삶을 유지, 전승하기 위한 체계이며, 의학이란 자연과 사물의 원리에 대한 인식체계라 할 수 있다. 이것들에 의해 식민지의 기존 문화는 말살되고 전통적 가치가 혼란을 초래하는 결과로 이어지게 되었다.

이것은 식민지 역사를 가지고 있는 모든 나라에서 있었던 일이다. 그러나 선교사, 교사, 의사 등은 불쌍한 식민지 사람들을 위해 목숨을 아끼지 않았는데, 그럴 수 있었던 이유 또한 진화론적 사고에 있다. 물론 이들의 노력으로 해당 지역은 발달한 교육과 의료시스템을 비롯한 문명의 혜택을 입은 것이 사실이다. 그러나 그렇다고 해서 제국주의가 식민지 시민들에게 축복이었다고 말하기는 어렵다.

제국주의시대에 식민지였던 많은 나라는 현재에도 여전히 정치, 경제, 문화적으로 자신들을 식민지로 만들었던 나라들에게 종속되어 있다. 열강들의 논리에 따라 위도와 경도로 국경선이 그어진 아프리카와 중동의 여러 나라는 지금도 민족적·종교적 갈등에 시달리고 있으며, 강제로 이식된 유럽식 제도와 문화는 맞지 않는 옷을 입은 것처럼 전통사회와의 융화에 어려움을 겪고 있다. 불안한 정치 상황을 틈탄 군인들의 쿠데타가 이어지며 경제적 종속과 부정부패의 악순환이 계속되고 있다. 이들이 겪고 있는 문제들이 단지 그들의 능력 부족에서 기인한다고 보기는 어렵다.

진화론적 시각은 한국인이 우리 자신을 바라볼 때도 작용하고 있다. 동아시아의 황인종이면서 식민지 역사를 가지고 있는 한국은 근대화 과정을 거치면서 진화론적 가치관을 깊게 내재화

표 1-1 문화진화론의 도식

서구(유럽, 미국)	비서구(그 외 지역, 한국 포함)
선진	후진
중심	주변
정상	비정상
성숙	미성숙
발달	미발달
진보	정체
이성	비이성(감성)
합리	비합리
아름다움	추함

출처: Blaut(1993)에서 내용 추가.

하였다. 즉, '나라를 빼앗긴 이유는 우리가 힘이 없어서이고, 나라를 되찾고 강한 나라가 되기 위해서는 서양의 선진국들을 본받아야 한다'는 논리이다. 이 과정에서 서양 제국들을 정점으로 하는 기존의 진화론적 위계는 당연하게 받아들여졌고, 한국적인 것들은 후진적이고 버려야 할 무엇으로 인식되었다. 이는 세계 여러 나라(문화)에 대한 인식에서 기본적으로 다음과 같은 도식을 따르게 됨을 의미한다.

현재도 진화론적 도식의 영향은 뿌리가 깊다. 우리 주변에서 흔히 볼 수 있는 다른 인종에 대한 이중적인 태도에서 이러한 영향을 쉽게 발견할 수 있다. 그러나 세계가 점점 더 가까워질수록 이러한 방식의 이해는 한계를 지닌다. 첫째, 우리가 우리 자신부터 바로 보기 어렵다. 이미 존재하는 서양의 기준에 빗대어 항상 모자라거나 부족한 우리가 보일 뿐이다. 한국보다 덜 진화한 것으로 여겨지는 다른 나라들에 대해서는 말할 것도 없다. 이러한 상태에서 우리 자신이나 다른 이들을 제대로 이해하고 상호작용하는 것은 불가능하다. 즉, 진화론적 시각은 인간 이해를 가로막는 커다란 장애물로 작용하고 있는 것이다. 따라서 인간을 이해하는, 문화를 바라보는 새로운 시각이 필요하다.

우리의 가치들이 다른 이들의 것보다 옳다는 근거는 무엇인가? 예를 들어, 일부일처제가 일부다처제보다 옳다는 증거는 무엇인가? 나 자신이 일부일처제를 가진 곳에서 태어나서 그것이 옳다고 배워 왔다는 것, 즉 내가 그렇게 문화화(enculturation)되었다는 사실 외에 일부일처제가 옳다는 타당한 이유는 발견하기 어렵다. 사실 전 세계의 문화 중에는 일부일처제보다 일처다부제, 일부다처제를 가진 곳이 훨씬 더 많다. 다만 세계에서 주도권을 가진 나라들이 일부일처제를 채택하고 있기 때문에 그것이 옳다는 가치가 널리 퍼지게 된 것뿐이다. 내가 하고 있는 것이기 때문에 옳다는 생각은 그것이 어디에서 기인한 것이든 배타적이 될 수밖에 없다.

현재도 수없이 많은 전통문화와 외래문화가 충돌하고 있고, 그로 인해 가족 간에 갈등을 겪고 있는 집이 대단히 많다. 대표적으로 외래 종교인 기독교가 조상에 대한 제사를 배타적으로 정의를 내리고 있기 때문에 갈등의 원인이 되고 있다. 제사 지내는 것이 왜 나쁜가? 나쁘다고 보게끔 교육을 배웠기 때문에 그런 것이다. 반면 다른 한쪽에서는 왜 목숨을 걸고 제사를 지내야 하는가? 그건 제사를 지내야 되는 게 당연한 것이라고 생각하게 만드는 교육을 받았기 때문이다. 이것이 문화적 가치이고 신념이며 문화화의 결과이다.

우리는 우리의 가치와 신념이 절대적이라고 생각하기 쉽다. 이는 한국인뿐만 아니라 온 인류에 있어서 공통적이다. 인간이 지구상에 살게 된 이후로 언제나 그래 왔다. 하지만 지금은 그러한 삶의 환경이 바뀌었다. 다른 사람들을 이해하지 못하면 살아갈 수 없는 세상이 되어 버린 것이다. 그렇기 때문에 우리는 다른 방식으로 문화를 바라보아야 한다.

4) 현대(現代)–문화상대주의

문화진화론의 가장 큰 한계는 그것을 지지하는 증거가 불충분하다는 것이다. 다시 말해 진화의 하위단계로 여겨지는 사회가 진화 과정을 거치게 되면 그다음 단계로 진행한다는 근거를 발견하기 힘들다. 따라서 보다 구체적인 증거를 갖고 사회(문화)의 변화를 설명하는 이론이 요구되기에 이르렀다.

새로운 시각은 미국의 인류학에서 비롯되었다. 미국은 나라 안에 다양한 민족과 문화가 있다는 특징 때문에 일찍이 인류학에 관심을 기울였다. 그 대표적인 학자가 Franz Boas이다. 그는 이전까지의 유럽 인류학을 충분한 자료 없이 이론을 구축하는 소위 '안락의자 인류학'이라 비판하며, 다른 문화에서 살아가는 이들의 생생한 모습을 현장에서 보고, 듣고, 체험하고, 기록하는 현장연구(field study) 중심의 인류학을 제창하였다.

이러한 방법으로 아메리칸 인디언에 대한 현장연구들이 많이 수행되었는데, 그 결과 중요한 발견을 하게 되었다. 즉, 밖에서 보면 다 비슷해 보이지만 안에 들어가서 관찰을 해 보니 같은 아메리칸 인디언이라고 하더라도 종족에 따라서 각자 상당히 독특한 문화를 가지고 살아가고 있었다는 것이다.

그 결과, Boas는 "각 문화는 환경과의 관계나 이주 경험, 인접한 타문화로부터의 차용 등 나름의 고유한 역사가 쌓여 형성되는 것이므로 단순히 진화 도식으로는 설명할 수 없다."고 주장하였다. 진화론의 관점에서 벗어나 역사라고 하는 개념으로 문화적 다양성을 설명하고자 한 것이다.

Boas의 이러한 관점을 역사적 특수주의(historical particularism)라고 한다. 여기에는 가치라는 개념이 포함되지 않는다. 좋고 나쁨, 옳고 그름의 가치는 각자가 가지고 있는 역사적인 배경에서만 의미있는 것이기 때문이다. 한국 문화 또한 서양의 어떤 나라의 모습에 도달하기 위한 진화의 한 단계가 아니라 한국의 5천 년 역사 속에서 나름의 의미를 지니고 발전해 온 삶의 방식이다. 역사적 특수주의는 다른 역사와 문화적인 배경을 가지고 있는 사람들은 서로 다른 방식으로 살아가는 것이 당연하다는 인식이다.

역사적 특수주의에 의해 세계의 다양한 문화들이 진화라는 단일선상의 단계 속에서 이해되는 것이 아니라 자신들만의 절차 중에서 발달한 것이라는 생각이 받아들여지게 되었다. 즉, Boas의 역사적 특수주의로부터 문화상대주의의 전제가 등장하게 된 것이다.

그러나 Boas나 Boas의 제자들이 문화상대주의라는 용어를 처음 사용한 것은 아니다. 최초로 문화상대주의를 비중있게 다룬 이는 Melville Herskovits이다. Herskovits에 따르면, 문화상대주의의 원리는 "판단은 경험에서 비롯되며, 경험은 그 사람이 받은 문화화를 바탕으로 해석된다."는 것이다. 문화화(enculturation)는 인간이 자신의 문화를 배워 익숙해지는 과정이다. 즉, 인간은 태어나서 자란 문화를 체화하고 그에 따라 자신의 경험의 의미를 이해하기 때문에 인간의 모든 행위에는 그 사람이 나고 자란 문화가 반영되어 있다는 생각이 문화상대주의의 근본 원리이다. 따라서 문화상대주의는 각 사회가 그 성원의 생활을 이끌기 위해 만들어 낸 가치를 인정하고, 모든 관습에 존재하는 존엄과 자신의 것과는 다른 전통을 관용할 필요성을 강조하는 철학이다(Herskovits, 1948).

5) 오리엔탈리즘

문화를 바라보는 여러 가지 시각 중에 오리엔탈리즘이라는 것을 짚고 넘어갈 필요가 있다. 오리엔탈리즘이란 서구 사회에서 동방(Orient)을 인식하는 방식을 일컫는 말이다(Said, 1977). Said에 따르면, 동양과 서양은 단순한 지리적 실체를 넘어선 관념이다. 오리엔탈리즘은 전문적인 동양연구가들뿐 아니라 서양인의 사유에 광범위하게 영향을 미치고 있다.

이 오리엔탈리즘은 제국주의시대에 구체화되었는데, 서양은 제국주의의 팽창으로 인해 다른 문화들(중동을 비롯한 아시아 전역, 대체로 동양)을 접하면서 그들을 통해 자신들의 정체성을 확립하고자 하였다. 즉, 오리엔탈리즘은 동양의 문화는 신비롭기는 하지만 서양에 비해 덜 발전된 단계에 머물러 있다는 인식으로, 진화론적 시각의 연장이며 변형된 모습의 지배이데올로기이다.

오리엔탈리즘으로 보는 동양은 '야만과 신비'라는 이미지로 요약된다. 구한말 서양의 지식인

[그림 1-3] 영화 〈300〉에서의 크세르크세스 1세와 크세르크세스 1세의 부조

들이 조선을 '조용한 아침의 나라'라고 부른 것, 조선인들에 대한 기록이 '착한 미개인, 동양의 현자'라는 두 범주로 나타나는 것 등이 오리엔탈리즘의 영향이라 할 수 있다. 제국주의시대가 막을 내리고 진화론적 문화 인식이 문화상대주의로 대체되면서 서양이 동양에 덧씌웠던 '야만'이라는 가치는 많이 퇴색되었다고는 하지만, 많은 서양인들의 인식 속에는 여전히 야만스럽고 어딘가 모자란 이미지의 동양이 자리하고 있다.

2007년 개봉하여 큰 인기를 끌었던 영화 〈300〉에는 서양을 대표하는 그리스와 동양을 대표하는 페르시아가 등장한다. 그런데 영화는 페르시아의 왕을 근육질의 흑인으로, 헐벗은 몸에 번쩍번쩍 빛나는 장신구들을 요란하게 착용하고 아무에게나 자신의 힘을 과시하는 '야만스런' 모습으로 묘사하고 있다. 이 왕은 고대 페르시아 아케네메스 왕조의 크세르크세스 1세로, 사실은 앞의 사진과 같은 의관과 의장을 갖춘 당당한 문명국의 지배자였다. 그러나 영화는 동양에 대한 서양의, 악에 대한 선의 위대한 싸움을 보여 주는 데 목적이 있으므로 당대에 있어서 그리스에 못지않은, 오히려 그리스보다 뛰어난 문명을 구가했던 페르시아를 어둡고 야만적인 모습으로 그리고 있는 것이다.

오리엔탈리즘에서 동양은 '동양화된 동양', 즉 서구 사람들이 동양이라고 믿고 싶어 하는 동양의 모습이다. 쉬운 예로, 서양인들은 동양을 떠올릴 때 한국과 일본, 중국을 구분하지 않는다. 아니 구분할 필요를 느끼지 못한다. 그들은 동양에서 자신들에게 없는 낯설고 신비로운 무언가를 찾고 싶어 할 뿐이다. 중력을 무시하고 하늘을 날아다니는 동양의 무술, 세상의 번뇌에서 일거에 탈출할 수 있는 동양의 선(禪)과 명상 등 동양 사람들이 어떤 가치를 가지고 어떻게 살아왔는지는 그들의 관심사가 아니다.

헐리우드 영화에 투사되는 동양은 서양인들의 이러한 오리엔탈리즘에 근거해 구성된 이미지

[그림 1-4] 〈게이샤의 추억〉의 한 장면-게이샤가 된 서양 여인

들에 불과하다. 일본의 '게이샤(藝子)'를 그린 영화 〈게이샤의 추억〉에는 중국 여배우들이 등장하고, 게이샤들은 전혀 일본적이지 않은 춤을 춘다. 심지어 그들이 유창한 영어로 대화를 나눠도 아무도 의아하게 생각하지 않는다.

그들은 신비한 동양 문화를 동경하여 동양의 환상 속으로 직접 뛰어들기도 한다. 그러지 못할 경우라면 영화로라도 대리만족을 얻는다. 예전에는 동양의 무술은 이소룡이나 성룡, 이연걸 등 동양의 배우가 출연하는 영화에서나 볼 수 있었지만, 최근 헐리우드 영화의 서양 주인공들은 자신들이 직접 동양 배우들보다 뛰어난 무술을 구사한다. 기껏 여행자의 낭만 정도로만 동양의 이미지를 소비하던 서양인들은 이제 서구화된 동양의 이미지를 통해 자신들의 욕망을 직접 투사하고 있는 것이다.

오리엔탈리즘의 문제는 첫째, 서양인들이 재구성한 동양 속에는 실제 동양인의 삶은 존재하지 않는다는 점, 둘째, 서양인들에 의해 재구성된 동양의 상을 동양인들 자신이 실제의 자신의 모습으로 착각하고 받아들이게 된다는 점에 있다. 결국 동양과 동양인들은 서양인들의 환상에서뿐만 아니라 동양인들의 삶 속에서도 허구적 이미지로만 존재하게 된다. 결국 동양에 대한 제대로 된 이해는 불가능해지는 것이다.

여기서 파생하는 더욱 중요한 문제는 우리가 우리 자신과 다른 이들을 이해할 때에도 서양과 서양인의 가치가 기준이 되어 간다는 데 있다. 이를테면 미의 기준에 대한 문제가 그렇다. 우리는 한국인들이 '머리가 크고, 눈이 작고, 다리가 짧다'고 생각한다. 그런데 그렇게 생각하는 기준은 어디에서 온 것인가? 한국인들의 머리는 '누구에 비해' 크고, 다리는 '누구에 비해' 짧은가? 그 기준이 되는 것이 서양인의 외모이다. 우리는 이렇게 서양의 눈으로 세계를 보고 서양의 지식으로 공부하며 서양의 문화로 세계를 바라본다.

이외에도 우리가 알고 있는 얼마나 많은 것들이 '서구화'된 것인가를 알아야 할 필요가 있다. 그것들은 우리의 정신에 깊이 뿌리를 내리고 우리가 우리 자신과 이웃들, 그리고 세계를 보는 시각에 영향을 미치고 있다. Said는 이러한 시각을 극복하는 것이 단순히 영토나 통치권의 회복으로 이루어지는 것이 아니며, 세상을 바라보는 지배적인 시각을 바꾸고 제국주의적 가치관을 재현하지 않는 방식으로 현실을 재구성하는 것이라 주장하였다. 그것은 어떠한 논리에서건 '타인을 억압하고 조작하는 것이 아닌, 자유롭고 동등한 입장에서 상이한 문화를 인식하는 것'으로서 문화상대주의로 귀결된다.

6) 문화상대주의의 현재와 미래

문화상대주의는 진화론적 문화관에 대한 반발로 등장하여 현대 인류학 및 문화심리학의 기본적 관점으로 받아들여지고 있다. 진화론이 문화를 단선적 진화 단계에 근거하여 줄 세웠다면, 문화상대주의는 다원주의를 표방한다. 즉, 다양한 모습의 문화들은 진화의 단계에 존재하는 것이 아니라 각기 다른 기원을 가지고 발달한 모습이라는 것이다.

문화상대주의는 이러한 전제 하에 철저히 상대적인 관점에서 타문화를 바라보고자 한다. 하지만 문화상대주의에 대한 비판 역시 존재한다. 남편이 죽으면 그 미망인을 산 채로 화장(火葬)하는 풍습인 사티(Sati, Suttee)나 여성 생식기의 일부를 절제하는 여성할례와 같은 문화도 문화상대주의의 이름으로 존중해야 할 것인가, 일본의 남획으로 멸종위기에 처한 고래들도 일본의 전통 음식 문화이기 때문에 인정할 수밖에 없는가 등이다.

문화상대주의적 관점을 고수하자니 기본적 인권의 보장과 환경보호라는 인류 보편적 가치가 흔들리고, 그러한 가치를 적극적으로 구현하려면 제삼자들이 다른 문화에 개입해야 하는 상황이 발생한다. 이러한 경우에는 어떤 가치에 따라야 하는가?

또 하나의 비판은 다문화사회에 대한 회의에서 출발한다. 제국주의시대를 거치면서, 또 제국주의시대가 종결된 이후에도 식민지 출신의 많은 이민자들이 일자리와 기회를 찾아 본국이었던 서구 여러 나라로 이주하였다. 제2차세계대전 후, 전쟁으로 피폐해진 산업 기반의 복구와 본격화된 산업화로 인해 값싼 노동력이 필요했던 서구 열강들은 처음에는 값싼 노동력이 필요했고, 자국의 식민지 출신 이민자들을 환영하였다. 이러한 흐름에서 이론적 배경이 되어 준 것이 문화상대주의였다. 식민지 출신의 이민자들은 더 이상 노예가 아닌 동등한 지위의 친구로서 서구에 받아들여졌다. 지금 막 다문화사회의 초입에 들어선 한국에서도 미국과 유럽의 이러한 다문화정책을 모델로 삼고 있다.

하지만 그 이후로 수십 년의 세월이 지나 이민자들과 그 자손들의 수가 늘어나면서 유럽 국가들의 시민들과 일자리를 경쟁해야 하는 상황에 이르렀고, 지속적인 이주 인구의 유입은 그러한 상황을 더욱 악화시켰다. 유럽의 경제 상황이 급격히 나빠진 최근 몇 년간, 유럽에서는 문화상대주의와 다문화정책에 의문을 표하는 이들이 증가하고 있다.

다양한 문화가 성공적으로 공존하는 듯 보였던 유럽의 여러 나라에서 반(反) 다문화를 기치로 내세운 시위와 폭동이 이어지고 있다. 프랑스와 독일 등지에서는 이슬람 여성들의 히잡 착용 금지 법안이 통과되었고, 미국에서도 중남미에서 이주한 이민자들에 대한 복지를 줄이자는 목소리가 나오는 등 다문화의 공존을 주장했던 서구에서는 반다문화의 움직임(제노포비아)이 점차 공론화되는 중이다.

서구의 제노포비아는 주류사회가 갖는 이문화 · 이민족 이민자들에 대한 일종의 공포증으로 해석할 수 있다. 주류사회의 구성원들이 식민지 출신의 이민자들과 한정된 자원을 두고 경쟁하게 되면서 상대적 박탈감을 느끼게 되고, 이들에 대한 거부감이 다른 문화, 다른 인종에 대한 적대적 태도로 이어지는 것이다.

주류사회에 대한 다문화인들의 상대적 박탈감도 임계점을 넘었다. 유럽 사회에서 다문화인들은 주류사회에 진출하는 경우도 있지만, 상당수의 다문화인들은 거주, 직업, 문화적 차원에서 차별을 겪고 있다. 2023년 프랑스에서 경찰이 알제리계 청소년을 사살한 사건에서 촉발된 대규모 시위는 다문화인들의 이러한 불만이 표출된 것이다.

우리나라는 빠른 속도로 다문화사회로 이행 중이다. 정착한 다문화 1세대에서 태어난 2세대들이 직업을 갖고 사회에 진출하고 있는 시점에서 서구 사회에서 벌어지고 있는 이러한 현상들을 주목해야 할 필요가 있다. 우리는 이러한 현상을 어떻게 이해해야 할 것인가? 다문화는 우리가 절대적으로 추구해야 할 가치인가?

이미 현실로 다가온 이러한 문제들은 쉽게 대답하기 어려운 것들이다. 그리고 문화상대주의는 이러한 질문들에 만족할 만한 답을 내놓지 못하고 있는 상황이다. 변화하는 현실은 늘 새로운 설명체계를 요구해 왔다. 그것을 찾아내고 현실을 설명할 의무는 문화를 공부하는 우리에게 있다. 이 장에서 살펴본 문화 인식론의 변화 과정은 앞으로의 변화를 예측하고 현실을 이해할 수 있는 보다 적합한 설명체계를 찾는 데 도움이 될 것이다.

제 2 장

문화심리학의 기원

제1장에서는 문화란 무엇이며, 문화를 이해해야 하는 이유들에 대해 알아보고, 문화를 바라보는 관점이 역사적으로 어떻게 변모해 왔는가를 살펴보았다. 이번 장에서는 문화심리학의 기원, 즉 문화가 어떻게 학문적으로 받아들여지고 연구되어 왔는지를 다양한 학문 분야에 대한 접근을 통해 되짚어 볼 것이다. 이를 통해 문화가 심리학의 주제가 되기까지의 과정과 문화심리학이 등장하게 된 배경을 살펴보고자 한다.

문화는 인간이 환경과 상호작용하여 만들어 낸 것들의 총체이다. 따라서 인간 생활의 다양한 부분에 문화의 영향력이 미칠 수밖에 없고, 문화에 대한 연구도 인류학, 사회학, 기호학, 문학, 철학, 심리학 등 다양한 분야에서 이루어져 왔다. 그중에서 문화와 인간 심리(혹은 행동)의 연관성을 다루려는 시도는 특히 인류학과 심리학에서 이루어졌는데, 이것들은 각기 문화심리학(협의)과 비교문화심리학이라는 이름을 갖고 별도로 발전해 왔다. 그 외에도 인도, 필리핀 등 소위 제3세계에서 발전한 토착심리학이라는 접근도 있다.

현재 문화심리학(광의)이라고 일컬어지는 학문은 이러한 세 접근을 통칭하는 것이다. 문화심리학(광의)은 이렇듯 그 기원과 발전 과정에 따라 서로 다른 철학적 배경과 이론, 연구방법론을 가지고 있어 문화와 인간 심리를 연구하고자 하는 이들의 이해가 어려운 실정이다.

이 장에서는 문화심리학의 서로 다른 접근들이 나타나고 발전해 온 과정을 살펴보고자 한다. 어떠한 학문의 역사를 이해하는 것은 중요하다. 역사를 통해 그 학문의 정체성은 물론이고, 해당 학문이 주제를 어떠한 관점에서 바라보고 있는가, 어떤 목표를 가지고 어떠한 방법으로 그것을 달성하려고 하는가를 이해할 수 있기 때문이다.

1. 인류학적 전통에서의 문화심리학

문화에 대한 첫 관심은 인류학에서 시작되었다. 앞 장에서 언급한 것처럼, 서양 세계는 부와 기회를 찾아 세계를 '탐험'하였고 새로운 곳에서 만난 새로운 인간들의 언어와 생활습관, 가치관 등을 이해하기 위해 인류학이라는 학문을 발달시켰다. 중세 기독교적 세계관 속에서는 '타락하고 죄 지은 영혼들'로, 근대 진화론적 세계관에서는 '진화의 낮은 단계에 머물고 있는 이'들로 이해되던 다른 문화를 가진 사람들은 현대 인류학의 발전과 자료의 축적으로 '나름의 타당한 이유에 의해서 독자적 삶의 모습을 가지게 된 사람들'로 받아들여지게 되었다. 특히 문화적 다양성이 각 민족이나 집단의 독특한 역사에서 비롯되었다고 본 학문적 입장을 역사적 특수주의(historical particularism)라고 한다.

역사적 특수주의는 이론을 구축하기보다는 각각의 문화에 가서 자료(raw data)를 수집하자는 데에 그 목적이 있었다. 그래서 각지의 문화에 대한 많은 자료가 축적되었다. 그러나 아무리 자료가 많다고 해도 그것들을 효과적으로 꿰어 낼 수 없다면 그 자료들을 통해 얻어낼 수 있는 것은 단편적인 기술적 정보에 지나지 않을 것이다. 따라서 인류학은 그러한 많은 자료를 분류하고 해석할 수 있는 이론을 만들어 낼 필요에 직면하게 되었다.

그러한 필요에 의해 등장한 것이 구조주의와 기능주의이다. 구조주의와 기능주의의 필요성을 손쉽게 이해할 수 있는 예는 우리의 몸이다. 우리 몸은 근골격계, 소화계, 순환계, 신경계 등의 다양한 구조로 나뉘어 있다. 이런 구조를 이해했다면 당연히 몸에서 특정 구조가 맡은 기능을 알아보아야 한다. 근골격계는 몸의 외형을 유지하고 움직일 수 있게끔 해 주고, 소화계는 음식물을 소화, 흡수시켜서 몸이 움직일 에너지를 만들어 내며, 순환계는 몸에 산소와 영양분을 공급하고, 신경계는 뇌의 명령을 몸의 여러 기관에 전달하고 또 그것들로부터의 정보를 뇌에 전달한다. 우리의 몸은 몸을 구성하는 각각의 구조들이 저마다의 기능을 다하고 있기 때문에 유지될 수 있다. 문화도 대략 이와 같이 이해할 수 있다.

1) 구조주의

우선 구조주의를 먼저 살펴보자. 문화연구에 있어서 구조주의란 문화를 하나의 체계로 보고 그 체계를 이루는 구성요소들 사이의 구조적 관계를 바탕으로 문화를 이해하려는 사조이다. 구조주의는 본질적으로 보편성을 추구한다. 예를 들면, 나무를 위쪽에서만 보면 잎과 가지가 무성하지만 결국 그것들은 하나의 뿌리에서 나온다. 나무의 뿌리가 바로 근본적인 마음 구조라고 할 수 있다. 현대 도시 여성들이 머드팩을 하는 이유와 아마존강 유역의 여성들이 진흙을 바르는 이유는 같다. 더 아름다워지려는 욕구는 문화에 관계없이 보편적이다.

대표적인 구조주의자 Lévi-Strauss는 모든 문화는 역사에 관계없이 근본적인 마음의 구조(fundamental structure of mind)를 가지고 있다고 보고, 환경과의 상호작용을 통해서 다양하게 나타나는 보편적 마음의 구조를 찾아내는 것이 사회과학의 목적이라고 주장하였다(Lévi-Strauss, 1963). 이러한 목표에 동의하는 학문적 경향이 구조주의이다. 이 구조주의가 인지심리학에 적용되면 Piaget의 이론이 되고, 언어학에서는 Chomsky의 주장으로 이어진다.

참고 구조주의 문화분석의 예

Lévi-Strauss의 대표적 문화분석을 통해 구조주의 인류학의 접근법을 이해해 보자. 근친상간의 금지는 거의 모든 문화에서 나타나는 현상, 즉 보편적 구조이다. Mauss는 어느 집단이든지 살아남기 위해 가장 중요한 것으로 결속(solidarity)을 꼽았다. 모든 집단은 생존을 위해 다른 집단과 힘을 합칠 필요가 있다는 것이다. 거기서 호혜성의 원칙, 즉 무언가를 받으면 그에 따른 보답이 있어야 한다는 법칙이 발생하는데 이것이 모든 문화에서 가장 기본적이고 핵심적인 것이라고 보았다(Mauss, 1925).

Lévi-Strauss는 호혜성의 원칙을 통해 근친상간 금기를 설명했다. 역사적으로 집단들이 생존을 위해서 주고받아 왔던 가장 가치있는 선물(gift)은 여성이었다. 문화가 유지되기 위해서는 문화를 이어받을 후손이 있어야 하는데 그를 위해서 결정적인 것은 남자가 아니라 여자이다. 남자들은 생물학적으로 많은 여성과 관계를 가지면 많은 자손을 번식시킬 수 있지만 여자들은 여러 남성과 관계를 가져도 자손을 낳을 수 있는 수가 한정되어 있기 때문이다.

Lévi-Strauss는 전쟁의 주요한 목적을 여성을 확보하는 것이라고 하였는데, 전쟁은 단시간에 많은 여성을 구할 수 있는 가장 효과적인 방법이다. 지금도 아마존 등지의 부족들이 전쟁을 하는 가장 큰 이유는 여자와 식량이다. 인구의 생산과 유지가 곧 부족의 생존을 뜻하기 때문이다.

그렇기 때문에 집단들이 주고받게 될 선물은 상대방이 가장 원하는 상태, 즉 당장 자기 부족의 아이를 가질 수 있는 상태여야 한다. 만약 근친상간으로 인해 내집단의 아이를 가지게 된다면 그 여성은 선물로서의 교환가치를 상실하게 되고, 그 집단은 다른 집단과 결속하여 생존의 가능성을 높일 기회를 잃게 된다. 이것이 인류가 근친상간을 금기로 지켜 온 이유라는 것이다. Lévi-Strauss는 근친상간 금기와 호혜성이라는 문화보편적 구조를 통해 인간 행동의 본질적 의미를 읽어 냈다(Lévi-Strauss, 1961).

2) 기능주의

기능주의의 관심사는 어떠한 문화 요소 혹은 구조가 구성원들의 생존을 위해 어떠한 기능을 담당하고 있느냐에 있다. 기능주의에는 통합론적 측면과 목적론적 측면이 있다. 통합론은 모든 문화적 요소는 통합된 전체 안에서 상호작용하면서 전체를 유지하도록 하는 구조를 가지고 있다는 것이고, 목적론은 문화의 모든 요소는 목적을 가지고 있다는 관점이다.

다시 말하면 통합론은 "사회구조들은 다른 구조들과 중요한 연관을 가지고 있다."는 전제에서 구조들 사이의 관계를 밝히는 데 관심이 있고, 목적론은 "그 사회제도가 왜 그러한 특징을 갖게 되었는가?"라는 의문에서 그럴 수밖에 없었던 타당한 이유를 찾는 데 관심이 있다고 할 수 있다. 통합론적 관점이 사회학의 주제와 가깝다면 심리학과의 연관성은 목적론적 관점에서 발견할 수 있다. 목적론적 관점에서 문화 요소 혹은 현상들의 궁극적 목적은 집단의 생존, 즉 '사회의 유지'이다.

참고 기능주의 문화분석의 예

이러한 관점이 가장 잘 드러나는 예를 살펴보자. 인류학자들이 가장 잔인한 종족이라고 생각한 것이 바로 아마존의 야노마모 족이다. 이 종족의 남자들은 여성들에게 대단히 폭력적이다. 때리는 것은 보통이고, 몸에 화살을 쏘거나 귀를 칼로 자르기도 한다.

야노마모 족의 여성들은 출산이 임박해지면 숲속에 가서 혼자 아기를 낳는데, 인류학자들은 이 종족의 여성들이 남성들한테 그토록 지독한 학대를 받고 살면서 왜 아무도 없는 숲속에서 낳은 남자아이를 죽이지 않는가에 대해 의문을 품었다. Harris는 그 이유를 야노마모 족 남자들의 존재가 수행하는 기능에서 찾았다. 야노마모 족의 여자들은 부족의 남자들이 다른 부족과의 전쟁에서 자신들을 지켜 주는 존재이기 때문에 그들에게 학대를 받을지언정 다른 종족에게 죽거나 잡혀 가서 고통 받는 것보다는 나을 것이라고 생각하기 때문에 (언젠가 자신들을 지켜 줄) 남자아이를 죽이지 않는다는 것이다. 전쟁에서 승리하기 위해서 혹은 자신들을 지켜 주기 위해서는 전투적인 남자가 되어야 하기 때문에 남자들의 잔인한 행동들(싸움, 폭행)이 용인될 수 있는 것이다(Harris, 1975).

야노마모 족이 잔인해진 이유는 그들이 식량이 충분하지 않은 척박한 땅에서 살아가기 때문에 식량확보를 위한 전쟁이 잦았기 때문이다. 남자들의 폭력성은 잦은 전쟁에서 부족의 안위와 생존을 책임지기 위한 조건으로서 기능을 수행한다. 이러한 기능주의적 관점은 문화가 문화 구성원들의 동기체계에 미치는 영향을 이해하기에 용이하다.

(1) 잠재적 기능과 현시적 기능

문화요소가 수행하는 기능은 두 가지로 나뉜다. 예를 들어, 대다수의 농경민족은 가뭄이 들면 기우제를 지낸다. 이때 기우제의 명목상의 목적은 비가 오게 하는 것이지만, 실제적인 기능은 가뭄이라는 역경을 이겨 내기 위해 구성원들 사이의 결속력을 다지는 데 있다.

Merton은 이것을 현시적 기능과 잠재적 기능으로 구분하였다. 현시적 기능(manifest function)은 문화 요소나 현상이 나타나는 표면적인 이유이고, 잠재적 기능(latent function)은 그러한 요소나 현상이 실질적으로 수행하는 역할이다(Merton, 1958). 문화요소의 기능을 고려할 때는 이 두 가지를 동시에 보아야 한다. 현시적 기능과 잠재적 기능은 서로 다르기 마련인데, 어느 한쪽만 보아서는 그 요소를 제대로 이해할 수 없기 때문이다.

현시적 기능과 잠재적 기능의 의미를 보다 정확히 파악하기 위해 한 가지 예를 더 들어보자. 2000년대 이전에는 많은 예비부부들이 결혼 전에 약혼식을 치렀다. 약혼을 하고 대략 1년쯤 후에 결혼식을 올리는 것이다. 약혼식의 현시적 기능은 두 사람이 결혼을 하기로 공식적으로 약속을 한다는 것이다. 하지만 약혼식의 잠재적, 그러나 실제적인 기능은 따로 있다.

요즘에는 유전자 검사 등으로 간단하게 알 수 있지만 과거에는 결혼 후 낳은 자식이 자기 자식이라는 것을 확인할 수 있는 방법이 거의 없었다. 그런데 공식적으로 약혼을 하면 여자는 약 일 년 동안 다른 남자를 만나지 못한다. 그 기간 동안 지켜본 후에 시간이 지나도 아이가 생기지 않는다면 결혼 후 갖는 아이는 내 친자식일 확률이 높아진다. 이것이 바로 약혼식의 잠재적이지만 실제적인 이유이다. 최근에 약혼식을 올리는 사례를 보기 힘든 이유는 성문화가 개방적으로 변화하는 측면도 있고, 유전자 검사 등 친자를 확인할 수 있는 기술이 발달하는 등 결혼 전에 굳이 1년이란 시간을 둘 필요가 없어졌기 때문이다.

어떤 문화의 현시적 · 공식적인 기능과 잠재적 · 실제적인 기능은 그 문화에서 살고 있지 않는 한 정확히 알기는 어렵다. 그 문화에서 사는 사람일지라도 그것들을 모두 아는 것은 불가능하다. 하지만 어떤 문화 요소가 존재하는 이유는 그것이 그 문화에서 필요하기 때문이다. 또한 그것이 제 기능을 다하지 못하거나 필요가 없어지면 자연히 도태되어 없어진다. 이것이 기능주의적 관점이다.

기능주의는 통합론과 목적론적 관점에서 각각 구조 기능주의와 심리 기능주의로 구분된다. 구조 기능주의(structural functionalism)의 대표적 학자는 Radcliffe-Brown을 들 수 있다. 그는 한 사회의 개별 행위나 관습을 관찰하되, 그것들이 사회 전체 내지 다른 제도에 대하여 갖는 기능을 보아야 한다고 주장하였다(Radcliffe-Brown, 1952). 그렇게 함으로써 사회제도 간의 관계와 그것들이 전체의 구성요소로서 지니는 기능을 분석할 수 있고, 궁극적으로 보편적 법칙을 찾을 수 있다고 보았다. 모든 사회적 제도와 관습은 상호 불가분의 관계에 놓여 있고 그것들은 전체를 구성하는 부분들로서 각각의 기능을 가지고 있기 때문이다.

한편, 사회구조와 그 기능에 초점을 맞춘 구조 기능주의와는 달리 심리 기능주의는 문화의 기능적 측면을 심리학적으로 설명하고자 한다. 바로 이 지점에서 문화가 심리학과 만나게 된다.

3) 심리 기능주의

심리 기능주의(psychological functionalism)의 대표적인 학자는 Malinowski이다. Malinowski는 문화란 그 사회 구성원이 개개인의 심리적 및 생리적인 욕구를 충족시키기 위한 것이라고 설명했다(Malinowski, 1939). 그의 주장을 요약하면 인간은 기본적인 생리적 욕구가 있고, 문화는 이러한 욕구를 충족시키기 위한 체계라는 것이다. 인간의 여러 가지 욕구를 충족시키는 것이 문화의 기능이며, 욕구 충족 과정에서 직면하는 여러 가지 문제를 보다 잘 극복하기 위한 방식 역시 문화가 규정한다. 이런 점에서 Malinowski의 이론은 개인의 심리적 욕구를 중요시한다.

참고 심리 기능주의 문화분석의 예

Malinowski는 제1차 세계대전 중에 트로브리안드 군도에서 현지조사를 수행하였는데(Malinowski, 1929), 이때 그가 관심을 가진 것 중 하나가 과연 트로브리안드 군도 원주민들에게서도 오이디푸스콤플렉스가 나타나는가 하는 문제였다. Freud는 오이디푸스콤플렉스가 문화에 관계없이 보편적일 것이라고 가정하였지만 실제로 다른 문화권에서 검증된 적은 없었다. 그런데 Malinowski의 현지조사로 인해 그 검증의 기회가 생긴 것이다.

오스트리아와 트로브리안드 군도는 가족구조가 다르다. Freud가 오이디푸스콤플렉스 이론을 만들어낸 오스트리아는 부계사회인 반면, 트로브리안드 군도는 모계사회이다. 모계사회의 특징은 어머니의 남자형제들이 실질적인 힘을 갖는다는 것이다. 모계사회라면 어머니가 힘을 가지고 대소사를 관장한다고 생각하기가 쉬운데 그런 사회는 거의 존재하지 않는다. 사회가 어머니의 남자형제 중심으로 움직이기 때문에 모계인 것이다. 따라서 자녀 양육의 권한이 아버지에게 있는 부계사회와는 달리 모계사회에서는 어머니의 남자형제, 즉 외삼촌이 자녀의 양육을 맡는다.

Malinowski는 아들이 아버지에게 갖는 부정적 감정의 원인을 훈육에서 비롯된 것이라 보고, 모계사회인 트로브리안드 군도에서는 이 부정적 감정의 대상이 훈육을 담당하고 있는 외삼촌에게서 나타남을 밝혔다. Malinowski의 설명은 이 부분에서 아버지에 대한 부정적 감정의 원인을 성적인 것으로만 해석하는

Freud의 주장과 구분되며, 친족 간의 관계에서 파생되는 감정이 사회의 유지(교육체계) 기능과 관련 있다는 것을 언급했다는 점에서 기능주의적이다. 하지만 이러한 설명이 곧 Freud의 이론이 틀렸다는 것을 의미하는 것은 아니다. 최근에는 트로브리안드 군도의 아이들도 아버지에 대한 오이디푸스콤플렉스를 경험한다는 보고도 있다(Melford, 1982). Malinowski의 가치는 인류학의 자료를 심리학의 이론을 적용하여 새로운 설명체계를 만들어 내었다는 데에서 찾을 수 있을 것이다.

(1) 심리 기능주의의 의의: 문화와 심리학의 만남

기능주의의 기본적인 가정은 한 문화에서 존재하는 다양한 요소는 모두 필요하기 때문에 발생하고 발달하였다는 것이다. 개중에는 전혀 필요하지 않아 보이는 것들도 있고 때로는 부정적 모습을 보이는 것들도 있지만, 우리가 그런 요소들의 필요를 다 모르는 것일 뿐 필요 없는 것들이 존재하고 유지되지는 않는다. 모든 문화 요소는 기능을 가지고 있으며, 그 기능을 잃으면 해당 요소는 도태되고 다시 새로운 문화 요소가 나타나게 된다.

Malinowski에 따르면, 이러한 순환을 가능하게 하는 것은 인간의 기본적 욕구(basic needs)이다. 물론 인간에게 기본적 욕구가 있다고 주장한 이가 Malinowski가 처음은 아니다. Freud는 인간의 기본적 욕구를 성과 공격력으로 봤고, Adler는 열등감을 극복하고 남보다 우월해지려는 욕구를, Jung은 자기실현의 욕구를 인간의 기본적 욕구라고 생각하였다. 이렇듯 많은 이론들이 인간에게 기본적 욕구가 있다는 것을 가정한다. 그러나 그 욕구가 무엇이고 어떻게 충족시키는가에 대해서 다양한 주장들이 파생된다.

(2) 욕구 충족 체계로서의 문화

인간의 기본적 욕구는 충족되어야 한다. 그런데 이 욕구들은 스스로 충족되기보다는 외부(환경)와의 작용을 통해 채워진다. 우리가 음식이 필요할 때 내부에서 양분을 만들어 내는 것이 아니라 외부에서 음식을 찾는 것과 같다. Freud의 경우를 보면, 성과 공격성에 대한 욕구를 충족시키기 위해서는 이성이나 상대방이 존재해야 한다. 따라서 인간은 기본적인 욕구와 환경 사이에서 가장 효율적으로 자신의 욕구를 충족시킬 수 있는 방법을 발달시켜 나가는데, 그것이 바로 성격이다.

이 성격을 기능주의적으로 접근해 보자. 사람마다 성격이 다른 이유는 사람마다 태어나서 살아온 환경이 다르기 때문이다. 주어진 환경 속에서 욕구를 충족시키기 위해서 개인은 자신의 행동습관과 패턴을 익히고 조절해 나간다. 예를 들어, 한 부모에게서 태어난 형제들이라도 성격이 저마다 다른데 이는 저마다의 환경이 달랐기 때문이다. 맏이에게 요구되는 가정과 사회의 역할이 있으며, 그러한 역할에 의해서 형제들 사이의 역학도 결정된다. 가운데나 막내도 마찬가지이다. 대체로 맏이는 첫째로서의 권위와 특권을 인정받는 반면 그에 걸맞은 책임도 요구받는다. 성격적으로 말하자면 책임감이 강하고 리더십이 있으나 보수적이고 권위주의적인 경향이 있다. 반면에 막내는 부모와 형제들의 귀여움을 받으며 부족함 없이 자라기 쉽다. 사교성이 좋고 인기가 많지만 책임감이나 남을 배려하는 모습은 부족할 수 있다. 이처럼 성격은 살아온 환경에서 개인적 욕구를 효율적으로 충족시킬 수 있도록 개개인이 발달시킨 것이다. 따라서 성격은 그 사람이 살아온 환경과 개인사를 모르고서는 이해할 수 없다.

심리 기능주의의 관점에서 보면 문화는 확대된 성격(personality at large)이라고 할 수 있다. 개인이 주어진 환경 속에서 자신의 욕구를 충족시키는 방법이 성격이라면 어떤 집단(예, 부족, 민족, 나라)이 주어진 환경 속에서 자신들의 욕구를 충족시키기 위해 발달시킨 것들이 문화이다.

해안가에 자리 잡은 나라와 평야에 있는 나라의 문화가 다를 것이라는 것은 쉽게 짐작할 수 있을 것이다. 이들의 문화가 달라지는 이유는 첫째 환경 때문이다. 예를 들어, 음식문화의 측면에서 살펴보면 인간은 누구나 다 영양분을 섭취해야 하는데 무엇을 먹고 무엇을 먹지 않는가는 환경이 결정한다. 바닷가에서는 생선을 통해서 단백질을 충당할 것이고, 육지에서는 소나 돼지를 길러서 단백질을 섭취할 것이다.

그러다 보면 바닷가에 사는 사람들은 바닷가에 맞게, 또 평야에 사는 사람들은 평야에 맞게 성격을 형성하게 된다. 대개 해안가에 사는 사람들과 평야에 사는 사람들의 성격은 상당히 다르다. 역사적으로 해양민족들은 어업이나 무역 등으로 삶을 유지했으며, 평야에 사는 민족들은 주로 농경을 하며 살아왔다. 전자의 경우, 거칠고 변덕스런 바다가 삶의 터전인데다 어획량이나 교역 또한 시기의 영향을 많이 받기 때문에 성격이 급하고 임기응변에 능하며 안정보다는 모험을 추구하는 성격이 많이 나타나고, 후자의 경우에는 자연의 순리에 맞게 파종하고 수확하는 주기에 따라 삶이 진행되므로 보다 느긋하고 기존 질서를 존중하는 경향이 있는 반면 변화에는 덜 민감할 것이다.

이렇게 문화적 성격이 다른 이유는 사람들이 각자의 문화에 맞는 성격을 형성하고 발달시키기 때문이다. 따라서 우리가 옳다고 믿는 가치와 우리에게 익숙한 관습과 사고방식, 감정 등은 모두 문화가 규정한다.

참고 환경결정론

환경결정론(conservation)은 천연자원, 기후, 지형 등을 포함해 인간의 물리적 주변 환경을 문화 형성의 중요한 결정요인으로 주장한다. 따라서 역사와 전통, 사회적 · 경제적 요인, 기타 문화적 요인들에 의해서도 사회발전이 이루어진다는 점을 부정한다. 문화유물론(cultural materialism)의 극단적 형태라 할 수 있다.

그러나 오늘날은 환경결정론에서도 물리적 환경이 사회적 · 경제적 요인, 문화적 전통을 포함하는 전체 환경 가운데 일부에 불과하다는 점과 사회와 환경 간에 상호 영향력이 작용한다는 점을 인정하고 있다.

4) 문화와 성격학파

제1차 세계대전 후, 인류학의 관심은 범죄나 인간 소외 등 전쟁이 가져온 사회변동에서 비롯된 주제들, 즉 개인에게 기울여지기 시작하였다. 이제까지의 인류학이 주로 거시적인 문화 자체에 관심이 있었다면 이제는 미시적이고 개인적인 성격(personality)이라는 주제로 관심을 옮겨가게 된 것이다.

인류학은 이 시점부터 문화와 개인과의 관계를 중요 주제로 간주하기 시작하였다. 이 주제가 중요한 이유는 문화는 개인 외부에 존재하는 것이지만 동시에 개인이 내재화하고 있는 것이기도 하고, 그러한 개인들에 의해서 다시 문화가 형성되어 가기 때문이다. 이 학파(문화와 성격)의 성립은 인류학이 한 문화와 그 문화를 구성하는 사람들 간의 관계의 중요성을 인식하기 시작하였다는 방증이다. 인류학에서는 이를 심리인류학(psychological anthropology)이라 부르고, 심리학에서는 문화심리학(cultural psychology)이라 칭한다. 문화심리학이라는 용어는 인류학자 DeVos와 Hippler(1969)의 「Cultural psychology: comparative studies of human behaviors」라는 논문에서 처음 사용되었다.

문화와 성격(Culture and Personality)학파는 특히 역사적 특수주의를 주창한 Boas의 영향을 받은 학자들로부터 시작되었으며, 성격이 형성되는 과정과 문화적으로 구성된 성차, 국민성 등에 관심을 두었다.

(1) 문화의 패턴: 문화가 내재화되는 원리

문화의 패턴이란 문화에는 어떠한 유형(pattern)으로 분류될 수 있는, 구성원들에게 공유된 방식이라는 뜻으로 문화가 개인에게 영향을 미치는 과정과 그 원리를 포함한다(Benedict, 1934).

문화가 개인을 패턴화시킨다는 생각은 언어학자 Sapir의 영향이라 여겨진다. Sapir는 언어가 문법구조를 통해 사고체계와 세계관의 형성에까지 절대적인 영향을 미친다고 주장했는데(Sapir-Whorf 가설), Benedict는 사람들이 언어의 패턴을 학습하는 것처럼 자신들의 문화 패턴을 학습한다고 생각하였다.

Benedict는 개인은 매우 다양한 유형의 성격으로 발달할 수 있는 가능성을 가지고 있으나, 각 사회의 문화화(enculturation) 과정을 통하여 그 사회에 이상적인 성격으로 패턴화된다고 보았다. Benedict의 제자이자 문화와 성격학파의 또 다른 학자인 Margaret Mead의 저서 『남성과 여성(Male and Female)』(Mead, 1949)에는 이 패턴의 의미가 잘 드러나 있다. 이 책의 주장을 요약하면 남녀의 성은 만들어진다는 것이다. 어린아이는 생물학적으로 남성도 아니고 여성도 아닌 양성의 속성을 모두 가지고 있는데, 사회가 남자의 행동과 여자의 행동을 나누어서 유형화시킨다는 것이다. 아이들에게 각각의 성별에 맞는 적합한 행동이 있다는 것을 교육시킴으로써 사회가 요구하는 남성성과 여성성을 내재화하게 되는데, 이런 과정이 Benedict가 말하는 패턴화이다. 개인은 원래 동일하게 태어나지만 문화가 개인들을 그 문화에 맞게 교육시키고 결국 개인은 그 문화에 패턴화되는 것이다.

문화는 사람들이 주어진 환경에 잘 적응하기 위해서 만들어 낸 것이다. 그렇기 때문에 문화 이해의 시작은 생태학(ecology)에서 출발한다. 사람들이 환경 속에서 사회를 유지하고 살아갈 수 있도록 하는 체계를 만드는데, 이것을 유지체계(maintenance system)라고 한다. 유지체계의 가장 대표적인 것이 경제와 사회의 구조이다. 예컨대, 농촌지역과 해안지역은 환경적 조건(ecology)이 다르다. 농촌지역에서의 생산체계와 해안지역의 생산체계가 다르기 때문에 다른 경제구조가 나오고, 생산물을 분배할 때 누가 얼마의 양을 가져가야 하느냐를 결정하는 과정에서 자연히 사회구조와 법이 파생되는 것이다.

이러한 유지체계가 성립되고 나면, 이를 유지하기 위해 후속 세대를 교육하는 프로그램들이 발달하게 된다. 예를 들면, 사냥을 하는 사회에서는 사냥하는 데 필요한 인간형을 만드는 교육을 할 것이고, 농사를 짓는 집단에서는 농사에 최적화된 인간형을 길러낼 것이다. 이것이 사회학에서는 사회화(socialization), 인류학에서는 문화화(enculturation), 심리학에서는 내재화(internalization)라 부르는 과정이다. 이러한 교육체계에 의해 길러진 세대는 해당 문화에서의 요구에 부응하는 공통적인 삶의 방식을 갖게 되는데 이것이 바로 문화의 유형, 즉 패턴이다.

(2) 패턴과 성격, 다시 문화

문화의 패턴화는 개인의 외부에서 일어나는 일들이다. 개인은 문화의 환경을 선택할 수 있는 것도 아니고, 자신이 그 문화의 유지체계를 만든 것도 아니며, 단지 문화가 만들어 낸 교육체계에 의해 교육을 받는 존재이기 때문이다.

그러나 모든 인간은 기본적 욕구를 가진다. 교육을 받는 아이들의 욕구와 교육이 상호작용을 하게 되면 문화 내에서의 아이의 성격(child personalities)이 형성되기 시작한다. 성격이란 개인이 가지고 있는 욕구, 능력, 교육, 환경과의 상호작용을 통해서 생성되는 것이기 때문이다. 그렇게 되면 아이들이 성격에 맞는 아이의 행동(child behaviors)이 발달하게 된다. child behaviors의 예는 아이들의 놀이를 들 수 있는데, 이것은 행동으로 나타나는 것이고, 성격이 마음속으로 투사가 되어 나타난다면 그것은 바로 아이의 문화가 될 것이다.

여기서 문화는 일종의 투사체계(projective system)라고도 볼 수 있다. 예를 들면, 아이들이 주로 읽는 동화책이라든가, 아이들이 꿈꾸는 환상이라든가, 아이들이 하는 놀이를 들 수 있다. 농촌의 아이들과 바닷가 아이들의 놀이는 다를 것이다. 이런 아이들이 성장하게 되면 한 사회를 구성하고 있는 성인들의 성격(adult personalities)이 생성될 것이다. 성인의 성격을 국가로 확대하면 그 나라의 국민성이 되는 것이다.

성인들의 성격이 형성이 되면 당연히 성인 행동(adult behaviors)을 예측할 수 있다. 예를 들면, 범죄율(crime rate), 자살율, 여가활동(leisure activities)을 들 수 있다. 또 이러한 성인의 성격

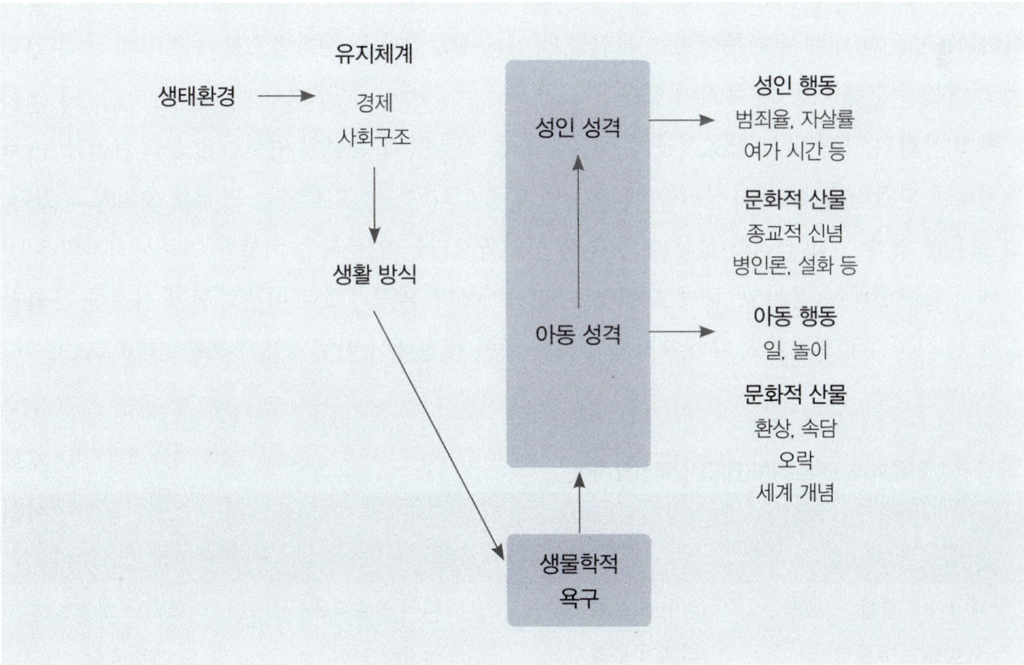

[그림 2-1] 문화-성격-행동 도식

출처: Levine (1973).

이 투사되면 초자연적 존재에 대한 설명인 종교나 종교적 신념(religious belief), 정신병이 왜 생기고 어떻게 치료해야 하는가에 대한 병인론(etiology) 등의 문화적 산물(cultural products)이 파생된다.

(3) 문화심리학(협의)의 성립

이제까지 문화가 어떤 과정을 거쳐서 학문의 주제가 되어 왔는지 인류학의 관점에서 살펴보았다. 인류학은 문화를 설명하기 위해 다양한 설명체계를 시도해 왔고, 결국 문화와 개인의 관계에 초점을 맞추게 되었다. 여기서 인류학에 심리학적 관점이 접목되기 시작하였는데, 이러한 흐름의 대표가 문화와 성격이라는 학파이며, 인류학에서 심리인류학이라고 부르는 전통이다. 이 계통의 접근을 심리학에서는 문화심리학이라 칭한다. 이 책에서는 인류학적 전통에서의 문화심리학을 협의의 문화심리학[문화심리학(협의)]이라 부를 것이다.

Berry(1999)는 인류학과 심리학, 문화심리학(협의)은 분석의 대상과 분석 수준에 따라 구분된다고 주장하였다.

인류학이, 즉 인공물과 기술, 관습, 제도 등(외현적 문화)을 기록하고, 그 이면에 있는 기능과 패턴(내재적 문화)을 연구하는 학문이고, 심리학이 겉으로 드러난 행동을 통해 개인의 내적 속성을 파악하는 학문이라면, 문화심리학(협의)은 그 중간적인 성격을 갖는다. 다시 말해 문화심리학(협의)은 문화 내에서 이루어지는 개인들 사이의 상호작용을 분석함으로써 거기에 담긴 상징적 의미를 추출해 내는 데 목적이 있다.

특히 문화와 개인 간의 상호작용에 관심을 두는 심리학적 관점의 연구들은 문화심리학[1)]이라 통칭하게 되었는데, 이 문화심리학(협의)은 미국 중심의 주류심리학과는 거리를 유지하고 있다. 그 이유는 첫째, 문화심리학(협의)이 전통적 심리학보다는 인류학을 비롯한 인문사회과학적 전통에서 출발했다는 점이고, 둘째로는 약 1990년대부터 본격적으로 이론화되기 시작한 문화심리학(협의)은 주류심리학의 탈맥락적 방법론에 대한 비판에서 비롯되었기 때문이다(Cole, 1996).

표 2-1 인류학과 문화심리학(협의), 심리학의 차이

분석 수준	분석 단위		
	집단	개인 간	개인
구체적이고 관찰 가능한	외현적 문화	사회적 상호작용	드러난 행동
모호하고 추론적인	내재적 문화	상징적 의미	내적 속성
인지적으로 구조화된	인류학	문화심리학	심리학

출처: Berry (1999).

인간의 심리가 문화에 관계없이 보편적일 것이라는 보편성 가정 외에 주류심리학을 떠받치는 또 하나의 기둥은 '과학으로서의 심리학'이라는 심리학의 정체성을 담당하고 있는 논리실증주의이다. 논리실증주의란 관찰 가능한 것을 검증 가능한 방식으로 연구하겠다는 것으로, 현재 주류심리학의 주된 방법론인 양적 방법론의 철학적 토대가 된다.

1970년대 들어 논리실증주의를 표방하는 과학적 방법론에 대한 반성이 일어나면서(Popper, 1972) 사회과학, 특히 심리학의 방법론에 대한 새로운 접근이 강구되었는데, 문화심리학은 이러한 흐름에서 이론적 틀을 갖추게 된다. 이는 과학적 방법론 자체가 잘못되었다는 것이 아니라, 논리실증주의적으로 접근할 수 없는 주제에까지 과학적 방법을 무리하게 적용하여 연구결과를 도출하고 그렇지 않은 연구들에 대해서는 '비과학적'이라 비판하는 소위 '과학주의(Scientism)'에 대한 비판을 뜻한다.

따라서 문화심리학자들(특히 인류학, 사회학, 기호학 등 인문사회과학적 전통의 연구자들)은 논리실증주의에 회의를 표하고, 대신 구성주의적 관점을 취한다. 문화심리학(협의)에서 구성주의적 관점이란 Vygotsky에 의해 제기된 것으로, 인간의 마음은 보편적인 것이 아니라 문화적 맥락에서 상대적으로 만들어진다(구성된다)고 보는 입장이다(Bruner, 1993). 즉, 문화심리학(협의)에서는 문화를 인간의 마음과 분리할 수 없는 것으로 간주하며(Jahoda, 1992), 문화 안에서 구성되는 심리 경험의 과정과 질을 규명하는 데 목표를 둔다.

특히 Shweder는 문화심리학(협의)의 탄생을 이성의 절대적 합리성(계몽주의)에 대한 '낭만주의적 반발'로 규정하고, 문화심리학이라는 용어를 널리 퍼뜨렸다(Shweder, 1990; Shweder & Sullivan, 1993). 그러나 문화심리학(협의) 안에는 문화를 연구해 온 여러 학문의 전통이 혼재되어 있어 문화와 마음에 대한 일관적인 관점과 이론체계, 그리고 방법론을 발견하기 어렵다(Jahoda & Krewer, 1997).

2. 심리학적 전통에서의 문화심리학

문화는 인류학을 비롯한 인문사회과학(사회학, 기호학, 언어학, 현상학 등)에서 중요한 주제로

1) 1946년 하버드대학교에는 심리학, 인류학, 사회학의 방법과 이론을 통합한 '사회관계학과(Department of Social Relations)'가 창설되었는데, Shweder, Greenfield 등이 여기서 수학하였으며, 현대 문화심리학의 토대를 제공하였다. 이 학과는 현재는 존재하지 않는다.

받아들여져 왔지만, 심리학에서 문화를 다루기 시작한 것은 그리 오랜 일이 아니다. 여기서는 문화가 심리학의 주제로 받아들여지기까지의 과정을 다루어 보고자 한다.

1) 심리학의 탄생

심리학이 나타나기 전에 인간에 대한 의문에 답을 제공하던 학문은 철학이었다. 동서양을 막론하고 철학은 인간이란 어떤 존재이고 무엇을 추구하며 어떻게 살아가야 하는가에 대한 질문에 대답해 왔다. 그리고 오랜 시간 동안 그 방법은 이성(理性)과 논리적 사고, 사유와 성찰에 의한 것이었다. 예를 들면, Descartes(1596~1650)는 인간 존재에 대해 끊임없이 의문을 던지던 중, 자신이 생각하고 있다는 사실만큼은 의심할 수 없다는 데에서 인간은 사유하는 존재(나는 생각한다, 고로 존재한다)라는 결론을 이끌어 낸 바 있다.

그러던 중, 19세기에 접어들면서 철학은 사회학과 인류학, 그리고 심리학으로 분화하게 된다. 19세기는 산업혁명을 토대로 과학과 기술의 발전이 이루어지던 시기로, 삶의 양상 역시 과거에 비해 급격히 변화하기 시작하면서 기존의 설명체계로는 변화하는 질문에 만족할 만한 답을 제공하는데 한계를 느끼게 된 것이다.

산업혁명으로 촉발된 산업구조의 변동은 새로운 계층과 조직을 낳았고 인구의 이동 및 집중의 원인이 되었다. 사회의 체계는 복잡해지고 예전에는 존재하지 않았던 새로운 문제와 갈등들이 나타나게 되면서 기존의 설명체계, 즉 철학만으로는 이를 해결할 수 없다. 따라서 변화된 사회 내의 조직과 계층들의 구조와 역동을 연구하기 위해 사회학이 등장하게 된 것이다.

산업의 발전으로 이루어진 경제구조는 상품을 생산할 막대한 자원과 노동력, 그리고 생산한 상품을 소비할 거대한 시장을 필요로 하게 되었다. 그 결과, 산업화를 이룬 강대국들은 전 세계에 산재한 산업화 이전의 나라들을 접수하여 자원과 노동력, 시장을 확보하려는 경쟁에 뛰어드는데, 이것이 제국주의시대이다. 이러한 제국주의의 진출 과정에서 많은 사람이 다른 문화의 다른 사람들을 접하게 되자 그들의 가치와 생활방식을 이해할 필요가 생겼다. 이 역시 기존의 설명 방식으로는 충분한 답을 얻기 어렵다. 따라서 다른 문화의 삶의 방식과 가치를 이해하기 위한 학문인 인류학이 탄생하였다.

사회학과 인류학이 연구의 주제 때문에 철학으로부터 갈라져 나왔다면, 심리학이 분화한 이유는 철학의 방법론에 대한 이견 때문이었다. 철학이 이성에 근거한 사유와 성찰을 통해 인간의 본질에 대한 물음에 대답하려고 한 반면, 심리학은 철학과 같은 의문을 과학적인 방법으로 해결하고자 한 것이다. 심리학에서는 Wundt가 1879년에 독일 라이프치히대학에 심리학 실험실을 만든 사건을 현대 심리학의 효시로 본다. 물론 심리학의 이러한 시도 역시 19세기경에 이루어진 과학의 발달에 힘입은 것이다. 과학적 방법을 사용하기는 했지만 심리학은 철학과 마찬가지로 인간 행위의 본질을 탐구하고자 하였다. 초기의 심리학자 Wilhelm Wundt나 미국 심리학을 꽃피운 William James는 모두 심리학자였지만 동시에 철학자이기도 했던 이유는 초기 심리학이 철학의 주제를 그대로 가지고 있었기 때문이다.

이처럼 학문이 세분화되었음에도 불구하고 변화하는 현실은 그렇게 단순하지 않기 때문에 한 가지 설명체계만 가지고서는 현실을 만족스럽게 설명하지 못하는 경우가 발생한다. 이 경우에 학문은 또 다른 설명체계를 필요로 하게 되는데, 이 과정은 Piaget가 설명한 유아의 인지발달의 과정과 유사하다. Piaget에 따르면, 인지발달이 일어나는 과정은 변증법을 따른다. 유지되던 기존의 도식(正, assimilation)은 도식에 합치하지 않는 경우(反)가 누적되면서 수정된다(合, accomodation).

학문도 마찬가지이다. 현실을 효과적으로 설명하기 위해 학문과 사상이 생겨나게 되고, 이것들이 더 이상 현실을 설명해 주지 못하게 되면 새로운 설명체계를 만들어 낸다. 보통 이런 경우에는 서로 다른 몇 가지 학문이 융합하여 새로운 설명체계를 만들어 낸다. 예를 들어, 사회학과 심리학이 만나 사회심리학이라는 학문이 만들어지는 것이다.

따라서 문화심리학이란 문화가 인간의 심리에 매우 중요한 영향을 미친다는 것이 널리 받아들여졌기 때문에 이를 함께 다루어야겠다는 생각에서 나타난 학문이다. 그러나 심리학에서 문화의 중요성에 대해 공감하고 이를 받아들이기 시작한 것은 극히 최근의 일이다. 그 이유는 심리학이 갖는 과학으로서의 정체성과 관련이 있다.

2) 심리학의 분화와 발전

(1) 잊혀진 심리학: Wundt의 민족심리학

현대심리학의 아버지로 알려진 Willhelm Wundt(1832~1920)는 처음부터 심리학은 자연과학적 심리학과 사회문화적 심리학, 두 부분으로 구성되어야 한다고 분명하게 주장했었다. 이 두 가지 심리학이 같이 있어야 인간을 제대로 이해할 수 있다는 것이다. 그러나 Wundt의 이러한 주장은 이후의 심리학이 과학으로서의 심리학을 강조하면서 간과되어 왔다.

Wundt는 인간에게는 고등 정신 기능이 있기 때문에 고등 정신 기능에 해당되는 사회문화적 심리현상을 연구해야 한다고 생각하였다. 그래서 자연과학적 연구에서는 실험적 방법론을 사용하고, 사회문화적 심리학에서는, 예를 들면 신화, 언어, 풍습, 민속 등과 같은 소위 문화에 대한 연구를 해야 하는데 Wundt는 이는 해석학적 방법을 통해 가능하다고 생각하였다.

인간이 외부 세계와의 관계에서 지식을 얻는 방법은 크게 두 가지가 있다. 하나는 자연과학적 현상의 인과관계를 실험을 통해서 찾아서 설명(explanation)하는 방법이 있고, 또 다른 하나는 어떤 사회문화적 현상의 의미를 해석(interpretation)하는 방법이 있다. 전자가 자연과학의 접근법이라면 후자는 인문사회과학의 접근이다. 자연과학적 심리학을 제안한 Wundt는 심리학의 인문사회적 성격 역시 놓치지 않은 셈이다.

Wundt는 갈수록 사회문화적 심리학을 더 중요하게 여기게 되었고, 이에 대해 민족심리학(Völkerpsychologie)이라고 하는 10권의 책을 저술하였다. Völk는 영어로 folk인데, 일반적 의미의 '대중'의 뜻이 아니라 '국민' 또는 '민족'이라는 뜻이다. 이러한 Wundt의 생각은 심리학이 미국으로 전파되고, 미국이 세계 심리학의 중심이 되면서 최근까지지도 조명을 받지 못하였다. 특히 Wundt의 계승자로 일컬어지던 Titchener는 민족심리학의 저술을 Wundt가 "노년에 취미 삼아 한 일"에 지나지 않는다고 평하며 실험심리학을 강조하는 미국심리학의 전통을 세웠다.

그러나 Wundt의 사회문화적 심리학은 인류학이나 사회학으로 전해지면서 오히려 다른 분야의 학자들의 관심을 끌었다. 대표적으로 Wundt의 이론을 정교화했던 학자가 상징적 상호작용 이론을 주창한 Herbert Mead이다. 그의 강의를 정리해서 편찬한 『Mind, self, society』는 인간의 마음, self, 그리고 사회라는 3가지 요소의 관계를 밝힌 책으로 Wundt의 이론을 집대성했다는 평가를 받고 있다. 또한 앞서 언급한 Malinowski나 Boas 역시 Wundt의 영향을 받았던 학자들이다.

또한 러시아의 대표적인 심리학자이자 문화심리학에도 많은 영향을 미친 Vygotsky도 Wundt의 영향을 많이 받았다. Vygotsky는 인지심리학 분야에서 Piaget와는 다른 시각에서 접근한 대표적인 학자이다. Piaget가 철학적 인식론을 자연과학적 방법으로 연구하여 인지발달 이론을 정교화하였다면(급진적 구성주의), Vygotsky는 인지발달 과정에서 역사적으로 구성되는 사회문화적 환경의 중요성을 주장하였다(사회적 구성주의). Vygotsky의 구성주의적 관점은 문화심리학 이론의 기본 전제로 받아들여지고 있다.

(2) 초기 심리학과 미국 심리학의 발전

철학과 주제를 공유하던 초기 심리학은 유럽에서 먼저 꽃을 피웠다. Wundt의 실험심리학과 함께 유럽에서 발달했던 심리학의 한 분야는 정신분석이다. 특히 19세기 말, 유럽에 만연했던 빅토리아시대의 엄숙주의와 그에 따른 유럽인들의 심리적 부작용은 Freud의 정신역동이론을 낳았으며, 인간의 행동에 영향을 미치는 무의식의 존재와 그 작용을 분석하는 정신역동이론은 Jung과 Adler 등의 학자들에 의해 구체화되고 발전하였다.

한편, 이러한 유럽 심리학은 미국심리학회 초대 회장을 역임한 Stanly Hall의 초청(Lecture, 1909)으로 미국에 소개되었으나, 당시 신생국으로서 나라의 기틀을 세우던 미국의 실용주의적 필요성에 의해 관찰 및 반복(replication)이 어렵고 검증하기 곤란한 인생 초기의 경험과 무의식 등을 다루는 정신분석적 전통과 Wundt의 민족심리학과 같은 접근보다는 과학적이고 실증적인 실험심리학적 전통이 미국에 뿌리내리게 되었다. 이후 미국 심리학은 실험과 검증을 중시하는 실용적이고 실증적인 전통을 발전시켰다.

① 과학으로서의 심리학과 보편주의

심리학이 과학으로서의 심리학을 정체성으로 출발하였다는 사실은 심리학이 연구 관심사로 여기는 대상, 즉 인간의 행동을 보편적인 것으로 간주하였음을 뜻한다. 과학은 보편적 현상에 대한 보편적 이해를 추구하기 때문이다. 과학을 가장 간단하게 설명하는 것은 당구공 모델이다. 당구공 모델이란 당구를 한국에서 치나 미국에서 치나 공이 움직여 가는 운동, 즉 물리법칙은 동일하다는 것으로 자연과학의 기본 전제이다. 자연과학은 환경의 영향과는 무관한 현상들을 연구한다. 또한 자연과학의 주제는 관찰이 가능해야 하고, 속성은 측정할 수 있어야 하며, 결과는 반복 가능해야 하는 등의 조건을 충족시켜야 한다.

현대 학문으로서 심리학의 정체성은 인간의 행동을 설명해 주는 보편적 원리를 과학적 방법을 통해서 연구한다는 데 존재한다. 과학적 방법이나 보편적 원리가 적용 가능하려면 그것이 환경의 영향을 받아서는 안 된다. 따라서 한 나라에서 실시한 심리학 실험의 결과는 다른 어느 나라에서 실험을 하든지 동일할 것이라 간주된다. 인간의 심리가 보편적인 원리를 따른다는 것이 심리학의 기본 전제이기 때문이다. 이런 전제에서는 굳이 다른 문화를 가진 사람들의 마음과 행동을 연구할 이유가 없다.

이러한 경향이 극에 달했던 시기는 행동주의 시대였다. 행동주의 심리학자들은 인간을 보편적 원리에 따라 기계적으로 행동하는[자극(S)에 반응(R)하는] 존재로만 간주하였다.

3) 문화와 심리학의 만남: 비교문화심리학

1960년대 이후로 심리학은 큰 전기를 맞게 된다. 가장 큰 변화 중 하나는 행동주의가 쇠퇴하고 인지심리학이 재조명 받기 시작한 것이다. 초기 심리학자들의 주요 관심사였던 정신 과정(언어, 기억, 사고 등)이 다시 심리학의 연구주제로 떠올랐다. 일부 인지심리학자들은 인간의 인지 과정을 컴퓨터의 연산 과정에 비유하는 등, 인지에 있어서의 보편적 기제를 강조하기도 하였으나 다른 한편으로 사회문화적인 요인들이 인지에 미치는 영향을 깨닫기 시작하였다.

이러한 시각은 이 시기에 처음 등장한 것은 아니다. 일찍이 Bartlett(1932)은 기억은 구성되는 것이며 도식에 의해 영향을 받는다고 주장하였는데, 특히 어떤 문화에만 독특하게 존재하는 도

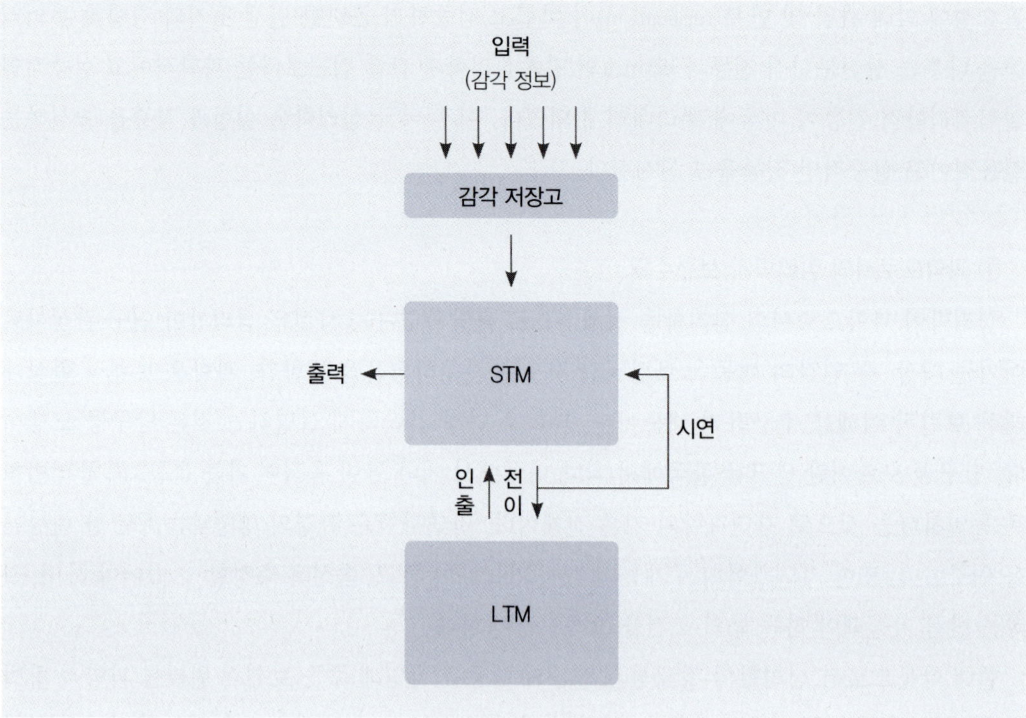

[그림 2-2] Atkinson과 Shiffrin의 기억모델

출처: Atkinson & Shiffrin (1968).

식이 기억에 영향을 미칠 수 있다는 것을 밝혀 내는 등 인지 과정에서의 사회문화적 요인의 중요성을 강조하였다. 그러나 이러한 생각들은 행동주의가 만연하던 시기에 주목받지 못하다가 인지 과정에 대한 관심이 대두되기 시작한 1960년대 이후로 다시 중요성을 평가받기 시작하였다.

한편, 문화진화론적 사고를 파생시켰던 제국주의시대는 연이은 세계대전으로 종말을 맞았다. 이후 세계는 미소 양강의 주도로 재편되어 소위 냉전시대가 시작되는데, 이때 미국과 소련은 각자 자신들의 체제를 유지, 강화하기 위하여 세계 각지로부터 이민, 유학생을 받아들였다. 이 과정에서 다양한 문화가 혼합되고 충돌하면서 심리학에서도 자연히 문화에 대한 관심이 싹트기 시작하였다. 문화 차이에 대한 다양한 관찰은 제국주의 시절부터 축적된 인류학 연구의 결과들과 맞물려 심리학 연구로 이어지게 되었다.

처음에 시도된 연구들은 문화 비교 연구들이었다. 인간의 심리가 보편적이라는 가정에서 발달해 온 심리학은 이제까지 연구해 온 보편적 원리들이 다른 문화에서도 적용될 수 있는지 확인하고자 하였다(Klineberg, 1980; Segall et al., 1999). 그 결과 많은 비교문화 연구들이 이루어지게 되는데, 이것이 비교문화심리학(Cross-cultural psychology)의 시작이다. 한편, 비교문화심리학은 주로 동서양의 비교에 관심이 있는데, 이는 미국 주류 학계에서 1980년대 들어 경제적으로 급성장한 일본을 이해하기 위한 목적이 크게 작용하였다고 할 수 있다.

Berry와 동료들(1992)은 비교문화심리학의 목적을 다음과 같이 정리하였다. 첫째, 현존하는 심리학적 지식과 이론들의 일반성을 검증하며, 둘째, 심리적 변형들을 발견하기 위해 다른 문화를 탐구하고, 셋째, 앞의 두 과정을 거쳐 보다 보편적인 심리학을 만들어 낸다.

비교문화심리학은 주로 문화의 차이를 드러내는 데 관심을 보인다. 문화 성향(개인주의 대 집단주의; Triandis, 1988), 자기관(independent self vs interdependent self; Markus & Kitayama, 1991), 및 사고방식(Analytic vs Holistic; Nisbett, Peng, Choi, & Norenzayan, 2001) 등의 주제에서 특히 서양과 동양의 차이에 초점을 둔 연구들이 수행되어 왔다.

비교문화심리학이 시작되면서 문화라는 주제가 비로소 심리학의 영역으로 편입되었다. 이후 비교문화심리학은 문화와 심리학을 연결시키고, 인간 심리에 미치는 문화의 영향을 조명하였다는데 대단히 중요한 역할을 하였다. 또한 이러한 연구성과들이 토착심리학 및 문화심리학 연구에 의미있는 시사점을 제공하고 있다는 점은 부정할 수 없는 사실이다.

(1) 보편성 가정의 문제

그러나 비교문화심리학이 가지고 있는 큰 문제점은 비교문화심리학이 인간 심리의 보편성 가정을 유지하고 있다는 점에서 비롯된다. 심리학에서 보편성 가정을 유지하는 가장 큰 이유는 바로 심리학의 정체성에 기인한다. 가설 검증에 주로 사용되는 추론통계와 같은 과학적 방법이 가능하기 위해서는 인간의 심리가 물리적 속성(질량, 길이, 속도 등)과 같이 엄밀한 측정이 가능해야 한다. 그리고 그러기 위해서는 인간 심리는 보편적이어야만 한다. 마음의 질이 문화에 따라 달라서는 안 되는 것이다. 결국, 인간의 모든 행동을 움직이는 원칙은 동일하다는 생각을 가졌기 때문에 한국인의 심리학이나 미국의 심리학은 다를 수 없다는 것이 이들의 가정이다. (여기에는 설령 한국인과 미국인의 질적인 차이가 존재하더라도 결국에는 미국인의 심리처럼 변화할 것이라는 문화진화론적 사고도 어느 정도 이상 작용하고 있는 듯하다.)

우리가 앞에서 살펴본, 그리고 심리학을 제외한 다른 학문 분야들(인류학, 기호학, 언어학, 사회학 등)에서 공유하고 있는 문화상대주의는 인간의 심리가 문화에 따라 다르게 구성될 수 있음을 전제로 하고 있다. 따라서 문화상대주의적 가정, 즉 인간의 심리가 질적으로 다양하다는 전제에서는 한 나라(미국)에서 연구된 심리학적 원리들이 다른 문화에서도 적용될 수 있다고 보지 않는다.

그러나 대부분의 심리학 개론서에는 미국이나 유럽에서 개발된 이론들과 그 나라 사람들을 대상으로 한 연구들이 소개되어 있고 동양 사람이나 한국 사람들을 대상으로 한 것들은 거의 찾아보기 어렵다. 이는 인간의 심리를 보편적이라 가정하는 주류심리학의 전제를 그대로 받아들이고 있음을 의미한다. 인간의 심리가 보편적인 것이 아니라면 현재의 심리학으로 이해할 수 있는 인간의 심리는 상당 부분 제한될 수밖에 없게 된다.

또한 보편성 가정은 해석의 문제를 수반한다. 인간의 심리가 보편적이라면, 문화 차이는 정도의 차이로 이해된다. 그렇다면 그 차이를 어떻게 해석할 것인가 하는 문제가 발생하게 된다. 행복연구에서 동양인들의 행복도는 대개 서양인보다 낮은데, 이를 잘못 해석하면 서양의 문화와 서양인들의 심리적 습관이 동양보다 우수하다는 결론에 이르게 된다. 이는 행복에 있어서의 문화적 · 질적 차이를 고려하지 않았기 때문에 발생하는 일이다.

보편성 가정이 갖는 또 다른 문제는 현실 이해를 제한한다는 점이다. 서구 심리학은 서구 중심적일 뿐 아니라 남성 중심적이다. 심리학이 다루고 있는 인지나 사회행동, 의사결정의 원리는 중산층 이상의, 고등교육을 받은, 백인 남성을 전제로 개념화된 것들이 많다. 그 과정에서 여성들은 배제되어 왔다.

여성성과 남성성을 어떻게 구분하는가를 살펴보면, 먼저 서구 남성들이 자기들의 특질이라고 생각하는 것을 나열한 후에(자기 주장적이다, 독립적이다, 논리적이다 등), 그것과 반대되는 것은 모두 여성적이라고 가정하는 식이다(예, 협조적이다, 상호의존적이다, 정서적이다 등). 하지만 이것이 진정한 여성의 특질인지에 대해서는 의문의 여지가 있다. 여성 중에도 자기 주장적이고 독립적인 여성이 있고, 남성 중에서도 협조적이며 정서적인 남성들이 있다. 그러나 이런 식으로 남성성과 여성성이 정의 내려지면 그런 남성과 여성에 대한 이해는 제약을 받을 수밖에 없다.

이러한 남성성과 여성성 개념으로 Kohlberg식의 도덕관 발달 이론을 이해해 보자. Kohlberg의 이론은 남자들이 생각하는 도덕관(예, 정의)을 상위 가치에 두고 있다. 하지만 도덕에 있어서는 정의만이 중요한 것이 아니라 여성적 가치라고 할 수 있는 사랑과 배려도 대단히 중요하다. 이렇듯 남성 중심적으로 구성된 이론을 여성에게 적용해 보면 당연히 남성의 도덕관은 높고 여성의 도덕관은 낮게 나타난다. 그러나 성별과 무관하게 인간이 보편적 발달 과정을 따른다고 한다면, 여성은 남성보다 도덕적으로 덜 발달했다는 결론에 도달하게 된다. 만약에 사랑이나 배려를 도덕의 중심적 특질로 놓고 도덕관을 만들게 되면 여성의 도덕성이 남성보다 높게 나타날 것이다(Gilligan, 1984).

서양과 동양의 관계도 남성과 여성의 관계와 마찬가지이다. 서양인들이 자신이 생각하는 서양을 개인주의로 개념화한 뒤, 이에 반대되는 속성으로 집단주의라는 개념을 구성한 것이다. 외견상 서로 구분되는 속성들 같으나 실제로 개인주의가 서양을, 집단주의가 동양을 반영한다는 가정은 하기 어렵다. 여성성을 이해하기 위해서는 여성의 입장에서 새로운 개념들을 만들어서 다시 연구를 해야지만 진정한 여성성 이해에 도달할 수 있듯이, 제대로 된 동양 이해는 동양의 문화와 맥락, 가치에 근거한 동양의 관점에서 출발해야 한다. 따라서 비교문화심리학의 근본적인 제약은 그 보편성 가정으로 인해 연구결과의 해석과 적용이 우리의 현실을 이해하는 데 큰 설명력을 갖지 못한다는 데 있다.

최근 비교문화심리학에는 이러한 한계를 극복하기 위한 새로운 접근(생태적 접근)도 행해지고 있다. 주로 문화와 인지의 관계에 대한 연구들인데, 이들 주장의 핵심은 환경적인 차이에서 비롯된 삶의 방식 차이가 질적으로 다른 문화 차이(인지체계)를 만든다는 것이다(Kitayama & Park, 2007; Nisbett, 2003; Nisbett et al., 2001; Uskul et al., 2008 등).

3. 문화와 심리에 대한 제3의 접근: 토착심리학

이제까지 심리학적으로 문화를 연구해 온 두 가지 흐름에 대해 살펴보았다. 인류학 및 인문사회과학적 전통에서 비롯된 문화심리학(협의)과 전통적 심리학에 뿌리를 두고 있는 비교문화심리학이 그것이다. 그 외에도 문화와 심리에 대한 또 다른 접근으로 토착심리학이 있다.

1) 토착심리학의 배경

인간 심리의 보편성을 가정하고 있는 서구의 경험주의 심리학은 세계 여러 나라로 전파되었다. 이들 나라에서 수행된 심리학 연구들이 누적되면서 연구결과가 기존의 이론들과 일치하지 않거나 설명할 수 없는 부분이 많아지기 시작하였다. 그 결과, 이른바 제3세계 심리학자들로부터 각 나라의 문화에서 비롯된 심리학 이론이 개발되어야 한다는 의견이 제기되었는데, 이러한 흐름을 토착심리학(indigenous psychology)이라 한다. 대표적인 토착심리학자인 필리핀의 Enriquez는 '미국 심리학도 토착심리학의 하나'라는 주장으로 문화와 심리의 불가분적 관계를 역설하였다(Enriquez, 1989).

인도의 심리학자 Sinha는 토착심리학의 생성 동기 중 하나로 마음의 탈식민지화(decolonization of mind)를 들었다. 이는 서구 심리학을 그대로 수용하는 것에 대한 토착심리학자들의 태도를 드러낸다. 서구(주로 미국)에서 개발된 심리학 이론을 그대로 받아들이는 것은 결국 이론의 종속이며 학문의 식민화라는 것이다. 따라서 각 나라는 자신들의 문화에서 비롯된 토착적인 심리학 이론을 개발하여야 한다. 즉, 토착심리학은 서구 심리학에 대한 제3세계 심리학자들의 반성적 심리학이라 할 수 있다(Sinha, 1986).

Enriquez(1990)는 토착심리학을 '특정한 문화적 전통에 뿌리를 둔 심리학적 생각과 실제의 체계'라고 간주하였으며, Kim(1990), Kim과 Berry(1993)는 토착심리학을 자생적이며(native), 외부로부터 이식되지 않은, 자기 민족을 위해 설계된 인간 행동(또는 마음)에 대한 과학적 연구라 정의한 바 있다.

토착심리학이 비교문화심리학보다 훨씬 뒤에 등장하는 이유로 동양의 문화적 특성이 거론되기도 한다. 즉, 서구에서 훈련받은 동양의 학자들은 스승들의 학문적 틀을 깨기 어려웠을 것이며(Greenfield, 1999), 서구의 접근에서 탈피하는 것은 과학에 대한 모독(Enrizuez, 1993)으로 간주되었기 때문일 수 있다. 토착심리학은 보편성을 추구하지 않는다는 점, 구성주의적 관점을 취한다는 점에서 문화심리학(협의)과 유사하지만 방법론에서는 다소 유연한 입장을 갖는다.

2) 토착심리학의 연구

그러면 토착심리학의 연구는 어떻게 이루어지는지 살펴보자. Sinha(1999)는 토착화의 방향으로, ① 서구심리학의 이론을 정착시키는 방법(exogenous), ② 토착적 이론을 개발하는 방법(endogenous), 그리고 ③ 통합적 혹은 절충적인 방법을 들었다. 보통 ①보다는 ②나 ③의 방향이 강조된다.

Yang(1999)은 중국의 토착심리학자를 위해 네 가지 원칙을 제안했다.

첫째, 중국인들에게 문화적으로 고유한 현상이나 특성에 대한 연구에 우선을 둘 것
둘째, 이 현상의 구체적인 내용과 과정을 조사할 것
셋째, 현상의 자연스럽고 구체적인 내용에 집중해서 연구를 시작할 것
넷째, 연구는 서구의 지적 전통보다는 중국의 지적 전통에 기반을 둘 것

Shinha와 Yang의 제안에서 알 수 있듯이, 토착심리학의 주제는 해당 문화의 고유한 현상이나 특성을 밝히는 것이다. 그리고 그것은 해당 문화의 지적 전통에서 해당 문화 구성원들의 시각으로 이루어진다.

토착심리학의 대표적인 연구들로는 인도의 '베다 심리학(Vedantic psychology)[2]'이나 중국의

2) 인도의 베다 심리학(Vedantic psychology): 베다 심리학은 인도의 고대 경전(Rig-Veda, Sama-Veda, Atharva-Veda, Yaju-Veda)을 정교화한 것으로, 고래의 전통과 사상을 이해하지 못하면 현재 인도인들의 사회, 문화, 심리를 이해하는 것은 불가능하다는 전제에서 비롯되었다. 베다 심리학은 인간 존재를 영적인 정신으로 충만한, 위계적으로 조직된 우주적 집합의 일부로 간주하고 있다.

대인관계 맥락에서의 토착 개념인 Yuan(元; Yang & Ho, 1988) 연구, Ho(1993)의 아시아 문화에서의 관계지향성(relational orientation) 개념화 연구, 한국인들의 한(恨), 정(情), 심정(心情) 등을 개념화한 최상진의 연구 등을 들 수 있다.

한편, 토착심리학의 목표에 대해서는 학자들에 따라 이견이 있다. Enriquez와 같이 토착심리학을 탈식민화의 일환으로 간주하는 학자들은 서구 주류심리학의 이론에 대응하는 토착심리학의 이론체계를 세우는 것을 우선으로 여긴다. 하지만 대다수의 학자가 토착심리학은 결국 보다 상위의 보편심리학으로 통합되어야 한다고 보고 있다.

Berry(1999)는 토착심리학이 문화심리학과 비교문화심리학을 포괄하는 역할을 할 수 있다고 보았고, Ratner(2008)는 토착심리학의 연구성과들은 곧 문화심리학의 이론과 방법론으로 통합되어야 한다고 주장하였다. 최상진과, 한규석(1998)과 Yang(1999) 등은 여러 문화에서 구축된 토착심리학을 바탕으로 상위의 보편심리학을 추구해야 한다고 주장하였다. 하지만 토착심리학은 명쾌한 방법론의 부족과 이로 인한 실현 가능성 부족 등의 이유로 지지부진을 면치 못하고 있다(Jahoda, 2016). 토착심리학을 비롯한 문화심리학의 연구방법론에 대해서는 3장에서 보다 자세히 다룰 것이다.

4. 문화심리학은 무엇이어야 하는가

현재 문화심리학은 문화와 인간의 마음, 행동을 다룬다는 공통의 취지 아래 다양한 학문적 전통과 관심사를 가지고 연구하는 학파들을 통칭하는 개념이다. 문화심리학은 거의 독자적으로 활동하고 있는 여러 분야를 포괄하는 '느슨하게 연결된' 학문이라 할 수 있다. 그러한 분야들은 지금까지 살펴보았듯이, 심리학에서 문화를 다루는 접근은 인간 심리의 보편성 가정을 따르는 주류심리학적 관점의 비교문화심리학과 인류학을 비롯한 인문사회과학적 전통에서 출발한 협의의 문화심리학, 그리고 역시 인간 심리의 보편성을 거부하며 마음의 탈식민화를 표방하는 토착심리학의 세 가지로 구분된다.

이것들은 각각 서로 다른 지적 전통, 연구주제, 방법론을 가지고 있지만, 문화심리학이라는 용어는 이 세 관점을 구분하지 않고 혼용되고 있다. 각각의 전통은 서로 다른 인식론적 배경을 갖고 있으며 대표적인 연구자들은 물론 연구의 주제와 방법에 이르기까지 상당한 차이를 보인다.

따라서 문화와 관련된 주제를 연구하고자 하는 심리학자들은 선행연구들을 검색하는 순간부터 혼란에 빠질 수밖에 없다. 문화를 다루는 세 가지 전통의 연구들 모두 함께 보여지기 때문이다. 여기서는 문화심리학의 접근법들을 요약, 정리하여 우리가 취해야 할 문화연구의 관점이 무엇인지 살펴보도록 하겠다.

1) 각 접근의 특징

문화심리학의 세 가지 흐름 중에서 비교문화심리학을 제외하면, 협의의 문화심리학과 토착심리학은 여러 면에서 공통점이 많다. Triandis(1999)에 따르면, 비교문화심리학은 보편적 원리를 다루며, 협의의 문화심리학과 토착심리학은 문화특수적인 내용에 관심이 있다. 비교문화심리학이 개인적 특성에 초점을 두는 반면, 협의의 문화심리학과 토착심리학은 심리적 경험이 이루어지는 맥락과 사람들이 경험에 부여하는 의미에 초점을 둔다. 가장 중요한 차이는 비교문화심리학은 문화를 외적인 변수로 고려하지만, 협의의 문화심리학과 토착심리학은 문화와 마음의 관계를 불가분의 관계로 본다는 사실이다.

따라서 비교문화심리학이 인공적인 상황에서 서로 다른 문화를 독립변인으로 두고 보편적일 것이라 예상되는 종속변인의 차이를 보이는 것을 목표로 한다면, 협의의 문화심리학과 토착심리학은 심리적 경험이 이루어지는 실제적인 상황에서 사람들의 경험이 구성되는 과정과 의미를 밝히는 것을 목표로 한다.

많은 연구자가 이러한 구분에 동의한다. 하지만 문화심리학과 토착심리학의 차이에 있어서는 이견이 존재하는데, 이는 연구자 자신이 속한 지적 전통과 학문적 지향에 근거하는 듯하다. 대개 문화심리학적 전통을 따르는 학자들은 토착심리학과 문화심리학의 차이를 적게 보고, 주류심리학적 전통을 따르는 학자들은 양자의 차이가 크다고 보는 경향이 있다. Yang(1999)은 비교문화심리학, 문화심리학(협의), 토착심리학의 특징을 〈표 2-3〉과 같이 요약하였다.

표 2-2 비교문화심리학, 문화심리학(협의), 토착심리학-Triandis의 구분

비교문화심리학	문화심리학(협의)/토착심리학
etics(보편적)	emics(문화특수적)
개인적 특질	맥락
개인 외부	문화 내부
인위적 상황	실제 삶의 상황
의미 고려 안함	의미
여러 문화들	단일 문화

출처: Triandis (1999).

표 2-3 비교문화심리학, 문화심리학(협의), 토착심리학의 비교

비교문화심리학	문화심리학(협의)	토착심리학
	목적, 범위, 초점	
다양한 문화적 맥락에서 심리학 이론의 일반성을 검증하여 보편심리학을 만듦	특정 문화와 문화에 걸친 이론을 개발하여 문화에 기반한 지식체계를 구축	특정 문화에 기반한 심리학을 만들고 이후에 가능하면 보편심리학으로 발전
주류심리학의 하위분과	심리학과 인류학의 혼합	주류심리학, 비교문화심리학, 문화심리학을 포함
심리와 행동의 보편성을 강조	심리와 행동의 특수성을 강조	특별한 선호 없음
	이론적 지향	
자연과학을 모델로 함	인문학 및 문화과학을 모델로 함	양자 수용
문화와 행동을 독립변인 대 종속변인으로 파악	문화와 행동을 상호 구성되며, 서로간에 구분될 수 없다고 봄	양자 수용
심리의 과정과 구조는 분리, 구분될 수 있음	심리의 과정과 구조는 분리할 수 없음	양자 수용
심리적 개념들은 맥락과 무관하게 정의됨	심리적 개념들은 맥락에 기초하여 정의됨	양자 수용
	방법론	
문화 비교	단일문화 분석	양자 수용
비교되는 개념의 내용, 측정상의 문화 간 등가성을 가정	가정 없음	가정 없음
양적 · 실험적 방법	질적 · 해석적 방법	양자 수용
변인을 분석의 적정 수준으로 간주	문화 체계가 분석 수준	양자 수용
연구자는 관찰하는 현상에 영향을 미치지 못한다고 봄	연구자가 현상에 영향을 미칠 수 있다고 봄	양자 수용
전문가인 학자가 개념 구성	문화 내부적 관점에서 개념 구성	양자 수용
대표성 있는 표집	이론적 표집	양자 수용
피험자는 정보제공자로 간주	사례자는 상호작용 및 관찰의 대상	양자 수용

출처: Yang (1999).

앞서의 논의들을 종합하여 각 접근의 장단점을 살펴보면 다음과 같다.

(1) 비교문화심리학

비교문화심리학은 인간의 마음과 행동에 미치는 문화의 영향력에 주목하여 문화의 차이를 보여 주는 실증적 연구들을 수행해 왔다. 물론 인간 심리에 대한 보편성 가정을 유지함으로써 연구결과의 해석 및 적용에 제한을 갖기는 하지만, 과학적 방법론을 바탕으로 한 정밀한 연구설계와 명료한 연구결과는 비교문화심리학의 장점이다.

비교문화심리학의 방법론적 장점은 첫째, 문화를 독립변인으로 간주하는 명료한 분석틀을 사용함으로써 보편적 현상과 문화 특정적 현상에 대한 일반화를 제공한다는 점이며, 둘째, 구조화된 연구설계와 관리로 연구의 신뢰도, 타당도 확보가 용이하다는 점이다. 이러한 장점은 추후의 문화연구에서 받아들여질 수 있다.

(2) 협의의 문화심리학

문화심리학(협의)은 기존 심리학 및 비교문화심리학의 보편성 가정 및 지나친 실증주의적 연구 방법에 반발하여 인류학을 위시한 인문사회과학적 전통에서 파생한 접근이다. 문화는 질적 다양성을 갖는다는 문화상대주의적 관점과 인간의 심리는 문화 내에서 문화와 상호작용하며 구성된다는 구성주의적 관점이 이 접근의 주된 특징이 된다.

해석적 · 질적 연구 방법을 사용하여 심리 경험과 현상의 의미와 과정을 밝힐 수 있다는 장점이 있으나, 양적방법론을 거부함으로써 선택할 수 있는 연구의 폭이 넓지 않고 기존 심리학과 소통하기 어렵다는 점과 다양한 지적 전통이 있어 연구자가 참조할 만한 이론이나 적용할 수 있는 방법론을 선택하기 힘들다는 점은 단점이다.

(3) 토착심리학

토착심리학은 각 문화의 토착적인 심리이론을 구축하려는 접근이다. 기본적으로 문화상대주의적 관점을 갖지만 문화심리학(협의)처럼 엄격한 구성주의적 가정을 유지하지는 않는다. 따라서 토착적 개념을 발견하고 이론을 정립하기 위해 다양한 이론적 · 방법론적 접근에 융통성이 있는 것이 특징이다.

비교문화심리학이나 문화심리학(협의)에 비해 이론적, 방법론적으로 유연한 것이 장점이지만, 아직 그 역사나 성과가 일천하다는 것은 단점이다. 각 문화의 고유한 이론을 개발하기 위해서는 이미 오랜 시간에 걸쳐 구축된 기존 심리학에 대응할 만큼의 연구결과를 축적하고 기존 연구결과와의 비교가 필요한데, 그것이 말처럼 쉬운 일은 아니다. 이러한 목적을 위해 연구결과의 축적이 요구된다.

2) 통합적 문화심리학

문화의 시대, 문화심리학의 목표는 문화 내에서 구성된 인간 심리의 질적 다양성을 바탕으로 벌어지는 인간의 마음과 행동을 이해하기 위해 기존 심리학 및 다양한 학문 분야와 교류하며 문화와 인간 행동에 대한 의미있는 논의를 지속적으로 생산해 나가는 것이다. 문화심리연구의 세 접근법의 이러한 장단점으로부터 앞으로 우리가 선택해야 할 대안적 문화심리학의 모습을 유추해 보도록 하겠다.

Yang(1999)은 문화심리학의 유형은 다음과 같은 3개의 차원, 즉 단일문화 대 비교문화, 토착적 대 주류심리학적, 자연과학 모델 대 인문/사회과학 모델에 따라 세분화될 수 있다고 보았다. 총 8개의 차원 중 이론적으로 존재할 수 없는 2개 차원을 제외한 6개의 차원이 현존하는 문화심리학의 접근들을 포괄한다.

표 2-4 문화심리학의 유형

	A1 단일문화 전략		A2 비교문화 전략	
	B1 토착적 접근	B2 주류심리학적 접근	B1 토착적 접근	B2 주류심리학적 접근
C1 자연과학 모델	A1B1C1	A1B2C1	A2B1C1	A2B2C1
C2 인문/사회과학 모델	A1B1C2	A1B2C2	A2B1C2	A2B2C2

출처: Yang (1999).

각 차원을 살펴보면 다음과 같다. 우선, 빗금 친 칸의 유형(A1B2C2, A2B2C2)은 존재할 수 없다. 보편성 가정 및 과학적 방법론을 사용하는 주류심리학의 관점과 상대성 가정 및 해석적 방법론을 사용하는 인문/사회과학모델은 상호 배타적이기 때문이다.

① A1B2C1은 현재의 서구, 특히 미국 심리학 중심의 주류심리학[3)]이다. 미국 문화에서 발견한 심리적 특성들을 인간의 보편적 심리라고 가정하고 자연과학모델에 의거하여 검증하

3) 주류심리학(main stream psychology)이란 인간 심리의 보편성 가정을 유지하는, 현 심리학계에서 주로 통용되는 이론과 방법론을 사용하는 흐름을 말한다.

는 데 목적이 있다.

② 토착심리학은 A1B1C1, A1B1C2를 포괄한다. 토착심리학은 단일한 문화에 대한 접근이며, 연구 방법은 자연과학적 방법과 인문/사회과학적 방법을 포괄한다.

③ 현재의 비교문화심리학은 A2B2C1유형이다. 비교문화심리학에서 검증하고자 하는 심리적 원리들은 미국을 중심으로 한 서구문화에서 발견되고 연구되어 온 것들이다.

④ 토착적 주류심리학은 A1B1C1과 A2B1C1 유형이다. 주류심리학에서의 토착적 접근은 주류심리학의 연구방법론을 따르는 경우가 많다.

⑤ 문화심리학(협의)은 A1B1C2와 A2B1C2가 결합된 형태이다. 협의의 문화심리학은 단일한 문화에 대한 인문/사회적 접근을 고수한다.

⑥ A2B1C1과 A2B1C2는 비교문화적 토착심리학이다. 연구 방법의 모델과는 관계없이 한 문화의 토착적 개념을 다른 문화와 비교하고자 하는 심리학이다.

한편, 서구 주류심리학과 토착심리학의 노력으로 '토착화된 심리학(indegenized psychology)'도 등장하고 있다(Yang, 2012). 주류심리학 이론을 기반으로 해당 사회의 문화적 맥락을 최대한 고려하여 토착 심리적 개념과 현상을 이해하려는 움직임이다. 이 입장은 기존 심리학의 입장과는 달리 토착 문화의 영향력을 인정하고 토착심리학의 성과를 받아들이려 한다는 장점이 있으나, 주류심리학 이론에 내재된 서구의 자문화 중심주의 및 진화론적 시각을 비판적으로 바라볼 필요가 있다.

제1장에서 드러나듯이, 이 책은 인간의 심리가 보편적이라는 가정을 거부하고 문화상대주의적 관점에서 인간 심리의 다양성에 주목한다. 그렇다고 해서 저자들이 인간의 심리에 보편적인 부분이 없다고 주장하는 것은 아니다. 다만 현재 보편적이라고 가정되고 있는 인간 심리의 특성과 원리들은 서구의 일부 문화에서 비롯된 것이며, 따라서 아직까지 그것들이 진정한 의미에서 보편적이라고 하기에는 축적된 증거가 충분하지 않다는 것이다. 진정한 보편성을 획득하기 위해서는 더 많은 문화권에 대한 연구들이 뒷받침되어야 한다.

토착심리학의 보편 이론화는 A1B1C1, A1B1C2, A2B1C1, A2B1C2이 통합된 유형의 문화심리학에서 가능하다. 즉, 토착심리학의 연구결과들을 종합하여 한 차원 위로 이론화하기 위해서는 이론화(인문/사회과학 모델)와 검증(자연과학 모델)을 거쳐 문화권 비교를 통해 이루어질 수 있다. 최상진, 한규석(1998)과 Yang(1999) 등의 학자들은 이러한 유형의 문화심리학을 문화심리학의 궁극적 모델로 삼았으며, 이 책에서 주장하는 문화심리학의 목표 역시 그러하다.

이러한 목적을 위해 문화심리학의 여러 접근은 서로 융합할 수 있다. 문화심리학이라는 이름 아래에는 수많은 접근이 존재한다. 그러나 문화를 연구하는 데 있어 어떤 한 가지 접근만을 고수할 필요는 없다고 생각한다. 문화 간 비교에 목적이 있으면 비교문화연구를 하면 되고, 문화의 고유한 특성을 밝히는 데 목적이 있으면 협의의 문화심리학이나 토착심리학의 관점을 택하면 된다. 특히 어떠한 심리 현상의 의미나 과정을 밝히는 데에는 협의의 문화심리학이 적절한 해답을 제시해 줄 수 있다. 그렇게 발견한 개념을 척도화하거나 다른 문화와 비교할 때는 기존 심리학의 방법론을 차용할 수 있다. 즉, 연구자가 관심을 갖는 연구의 주제에 따라 그 주제를 가장 적절하게 연구할 수 있는 접근을 선택할 수 있고, 그 접근에 따라 연구 방법은 결정된다.

제3장

문화심리학의 연구방법론

문화를 다루는 심리학에서의 접근은 비교문화심리학, 문화심리학(협의), 토착심리학의 세 가지가 있다. 이 세 가지의 문화심리학은 각각의 지적 전통에서 나름의 목표와 방법론을 가지고 문화를 이해하려고 노력해 왔다. 그러나 이것들은 이론적 배경과 인식론적 차이 때문에 저마다 추구하는 목표와 그 목표에 도달하기 위한 방법에서 차이를 보인다. 따라서 문화와 관련된 인간의 마음과 행동을 연구하기 위해서는 우선 이것들이 채택하고 있는 연구방법론들에 대해 살펴볼 필요가 있다.

이 책은 문화를 바라보는 관점에 있어서 문화심리학과 토착심리학의 관점을 따르고 있다. 즉, 문화는 마음과 분리할 수 없으며, 따라서 인간의 마음은 보편적인 것이 아닌 문화적 맥락 내에서 구성된 상대적인 것이다. 그러므로 인간 심리에 대한 보편성 가정과 탈맥락적인 연구방법론을 유지하는 비교문화심리학의 관점은 일차적으로 비판의 대상이 된다.

문화는 매우 다층적이며 복잡한 주제로서 한 가지 관점의 접근만으로는 문화를 올바로 이해하기가 어렵다. 더구나 여타 인문사회과학이 아닌 심리학의 관점에서 문화를 이해하고 있는 문화심리학의 입장에서 현 심리학의 방법론적 관점을 완전히 배제하는 것은 현 심리학과 문화심리학의 교류를 가로막는 결과로 이어질 수 있다.

따라서 토착 및 문화심리학의 연구성과들을 기존 심리학의 연구들과 통합적으로 이해하기 위해서, 나아가 문화심리학의 연구가 서로 다른 토착심리학의 성립이 아닌 한 차원 위의 보편심리학의 추구를 위해 문화심리학은 독자적인 방법론을 개발하고 발전시키는 외에도 현 주류심리학의 방법론이 갖는 장점들을 취사선택할 필요가 있다. 이번 장에서는 이러한 전제에서 심리학에서 문화를 연구해 온 세 관점의 연구방법론을 소개하고 그 장단점을 살펴볼 것이다.

1. 비교문화심리학

비교문화심리학은 다양한 문화적 맥락에서 심리학 이론의 일반성을 검증하려는 목표를 가지고 있다. 인간의 심리가 문화와 관계없이 본질적으로 동일하다는 보편성 가정을 따르며, 논리실증주의에 기반을 둔 방법론을 유지한다. 따라서 비교문화심리학은 기본적으로 심리학의 방법론을 그대로 사용한다.

1) 심리학의 연구 방법

심리학의 주된 정체성은 '과학적 방법'에 있다. 자연과학에서나 사회과학에서나 과학의 궁극적 목적은 관심 대상의 변화를 예측하는 데 있다. 이를 위해서 먼저 대상에 대한 관찰을 통해 객관적인 명제를 찾게 되는데 이것을 사실(fact)이라고 한다. 다음으로 사실을 설명하고 그것에 기반하여 새로운 사실을 예측할 수 있는 이론(theory)을 생성하며, 이론에서 도출되는 사실을 검증할 수 있는 가설(hypothesis)을 세우게 된다. 이후에 연구를 통해 가설이 검증되면 이는 새로운 사실의 발견으로 이어지며, 나아가 새로운 이론의 구축으로 이어진다. 이때 가설은 반증가능성(falsifiability)을 가져야 하며, 검증은 반복 가능(replicable)해야 한다.

일부 기술연구를 제외하고 대부분의 심리학 연구에서 인간의 행동은 변인으로 간주된다. 변인들을 측정하기 위해 조작적 정의(operational definition)라는 과정이 요구되며, 측정된 변인들은 통계적으로 처리된다. 이러한 과정을 거치는 연구들을 양적 연구(quantitative study)라고 한다. 일반적으로 심리학 연구는 양적 연구로 수행된다.

2) 비교문화심리학 연구의 특징

비교문화심리학에서 인간의 심리는 본질적으로 보편적인 것으로, 문화는 단지 그 정도의 차이를 유발하는 변인(독립변인)으로 이해된다(Berry, 1976). 따라서 상당수의 비교문화심리학 연구들은 동일한 방식으로 측정된 동일한 종속변인에 대한 문화 간 차이를 보여 주는 데 초점이 맞추어져 있다. 비교문화심리학 연구의 기본 틀은 다음과 같다.

- 문화를 독립변인으로 간주한다.
- 심리적 개념(종속변인)은 전문가인 학자들에 의해 구성된다.

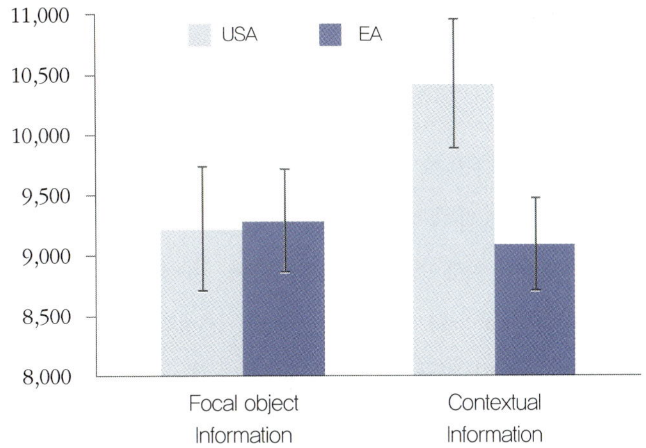

[그림 3-1] 2×2 설계에서의 연구결과 제시의 예

출처: Masuda & Nisbett (2006).

- 문화에 따른 종속변인의 차이에 관심이 있다.

비교문화심리학 연구는 주로 실험연구로 수행된다. 문화의 수준(예, 개인주의 대 집단주의)과 실험조건(예, 처치 ○ 대 처치 ×)이 두 개의 독립변인이 되고, 독립변인들의 상호작용에 따라 연구에서 관심을 갖는 종속변인의 변화를 보는 방식이다.

방법론적 관점에서 이러한 방식의 장점은 문화의 차이를 보여 주는 명료한 결과이다. 그러나 여기에는 몇 가지 단점이 있다. 문화심리학의 관점에서 비교문화심리학의 근본적인 한계는 문화를 외재적 변인(독립변인)으로 고려한다는 점과 그로 인한 연구결과 해석 및 적용의 문제이다. 이는 인간 심리의 보편성 가정으로부터 비롯되는 것으로 이에 대해서는 제2장에서 자세히 언급한 바 있다.

(1) 비교문화심리학 연구의 단점

여기서는 비교문화심리학이 채택하고 있는 방법론 자체에서 기인하는 단점들을 살펴보기로 하겠다.

① 문화적 등가성

문화적 등가성은 각 문화의 차이를 독립변인으로 다루고 연구의 나머지 절차들은 동일하게 취급한다. 예를 들어, 한국인과 미국인의 개인주의 점수의 차이를 비교할 때 표집된 사람들의 성별, 연령 등의 인구통계적 변인은 통제되어야 하고 개인주의를 측정하는 도구도 양쪽 집단에서 동일하게 사용되어야 한다. 이러한 문화적 등가성을 확보하지 않으면 연구의 결과가 문화에 의해서 나타나는지 다른 변인에 의해 나타나는지 알 수 없다. 쉬운 예로, 조사대상자의 대표성 문제를 들 수 있다.

비교문화 연구들에서는 한 나라의 표본(예, 한국)이 한 문화(집단주의 문화)를 대표하게 되는데, 해당하는 나라 전체에서 표집이 이루어지지 않는 한, 제한된 지역에서 표집된 조사대상자들이 한 문화를 대표하는 집단으로 받아들여지게 된다. 이 경우, 표본의 대표성 문제가 발생할 여지가 있으나 이제까지의 비교문화 연구들에서는 이 문제가 그리 큰 비중으로 논의되지 못하였다(한민 등, 2012). 결국 기존의 연구들은 한 문화권 내 혹은 한 나라 안에 존재하는 문화적 다양성을 고려하지 않고 있었다는 뜻이다. 만약 같은 연구에서 표집이 다른 지역에서 이루어졌다면 다른 결과로 이어졌을 가능성 또한 존재한다.

② 개념의 문화적 차이

다른 문화에서 측정된 종속변인이 의미하는 바가 서로 같은가에 대한 문제이다. 예를 들어, '주관적 안녕감(subjective well-being)'은 어떤 문화에서 중요하게 생각하는 가치와 보다 밀접하게 관련되어 있다. 즉, 개인주의 문화권의 사람들의 주관적 안녕감이 자기존중감과 높은 상관을 보이는 데 반해(Diener & Diener, 1995), 집단주의 문화권 사람들의 주관적 안녕감은 관계조화성(relation ship harmony)과 높은 상관을 보인다(Kwan et al., 1997). 즉, 다른 문화권의 참여자들은 같은 '주관적 안녕감'에 대해 서로 다른 것을 떠올리면서 응답할 수 있다는 점이다.

③ 문화 차이에 대한 순환론적 설명

비교문화심리학은 주로 문화 간 차이를 드러내고자 한다. 그러나 문화 차이를 설명하는 것은 쉽지 않은 일이다(Cohen, 2001). 문화의 차이를 설명하고자 하는 시도는 순환론적 오류에 빠지기 쉽다. 대개의 비교문화 연구에서 문화에 따른 종속변인의 차이는 독립변인인 문화의 차이에서 기인하는 것으로 받아들여진다. 예를 들면, 개인주의 문화권의 사람들이 자아존중감이 높은 이유는 개인주의 문화가 사람들의 자존, 자립, 자기실현 등의 가치를 강조하여 긍정적인 자기상을 조장하기 때문이고, 집단주의 문화를 가진 사람들이 자아존중감이 낮은 이유는 집단주의 문화는 개인의 독특성보다는 집단의 지향과 집단 내에서의 조화를 우선시하기 때문이다(Markus & Kitayama, 1991; Heine & Lehman, 1995). 이러한 설명은 서로 다른 문화에 속한 개인들에게 내재화된 서로 다른 문화 성향이 행동의 차이를 만들어 낸다고 설명하고, 다시 이 행동의 차이를 지표로 삼아 개인들의 문화 성향을 정의하는 방식으로 다분히 순환론적이다(박혜경, 2011).

④ 이분법적 문화 구분

비교문화심리학에서 대다수의 연구는 세계의 문화를 개인주의 문화와 집단주의 문화로 이분하고 있다. 두 수준으로 구분되는 문화(예, 개인주의 대 집단주의)가 실험 패러다임에서의 실험집단과 통제집단 역할을 하기 때문인데, 이런 단순한 이분법적 구분 때문에 각 문화의 질적인 특수성이나 한 문화권의 하위문화들 사이의 차이를 확인하기 어렵다는 한계에 부딪치게 된다.

예를 들면, 특정 종속변인의 차이를 보기 위해 미국과 일본을 비교하거나 미국과 한국, 혹은 미국과 중국을 비교하는 경우, 이는 모두 개인주의 문화와 집단주의 문화 간의 비교로 귀결되어 한국과 일본, 중국은 모두 집단주의 문화로만 이해된다. 그러나 이러한 이분법적 문화 구분의 타당성은 최근의 연구들에서 비판의 대상이 되고 있다(한민 외, 2009; 한민 외, 2012; 장수지, 2010).

3) 비교문화심리학 연구 경향

(1) 생태문화적 접근

이러한 여러 한계를 극복하기 위해 최근의 비교문화심리학은 생태적 · 사회정치적 맥락에 인간이 어떻게 적응하는가에 초점을 맞추어 문화를 기술하고 문화 차이를 설명하려는 시도를 하고 있다. 일례로, 동서양 사고방식의 차이에 대한 설명에서 Nisbett(2003) 및 Nisbett, Peng, Choi와 Norenzayan(2001)은 동양의 사고방식은 농경 중심의 중국 문명에서 발달한 것으로, 농경 중심의 사회에서는 여러 사람의 협력이 중요하기 때문에 집단 내의 조화와 질서를 중요시하게 되었으며, 서양의 사고방식은 유목이나 어업, 교역을 중심으로 하는 그리스 문명에서 기인하는 것으로, 생존을 위해 반드시 다수의 사람이 협력해야 할 필요가 적었기에 개인의 자율성을 크게 보장하는 삶의 방식을 발달시키게 되었다고 주장하였다. 이외에도 독립적 자기와 상호의존적 자기의 기원(Kitayama & Park, 2007)이나 생계 유지 방식이 인지 양식에 미치는 영향(Uskul et al., 2008) 등에 대한 설명에서 생태문화적 설명이 적용되고 있다.

(2) 하위문화 연구

거시적 문화 차이를 넘어서 그 차이의 이유를 밝히는 또 하나의 방법으로는 문화 내의 다양한 하위문화를 연구하는 방법이 있다. Vandello와 Cohen(1999)은 미국 내 50개 주를 대상으로 독거인 비율, 독거노인(65세 이상) 비율, 3대 가족의 비율, 이혼율, 무종교인 비율, 지난 선거에서 진보성향의 후보에게 투표한 비율, 카풀(carpool)을 하는 사람들의 비율, 자영업자 비율 등의 8개 지표를 조사하여 50개 주의 집단주의 성향을 순위로 제시하였다. 그 결과를 보면, 루이지애나, 사우스캐롤라이나, 미시시피, 메릴랜드, 유타 등 남동부 지역의 집단주의 점수가 높았고, 오레곤, 몬태나, 네브래스카, 와이오밍 등 서부 산악 및 대평원 지역의 집단주의 점수는 낮았다.

한 국가 간 문화의 차이는 일본의 연구에서도 보고된 바 있는데, Kitayama, Ishii, Imada, Takemura와 Ramaswamy(2006)는 홋카이도 주민과 본토 일본인을 비교한 연구에서 홋카이도 주민들이 보다 독립적 성향을 많이 가지고 있음을 밝혔다. 이러한 차이는 비교적 근대에 일본에 편입되어 이주 및 개척의 역사를 가지고 있는 홋카이도의 특성에서 비롯되었을 것으로 짐작되며, Vandello와 Cohen(1999), Cohen과 동료들(1996) 등의 연구처럼 생태문화적 요인으로 문화 차이를 설명한다는 공통점을 갖는다.

4) 생태문화적(ecocultural) 접근의 문화 내 비교연구

최근의 문화 내 비교연구들은 대개 생활패턴의 차이에서 측정하고자 하는 문화적 성향을 추정하는 방식을 채택하고 있다. 미국 내 지역 차이를 연구한 Vandello와 Cohen(1999)은 미국 내 각 주민의 집단주의 수준을 알아내기 위해 실생활에서 집단주의적 행동 양상을 보일 것으로 예상되는 생활패턴들(예, 독거노인 비율, 3대가 함께 사는 세대의 비율, 카풀을 이용하는 이들의 비율)을 지표화하여 사용하였다. 예를 들어, 노인들이 자녀들과 함께 사는 것을 선호한다든가, 다른 사람들과 같은 차로 출퇴근하는 것을 꺼리지 않는다면 그들의 집단주의 성향이 높다고 평가하는 방식이다.

또한 실험을 통하여 문화 내 집단 간의 차이를 드러내는 방법도 널리 사용되고 있다. Cohen

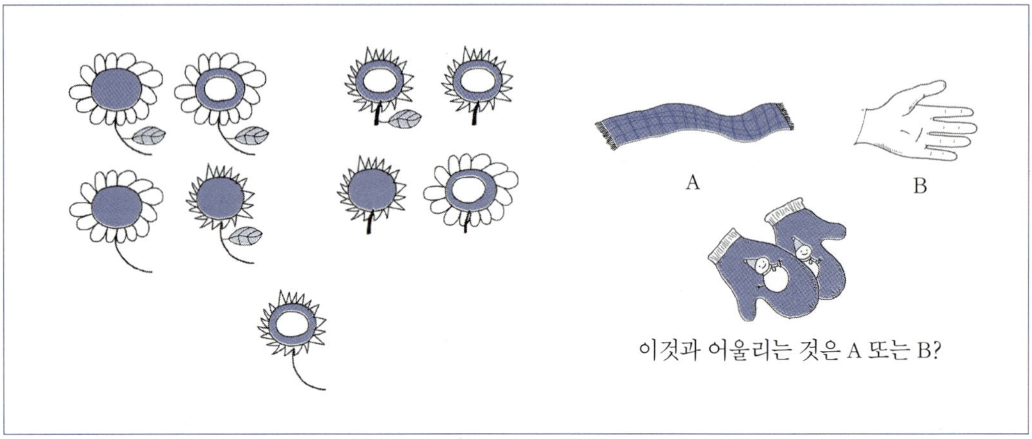

[그림 3-2] Uskul와 동료들이 사용한 범주화 과제의 예

출처: Uskul et al. (2008).

과 동료들(1996)은 실험민족지학(experimental ethnography)이라는 용어로 자신들의 방법론을 규정하였다. 그들은 연구참여자들의 공격성을 측정하기 위하여 일종의 상황 조건을 조작하였다. 실험은 연기자가 연구참여자들을 모욕하는 상황을 연출하고 두 명의 관찰자들이 참여자의 분노 및 공격성 반응을 평정하는 방식으로 진행되었다. 홋카이도와 본토 일본인의 차이를 연구한 Kitayama와 동료들(2006)도 참여자들에게 가장 인상 깊었던 감정 경험을 기술할 것을 요구하고 그 결과를 기존에 구성된 의미 범주에 따라 분석하는 방식의 실험적 연구설계를 사용하였으며, Uskul과 동료들(2008)도 튀르키예의 어부 · 농부 · 목동 집단의 인지 양식을 주의, 범주화 및 추론과제(실험)를 통하여 비교하였다.

이러한 비교문화심리학의 새로운 시도들은 보편성 가정에서 벗어나 문화의 질적 차이를 드러내고자 한다는 점에서 의미를 찾을 수 있다. 하지만 연구들이 상정하고 있는 문화나 문화적 사고의 유형은 여전히 개인주의 대 집단주의의 이분법적 도식을 따르고 있다는 점에서 연구결과의 해석 및 적용에서 나타날 수 있는 문제점이 여전히 나타날 수 있다는 가능성 또한 상존한다.

2. 협의의 문화심리학

문화심리학(협의)은 전통적 심리학이 가지고 있는 객관성 및 보편성에 대한 오류를 지적하면서 이러한 면을 보완하고자 출발한 심리학의 한 흐름이다(최상진, 한규석, 1998). 문화심리학(협의)은 전통적인 심리학과 비교하여 다음과 같은 세 가지 특징을 지닌다.

첫째, 전통심리학 혹은 전통심리학의 관점을 유지하고 있는 비교문화심리학에서 문화를 사람들의 심리 밖에 존재하는 외적인 변수로 보고, 문화에 따라 보편적인 인간의 심리가 어떻게 달라지는가에 관심을 두고 있다면(Berry, 1976; Lonner & Adamopoulos, 1997), 문화심리학(협의)에서는 문화란 인간의 심리와 분리 · 독립시킬 수 없는 개념으로 간주한다. 즉, 문화는 인간의 심리를 구성하며, 따라서 문화가 다르다는 것은 그 문화 내의 마음 경험의 질이 판이하게 다를 수 있다는 것이다. 문화심리학(협의)은 이렇게 구성된 문화적 개념을 심리학 이론 내에 용해시키려는 입장을 취한다(Bruner, 1993; Jahoda, 1992).

둘째, 전통심리학 혹은 비교문화심리학이 그 문화에서 살아가는 일반인들의 설명보다는 이러한 설명을 초월하여 존재하는 범문화적인 보편적 심리기제를 찾아내어 이를 자연과학적 연구 방식에 따라 검증하는 데 초점을 두는 반면, 문화심리학(협의)에서는 문화를 사람과 세상을 이해하고 구성하는 방식(Bruner, 1993)으로 이해한다. 문화란 인간의 사고와 행위에 대한 적절한 이유를 제공하는 것이기 때문에 문화심리학은 그 문화권의 사람들이 왜, 언제, 어떻게 그러한 행동을 하는가를 당 문화에서 살아가는 일반인들의 입장에서 밝히고 설명하는 일에 관심을 둔다.

셋째, 전통심리학 혹은 비교문화심리학이 문화적 맥락 속에서 일어나는 마음의 과정보다는 문화적 맥락을 제거한 상황에서 추상화 혹은 외부변수화시킨 문화의 영향을 다루는 반면(Greenfield, 1999), 문화심리학(협의)은 '문화적 마음'의 내용과 사고의 과정을 문화적 삶의 맥락 속에서 있는 그대로 '떠내며', 이를 체계화하고 이론화하는 것을 강조한다(최상진, 한규석, 1998).

그러나 모두가 합의할 수 있는 문화심리학(광의)의 방법론은 존재하지 않는다. 이는 다양한 지적 전통에서 발달한 문화심리학의 특성 때문이기도 하고, 문화심리학의 주제가 되는 문화의 측면이 워낙 다양하고 복합적이기 때문에 어떤 단일한 방법론으로 연구가 이루어지기 어렵다는 점 때문이기도 하다. 그럼에도 불구하고 문화심리학에 특화된 방법론이 없다는 사실은 문화심리학의 한 단점이다. 때문에 많은 연구자가 문화심리학에 관심을 갖지만, 자신의 관심사에 어떻게 접근해야 할 바를 몰라 당혹스러워하다가 연구를 포기하기도 한다.

따라서 여기서는 문화심리학(협의)의 전통에서 비롯된 문화심리 연구에 적용할 수 있는 방법들을 소개하고자 한다. 문화심리학(협의)은 인간 심리의 보편성을 추구하는 대신에 문화 상대적으로 구성되는 심리의 과정과 질에 관심을 갖는다. 따라서 실증적이고 양적인 방법보다는 해석적이고 질적인 방법론이 우선시된다(Ratner, 1997).

질적 방법(qualitative method)은 인간의 행동을 수치화하는 대신에 기술하고, 그 의미와 과정을 드러내는 데 관심을 두고 있는데, 그 목적에 따라 전기(biography), 현상학 연구(phenomenological study), 근거이론연구(grounded theory study), 문화기술지(ethnography), 사례연구(case study) 등을 들 수 있다.

심리학에서는 이 중에서 사례연구 정도를 기술의 목적으로 채택하고 있을 뿐, 질적 연구에 대한 요구가 일반적이지는 않다. 하지만 이는 심리학이 새로운 현상에 대한 관찰을 바탕으로 한 이론의 구축보다는 이미 구축된 이론에 대한 가설 검증에 노력을 기울여 왔다는 방증일 뿐, 질적 연구나 기술연구가 심리학의 정체성 및 목적과는 다른 '과학적이지 않은' 연구 방법이라는 것을 의미하지는 않는다. 특히 문화심리학의 관심이 되는 문화적 설명체계의 기술 및 이론의 구축이라는 측면에서 질적 연구 방법의 적용가능성과 효용은 충분하다.

1) 질적 연구의 접근들

주류심리학, 그리고 비교문화심리학이 양적 방법론을 사용한다면, 문화심리학(협의)의 방법론은 질적 방법론으로 규정할 수 있다. 질적 연구는 그 연구주제에 대한 해석적 접근을 수반하

표 3-1 질적 연구 전통들의 비교

	전기	현상학	근거이론	문화기술지	사례연구
초점	개인의 삶	경험의 본질	이론의 개발	집단의 기술	심층 분석
자료 수집	면접/문서	10명까지 오랜 면접	20~30명 면접	현장연구(6개월~1년)	다양한 자료
자료 분석	-이야기 -발현 -역사적 내용	-진술 -의미 -의미 주제 -경험에 대한 일반적 기술	-개방코딩 -축코딩 -선택코딩	-기술 -분석 -해석	-기술 -주제 -주장
기술 양상	개인의 삶에 대한 자세한 묘사	경험의 본질을 기술	이론/이론적 모델	집단의 문화적 행동 기술	사례에 대한 심층 연구

출처: Creswell (2005), p. 91.

며, 복합적인 방법을 사용한다. 이는 질적 연구자들이 자연스러운 상황에서 현상을 연구하며, 그 현상을 경험하는 사람들이 자신의 경험에 부여하는 의미에 의해 현상을 이해하거나 해석하려고 한다는 것을 의미한다. 질적 연구는 개인의 삶에 의미를 기술할 수 있는 다양한 경험적 재료—사례, 개인적 경험, 내적 성찰, 면접, 관찰 등—를 의도적으로 수집하고 사용한다(Denzin & Lincoln, 1994).

실제로 학문적으로 수행되어 온 질적 연구들은 크게 다섯 가지의 전통으로 구분할 수 있다(Creswell, 2005). 전기(biography), 현상학, 근거이론, 문화기술지, 사례연구가 그것이다. 전기는 한 개인의 인생에 초점을 두며, 현상학은 개념 혹은 현상을 이해하는 데 있다. 근거이론은 이론을 개발하기 위한 접근이며, 문화기술지는 문화 집단에 대한 기술을 목적으로 하고, 사례연구는 구체적인 사례를 검토한다. 이 접근들은 문화심리학 연구에서 유용하게 활용될 수 있다. 대표적으로 문화적 개념이나 현상에 대한 개인들의 경험에 초점을 둘 때는 현상학적 접근이 가능하고, 문화심리적 개념에 대한 이론을 구축하기 위해서는 근거이론의 절차가 유용할 것이다. 그 외에도 특정 문화 집단에 대한 이해는 문화기술지적 접근이, 특정 사례에 대한 이해는 사례연구, 그리고 특정 인물에 대한 이해는 전기적 접근법을 활용할 수 있다. 다섯 가지의 접근법을 간략하게 비교해 보면 〈표 3-1〉과 같다.

여기서는 심리학에서 주로 차용하여 적용하고 있는 근거이론과 현상학의 연구 방법을 소개해 보도록 하겠다.

(1) 근거이론

근거이론은 Glaser와 Strauss(1967)에 의해 제안되어 주로 간호학과 보건학을 중심으로 발전되어 온 질적 연구 방법으로서 일반인들이 그들의 경험을 어떻게 구조화하고 그것에 어떠한 의미를 부여하는지를 이해하기 위한 목적에서 개발되고 발전하여 왔다(Charmaz, 2000). 이러한 근거이론의 주된 목표는 가설의 실증적인 검증이 아니라 일반인들의 생활 경험에 근거한 일반인들의 주관적인 설명에 의해 이론을 만들어 내는 것이다(Bowers, 1990).

문화와 마음이 불가분의 관계라고 보는 문화심리학은 가설 검증이나 변인의 관계, 영향 분석보다는 개념화, 구조화, 이론화와 관련한 연구 방법을 사용할 필요가 있다. 특히 아직 방법론이 확립되지 않은 문화심리학에서 근거이론은 토착심리의 개념화 및 이론화 연구에 효과적으로 사용될 수 있다.

① 근거이론의 분석 절차

근거이론의 분석 절차는 개방코딩과 축코딩, 그리고 선택코딩으로 이루어진다. 개방코딩(open coding)이란 자료를 해체하여 비교 및 검토를 통해 비슷한 특질을 가진 것들끼리 모아 분류하고 범주화하는 과정을 뜻한다(Strauss & Corbin, 1998). 개방코딩의 분석 절차는 수집된 자료를 한 줄씩 분석해 나가면서 의미 있는 단어, 구절, 문장 등에 밑줄을 긋고 메모하는 '줄 단위 분석'에서 시작된다. 이렇게 추출된 개념들을 유사한 속성을 갖는 것들끼리 분류하여 상위 범주를 만들고, 이론적인 배경 및 원자료와의 지속적인 비교 검토를 거쳐 범주의 체계를 구성하게 된다.

다음으로 축코딩(axial coding)이란 개방코딩 후에 새로운 방식으로 자료를 다시 조합하는 일련의 과정을 말하며, 개방코딩에서 드러난 범주들 사이에 서로 의미 있는 연합관계를 형성하는 것이다(Strauss & Corbin, 1998). 축코딩은 개방코딩의 결과를 토대로 연구가 다루고자 하는 중심현상과 현상에 영향을 미치는 여러 가지 조건을 추출하고 그것들의 관계를 분석하는 '패러다임에 의한 범주 분석'과 시간의 경과에 따라 그러한 조건들이 현상에 영향을 미치고 결과에 도달하는 과정을 확인하는 '과정분석'으로 이루어져 있다.

마지막으로 선택코딩(selective coding)은 핵심 범주를 밝히고, 이 핵심 범주를 중심으로 다른 모든 범주를 통합시키고 정교화하는 과정이다(Strauss & Corbin, 1998). 선택코딩의 절차는 현상의 전체적인 과정에서 가장 두드러진 기능을 하는 핵심 범주를 발견하는 '핵심 범주의 발견'과 축코딩의 결과를 바탕으로 이 핵심 범주에 다른 범주들을 연결시켜서 서술적 문장으로 이야기의 구조를 만드는 '이야기 윤곽', 본격적으로 이론을 개발하기 위하여 핵심 범주와 다른 범주들 사이의 가설적 관계를 정형화하고 이를 진술하는 '가설적 정형화 및 관계 진술' 등의 절차로 이루어져 있다.

② 근거이론의 장점

• **과정 기술**

문화심리 연구에서 두드러지는 근거이론의 장점은 다양한 문화적 맥락 속에서 이루어지는 심리 과정을 기술할 수 있다는 점이다. 따라서 담화 분석, 내러티브 분석 등 과정 분석이 필요한 접근에 효과적으로 응용될 수 있다.

• **하위 개념의 구조화 가능**

근거이론은 원자료를 해체, 조합하여 분석 가능한 단위로 조작할 수 있다. 이 과정에서 하위 개념들이 상위 개념들로 새롭게 분류되면서 개념들 사이의 관계와 구조를 발견할 수 있다.

• **양적 방법론과의 접목 가능**

근거이론은 계속적 비교를 통한 여러 단계의 코딩을 거치면서 개념 간 관계와 위계를 드러낼 수 있다. 개념들 사이의 가설적 관계 기술이 가능하므로 궁극적으로 개념들의 척도화 및 양적 검증이 가능하다. 이런 방식을 이용한다면 개념화된 문화적 개념을 전통심리학적 방법으로 검증할 수 있으며, 기존 심리학의 연구결과들과 관련하여 논의 확장이 가능할 것이다.

다음의 예는 실제로 근거이론을 적용하여 제작한 신명 경험 척도의 일부(신명 행동)와 기존

표 3-2 신명 행동 문항의 pattern matrix

문항	M (SD)	요인 1	요인 2
그 상황에 더욱더 빠져들려고 애쓴다	3.17(.91)		-.587
그 순간에 하고 있는 행위에 몰두한다	3.47(.87)		-.898
나의 느낌에 빠져든다	3.35(.91)		-.565
큰 소리로 웃고 목청껏 소리를 지른다	2.95(1.09)	.651	
처음 만난 사람이라도 껴안고 펄쩍펄쩍 뛴다	2.26(1.10)	.728	
현재의 느낌, 감정을 최대한 표현한다	3.39(1.01)	.653	
내가 할 수 있는 모든 방식으로 나의 감정을 나타낸다	3.17(.96)	.687	
고유치(eigen value)		2.870	2.640
설명변량(%)		47.08	7.94
Cronbach's α		.81	.77
요인평균(표준편차)		2.94(.83)	3.33(.74)

*요인 1: 분출, 요인 2: 몰입

출처: 한민, 한성열(2008).

표 3-3 신명 경험과 기타 긍정적 변인들 사이의 관계

	1	2	3	4	5	6
1. 신명 감정+행동	1.000					
2. 신명 경험 빈도	.243***	1.000				
3. 자아존중감	.424***	.251***	1.000			
4. 자아탄력성	.504***	.311***	.565***	1.000		
5. 주관적 안녕감	.355***	.302***	.508***	.501***	1.000	
6. 삶의 만족도	.255***	.270***	.431***	.406***	.678***	
7. 주관적 창의성	.377***	.267***	.528***	.622***	.399***	.378***

*** $p<.001$
출처: 한민, 한성열(2008).

심리학 개념들과의 상관관계를 분석한 것이다(한민, 한성열, 2008).

(2) 현상학

현상학은 Edmund Husserl이 주창한 현상의 발생적 · 구성적 근원을 탐구하는 학문으로, 연구대상이 경험하는 의식작용을 탐구하는 철학적 방법론에 바탕을 두고 있다. 현상학은 '그것이 정말로 어떠한 것인가?'라는 물음을 던지는 것이며, 경험의 본질을 텍스트로 표현하는 것을 그 목적으로 한다. 연구자는 연구대상자의 심리적 · 의식적 현실을 보편적 · 일반적 요소로 정리해야 하는데, 그 과정에서 연구자가 가지고 있는 가치관 및 선입견은 일체 배제해야 한다.

현상학 연구는 개인의 경험을 바탕으로 현상의 본질을 탐구하기 때문에 심층면접을 기본으로 하며, 면접 자료를 일관된 흐름을 갖는 현상으로 변형 및 재조직하여 하나의 글로 정리한다. 특히 특정 경험을 가진 이들이 자신들의 경험에 부여하고 있는 의미를 추출하고 기술하는 데 적합하다.

현상학의 연구 방법 중 가장 널리 알려진 연구절차 두 가지를 간단히 소개해 보도록 하겠다.

① Giorgi(1985)의 연구절차

- 면접 자료를 반복적으로 읽어서 연구대상자의 경험 전반에 대한 느낌을 파악한다.
- 연구하고자 하는 현상에 초점을 두고 '의미 단위'를 구분한다.
- 현상을 강조하면서 연구대상자의 의미 단위를 연구자의 언어로 표현한다(변형).
- 변형된 의미 단위를 현상에 대한 일반적이고 구조적인 기술로 통합한다.

② Colaizzi(1978)의 연구절차

- 면접 자료를 반복적으로 읽어서 연구대상자의 경험 전반에 대한 느낌을 파악한다.
- 참여자의 진술에서 의미 있는 문장이나 구를 도출한다.
- 2단계에서 도출한 진술을 일반적이고 추상적인 진술로 재구성한다.
- 재구성한 의미 단위를 주제와 범주로 조직화한다.
- 주제와 범주에 따라 경험의 의미를 통합적으로 기술한다.
- 주제들을 통합하여 경험의 공통적인 요소를 기술한다.

2) 문화심리학의 기타 접근법

여기서는 우선 최상진과 한규석(2000)이 제안한 문화심리학의 연구 방법들과 최근의 문화심리학 연구에서 시도된 방법들을 소개하고자 한다.

(1) 문화적 자극에 대한 해석을 분석

이 방법은 문화와 심리가 복합적으로 관여되는 실제의 사건을 직접 관찰하거나 혹은 동영상을 시청하게 한 후, 참여자들에게 그러한 사건이 나타나게 된 과정과 그 사건에 개입된 사람들의 행동, 감정 표현 등을 사건 당사자의 입장에서 설명하도록 하고 그 내용을 분석하는 방식이다.

여기서 자극을 제시하고 참여자들의 반응을 채취하는 방식은 전통심리학에서의 실험법과 매우 유사하다. 차이점은 문화심리학 연구에서는 무맥락적인 자극 제시가 아닌, 맥락화된 문화적 자극을 사용한다는 점이고, 참여자들이 자극에 나타난 당사자들의 입장에서 사건을 설명한다는 점이다.

이러한 방법은 일반인의 문화심리를 생생하게 채취하는 데 효과적으로 이용될 수 있다. 문화 안에서 살아가는 일반인들은 구체적인 사건이나 상황에 대해 문화적으로 습득된 방식에 따라 자동적으로 반응하지만, 그 이유나 과정, 기능 등에 대해서는 명확히 알고 있지 못한 경우가 많다. 따라서 실제의 문화적 맥락에서 타인들의 행위를 관찰하고 당사자의 입장에서 그 행위들을 설명하는 방식은 해당 현상에 대해 평소에 인식하지 못했던 구체적 과정과 문화적 의미를 역추적할 수 있는 좋은 방법이 된다.

이러한 실험적 접근이 표상 분석 방식과 더불어 사용된다면, 그 현상이 경험적으로 어떻게 구성되고 사람들은 거기에 어떤 의미를 부여하는지를 밝히는 데 효과적일 것이다. 실제로 Tobin, Wu와 Davidson(1989)은 동일한 문화적 사건이 문화권에 따라 어떻게 다르게 해석되는가를 분석하였으며, 최상진과 유승엽(1993)은 영화 〈서편제〉를 통해 한(恨)에 대한 한국인들의 설명 방식을 도출해 낸 바 있다. 한민(2008)은 연구자는 신명 경험의 과정과 의미 등을 추출하기 위해 사전연구에서 신명을 경험하는 사건으로 표상된 대표적인 문화적 사건들을 동영상으로 제작하여 참여자들에게 보여 주고 거기에 대한 생각들을 응답하도록 하였다.

(2) 사회적 표상의 분석

문화적으로 현저화 및 보편화되었으며, 실생활에서 실제적으로 체험되는 문화 현상에 대해서는 사회적으로 공유되는 일관적인 의미체계와 설명체계가 존재한다. 이를 사회적 표상(social representation)이라고 하는데(Moscovici, 1984), 어떤 심리 현상에 대한 사회적 표상은 그 현상의 문화적 현저성, 보편성, 실물성 등을 판단하는 기준이 될 수 있다.

일반적으로 사람들의 의식 속에 자리 잡은 사회적 표상을 추출하기 위해서는 질문이나 연상 자극의 제시 등의 방법을 통해 머리속에 파편적으로 들어 있는 표상 요소들을 발화 또는 외현화시키는 작업이 필요하다. 이 과정에서 개별적 발화 방식과 집단적 발화 방식을 개별적으로 또는 혼용해서 사용할 수 있으며, 그 자극은 언어로 표현된 것보다는 실물이나 장면과 같은 실물 자극일수록 더 큰 효과를 기대할 수 있다.

예를 들어, 노인을 발화 자극으로 사용할 때 노인이라는 단어보다는 노인의 얼굴을 직접 보여주는 것이 더욱 효과적이며, 응답자 자신과 직접적인 연관이 있는 구체적인 인물을 제시할 때 더욱 실제적인 응답을 도출해 낼 수 있다. 최상진, 유승엽(1993)은 한에 대한 연구에서 '한'이라는 단어를 제시하는 방법과 자신과 무관한 일반 노인의 얼굴을 한 많은 노인의 얼굴이라고 제시하는 방법, 그리고 연구참여자가 자신의 주변에서 한 많은 사람을 한 사람 골라 그 사람의 얼굴을 백지 위에 직접 그리도록 한 뒤, 그 사람의 한에 대한 자신의 경험을 기술하도록 하는 방법을 모두 사용하였는데, 세 번째 방식이 가장 구체적이고 생생하며, 다양한 반응을 이끌어 낼 수 있었다.

(3) 일상 언어에 대한 분석

Sabini와 Silver(1982)는 질투(envy), 희롱(flirtation), 분노(anger)와 같은 도덕적 개념에 대한 분석에서 전통적인 조작적 정의에 바탕한 심리적 개념화를 통해 도덕 현상을 단순화시키는 작업으로부터 출발했으나, 이러한 방식의 개념화가 실제의 도덕 현실을 부당하게 왜곡시킬 뿐만 아니라 도덕의 본질을 탈색시킨다는 점을 깨닫고 일상적 언어 현상 속에서 도덕의 구성과 본질을 밝히는 방향으로 연구를 전환하였다.

당시만 해도 전통심리학에서 이러한 접근은 비과학적이라는 이유로 이단시되었으나, 최근 들어 Harre와 Gillett(1994), Bruner(1990) 등에 의해 제안된 담론 분석법(discourse analysis)이나

표 3-4 자존심 관련 상황 및 표현

관련 상황	관련 표현	결과
자존심이 손상되는 상황 (예, 무시당함, 능력을 의심받음, 배척당함, 약점이 드러남, 가진 것 없음 등)	짓밟힌다 상한다 구겨진다 꺾인다 잃다 손상당하다	분노 인지적 · 행동적 비약 관계의 악화 업무에 지장을 줌
자존심이 유지, 회복되는 상황	지킨다 드날린다 회복한다 세운다 보상받는다	내면의 품위(존엄)를 지킴 자신의 가치를 드러냄
자존심을 포기하는 상황 (예, 생존, 실리, 더 높은 가치 등)	버리다 포기하다 내려놓다	더 중요한 것을 지킴(얻음)

출처: 한민 외(2013).

내러티브 분석법 및 Wittgenstein(1953)의 언어철학과 Moscovici(1984)가 제안한 사회적 표상 이론 등에 의해 일상의 언어가 심리의 구성은 물론이고, 심리적 현실을 만들어 낸다는 생각이 차츰 받아들여지고 있다.

심리 현상과 관련된 일상 언어는 그 속에 자신의 경험이 농축되어 있으며, 동시에 그러한 경험의 기저가 되는 실질적 준거들을 가지고 있다. 따라서 문화심리학자들은 문화심리를 풍부히 내장하고 있는 일상의 언어를 찾아내고 이에 대한 분석을 통해 그 언어를 사용하며 살아가는 사람들의 문화심리를 추출해 내려고 한다.

최상진은 한국인의 대표적 문화심리 개념들(심정, 정, 한, 우리, 체면, 눈치, 핑계 등)을 연구하는 과정에서 일차적으로 그러한 개념이 언어적으로 표현되는 맥락을 분석함으로써 그러한 개념에 내장된 심리적 요소와 기능들을 도출하고 규정해 왔다.

한규석(2000)은 공(公)과 사(私)의 문제에 대한 언어분석적 접근을 통해 한국인들의 공과 사에 대한 심리적 구성개념을 분석한 바 있으며, 한민 등(2013)은 한국인들이 흔히 사용하는 자존심과 관련된 언어표현을 분석하여 자존심의 성격을 구체화하기도 하였다.

(4) 활동 분석

문화심리학의 이론 구성에 가장 큰 영향을 미쳤다고 평가받는 러시아의 Lev Vigotsky는 인간의 심리가 문화와 문화적 과정을 매개로 구성된 것이라고 보았다. 그는 특히 언어의 매개 과정을 강조하였는데, 이러한 생각은 Leontiev와 Ratner로 이어지며, 언어의 매개 과정과 더불어 인간의 실천적 삶 속에서 일어나는 활동(activity)의 심리에 대한 매개 과정을 강조하는 흐름으로 이어진다. 이들의 접근을 통틀어 활동 중심적 문화심리학이라고 할 수 있는데, 이 접근은 마음이 역사, 문화, 사회 속에서 이루어지는 실제적인 활동을 통해 생성된다는 입장을 취한다.

이들은 Shweder나 Geertz 등의 인류학자들이 문화를 공유된 의미의 체계로 정의하고 관념적, 상징적, 추상적으로 접근한다고 비판하였으며, 문화는 사람들의 활동으로 형성되는 것임을 강조했다(Ratner, 1997).

막시즘의 영향을 받은 Luria, Leontiev 등의 러시아 심리학자들은 가장 중요한 활동은 생산활동이고, 생산활동이 그에 걸맞은 지각, 정서, 동기, 무의식 등의 심리를 형성한다고 보았다. Luria(1976)는 농민과 교사의 색깔 지각에 차이가 있음을 발견하였다. 즉, 농민들은 소똥과 돼지똥의 색깔을 별개로 인식하지만, 교사들은 같은 색으로 본다. 농민들은 색깔을 물체와 결부된 속성으로 여기지만, 교사들은 색이라는 추상적 속성의 범주로 판단하였기 때문이다. Luria의 발견은 단순한 종속변수 위주의 관찰이 아니라, 일상에서 친숙한 주제를 다양한 질문을 통하여 해결에 도달하는 일련의 활동을 기록하였기 때문에 가능할 수 있었다(Ratner, 1997). Cole과 Cole(1979)은 '임상적 대화'라는 용어로 이러한 방법을 설명했다. 임상적 대화란 마치 임상장면에서 심리치료자들이 환자와 깊은 이야기를 나누는 것처럼, 연구참여자들의 응답에 대하여 어떻게 그러한 응답을 할 수 있었는지, 그러한 응답이 지닌 의미는 무엇인지 등을 알기 위하여 여러 가지 질문을 통해 탐색한다는 뜻이다.

3) 기타의 접근법

그 외에도 문화심리학은 인류학을 포함한 인문사회과학적 문화연구의 전통을 포괄하고 있기 때문에 저마다의 지적 전통에서 비롯된 다양한 접근이 시도되고 있다. 그중 몇 가지를 소개하면 다음과 같다.

(1) 해석학적 방법

해석학은 의미를 담고 있는 모든 텍스트를 해석하는 학문이다. 텍스트(text)란 텍스트를 만든 이의 의도 및 텍스트가 형성된 상황과 맥락에 대한 의미를 담고 있는 것으로, 이 텍스트에 담겨진 의미를 읽어 내는 것이 해석학의 목적이다. 이런 관점에서 해석학은 인문학의 중요한 방법론으로 받아들여져 왔다.

모든 문화적 현상은 해당 문화와 구성원들이 부여한 많은 의미를 내포하고 있으며, 문학, 철학, 인류학 등에서 그 의미를 찾으려는 노력이 기울여지고 있다. '문화의 해석'에서 Geertz는 중층기술 혹은 두꺼운 묘사(thick description)를 통해 문화적 현상의 의미를 읽어 낼 수 있다고 보았다. 중층기술이란 실제로 일어난 사건뿐만 아니라, 그 사건에서 사람들이 의도하는 바를 찾아내어 기술하는 방법이다. 즉, 어떠한 행위 이면에 숨겨진 의도를 발견하고, 그러한 행위의 의미와 구조, 그 행위와 관련된 신념들을 발견하는 것이다.

(2) 기호학적 방법

기호학은 현상에서 의미를 발견하고자 하는 해석학의 한 흐름으로 이해할 수 있다. 기호학은 기표(signifier)와 기의(signified)의 관계에 대한 학문으로 주로 언어학 연구에서 적용되고 있으나, 기표를 외적인 현상으로 보고 기의를 그 의미라고 본다면 기호학의 접근방법은 문화연구에도 충분히 응용 가능하다.

Lévi-Strauss는 인류학적 주제를 기호학적 방법으로 연구하였는데, 특히 언어의 음소와 같이 신화를 신화소(mythemes)로 분해하여 여러 신화의 공통된 구조를 발견하고 그 의미를 분석한 신화연구가 그 예이다.

기호학 연구는 특히 상징(symbol)의 의미를 읽어 내는 데 초점이 맞추어져 있다. 상징이란 어떤 문화를 공유하는 사람들 사이에서 약속된 기호로서, 특정 상징을 이해하기 위해서는 해당 문화 내에서 공유되는 의미들을 먼저 이해할 필요가 있다.

사실 기호학의 이러한 방법론적 관점은 우리가 알고 있는 많은 학문(예, 언어학, 인류학, 문학, 철학, 사회학, 수사학, 종교학, 신학, 커뮤니케이션학 등)에서 공유되고 있다. 학문이 달라도 방법론적 관점이 일치하게 되는 이유는 모든 학문이 결국 인간 이해를 목적으로 하기 때문이다. 우리는 심리학을 다른 학문들과 크게 구분되는 학문이라고 생각하기 쉽지만, 심리학 역시 인간 이해에 관한 학문이며 그런 전제에서 여타 학문들의 철학적 배경과 접근을 공유하는 측면이 많다.

예를 들면, 심리학의 주된 연구 방법인 설문지법 역시 기호학적 관점으로 이해할 수 있다. 연구자들은 어떠한 심리적 변인을 측정하기 위해 그 심리를 잘 나타낸다고 가정되는 여러 가지 행동지표(문항)들을 측정하는데, 이때 연구하고자 하는 심리적 변인이 기의라면 문항들로 측정되는 행동지표들이 기표이다.

(3) Q 방법론

Q 방법론이란 인간의 주관성을 연구하는 방법으로, 질적 연구와 양적 연구가 혼합된 형태이다. 주관성(subjectivity)이란 개인이 주관적으로 구성하는 심리적 경험을 뜻하는데, 어떤 현상에 대한 태도, 문화적 가치, 신념, 관습 등에 대한 경험들이 주관성 연구의 주제가 된다.

Q 방법론은 어떤 주제에 대한 다양한 생각을 진술한 진술문을 이용해 해당 주제에 대해 사람들이 공유하고 있는 표상의 유형을 발견하는 데에 적합한 방법이다. Q 방법론의 분석 절차를 간단히 소개하면 다음과 같다.

① 연구의 대상이 되는 현상을 반영하고 있는 문헌이나 경험자의 인터뷰 자료 등을 바탕으로 Q 모집단(concourse)을 구성한다.
② 이 모집단을 통해 Q 진술문을 작성하여 질문지를 제작한다.
③ 다음으로 해당 현상과 관련되는 표본(P-sample)을 선정하여 조사를 실시한다.
④ 응답 분류 과정을 통해 얻어지는 Q-sort를 분석프로그램 QUANL로 Q요인분석 한다.
⑤ 분석결과 도출된 유형을 분류하고 해석한다.

4) 문화심리학 연구의 평가

연구의 목적상 문화심리학의 연구는 질적 연구가 많다. 때문에 엄격한 양적방법론의 기준에 익숙한 학자들은 문화심리학 연구를 '정교하지 못하다'거나 '신뢰롭지 못하다'고 평하는 것이 사실이다. 그러나 질적 연구의 평가 기준은 양적 연구의 그것과는 다르고, 또 달라야 한다. 양적 연구와 질적 연구는 애초에 연구의 주제에 대한 인식론에서부터 차이가 나기 때문이다.

많은 학자에 의해 질적 연구의 평가 기준이 제안되었지만, 여기서는 Lincoln과 Guba(1985)가 제시한 사실적 가치, 적용성, 일관성, 중립성의 네 가지 기준을 소개하고자 한다.

(1) Lincoln과 Guba의 네 가지 기준

첫째, 사실적 가치란 양적 연구의 내적 타당도에 해당하는 것으로서 연구의 발견이 얼마나 실제를 반영하고 있느냐에 관한 것이다. 둘째, 적용성은 연구결과가 연구가 이루어진 상황 외에서도 적용 가능한가에 관한 것으로서 양적 연구의 외적 타당도에 해당한다고 볼 수 있다. 셋째는 일관성으로써 자료 수집과 분석, 그리고 분석결과에 일관성이 존재하는가에 대한 문제로, 양적 연구의 신뢰도에 해당한다. 넷째, 중립성이란 연구 과정 및 결과에서 연구자의 편견이 배제되어야 함을 뜻한다. 즉, 연구자가 특정 시각을 증명하려고 한다거나 미리 결정된 결론에 도달하기 위해 자료를 조작해서는 안 된다는 것이다.

(2) Creswell과 Miller의 여덟 가지 절차

Creswell과 Miller(1997)는 이들 기준을 만족시키기 위한 여덟 가지 절차를 소개했으며, 그들은 여덟 가지 중 최소 두 가지 이상의 절차가 수행되어야 한다고 주장했다.

① 지속적 참여와 끊임없는 관찰

참여자들과의 신뢰를 형성하고, 문화를 배우고, 연구자 혹은 정보제공자의 왜곡으로 인한 잘못된 정보를 점검할 수 있다. 문화기술지 연구에 적용할 수 있다.

② 다원화

복합적이고 다양한 자료원, 방법, 연구자와 이론을 이용해서 확실한 증거를 확보할 수 있다. 질적 연구는 주제와 관점을 설명하기 위해 다양한 자료원으로부터 증거를 확인하여야 한다.

③ 동료 검토 혹은 보고

양적 연구에서의 평정자 간 신뢰도와 같은 역할을 한다. 동료 연구자에 의한 연구과정에 대한 전반적인 점검을 의미한다. 질적 연구에서는 정기적으로 '동료 보고 세션(peer debriefing session)'을 갖고 내용을 기록하는 절차가 필요하다.

④ 부적 사례 분석

극단치나 예외적 상황 등 부적 사례를 제거함으로써 모든 사례에 적합할 때까지 초기 가설을 수정하는 절차이다. 자료 분석의 마지막 단계에서 수행한다.

⑤ 연구자의 편견 명시

독자들에게 연구자로 인한 편파에 대한 정보를 제공하는 것이다. 연구자는 자신이 연구에 접근하는 데 영향을 줄 수 있는 지향, 선입견 등을 언급한다.

⑥ 참여자 확인

연구결과와 해석의 신빙성에 대한 연구참여자의 관점을 구하는 기법이다. 수집한 자료를 참여자들에게 다시 확인하는 과정에서 이야기의 정확성과 신빙성을 제고한다.

⑦ 풍부하고 상세한 기술

연구참여자와 연구설계에 대한 상세한 기술을 통해 독자들은 이 연구의 결과가 다른 참여자들과 연구설계에서는 어떻게 나타날 것인지를 짐작할 수 있다. 연구의 신뢰도와 관계있는 절차이다.

⑧ 외부 감사

연구와 관련이 없는 외부의 자문가, 감사자들이 연구의 과정과 결과에 대해 검사하고 정확성을 평가하도록 하는 절차이다. 감사자들은 연구결과와 해석, 결론이 자료에 의해 지지되고 있는지를 평가한다.

3. 토착심리학

토착심리학은 인간의 심리를 보편적인 것이 아니라 문화에 따른 상대적인 것으로 이해하고, 특정 문화에 기반한 심리학의 이론체계를 구축하고자 한다. 그러나 학자들에 따라 몇 가지 다른 관점이 존재하는데 연구 방법 또한 그 관점에 따라 다르다.

1) Berry의 추출된 etic 접근

Berry(1980)는 비교문화심리학의 보편주의와 문화심리학의 문화상대주의 모두를 거부하고 양자를 통합한 형태의 보편심리학으로서의 토착심리학을 추구했다. 이를 추출된 etic 접근(derived etic approach)이라고 할 수 있는데, 간단히 말하자면 기존의 심리학 이론들을 조정하고 통합하여 토착적인 지식에 맞는 이론체계를 만드는 것이다. 이 관점에 따르는 토착심리학은 기존 심리학의 표준화된 과학적 방법론을 그대로 차용한다.

2) Kim(김의철)의 토착심리학

Kim(1999)은 토착심리학의 주된 목표는 사람들이 특정한 맥락 속에서 어떻게 생각하고 느끼며 행동하는가를 이해하는 데 있다고 보고, 의미 있는 맥락에서 발생하고 있는 인간 행동을 연구해야 한다고 주장하였다. 그러한 목표를 위해 토착심리학의 연구 방법은 일상생활의 언어로 사용되고 있는 개념들의 사회적 표상을 추출하여 검토하는 것에 큰 비중을 두고 있다(Kim &

표 3-5 아버지를 신뢰하는 이유

	전체	학교 수준별		성별	
		중학생	고등학생	남	여
1. 아버지의 희생	147 (30.2)	73 (31.1)	74 (29.4)	85 (32.6)	60 (26.9)
① 낳아서 길러 주심	39 (8.0)	25 (10.6)	14 (5.6)	29 (7.6)	8 (3.6)
② 가족과 나를 위해 일하심	32 (6.6)	16 (6.8)	16 (6.3)	19 (7.2)	13 (5.8)
③ 나를 사랑해 줌	31 (6.4)	13 (5.5)	18 (7.1)	13 (6.5)	18 (8.1)
④ 가족과 나를 위해 희생함	16 (3.3)	6 (2.6)	10 (4.0)	6 (2.3)	10 (4.5)
⑤ 나를 보살펴 줌	16 (3.3)	9(3.8)	7 (2.)	11 (4.2)	5 (2.2)
⑥ 가족과 나를 위해 고생함	13 (2.7)	4 (1.7)	9 (3.6)	7 (2.7)	6 (2.7)
2. 혈연관계	95 (19.5)	55 (23.4)	40 (15.9)	41 (15.8)	54 (24.2)
① 나의 아버지이므로	31 (6.4)	20 (8.5)	11 (4.4)	10 (3.8)	21 (9.4)
② 가족이므로	26 (5.3)	15 (6.4)	11 (4.4)	14 (5.4)	12 (5.4)
③ 무조건 믿음	26 (5.3)	13 (5.5)	13 (5.2)	11 (4.2)	15 (6.7)
④ 나의 부모이므로	12 (2.5)	7 (3.0)	5 (2.0)	6 (2.3)	6 (2.7)
3. 의지가 됨	78 (16.0)	40 (17.0)	38 (15.1)	30 (11.5)	46 (20.6)
① 의지가 됨	54 (11.1)	28 (11.9)	26(10.3)	22 (8.5)	30 (13.5)
② 편안하고 따뜻함	24 (4.9)	12 (4.8)	12(4.8)	8 (3.1)	16 (7.2)
하략					

출처: 김의철, 박영신(2004)에서 부분 발췌.

Yamaguchi, 1995).

특히 김의철, 박영신 등은 한, 정, 심정 등의 토착적 개념 외에도 기존 심리학에서 보편적으로 다루어 온 개념들을 토착심리학적인 전제와 방법으로 이해하는 것이 중요하다고 보고, 이 개념에 대한 사회적 표상을 분석하는 작업을 진행해 왔다[성취(김의철, 박영신, 1998), 스트레스(Kim & Park, 2000), 자기(Hamm et al., 2001), 신뢰(김의철, 박영신, 2004) 등].

이러한 방법을 소개해 보면 다음과 같다. 조사대상자들(이 연구에서는 중고등학생)에게 신뢰의 대상을 신뢰하는 이유를 적게 하고 이를 종합하여 유사한 의미를 갖는 범주로 분류한 뒤, 각각의 빈도와 비율을 기술하는 방식이다.

이러한 연구 방식은 특정 집단이 특정 개념에 대해 갖는 사회적 표상을 통계적으로 기술할 수 있다는 장점을 갖는다. 추후에 보다 포괄적인 집단에서 신뢰의식을 조사한 뒤, 이를 종합하게 되면 전체 한국인들의 토착적인 신뢰의식에 대한 양적인 정보를 구축하게 된다.

3) 내부로부터의 토착화

심리학의 토착화를 탈식민화의 노력이라고 보는 Enriquez 등의 학자들은 외부에서 이식된 심리학 이론들을 배격하고, 철저히 내부적인 관점에서 심리학의 토착화를 이루어야 한다고 보았다. 이 관점의 토착심리학은 주류심리학의 방법론보다는 해석적·질적인 문화심리학적 방법론을 선호한다.

필리핀의 심리학자 Pe-Pua(2006)는 토착심리학의 연구 방법으로, 참여관찰, 토착적 인터뷰(비형식, 즉홍적), 집단 토의(collective indigenous discussion) 등을 제안한 바 있다.

한국의 토착심리학적 연구들도 기본적으로 이러한 관점을 취하고 있으며, 이에 따라 한(恨), 정(情), 심정(心情), 우리성, 자존심, 억울, 신명, 관계의 서열성 등 많은 연구가 이루어졌다. 하지만 인간 심리의 보편적 속성과 기존 심리학과의 교류, 협력을 위해 기존 심리학 이론들을 완전히 배제할 수는 없다. 토착심리학자들의 유연한 접근이 필요한 부분이며, 토착심리학의 발견에 대한 기존 심리학의 포용력 역시 요구된다.

4. 문화심리 연구 방법의 선택: 목적 우선주의

이 장에서는 문화심리학의 세 접근에서 적용되고 있는 방법론들을 소개하였다. 우선, 문화와 인간의 마음을 연구하려는 이들은 세 접근의 차이점을 이해할 필요가 있다. 비교문화심리학, 문화심리학, 토착심리학은 문화에 대한 정의와 학문으로서의 지향점, 사용하는 방법론에 이르기까지 모두 다른 관점을 가지고 있다. 이들 모두는 각자의 지적 전통에 근거하여 가장 효율적으로 문화와 인간을 이해하기 위한 방법론을 개발하고 적용시켜 왔다.

따라서 문화심리 연구자가 연구 방법을 선택하기 위해 가장 먼저 해야 할 일은 자신의 연구 주제가 문화심리 연구의 세 가지 접근 중 어느 영역에 속하는지를 판단하는 것이다. 연구의 방법은 결국 연구의 주제에 따라 결정되기 때문이다. 연구자가 특정한 심리변인의 문화 차이에 관심이 있다면 비교문화심리학의 연구 방법을 선택해야 하고, 특정 문화 내의 어떤 심리적 현상을 개념화하는 데 목적이 있다면 문화심리학의 접근을 따라야 할 것이다.

연구가 수행될 방향이 결정되었다면, 다음에는 선택한 방향의 인식론적·이론적 배경에 따라 구체적인 연구의 목적을 정하고 적절한 연구방법론을 선택해야 할 것이다. 연구방법론은 그 학문이 가지고 있는 정체성과 직결된다. 즉, 어떠한 학문의 방법론을 적용한다는 것은 그 학문이 가지고 있는 인식론적·이론적 배경에 동의한다는 뜻이 된다. 특히 문화심리학의 세 접근은 서로 다른 철학적 · 역사적 기원을 가지고 있기 때문에 연구 방법의 기원이 되는 인식론적 측면에서 다른 접근들과 상충하는 부분이 존재한다.

예를 들면, 인간 심리의 보편성을 가정하는 비교문화심리학의 전제는 심리의 측정을 가능하게 하고 논리실증주의에 따른 양적 방법론의 사용을 가능케 한다. 반면에 문화심리학(협의)은 인간의 심리는 주관적으로 구성된다는 생각을 전제로 한다. 따라서 문화심리학은 인간 심리가 구성되는 과정과 의미를 알아내기 위해 심층면접과 의미 분석 등의 방법을 사용한다. 따라서 연구자들은 자신이 선택한 방법론이 어떠한 전제와 가정에서 성립하는 것인지를 명확히 알아야 한다.

방법론을 선택하고 나면 연구자는 해당 방법론이 갖는 철저한 절차에 따라 연구를 진행해야 하고, 생산된 연구결과는 다시 연구자 자신이 선택한 접근의 이론적 전제에 근거하여 해석되어야 한다. 이렇듯, 문화심리 연구에서 방법론은 연구주제가 결정되는 순간부터 연구의 주제에 해당하는 접근의 틀을 따른다.

마지막으로 덧붙이고자 하는 말은 각자의 관점에 따라 서로의 이론적 배경과 지향이 상충하는 부분도 있지만, 문화심리 연구에서 이 세 접근은 상호보완적이라는 점이다. 문화는 대단히 다층적이고 복합적인 실체이다. 문화와 관련된 인간의 행동을 어느 한 가지 관점에서만 이해하는 것은 불충분할 뿐 아니라 인간 이해라는 심리학의 목적에도 바람직하지 않은 일이다. 연구자들이 자신의 지적 전통에서 자유로울 수는 없겠지만, 문화와 관련된 인간 행동의 이해라는 목적 앞에서는 다소 유연한 접근이 필요하다는 점을 인식하고 다양한 방법론적 시도가 이루어지기를 희망한다.

5. 해석적 방법을 적용한 문화 분석 사례: 한국과 일본 문화를 대상으로

1) 가면으로 본 한국인과 일본인의 대인관계

한국인과 일본인의 차이를 가장 크게 느낄 수 있는 부분이 바로 두 나라 사람들의 대인관계 양상이다. 한국과 일본을 다 방문해 본 많은 외국인이 한국과 일본 사람들의 대인관계 차이를 이야기하고 있다. 일본인들이 깍듯하고 예의 바르지만 다소 조용하고 소극적이라면, 한국인들은 훨씬 적극적이고 감정 표현이 풍부하다는 것이다.

하회탈로 대표되는 한국의 탈은 그 표정이 매우 크다. 심지어 얼굴과 턱을 따로 만들어서 고개를 젖히면 턱이 더 벌어진다. 표정을 더 크게 만들 수 있는 것이다. 한국의 탈춤에서 등장인물들은 자신의 감정을 직설적으로 드러낸다.

반면, 일본의 대표적 탈은 가면극 노오(能)의 탈, 노멘이다. 노멘의 특징은 희로애락의 감정을 거의 담고 있지 않다는 점이다. 대신에 노오는 탈의 미세한 각도나 탈을 쓴 인물의 동작에 따라 등장인물의 감정을 표현한다.

이러한 한국과 일본의 탈들은 두 나라의 대인관계를 잘 요약해 준다. 탈, 즉 가면이란 성격과 속성이 같다. 성격을 뜻하는 personality는 그리스어 persona에서 왔는데, 이는 고대 그리스 연극에서 배우들이 쓰던 가면을 의미하는 단어이다. 다시 말해 성격이란 '개인이 쓰고 다른 사람들을 대하는 또 다른 얼굴'이라는 것이다. 이러한 성격의 심리학적 정의로 미루어 탈로 한일 두 나라 사람들의 성격을 이해해 보는 것은 의미가 있다고 하겠다.

일본인들의 대인관계는 혼네와 다테마에라는 말로 요약할 수 있다. 혼네(本音)는 말 그대로 어떤 사람의 본심(本心)을 말한다. 반면, 다테마에(建前)는 세울 건(建)에 앞 전(前), 즉 '앞에 세운다'는 뜻으로 혼네와는 별개로 다른 사람들 앞에 세우는 '대인관계용' 마음이라고 할 수 있다.

일본인들이 항상 예의 바르고, 깍듯한 모습을 보이고, 다른 사람들의 기분이 상할 만한 일을 하지 않으려고 하는 것은 이 다테마에의 역할이다. 일본인들의 다테마에는 사회적으로 주어진 자신의 책임을 다하기 위해 구성되어 있고 또 작동된다. 한편, 일본인들의 본심, 즉 혼네를 파악하는 것은 대단히 어려운 일이다. 이는 수십 년이나 살 맞대고 살아온 부부 사이에서도 해당된다. 그렇기 때문에 겉으로 드러나는 행동으로 일본인의 본마음을 짐작하는 것은 그들을 제대로 이해하는 길이 아닐 가능성이 크다.

사실 한국인들로서는 혼네와 다테마에의 개념을 이해하기가 쉽지 않다. 한국인들은 '겉과 속이 다른 사람'을 표리부동하다고 하여 별로 좋게 생각하지 않기 때문이다. 그만큼 한국인들은 자기의 생각이나 느낌을 있는 그대로 다른 사람에게 표현하는 것을 선호한다.

자신의 속마음을 감추고 상대방을 위한 또 다른 모습을 내세우는 일본인과 다른 사람들에게 자신의 생각과 감정을 (비교적) 솔직하게 드러내는 한국인. 이러한 차이는 한국과 일본의 '나와 타인에 대한 생각'에서 비롯된다. 요약하면 한국인은 나와 다른 사람들 사이의 경계가 분명하지 않은 반면, 일본인은 나와 다른 사람들 사이에 뚜렷한 선을 긋는다. 나와 다른 이가 철저히 구분되는 존재라는 생각 때문에 혼네와 다테마에를 구분할 필요가 있는 것이다.

그러나 한국인은 나와 다른 이들 사이를 확실히 구분 짓지 않는다. '네 마음이 내 마음이고, 내 마음이 네 마음'이다. 한국인들은 친구라면 '너와 나'의 구분이 없어야 한다. 친구 사이에 조그만 것이라도 숨기는 것이 있다면 '너는 나를 친구로 생각하지 않는구나'라며 섭섭해 한다.

또한 한국인은 서로 속내를 털어놓았다고 생각하면 금방 친해진다. 처음 만난 사람도 하루 저녁 정도면 상당히 깊은 수준의 정서적 교감이 오갈 수 있다. 그러나 일본인과 친해지는 것은 생각보다 어려운 일이다. 며칠 정도의 짧은 우정으로 그의 혼네를 파악했다고 생각하는 것은 실수이다.

사람 사이의 '경계'에 대한 생각은 한국과 일본 문화를 가르는 중요한 기준이다. 이 생각은 두 나라의 전통극에도 그대로 반영되어 있다. 한국의 탈춤 같은 전통극에는 무대와 관객의 구분이 거의 없다. 배우들이 관객들에게 말을 걸기도 하고, 관객들도 배우들에게 농담을 하는 일이 흔하다. 노래나 춤 같은 것은 아예 배우와 관객 구분 없이 어우러지는 경우도 많고, 관객 중 몇 명이 무대로 불려 나가 즉석 연기를 하기도 한다.

그러나 일본의 극(노오)에서 관객은 무대와 철저히 분리된다. 노오의 배우들은 하시가카리(橋懸, 배우가 무대로 들어가는 길)를 통해 현실과는 전혀 별개의 세계인 극의 세계로 들어가고, 일단 극이 펼쳐지면 그곳은 관객들이 앉아 있는 현실과는 전혀 다른 세상이 된다. 한국의 탈춤처럼 관객이 무대로 나가거나 배우가 관객석으로 들어가는 일 같은 것은 상상할 수 없는 일이다.

경계에 대한 생각은 전통극 외에도 씨름과 스모, 비빔밥과 덮밥, 규칙과 매뉴얼에 대한 생각 등 두 나라의 많은 문화에서 나타난다. 요는 한국인들은 경계, 즉 선을 넘나드는 데 익숙하고 일본인들은 한번 그어진 선은 좀처럼 넘지 않는다는 것이다. 이러한 생각은 두 나라의 대인관계 양상에서 가장 명확히 드러난다.

일본인은 기본적으로 자신과 타인이 명확히 구분되는 존재라는 전제에서 관계를 맺는다. 일본인이 사회적으로 규정 지은 행동반경 안에서 행동하며 서로의 영역을 침범하는 것을 꺼리는 행동은 이러한 전제에서 비롯된다.

반면, 한국인들은 기본적으로 자신과 타인의 입장을 자유롭게 오갈 수 있다는 전제에서 대인관계를 해 나간다. 한국인들은 말하지 않아도 상대방의 마음을 알 수 있다고 생각하고(이심전심), 때로는 상대방의 영역에 지나치게 깊게 들어가거나(참견) 상대방이 원치 않는 오지랖을 부리는 것 또한 이러한 전제에서 비롯된다고 할 수 있다.

2) 자기애성 성격의 한국인 대 회피성 성격의 일본인

한국인이 우세한 주체성 자기, 일본인에게 우세한 대상성 자기는 두 나라의 양육 방식과 밀접한 관계가 있을 것으로 추정된다. 주도성을 강조하는 한국 부모들의 양육은 아이들이 자신을 사회적 영향력을 행사하는 주체(주체성 자기)로서 인식하게 하고, 메이와쿠와 사회에 대한 기리 등 지켜야 할 규범을 강조하는 일본의 부모들은 아이들을 사회적 영향력을 수용하고 따라야 하는 대상(대상성 자기)으로 인식하게 할 것이다.

이러한 두 나라의 자기관은 특정 유형의 성격으로 이어질 가능성이 크다. 성격이란 개인이 자신의 타고난 기질과 환경 속에서 최적화시킨 행동 유형을 뜻한다. 기질이야 개개인이 다 달리 타고나겠지만, 양육 방식이 유사하다면 아무래도 성격도 어느 정도 예측 가능한 범위 안에서 결정될 것이다.

성격 유형은 이론과 학자에 따라 여러 가지가 있지만, 여기서는 이상심리학의 성격장애에서 구분된 유형을 바탕으로 논의를 전개할 것이다. 물론 어떤 나라의 문화적 성격이 '장애'라는 뜻은 아니다. 어떤 사회, 문화에서나 잘 적응하는 사람들은 개방성이 높고 사교적이며 사회적 역할에 충실하고 감정 조절에 능하다는 등 공통점이 많다.

그러나 부적응적 성격에는 인지 양식이나 행동 방식에 분명한 차이를 보이는 뚜렷한 유형들이 존재한다. 또한 성격장애의 유형을 차용했다고 꼭 부정적인 측면만 보려는 것은 아니다. 모든 성격이 그렇듯이 장점과 단점은 공존한다.

성격장애의 유형에서 찾을 수 있는 한국인들의 성격 유형은 '자기애성 성격(narcissistic personality)'으로 보인다. 우선 아이들의 주도성을 강조하는 '오냐오냐 식'의 양육 방식은 자기애성 성격의 원인으로 꼽힌다. 다음은 자기애성 성격 '장애'에 대한 설명이다(오수성 외, 2013).

- 자신에 대한 과장된 평가로 특권의식을 지니고 타인에게 착취적이거나 오만한 행동을 나타낸다. 타인의 권리, 감정, 요구에 관심이 없거나 이를 참지 못한다. 극단적인 경우에는 타인의 권리와 복지를 무시하는 것을 부끄러워하지 않고 자신의 욕구 충족이나 자기 강화를 위해 타인을 이용한다.
- 자신을 남들이 평가하는 것보다 현저하게 과대평가하여 웅대한 자기상에 집착하고, 탁월함과 성공을 꿈꾼다. 자신의 능력을 과장, 실패를 성공으로 변형시키며, 자신의 가치를 확대하고 자신이 느끼는 것을 정당화한다.
- 좋을 때는 쾌활한 낙천가로 보이지만, 자신감이 흔들리면 화, 수치감, 공허감, 우울 등을 경험하게 된다.

가장 먼저 떠오르는 것은 '갑질'이다. 특권의식을 바탕으로 '을'들에 대한 착취적 행동을 일삼는 갑질. 한국 사람 모두가 갑질을 하는 것은 아니지만 갑질은 한국의 중요한 문화 현상이 틀림없다.

물론 자기애성 성격의 강점은 무엇보다 높은 자기 가치감을 바탕으로 하는 튼튼한 자기 탄력성이다. 자기애가 높은 사람은 실패와 도전을 두려워하지 않으며 자기 탓을 하기보다는 웬만하면 외부에서 그 이유를 찾아 자신을 둘러싼 조건을 끊임없이 개선하려고 한다. 적극적인 대인관계에서 비롯되는 자기 표현과 어울림의 문화 또한 자기애적 성격의 장점일 것이다.[1] 문화심리학에서는 한국인의 성격 특질로 높은 '자기 가치감'을 꼽고 있는데, 이 자기 가치감은 자기애에서 비롯되는 것으로 추정된다.

반면, 일본의 양육 방식에서 발달할 수 있는 성격 유형은 회피성 성격에 가깝다고 판단된다. 회피성 성격(avoidant personality)이란 다른 사람과의 만남에 대한 불안과 두려움 때문에 사회적 상황을 회피함으로써 적응에 어려움을 나타내는 성격을 말한다. 다음은 회피성 성격 '장애'에 대한 설명이다(오수성 외, 2013).

- 조심성 있고 경계심이 많은 사람, 부끄러움을 타고 염려가 많은 사람으로 보인다. 이들은 낯선 상황이나 새로운 일들을 두려워하고, 당혹스러움과 불안을 피하기 위해 늘 익숙한 환경 내에 머물려고 한다.
- 가능하면 사회적 책임을 맡지 않으려고 하며, 될 수 있으면 개인적인 대면 상황을 피하는 경향이 있다. 자신이 중심적인 역할을 하지 않는 업무를 좋아하며 책임과 적극성이 요구되는 직무를 감당하기 어려워한다.
- 자신에 대한 타인의 부정적인 평가를 가장 두려워한다. 비판과 부정확한 것을 못 견디며 완벽을 추구하고 조절감을 얻고자 자신의 삶의 범위를 협소하게 만든다.
- 주된 감정은 수치심이다. 내면에 애정에 대한 강렬한 소망이 있으나 한편으로는 거절에 대한 두려움을 가지고 있기 때문에 만성적인 긴장감, 불안, 슬픔, 좌절감, 분노 등을 지니고 있는 경향이 있다. 모욕과 거부에 지나치게 민감하여 은둔해 버릴 정도이다. 극소수의 친한 사람들과 함께 있을 때에는 매우 집착하고 의지하는 경향이 있다.
- 조화롭지 못한 공허함(허무), 이인화된 정서(독백, 분열)와 감정을 전달하는 표현이 흔하다. 정서가 바깥으로 표현되지 않기 때문에 이를 축적하여 내부의 풍부한 환상과 상상의 세계에서 발산한다. 이들의 정서/친애 욕구는 시, 음악, 일기 등으로 표현된다.

부모의 엄격한 양육은 타인의 평가에 민감한 성격 유형과 직접적인 관련이 있다. 부모는 자녀의 행동을 일차적으로 평가하는 사람이다. 아이는 부모의 반응을 통해 자신의 행동이 적절한지 그렇지 않은지를 판단하고 이는 다른 사람들에 대한 행동 양식으로 이어진다. 회피성 성격은 자신의 행동이 민폐가 되지 않을까 늘 주의를 기울여야 하고 규율을 어겼을 때 심한 수치심을 느꼈을 아이들이 갖게 될 성격 유형이다.

1) 여기서는 자기애성 성격의 강점과 높은 자존감의 강점을 구분하지 않았다.

여러 문화비교 연구에서 반복적으로 보고되는 일본인들의 낮은 자존감, 수치의 문화, 완벽주의, 대인공포증(히키코모리) 등은 회피성 성격의 전형적인 특성이라고 할 수 있다. 물론 회피성 성격의 강점은 장인 정신으로 대표되는 완벽주의와 조용하고 질서 있는 사회 분위기일 것이다. 평가에 민감하니 까다로운 평가에도 흔들리지 않을 높은 기준을 세우게 되는 것이다.

또한 회피성 성격을 가진 사람들이 사용하는 방어기제가 환상(fantasy)이라는 점은 일본 문화를 이해하는 데 많은 시사점을 준다. 환상은 현실에서는 부적절하거나 불편을 느끼거나 달성하기 불가능한 애정, 공격성, 기타 다른 충동을 배출시켜 주는 안전한 수단이다. 일본에서 애니메이션과 게임 산업이 크게 발달한 이유도 여기서 찾을 수 있지 않을까.

3) 한국인의 동일시 대 일본인의 환상

방어기제는 욕구의 좌절로 인한 불안으로부터 자아를 보호하기 위한 무의식적인 기제이다. 한 나라의 문화적 방어기제에 대한 생각은 속담이나 격언 등에서 발견할 수 있다. Wilhelm Wundt가 『민족심리학(Völkerpsychologic)』에서 주장하였듯이, 속담에는 신화나 전설, 동화와 같이 해당 민족의 무의식적 욕구와 이에 대한 해결 방법 및 자아 방어 방식이 제시되어 있을 것으로 예상된다.

박영숙(1993)은 '속담으로 본 한국인의 방어기제'라는 연구에서 방어기제와 관련된 속담 800개를 일차적으로 추출하여 심리학자 2인과 정신과전문의 4인의 평가를 거쳐 최종적으로 587개의 속담을 분석하였고, 이를 빈도에 따라 열 가지 방어기제, 총 531개의 속담으로 정리했다.

가장 많은 빈도를 보인 1위에서 5위까지만 살펴보면, 반동형성(183/34.6%), 동일시(67/12.6%), 수동-공격(63/11.8), 투사(47/7.7%), 전치(32/6.0%)로 나타났다. 이 중 가장 많은 빈도를 보인 반동형성은 '빈 수레가 요란하다' '냉수 먹고 갈비 트림한다' '가난할수록 기와집 짓는다' 등 자신의 현재 상태와 반대되는 행동을 한다는 특징을 보였다.

다시 말해 잘난 척이나 허세에 해당하는 것들이 대부분이었는데, 허세는 개인이 느끼고 있는 열등감이나 상대적 박탈감을 메우기 위한 보상적 시도라고 볼 수 있다. 연구자는 이러한 허세에 해당하는 속담들은 지나친 자기과시나 외양 중시, 실속 없음을 드러내고 있기 때문에 내적인 상태에 대한 반동형성으로 분류한 것 같지만, 이에 해당하는 속담들은 현재의 자신을 자신보다 부유하고 우월한 어떤 대상과 동일시한다고도 볼 수 있다.

속담 중 두 번째로 많은 12.6%에 해당하는 동일시는 우월한 대상(부모, 성공한 사람 등)과 자신을 동일시하여 욕구의 좌절이나 애정의 상실로 인한 불안에 대처하는 방어기제이다. 만약 '반동형성'으로 분류된 속담들도 포함한다면 무려 47.2%에 해당하는 속담이 동일시로 묶일 수 있는 것이다.

이러한 방어기제들은 현대 한국 사회의 독특한 현상으로 꼽히는 과시성 소비나 빠른 속도로 전파되는 특정 제품이나 업종의 유행 등과 관련이 있어 보인다. 앞서 언급한 것처럼, 한국인들은 자기 가치를 높이 평가하는 자기애적 성격이 두드러진다. 자신을 드러내고 싶고 인정받고 싶은 욕구가 매우 강렬할 때 혹은 이러한 욕구들이 충족되지 못했을 때, 한국인들은 자신보다 우월한 위치에 있는 이들과의 '동일시'라는 방어기제를 사용한다고 볼 수 있다.

집도 없는 이들이 종부세 걱정을 한다든가, 본인은 최저임금도 못 받으면서 최저임금 때문에 경제가 망한다고 주장하는 사람들, 그리고 이웃 간의 다툼에서부터 국제적 분쟁에 이르기까지 여러 차원의 갈등에서 힘 있는 이들의 입장을 대변하는 이들이 나타나는 것 역시 동일시와 관계가 있다고 해석할 수 있다.

정신역동이론에 따르면 동일시는 자신에게 불안을 야기한 대상에 대한 공격적 정서를 줄여줌으로써 응집력 있는 집단 형성과 유지에 중요한 역할을 하며, 대상으로부터의 독립과 퇴행 사이의 갈등을 완화시켜 준다는 기능을 갖는다. 이로 미루어 한국 문화에서 동일시의 기능은 자기 가치감이 높은 사람들이 관계의 유지가 우선시되는 문화에서 살아오면서 관계의 유지와 부정적 정서의 해소라는 두 가지 목표를 충족하는 것이라고 짐작할 수 있다.

속담 연구에서는 따로 분류되지 않았지만, 자기애성 성격 '장애'를 갖는 이들이 주로 사용하는 방어기제로는 합리화(rationalization)가 있다. 합리화의 기능은 죄책감을 덜고 자기 가치감을 유지하는 것이다. 여러 연구자에 의해 한국인들의 주요 행동 유형으로 꼽힌 핑계나 매체를 통해 종종 들을 수 있는 특정 집단의 내로남불, '나 때는 말이야~' 등의 언사로 자신의 행동을 정당화하는 소위 '꼰대'들의 무의식적 동기 등이 이에 해당한다고 할 수 있다.

그렇다면 일본의 문화적 방어기제에는 어떤 것들이 있을까? 일본의 속담과 방어기제에 대한 연구는 발견할 수가 없었지만, 앞의 글에서 유추한 두 나라의 문화적 성격을 바탕으로 회피적 성격의 사람들이 주로 사용할 것으로 추측되는 유형의 방어기제는 환상(fantasy) 또는 백일몽(daydreaming)이다.

이 종류의 방어기제는 현실 직면을 피하고 상상 속에서 살아가는 것이다. 상상 속에서는 괴롭고 힘든 현실을 잊을 수 있고, 현실의 모든 장애나 어려움을 무시하거나 극복할 수 있다는 생각은 안정감과 즐거움을 준다. 자타가 공인하는 일본의 문화콘텐츠는 애니메이션이다. 애니메이션은 시간과 공간의 제약을 받을 필요도 없고, 일본인이면 지켜야 하는 일본의 문화적 규범과 행위 양식을 따를 필요도 없다.

애니메이션이 일본을 대표하는 문화가 된 데에는 현실에서의 직접적인 갈등을 회피하려는 일본인들의 동기가 우선적으로 전제되어 있다고 생각된다. 일본인들은 고통스러운 현실을 직면하기 어려워하는 것 같다. 고레에다 히로카즈 감독의 〈아무도 없었다〉나 같은 감독의 2018년 황금종려상에 빛나는 〈어느 가족〉이 그려 내고 있는 일본의 우울한 현실은 일본에서 철저하게 외면을 받는다.

최근 일본 애니메이션의 트렌드는 '이세계(異世界)물'이다. 현실의 아주 평범한, 혹은 평균 이하의 주인공이 하루아침에 다른 세계(이세계)로 가게 되는데, 그 세계에서 주인공은 매력적인 외모와 출중한 능력을 갖고 있다. 그는 앞에 닥치는 어떠한 문제도 쉽게 해결하면서 이세계의 영웅이 된다. 방어기제 백일몽의 학술적 정의 그대로이다.

분리나 고립 등도 일본 문화와 관련하여 떠올릴 수 있는 방어기제이다. 분리(detachment)는 고통스러운 불안을 일으키는 느낌을 막아 내기 위해서 그 감정을 분리시키는 것이며, 고립(isolation)은 긴장과 불안을 주는 상황으로부터 자기 자신을 철수시키려는 방어기제이다. 즉, 사회적 역할이나 친밀하지 못한 인간관계에서 오는 불안에서 벗어나기 위해 고통스러운 감정을 분리하고 자신을 정신적으로 고립시키는 방식의 행위 양식이다. 120만 명으로 추정되는 일본의 히키코모리는 분리와 고립을 선택하여 백일몽에 빠져 살아가는 인간 유형이라고 하겠다.

제 2 부

문화와 인간

제4장

문화와 성격

문화심리학의 첫 번째 목표는 인류의 보편성과 함께 다양성까지 포함한 폭넓은 인간과학을 만드는 것이다. 그 목표를 성취하기 위해서는 우선 인간 심리의 문화 간 다양성을 발견하고 기술해야 한다. 인간 심리의 문화적 다양성을 발견하기 위해서는 많은 문화를 일정한 기준에 의해 분류하고 비교하는 작업이 필요하다. 그렇게 하기 위해 우리는 문화의 차원에 대해 알아야 한다. 적절한 문화의 차원들을 설정하는 일은 복합적이고 다면적인 문화라는 개념을 다루는 중요한 방식이다. 성격심리학자가 개인의 다양한 성격을 기술하기 위해 여러 가지 성격 특성 차원들을 설정하는 것처럼 문화심리학자는 문화의 다양성을 기술하기 위해

가치의 차원들을 설정하고 연구해 왔다. 여기서는 우선 가치관의 문화 차이에 대한 연구를 촉발시킨 Hofstede(1991)의 이론을 시작으로 문화의 차원에 대해 살펴보고, 다양한 문화 차이를 해석하는 틀로 이용되고 있는 문화 유형, 문화적 자기관 등에 대해 알아보기로 한다.

1. 문화의 차원

국가 간 문화 차이에 대한 경험적 자료가 부족한 상태였던 1980년대 초에 Hofstede(1980, 1983)는 거대 다국적 기업 IBM의 직원들을 대상으로 1970년 전후에 실시된 노동 관련 가치에 관한 조사 자료를 분석하여 세계 각국 사람들의 문화 차이가 나타나는 네 가지 차원을 추출하였다. 차원이란 여러 문화에 대해 측정 가능한 하나의 측면을 말하며, 최초의 연구에서는 40여 개국을 대상으로 분석하였으나(Hofstede, 1980) 그 후에 자료가 추가되어 3개 지역을 포함한 50여 개국을 대상으로 가치의 차원을 분석하였다(Hofstede, 1983). 그는 문화를 '한 집단 또는 한 범주의 사람들을 다른 집단이나 범주의 사람들과 달라지게 만드는 집합적 프로그램'으로 간주하고, 국가 수준에서의 문화 차를 다루었다(Hofstede, 1980, 1983). 각국의 조사대상자는 국가만 빼고 서로의 조건이 거의 비슷하게 맞춰진 표본들이었기 때문에 그들의 답에서는 국가 간 차이가 분명하게 드러날 수 있었다. 50여 개국의 IBM 직원들에게서 받은 가치에 대한 응답자료를 분석한 결과, 그들은 공통적인 문제를 보고하였으나 이에 대한 해결책은 국가마다 다르게 나타났다. 이것은 모든 사회에서 보편적으로 동일한 문제가 발생하지만 이를 어떠한 가치 기준에 근거하여 해결하는가를 통해 문화 차이를 측정할 수 있음을 의미한다. IBM 설문에서 나타난 50여 개국 국민들이 지니고 있는 노동 관련 가치관은 '권력거리' '개인주의 대 집단주의' '남성성 대 여성성' '불확실성 회피'라고 부르는 네 가지 차원이었다.

문화의 차원은 IBM 연구에서 발견된 네 가지 차원에 더하여 두 개의 차원이 추가되며 확장되었다. 다섯 번째로 추가된 차원은 '장기지향 대 단기지향'이고(Hofstede, 1991), 여섯 번째로는 '자적 대 자제' 차원이 추가되었다(Minkov, 2007).

1) 권력거리

사회적 지위, 경제력, 신체적 · 지적 능력 등의 특정 영역에서 순위가 높은 사람들은 그렇지 않은 사람들보다 더 큰 권력을 지니며 타인의 행동에 영향을 미친다. 이처럼 어느 사회나 불평등은 존재하지만 불평등을 다루는 방식에는 차이가 있다. 어떤 사회는 경제적 부를 가진 사람이 정치권력을 얻기 위해 공직으로 자리를 옮기는 것과 같이 불평등을 다른 영역으로 전개하여 해결한다. 반면에 한 영역에서 높은 순위에 있는 사람이 다른 영역에서는 순위가 낮은 것을 바람직하다고 생각하는 사회도 있다. 이런 사회는 사회적 지위와 명예를 누리는 공직자나 정치인에게 경제적 부의 축적을 못하게 하기도 한다. 즉, 불평등을 다루는 방식에 따라 국가들을 구분할 수 있는 것이다.

Hofstede(1983)는 권력과 평등–불평등에 관한 질문에 대하여 국가별 IBM 직원들의 평균점수를 구하고, 이를 토대로 그 나라의 권력거리 지수(power distance index)를 산출하여 50여 개국을 구분하였다. 권력거리(power distance)는 한 국가의 제도나 조직의 힘 없는 구성원들이 권력의 불평등한 분포를 기대하고 수용하는 정도를 의미하며, 사람들이 불평등을 해결하는 방법을 반영한다. 권력거리 지수를 측정한 세 개의 질문 중, 첫째는 직원들이 상사에게 이견을 말하는 것을 두려워하는 정도이고, 둘째는 부하직원이 본 상사의 실제 의사결정 스타일(전제적 스타일이나 가부장적 스타일을 선택한 사람의 비율), 셋째는 부하직원이 선호하는 상사의 의사결정 스타일(전제적 스타일이나 가부장적 스타일, 또는 그 반대로 다수결원칙 스타일을 선택한 사람의 비율)에 관한 것이었다.

권력거리 지수는 각 나라의 상대적 위치를 나타낸다. 이에 따르면 라틴계 국가(프랑스나 스페인과 같은 라틴계 유럽국 및 라틴아메리카), 아랍권, 아시아와 아프리카에 있는 나라들의 점수는 높은 반면 미국, 영국, 옛 영국연방국가 그리고 비라틴계 유럽국의 점수는 낮았다. 참고로 권력거리 지수 1위는 말레이시아(104점)였고, 53위는 오스트리아(11점)였다. 동아시아권에서는 홍콩이 15위(68점), 한국은 27위(60점), 대만은 29위(58점), 일본이 33위(54점)였으며, 미국은 38위(40점)였다. 또한 권력거리 지수는 한 나라의 의존관계를 말해 준다. 권력거리가 큰 나라에서는 부하직원이 상사에게 의존하는 정도가 높아 전제적이거나 가부장적인 상사와의 의존관계 자체를 선호하거나, 그런 의존관계를 전적으로 거부한다. 이런 경우에는 부하직원과 상사 간의 심리적 거리가 크기 때문에 부하직원이 직접 상사에게 다가가서 반대 의견을 내놓는 일은 좀처럼 드물다. 반면에 권력거리가 작은 나라에서는 부하직원이 상사에게 의존하는 정도가 낮아 상사와 부하직원 간의 상호 작용을 선호하며, 심리적 거리도 비교적 작은 편이다. 그래서 부하직원은 상사에게 쉽게 접근해서 반대 의견을 낼 수 있다. 그러므로 권력거리란 한 나라의 기관(가족, 학교, 지역사회 등)과 조직(직장) 속에서 약한 자가 권력분배의 불평등을 당연한 것으로 받아들이는 정도라고 정의할 수 있다(Hofstede, 1980, 1983, 1991).

단계적 중다회귀분석의 결과에 의하면, 한 나라의 권력거리 지수는 그 나라의 지도상의 위도, 인구 크기, 부(1970년의 1인당 GNP)에 의해 58%가 설명된다(Hofstede, 1980). 이 말은 위도가 낮을수록, 인구가 많을수록, 가난한 나라일수록 권력거리 지수가 높았음을 의미한다.

먼저 위도가 낮은 나라, 즉 열대성 기후에 가까운 나라는 농사를 지을 가능성이 높고, 풍족한 자연조건을 만나 사람이 자연에 크게 개입하지 않아도 생존하기 쉬워 인구도 점점 많아지게 된다. 이런 사회에서는 다가오는 위협이 주로 똑같은 영역의 자원을 놓고 경쟁하는 다른 인간 집단이기 때문에 위계적 조직을 마련하고 하나의 중앙 권력에 의존하는 것이 생존에 유리하다. 그러나 위도가 높은 지역, 즉 온대성이나 한대성 기후를 가진 곳에서는 자연이 그리 풍족하지 못하기 때문에 사람들은 살아가기 위해 자연에 더 많이 개입해야 한다. 이러한 환경에서는 자기보다 강한 사람들에게 의존하기보다는 스스로를 꾸려 나갈 수 있는 방법을 터득하는 것이 생존에 유리하다. 다음으로 인구수를 살펴보면, 인구가 많은 나라의 국민은 적은 나라의 국민보다 정치적 권력이 더 멀리 느껴져서 접근하기 어렵다고 보기 때문에 인구가 많은 나라일수록 권력거리 지수가 높게 나타난 것으로 해석할 수 있다. 단, 여기서는 불평등을 용납하지 않는 사람들일수록 인구 규모가 더 큰 나라로 합해지는 것을 피하기 위해 보다 치열하게 투쟁했을 것이라는 해석도 가능하다. 마지막으로, 국가의 부는 다른 많은 요인을 의미한다. 즉, 덜 전통적인 농업, 보다 현대적인 기술, 보다 도시적인 삶, 보다 빈번한 사회적 이동, 보다 좋은 교육체계, 보다 많은 중산층 등의 여러 요인을 의미하며, 이것들은 작은 권력거리와 서로 영향을 주고받는 순환적인 인과관계에 있을 것이다.

Hofstede(1991)는 오랜 역사적 뿌리를 지닌 권력거리의 국가 간 격차는 앞으로 적어도 수세기 동안 그대로 유지될 것이라고 보았다. 그 근거는 다음의 두 가지이다. 해가 갈수록 국제적으로 이루어진 결정의 영향력이 강해지고 있기 때문에 인구 규모가 작은 나라는 물론이고 큰 나라까지도 독자적인 결정을 내리기는 점점 어려워지고 있다. 인구의 크기는 권력거리를 증가시키는 요인이라는 것을 감안할 때, 이런 추세는 세계적으로 권력거리의 증가를 만들어 낼 것이다. 또한 부가 증가하는 나라에서는 권력거리가 줄어들 것이지만 지난 수십 년간 가난했던 나라가 부유해진 경우는 극소수이며, 부유했던 나라들은 대부분 더 부유해져서 빈부의 격차가 심화되었고, 이런 추세는 앞으로도 계속될 것이다. 이것도 권력거리의 격차를 더 벌어지게 만드는 요인이다.

2) 개인주의 대 집단주의

개인의 역할과 집단의 역할은 문화마다 다르다. 세계 사람들의 절대다수는 개인의 이익보다는 집단의 이익을 우선하는 사회에 살고 있으나, 소수는 집단의 이익보다는 개인의 이익을 우선하는 사회에 산다. Hofstede(1980, 1983, 1991)는 전자와 같은 사회를 집단주의, 후자와 같은 사회를 개인주의라고 부른다. 개인주의(individualism)란 개인 간의 구속력이 느슨한 사회를 말한다. 모든 사람은 자기 자신과 자신의 직계가족(핵가족)을 돌보면 되는 것으로 생각한다. 반대로 집단주의(collectivism)는 개인이 태어날 때부터 강하고 단결이 잘된 내집단에 통합되어 있으며, 평생 동안 무조건 내집단에 충성하는 대가로 그 집단이 개인을 계속 보호해 주는 사회를 말한다.

문화의 제2차원은 개인주의와 집단주의를 양극으로 하는 차원이며, 6개의 작업 목표에 관한 질문으로 구성된 개인주의 지수(individualism index)에 의해 50여 개국의 상대적 위치가 결정되었다. 6개의 작업 목표에 관한 질문은 이상적인 직장에서 중요하다고 생각하는 요인에 대해 묻는 것이었다. 이 중 3개는 근로자의 조직으로부터의 독립을 강조하는 것이고, 나머지 3개는 조직이 근로자를 위해 해 주는 것을 의미하며, 근로자의 조직에 대한 의존을 강조하는 것이었다. 즉, 개인주의를 의미하는 것은, ① 개인생활 내지 가족생활을 위한 충분한 시간을 가질 수 있는 직장일 것, ② 일하는 방식을 택할 수 있는 자유가 많을 것, ③ 하는 일이 도전적일 것으로 개인적 성취감을 맛볼 수 있는가에 해당한다. 집단주의를 의미하는 것은 ④ 기술 향상이나 새 기술을 배울 수 있는 연수의 기회가 있을 것, ⑤ 물리적 작업 조건들이 좋을 것(통풍과 조명이 잘되고 작업 공간이 충분할 것 등), ⑥ 직장에서 자신의 기술과 능력을 충분히 활용할 수 있을 것이었다.

산출된 개인주의 지수도 권력거리 지수와 마찬가지로 각 나라의 상대적 위치를 나타낸다. 이에 따르면 부유한 나라는 거의 모두가 높은 개인주의 지수를 보이고 있는 반면에 가난한 나라는 거의 모두 낮은 개인주의 지수를 보이고 있다. 즉, 유럽 국가들은 개인주의 지수가 높고 그 이외의 대부분의 나라는 개인주의 지수가 낮다. 참고로 개인주의 지수 1위는 미국(91점)이었고, 53위는 과테말라(6점)였다. 동아시아권에서는 일본이 22위(46점), 홍콩은 37위(25점), 한국은 43위(18점), 대만은 44위(17점)였다.

개인주의 지수는 권력거리 지수와 강한 부적상관(−.68)이 있는 것으로 나타났다. 즉, 사람들이 내집단에 높은 의존도를 보이는 문화권에서는 대체로 권력자에 대한 의존도도 높다는 것을 의미한다. 따라서 권력거리와 집단주의는 단일한 문화 차원이 두 가지로 표현되었다고 볼 수도 있다.

그러나 Hofstede(1991)는 이 둘을 구분하는 것이 낫다고 주장했다. 그 이유는 경제발전 수준을 기준으로 50여 개국을 두 집단으로 나누어 분석하면, 부유한 나라뿐만 아니라 가난한 나라 사이에서도 개인주의 지수와 권력거리 지수 간의 상관이 없어지기 때문이다. 즉, 경제발전 수준이 유사한 나라 사이에서는 내집단에 대한 의존과 권력자에 대한 의존 중 어느 쪽을 중시하느냐가 나라마다 제각기 다르다는 것이다. 또한 강한 개인주의(10위, 71점)와 중간 정도의 권력거리(15위, 68점)가 결합한 프랑스나 강한 집단주의(46위, 15점)와 비교적 작은 권력거리(42위, 35점)가 결합한 코스타리카와 같은 독특한 사례를 식별하기 위해서도 이 둘의 구분은 의미가 있다고 보았다.

전반적으로 부유하고 도시화와 산업화된 사회에서는 개인주의 성향이 나타나고, 가난하고 전통적인 농경사회에서는 집단주의 성향이 나타나는 경향이 있다. 하지만 더러 예외도 있다. 동아시아의 일본과 신흥공업국에 속하는 한국, 대만, 홍콩, 싱가포르는 공업화에도 불구하고 상당한 정도로 집단주의를 고수하고 있다. 1970년의 개인주의 지수는 1970년의 1인당 GNP와 .84의 정적상관을 보였고, 1987년의 1인당 GNP와는 .77의 정적상관을 보였다. 만약 개인주의가 부의 원인이라면 개인주의 지수는 국가의 경제성장과도 정적상관이 있어야 한다. 그러나 모든 나라에서 개인주의 지수와 그 이후의 경제성장률(세계은행이 측정한 23년간의 1인당 GNP의 연간 성장률의 평균) 간의 상관은 거의 없었다. 심지어 부유한 나라의 경우에는 보다 개인주의적인 부국의 경제성장률이 덜 개인주의적인 부국의 경제성장률보다 낮았다. 따라서 개인주의가 부의 원인이 아니라 국가의 부가 개인주의를 가져온다고 해석할 수 있다. 단, 아주 부유한 나라들이 보이는 개인주의와 경제성장 간의 부적상관은 경제발전으로 인한 과도한 개인주의가 자멸의 길로 이어질 수 있음을 시사한다.

한 나라의 개인주의 지수는 그 나라의 지도상의 위도가 높을수록 증가했다. 온대성이나 한대성 기후를 가진 나라에서 사는 사람들의 생존 여부는 자신의 주도성에 더 의존하기 때문에 개인주의 문화를 지지하게 된다. 권력거리를 설명했던 인구의 크기는 집단주의와 무관했지만, 인구증가율은 집단주의와 강한 상관이 있었다. 높은 인구증가율은 이민에 의한 증가를 제외하면 높은 출산율을 의미하며, 한 가족당 자녀의 수가 평균적으로 더 많은 이런 문화의 가정에서는 개인주의보다는 집단주의적 가치가 자라게 될 것이다.

Hofstede(1991)는 개인주의 대 집단주의 차원에서의 국가 간 차이도 권력거리의 차이처럼 오랜 세월동안 지속될 가능성이 높다고 보았다. 급격한 경제성장을 이룩한 나라는 집단주의에서 개인주의로의 변화를 직접 경험해 봤지만, 개인주의 쪽으로 수렴하는 경향은 보편적인 현상이기 때문에 문화가 변화하더라도 국가 간 차이는 그대로 유지될 것이라고 예상하고 있다.

3) 남성성 대 여성성

남녀 간의 생물학적 차이는 전 세계에 걸쳐 공통적이지만, 이들의 사회적 역할은 일부만이 생물학적 조건에 의해 결정된다. 특정 행동이 어느 성에 더 적합하냐는 생각은 사회에 따라 다르다. 어떤 행동이 여성적 또는 남성적으로 간주되느냐는 사회마다 제각기 다르다는 것이다. 그럼에도 불구하고 대부분의 사회는 성역할 분포에서 공통적인 면이 있다. 남성은 대체로 집 밖의 성취에 더 관심을 두며, 자기주장적이고 경쟁적인 특성이 있고, 거친 역할을 맡고 있다. 여성은 대체로 가정과 아이, 그리고 사람들을 돌보는 데 더 관심을 두며, 보다 부드러운 역할을 맡고 있다. Hofstede(1980, 1983, 1991)는 부모가 제공하는 성역할 모델과 관련이 있는 차원을 남성성(masculinity) 대 여성성(femininity) 차원이라고 불렀다. 이 세 번째 차원은 자기주장적 행동과 겸손한 행동 중 어느 쪽을 바람직하게 생각하는가를 다루는 차원이다.

문화의 제3차원은 남성성과 여성성을 양극으로 하는 차원이며, 8개의 작업 목표에 관한 질문으로 구성된 남성성 지수(masculinity index)를 토대로 50여 개국의 상대적 위치가 결정되었다. 8개의 작업 목표에 관한 질문은 이상적인 직장에서 중요하다고 생각하는 요인에 대해 묻는 것이었다. 이것들 중 4개는 남성적이고 자기주장적이며 경쟁적인 사회적 역할과 관련된 것이고, 나머지 4개는 여성적이며 어진 사회적 환경을 지향하는 것이었다. 즉, 남성성을 의미하는 것은, ① 높은 수입을 올릴 기회가 있을 것, ② 일을 잘하면 당연히 인정을 받을 것, ③ 보다 높은 직책으로의 승진 기회가 있을 것, ④ 도전적인 일, 즉 자신의 성취감을 주는 일이 있을 것이었다. 여성성을 의미하는 것은 ⑤ 직속 상사와 직무상 좋은 관계를 누릴 수 있을 것, ⑥ 협조적인 사람들과 일할 수 있을 것, ⑦ 본인과 본인 가족이 바라는 지역에 거주할 수 있을 것, ⑧ 본인이 원하는 한 계속해서 그 회사에 다닐 수 있다는 안정감을 줄 것이었다.

Hofstede(1980)가 세 번째 차원을 남성성 대 여성성 차원이라고 부르게 된 결정적인 이유는 유독 이 차원에서만 IBM 직원들 중 남자와 여자 간에 일관성 있는 점수차가 나타났기 때문이었다. 국가별로 남성성 지수를 산출한 결과, 스웨덴이나 노르웨이와 같이 가장 여성적인 나라에서는 남자와 여자의 남성성 점수에 거의 차이가 없어 남녀 모두가 부드럽고 어진 가치를 보였다. 가장 남성적인 나라인 일본과 오스트리아에서는 남자들의 남성성 점수가 매우 높았고, 남녀 간의 점수차도 이 나라들 중에서 가장 컸다. 그러나 남성성 점수에 대한 여자의 국가 간 차이는 남자의 국가 간 차이보다 적었다. 즉, 여성적인 나라에서부터 남성적인 나라 쪽으로 갈수록 남자와 여자의 남성성 지수는 함께 증가하지만, 이 증가폭이 남자인 경우에 더 크다는 것이다. 그래서 Hofstede(1980)는 남성적 문화는 사회적 성역할이 명확하게 구분되는 사회, 즉 남자는 자기주장적이며 거칠고 물질적인 성공을 추구하는 반면에 여자는 보다 겸손하고 부드러우며 삶의 질에 관심을 두는 사회라고 정의했다. 여성적 문화는 사회적 성역할이 중첩되는 사회, 즉 남성과 여성이 모두 겸손하고 부드러우며 삶의 질에 관심을 두는 사회라고 정의했다.

산출된 남성성 지수도 권력거리 지수 및 개인주의 지수와 마찬가지로 각 나라의 상대적 위치를 나타낸다. 이에 따르면 남성성이 가장 강한 나라는 일본(95점)이었으며, 그다음으로는 오스트리아(2위, 79점), 이탈리아(4위, 70점), 스위스(4위, 70점), 독일(9위, 66점) 등이었다. 또한 라틴아메리카의 나라들 중 주로 카리브해 근방의 큰 나라들도 남성성이 상당히 강했고, 중간 정도의 남성성 점수를 보인 나라들은 대부분 영국계 국가였다.

아시아 국가들은 중간 정도의 여성성 점수를 보인 나라가 많았으며, 라틴계 국가 중에는 중간 정도 내지 강한 여성성 점수를 보인 나라가 많았다. 특히 중앙아메리카의 작은 나라들은 대부분 여성적이었다. 여성적인 나라들은 핀란드(47위, 26점), 덴마크(50위, 16점), 네덜란드(51위, 14점), 노르웨이(52위, 8점), 스웨덴(53위, 5점)과 같은 주로 북서 유럽에 위치한 나라들이었다. 참고로 미국은 15위(62점), 홍콩은 18위(57점), 대만은 32위(45점), 한국은 41위(39점)였다.

왜 어떤 나라는 남성적인 문화가 지배적이고 또 어떤 나라는 여성적인 문화가 지배적인지를 설명할 수 있는 외적인 요인은 발견되지 않았다(Hofstede, 1980). 개인주의나 권력거리와는 달리 남성성 지수는 국가의 경제발전 정도와 무관했다.

산업화된 사회에서는 출생률이 점점 떨어지기 마련이고, 이로 인해 젊은 층의 수가 줄어들어 인구의 평균연령이 증가하면 가치는 여성적인 쪽으로 변하게 될 것이다(Hofstede, 1980). 왜냐하면 기술적인 일에는 나이 든 사람보다 젊은이가 관심도 많고 더 잘하지만, 사람을 다루는 일에는 젊은이보다 나이 든 사람이 더 관심이 많고 능숙하기 때문이다. 또한 출생률이 떨어지면 그만큼 상대적으로 일하는 여성의 수가 많아진다. 이제껏 남성들이 독점해 오던 사회의 여러 지위에 점점 더 많은 수의 여성이 등장하게 되면서 사회 전체의 가치도 보다 여성적인 쪽으로 변하게 될 것이다. 뿐만 아니라 기술 발전이 진행되면 다양한 업무 중 성취 관련 업무가 양육 관련 업무보다 더 쉽게 자동화될 수 있기 때문에 기술이 발달할수록 남성적 가치보다는 여성적 가치의 사회적 필요성이 증대될 전망이다. 끝으로 인류는 생존에 아주 심각한 위협을 안겨줄 만한 환경문제에 직면하여 어쩔 수 없이 자연보전에 관심을 가질 수밖에 없게 되면 여성적 가치를 더욱 북돋우게 될 것이다(Hofstede, 1991).

4) 불확실성 회피

우리는 내일 무슨 일이 일어날지 알지 못하기에 불확실성을 지닌 채 살아가야 하는 존재이다. 불확실성의 핵심은 이것이 주관적인 경험이라는 사실이다. 불확실성의 느낌은 개인적이면서도 또한 부분적으로는 그 사회의 다른 구성원들과 공유하는 면도 있다. 불확실성의 느낌과 이에 대처하는 방식은 그 사회의 문화적 유산에 속하며, 가정, 학교, 정부와 같은 기본적인 기관들을 통해 전이되고 강화된다.

Hofstede(1980)는 권력거리, 개인주의 대 집단주의, 남성성 대 여성성 다음으로 불확실성 회피(uncertainty avoidance)를 네 번째 문화 차원으로 제시하였다. 불확실성 회피 지수(uncertainty avoidance index)는 평균점수 사이에 강한 상관관계가 발견된 다음의 세 질문으로 구성되었다. ① 일하다가 신경이 곤두서거나 긴장되는 순간을 느끼는 빈도, ② '비록 회사를 위하는 일이라고 생각되더라도 회사의 규칙을 어겨서는 안 된다'라는 문장에 동의하는 정도, ③ 근로자 중 그 회사를 평생직장으로 생각하여 장기적으로(5년 이상 또는 은퇴할 때까지) 머물고 싶다는 의사를 표명한 사람의 비율이다.

처음에는 이와 같은 세 질문이 상관을 보인다는 사실이 납득이 되지 않았다고 한다(Hofstede,

1980). 상관관계가 있었던 것은 이 세 질문에 대한 국가별 평균점수들이었다. 그러므로 만약 어떤 나라에서 사람들이 일에 대한 스트레스를 느낀다면 그 나라에서는 더 많은 사람이 규칙을 지켜야 한다고 생각하며, 또한 더 많은 사람이 평생직장을 갖기를 희망한다고 해석할 수 있다. 그러나 각 나라에서 이러한 느낌을 가지고 있는 개인들이 반드시 동일인이라고 해석할 수는 없다. 실제로 개개인의 응답을 따로따로 검토해 보면 이 세 질문에 대한 응답 간에는 상관관계가 없었다.

Hofstede(1980)는 이 세 질문이 모두 불확실한 미래에 직면했을 때 어떤 특정 사회 안에 존재하는 불안의 수준을 표현하는 것이라고 가정하였다. 불확실성 회피 경향이 높은 나라에서는 이 불안 수준으로 인하여 상대적으로 더 많은 수의 사람들이 직장에서 신경을 곤두세우거나 긴장하게 되고, 또 어떤 사람들은 규칙을 어기는 경우에 애매함이 대두되기 때문에 회사 규칙을 어기는 것을 반대하며, 또 다른 사람들은 고용주를 바꾼다는 것은 곧 미지의 세계로 들어가는 모험을 의미하기 때문에 고용주를 바꾸는 것을 싫어한다. 이처럼 높은 불안 수준에 대한 반응은 개인마다 다를 수 있는 것이다. 그러므로 그는 불확실성 회피란 한 문화의 구성원들이 불확실한 상황이나 미지의 상황으로 인해 위협을 느끼는 정도라고 정의하였다.

50여 개국에 대한 불확실성 회피 지수를 보면, 라틴아메리카(과테말라 3위, 101점 등), 라틴계 유럽국(포르투갈 2위, 104점 등), 지중해 국가들(그리스 1위, 112점 등)의 점수가 높았고, 일본(7위, 92점)과 한국(16위, 85점)의 점수도 높은 편에 속했다. 또한 오스트리아(24위, 70점), 독일(29위, 65점), 스위스(33위, 58점)와 같은 독일어 사용국의 점수도 중간 정도로 높았다. 일본과 한국 이외의 모든 아시아 국가(대만 26위, 69점; 홍콩 49위, 29점 등)와 아프리카 국가들 그리고 영국계 및 북유럽 국가들(미국 43위, 46점; 영국 47위, 35점)과 네덜란드는 중간 내지 낮은 점수를 보였다.

이러한 불확실성 회피 지수의 결과는 1970년대에 18개 선진국을 대상으로 불안 관련 현상을 연구한 결과와 일치한다(Hofstede, 1980; Lynn, 1971). Lynn(1971)은 자살률, 알코올중독, 사고사율, 인구 만 명당 수감자 비율 등을 하나의 요인으로 묶고 '불안'이라고 명명하였다. 그리고 그는 1960년대의 자료를 바탕으로 하여 그가 연구대상으로 삼은 18개국 각각에 대해 불안 점수를 산출하였다. 그 결과 오스트리아, 일본, 프랑스가 가장 높은 점수를 보였고, 뉴질랜드, 영국, 아일랜드공화국이 가장 낮은 점수를 보인 것으로 나타났다. 일관된 연구결과는 확실히 나라마다 불안 수준이 다르다는 것을 강력하게 지지한다(Hofstede, 1980).

불확실성 회피 경향이 강한 나라에서는 만나는 사람들마다 바쁘고 안절부절못하며 감정적이고 공격적이며 활동적이다. 반면에 불확실성 회피 경향이 약한 나라에서는 사람들이 조용하고 까다롭지 않고 유유자적하며 절제되어 있고 게으르다는 인상을 준다. 불확실성 회피 경향이 강한 나라에서는 사람들이 평균적으로 덜 행복하고, 훨씬 덜 건강하다고 느꼈다(Harding et al.,

1986; Stoetzel, 1983).

Hofstede(1991)는 인류가 불확실성을 회피하는 하나의 수단으로 종교를 이용하고 있다고 주장하였다. 그리고 불확실성 회피 차원을 포함하는 가치복합체는 그 나라 국민이 어떤 종교에 대해 어느 정도까지 수용적일 수 있는지, 그리고 그 나라에서 받아들인 종교가 얼마나 발달할 수 있는지를 규정한다고 본다. 50여 개국에서 나타난 불확실성 회피 지수는 각 나라의 지배적인 종교와 어느 정도 상관이 있었다. 로마 가톨릭과 그리스 정교 국가의 불확실성 회피 지수는 높고(필리핀과 아일랜드는 예외), 유대교(이스라엘 19위, 81점)와 이슬람 국가(튀르키예 16위, 85점; 파키스탄 24위, 70점; 아랍권 27위, 68점)의 점수는 중간쯤 되었다. 그리고 프로테스탄트 기독교(개신교) 국가의 점수는 낮았다. 동양의 종교들을 지닌 나라의 점수는 중간 이하로 낮았으나, 일본과 한국은 예외이다.

유대교, 기독교, 이슬람교와 같은 서양의 종교들은 모두 신의 계시에 바탕을 두고 있으며, 인간이 소유할 수 있는 절대적인 진리가 단 하나 존재한다고 가정한다. 그러나 동양의 종교들은 진리에 대한 관심이 덜하여 동양에서는 사람들이 다른 종교의 요소를 쉽게 흡수한다.

수 세기 동안 가톨릭 교회는 이단적인 생각을 지닌 많은 사람을 죽음으로 몰아넣는 종교재판을 유지해 왔으며, 저술을 금지하거나 책을 태우기도 하였다. 역사적으로 볼 때 가톨릭보다는 이슬람이 다른 종교를 허용하는 아량이 비교적 더 넓었다고 볼 수 있다. 이슬람 튀르키예 제국에서는 '성경의 백성', 즉 유대인과 기독교인을 너그러이 받아들여서 특별세를 내기만 하면 자기의 종교를 계속 유지할 수 있도록 허용해 주었다.

대다수의 국민이 기독교 신자인 모든 나라를 통틀어 볼 때, 인구 중에 가톨릭 신자가 차지하는 비율과 그 나라의 불확실성 회피 지수는 강한 상관이 있다. Hofstede(1991)는 가톨릭 교회는 대부분의 개신교 집단에는 없는 확실성을 신도에게 제공하기 때문에 그러한 확실성에 대한 욕구를 지닌 문화에서 호소력을 갖고, 개신교는 사람들이 확실성에 대한 욕구를 덜 느끼는 문화에서 인기를 누린다고 해석하였다.

5) 장기지향 대 단기지향

IBM 연구는 반복적인 검증을 거치며 확장되었다. 그중 심리학자 Milton Rokeach가 미국 사회의 가치를 기반으로 개발한 로키치 가치 조사(Rokeach Value Survey: RVS)에서는 IBM 차원과 유사한 네 가지 차원이 나타났다(Hofstede et al., 2010). Hofstede와 Bond는 두 개의 전혀 다른 연구에서 상관관계가 나타난 것을 통해 인간의 사고를 구속하는 문화의 힘을 확인함과 동시에 서양 문화적 편향(bias)의 개입 가능성을 제기하였다. 두 연구가 모두 서양의 연구자들이 만든 질문지를 사용했다는 점에서 서양이 아닌 나라의 응답자들에게는 별로 중요치 않은 질문들도 있었을 것이고, 그들이 중요하게 생각하는 다른 문제들은 빠졌을 수도 있다. 따라서 서양 문화적 편향이 결과에 미치는 영향을 확인해 볼 필요가 있었다.

다년 간 극동지역에서 활동해 온 캐나다 출신의 Bond와 동료들(The Chinese Culture Connection, 1987)은 의도적으로 비서양적으로 편향된 설문 문항을 제작하여 그 결과를 기존 설문의 결과와 비교해 보고자 하였다. 이 설문을 중국식 가치 조사(Chinese Value Survey: CVS)라고 부르며, 중국인에게 기본적이라고 생각되는 가치 40개 항목에 대한 전 세계 23개국 학생의 자료를 분석하여 네 가지 차원을 도출하였다. 제1차원은 인화(integration), 제2차원은 유교적 역동성(confucian dynamism), 제3차원은 인정(human-heartedness), 제4차원은 도덕적 절제(moral discipline)라고 명명하였고, IBM 연구에도 포함된 20개국의 자료와 CVS 자료를 비교해 본 결과 IBM 연구의 네 가지 차원 중 세 가지 차원이 CVS 차원과 상관관계를 보이며 재확인되었다. 그러나 IBM 연구의 네 번째 차원인 불확실성 회피는 CVS의 어느 차원과도 상관을 보이지 않았고, CVS의 유교적 역동성 차원은 서양 문화권의 설문으로는 발견할 수 없었던 가치로 확인되었다(〈표 4-1〉 참조).

인화 차원은 개인주의와 −.65, 권력거리와 .58의 상관을 보였다. 인화는, ① 타인에 대한 인내력, ② 타인과의 조화, ③ 비경쟁성, ④ 절친한 단짝 친구, ⑤ 신뢰성, ⑥ 인생에서 자기 위치에 대한 만족, ⑦ 타인과의 유대감, ⑧ 보수적임과 같은 가치 및 그와 반대되는 ⑨ 효도(부모에 대한 존경, 부모에게 복종, 부모를 경제적으로 부양, 조상숭배), ⑩ 여자의 순결, ⑪ 애국심과 같은 가치로 구성된다.

인정 차원은 남성성과 −.67의 상관을 보였고, ① 인내력, ② 예의, ③ 친절(관대함, 동정심)과 같은 가치 및 그와 반대되는 ④ 애국심, ⑤ 공정성과 같은 가치가 포함된다.

도덕적 절제 차원은 권력거리와 .55, 개인주의와 −.54의 상관을 보였다. 도덕적 절제는, ① 욕

표 4-1 문화 차원의 보편성과 특수성: 문화 차원들 간의 관계

IBM 연구 \ 중국식 가치조사		1	2	3	4
		인화	유교적 역동성	인정	도덕적 절제
1	권력거리	.58	–	–	.55
2	개인주의(대 집단주의)	−.65	–	–	−.54
3	남성성(대 여성성)	–	–	−.67	–
4	불확실성 회피	–	–	–	–

출처: The Chinese Culture Connection (1987).

심이 별로 없음, ② 중용(어느 쪽에도 치우치지 않는 길을 택함), ③ 사리사욕을 버리고 청렴성을 지킴과 같은 가치 및 그와 반대되는 ④ 융통성, ⑤ 신중함(조심성)과 같은 가치가 포함된다.

유교적 역동성 차원을 대표하는 여덟 가지 가치는, ① 끈기(인내), ② 절약, ③ 지위에 의한 인간관계 서열 정립과 이 질서의 준수, ④ 염치, 수치심, ⑤ 인사치레(신세진 것 및 받은 선물 되갚기, 은혜 갚기), ⑥ 전통 존중, ⑦ 체면 유지, ⑧ 진지함, 안정된 성격이었다. 23개국의 학생 표본이 보여 준 유교적 역동성 점수를 보면, 맨 위의 다섯 나라는 중국(1위, 118점), 홍콩(2위, 96점), 대만(3위, 87점), 일본(4위, 80점), 한국(5위, 75점)으로 모두 동아시아 국가였다. 싱가포르(48점)는 아홉 번째를 차지하였다. 참고로 미국은 17위(29점)였고, 23위는 파키스탄(0점)이었다. 또한 유교적 역동성 점수들은 1965년부터 1987년까지의 연평균 경제성장률과 강한 상관(.70)을 보였다. 이는 현대 동양 문화권 국가들의 경이적인 경제성장과 발전은 유교적 사회철학이 그 원인이라는 가설(post-confucian hypothesis)을 지지하는 결과이다. 관련된 가치의 속성으로 볼 때, 이 가치들이 경제성장의 원인일 가능성이 매우 높다(Hofstede, 1991).

중국 문화 연구자들은 제2차원을 대표하는 가치들을 유교에 기원한 생활규칙으로 보았고, Hofstede와 Bond(1988)는 해당 차원을 '유교적 역동성'이라고 불렀다. 하지만 5번부터 8번까지의 가치는 유교에만 있는 것도 아니며, 비유교 국가에서도 해당 차원의 점수가 높게 나타나기 때문에 Hofstede(1991)는 가치의 기원보다는 성격에 집중해야 한다고 보았다. 유교적 역동성 차원의 점수가 높은 쪽의 가치들은 보다 미래지향적이고 역동적이라는 점에서 '장기지향(long-term orientation)'이라고 이름을 붙였고, 점수가 낮은 쪽의 가치들은 과거 또는 현재 지향적이며 보다 정적이기 때문에 '단기지향(short-term orientation)'이라고 명명하고, 다섯 번째 보편적 차원으로 채택하였다.

장기지향 대 단기지향 차원은 한 사회에서 미덕(virtue)으로 여겨지는 것에 대한 추구로 해석된다. 먼저 장기지향은 끈기와 절약이라는 가치에서 미래의 보상을 지향하는 미덕의 수양을 중요시한다. 따라서 인내하며 꾸준히 노력하고, 목표를 이루기 위해 자기를 희생하는 정신과 교육, 근면함을 추구한다. 장기지향적 가치는 매우 유교적이면서도 기업가적인 활동을 지지하는 것들이다. 무슨 목표이든 끝까지 물고 늘어지는 끈기(인내력)는 초보 기업가에게 필수적인 자산이다. 지위에 따라 인간관계 서열을 정립하고 이 질서를 존중하는 것은 기업가의 역량을 발휘하기 쉽게 해 준다. 절약은 저축을 낳고, 이 저축은 또 재투자를 위한 자본을 형성한다. 염치를 알고 수치심을 느끼는 것의 가치는 사회적 접촉에 대한 민감성을 기르고 약속을 지키게 하는 압력을 조성함으로써 유대관계를 보강하는 데 있다.

반면에 단기지향은 개인적 안정과 전통 존중, 체면 유지와 사회적 의무의 이행이라는 가치에서 현재 및 과거와 연관된 수양을 미덕으로 여긴다. 단기지향적 가치 중 꾸준함과 안정성을 지나치게 강조하면 자칫 신속하게 변화하는 시장에서 기업가에게 필요한 선도력이나 모험 추구를 억제하게 될 수 있고, 체면 유지가 지나치면 당장 눈앞의 사업을 추구하는 데 집중하지 못하게 된다. 또한 전통의 존중이 지나치면 혁신에 지장이 오기도 하며, 은혜 갚기는 성취보다 바른 예절에 더 치중하게 하는 사회적 의식이다(Hofstede, 1991).

서양 문화적 편향이 있는 설문지를 사용한 IBM 연구와 의도적으로 동양 문화적 편향(또는 중국 문화적 편향)이 들어간 CVS의 결과를 비교해 본 결과, 세 개의 문화 보편적 차원과 두 개의 문화 특수적 차원이 확인되었다. 문화 보편적 차원이란 Hofstede(1980)의 권력거리, 개인주의 대 집단주의, 남성성 대 여성성에 해당하는 차원들이다. 한편, 문화 특수적 차원이란 서양식 가치 조사에서 발견된 불확실성 회피와 동양식 가치 조사에서 발견된 장기지향 대 단기지향이다.

Hofstede(1991)는 서양 문화와 동양 문화 각각의 고유한 차원에 대해 다음과 같이 해석하였다. 즉, 불확실성 회피 차원은 궁극적으로 한 사회의 절대적 진리에 대한 추구를 다루는 것이다. 불확실성을 회피하는 문화에서는 절대적 진리에 대한 믿음이 자라나게 되며, 불확실성을 수용하는 문화에서는 보다 상대주의적인 입장이 득세하게 된다. 예를 들어 힌두교, 불교, 도교, 신도와 같은 동양의 종교들은 유대교, 기독교, 이슬람교와 같은 서양의 종교들과 철학적인 면에서 커다란 차이를 보인다. 같은 뿌리에서 자라난 세 개의 서양 종교는 모두 그 나름의 핵심적 경전을 가지고 있으며, 절대적 진리의 존재에 바탕을 두고 있다. 비종교적 윤리라고도 할 수 있는 유교나 동양의 다른 종교들은 절대적 진리를 가정하고 이를 중요시하는 것이 아니라, 인간 스스로를 향상시킬 수 있는 의식, 명상 또는 생활방식과 같은 여러 가지 실천 방법을 제공하며 이를 중요시한다. Hofstede(1991)는 이것이 서양의 정신으로 만든 설문지에서는 네 번째 차원이 진리를 다루는 차원(불확실성 회피)으로 나타나고, 동양의 정신으로 만든 설문지에서는 미덕을 다루는 차원(장기지향 대 단기지향)으로 나타난 이유라고 해석하였다. 이 차원이 공자의 가르침과 관련성을 갖는 것은 우연이 아니다. 공자는 종교적 내용보다도 실천적 윤리를 가르쳤다. 그는 진리의 문제는 남겨둔 채 미덕을 다루었던 것이다.

장기지향 대 단기지향 차원은 CVS와의 비교연구가 이루어지고 난 20여 년 후인 2007년에 Misho Minkov의 세계 가치관 조사(World Value Survey: WVS) 분석연구를 통해 새로운 지수로 탈바꿈하였다. 이전 지수는 중국 학자들이 설계한 조사 문항이라는 점에서 중국 문화적인 편향이 존재했고, 23개국에 한정된 자료였다. 이에 매 해 갱신되는 전 세계적 대규모 조사 데이터베이스를 사용하는 것은 장기지향성의 본질에 대한 반복연구의 효과뿐만 아니라 편향을 제거할 수 있는 방법이었다.

새로운 지수는 이전 지수에 근거하여 만들어지기는 했지만 다른 문항들이 사용되었다. Minkov는 장기지향 대 단기지향 항목과 개념적으로 유사하고, 상관관계가 있는 문항들을

WVS 자료에서 찾아냈다. 이 조건을 만족시키는 항목들은, ① 아이들에게 바람직한 특성으로서의 절약, ② 국가적 자긍심, ③ 타인에 대한 봉사의 중요성이었다. 하지만 Hofstede와 Minkov는 새 지수의 이름을 이전과 동일하게 장기지향으로 유지하였고, '장기지향-CVS'와 '장기지향-WVS'로 구분하였다. 새로운 항목들과 장기지향-CVS 간의 상관관계를 보면, 절약은 .53, 국가에 대한 자긍심은 -.64, 타인에 대한 봉사는 -.70으로 나타났다. 두 연구자는 WVS 자료 중에서 장기지향-CVS와 장기지향-WVS 연구 모두에 포함된 21개 국가의 점수가 .72의 상관성을 지닌다는 점에서 두 개의 장기지향은 개념적으로 일치한다고 판단하였다(Hofstede et al., 2010).

이후 2005~2008년도의 WVS 자료를 추가하여 93개국에 대해 산출한 새로운 장기지향-WVS 점수를 보면, 맨 위의 다섯 나라는 한국(1위, 100점), 대만(2위, 93점), 일본(3위, 88점), 중국(4위, 87점), 우크라이나(5위, 86점)로 여전히 동아시아 국가들이 높은 순위를 차지했다. 참고로 93개국 중 81~93위까지의 낮은 순위를 차지한 13개국을 살펴보면, 5개국은 중앙 및 남아메리카(베네수엘라, 콜롬비아, 도미니카공화국, 트리니다드 토바고, 푸에르토리코), 8개국은 이슬람계 중동 및 아프리카(르완다, 요르단, 짐바브웨, 모로코, 이란, 나이지리아, 이집트, 가나)였다. 이 중 푸에르토리코는 0점으로 93위로 나타났다. 또한 장기지향-CVS 자료에 있던 23개국 중 6개국은 장기지향-WVS 자료에서 큰 변동을 보였다. 6개국 중 파키스탄, 독일, 영국은 순위가 상승했고, 호주, 브라질, 홍콩은 하락했다. 그 이외의 17개 국가는 순위 간 변화가 비교적 적었고, .85의 높은 상관관계를 나타냈다(Hofstede et al., 2010).

Hofstede와 동료들(2010)은 장기지향 대 단기지향의 미래에 대해 다음과 같이 이야기하였다. 한정된 세계에서는 성장의 한계가 있을 수밖에 없다. 다른 국가들의 희생을 통해 이룬 성장이 아니라면 인구나 국가 경제는 언젠가 성장을 멈출 것이다. 이러한 한계가 가장 분명한 영역은 환경으로, 기후변화나 환경오염 등의 문제는 단기적인 해결과 만족을 추구한 성장에 따르는 대가이기에 훌륭한 정부라면 이 문제에 직면해야 한다고 보았다. 종교, 정치, 경제적으로 단기지향적인 원리주의자들은 과거에 토대를 두고 미래에 대한 자신의 책임을 신이나 시장 원리로 미루고 회피한다. 따라서 현재 인류가 직면한 문제들을 해결하기 위해서는 장기적인 사고로의 전환이 필요하다.

6) 자적 대 자제

Hofstede는 앞에서도 언급했던 Minkov(2007)의 세계 가치관 조사 분석연구를 반영하여 문화의 차원을 재정비하고 확장하였다. WVS 문항을 분석하는 과정에서 주로 행복과 관련된 문항들은 별도의 집단으로 묶이며 하나의 차원을 형성했다. Minkov는 특히 ① 삶에 대한 통제력, ② 여가의 중요성, 이 두 문항이 행복감을 예측하는 핵심이라고 보았다. 즉, 한 개인이 선택의 자유를 지니고 있다고 여기며 그 자유를 억제하는 사회적 규제 없이 자신의 마음대로 삶을 살 수 있다고 느끼는가와 개인적인 가치로 여가를 중요하다고 여기는가가 주관적인 행복감을 잘 예측해 준다는 것이다. 이 차원은 다음의 두 측면을 갖는다. 한 측면은 마음대로 행동하고, 돈을 쓰고, 혼자서 또는 친구들과 여유롭게 재미있는 일들을 즐길 수 있다고 지각하는 것으로, 상대적으로 높은 행복감을 예언한다. 반면에 다른 한 측면은 사회 규범과 금지에 의해 사람의 행동이 구속된다고 생각하고, 여가 활동을 즐기거나 돈을 쓰는 것과 같이 재미를 추구하는 행위가 어느 정도 잘못된 것이라고 지각한다. 이러한 두 특성 때문에 Minkov는 이것을 자적(indulgence) 대 자제(restraint)라고 불렀고, Hofstede는 이를 여섯 번째 차원으로 추가하였다(Hofstede et al., 2010).

Hofstede와 연구자들은 자적을 재미있게 지내기와 즐거운 삶을 추구하는 것에 연관된 인간의 기본적이고 자연적인 욕망을 상대적으로 자유롭게 충족하도록 허용하는 경향으로 정의했다. 그리고 자제는 욕구 충족이 엄격한 사회규범에 의해 규제되거나 억제될 필요가 있다는 확신으로 정의했다. 또한 욕망의 충족은 인간 욕망의 전반적인 충족이 아니라 삶을 즐기고 재미있게 지내는 것과 관련된 욕망의 충족이라고 강조하였다. Hofstede는 자적 대 자제 차원이 인류학자 Pelto(1968)가 사회체계의 특성을 구분하기 위해 개념화한 느슨한(Loose) 대 경직된(tight) 사회 구분과 비슷하다고 보았다. Pelto는 사회규범을 고수하고 표현하는 방식에 다양성이 있음을 발견하였다. 규범 동조에 대한 훈육이 약한 사회를 '느슨한 사회'라고 보았고, 사회규범이 엄격하며 이를 지키기 위해 강하게 훈육하는 사회를 '경직된 사회'라고 불렀다. 하지만 자적 대 자제 차원이 발견된 2007년도까지는 아직 해당 개념을 측정하는 객관적인 방법이 없었고, 자적 대 자제 차원이 이전의 학술연구에서 보고된 적이 없었던 새로운 차원이었기에 연구적인 가치가 높았다. 특히 자적 대 자제 차원은 UN의 2012년도 세계행복보고서의 WVS 행복감 문항에 대한 응답에서 3위를 차지한 베네수엘라(GDP $372,592M)가 경제적으로 더 부유하지만 62위를 차지한 한국(GDP $1,277,960M)보다 행복한 이유를 설명해 준다.

93개국 중 자적 대 자제 차원의 상위 5개 국가를 보면 베네수엘라(1위, 100점), 멕시코(2위, 97점), 푸에르토리코(3위, 90점), 엘살바도르(4위, 89점), 나이지리아(5위, 84점)로 중앙/남아메리카 국가가 1~4위를 차지했다. 10위권 내를 봐도 해당 지역의 국가가 6개국(콜롬비아, 트리니다드 토바고 추가), 북/북서 유럽권 2개국(스웨덴, 뉴질랜드), 이슬람계 및 중동과 아프리카권 2개국(나이지리아, 가나)으로 나타났다. 특히 북/북서 유럽권의 18개 국가는 독일(52위, 40점)과 동독일(60위, 34점)을 제외한 16개국이 모두 30위권 이내에 위치하는 것으로 나타나 자적 경향이 높은 문화를 지니고 있음을 알 수 있다.

참고로 한국이 포함된 동/동남아시아 지역 중 자적 대 자제 차원의 점수가 가장 높은 나라는 말레이시아(27위, 57점)로 핀란드, 벨기에와 같은 수준이었고, 일본(49위, 42점), 한국(67위, 29점), 중국(75위, 24점), 홍콩(83위, 17점)이었다. 중앙/동유럽권의 23개국 중 19개국은 60위 이후에 위치하고 있어 대부분이 자제 경향이 높은 문화로 나타났다. 93개국 중 파키스탄은 0점으로 93위를 차지했다.

자적 대 자제 차원은 IBM 연구의 차원 중 권력거리와 −.30의 약한 부적 상관이 있었고, 나머지 세 차원(개인주의 대 집단주의, 남성성 대 여성성, 불확실성 회피)과는 상관이 없었다. 즉, 보다 위계적인 사회일수록 덜 자적적인 경향이 나타날 수 있음을 시사한다. 참고로 최근 국내 연구에서 보고된 6개 문화 차원 간의 상관관계를 살펴보면, 자적 대 자제는 권력거리와 −.30, 개인주의와 .36의 상관이 나타났고, 나머지 차원(남성성 대 여성성, 불확실성 회피, 장기지향 대 단기지향)과는 상관이 없었다(김태연, 2020).

자적 대 자제 차원과 상관을 보이는 다른 요인들을 몇 개 살펴보면 다음과 같다. 우선, 벨기에 출신의 Kuppens와 동료들(2006)은 회상을 통한 정서 경험 빈도를 연구했다. 즉, 긍정적이거나 부정적인 감정을 사람들이 얼마나 잘 기억하는지를 연구한 것이다. 48개국의 9,300명을 대상으로 연구한 결과, 구성 요소 1(긍정 정서)과 구성 요소 2(부정 정서)가 도출되었다. 그중 구성 요소 1은 자적 대 자제 차원과 .65의 강한 상관이 나타나 자적적인 사회의 사람들일수록 긍정 정서를 기억해 내는 경향이 있었다. 또한 McCrae(2002)의 성격 특성에 대한 비교문화 분석연구를 보면 자적은 빅 파이브 모형의 성격 차원들 중 외향성과 .42, 신경성과 −.46의 상관을 보였다.

Hofstede와 동료들(2010)은 자적과 자제의 차이가 발생하는 역사적 과정에 대해서 설명하는 것은 어려운 일이라고 했다. 하지만 가능한 설명 중 하나로 Minkov(2007, 2009)의 의견을 인용하였다. Minkov는 자제적 사회는 집약 농업과 관계된다고 보았다. 즉, 자제 문화를 지닌 유라시아 국가들은 전통적으로 집약 농업의 역사를 지닌다. 집약 농업은 미래를 위한 계획과 절약, 고된 일을 인내하며 수확을 위해 견디는 끈기, 근면함과 성실성, 여가에 대한 무관심, 치밀한 사회 관리를 요구한다. 또한 집약 농업이 행해졌던 일부 스칸디나비아반도의 국가와 영어권 국가들은 집약 농업에 의해 발생한 재앙들, 예를 들면 고된 일, 막중한 노동과 여가의 부재, 압제적 정부와 착취, 식량의 풍요와 빈곤의 반복, 영토 전쟁, 전염병 등의 문제를 극복하고자 인생의 고통과 내세의 행복 등을 가르치는 종교와 철학적 사유가 탄생했다고 보았다. 이에 비해 자적 문화를 지닌 사하라 사막 이남의 아프리카 및 남아메리카 지역 등은 집약 농업보다는 수렵이나 채집이 우선한 사회이기 때문에 자제가 특별히 필요하지 않다는 차이점이 존재한다.

자적 대 자제 차원의 미래에 대해 Hofstede는 서비스 기반 경제와 기술적으로 고도화되고 선진화된 현대사회는 집약 농업의 자제 문화보다는 그 이전의 자적 문화로 돌아갈 가능성이 높다고 보았다.

2. 문화 유형

자신이 성장한 나라를 떠나 먼 외국 땅에서 생활하게 되면 그 나라 사람들의 전반적인 생활 방식이 자신의 생활방식과 너무 다르다고 느낄 가능성이 크다. 그리스 출신인 Triandis(1995)는 문화에 따라 상이한 행동양식들을 이해하기 위해 개인주의와 집단주의라는 개념을 발전시켰다. 개인주의와 집단주의는 일종의 문화 유형이다(Triandis, 1995, 2001). 문화 유형(cultural syndromes)이란 특정한 역사적 기간에 특정한 지역에서 사람들이 어떤 주제를 중심으로 공유하고 있는 체계화된 신념, 태도, 자기 정의, 규범, 역할, 가치의 패턴이다.

개인주의와 집단주의라는 개념은 미국에서 만들어진 사회심리학 이론에 대해 느꼈던 그의 위화감(Triandis, 2001)으로부터 시작되었다. 그 당시 전통적인 집단주의 문화였던 그리스에서 개인주의 문화의 영향이 강한 미국으로 유학을 간 Triandis는 두 문화에 매료되어 개인주의와 집단주의 개념을 탐구하는 수많은 실증적 연구를 수행하였다. 개인주의와 집단주의 개념은 그동안 쌓아 온 많은 비교문화심리학의 연구결과들을 설명하고, 문화 차이를 예측하는 기본적 틀로서 많은 학자들에게 널리 사용되었다. 여기서는 Triandis(1995, 2001)의 이론을 중심으로 개인주의 문화와 집단주의 문화의 특징에 대해 설명하기로 한다.

1) 개인주의와 집단주의의 특징

일단 집단주의는 밀접하게 연결된 사람들이 형성하는 사회적 패턴이라고 정의할 수 있다. 한편, 개인주의는 완만하게 연결된 사람들이 형성하는 사회적 패턴이라고 정의할 수 있다. 개인주의와 집단주의는 자기 정의, 목표 구조, 사회적 행동의 규정요인, 관계성에 대한 태도의 네 가지 차원에서 구별된다.

Triandis(1995)의 정의에 의하면, 집단주의 문화의 사람들은 자기 자신을 집단의 일부라고 생각하고, 많은 상황에서 개인의 목표보다 집단의 목표를 우선한다. 사람들의 사회적 행동은 규범, 의무, 책무의 결과이고, 관계를 유지하는 데 터무니없는 비용이 들지 않는 한 사람들은 관계를 포기하지 않는다.

한편, 개인주의 문화의 사람들은 집단으로부터 더 분리되어 있으며 자율적이다. 만약 집단의 목표가 개인의 목표와 일치하지 않는다면 개인의 목표를 우선시 하는 것은 당연한 일이다. 사람들의 사회적 행동은 즐거움을 최대화하려는 것이며, 사람과의 계약에 의거한 것이다. 만약 관계를 유지하는 비용이 거기서 얻는 즐거움 이상으로 든다면 그 관계를 끊는다.

개인주의와 집단주의를 구별하는 네 가지 차원을 좀 더 자세히 살펴보면 다음과 같다. 자기에 관한 정의가 집단주의에서는 상호협조성으로, 개인주의에서는 상호 독립성으로 나타난다. 집단주의자는 자신을 하나 이상의 집단(가족, 종족, 국가, 직장)의 일부로 간주하여 소속된 집단의 많은 특질을 자기와 관련시킨다. 한편, 개인주의자는 자신이 집단으로부터 독립되어 있다고 간주하여 특정한 집단과 독립적으로 자기를 정의한다.

개인의 목표와 집단의 목표는 집단주의에서는 상당히 관련되어 있지만, 개인주의에서는 거의 관련이 없다. 집단주의자는 집단의 목표와 개인의 목표를 관련시켜서 집단의 의지에 반하는 일을 만들지 않는 방식으로 집단이 기대하고 요구하는 것을 실행한다. 집단의 관점에서 올바른 일을 하는 데에서 기쁨을 느낀다. 이와 대조적으로 개인주의자는 집단의 목표와 일치하지 않는 개인의 목표를 가진다. 개인주의 문화에서는 집단과 개인 간에 갈등이 생길 경우, 집단의 목표를 무시하고 개인이 자신의 목표를 성취하려고 하는 것은 자연스러운 일이다.

집단주의자는 규범, 의무, 책무에 초점을 맞추며, 그것이 많은 사회적 행동을 규정한다. 집단주의자는 자신의 의무를 다하고, 사람들이 자신에게 기대하는 일을 실행하려고 한다. 그것은 내집단의 규범으로 정해져 있는 일이기 때문이다. 한편, 개인주의자는 자신의 욕구, 태도, 권리, 그리고 계약에 초점을 맞추며, 그것이 많은 사회적 행동을 규정한다. 개인주의자는 즐길 수 있는 일과 타자와의 계약에 의해 요구되는 일을 실행하려고 한다. 개인주의자도 의무를 실행하지만 득실을 계산하여 이익을 얻을 수 있다고 생각했을 때에만 그렇게 한다.

집단주의 문화에서는 불이익을 받더라도 관계성을 유지하는 것이 중요하지만, 개인주의 문

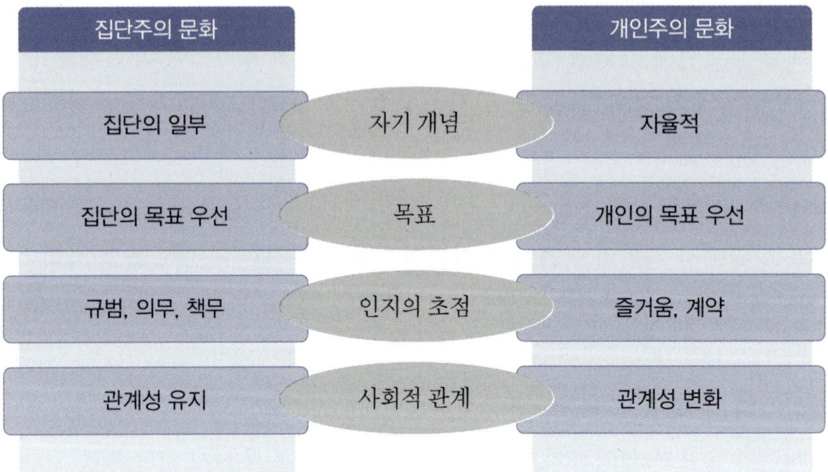

[그림 4-1] 개인주의와 집단주의의 특징

출처: Triandis(1995)의 자료에 의거하여 작성함.

화에서는 관계성 유지에 따르는 손실과 이익을 합리적으로 판단하는 것이 유지 자체보다 중요하다. 집단주의자는 관계성 유지가 최대의 관심사가 아닌 경우에도 확립된 관계를 유지하려고 하고, 사회적 관계의 변화가 적다. 이와 대조적으로 개인주의자는 사회적 관계를 때때로 변화시킨다. 집단주의자가 속하는 내집단의 수는 적고, 크기는 크며, 내집단 성원을 대할 때의 행동과 잘 모르는 사람을 대할 때의 행동이 꽤 다르다. 개인주의자가 속하는 내집단의 수는 많고, 크기는 작으며, 내집단 성원을 대할 때의 행동과 잘 모르는 사람을 대할 때의 행동은 그렇게 다르지 않다.

Hofstede(1980)는 문화 수준(단위)의 연구에서 개인주의와 집단주의를 하나의 차원을 구성하는 양극적 개념으로 간주했지만, Triandis(1995)는 그것을 개인 행동 수준에서 연구하며 독립적인 두 개의 요소로 간주했다. 집단주의적 요소와 개인주의적 요소는 모든 사람 안에 존재하며 항상 격렬하게 움직이고 있다. 집단주의적 요소를 보다 많이 사용하여 상황을 인식하고 행동하는 사람은 집단주의자라고 할 수 있고, 개인주의적 요소를 보다 많이 사용하여 상황을 인식하고 행동하는 사람은 개인주의자라고 할 수 있다. 마찬가지로 어떤 문화에도 집단주의적 요소와 개인주의적 요소가 있으며, 집단주의자처럼 행동하는 사람들과 개인주의자처럼 행동하는 사람들이 존재한다. 하지만 각각의 비율은 문화에 따라 다르며, 집단주의적 요소가 많고 집단주의자가 많으면 그것을 집단주의 문화라고 부르고, 개인주의적 요소가 많고 개인주의자가 많으면 그것을 개인주의 문화라고 말하는 것이다.

많은 사람은 가족과 연결됨으로써 집단주의자로 인생을 시작한다. 그러나 가족으로부터 어느 정도로 멀어질 것인지는 사람에 따라 다르고 문화에 따라 다르다. 우리는 모두 다 집단주의자였지만 심리적 기능 중 집단주의적 요소를 대부분 억압시킨 사람은 개인주의자가 된다. 우리는 누구나 다 자신을 양육해 주는 어른들에게 의존한 상태로 인생을 시작한다. 안전과 음식을 공급해 주는 사람들에게 우리는 대부분 친근감을 느낀다. 그러나 개인주의 문화의 아이들은 자신을 잘 돌봐 주는 사람으로부터 분리해 나갈 수 있도록 격려를 받는다. 그들은 분리 과정에서 자기 자신의 욕구에 의거하여 행동할 때 보상이 주어지는 것을 발견하게 되고, 이를 통해 분리는 가속화된다. 많은 경우에 자신이 하고 싶은 것을 하는 것과 집단에 의해 요구되는 것을 하는 것은 충돌된다. 이로 인해 그들은 자기 안의 집단주의적 경향을 억압한다. 따라서 개인주의 문화에서 성장한 사람은 집단주의적 요소가 위축되고 개인주의적 요소가 팽창한 심리적 기능의 양식을 가지게 된다. 반대로 집단주의 문화에서는 자기가 하고 싶은 대로 행동하는 아이들은 혼이 나고, 집단이 기대하는 행동을 하는 아이들은 칭찬을 받는다. 따라서 그들은 자신의 개인주의적 경향을 억압하는 것을 배운다. 이러한 이유로 집단주의 문화에서 성장한 사람은 집단주의적 요소가 팽창하고 개인주의적 요소가 위축된 심리적 기능의 양식을 가지게 된다.

Triandis와 Vassiliou(1972)는 그리스의 일반 성인과 대학생, 그리고 미국의 대학생을 비교한 연구결과를 다음과 같이 정리하였다. 그리스인은 수평적 관계(예, 친구-친구)보다 수직적 관계(예, 아버지-아들)에서 더 친밀감을 느끼고 있었다. 이와 대조적으로 미국 청년들은 반대의 패턴을 보였다. 그리스인은 미국인보다 확대가족에 더 강한 친밀감을 가지고 있었다. 내집단의 권위자는 그리스인에게는 호의적으로 수용되었으며, 사람들은 권위자의 충고에 배반하는 일을 고통스럽게 느끼고 있었다. 그리스인 사이에서는 내집단의 권위자에게 복종하거나, 외집단의 권위자에게 반항하는 것이 아주 당연한 일이었다. 실제로 외집단의 권위자는 위협적인 존재로 간주되었기에 그리스에서는 권위자가 권력보다 배려를 보여 주어야 효과적이었다.

미국인은 벌을 '나쁜 것'이라고 간주하는 데 반해, 그리스인은 그것을 '좋은 것'이라고 평가하고 있었다. 그리스인은 벌에 대해 전혀 노여움(resentment)을 지각하고 있지 않았지만, 미국인은 노여움을 느끼고 있었다. 엄격함에 대한 욕구는 다음과 같은 질문에서 문화 차이를 보였다. 예를 들어, '항상 자기 자신을 엄격하게 통제하려고 한다'(그리스인: 높음, 미국인: 낮음), '많은 교사가 체벌을 가하는 일을 주저하고 있는 한 우리 학교는 더욱 더 나빠질 것이다'(그리스인: 동의, 미국인: 비동의). 또한 그리스인의 엄격함은 성범죄자의 추방이나 국기에 대한 경례 거부자의 투옥에 동의하는 장면에서도 나타났다.

그리스인은 새로운 행동을 스스로 하려고 할 때 꽤 불안을 느끼지만, 그러한 불안이 미국인에게는 발견되지 않았다. 그리스 청년들은 내집단으로부터 독립하고 싶은 마음을 가지고 있지만, 가족으로부터 이탈하는 것을 고통스럽게 느끼고 있었다. 그들은 부모에게 의존하는 것에 대해 좋은 감정을 가지고 있었다. 또한 그리스인은 낮은 자기평가를 가지고 있었다. 그것은 잘못에 대한 타자의 비판이나 비난에 과민해지는 것으로 나타났다. 좋다-나쁘다, 강하다-약하다, 능동적이다-수동적이다 등의 척도로 자기 자신에 대해 평가할 경우, 그리스인보다 미국인이 더 긍정적으로 평가했다. 하지만 자신의 가족에 관한 평가에 대해서는 정반대의 패턴이 나타났다. 예를 들어, 그리스인은 미국인보다 자신의 형 또는 오빠를 '좋다' '강하다'라고 평가하였는데, 이것은 그리스인에 있어서는 확대가족과의 관계가 더 친밀하다는 것을 의미한다.

그리스인의 기본적인 가치관은 내집단의 성공, 타자에 대한 배려, 그리고 의존성이었다. 자유와 진보의 개념은 개인주의적 발상, 즉 나의 자유나 나의 진보라기보다는 집단주의적 발상, 즉 그리스 전체의 자유와 진보로 파악됐다.

2) 개인주의와 집단주의의 수평-수직 차원

Triandis(1995)는 개인주의와 집단주의의 개념을 좀 더 세분화하여 네 가지 문화 양식, 즉 수평적 개인주의(horizontal individualism), 수직적 개인주의(vertical individualism), 수평적 집단주의(horizontal collectivism), 수직적 집단주의(vertical collectivism)로 분류하였다. 이는 자기에 대한 상호독립(개인주의)과 상호협조(집단주의), 동질(수평)과 이질(수직)이라는 관점을 조합하여 구분한 것이다. 집단주의 문화에서 수평적이라고 할 때는 사회적 연대감이나 내집단 성원과의 일체감이 존재한다. 한편, 수직적이라고 할 때는 내집단에 봉사한다는 감각이나 내집단의 이익을 위한 희생, 의무를 수행한다는 감각이 존재한다. 개인주의 문화에서이든 집단주의 문화에서이든 수직 차원에서는 불평등이 인정되며, 지위에 따른 특권이 인정된다. 이는 '이질적 자기'의 반영이다. 이와 대조적으로 수평 차원에서 사람들은 대부분의 특질에 있어, 특히 지위에서의 동등함이 강조된다. 이는 돌출하는 것을 원하지 않는 '동질적 자기'의 반영이다.

수평적 개인주의자는 자기 자신은 독자성이 있다고 말하고, 일은 자신의 목표를 정해 주는 것이라고 생각하며, 공통점이 많은 사람과 결혼해야 한다고 주장하며, 행복은 자신의 사생활을 유지함으로써 얻을 수 있다고 믿는다.

수직적 개인주의자는 자기 자신은 성취 지향적이라고 말하고, 일은 명성을 가져다주는 것이라고 생각하며, 지위가 높은 사람과 결혼해야 한다고 주장하며, 행복은 경쟁에서 이김으로써 얻을 수 있다고 믿는다.

수평적 집단주의자는 자기 자신은 협조적이라고 말하고, 일은 자기와 친구를 연결시켜 주는 것이라고 생각하며, 결혼은 사랑을 위해 해야 한다고 주장하며, 행복은 사이가 좋은 사람들과 많은 유대를 가짐으로써 얻을 수 있다고 믿는다.

수직적 집단주의자는 자기 자신은 예의가 바르다고 말하고, 일은 자신의 공동체에 도움이 되는 것이라고 생각하며, 부모의 권유에 따라 결혼해야 한다고 주장하며, 행복은 공동체에서 많은 지위를 획득함으로써 얻을 수 있다고 믿는다.

Triandis(1995)의 수평-수직 차원은 Hofstede(1980)의 권력거리 차원에 대응하는 개념이다

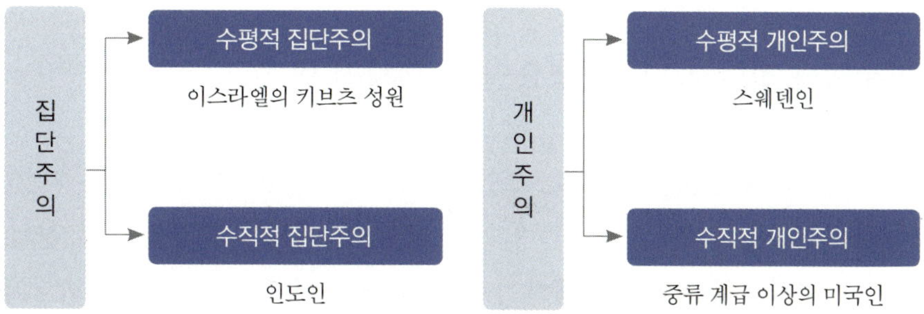

[그림 4-2] 개인주의와 집단주의의 수평-수직 차원

출처: Triandis(1995)의 자료에 의거하여 작성함.

(Triandis, 2001). Hofstede(1980)의 연구에서 집단주의(대 개인주의)와 권력거리의 상관이 강했다(.67)는 것을 감안하면 집단주의의 전형적 패턴은 수직적 집단주의이며, 개인주의의 전형적 패턴은 수평적 개인주의임을 짐작할 수 있다. 하지만 Triandis(1995)는 그렇지 않은 문화도 존재한다는 사실을 강조했다.

예를 들어, 스웨덴이나 호주는 상대적으로 수평적 개인주의가 강한 문화이지만 중류 계급 이상의 미국인은 수직적 개인주의 경향이 강하다고 추론한다. 스웨덴 사람은 미국인, 영국인, 프랑스인, 독일인 등의 개인주의자와 대조적으로 다른 사람들보다 돌출하는 일을 원하지 않는다(Hofstede, 1980). 미국인의 7%, 독일인의 25%가 높은 사회적 지위를 원하지만, 그러한 스웨덴 사람은 고작 2%에 불과하다. 그들은 자신의 주장을 고집하는 사람을 싫어한다. 그들은 담배 한 대를 얻어 필 때에도 그 값을 현금으로 내려는 경향이 있으며, 친구 집에서 묵는다면 자기 시트를 가지고 간다(Daun, 1991, 1992). 한편, 중류 계급 이상의 미국인은 실험자가 그들에게 평균적이라고 하면 종종 기분 나빠하며, 다른 사람들보다 돌출하고 싶다고 생각하고 그렇게 행동한다. 그들은 사회의 큰 불평등을 앞에 두고도 스웨덴인과는 달리, 부의 재분배나 평등을 촉진하기 위해 최고로 70%에 달하는 세금을 내야 한다고는 생각하지 않는다. 수직적 개인주의의 긍정적 측면으로는 최선을 다하는 것을 중요시한다는 점을 들 수 있는데, 이는 미국에서 많은 발명이 이루어진 하나의 요인이라고 Triandis(1995)는 보았다.

이스라엘 키브츠의 성원은 상호의존적이며 동질적 자기관을 가지고 있다. 즉, 그들은 수평적 집단주의자라고 할 수 있다. 그들은 집단 안에서 눈에 띄려고 하지 않으며 상대방보다 우위에 서려고도 하지 않는다. 그들은 개인의 욕구보다 집단의 요구에 가치를 둔다. 반면 자신이 다른 사람들의 눈에 띄는 것에 아주 관심이 많은 인도인(Triandis, 1972)은 카스트 제도에 일치하는 이질적 자기관을 가지고 있다고 생각된다. 하지만 그들은 나이가 들어 인생의 의무로부터 은퇴하는 것이 허락될 때까지는 가족에 관한 많은 책무와 의무를 가지고 있으며, 지극히 상호의존적이다. 따라서 그들은 수직적 집단주의자로 간주된다(Triandis, 1995).

3) 개인주의와 집단주의의 선행요인 및 역사적 변천

사람들의 개인주의적 경향을 촉진하는 요인(I-요인) 또는 집단주의적 경향을 촉진하는 요인(C-요인)에는 다음과 같은 것들이 존재한다(Triandis, 1995). 먼저 수렵/채집 사회, 산업/정보 사회, 부유한 사회, 자원이 풍부한 사회, 문화적 복잡성(여러 가지 규범체계의 공존), 해외여행 경험, 다문화 접경 지역, 다문화사회, 대도시, 국제적 도시, 상류층, 극빈층, 전문직, 고학력, 많은 내집단에의 소속, 이민, 사회적/지리적 이동, (미국) 대중매체에의 노출, 청년층에서는 개인주의로의 압력이 존재한다. 다음으로 농업 사회, 높은 인구밀도, 협동 작업이 필요한 직업, 자원이 부족한 사회, 문화적 동질성, 타 문화/집단에서의 분리, 소수민족 집단, 종교적 집단, 대가족, 고참, 고령자, 성원의 안정성이 높은 사회, 하류층, 외적 위협이 존재하는 상황에서는 집단주의로의 압력이 존재한다.

개인주의는 I-요인이 크고 C-요인이 작을 때 최고 수준이 되며, 집단주의는 I-요인이 작고 C-요인이 클 때 최고 수준에 달한다. Vandello와 Cohen(1999)은 조사 대상을 미국에 한정하여 각 주의 집단주의와 개인주의의 정도를 확인하였다. 구체적으로는, ① 1인 가구 비율(역채점), ② 독거노인(65세 이상) 비율(역채점), ③ 3세대 가족 비율, ④ 이혼 대비 결혼 비율, ⑤ 종파에 속하지 않는 사람의 비율(역채점), ⑥ 자영업자의 비율(역채점), ⑦ 과거 네 번(1980~1992)의 대통령 선거에서 민주당 후보에의 평균 투표율, ⑧ 자동차에 합승하여 출근하는 사람의 비율을 합산한 집단주의 지수(collectivism index)에 따라 미국 각 주에 순위를 매겼다. 그 결과 하와이주, 루이지애나주, 사우스캐롤라이나주, 미시시피주 순으로 집단주의가 높았고, 반대로 몬태나주, 오리건주, 네브래스카주 순으로 개인주의가 높았다. 동서양의 접경 지역인 하와이주와 남부 지역에서는 집단주의가 강했고, 서부 산악 지역과 대평원 지역에서는 개인주의가 강했다. 빈곤율, 인구밀도, 대농장의 비율, 소수민족의 비율, 1860년도의 통계자료에서 노예의 비율은 집단주의 지표와 정적 상관을 보였다. 정주(定住) 경향과는 유의미한 상관이 없었다.

이러한 관점에서 인류 역사를 전망할 때 개인주의와 집단주의 그리고 문화 발전 간의 관계에 대해 다음과 같은 추론이 가능하다(Triandis, 1995). 영장류 집단에서는 서열이 일반적 특징이다. 또한 영장류 집단은 상당한 영역 의식을 가지고 있다. 이는 수직적 집단주의를 나타낸다. 인류가 출현했을 때 그들은 처음에는 대부분 수렵민이나 채집민이었다. 이렇게 수직적 집단주의 100%의 상태에서 수평적 개인주의가 50%, 수직적 집단주의가 50%의 상태로 전환해 갔을 것이다. 수렵민은 식량을 거의 저장할 수 없었기 때문에 빈부의 격차가 별로 없었으므로 수직적 관계는 아니었다. 또한 새로운 수렵 장소를 탐색하고 발견함으로써 이익을 얻을 수 있었기 때문에 개인주의적 경향이 있었다.

여러 지역에서 등장한 농경민은 공동으로 일하는 것이 이익이 된다는 것을 깨달았다. 혼자서는 결코 할 수 없는 많은 공공사업(관개용수로, 저장시설 등의 건설)이 있었으며, 식량을 저장하고 그것을 외부 세력으로부터 지킬 필요가 있었다. 식량을 약탈로부터 지키기 위해서는 통제된 공동 작업이 필요했다. 따라서 이러한 상황에서는 수직적 집단주의가 합리적이었다. 아마 그 패턴은 20%가 수평적 개인주의, 80%가 수직적 집단주의로, 수직적 집단주의가 지극히 일반적이었을 것이다. 그것은 물론 현재 많은 나라에서 볼 수 있지만 중세 유럽에서도 볼 수 있었을 것이다.

표 4-2 문화 발전과 개인주의-집단주의 관계

	VI: 수직적 개인주의	HI: 수평적 개인주의	VC: 수직적 집단주의	HC: 수평적 집단주의
인류가 출현했을 때	–	50%	50%	–
여러 지역에서 등장한 농경민	–	20%	80%	–
많은 선택이 가능해진 오늘날	40%	–	30%	30%
미래	5%	70%	20%	5%

출처: Triandis(1995)의 자료에 의거하여 작성함.

풍요로워지고 많은 선택이 가능해짐에 따라 수직적 집단주의는 수직적 개인주의 또는 수평적 집단주의로 변한다. 오늘날 그 프로파일은 40%가 수직적 개인주의, 30%가 수평적 집단주의, 30%가 수직적 집단주의일 것이다.

많은 부가 존재하며 어떠한 외적 위협도 존재하지 않다고 지각되면 수평적 개인주의가 나타난다. 풍요롭고 교양이 있으며 인권의식이 높은 문화에서는 수평적 개인주의로의 압력이 생길 것이다. 모든 사람은 평등권, 참정권, 공평한 분배를 받을 권리를 주장한다. 이러한 상황에서는 70%가 수평적 개인주의, 5%가 수직적 개인주의, 5%가 수평적 집단주의, 20%가 수직적 집단주의의 패턴을 보일 것이다.

3. 문화적 자기관

마음 그 자체의 성질이 문화에 따라 다를지도 모른다는 생각이 Markus와 Kitayama(1991a)의 머리를 스쳐지나간 것은 1980년대 후반 미국 미시간대학교의 한 연구실에서 비교문화 연구의 자료를 보고 있던 때였다. 그 연구의 그래프는 어떤 변수의 효과가 구미와 동양에서 정반대가 된다는 것을 나타내고 있었다. 마음 그 자체가 문화에 따라 다르다는 생각이 의미하는 바는 마음이란 근본적으로 사회적 산물이며, 따라서 문화에 대한 연구는 마음 연구에 반드시 필요하다는 것이다. 그때부터 그들은 마음과 문화의 상호 구성관계를 해명하는 것이 문화심리학의 사명이라고 생각하여 이 분야의 연구를 주도하는 영향력 있는 이론을 제시해 왔다.

그들이 제시한 문화적 자기관 이론(Markus & Kitayama, 1991a)에서는 마음을 사회로부터 원리적으로 분리할 수 있다고 생각하는 기존 심리학의 이원론적 접근과는 달리 사회와 마음 사이의 역동적인 상호규정성을 가정한다. 즉, 어떤 문화에서 역사적으로 만들어지고 암묵적으로 공

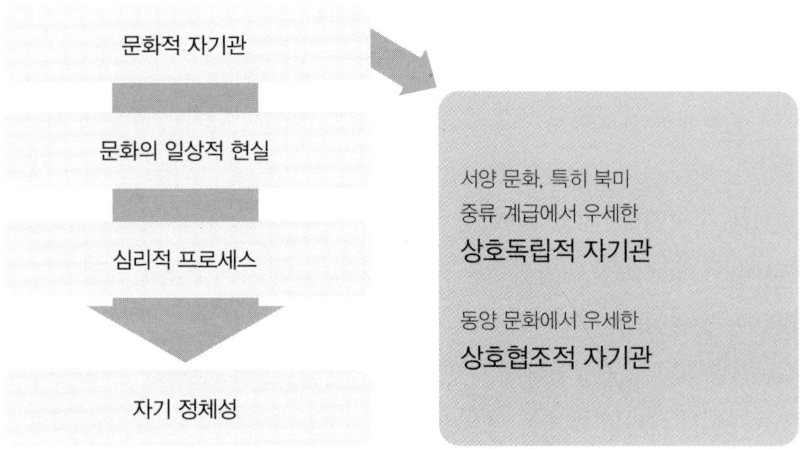

[그림 4-3] 문화적 자기관 이론

출처: Markus & Kitayama (1991a).

유되어 있는 인간 주체의 성질에 관한 통념(문화적 자기관)은 그 문화의 일상적 현실에 반영되고(문화적 자기관의 현실 구성 기능), 그 결과 그러한 현실 속에서 길러지는 심리적 프로세스(즉, 인간 주체 그 자체)의 성질을 규정하고(문화적 자기관의 심리 구성 기능), 더 나아가서는 문화적 현실과의 상호작용 속에서 각 개인이 자신에 대해 가지게 되는 자기 정체성(자기 의식)의 성질에도 큰 영향을 준다는 것이다.

문화적으로 공유된 자기관의 성질을 체계적으로 분석하기 위해 Markus와 Kitayama(1991a)는 문화적 자기관을 두 가지로 구분하였다. 서양 문화, 특히 북미 중류 계급에서 우세한 상호독립적 자기관(independent view of self)과 일본을 위시한 동양 문화에서 우세한 상호협조적 자기관(interdependent view of self)이다.

이 두 개의 개념 구분에 관해 北山과 唐澤(1995)은 상호독립적이라는 말은 단순히 독립적이라는 것보다 '사람은 주변에서 분리된 존재'라는 뜻을 표현하기에 적합하고, 또 의존적이라는 말은 보통 일본어에서는 주체성과 반대의 의미로 쓰이는 경우가 많기 때문에 '타자의 존재를 긍정적으로 자기 속에 받아들임으로써 주체성을 획득한다'는 의미를 표현하기에는 상호협조적이 상호의존적보다 적절하다고 지적했다. 이 지적은 한국어에서도 타당하기 때문에 이 책에서는 北山과 唐澤(1995)의 번역어인 상호독립적 자기관과 상호협조적 자기관이라는 용어를 쓰기로 하였다.

1) 상호독립적 자기관과 상호협조적 자기관

서양 문화에서 우세한 상호독립적 자기관에 의하면, 자기란 타자나 주변의 사물과 구별되고 분리된 실체이다. 따라서 자기는 주변 상황과는 독립적으로 존재하는 주체가 가지고 있는 다양한 속성에 의해 정의된다. 예를 들어, 능력, 재능, 성격 특성, 동기 등이다. 이러한 상호독립적 자기관은 서양의 각 문화에서 반복되는 일상적 관습이나 사회구조에 반영되고, 동시에 이들의 문화적 패턴은 상호독립적 자기관을 유지시켜 준다. 이러한 관습의 예로는 토론이나 의논을 중요시하는 관습이나 일상생활에서 다양한 것을 개인적으로 선택할 수 있는 기회가 많다는 사실 등을 들 수 있다. 이처럼 자기를 서로 독립된 실체로 간주한다는 개념은 서양 사회의 현실 그 자체를 구성하고 있다. 바꿔 말하면 이러한 현실은 상호독립적인 사고방식, 느낌 그리고 삶을 유발한다는 의미이다. 그 결과, 해당 문화와 사회에 적응하여 거기에 있는 공동체에서 제 몫을 할 수 있는 사람이 되고, 주변의 인정을 받기 위해서는 자신의 바람직하고 자랑할 만한 속성을 발견하거나 만들어 내고, 그것들을 확인함과 동시에 밖으로 표현하면서 특정한 속성을 현실화시켜야 한다. 이것은 삶의 과제로, 타자로부터 분리된 독립적인 자기를 확인하는 것은 자기 자신이나 인생 전반에 대한 만족감의 큰 요인이다(北山, 唐澤, 1995). 인간관계는 중요하지만, 이것은 자기의 독립이 확립된 다음에 개인적으로 선택할 수 있는 옵션에 지나지 않는다(Markus & Kitayama, 1991a; 北山, 唐澤, 1995).

이와 대조적으로 동양 문화에서 우세한 상호협조적 자기관에 의하면, 자기란 본질적으로 관타자나 주변의 사물과 연결되어 한 차원 높은 사회적 단위의 구성요소가 되는 관계지향적인 실체이다. 따라서 자기의 정의는 특정한 상황이나 타자의 성질에 따라 크게 달라진다. 인간관계 자체 또는 그 관계성 안에서 의미를 부여받은 자신의 속성이 자기의 중심적 정의가 된다. 이러한 상호협조적 자기관은 동양의 각 문화에서 반복되는 일상적 관습이나 사회구조에 반영되어 있고, 동시에 이러한 문화적 패턴은 상호협조적 자기관을 유지시켜 준다. 이처럼 자기를 타자와 서로 협조 또는 의존하는 실체로 간주한다는 개념은 동양 사회의 일상적 현실 그 자체를 구성하고 있다. 바꿔 말하면 이러한 현실은 상호협조적인 사고방식, 느낌, 그리고 삶을 유발한다는 의미이다. 그 결과, 이 문화와 사회에 적응하여 거기에 있는 공동체에서 제 몫을 할 수 있는 사람이 되고, 주변의 인정을 받기 위해서는 의미 있는 사회적 관계를 발견하고, 자기 자신을 그 속의 중요한 일부분으로 인식함과 동시에 주변 사람들에게도 자신이 그렇게 인식되어야 한다. 이것은 삶의 과제로, 서로 의존하거나 협조하며 타자와 밀접하게 연결된 자기를 확인하는 것은 자기 자신이나 인생 전반에 대한 만족감의 큰 요인이다(北山, 唐澤, 1995). 개인의 독립도 중요하지만, 이것은 타인과의 상호공존을 충족시킨 다음에 개인적으로 선택할 수 있는 옵션에 지나지 않는다(Markus & Kitayama, 1991a; 北山, 唐澤, 1995).

이상과 같은 문화적 자기관 이론은 동양인과 서양인이 보이는 인지, 정서, 동기 등의 문화 차를 설명하는 유력한 틀로 사용되어 왔다. 제5장, 제6장, 제7장에서 관련 연구들을 계속 살펴볼 것이다. 여기서는 성공과 실패의 귀인문제를 포함한 자기인식과 관련된 문화 차를 예로 들어 이에 대한 문화적 자기관 이론의 해석을 살펴보고자 한다.

2) 자기고양적 경향과 자기비판적 경향

미국이나 캐나다에서는 정신적으로 건강하고 현실에 잘 적응하는 사람들 중 대부분은 자기 자신이 타자에 비해 좋은 특성과 능력 그리고 세계에 대한 통제력을 가지고 있고, 자신을 장밋빛의 미래가 기다리고 있는 존재로 보는 경향이 있다(Baumeister, 1991; Taylor & Brown, 1988). Taylor와 Brown(1988)은 대부분의 사람이 가지고 있는 현실을 자신에게 유리하게 왜곡시키는 지각 경향(자기고양 편향, self-enhancing biases)의 내용에 착안하여 긍정적 환상(positive illusions)이라고 명명하였다. 그리고 이것을 비현실적으로 긍정적인 자기관(unrealistically positive views of the self), 과장된 개인적 통제감의 지각(exaggerated perceptions of personal control), 비현실적 낙관성(unrealistic optimism)이라는 세 가지 하위 범주로 구분하였다. 이 세 가지 현상에 관해서는 다음과 같이 현저한 문화 차이가 존재한다.

(1) 자기 특성

Markus와 Kitayama(1991b)는 미국과 일본의 대학생들에게 능력(지적 능력, 기억력, 운동 능력), 상호독립적 성향(독립성, 자기의견 고수 성향), 상호협조적 성향(동정심, 따뜻한 마음씨)을 제시하고 각각에 대해 '같은 학교 학생들 중 자기보다 우수한 학생의 비율'을 추정하도록 하였다. 만약 자기보다 우수한 학생의 비율이 70%라고 한다면 자신을 상당히 낮게 평가하는 것이고, 30%라고 한다면 자신을 상당히 높게 평가하는 것이다. 각 응답자 개개인에게 있어서, 특히 우수한 능력이나 특성의 소유자라면 자신에 대한 긍정적 평가는 현실적이고 객관적인 사실을 반영하는 것일 수도 있다. 그러나 각자의 상대적 위치에 대한 추정치의 평균이 50%보다 낮아진다면 대부분의 사람이 자신의 능력이나 특성에 대해 긍정적 환상을 갖고 있는 것이라고 볼 수 있다. 왜냐하면 같은 배경을 가진 학생들 중에서 무선적으로 선발하여 자기의 상대적 위치를 추정하도록 했을 때, 이론적으로 기대되는 추정치는 50%이기 때문이다. 그 결과 미국의 대학생들은 자신에 관한 세 가지 특성 모두에서 긍정적 환상을 보인 데 비해(각각 41.5%, 33.5%, 28.0%), 일본의 대학생들은 능력(53.5%)과 상호독립적 성향(50.0%)에서는 긍정적 환상을 보이지 않았고, 상호협조적 성향(44.5%)에서만 미약한 긍정적 환상을 보였다.

또한 Heine와 Lehman(1997)은 일본과 캐나다 대학생들(유럽계 캐나다인과 아시아계 캐나다인)에게 상호독립적 성향(매력적이다, 재미있다, 독립적이다, 자신감이 있다, 지적이다)과 상호협조적 성향(협조적이다, 헌신적이다, 배려심이 깊다, 열심히 노력한다, 믿음직하다)을 각각 제시하고, 이러한 각각의 특성에서 '같은 연령층의 동성들 중 자기보다 나은 사람의 비율'을 추정해 보도록 하였다. 그 결과 유럽계 캐나다인은 강한 긍정적 환상을 보인 데 비해(각각 27.5%와 23.7%), 일본 대학생들은 상호독립적 성향(47.3%)에서는 긍정적 환상을 보이지 않았고, 상호협조적 성향(43.9%)에서만 미약한 긍정적 환상을 보였다. 아시아계 캐나다인은 그 중간 수준의 긍정적 환상을 보였다(각각 36.3%와 27.4%).

일본 대학생들을 대상으로 여러 영역의 능력과 특성에 관한 사회적 비교 양상을 알아본 연구에서는 평가 영역에 따라 차이가 나타났다(伊藤, 1999). 즉, 경제력, 용모, 운동 능력, 사교성과 같은 영역에서는 자기를 평균적 타자에 비해 과소평가하였고, 지적 능력, 생활방식, 취미 · 특기 영역에서는 평균적인 판단 경향을 보였으나, 상냥함이나 성실함과 같은 영역에서는 자기를 평균적 타자에 비해 과대평가하는 것으로 나타났다. 상냥함이나 성실함에 관해서 자기를 평균적 타자에 비해 과대평가하는 경향은 자존감이 낮은 사람들에게서도 나타났다.

또한 일본 대학생들의 긍정적 환상 현상을 알아본 다른 연구에서도 자기 영역에 관해 유사한 결과가 확인되었다(外山, 櫻井, 2001). 구체적으로는 신체적 특징(용모가 출중하다, 매력적이다, 스타일이 좋다, 건강하게 보인다, 패션 감각이 뛰어나다), 개방성(두뇌 회전이 빠르다, 어떤 재능이 있다, 개성적이다, 흥미가 넓다, 지적이다), 사교성(사교적이다, 동성 사이에서 인기가 있다, 이성 사이에서 인기가 있다, 명랑하다, 적극적이다)에 있어서는 부정적 환상(자기비하 경향)을 가지고 있는 것으로 나타났으나, 조화성(배려심이 있다, 친절하다, 관대하다, 너글너글하다, 순진하다) 및 성실성(성실하다, 책임감이 있다, 자신에게 엄격하다, 고지식하다, 꼼꼼하다) 측면에서는 긍정적 환상을 보였다.

이상의 결과들을 요약하면 미국 대학생이나 캐나다 대학생의 경우에는 자기의 모든 영역에서 강한 긍정적 환상을 품고 있는 데 비해, 일본 대학생의 경우에는 그와 같은 강한 긍정적 환상은 품고 있지 않다고 볼 수 있다. 다시 말하면 미국 대학생들이나 캐나다 대학생들이 능력과 개인주의 문화에서 중요한 상호독립적 성향뿐만 아니라 집단주의 문화에서 중요한 상호협조적 성향에 있어서도 강한 자기고양적 지각을 하고 있는 것과는 달리, 일본 대학생들은 집단주의 문화에서 중요한 상호협조적 성향(조화성, 성실성 등)에 관해서는 미약한 긍정적 환상을 갖고 있지만 신체적 특징, 능력(지적 능력, 운동 능력 등) 및 개인주의 문화에서 중요한 상호독립적 성향(개방성, 사교성 등)에 있어서는 긍정적 환상이 없으며, 평균적인 판단 경향을 보이거나 오히려 부정적 환상(자기비하 경향)을 가지고 있다고 할 수 있다.

자기 특성에 관한 자기고양적 또는 자기비판적 인지의 문화 차는 자기고양적 또는 자기개선적 동기를 반영하는 행동 수준의 문화 차로 귀결된다. 예를 들면, Heine, Kitayama, Lehman, Takata, Ide, Leung과 Matsumoto(2001)는 캐나다 대학생들과 일본 대학생들을 대상으로 실험과제(창의성검사)를 수행하도록 한 뒤 피드백을 성공 또는 실패로 조작하여 제공하였다. 그 후 난이도가 달라진 실험과제에 매달리는 시간을 측정한 결과를 보면, 캐나다 학생들은 실험과제에 성공한 조건에서의 과제 수행시간이 실패한 조건에서 보다 길었으나, 일본 학생들은 이와 반대로 실패한 조건에서의 과제 수행시간이 긴 것으로 나타났다. 이 연구의 결과는 캐나다 대학생들의 경우에는 자신이 성공한 과제에서 자존감의 부양을 느끼고 이 자존감을 확인하고 향유하려는 동기가 상대적으로 강하게 작용하는 반면, 일본 학생들의 경우에는 자신이 실패한 과제에서 자괴심을 느끼고 자신의 부족한 점을 개선시키려는 동기가 상대적으로 강하게 작용하는 것으로 해석된다.

(2) 장래에 대한 전망

긍정적 환상은 자신의 장래에 관한 지각 영역에서 비현실적 낙관성이라는 특수한 형태로 나타난다. 비현실적 낙관성이란 사람들이 비슷한 조건의 타인들에 비해서 긍정적인 사건들은 자신에게 더 많이 일어나고, 부정적인 사건들은 자신에게 더 적게 일어날 것이라고 믿는 신념을 말한다(Weinstein, 1980). 이러한 경향성은 긍정적인 사건에서보다 부정적인 사건에서 특히 크게 나타나며(Weinstein, 1984), 서양인들에게는 나이나 사회, 경제적 계급에 상관없이 일반적으로 일어난다(Weinstein, 1987). 이것을 측정하는 방법으로서는 어떤 사건이 자신에게 일어날 가능성과 타인들에게 일어날 가능성을 평가하게 하여 그 차이를 구하는 방법 등이 있다. Heine와 Lehman(1995)은 상호독립적 자기관이 우세하다고 알려진 캐나다 대학생과 상호협조적 자기관이 우세하다고 알려진 일본 대학생 간의 비현실적 낙관성 수준을 비교하였다. 그 결과 캐나다 대학생에서는 비현실적 낙관성이 발견된 반면, 일본 대학생에서는 비현실적 비관성(unrealistic pessimism)이 발견되었다. 예를 들어, 캐나다 대학생들은 '앞으로 언젠가 폐암에 걸릴 것이다'와 같은 사건을 경험하게 될 가능성을 같은 학교의 다른 학생들에 비해서 자신에게는 더 적을 것으로 판단하였다. 반면에 일본 대학생들은 남들에 비해 자신에게서 그런 부정적 사건이 일어날 가능성을 더 크게 추정하였다.

(3) 통제감

Weinstein(1980)은 비현실적 낙관성의 강도를 결정하는 주요 요소로서 사건에 대한 통제감이 중요하다고 보았고, 통제감이 커질수록 비현실적 낙관성 경향성이 커지는 것을 확인했다.

이것은 부정적 사건이 다른 사람에 비해 자신에게는 적게 일어날 것이라는 비현실적 낙관성을 합리화하는 근거로서 '나는 그러한 사건의 발생 여부를 통제할 수 있다'는 확신이 작용하고 있다는 것을 의미한다. 따라서 통제감이 높을수록 비현실적 낙관성을 갖기 쉽다. 부정적 사건에 대한 통제감에 관해서 캐나다 대학생들은 개인지향적 사건과 관계지향적 사건 간에 차이가 없었던 반면, 일본 대학생들은 개인지향적 사건보다 관계지향적 사건을 더 통제 가능하다고 느끼고 있었다(Heine & Lehman, 1995).

긍정적 환상의 하위 범주인 과장된 개인적 통제감의 지각과 관련해서는 통제소재의 발달에 관한 문화 차이를 시사하는 연구들이 존재한다. Rotter(1966)는 행동은 목표에 대한 가치와 기대의 함수라는 가정 하에 행동을 예측하는 중요한 변인으로서의 내외통제소재라는 개념을 제창했다. 내외통제소재(internal-external locus of control)란 개인의 행동과 행동의 결과 간의 인과관계에 대한 인지 양식으로, 행동의 결과는 개인의 행동에 수반되기 때문에 통제할 수 있다는 믿는 내적 통제 경향과 행동의 결과는 개인의 행동에 수반되지 않기 때문에 통제할 수 없다고 믿는 외적 통제 경향을 양극으로 하는 일차원적 변인이다. 각 개인은 이러한 일차원적 연속선상 어딘가에 위치하며 내적 통제 경향이 강한 사람(내적 통제자, internals)과 외적 통제 경향이 강한 사람(외적 통제자, externals)으로 나뉜다. 내적 통제자는 일의 성패는 개인의 능력, 노력, 기술 같은 내적 요인에 의해 통제된다는 신념을 가지고 있다. 그에 비해 외적 통제자는 일의 성패는 운이나 우연, 힘이 있는 타인 같은 외적 요인에 의해 통제된다고 생각하거나 상황 요인이 너무 복잡해서 예측 불가능하다는 신념을 가지고 있다. 통제소재에 관한 발달적 연구를 보면, 미국에서는 아동기부터 성인기에 걸쳐 내적 통제 경향이 점차 증가하는 데 비해(Lackman, 1986; Lao, 1976; Milgram, 1971; Penk, 1969), 일본에서는 중학생, 고등학생, 대학생의 순으로 내적 통제 경향이 점차 감소하여 외적 통제 경향이 증가하는 것으로 나타났다(鎌原, 樋口, 1987). 이를 통해 일본 학생들은 성장해 감에 따라 일의 성패는 운이나 우연, 힘이 있는 타인 같은 외적 요인에 의해 통제된다고 생각하거나 상황 요인이 너무 복잡해서 예측 불가능하다는 신념이 강해진다는 것을 알 수 있다.

(4) 성공과 실패의 귀인

목표지향적 활동의 성공과 실패에 대한 귀인을 다룬 미국의 연구를 개관하면 자신의 성공을 자기의 내적 요인, 특히 능력에 귀속시키는 경향이 강하다는 사실을 알 수 있다(北山, 1998). 이러한 귀인의 결과 자신의 능력을 보다 높게 평가할 수 있게 된다는 점에서 이를 자기고양적 편파라고 부른다. 한편, 자신의 실패를 운이나 과제의 난이도 등의 외적 요인으로 돌림으로써 자기인지에 대한 부정적 충격을 최소화할 수 있다. 따라서 이러한 경향을 자기방어적 편파라고 부른다. 성공과 실패의 귀인에 있어 이러한 편파를 통해 사람들은 성공했을 때는 자기평가의 고양을 도모하고, 실패했을 때는 자기평가의 방어를 도모한다고 가정한다. 미국의 연구를 보면 실패했을 때의 자기방어적 경향은 일관성이 다소 결여되어 있지만, 성공했을 때의 자기고양적 경향은 아주 강하고 일관성이 있다는 것을 알 수 있다(北山, 1998).

그러나 일본인을 대상으로 한 연구에서는 앞과 같은 자기고양적 또는 자기방어적 경향은 나타나지 않았다. 오히려 성공을 운이나 과제의 난이도에 귀속시키고 실패는 능력이나 노력 부족에 귀속시키는 자기비판적 경향이 현저하며, 실험과제를 사용한 연구의 대부분에서 능력은 성공보다도 실패의 원인으로 여겨지고 있었다. 이러한 일본인의 자기비판적 경향은 공개적인 상황에서 특히 강해지지만 익명성이 보장된 경우에서도 역시 자기비판적 경향은 나타났다(北山, 1998). 따라서 일본인의 자기비판적 경향은 겸양적 자기제시라는 측면뿐만 아니라 실제 자기지각을 반영하는 인지과정임을 의미한다.

3) 자기실현과 문화적 자기관

상호독립적 자기관이 우세한 서양 문화에서는 자기 안에서 자랑할 만한 속성을 찾아내고 그것을 확인하는 것이 자기정의와 관련되어 있다. 따라서 사람들은 자기 내부에서 바람직한 속성을 발견하여 그것들을 실현하도록 동기화되어 있을 것이다. 만약 그렇다면 서양 문화에서 자란 사람들은 자신의 자존감을 유지하고 높이기 위한 다양한 심리적 기제를 발달시켰을 것이다. 특히 자신의 바람직한 속성에 대하여 선택적으로 초점화되어 있을 수 있다. 즉, 그러한 정보에 주의의 초점을 맞추고 보다 깊이 또는 넓게 숙고하는 심리적 습관이 형성되어 있을 것이다. 이러한 선택적 초점화의 결과로서 귀인적 추론에서 자기고양적 편파가 초래된다는 것이다. 즉, 자신에게 바람직한 사건(예, 성공)이 일어났을 경우에는 그것을 그대로 수용하여 거기서 일관되게 바람직한 속성(예, 높은 능력)을 직접 추측하는 데 반해, 자신에게 바람직하지 않은 일(예, 실패)이 일어난 경우에는 그것과 모순되는 바람직한 속성(예, 높은 능력)을 유지하고자 다양한 외적 요인을 추측하여 실패의 이유를 확인하려 한다는 것이다(Markus & Kitayama, 1991a; 北山, 1998).

한편, 동양 문화는 상호협조적 자기관이 우세한 문화이다. 이러한 문화에 사는 사람들에게는 자기를 그 일부로 간주할 수 있는 의미 있는 인간관계를 찾아내는 것이 자기정의와 관련되어 있다. 따라서 사람들은 의미 있는 사회적 관계 안에 자기 자신을 맞추어 가도록 동기화되어 있을 것이다. 자기 내부 속성의 평가를 유지하거나 높이는 일은 주된 관심사가 아니기 때문에 그러한 목적을 위해서는 별로 동기화되어 있지 않을 것이다. 그리고 어떤 사회적 관계 안에 속하기 위해서는 거기에 있는 사람들이 가지고 있는 암묵적 기대, 명백한 규범 또는 가치관 등을 간파하고 그것들과 비교하여 자신의 결점, 즉 자신이 가지고 있을지도 모르는 바람직하지 않은 속성을 인식할 필요가 있다. 왜냐하면 그렇게 함으로써 비로소 그것을 수정하여 그 관계 안에 속할 수 있게 되기 때문이다. 만약 그렇다면 동양 문화에서 자란 사람들은 자신의 바람직하지 않은 속성에 대하여 선택적으로 초점화되어 있을 수 있다. 즉, 그러한 정보에 주의의 초점을 맞추고 보다 깊이 또는 넓게 숙고하는 심리적 습관이 형성되어 있을 것이다. 이러한 선택적 초점화의 결과로서 귀인적 추론에 있어서 자기비판적 편파가 초래된다는 것이다. 즉, 자신에게 바람직하지 않은 사건(예, 실패)이 일어났을 경우에는 그것을 그대로 수용하여 거기서 일관되게 바람직하지 않은 속성(예, 낮은 능력)을 직접 추측하는 데 반해, 자신에게 바람직한 일(예, 성공)이 일어난 경우에는 그것과 모순되는 바람직하지 않은 속성(예, 낮은 능력)으로 인해 그 모순을 해소하고자 다양한 외적 요인을 추측하여 성공의 이유를 확인하려 한다는 것이다(Markus & Kitayama, 1991a; 北山, 1998).

이상과 같이 北山과 唐澤(1995)은 서양의 귀인 연구에서 발견되는 자기고양적 반응이 일본에서는 관찰되지 않고, 그와 반대되는 자기비판적 경향이 나타난다는 사실을 과거의 연구들을 개관하여 제시하였다. 그리고 자기고양은 상호독립적 자기관에 의거한 자기실현의 형태인 반면, 자기비판은 상호협조적 자기관에 의거한 자기실현의 형태라고 논했다. 즉, 자기고양의 존재 여부는 자기관에 근거한다는 것이다. 상호독립적 자기관을 가진 개인에게는 자신의 중요한 특성을 다른 사람보다 뛰어나다고 지각하는 것이 긍정적 자기개념을 가지고 자존감을 고양시키는 데 도움이 것이다. 한편, 상호협조적 자기관을 가진 개인에게 자기에 관한 긍정적 느낌은 타인과 친밀한 관계를 형성하고 유지하는 데에서 얻어질 것이다.

서양인과 동양인의 자기고양을 비교한 그동안의 연구들을 메타 분석한 연구는 이러한 설명을 지지하는 것처럼 보인다(Heine & Hamamura, 2007). 즉, 모든 연구에서 전반적으로 자기고양에 관한 현저한 문화 차가 존재하는 것으로 드러났으며, 동아시아인과는 대조적으로 서양인에게는 자기고양의 증거가 강력하게 나타났다. 그러나 동서양을 비교하는 이러한 전반적인 분석틀은 국가 간의 문화 차를 은폐해 버릴 위험이 있다.

제 5 장

문화와 인지

사람들의 인지과정, 즉 외부 세계를 지각하고, 외부의 정보를 입력받고, 기억하고, 사고하고, 외부로 출력하는 과정은 전 세계 모든 사람에게 기본적으로 동일한가? 인간의 두뇌가 선천적으로 구비된 컴퓨터의 중앙처리장치(Central Processing Unit: CPU)이고, CPU의 기능에 해당하는 것이 인간의 마음이라면 그럴지도 모른다. 그러나 인간의 인지과정이 보편적이지 않다는 증거들은 많이 존재한다.

동양인과 서양인은 같은 이야기를 들어도 머릿속에 떠올리는 이미지가 다를 수 있다. 이는 세계를 지각하는 방식이 다름으로 인해 만들어 내는 표상에 차이가 있기 때문이다. 인간의 인지과정에 대해 오랫동안 연구해 온 Nisbett(2003)은 그의 연구를 소개하는 책에서 다음과 같은 상징적인 경험을 이야기하고 있다. 그는 문화에 따른 사고 과정의 차이를 다음과 같이 설명하였다. 인간이 살아가는 생태학적 환경은 경제체제에 영향을 주고, 경제체제는 사회의 제도나 조직 등의 구조를 규정하며, 사회구조는 사회를 유지하기 위해 필요한 역할, 규

범, 가치 등을 만들어 낸다. 따라서 사회구조는 사람들이 사회적 활동을 하기 위해 무엇에 주의를 기울일 것인지를 결정하고, 주의의 초점에 따라 소박한 형이상학(세계관)이 형성되며, 형이상학은 암묵적 인식론(지식을 얻는 방법)에 영향을 주고, 암묵적 인식론은 사고 과정을 규정하게 된다고 보았다. 이 이론을 도식화할 때 그는 생태학적 환경에서부터 사고 과정에 이르는 각 단계들을 분리하여 직선상에 두고 인과관계 도식으로 표현했다. 그러나 한 중국계 미국인 학생은 각 단계들이 생태환경이라는 큰 동심원 안에 순차적으로 포함되는 도식으로 표현하는 것이 훨씬 이해하기 쉽다고 말했다는 것이다. 이러한 차이는 주의를 배분하는 것부터 시작하여 지각된 정보의 체계화 방식, 세계에 대해 형성하는 이미지, 인과관계와 추론 방식에 이르는 광범위한 인지과정의 차이가 반영된 것일 수 있다. 여기서는 인간의 인지과정과 문화의 관계에 대해 살펴보고자 한다.

1. 주의 배분

1) 대상물의 지각

인간은 살아가기 위해 오감을 통해 세계를 지각한다. 오감 중에서도 시각은 사물을 인식하는 데 가장 중요한 역할을 하는 감각이다. 우리의 시선은 수많은 대상을 향한다. 그리하여 우리는 세계에 대한 이미지를 형성하게 된다. 세계를 인식하기 위해 사용되는 주의는 우리가 가지고 있는 인지적 자원이지만 그 양에는 한계가 있다. 그래서 우리가 형성한 세계에 대한 이미지는 사람마다 다르다. 유한한 자원인 주의를 어디에 어떻게 배분하느냐에 따라 사람들은 각기 다른 세계에 대한 이미지를 형성하게 된다.

주의 배분 방식은 시선의 초점이 이동하는 범위를 기준으로 크게 두 가지로 분류할 수 있다. 즉, 주의의 대부분을 특정 대상에 집중시키는 방식과 그 대상 및 대상을 둘러싼 주변 배경에도 골고루 주의를 배분하는 방식으로, 모든 사람은 이 두 가지 방식을 사용하고 있다. 그런데 동양인과 서양인은 인지 양식에서 일관된 차이를 보이고 있다.

인지 양식의 문화 차에 관한 한 연구에서 유럽계 미국인과 중국계 미국인은 형태가 뚜렷하지 않은 시각적 자극(좌우 대칭의 잉크 얼룩이 있는 그림)에 대해 상당히 다르게 반응했다(Abel & Hsu, 1949). 이 연구에서는 투사적 성격검사의 일종인 로르샤흐 잉크 반점 검사(Rorschach inkblot test)가 사용되었다. 이 검사에서 피험자는 검사자가 1장씩 보여 주는 카드의 잉크 반점이 무엇으로 보이는지 자유롭게 응답하였고, 검사자는 잉크 반점의 어떤 부분이 어떻게 보이는지 등을 청취하고 기록하였다. 카드는 무채색으로 된 카드 5장과 유채색으로 된 카드 5장으로 구성되었고, 크기는 약 17×24cm이었다. 이 로르샤흐 카드에 대한 유럽계 미국인과 중국계 미국인의 반응을 비교한 결과, 유럽계 참여자는 비교적으로 로르샤흐 도형의 세부적인 부분에 주목하는 반응을 많이 보였으나, 중국계 참여자는 자극의 전체적 배치에 주목한 전체 반응이 많았다. 또한 반응 내용에서도 대조적인 문화 차가 나타났다. 예를 들어, 신체를 상정한 반응에서 많은 유럽계 미국인은 그것을 신체의 일부로 간주하였으나 중국계 미국인은 그것을 사람의 전신상(全身像)으로 지각하였다.

어떤 대상을 인식할 때 서양인은 자극의 부분적 정보에 주목하고 동양인은 자극의 전체적 배치에 주목한다면, 정체가 불분명한 대상에 대해 추측해야 할 때 문화에 따라 단서의 유효성에 차이가 있을 것이다. 즉, 서양인은 자극의 부분적 요소로부터 더 효율적인 판단을 하고, 동양인은 자극의 전체적 배치에서부터 더 효율적인 판단을 할 것이라고 예상할 수 있다. 지각적 추론

[그림 5-1] 애매한 시각적 자극에 대한 반응

출처: Abel & Hsu (1949).

과제를 사용한 한 연구에서 이러한 가설이 부분적으로 지지되었다(Ishii et al., 2009). 지각적 추론 과제에서 참여자들은 어떤 물체나 동물(사과, 호랑이, 솔방울 등)의 그림에서 부분적인 정보만을 추출한 자극을 보고 원래 그림이 무엇인지를 추측하는 과제(파트 과제)와 그림의 전체적 배치는 알 수 있으나 모자이크 처리가 되어 있어 자세한 부분이 애매한 자극을 보고 원래 그림이 무엇인지를 추측하는 과제(모자이크 과제)에 대해 답하도록 요청을 받았다. 일본인과 일본에서 단기 유학 중인 미국인 참여자를 대상으로 이 두 과제의 성적을 비교한 결과, 특히 파트 과제에

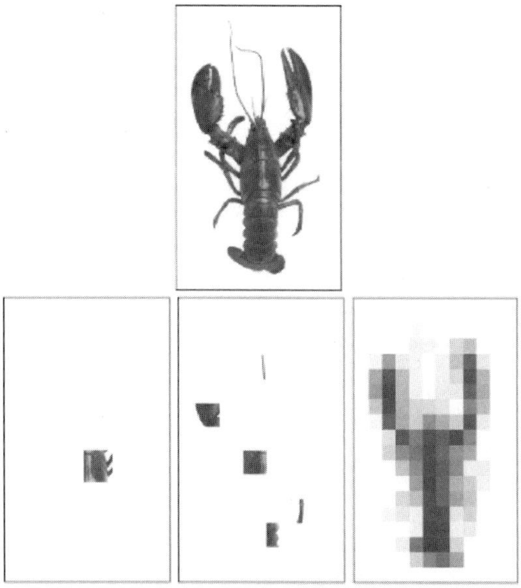

[그림 5-2] 지각적 추론 과제

출처: Ishii et al. (2009); www2.kobe-u.ac.jp/~ishiik/perceptinfer.pdf

서 미국인이 일본인보다 높은 정답률을 보여 큰 문화 차가 나타났다. 그리고 유럽계 미국인과 아시아계 미국인을 대상으로 한 실험에서도 유럽계 미국인이 아시아계 미국인보다 파트 과제에 대한 정답률이 높아 동일한 경향성이 확인되었다. 이 결과는 어떤 대상물이 무엇인지를 추측할 때 이용하는 단서 중 부분적인 정보는 아시아인보다 미국인에게 더 효과적이라는 것을 의미한다.

이상의 연구들은 어떤 대상물을 지각할 때 서양인은 시선을 이동시키는 범위가 좁고 보다 세부적 사항에 주의를 집중시키는 경향이 강한 반면, 동양인은 시선의 이동 범위가 넓고 대상물을 하나의 전체로 지각하는 경향이 상대적으로 강함을 시사한다.

2) 환경 인식

대상물을 지각할 때 서양인은 대상물을 세부적으로 나누어 주목하는 분석적 관점을 취하고 동양인은 대상물을 전체로 보는 포괄적 관점을 취하는 경향이 있다면, 배경 안에 놓여 있는 대상물을 지각할 때에도 이에 상응하는 문화 차가 나타날 수 있다. 즉, 대상물과 배경이 포함된 어떤 장면을 관찰할 때 동양인은 서양인보다 더 넓은 시야를 가지고 있을 것이라고 예상해 볼 수 있다.

이러한 가설을 검증하기 위해 Masuda와 Nisbett(2001)는 물 속 상황을 묘사한 컬러 애니메이션을 제작하여 미국 대학생과 일본 대학생에게 보여 주었다. 각 장면에는 눈에 띄는 한 마리 또

[그림 5-3] 물 속 상황의 기억 과제

출처: Masuda & Nisbett (2001).

는 여러 마리의 중심(focal) 물고기가 있었으며, 이 물고기는 화면 중에 등장하는 다른 어떤 생물보다 크고, 색깔도 밝고, 가장 빠르게 움직였다. 또한 장면마다 중심 물고기 이외에 좀 더 천천히 움직이는 생물과 수초, 돌, 기포 등이 묘사되어 있었다. 실험참여자는 약 20초 정도의 장면을 두 번씩 본 후 자기가 본 것을 설명하도록 요청받았다. 참여자의 응답은 중심 물고기, 기타 생물, 배경이나 무생물 등으로 분류되었다.

중심 물고기에 관한 응답 수에서는 문화 차가 없었지만, 천천히 움직이는 생물과 수초, 돌, 기포, 물과 같은 배경적 요소에 대해서는 일본인이 미국인에 비해 60% 이상 많이 응답하였다. 그리고 활동적인 생물과 다른 대상물 간의 관계를 언급한 수는 미국인과 일본인이 유사했으나, 일본인은 배경의 무생물과 다른 대상물 간의 관계를 미국인보다 약 2배 많이 언급하였다. 또한 일본인은 환경을 먼저 언급하는 경우가 많았지만, 미국인은 중심 물고기부터 설명을 시작하는 경우가 3배나 더 많았다.

이렇게 기억 회상 과제를 수행한 후, 참여자들은 기억 재인 과제를 수행하였다. 즉, 화면을 통해 제시되는 90개의 물고기나 기타 생물과 무생물을 보고 이전 장면에서 본 적이 있는지를 판단하는 것이었다. 참여자들은 제공되는 배경에 따라 세 집단으로 무선할당 되었다. A집단에게는 이전에 본 배경과 동일한 배경을 제공하였고, B집단은 배경이 없었으며, C집단은 새로운 배경에서 대상물을 판단하게 하였다.

일본인의 경우, 대상물이 새로운 배경에서 제시될 때보다 이전에 본 배경에서 제시될 때 재인의 정확성이 훨씬 높았다. 이는 물고기나 무생물 모두를 처음 봤을 때의 환경과 연결하여 그 모습대로 기억에 저장한 것으로 볼 수 있다. 한편, 미국인의 경우에는 대상물이 원래 환경 속에 있든 새로운 환경 속에 있든 아무런 영향을 받지 않았다. 즉, 물고기도 무생물도 환경과 분리된 상태로 지각한다고 생각된다.

그런데 동양인이 서양인보다 실제로 배경에 더 많은 주의를 배분하고 있을 가능성도 크지만 지각 과정이 아니라 기억하거나 정보를 인출하는 과정에 차이가 있어서 앞과 같은 문화 차가 나타날 가능성도 있다. 왜냐하면 우리의 기억은 기대나 흥미 그리고 이전의 경험 등에 영향을 받아 특정 정보를 다른 정보보다 더 잘 기억할 수 있기 때문이다.

이 문제를 해결하기 위해 연구자들은 안구 추적기(eye-tracker)를 통해 피험자가 특정한 순간에 어디를 보고 있는지를 정확하게 확인하며 연구를 수행하였다(Chua et al., 2005). 한 연구에서는 한 명의 주인공과 여러 명의 주변 인물이 등장하는 애니메이션을 보는 일본인과 미국인의 반응을 비교하였다(Masuda, Ellsworth et al., 2008). 애니메이션에는 주인공과 주변 인물들의 얼굴 표정이 일치된 장면과 그렇지 않은 장면(예, 주인공은 웃고 있는데 주변 사람들은 인상을 찌푸리고 있음)이 포함되어 있었다. 참여자의 과제는 주인공이 경험하고 있는 감정을 판단하는 것이었

[그림 5-4] 안구 추적기를 사용한 연구

출처: www.ualberta.ca~tmasudastimuli.htm www.adbusters.orgmagazine87brain-east-west.html

다. 이 과제에서 일본인은 주인공의 감정을 판단할 때 주변 인물이 짓는 표정에 영향을 받았다. 한편, 미국인은 주변 인물이 짓는 표정에 영향을 받지 않았다. 이 결과 또한 동양인이 서양인보다 더 많이 배경에 주의를 배분한다는 증거이다. 또한 최초의 1/1000초까지는 일본인이나 미국인 모두 중심 인물을 쳐다보는 시간의 비율이 90%를 넘었지만 이때에도 일본인보다 미국인이 약간 그 비율이 높았다. 다음 1/2000초까지는 그 비율이 감소했지만, 미국인은 여전히 90% 이상의 비율로 중심 인물을 응시하고 있는 반면에 일본인의 경우에는 그 비율이 80% 정도까지 낮아졌다.

인물이 아닌 요소로 배경을 구성한 장면을 볼 때에도 유사한 결과가 나타났다(Chua et al., 2005). 미국인은 중국인보다 더 많은 시간동안 대상물을 보고 있었고, 중국인은 배경을 보고 있었다. 게다가 중국인은 미국인보다 빠른 시선 이동을 보였으며 더 체계적으로 전체 장면을 훑어보는 것으로 나타났다. 이상의 결과는 동양인과 서양인이 같은 장면을 볼 때 실제로 주의 배분 방식에 차이가 있다는 것을 의미한다. 동양인과 서양인은 동일한 장면을 다른 식으로 보고 있는 것이다.

동양인이 서양인보다 배경에 더 많이 주목하고 있다면, 동양인은 서양인보다 배경에 있는 물체의 변화나 물체 간의 관계 변화에 더 예민할 것이다. 또한 서양인은 동양인보다 눈에 잘 띄는 물체의 변화를 더 빨리 감지할 거라고 예상할 수 있다. 이러한 가능성에 대해 검토하기 위해 Masuda와 Nisbett(2006)은 20초 정도의 짧은 동영상과 그것의 일부를 변화시킨 동영상을 일본인과 미국인 참여자에게 보여 주었다. 참여자들의 과제는 두 가지 동영상의 차이를 찾아내는 것이었다. 이 실험에 사용된 공항 동영상을 예로 들면, 두 영상은 헬리콥터 회전날개 색의 좌우 역전, 이륙하는 항공기의 바퀴가 나와 있는지의 여부 등과 같이 중심 대상물에도 차이가 있었고, 헬리콥터와 소형 비행기의 간격, 관제탑의 모양 등 배경의 세부적인 사항에도 차이가 있었다.

[그림 5-5] 두 가지 동영상의 차이 찾아내기

출처: Masuda & Nisbett (2006).

결과는 예측과 일치하였다. 일본인 참여자는 미국인 참여자보다 더 빠르게 배경의 변화나 관계의 변화를 찾아냈다. 단, 중심 대상물의 변화를 찾아내는 데에서는 문화 차가 없었다. 또한 미국인은 배경의 변화보다 중심 대상물의 변화를 더 빨리 감지했지만, 일본인은 두 가지 변화를 거의 같은 속도로 감지하였다. 이러한 결과는 대상물과 배경을 포함하는 장면을 컴퓨터 화면을 통해 관찰할 때 동양인은 서양인보다 배경과 상황에 더 관심을 가지고 관찰한다는 것을 시사한다. 이 차이는 일상생활 속에서 실제 풍경을 바라보는 동양인과 서양인의 시각 차이가 반영되었을 가능성이 높다.

실제 풍경을 바라보는 서양인과 동양인의 시각 차이를 직접 비교하는 것은 어려운 일이지만, 풍경을 지각한 이미지를 간접적으로 비교할 수는 있다. 즉, 서양화와 동양화를 비교해 보는 것이다. 풍경화에는 서양의 화가와 동양의 화가가 풍경을 바라보는 관점이 반영되어 있다고 가정할 수 있다(Heine, 2008). 한 연구(Masuda, Gonzalez, et al., 2008)에 의하면, 미술관에 있는 서양

[그림 5-6] 서양의 풍경화(좌)와 동아시아의 풍경화(우) 비교

출처: Masuda, Gonzalez, et al. (2008).

의 풍경화에 비해 동아시아의 풍경화에서는 수평선이 평균 15% 높은 위치에 그려져 있었다. 반대로 동아시아의 인물화에 비하여 서양의 인물화에서는 얼굴 크기가 평균 3배나 크게 그려져 있었다. 이러한 문화 차는 다양한 주제와 양식에 걸쳐서 일관되게 나타났다. 따라서 명화들에 나타난 문화 차는 동서양의 변덕스러운 미술 양식의 차이가 아니라 지각 과정의 기본적 차이를 반영한 것일 가능성이 높다.

과거 유명 화가의 그림뿐만 아니라 현대 일반인이 그린 그림에서도 이런 문화 차가 확인되었다(Masuda, Gonzalez, et al., 2008). Masuda와 동료들은 미국과 일본의 대학생에게 5분 안에 적어도 집, 나무, 시냇물, 사람, 수평선이 하나씩 있는 풍경화를 그리도록 요청했다. 그리고 참여자들에게 앞의 다섯 가지 요소 이외에 그리고 싶은 것이 있으면 무엇이든 더 추가해서 그려도 된다고 말했다. 그림의 특징을 분석한 결과, 일본 대학생이 그린 풍경화 안의 수평선은 미국 대학생이 그린 것보다 더 높은 위치에 있었다. 또한 일본인의 풍경화에는 추가된 배경적 요소가 75% 더 많이 그려져 있어 배경 묘사가 보다 복잡하였다. 이 결과는 미국 대학생은 일본 대학생보다 상대적으로 전경에 더 많은 관심을 가지고 있고, 일본 대학생은 미국 대학생보다 배경에 더 많은 관심을 가지고 있다는 것을 의미한다.

대상물에 주의를 보다 많이 배분하는 서양인의 지각 양식과 배경에도 상당한 수준의 주의를 배분하는 동양인의 지각 양식은 일상생활에서 매일 접하는 풍경 차이에 기인했을 가능성이 있다. 크고 작은 다양한 요소로 구성된 풍경은 그러한 요소가 적은 풍경보다 더 포괄적인 관심을 유발하는 풍경일 것이다. 일본과 미국의 도시 풍경을 비교한 연구(Miyamoto et al., 2006)에 의하면, 일본인이 일상적으로 보는 풍경과 미국인이 일상적으로 보는 풍경에는 복잡성에서 차이가 있는 것으로 드러났다. 연구자들은 여러 가지 조건이 유사한 미국과 일본의 대도시, 중간 크기의 도시, 소도시를 각각 선정하여 호텔과 초등학교 주변 풍경을 동일한 거리와 관점에서 사진 촬영하였다. 사진에 찍힌 풍경 안에 있는 요소들의 개수를 비교한 결과, 일본의 풍경이 미국의 풍경보다 더 많은 요소를 포함하고 있는 것으로 드러났다. 미국인이 매일 보고 있는 풍경보다 일본인이 매일 보고 있는 풍경이 더 복잡한 것이다. 이 결과는 일본의 보다 복잡한 일상 풍경이 배경에 대해 관심을 더 많이 갖게 한 원인일 수 있음을 시사한다.

연구자들은 미국인 참여자와 일본인 참여자를 각각 두 집단으로 나누어 한 집단에게는 일본 풍경 사진을, 다른 집단에게는 미국 풍경 사진을 보여 주어 다르게 점화(priming)시킨 후 공항 장면의 동영상을 보게 하였다. 그 동영상은 대상물이나 배경 요소를 중간에서 인위적으로 변화시킨 것이었다. 참여자의 과제는 그 변화(예, 비행기의 색깔이나 관제탑의 위치)를 찾아내는 것이었다. 결과를 보면 우선 일본인은 미국인보다 배경의 변화를 더 많이 알아냈다. 그리고 일본 사람이든, 미국 사람이든 일본의 풍경으로 점화된 집단이 더 많은 배경의 변화를 찾아냈다.

이는 보다 복잡한 일상 풍경이 배경에 대한 관심을 고조시키는 원인일 수 있다는 가설을 지지하는 결과이다. 하지만 지각 이외의 인지과정에서도 이와 관련한 문화 차가 많이 발견되기 때문에 거주지 환경의 복잡성의 차이가 지각의 문화 차를 일으키는 유일한 원인은 아닐 것이다. Markus와 Kitayama(1991)는 인간관의 차이가 더 중요한 요인일 수 있다고 보았다.

3) 맥락 정보의 처리

일상생활에서 어떤 대상물을 지각할 때, 동양인은 배경에도 많은 주의를 배분하고 대상물을 그 배경과 연결하여 지각하는 경향이 강하다. 반면 서양인은 대상물 자체에 더 많은 주의를 배분하고 배경과는 분리된 상태로 대상물을 지각하는 경향이 상대적으로 강하다. 이러한 습관의 차이로 인해 맥락 정보의 처리 능력에도 차이를 발생시킬 수 있다. 다시 말해 동양인은 장의존(field dependence) 경향이 강하고, 서양인은 장독립(field independence) 경향이 강할 수 있다는

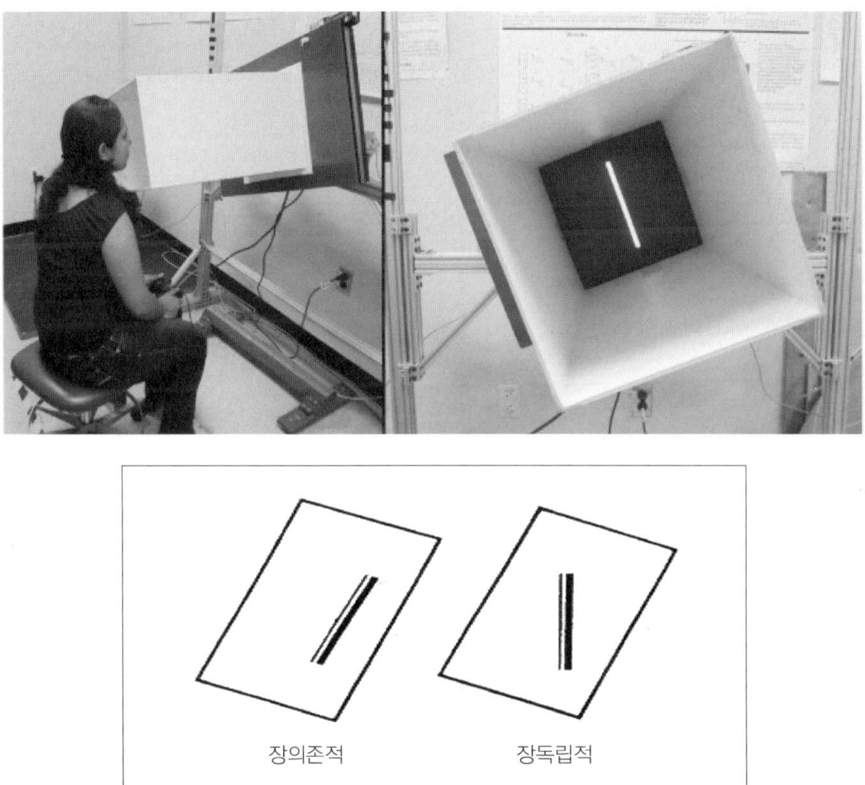

[그림 5-7] 막대와 틀 검사

출처: Koppelmans et al. (2013).

것이다. 따라서 미국인은 아시아인보다 맥락 정보를 무시하고 대상물을 환경으로부터 분리시켜서 지각하는 능력이 좋을 수 있다.

이 가설은 막대와 틀 검사를 사용하여 장의존성을 비교한 연구(Ji et al., 2000)를 통해 증명되었다. 막대와 틀 검사(rod and frame test)란 정사각형 틀 안에 놓인 막대기를 수직이 되도록 맞추는 검사이다. 피험자는 막대가 수직인지를 판단할 때 불가피하게 틀의 위치에 영향을 어느 정도 받게 된다. 얼마나 맥락(틀의 위치)의 영향을 받았는지에 따라 그 사람의 장의존성을 알 수 있다. 틀의 각도와 상관없이 막대를 수직으로 맞출수록 장독립적이고, 기울어진 틀 방향을 따라 막대를 맞추면 장의존적으로 분류된다. 결과를 보면 예상대로 동아시아인(주로 한국인과 중국인)은 틀의 위치를 무시하고 막대의 각도를 판단해야 하는 이 과제에서 미국인 보다 더 어려움을 경험하였다.

선과 틀 검사(framed-line test)에서도 주의 배분에 관한 유사한 문화 차가 확인되었다(Kitayama et al., 2003). 선과 틀 검사의 참여자는 먼저 어떤 크기의 정사각형의 상부 중앙에서부터 수직으로 그려진 선을 본다. 그다음 크기가 다른 정사각형 종이를 제시받고, 거기에 처음 본 것과 같은 길이의 선을 긋는 과제(절대과제)와 정사각형 한 변에 대한 비율이 처음 본 도형과 같도록 선을 긋는 과제(상대과제)를 하게 된다. 두 과제 중 절대과제에서는 맥락 정보를 무시하는 능력이 필요하지만, 상대과제에서는 맥락 정보를 고려하는 능력이 필요하다. 연구결과 일본에 거주 중인 일본인은 절대과제보다 상대과제의 성적이 좋았고, 미국에 거주 중인 미국인은 절대과제의 성적이 더 좋았다. 그리고 일본 거주 미국인과 미국 거주 일본인은 해당 국가에 거주하고 있는 일본인과 미국인의 중간 정도의 성적을 보였다. 이는 현 거주지의 문화적 환경이 인지 양식에 영향을 줄 가능성을 시사하는 것이다.

2. 지식의 체계화와 세계관

1) 분류 기준

서양인은 대상물 자체에 더 많은 주의를 배분하고 환경과는 분리된 상태로 대상물을 지각하는 경향이 동양인보다 강하다. 더욱이 서양인은 대상물의 세부에 주목하는 분석적 관점을 선호한다. 이러한 지각 양식은 대상물의 속성을 발견하는 데 유리하다. 따라서 인지과정을 거쳐 세계를 구조화할 때 대상물의 속성이 분류 기준이 되어 같은 속성을 공유하는 요소들끼리 묶는 범주 개념이 발달한 것으로 보인다. 서양인이 지각하는 세계는 같은 속성을 공유하는 독립적 요소들의 집합인 것이다.

한편, 동양인은 대상물을 하나의 전체로 보는 포괄적 관점을 선호할 뿐만 아니라 환경에도 많은 주의를 배분하고 대상물을 그 환경과 연결시켜서 지각하는 경향이 서양인보다 강하다. 이러한 지각 양식은 대상물과 배경의 관계, 여러 대상물 간의 관계를 발견하는 데 유리하다. 따라서 인지과정을 거쳐 세계를 구조화할 때 여러 대상물 간의 관계가 분류 기준이 되어 부분과 전체의 관계라는 관점이 발달한 것으로 보인다. 동양인이 지각하는 세계는 서로 관계성을 지닌 요소들 간의 연결로 형성되는 전체인 것이다.

닭, 소, 풀과 같이 세 개가 한 조를 이루는 그림을 미국과 중국의 어린이에게 보여 주고 어느 두 개가 친구냐고 질문한 연구(Chiu, 1972)에서 드러난 결과는 앞과 같은 가설을 지지하고 있다. 미국인 어린이는 '닭과 소가 친구'라고 답하는 경우가 많았고, 그 이유는 '닭과 소는 동물이기 때문'이었다. 한편, 중국인 어린이는 '소와 풀이 친구'라고 생각하는 경향이 강했고, 그 이유는 '소가 풀을 먹기 때문'이라는 것이었다. 즉, 미국인 어린이는 분류학적 범주에 의거하여 대상물을 집단으로 나누는 것을 선호하였고, 중국인 어린이는 관계성에 의거하여 대상물을 집단으로 나누는 것을 선호하였다.

만약 서양인이 범주에 의거하여 세계를 체계화하고 있다면, 서양인의 유사성 지각은 대상물을 어느 정도 같은 규칙으로 분류할 수 있는지에 따라 결정될 것이다. 또한 동양인에게 범주 개념이 그리 중요하지 않다면, 동양인의 유사성 지각은 대상물 간의 가족적 유사성(전부가 공통된 특성을 가지고 있지는 않지만, 부분적으로 서로가 같은 특성을 가지고 있어서 전체가 느슨하게 연결되어

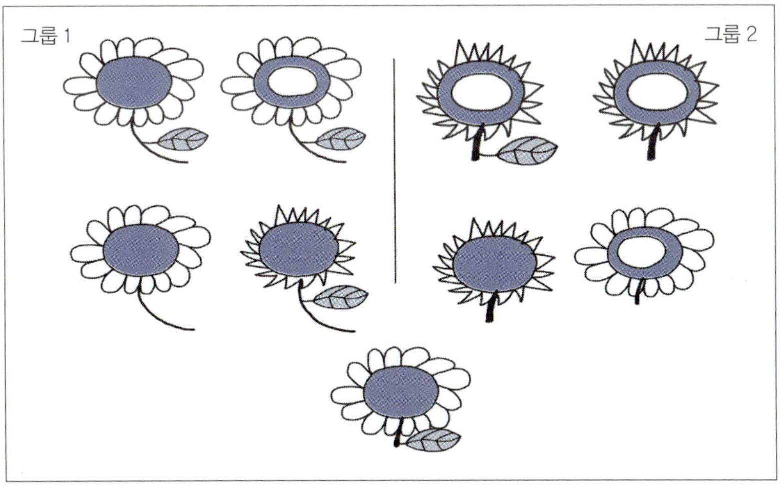

[그림 5-8] 일러스트를 사용한 범주 분류 연구

출처: Norenzayan et al. (2002).

있는 상태로 가족처럼 서로 비슷한 인상을 주는 모습)에 영향을 받기 쉬울 것으로 예상된다.

이러한 가능성은 몇 가지 특성을 조합하여 인위적으로 만든 일러스트(꽃, 집, 얼굴 등)를 사용한 연구(Norenzayan et al., 2002)를 통해 검증되었다. 참여자들(한국인, 유럽계 미국인, 아시아계 미국인)은 각 과제마다 한 개의 대상 일러스트를 보고, 이것이 각각 네 개의 일러스트가 속해 있는 두 개 그룹(이하에서는 그룹1과 그룹2로 지칭함) 중 어느 그룹에 가깝다고 생각하는지를 판단해야 한다.

그룹1에 속한 네 개의 일러스트는 네 가지 특징 중 적어도 3개 이상을 공유하고 있었다. 네 가지 특징을 a, b, c, d로 표현한다면, 그룹1의 일러스트들은 0111, 1011, 1101, 1111과 같이 표현할 수 있다. 일러스트들은 특징 a1, b1, c1 중 하나씩은 결여되어 있으나, 특징 d1(휘어진 줄기)은 모두 가지고 있었다. 마찬가지로 그룹2의 경우에는 1001, 0101, 0011, 0001과 같이 표현할 수 있다. 그룹 2의 경우에도 특징 d2(직선 줄기)는 모든 일러스트가 가지고 있었다.

따라서 대상 일러스트와 그룹1, 그룹2의 관계는 다음과 같이 설정된 것이다. 그룹1에 속한 일러스트들과 대상 일러스트는 여러 면에서 닮은 점이 많았고 전체적으로 유사성이 높은 인상을 주지만, 그룹1에 속한 모든 일러스트에 공유된 한 가지 특징(d1)이 대상 일러스트에는 없었다. 그룹2에 속한 일러스트들과 대상 일러스트는 전체적인 유사성은 낮아 보이지만, 그룹2에 속한 모든 일러스트가 공유하고 있는 한 가지 특징(d2)을 대상 일러스트도 가지고 있었다.

대부분의 한국인은 대상 일러스트가 그룹1에 가깝다고 답하였고, 대부분의 유럽계 미국인은 그룹2에 가깝다고 답하였다. 한국인은 이와 같이 전체 과제 중 60%에 대해 가족적 유사성에 의거해서 대답하였다. 유럽계 미국인은 전체 과제 중 67%에 대해 규칙(모든 요소가 공유하는 특성: d1 또는 d2)에 의거해서 범주를 발견하고, 대상 일러스트가 그 특징을 공유하고 있는지에 따라 그룹을 선택하였다. 아시아계 미국인의 대답은 한국인과 유럽계 미국인의 중간이었지만, 한국인 쪽에 가까웠다.

다만, 앞과 같이 대상 일러스트가 어느 그룹에 가깝냐고 물어본 유사성 판단에서와 달리 어느 그룹에 속하느냐고 물어본 분류과제에서는 한국인도 대부분 규칙에 따른 범주에 의거하여 그룹을 선택하였다. 따라서 공통 특성에 의거한 범주라는 개념을 미국인뿐만 아니라 한국인도 가지고 있으며 사용할 수도 있다. 하지만 그 적용 범위에 있어 문화 차가 나는 셈이다. 한국인의 경우에는 범주 개념이 분류 판단에만 한정적으로 적용되는 반면, 미국인의 경우는 범주 개념이 유사성 판단에까지 확대 적용되는 것이다.

이러한 결과는 실제의 대상물을 사실적으로 묘사한 일러스트나 몇 가지 특성을 조합하여 인위적으로 만든 일러스트를 사용한 실험에서뿐만 아니라 사물의 이미지를 직접 제시하지 않고 단어를 사용한 실험에서도 나타났다(Ji et al., 2004). 연구자들은 미국인 대학생과 중국, 대만의 대학생에게 세 개의 단어(예, 판다, 원숭이, 바나나)를 제시하여 이것들 중 어느 두 개가 보다 가깝다고 생각하는지 물어봤다. 미국인 참여자는 각 단어가 속하는 공통적인 범주에 의거하여 그룹으로 나누는 것을 선호하였다. 즉, 동물 범주에 속하는 판다와 원숭이를 친구라고 생각하였다. 중국인 참여자는 의미 있는 관계에 의거한 조 편성을 선호했으며(원숭이와 바나나), 그 이유로서 관계를 언급하였다(원숭이는 바나나를 먹는다). 이미지 수준에서뿐만 아니라 개념 수준에서도 서양인은 범주에 의거하여 대상물을 집단으로 나누는 것을 선호하고, 동양인은 관계에 의거하여 대상물을 집단으로 나누는 것을 선호한다는 사실이 확인되었다.

또한 이 연구에는 범주화에 미치는 문화와 언어의 영향을 검토하기 위해 출신 지역이 다른 이중 언어 사용자 집단이 포함되어 있었다. 즉, 본토 출신 중국인과 대만인, 홍콩 및 싱가포르 출신 중국인이 참여했다. 그들은 중국어판 또는 영어판 검사를 받았다. 실험 결과를 자세히 살펴보면 다음과 같다. 첫째, 미국인은 관계에 의거한 조 편성보다 분류학적인 범주에 의거한 조 편성을 2배 더 많이 하였다. 이와 반대로 중국어로 검사를 받은 본토 출신 중국인과 대만인은 분류학적인 범주에 의거한 조 편성보다 관계에 의거한 조 편성을 2배 더 많이 하였다. 둘째, 본토 출신 중국인과 대만인의 경우에는 검사에서 사용된 언어에 따른 차이가 현저하게 나타났다. 검사를 영어로 한 경우에는 중국어로 한 경우에 비해 관계에 의거한 조 편성이 적었다. 셋째, 홍콩 및 싱가포르 출신 중국인의 경우에는 본토 출신 중국인과 대만인의 경우와는 상당히 다른 결과가 드러났다. 그들은 분류학적인 범주에 의거한 조 편성보다 관계에 의거한 조 편성을 많이 하기는 했으나, 그 정도는 본토 출신 중국인이나 대만인에 비하면 상당히 약했다. 더욱이 그들의 응답은 검사 언어(영어 또는 중국어)에 따른 차이가 없었다. 이와 같이 이중 언어 사용자인 중국인들이 영어로 검사를 받더라도 미국인과는 다른 방식으로 조 편성을 했기 때문에 언어와 상관없이 문화 자체가 사고에 영향을 끼쳤다고 해석할 수 있다.

언어의 효과를 자세하게 해석하기 위해서는 이중 언어 사용자의 하위 유형에 대해 먼저 이해할 필요가 있다. 심리언어학자에 의하면, 이중 언어 사용자에는 등위형과 복합형이라는 구분이 있다고 한다. 등위형 이중 언어 사용자는 제2언어를 습득한 시기가 비교적 늦고, 어느 정도 한정된 맥락에서밖에 그것을 사용하지 않는 사람들이다. 등위형 이중 언어 사용자의 경우, 제1언어에 의해 마음속에 형성된 세계의 이미지와 제2언어에 의해 마음속에 형성된 세계의 이미지는 상이한 것으로 여겨진다. 한편, 복합형 이중 언어 사용자는 이른 시기에 제2언어를 습득하여 많은 맥락에서 그것을 사용하는 사람들이다. 복합형 이중 언어 사용자의 경우, 기능이나 상황의 차이에 따라 언어를 배타적으로 분별하여 사용하지 않기 때문에 마음속에 형성되는 세계의 이미지는 언어의 차이를 초월한 융합적인 것으로 여겨진다.

본토 출신 중국인과 대만인 참여자들은 대체로 영어 습득 시기가 늦고, 학교 공부 이외에 영어를 사용할 기회가 별로 없다는 점에서 등위형으로 간주할 수 있다. 이와 달리 상당히 서양화된 사회인 홍콩 및 싱가포르 출신 중국인은 대체로 영어 습득 시기가 빠르고, 보다 많은 맥락에서 영어를 사용하고 있다는 점에서 복합형으로 간주할 수 있다. 따라서 본토 출신 중국인과 대만인의 경우에는 언어에 따라 마음속에 형성되는 세계의 이미지가 달랐기 때문에 검사에서 사용된 언어에 의해 조 편성에 차이가 나타난 것이라고 생각된다. 언어 구조상의 차이가 직접적으로 상이한 사고 과정을 강제하기 때문에 조 편성에 차이가 난 것이라면, 홍콩 및 싱가포르 출신 중국인의 경우에도 검사에서 사용된 언어에 따른 차이가 나타나야 할 것이다. 하지만 이 연구결과는 사고 과정에 대한 언어의 영향은 세계의 이미지를 매개로 한 간접적인 것임을 시사한다.

2) 언어의 특징

대상물에 대한 지식을 체계화할 때, 왜 서양인은 대상물의 속성을 기준으로 한 범주를 중요시하게 되고, 동양인은 대상물들 간의 관계를 중요시하게 되는 것일까? 왜 서양인은 요소-범주의 분류를 선호하게 되고, 동양인은 부분-전체의 관계에 많은 관심을 가지게 되는 것일까? 인도-유럽 어족에 속하는 언어와 동아시아 언어의 차이를 살펴보면 그 이유를 어느 정도 짐작할 수 있다.

서양인은 범주에 대한 관심이 높은데, 이 사실은 언어에도 반영되어 있다. 영어나 다른 유럽 언어에서는 총칭(generic reference, 범주를 지칭하는 명사)이 종종 문법 규칙에 의해 구별된다. 다람쥐에 대한 이야기를 하고 있을 때의 표현에는 'a squirrel(한 마리의 다람쥐)', 'the squirrel(그 다람쥐)', 'the squirrels(그 다람쥐들)', 'squirrels(다람쥐)'라는 종류가 있다. 마지막의 'squirrels'가 다람쥐의 총칭을 나타내는 명사라는 것은 문법 규칙에 의해 명시되어 있다. 통상 화자는 자기가 특정한 대상물에 대해 말하고 있는지, 그 대상물의 일반에 대해 말하고 있는지 분명히 해야 하고 유럽 언어에서 대개 문법 규칙이 그 역할을 해 준다. 한편, 중국어 같은 경우에는 '이 다람쥐는 견과를 먹고 있다(This squirrel is eating the nut)'와 '다람쥐는 견과류를 먹는다(Squirrels eat nuts)'를 구별하는 어법이 없다. 맥락만이 그 정보를 부여해 주는 것이다. 영어의 경우에는 지금 말하고 있는 대상이 범주인지, 특정 개체인지를 언어 자체가 가르쳐 준다. 언어발달에 관한 한 연구(Gopnik & Choi, 1990)에 의하면, 불어나 영어를 말하는 아이들은 한국어를 말하는 아이들보다 대상물에 이름을 붙여 범주로 분류하는 기술을 습득하는 시기가 더 빠르다.

한편, 관계를 기술하기 위해서는 동사가 사용된다. 타동사의 의미를 배우기 위해서는 보통 두 개의 대상물과 그것들을 연결시키는 행위에 주목한다. 동사는 명사에 비해 애매하기 때문에 외우기가 어렵고, 다른 언어로 번역할 때 정확하게 같은 의미를 전달하기가 어렵다. 명사와 동사의 이러한 차이를 감안하면 어린이가 명사를 외우는 속도가 동사를 외울 때보다 빠르다는 발견(Gentner, 1982)도 납득이 갈만 하다. 하지만 이것은 보편적인 현상이 아니었다. 아동의 어휘발달에 관한 한 연구(Tardif, 1996)에 의하면, 중국어(북경어)를 쓰는 아이들은 명사와 같은 속도로 동사를 외운다. 또 다른 연구(Choi & Gopnik, 1995)에 의하면, 한국어를 쓰는 아이들은 영어를 쓰는 아이들보다 먼저 동사를 쓰기 시작한다. 영어와 달리 한국어에서는 단일 단어 단계(single-word stage)에서부터 동사와 명사는 둘 다 지배적인 품사인 것이다. 한국인 어머니들은 미국인 어머니들보다 동사를 많이 쓰고 명사를 적게 쓴다. 또한 한국인 어머니들은 미국인 어머니들보다 활동 지향적인 말을 더 많이 한다. 동아시아의 언어는 영어나 기타 유럽 언어에 비해 동사가 눈에 띄기 쉽다. 영어의 경우에 동사는 대개 문장 가운데에 숨어 있는 반면, 중국어, 한국어, 일본어의 경우에 동사는 문장의 첫 머리 또는 마지막에 오는 경우가 많은데 둘 다 눈에 띄기 쉬운 위치이기 때문이다(Gopnik & Choi, 1990; Tardif, 1996).

서양의 언어에서는 명사가 자주 사용되고 그 결과로 대상물의 분류가 촉진된다. 동양의 언어에서는 동사가 자주 사용되고 그 결과로 관계가 강조된다. 인도-유럽 어족에 속하는 언어와 동아시아 언어의 이러한 차이는 대상물에 대한 지식을 체계화하는 방식의 차이를 부분적으로 설명할 수 있다. 물론 앞에서 언급한 것처럼 사고 과정에 미치는 언어의 영향은 세계의 이미지를 매개로 한 간접적인 것일 수 있다. 세계의 이미지가 변하면 사용하는 언어와는 무관하게 사고 과정도 변화할지도 모른다. 하지만 그런 경우가 아니라면 일상적으로 특정한 언어를 사용함으로써 특정한 인지 과정이 부분적으로 촉진되고 있는 것으로 보인다.

3) 세계관

서양인은 세계를 같은 속성을 공유하는 독립적 요소들이 모인 것으로 본다. 즉, 세계는 개별적인 대상물들의 집합으로 서양인이 가지고 있는 세계의 이미지는 분리된 불연속체의 집합으로 표현되는 것이다. 한편, 동양인은 세계를 서로 관련이 있는 요소들이 연결되어 형성된 전체로 본다. 세계는 연속적인 실체이다. 실체란 상황에 따라 여러 가지로 변화할 수 있는 것의 바탕으로 사물을 떠받치고 있는 기본 존재를 의미한다. 동양인이 가지고 있는 세계의 이미지는 상호 침투적인 실체들로 구성된 연속체로 표현할 수 있다. 물론 이러한 세계관은 서양인과 동양인이 암묵적으로 가지고 있는 것으로, 사람들은 이를 의식화하거나 언어화하지 못할 수도 있다. 하지만 다음과 같은 실험에서는 이러한 암묵적 세계관의 차이가 드러나 있다.

연구자들(Imai & Gentner, 1997)은 일본인과 미국인에게 아주 단순한 물체를 제시하였다. 그때 그 물체는 특정한 의미가 없는 이름으로 호칭되었다. 예를 들어, '이 dax를 보세요'라고 하면

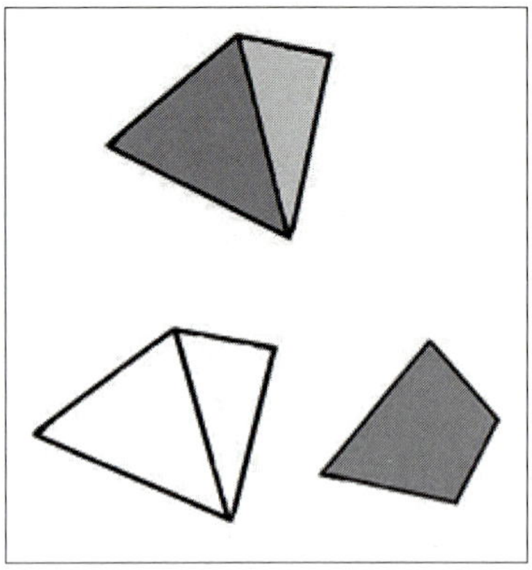

[그림 5-9] 암묵적 세계관의 차이에 관한 연구

출처: Cook et al. (2006).

서 코르크로 된 피라미드를 보여 주었다. 다음으로 참여자에게 두 개의 쟁반이 제시되었다. 한 쪽 쟁반 위에는 그 물체와 형태는 같지만 재질이 다른 것(예, 플라스틱 피라미드)이 놓여 있었고, 다른 쪽 쟁반 위에는 재질은 같지만 형태가 다른 것(예, 코르크 조각)이 놓여 있었다. 참여자들은 dax가 놓여 있는 쟁반을 가리키도록 요청받았다.

그 결과 미국인은 일본인보다 형태가 같은 것을 dax라고 답하는 경향이 강했고, 일본인은 재질이 같은 것을 dax라고 답하는 경향이 강했다. 다른 재료를 사용한 시도들을 종합하면 미국인 4세 아동의 3분의 2 이상은 같은 형태의 물체를 dax라고 답한 데 반해, 동일한 답을 한 일본인 4세 아동은 3분의 1 미만이었다. 2세 아동이어도 미국인 아동은 일본인 아동보다 같은 형태의 물체를 고르는 경향이 강했다. 성인의 경우에도 이러한 문화 차이가 나타났다. 즉, 미국인은 물체를 대상물로 인식하고 일본인은 그것을 실체로 인식하는 것이다. 다시 말해 서양인은 개별적이고 서로 관련이 없는 물건의 집합으로서 세계를 바라보는 것이며, 동양인은 연속적인 재료의 총체로서 세계를 바라보는 것이다. 눈에 띄는 대상물과 그 성질에 초점을 맞춘 서양인의 분석적 관점과 환경 속에서 여러 대상물 간의 복잡한 관계에 초점을 맞춘 동양인의 종합적인 관점의 차이가 이러한 세계관의 차이를 유발한다.

세계관의 차이는 물체에 대한 이해뿐만 아니라 사회제도의 성질에 대한 이해에서도 나타난다. 기업의 중간 관리자에 대한 조사연구(Hampden-Turner & Trompenaars, 1993)에서 연구자들은 기업의 의미에 대해 두 가지 선택지 중 하나를 고르게 하였다. 그중 (A)는 '기업은 일을 효율적으로 수행하는 시스템'이라고 보았고, (B)는 '같이 일하는 사람들을 총괄하는 유기체' 라고 보았다. 이에 대해 참여자들의 생각을 물어본 결과, 미국인의 약 75% 그리고 캐나다인, 호주인, 영국인, 네덜란드인, 스위스인의 과반수가 A(기업이란 다양한 직무나 일을 효율적으로 수행하기 위해 만들어진 시스템이다. 직원들은 기계나 설비의 도움을 받으면서 이러한 일들을 성취하기 위해 고용되어 있다. 그들은 자신이 행한 일에 대한 임금을 지불받는다)를 선택하였다. 반면에 일본인과 싱가포르인 중에서 A를 고른 사람은 3분의 1에 불과했으며, 3분의 2가 B(기업이란 사람들이 모여서 같이 일하는 집단이다. 직원들은 동료나 조직 자체와 사회적 관계를 형성하고 있다. 기업의 일은 그러한 사회적 관계에 의존하고 있다)를 선택하였다. 독일인, 프랑스인, 이탈리아인의 응답은 아시아인과 영국계나 북유럽계 사람들의 중간에 위치하는 것이었다. 서양인 특히 영국계 사람들에게 기업이란 개별적인 직능을 발휘하는 사람들이 모인 원자론적 모듈(module, 교체 가능한 구성 요소) 사회인 것이다. 한편, 동아시아 사람들에게 기업이란 그 자체가 하나의 유기체인 셈이며 기업에서 인간관계는 없어서는 안 되는 필수요소인 것이다.

4) 미래 예측

특정 대상물에 주의를 집중시키는 서양인에게는 세계가 개별적인 요소들의 집합체로 보이고, 배경에까지 골고루 주의를 배분시키는 동양인에게는 세계가 서로 관련이 있는 요소들이 연결되어 형성된 유기체로 보인다. 따라서 서양인이 보는 세계는 더 단순하고, 동양인이 보는 세계는 더 복잡하다. 서양인에게는 분리된 대상물들이 보이지만, 동양인에게는 그들 간의 수많은 관계망까지 보인다. 세계가 단순해 보인다면 변화는 예외적인 것이고 안정이야말로 기본적인 모습이라고 생각할 것이다. 설사 변화가 생긴다고 하더라도 그것은 대부분 단순한 직선적인 변화라고 예상할 것이다. 한편, 세계가 복잡해 보인다면 변화야말로 기본적인 모습이고 안정은 오히려 예외적인 상태라고 생각할 것이다. 뿐만 아니라 변화 자체도 그 정도와 방향이 수시로 바뀌는 복잡한 양상을 보일 가능성이 높다. 서양인은 사물은 그다지 변화하지 않는 것이고, 만약 지금 변화하고 있다면 앞으로도 계속 같은 방향, 같은 정도로 변화해 나갈 것이라고 믿을 수 있다. 그러나 동양인은 사물은 끝임 없이 변하고 있고, 현재의 변화 방향이 앞으로도 계속 유지될 보장은 없으므로 지속되어 온 추세는 오히려 방향 전환이 목전에 다가오고 있다는 증거라고 믿을 수 있다.

실제로 미국인 학생과 중국인 학생의 변화에 관한 신념은 여러 면에서 차이가 있다(Ji et al., 2001). 첫째, 어떤 사건이 급격하게 변화할 가능성에 대해 미국 대학생보다 중국 대학생이 더 높게 추정하였다. 2년 동안 사귀어 온 커플이 졸업 후에 헤어질 가능성, 유치원에서 싸우고 있는 두 아이가 나중에 연인이 될 가능성, 가난한 집안 출신의 대학생이 나중에 부자가 될 가능성, 3년 연속 우승한 고등학교 체스 챔피언이 다음 게임에서 도전자에게 패배할 가능성 등에 대해 모두 중국 대학생이 미국 대학생보다 더 높게 추정하였다. 미국 대학생은 평균 35% 정도라고 추정했는데, 중국 대학생은 평균 55% 정도라고 추정했다.

둘째, 세계의 경제성장률이나 암 사망률과 같은 12개의 추세를 나타내는 그래프(세 시점의 수치가 기재된 그래프)를 보여 주고, 다음 시점에서 지금까지의 경향성이 유지될 것 같은지 아니면 올라갈지 혹은 내려갈 것 같은지에 대해 의견을 물어본 결과, 미국 대학생과 중국 대학생의 추세 변화 예측에 차이가 있었다. 추세에는 상승과 하강이 있었으며, 변화가 가속하고 있는 곡선과 변화가 감속하고 있는 곡선이 있었다. 이때 미국인은 중국인에 비해 제시된 추세와 일관된 방향으로 예측을 하는 경향이 강했고, 그러한 경향은 12개의 그래프에서 모두 나타났다. 미국인은 중국인보다 상승 추세가 보이면 상승이 계속될 것으로 전망했고, 하강 추세가 보이면 하강이 계속될 것으로 전망했다. 또한 미국인과 중국인의 이러한 차이는 추세가 감속하고 있을 때보다 가속하고 있을 때 더 크게 나타났다. 즉, 추세의 가속은 중국인에게는 추세의 막바지나 반전을 의미하는 징후인 것이다. 이러한 결과는 미래의 추세를 제시하지 않고 스스로 기재하게 하는 방법을 통해서도 똑같이 재현되었다.

셋째, 미국 대학생과 중국 대학생은 자기 인생의 행복 추세선에 대해서도 다르게 예측하였다. 연구자들은 열여덟 가지의 행복 추세선을 준비하여 그중에서 자신에게 가장 맞는 것을 선택하도록 요청하였다. 행복 추세선 가운데 여섯 가지는 직선적인 것으로 약간의 곡절은 있으나 기본적으로 곧바로 상승하거나 하강하는 것이었다. 나머지 열두 가지는 일직선이 아닌, 전반부의 상승 또는 하강이 멈추거나 반전하는 것이었다. 50%에 가까운 미국인은 가장 적합한 자기 인생의 행복 추세선으로 직선적 추세 중 하나를 선택하였으나, 그러한 중국인은 30% 정도밖에 없었다. 70%에 가까운 중국인은 행복도, 불행도 중간에서 멈추거나(약 36%) 역전하는(약 32%) 것이 인생이라고 생각하고 있었다. 그러한 미국인은 각각 약 30%와 약 23%였다. 이러한 문화 차는 단순히 낙관성이나 비관성을 의미하는 것은 아니었다. 결국 마지막에는 행복해진다고 생각하는 사람의 비율에는 미국인과 중국인 간에 차이가 없었다. 또한 결국 불행해진다고 생각하는 사람의 비율에도 문화 차는 없었다. 중국인은 미국인보다 더 복잡한 변화를 예상하며 인생을 살아가고 있는 것이다. 이러한 문화 차는 미국인이 새옹지마(塞翁之馬)의 이야기를 몰라서 나타난 차이는 아닐 것이다.

3. 인과 인식과 추론

1) 행동의 귀인

동양인과 서양인은 인간의 행동을 같은 방식으로 설명하는가? 아마 그렇지 않을 것이다. 주의를 배분하는 대상이 다르고, 세계관이 다르면 같은 사건을 봐도 그 원인을 다르게 해석할 것이다. 또한 상이한 원인 해석 방식이 일상에서 반복되면 사람들은 인간 행동의 원인에 대해 각기 다른 이론을 가지게 될 것이다.

실제로 한 연구에 의하면, 한국인과 미국인은 인간 행동의 원인을 설명하는 방식이 다르다(Norenzayan et al., 2002). 참여자들은 세 개의 짧은 문장을 읽고 각 문장에 제시된 행동의 이유가 자신의 생각과 어느 정도 일치하는지를 평가하였다. 각 문장의 시작 부분은 다음과 같았다(Norenzayan et al., 2002, p. 119).

① 사람이 어떻게 행동하는가는 주로 그 사람의 성격에 의해 결정된다. 성격은 가령 그 사람이 어떤 상황에 처해 있더라도 그 사람이 어떤 행동을 취하고 어떤 행동을 취하지 않는지를 결정한다.

② 사람이 어떻게 행동하는가는 주로 그 사람이 처해 있는 상황에 의해 결정된다. 상황의 힘은 아주 강하기 때문에 사람의 성격 이상으로 강한 영향을 행동에 끼친다.

③ 사람이 어떻게 행동하는가는 항상 그 사람의 성격과 그 사람이 처해 있는 상황, 양쪽에 의해 결정된다. 성격과 상황 중 어느 한쪽이 행동을 결정하는 일은 없다.

한국인과 미국인 모두 행동의 결정요인으로서 ① 성격의 중요성은 같은 정도로 평가하였다. 그러나 ② 상황요인 및 ③ 상황과 성격의 상호작용이 지닌 중요성에 대해서는 한국인이 미국인보다 높게 평가하였다. 특정한 대상물과 그 특성에만 초점을 맞추는 사람(서양인)과 대상물을 그 맥락 속에서 인식하는 사람(동양인)이 인간의 행동에 대해서 다르게 설명하는 것은 당연한 일이다. 자기가 관심 있게 바라보는 것을 중요한 원인으로 생각하기 쉬울 것이고, 반대로 관심이 별로 없는 것을 중요한 원인이라고 생각하기는 쉽지 않을 것이다. 또한 세계를 대상물들이 서로 밀접하게 관련을 맺고 있는 유기체로 간주한다면, 인간도 그 연결망 속 하나의 고리로 생각되어 그 사람의 행동에는 성격뿐만 아니라 상황도 항상 중요한 영향을 미친다고 판단하게 될 것이다. 한편 세계가 분리된 대상물들의 집합체에 지나지 않다고 생각한다면, 인간 행동의 원인을 설명할 때에도 상황보다 그 사람의 고유한 특성, 즉 성격을 중요시하게 될 것이다.

연구자들은 성격의 유연성에 관한 신념에 대해서도 질문하였는데, 한국인은 미국인보다 성격은 변화하기 쉬운 것이라고 생각하고 있었다. 미국인은 성격을 비교적 고정적인 것이라고 생각하고, 한국인은 성격을 더 유연한 것으로 간주한다. 이는 세계를 대체로 안정적인 것으로 보는 서양인의 세계관과 세계를 끝임 없이 변화하는 것으로 간주하는 동양인의 세계관과 일맥상통하는 신념이다.

동양인과 서양인의 차이는 인간 행동의 원인을 설명하는 경우에 한해서만 나타나는 것은 아니다. Morris와 Peng(1994)의 실험에 의하면, 동영상에 등장하는 물고기의 행동 원인을 추측할 경우에도 중국인은 물고기 이외의 상황요인을 중요시하고, 미국인은 물고기의 속성요인을 중요시하였다.

같은 동영상을 홍콩의 대학생에게 보여 준 연구(Hong et al., 1997)에 의하면, 홍콩의 대학생들은 서양적 또는 동양적 이미지를 봄으로써 각 문화에 특징적인 생각을 하도록 프라이밍 되었다. 연구자들은 참여자들에 따라 서양 또는 동양의 문화를 나타내는 그림이나 사진을 보게 하였다. 미국 문화적인 그림이나 사진은 연방의회 의사당, 말에 올라탄 카우보이, 미키 마우스 등이었고, 중국 문화적인 그림이나 사진은 용, 사찰, 서예가 등이었다. 그리고 서양적이지도 동양적이지도 않은 중립적인 그림이나 사진을 보는 경우도 있었다. 그 후에 한 마리의 물고기가 다른 물고기들보다 선두로 헤엄치는 애니메이션이 상영되었다. 참여자들은 이 물고기가 다른 물고기들의 앞에서 헤엄치는 이유가 무엇인지 추측하도록 요청받았다. 그러자 미국 문화적인 그림이나 사진을 본 참여자들은 중국 문화적인 그림이나 사진을 본 참여자들보다 선두의 물고기가 지닌 동기가 이유일 것이라고 설명하였다. 반대로 중국 문화적인 그림이나 사진을 본 참여자들은 미국 문화적인 그림이나 사진을 본 참여자들보다 다른 물고기들이나 상황적인 이유를 들어 설명하였다. 중립적인 그림이나 사진을 본 참여자들의 반응은 앞선 양쪽 집단의 중간이었다.

동양인과 서양인 간에 존재하는 인간 행동의 원인을 설명하는 방식의 차이는 일반적인 행동뿐만 아니라 좀 더 특수한 행동에 대해서도 동일하게 나타난다. Miller(1984)의 연구에 의하면, 힌두계 인도인과 미국인은 지인의 선행과 악행에 대한 원인 추측에서 현저한 차이를 보였다. 연구자는 중류층 성인들을 대상으로 지인의 행동 중에서 하면 안 된다고 생각하는 것과 사람들에게 도움이 된다고 생각하는 것을 말해 보도록 하였고, 이어서 그 지인이 왜 그러한 행동을 했다고 생각하는지를 물어보았다.

미국인은 자신이 응답한 지인의 행동에 대한 원인을 지인의 성격 특성이나 기타 개인적 속성에 의해 설명하는 경향이 강했다. 예를 들어, '이해심이 많고, 사교적이고, 다정하기 때문이다'

와 같은 식으로 설명했다. 이런 식의 원인 추측은 인도인보다 2배 가량 많았다. 또한 미국인은 지인의 선행을 설명할 때보다 악행을 설명할 때 내적 속성에 귀인하는 경향이 있었다(선행 35% <악행 45%). 그러나 인도인의 경우에는 지인의 악행을 내적 속성으로 설명하는 비율이 15%로 미국인에 비해 훨씬 낮았다.

한편, 인도인은 상황요인으로 행동을 설명하는 경향이 강했다. 예를 들어, '어두워서 도와줄 수 있는 사람이 그 사람밖에 없었기 때문이다'와 같은 식으로 설명한다. 이처럼 인도인은 상황적인 설명을 미국인보다 2배 가량 많이 했으며, 특히 인도인은 지인의 악행을 설명할 때보다 선행을 설명할 때 상황요인에 귀인하는 경향이 있었다(악행 32%<선행 49%). 미국인의 경우에는 지인의 선행을 상황요인으로 설명하는 비율이 22%로 인도인에 비해 훨씬 낮았다.

미국인은 인도인이 제시한 행동에 대해 설명하도록 요청받았을 때에도 역시 개인의 속성을 중요하게 보는 설명을 하였다. 이러한 설명 방식의 차이는 미국인과 인도인이 일상생활에서 흔히 접하는 행동의 종류가 다르기 때문에 나타나는 것은 아닐 것이다.

또한 Miller(1984)는 8세, 11세, 15세 아이들을 대상으로 같은 조사를 함으로써 각 문화에서 우세한 설명 방식을 습득하는 데에는 시간이 걸린다는 사실을 발견하였다. 8세 때는 문화 차가 없었고, 11세에서 15세 사이에 차이가 드러나기 시작하였으며, 확실한 차이가 나타나는 것은 청년기 이후였다.

일상생활에서는 보기 드문 극단적인 범죄 사건에 대해서도 동양인과 서양인은 대조적인 설명 방식을 선호한다. Morris와 Peng(1994)은 아이오와대학교에 다니던 한 중국인 학생이 1991년에 지도교수와 동료 학생 등을 사살한 후 자살한 사건에 대한『New York Times』와 중국어 신문 〈世界日報〉의 기사를 체계적으로 분석했다.『New York Times』의 기사는 성격적 결함(걸핏하면 화내는 성질), 사고방식(불만의 원인을 제거하기 위해 총이 중요한 수단이 된다는 믿음), 정신적 문제(성공과 파괴에 대한 충동) 등 주로 범인(중국인)의 개인적 특성에 관련된 사항들에 초점을 맞추었다. 한편 〈世界日報〉의 기사는 범인(중국인)의 인간관계(지도교수와 사이가 안 좋았다, 살해된 학생과는 경쟁관계였다), 중국인 사회에서의 압력(중국의 영재교육의 희생자), 미국의 환경(미국에서는 총 소지가 가능하다) 등 주변 상황에 관련된 원인을 강조하였다.

같은 해, 미시간 주에서 우편배달부였던 미국인이 상사와 동료 등을 사살한 후 자살한 사건이 발생하였다. Morris와 Peng(1994)은 다시『New York Times』와 〈世界日報〉의 기사에 대한 내용 분석을 실시했다. 그 결과, 중국인 학생의 경우와 동일한 경향이 다시 발견되었다.『New York Times』의 미국인 기자는 범인(미국인)의 과거 행동으로부터 추측된 개인적 속성(폭력에 의한 협박을 반복했었다, 격투기를 아주 좋아했었다, 쉽게 열 받는 경향이 있었다 등)에 초점을 두었다. 이와 대조적으로 〈世界日報〉의 중국인 기자는 범인(미국인)에게 영향을 끼친 상황요인(가해자는 최근에 해고당했다, 우체국의 상사와 사이가 안 좋았다, 텍사스에서 최근 일어난 살인사건에 의해 감화되어 있었다 등)을 강조했다.

두 사건에 대한 기사의 분석 결과를 감안하면, 미국인 기자와 중국인 기자의 설명 방식의 차이는 외국인에 대한 편견이나 내집단 편애 때문에 생긴 차이가 아니라 세계관의 차이에 기인한 것으로 판단된다.

또한 미국인 기자와 중국인 기자의 설명 방식의 차이는 미국인 학생과 중국인 학생 간에도 동일하게 나타났다. Morris와 Peng(1994)은 미국인 학생과 중국인 학생에게 이 살인 사건에 관한 기술을 읽게 한 다음 신문 기사에서 발췌한 수많은 개인 속성과 상황요인의 중요성을 평정하게 하였다. 미국인 학생은 미국인의 사건이든 중국인의 사건이든 범인의 속성이 보다 중요하다고 평가하였다. 중국인 학생은 양쪽 사건 모두 상황요인이 보다 중요하다고 평가하였다. 또한 연구자는 학생들에게 많은 상황요인을 제시하고 만약 상황이 달랐으면 이 살인은 일어나지 않았을 것이라고 생각하느냐고 질문하였다. 중국인은 많은 경우에 아마도 살인은 일어나지 않았을 거라고 답했지만 미국인은 상황이 바뀌어도 역시 사건은 일어났을 거라고 대답했다. 이는 미국인이 범인의 거친 성질이야말로 사건의 원인이라고 믿고 있었기 때문일 것이다.

사건 발생에 있어 상황요인을 중요시하는 귀인 양식은 종합적 세계관과 관련이 있다(Choi et al., 2003). Choi와 동료들은 미국인과 한국인에게 앞의 중국인 학생이 저지른 살인사건에 대해 설명한 후, 이 중국인 학생, 교수, 대학교 등에 관한 100개의 정보를 제시하고 살인의 동기를 입증하는 데 관계가 없다고 생각되는 요인을 제외시키도록 요청하였다. 미국인이 불필요하다고 생각한 정보는 전체의 55%에 달했다. 한편, 한국인이 불필요하다고 생각한 정보는 전체의 37% 뿐이었다. Choi와 동료들에 의하면, 수많은 요인이 결과와 관련되어 있다고 간주하는 경향은 종합적 세계관을 믿는 정도와 관련이 있었다. 한국인은 미국인보다 종합적 세계관을 강하게 믿고 있었다. 또한 미국인이든 한국인이든 종합적 세계관을 강하게 믿고 있는 사람일수록 제시된 정보들을 불필요하다고 간주하는 것을 꺼렸다. 특정 사건에 대해 복잡한 인과모형을 갖게 되는 배경에는 우주의 모든 것은 서로 관련되어 있다고 믿는 종합적 세계관이 존재하는 것이다.

2) 인지적 편향

서양인은 동양인만큼 상황요인의 존재를 인식하지 못하기 때문에 행동을 일으키는 데 기여하는 상황요인의 역할을 간과하기가 쉽다. 그 결과 상황요인이 행동의 중요한 원인임에도 불구하고 그것을 별로 고려하지 않은 채 행동의 원인을 그 사람의 속성에 있다고 판단하는 근본적

귀인 오류(fundamental attribution error)에 쉽게 빠지게 된다. 한 실험에서 연구자들은 참여자들에게 이 원고는 어떤 문제에 대해 특정 입장을 지지하는 내용을 쓰도록 요청받은 대상 인물이 작성한 것이라는 설명과 함께 참여자들에게 그 원고를 읽고 대상 인물의 진짜 의견이 무엇인지를 추측해 보게 하였다. 대학생 참여자들은 대상 인물이 요청을 받아서 쓴 원고라는 것을 이미 설명을 듣고 알고 있었으면서도 그 원고의 주장 자체에 강한 영향을 받았다. 원고에 쿠바의 카스트로 정권을 지지한다고 기술되어 있으면, 참여자들은 대상 인물이 정말로 카스트로 지지파일 거라고 추측하였다. 대마의 합법화에 반대한다고 기술되어 있으면, 대상 인물이 실제로 합법화의 반대파라고 판단하였다(Jones & Harris, 1967). 참여자들은 자신에게 대상 인물의 진짜 생각에 대한 정보가 전혀 없다는 사실을 거의 무시한 것이다.

이러한 인지적 편향은 동양인도 빠질 만큼 강력하다. 한국인, 중국인, 일본인을 대상으로 같은 실험을 실시한 연구들에 의하면, 동양인의 경우도 대상 인물이 실제로 에세이의 내용과 일치한 의견을 가지고 있다고 추측하는 경향이 있었다. 하지만 동양인은 자기가 먼저 대상 인물의 입장을 경험한 후에 같은 실험에 참여하게 되면, 이러한 오류를 거의 범하지 않았다(Choi & Nisbett, 1998). 그러나 미국인 참여자의 경우에는 이런 절차가 아무런 효과를 발휘하지 못했다. 자기 자신이 대상 인물의 입장을 경험했는데도 근본적 귀인 오류를 범했다. 서양인이 근본적 귀인 오류에 빠지는 경향은 동양인보다 훨씬 강한 것이다.

한편, 많은 동양인처럼 어떤 결과에도 수많은 요인이 잠재적으로 관여하고 있다고 생각하는 사람들에게는 어떤 사건이 일어났을 때 그 이유를 생각해 내는 것은 비교적 쉬운 일일 것이다. 따라서 이러한 세계관을 가지고 있는 사람은 후견지명의 오류에 빠질 정도가 심할 가능성이 있다. 후견지명(後見之明, hindsight bias)이란 어떤 일의 결과를 알고 난 후 마치 그 결과를 처음부터 예상하고 있었던 것처럼 믿는 것을 말한다. 즉, 어떤 사건이 일어난 후에 '그럴 줄 알았다'는 식으로 생각하는 현상이다. 사람은 과거를 돌이켜볼 때 실제로 일어난 일 대신에 다른 결과가 일어날 수는 없었을 것이라고 생각하기 쉽다. 또한 일어난 일을 미리 예측하는 것도 어렵지 않았다고 믿어 버린다(Fischhoff, 1975). 이러한 경향은 실제로 일어난 일과 관련이 있는 상황요인을 많이 생각할 수 있는 사람일수록 강할 것이다.

한국과 미국에서 진행된 Choi와 Nisbett(2000)의 연구를 보면 참여자들에게 한 젊은 신학생의 이야기를 들려준다. 이 신학생은 자신감이 강하고 아주 친절하고 독실한 사람이었다. 설교하러 가기 위해 캠퍼스를 걷고 있을 때, 그는 현관에서 쓰러져 있는 사람을 만났다. 결국 신학생은 설교 시간에 지각을 하고 말았다.

조건 A의 참여자들에게는 이 신학생이 무엇을 했는지 알리지 않았다. 참여자들은 그 상태에서 신학생이 그 사람을 도왔을 가능성은 어느 정도라고 생각하는지와 만약 그가 쓰러져 있는 사람을 돕지 않았다면 얼마나 놀랄 것 같은지에 대해 답하였다. 한국인도 미국인도 신학생이 그 사람을 도왔을 가능성은 약 80%라고 답하였고, 만약 돕지 않았다면 매우 놀랄 것이라고 대답했다.

조건 B의 참여자들에게는 신학생이 그 사람을 도왔다는 설명을 했고, 조건 C의 참여자들에게는 돕지 않았다는 설명을 했다. 그러고 난 후 이 참여자들은 만약 이러한 결말을 듣지 못했다면 그렇게 될 가능성이 얼마나 있다고 생각했을 것 같은지와 신학생이 취한 행동에 대해 얼마나 놀랐는지에 대해 답하였다. 조건 B에서는 한국인이든 미국인이든 상관없이 신학생이 사람을 도울 가능성이 약 80% 정도 있다고 생각했을 것이라고 답하였고, 결과를 들어도 놀라지 않았다고 대답했다.

신학생이 사람을 돕지 않았다는 의외의 사실을 들은 조건 C에 할당된 미국인은 만약 결말을 못 들었다면 이 신학생이 사람을 도울 가능성을 80%라고 생각했을 거라고 답했으며, 실제 결과에 매우 놀랐다고 대답했다. 그러나 한국인은 이와 대조적으로 신학생이 사람을 도울 가능성을 50% 정도라고 생각했었다고 답했으며, 실제로 돕지 않았다고 들어도 그다지 놀랍지 않다고 대답했다.

3) 명제의 설득력 판단

사고 과정에서는 이치에 맞는 추론을 하는 것이 중요하다. 그러나 동양인과 서양인 사이에는 이치에 맞는 추론이 의미하는 바가 무엇인지에 대한 견해 차이가 존재한다. 예를 들어, 동양인과 서양인은 추상적인 논리에 대한 태도가 서로 다르다. 서양인은 동양인보다 추상적인 기본 명제에 의거한 추론을 선호한다. 한편, 동양인은 탈맥락화된 추상적인 기본 명제에 의거한 추론보다는 결론의 전형성이나 그럴듯함 그리고 바람직성 등을 중요시하는 경향이 있다. 동양인은 추론 과정에서 추상적인 논리뿐만 아니라 구체적인 맥락 속에서의 경험을 중요하게 생각한다. 특정 대상물의 속성과 범주에 초점을 맞추어 세계를 바라보며, 세계를 서로 분리된 요소들의 집합으로 간주하고 비교적 안정적인 곳이라고 생각하는 서양인의 사고 과정에는 탈맥락화된 추상적인 기본 명제에 의거한 추론이 더 적합할 것이다. 하지만 특정 대상물을 둘러싼 배경에도 충분히 주의를 배분하고 세계를 서로 밀접하게 연결된 부분들로 구성된 전체로 간주할뿐만 아니라 기본적으로 항상 변화하는 곳이라고 생각하는 동양인은 사고 과정에서 맥락을 무시한 추상적인 논리에 의거한 추론이 때때로 적합하지 않다고 느껴질 것이다.

Norenzayan과 동료들은 한국인, 아시아계 미국인, 유럽계 미국인의 실험 참여자들에게 20개 명제의 설득력을 평가하게 했다(Norenzayan et al., 2002). 여기에는 다음과 같은 연역적 논리가 포함되었다.

① 모든 새는 척골동맥을 가지고 있다. 따라서 모든 독수리는 척골동맥을 가지고 있다.
② 모든 새는 척골동맥을 가지고 있다. 따라서 모든 펭귄은 척골동맥을 가지고 있다.

앞의 예처럼 10개의 명제의 결론에는 독수리와 같은 전형적인 대상이 포함되어 있었으며, 나머지 10개에는 펭귄과 같은 비전형적인 대상이 포함되어 있었다. 연구자들은 사람이 어느 정도 무의식적으로 경험적 지식 또는 형식논리학에 의존하는지를 알아보기 위해 참여자가 어떻게 범주의 속성(앞의 예에서는 척골동맥)을 상위 범주(새)에서 하위 범주(독수리, 펭귄)에 투사하는지를 검증하였다. 앞의 두 명제는 동일한 전제를 가지고 있으나, 결론에 관해서는 대상이 되어 있는 새가 전형적인지 여부에 차이가 있다. 독수리는 펭귄보다 전형적이다.

이 명제의 평가를 순수하게 논리적으로 하려는 경우에 논의 가운데에 암묵적 전제(모든 독수리는 새이다, 모든 펭귄은 새이다)가 생략되어 있다고 생각하게 되면 두 명제의 설득력이 똑같다는 사실을 깨닫게 될 것이다. 유럽계 미국인은 두 가지 명제가 같은 정도로 설득력이 있다고 판단하였다. 반면에 한국인은 전형적인 대상이 비전형적인 대상보다 설득력이 있다고 판단하였다. 이는 펭귄을 새라고 생각하는 것보다 독수리를 새라고 생각하는 것이 과거 경험으로 미루어 볼 때 쉽게 납득이 가는 느낌이 들었기 때문일 것이다. 아시아계 미국인의 반응은 유럽계 미국인과 한국인의 중간이었다.

4) 대립 명제에의 대처

사고 과정에서 논리를 전개할 때 누구나 다 모순을 피하려고 한다. 추론 과정에 분명한 모순이 포함되면 잘못된 결론을 도출하게 되기 때문에 모순은 문제해결에 큰 방해가 된다. 하지만 우리가 피해야 할 분명한 모순이란 무엇인가? 모든 사물은 끝임 없이 변하고 모든 관계도 시시각각 변하는 것이 현실 세계의 모습이라고 생각하는 사람은 그러한 변화를 과소평가하는 사람보다 모순에 대해 더 수용적인 태도를 보일 것이다. 겉으로 보기에는 모순으로 보일지 모르지만 더 넓은 맥락에서 생각한다면 모순이 아니고 양립 가능한 것이다. 반대로 현실 세계가 특정 속성의 공유라는 규칙에 따라 여러 범주로 분류된 개별적이고 안정적인 사물의 집합체로 보이는 사람은 모순에 민감하게 반응하며 이를 피하려고 할 것이다. 또한 생활에 형식 논리를 적용하는 것을 선호하는 사람은 논리적 일관성을 유지하기 위해 모순을 제거하려고 할 것이다.

Peng과 Nisbett(1999)은 미국과 중국의 대학생에게 다섯 가지 주제에 관한 사회과학 연구의 결과를 요약한 문장을 읽게 하였다. 이때 한 집단에게는 다음의 예와 같이 특정한 연구결과를 보고한 문장A를, 다른 집단에게는 그것과 정반대의 연구결과를 보고한 문장B를, 그리고 제3의 집단에게는 양쪽 문장을 모두 제공하였다. 정반대의 결과가 나온 두 개의 연구는 논리적으로 모순되는 경우와 그렇지 않은 경우가 있었으나 어쨌든 한쪽이 진실이라면 다른 한쪽은 거의 진실이라고 생각할 수 없었다.

문장A 어떤 조사에 의하면 나이가 많은 복역수일수록 흉악 범죄를 저질러서 장기 복역수가 된 사례가 많다. 저자들의 결론은 설사 형무소가 인구 과잉 상태가 되더라도 나이가 많은 복역수는 형무소에 머물게 해야 한다는 것이다.

문장B 형무소의 인구 과잉에 관한 보고서에 의하면, 나이가 많은 복역수일수록 새로운 범죄를 저질을 가능성이 낮다. 따라서 형무소에 인구 과잉문제가 생길 경우에는 먼저 나이가 많은 복역수를 석방해야 한다.

참여자들은 이 문장들이 어느 정도 신뢰할 만한 지 평정했다. 먼저 한쪽 문장만 읽었던 참여자들의 신뢰도를 확인한 결과, 모든 주제에서 문장A와 문장B의 신뢰도 평가에 차이가 있었다. 또한 이 차이는 중국인과 미국인에게서 모두 동일하게 나타났다. 그런데 제3의 집단에 속한 참여자들은 문화에 따라 다르게 평가하였다.

양쪽 명제를 모두 읽은 미국인은 두 개의 명제에 대한 신뢰도를 극화시키는 방향으로 반응하였다. 그들은 한쪽 문장만 읽었던 참여자에 비해 둘 중 더 그럴듯한 명제의 신뢰도를 높게 평정하였다. 그들은 논리적으로 접근하여 두 개의 대립되는 명제 가운데 한쪽만이 옳다고 생각하고 다른 한쪽은 모순을 피하기 위해 기각하려고 한 것이다.

한편, 양쪽 명제를 모두 읽은 중국인은 한쪽 문장만 읽었던 참여자에 비해 그럴듯해 보이는 명제의 신뢰도를 더 낮게 평정하였고, 덜 그럴듯해 보이는 명제의 신뢰도에 대해서는 더 높게 평가하였다. 그들은 두 개의 대립되는 명제를 읽고 양쪽에서 진실을 발견하려는 변증법적인 접근을 하여 이러한 '중용'을 지향하는 추론 결과를 도출한 것이다.

Peng과 Nisbett(1999)은 모순을 포함하는 속담은 미국보다 중국에 더 많다는 사실을 발견하였다. 그리고 미국과 중국의 대학생들에게 다음과 같이 모순을 포함하는 양국의 속담과 포함하지 않는 속담을 제시하여 이들 속담을 어느 정도 좋아하는지 물어봤다.

- 적보다도 먼저 친구를 의심하라(Beware of your friends, not your enemies).

- 겸손도 지나치면 교만이다(Too humble is half proud).
- 중과부적(衆寡不敵, 적은 수로는 많은 적을 대할 수 없음, One against all is certain to fall).
- '예를 들어'로는 아무것도 증명할 수 없다(For example is no proof).

그 결과 중국인 학생은 모순을 포함한 속담을 더 좋아하고, 미국인 학생은 포함하지 않는 속담을 더 좋아했다. 익숙한 중국과 미국의 속담뿐만 아니라 익숙하지 않은 유대인의 속담에 대해 질문한 경우에도 결과는 마찬가지였다. 모순에 초점을 맞추어 그것을 해결하거나 초월하거나 아니면 양쪽에서 진실을 발견하려는 태도는 포괄적 세계관을 가지고 있는 사람에게는 아주 자연스럽고 바람직한 것으로 간주된다.

4. 도덕적 추론

1) 도덕적 판단의 발달

도덕적 판단의 발달이라는 문제에 대해 가장 큰 공헌을 한 심리학자는 Kohlberg(1981, 1984)이다. 그는 Jean Piaget의 영향을 받아 인지주의적인 입장에서 도덕성을 연구했다. Kohlberg는 어디에 초점을 맞추면 도덕성 발달을 가장 잘 이해할 수 있는가라는 문제에 대해 도덕적 정서도 아니고 도덕적 행동도 아닌 도덕적 판단을 연구해야 한다고 주장했다. 그는 도덕성에는 보편화 가능성(문화의 영향을 받지 않고 모든 사회에서 타당한 도덕 발달의 기준과 단계가 설정되어야 함)과 지명성('이렇게 ~해야 한다'는 당위성을 말해 줄 수 있는 지침을 제시해야 함)이 있어야 한다고 주장했다. 즉, 도덕성을 정의할 때에는 근본적인 지침을 제공해 주는 보편적 원칙이 필요하다는 것이다. 이때 도덕성을 규정하는 원칙의 중심에는 정의에 대한 각 개인의 이해가 존재한다. 그러한 도덕 판단을 연구하기 위해 가상의 도덕적 갈등 상황을 제시하고, 사람들이 어떤 판단을 내릴 것인지를 연구했다. 이러한 방식이 그 사람이 가지고 있는 도덕 기준을 제대로 알 수 있다고 생각했기 때문이다. 그래서 몇 가지 도덕적인 갈등 상황을 제시하고, 그것에 대한 사람들의 반응을 듣고 분류해서 도덕적 판단의 발달 단계를 설정했다. 예를 들면 다음과 같은 상황이다.

> "유럽에서 한 부인이 특이한 암에 걸려 거의 죽을 지경에 이르렀다. 의사가 진단하기로는 그녀를 구하기 위해서는 한 가지의 약이 필요한데, 그 약은 최근에 그 마을에 사는 한 제약업자가 개발한 일종의 라듐(radium) 성분의 약이다. 그 약은 제조 비용이 많이 들기도 하지만, 제약업자

> 는 제조 비용의 10배에 해당하는 값을 사람들에게 받으려고 하고 있다. 환자의 남편인 Heinz 씨는 약 살 돈을 빌리기 위해 모든 사람에게 가 봤지만 제약업자가 원하는 값의 반밖에 마련할 수 없었다. Heinz 씨는 그 제약업자에게 자기의 아내가 지금 죽어가고 있다고 말하고, 약을 더 싸게 팔거나 나머지 약값을 나중에 지불하게 해 달라고 부탁했다. 그러나 제약업자는 자신이 그 약을 애써 개발했고, 그 약으로 돈을 벌어야 한다면서 요청을 거절했다. 따라서 Heinz 씨가 그 약을 구할 수 있는 유일한 방법은 제약업자가 경영하는 약국에 가서 약을 훔치는 것뿐이었다. Heinz 씨는 지금 곤경에 빠져 있다. 그는 그의 아내를 도와 그녀의 생명을 구해야 한다. 그러나 그녀가 필요한 약을 구할 수 있는 유일한 방법은 법을 위반해서 약을 훔치는 것이다. Heinz 씨는 어떻게 해야 하는가?"

그는 이야기의 주인공이 약을 훔쳐야 하는지 아니면 훔치지 말아야 하는지를 사람들에게 물어보고, 자신이 선택한 답의 이유를 물어보았다. 이처럼 상당히 판단하기 어렵고 이유를 대기도 어려운 갈등 상황을 몇 가지 제시하고, 사람들이 어떻게 판단하는가를 연구했다.

Kohlberg 이론의 전체적인 특징은 다음과 같다. 첫 번째로, 그는 도덕적인 인지구조를 다루었다. 도덕적 정서나 행위가 아니라 인지구조, 즉 사람이 머릿속과 마음속에 갖고 있는 인지구조가 어떻게 변해 가는가에 주목했다. 두 번째로는 발달의 방향을 논리적으로 설명할 수 있다고 주장했다. 그 기준이 되는 것은 역할 취득이고, 그 관점에서 봤을 때 도덕 발달 단계의 높고 낮음을 구분할 수 있다고 보았다. 역할 취득(role taking)이란 머릿속에서 다른 사람의 입장, 역할을 자기가 이해할 수 있고 자신이 마치 그 사람이 된 것처럼 생각을 할 수 있는 능력을 말한다. 이러한 역할 취득 능력을 확대해 가는 과정을 추적하면 도덕 발달 단계를 설정할 수 있다고 보았다. 세 번째 특징은 발달의 과정이 균형화 과정이라고 본 것이다. 어떤 단계의 도덕적 기준은 안정성을 가지고 있다. 그런데 사람들이 그 단계에서 갈등 상황을 몇 번 겪다 보면 자신의 도덕적 기준에 모순을 발견하게 되고, 그 모순을 해결하기 위해 자신이 가졌던 기존의 인지구조를 부정하고 다른 구조로 만들어야 한다는 것이다. 균형을 잃었다가 다시 찾게 되는 재조직화 과정을 발달의 과정이라고 봤다. 네 번째로는 발달 단계에 보편성이 있다고 보았다. 미국에서 타당한 단계가 한국이나 일본, 중국, 다른 유럽 국가에서도 문화와 상관없이 순서대로 나타난다고 주장했다.

Kohlberg는 도덕적인 수준을 크게 세 가지 수준으로 나눴다. 첫 번째 수준은 전인습적 수준, 두 번째는 인습적 수준, 세 번째는 후인습적 수준(또는 원칙적 수준)이다. 그다음으로 각각을 다시 두 가지 하위 단계로 나누었는데(결국에는 여섯 개 단계로 분류했음), 가장 낮은 1단계는 복종과 처벌 지향의 단계, 두 번째는 도구적 · 공리적 목적 지향의 단계, 세 번째는 착한 아이 지향의 단계, 네 번째는 사회질서 지향의 단계, 다섯 번째는 사회 계약 지향의 단계, 여섯 번째는 보편적 · 윤리적 원칙 지향의 단계로 구별했다. 이런 식으로 여섯 개의 단계를 논리적으로 구별할 수 있다고 주장하고, 각각의 특징과 사례 및 역할 취득이 어떻게 다르게 일어나며, 각각의 단계에서 어떤 것이 사람의 주된 도덕적인 동기로 작용하는지에 대해서 정리했다. 각 단계를 더 세부적으로 살펴보도록 하겠다.

첫 번째 단계는 '복종과 처벌 지향의 단계'라 하고, 역할 취득 관점에서는 자기중심적 관점의 단계라 할 수 있다. 자기중심적인 관점을 다르게 말하면 권위자의 관점과 자신의 관점을 혼동하고 있는 단계라고도 할 수 있다. 이러한 단계에 있는 사람들은 주된 동기가 처벌을 회피해야 한다는 것이다. 어떤 행위가 처벌 받을 것 같으면 그것은 나쁜 짓이라고 생각하는 것이다. 그래서 Heinz 씨의 경우도 약을 훔치게 되면 경찰서에 잡혀가 벌을 받게 되기 때문에 나쁘다고 생각해서 반대를 한다거나 아니면 잡히지 않을 것이라는 가정 하에 훔쳐야 한다고 생각한다. 처벌 가능성이 높으면 하면 안 되는 것이고, 충분히 피할 수 있으면 해도 괜찮다고 생각하는 단계이다.

두 번째 단계는 '도구적 · 공리적 목적 지향의 단계'라 하고, 역할 취득 관점에서는 개인적인 관점이라고 할 수 있다. 자기 자신의 관점과 다른 사람의 관점을 둘 다 알고는 있지만 자기 자신과 상대방을 별로 연관시키려고 하지 않는다. 이 단계에 있는 사람들은 자신의 이익 추구가 주된 동기이다. 첫 번째와 두 번째 단계는 외적이고 물리적인 결과를 위주로 생각하는 단계로, 이기적인 욕구를 추구하는 단계라 할 수 있다.

세 번째 단계는 '착한 아이 지향의 단계'라고 한다. 이 단계는 상호작용을 갖는 타자의 관점을 취할 수 있는 단계라 할 수 있다. Heinz 씨의 경우에는 자기 자신의 행복뿐 아니라 자신과 상호작용 관계에 있는 아내와 가족, 마을 사람의 입장 그리고 직접적인 관계가 있는 제약업자의 입장 등 자신과 관계를 맺고 있는 사람들의 입장도 생각할 수 있는 단계라 할 수 있다. 이 단계의 주된 욕구는 인정 욕구로, 다른 사람들에게 인정을 받아야 하고 관계를 맺고 있는 사람에게 비난을 받는 일은 피하는 것이 주된 동기이다.

네 번째 단계는 '사회 질서 지향의 단계'라 하고, 이 단계에 있는 사람들은 사회 전체를 생각하는 관점을 취득한 사람이라고 할 수 있다. 사적인 관계 모두를 포함한 것이 사회인데, 그러한 사회를 생각하고 질서를 유지하는 것을 중요하게 생각하는 단계이다. 세 번째 단계의 경우에는 사적인 관계를 갖고 있는 사람의 비난을 피하려고 하는 것이 주된 동기인 반면, 네 번째 단계의 경우에는 공적이고 제도화된 비난을 피하려고 하는 것이 주된 동기라 할 수 있다.

다섯 번째 단계는 '사회 계약 지향의 단계'라 하고, 이 단계에 있는 사람들은 사회에 대한 초월적 관점을 갖고 있다. 여기서의 초월적인 관점은 어떤 경우에는 사회 전체를 비판적으로 볼 수 있다는 것이다. 사회질서나 법은 많은 사람의 행복을 위해서 만들어진 것이며, 사람들의 행복을 방해하는 경우에는 사회질서나 법은 타당성을 잃게 된다고 보는 것이다. 네 번째 단계는 어떤 경우라도 법의 질서를 인정하는 데 반해 다섯 번째 단계는 더 많은 사람의 복지와 행복에 위배될 경우에 법이나 사회질서는 정당화될 수 없다고 보는 사회에 대한 초월적 관점을 갖게 되는 단계이다. 이 단계의 동기는 최대 다수의 최대 행복 추구라 할 수 있다.

여섯 번째 단계는 '보편적 · 윤리적 원칙 지향의 단계'라 하고, 역할 취득 관점에서는 보편적인 시각을 갖게 된 사람들이 여기에 속한다. 보편적인 시각을 갖는다는 것은 모든 사람이 타자의 관점을 취할 수 있다고 가정했을 때, 모두가 동의할 수 있는 결정을 내리는 것이 가능한 단계라고 할 수 있다. 예를 들면, 어떤 여객선을 타고 있던 사람들이 그 배가 침몰하게 되어 구명보트에 선장과 노인, 어떤 젊은이가 타게 되었다. 그 구명보트의 힘으로는 세 명을 살릴 수가 없어서 두 명밖에 탈 수 없는 상황이었다. 그럴 때 이 세 사람은 어떻게 행동해야 하는지 묻는다면 여섯 번째 단계에 있는 사람은 어떻게 했을까? Kohlberg는 다음과 같이 추론했다. 여섯 번째 단계는 모든 사람의 입장에서 모든 사람이 동의할 수 있는 해결책을 제시할 수 있는 단계이다. 따라서 앞과 같은 경우라면 세 사람이 모두 다 살고 싶어 하는 것은 당연하다. 선장이나 노인이나 젊은이나 세 사람 모두 다 살고 싶을 때 유일한 방법은 제비뽑기로 한 명을 뽑아서 그것을 뽑은 사람이 스스로 바닷속에 뛰어드는 것이 공정한 방법이라고 보는 것이다. Kohlberg는 모든 사람의 입장을 생각해서 모든 사람이 동의할 수 있는 해결책은 이런 것이며, 동기는 보편적이고 윤리적인 원칙의 추구이다. 실제로 여기까지 도달하는 사람은 많지 않고, 역사적으로는 위대한 사람이나 성인 등이 이 단계에 해당한다고 보았다.

2) 도덕적 판단 발달의 보편성 문제

Kohlberg는 도덕이란 대립된 주장에 대해 보편 타당성을 지닌 해결을 지향하는 정의의 원리에 관한 것이라고 생각하였다(Colby & Kohlberg, 1987a, 1987b; Kohlberg, 1981, 1984). 하지만 많은 학자가 Kohlberg의 발달 단계의 일면성에 대해 지적하였다. 예를 들어, Sullivan(1977)은 Kohlberg의 단계이론은 서구의 자유주의 이데올로기라고 비판하였다. 높은 단계에서 보이는 인간관의 특질은 보편적인 것이라기보다 꽤 편파적인 것이며, 역사적으로는 프랑스 혁명 시대의 자유주의적인 자연법 개념에 편드는 것이라고 봤다. Simpson(1974)은 Kohlberg의 후인습적 수준의 사고는 도덕적 사고의 발달이라기보다 단순히 지적이나 언어적으로 세련된 추론에 지나지 않는 것인지도 모른다고 말했다. Gilligan(1982)은 Kohlberg가 밝혀 낸 발달 단계는 인간의 도덕성 발달의 일면을 다룬 것에 지나지 않는다고 주장했다. 그리고 가상의 도덕문제뿐만 아니라 사람들이 실제로 직면한 도덕적 갈등 장면에 대해 어떤 판단을 했는지를 탐구함으로써 정의의 도덕성과는 다른 배려와 책임의 도덕성 발달을 밝혀 냈다.

구체적으로는 다음과 같은 단계를 설정했다. 기본적으로 1단계, 2단계, 3단계로 발달해 가는데, 각 수준별로 그 사이에 어떤 이행기를 거쳐 간다고 봤다. 수준 1은 개인적 생존 지향, 수준 2는 자기희생으로서의 선량함, 수준 3은 비폭력의 도덕성이다. 수준 2에서는 남을 생각해서 자기 자신을 희생한다. 그런데 수준 3에서는 남도 생각하고 자기 자신의 욕구도 진실하게 인정한다. 자기 자신을 일방적으로 희생하는 것이 아니라 상대방도 생각하지만 자기 자신도 잘 살 수 있는 그러한 길을 모색한다. 그러면서도 폭력적인 방법을 쓰지 않고 모든 사람의 행복을 촉진시키고 고통을 덜어 줄 수 있는 길을 모색하는 단계가 수준 3의 비폭력의 도덕성 단계이다. 예를 들어, Heinz 씨의 갈등 상황에서 공공기관이라든지 대중매체에 호소함으로써 더 많은 사람을 잘 살게 할 수 있는 길을 모색할 수 있다고 생각한다면 수준 3에 해당되는 비폭력적의 도덕성에 도달한 사람이라고 볼 수 있을 것이다.

정의의 도덕성의 배경에 있는 문화적 자기관은 상호독립적 자기관이기 때문에 타자에 대해서도 상황을 떠나서 객관적으로 본다. 따라서 자기와 타자(사회)의 대립되는 욕구의 해결로서 도덕적 문제를 구성하게 되고, 공정함을 포함한 규범이나 원칙에 따른 해결을 지향하게 된다. 이러한 관점에서는 결정 과정의 정당성과 원칙이 유지됐는지를 고려하여 해결 방법을 평가한다. 한편, 배려와 책임의 도덕성의 배경에 있는 문화적 자기관은 상호협조적 자기관이기 때문에 타자에 대해서도 관계 속의 타자를 본다. 따라서 타자에게 어떻게 대할 것인가의 문제로 도덕적 문제를 구성하게 되고, 타자의 행복을 촉진하고 고통을 완화시키는 해결을 추구하게 된다. 이러한 관점에서는 결과를 중요시하며 관계가 유지됐는지를 고려하여 해결 방법을 평가한다.

Vasudev와 Hummel(1987)도 인도인 중에서 5단계 사고의 사례를 발견했으며, Kohlberg가 중요시하는 정의적 사고 이외에 '비폭력'의 원리에 입각한 사고가 있다는 사실을 지적했다. 그는 어떤 원리로 단계가 구성되는지에 관해서는 고려해 볼 여지가 있으며 구성 원리의 다양성을 인정해야 한다고 주장했다. Dien(1982)은 Kohlberg의 여섯 단계는 인간이 자유롭게 선택을 하고 자기 운명을 결정할 수 있는 자립적 존재라는 서구적 생각을 반영하고 있다고 비판했다. 그는 중국의 문화적 이상은 인(仁)을 중핵으로 한 유교적인 생각으로 그것은 기본적으로 효(孝)에 의거한 육친에 대한 깊은 애정이며, 가족의 틀로부터 확대되어 전 인류로 향하는 것이라고 주장하면서 동서양의 도덕관은 그 기반이 되는 인간관에 차이가 있음을 지적하였다. 이외에도 인습적 수준까지의 보편성은 지지하지만, 후인습적 수준의 보편성에 대해서는 의문시하는 많은 비교문화 연구가 존재한다(Snarey, 1985).

Conroy와 동료들(1980)은 Kohlberg가 사용한 도덕적 갈등 상황의 이야기는 어떤 정보를 어떤 순서로 엮어 나가는가 하는 이야기 문법(스크립트)에 있어 서구적이라고 주장하였다. 이러한 문화적 도덕 스크립트는 하나의 이야기를 시계열적으로 이해하기 위한 중요한 인지적 틀에 해당하며, 도덕적 문제를 이해하고 판단할 때 사용되는 이러한 도덕 스크립트는 문화마다 다르다는 것이다. 미국인의 도덕 스크립트는 '긴장관계-행위적 원인-일탈을 유발하는 사정-일탈행위-벌/대립-새로운 긴장관계'와 같은 식으로 전개되는 법정 모델이며, 법이나 사회적 규칙과 개인의 행위 간의 관계가 전개 과정의 주제가 된다. 이와 대조적으로 일본인의 도덕 스크립트는 '평온한 관계-(원인의 결여)-일탈을 유발하는 사정-일탈행위-후회 등의 마음-화해'와 같은 식으로 전개되는 가족 모델이며, 잠재적으로는 내집단 성원들의 마음의 흐름이 전개 과정의 주제가 된다.

Kohlberg는 이론적으로는 제6단계를 견지하고 있었지만 후반에는 발달 단계 평가 매뉴얼에서 경험적 자료가 부족한 6단계를 제외하고 5단계에 대한 문화구속성을 인정하였다(Colby & Kohlberg, 1987a, 1987b).

제 6 장

문화와 정서

정서는 특정 대상 혹은 장면이 유발하는 생리적 각성, 느낌, 인지과정 및 행동 등 신체 및 정신적 변화를 포괄하는 개념이다. 그렇다면 문화와 정서의 관계는 어떠할까? 심리학에서는 정서가 문화와 관계없이 보편적일 것이라는 가정을 놓고 오랫동안 논쟁이 있어 왔다.

생물학적 · 생리학적 관점에서 정서는 뇌의 특정 부위의 호르몬이나 자율신경계의 작용으로 발생하는 것으로, 인간 종(種)의 생존을 위해 발달한 보편적인 것으로 간주한다. 반면에 정서에 대한 인류학적 접근에서는 신체 내부에서 일어나는 정서의 개별적 과정보다는 정서의 사회문화적 의미와 기능에 초점을 맞춘다. 이러한 접근에서 중요시되는 것은 정서의 언어적 표현과 이러한 표현들과 관련되어 사회 구성원들이 공유하고 있는 지식의 체계이다.

신경생리학적 접근과 인류학적 접근에서의 정서 연구들은 정서라는 용어만 공유하고 있을 뿐, 그 구체적 함의는 전혀 다른 대상과 관련되어 있다. 따라서 정서의 보편성에 대한 답은 정서를 무엇으로 정의하고 접근하느냐에 따라 달라질 수 있다. 전통적으로 신경생리학적

관점에서 정서의 보편성을 강조해 오던 전통심리학에서는 정서를 개인내적(intrapsychic) 정서로 이해한다. 반면에 문화심리학과 토착심리학에서는 정서를 관계적(interpsychic) 정서로 보고 정서의 사회문화적 기능에 주목하고 있다.

전자의 입장에서 정서의 개인내적 측면, 즉 신경생리학적 과정은 문화에 상관없이 발생하지만, 후자의 경우에 관심의 대상은 정서가 나타나는 맥락과 정서의 의미, 행위 양식 등이 된다. 문화와 정서에 대한 최근 연구들을 종합해 보면 정서에 미치는 문화의 영향은 특정 문화에서 더 강조되는 정서의 종류로부터 정서의 표현 방식 및 범위, 정서의 질과 정서 개념 자체에 이르기까지 다양하다.

이 장에서는 정서의 보편성에 대한 논의에서부터 정서의 문화 차이, 문화에 따른 다양한 토착 정서들과 한국의 문화적 정서에 이르기까지 문화와 정서에 관한 전반적 주제를 다루어 볼 것이다.

1. 정서이론의 변화

1) James-Lange 이론

우리는 보통 어떠한 정서를 경험하고 그 결과로 인해 생리적 반응이 나타난다고 생각한다. 예를 들면, 밤에 골목에서 갑자기 낯선 이를 만나게 되면 공포감을 느끼고 그 뒤에 심박수가 증가하고 침이 마르는 등의 생리적 변화가 뒤따른다고 생각한다는 것이다. 그러나 James는 이와는 반대로 정서는 생리적인 변화에 대한 지각의 결과라고 주장하였다. 밤에 어두운 골목에서 갑자기 낯선 사람을 맞닥뜨리게 되면 교감신경계가 활성화되어 심박수가 증가하고 동공이 확장되는 등의 생리적 변화가 일어나고, 이러한 생리적 변화들을 지각함으로써 공포라는 정서를 경험하게 된다는 것이다.

유사한 예로, 어떤 사람이 운전을 하고 있는데 갑자기 반대쪽 차선에서 자동차가 자신을 향해 돌진해 왔다. 그 사람은 두려움을 느낄 새도 없이 핸들을 틀어 충돌을 피할 것이다. 그 후에 가슴이 뛰고 숨이 차며 식은땀이 흐르는 것을 자각할 때 그 사람은 방금 겪은 상황에 대한 공포감을 경험할 것이다. 만일 돌진하는 차에 대해 공포감을 느끼고 그 후에 핸들을 틀었다면 충돌을 피할 수 없었을지 모른다. 비슷한 시기에 Lange 역시 같은 견해를 주장하였기 때문에 이러한 관점을 James-Lange 이론이라 한다.

2) 인지적 정서이론

James-Lange 식의 정서 해석이 간과하고 있는 것은 많은 정서가 사람들의 의도, 바람, 목표의 좌절 등에 의해 생긴다는 사실이다. 사람들은 응원하는 팀이 이기면 즐거워하고, 깨끗이 세탁한 옷에 새똥이 떨어지면 화를 낸다. 친구가 약속을 어기거나 빌려준 돈을 받지 못할 때, 시험에 낙방하거나 직장에서 좌천될 때 분노와 좌절을 경험한다. 이러한 예는 발생한 상황을 인지적으로 평가하고 난 뒤에 느끼게 되는 정서이다. 이렇듯 정서 경험에서의 인지적 요소를 강조하는 이론들이 있다. 우선 살펴볼 것은 Schachter의 2요인 이론이다.

(1) 2요인 이론

Schachter와 Singer(1962)가 실시한 실험을 통해 2요인 이론의 요지를 파악해 보자. 피험자들은 자신들이 새로 개발된 슈프록신이라는 비타민제의 효과를 알아보기 위한 실험에 참여하고 있다고 믿도록 조작되었다. 이들을 통제집단과 실험집단으로 구분하여 실험집단에게는 생리적 각성 상태를 유발하는 에피네프린을 주사하고, 통제집단에는 아무런 생리적 변화도 일으키지 않는 식염수를 주사하였다.

실험집단은 다시 셋으로 나누어, 첫 번째 집단에는 약의 효과로 인해 호흡이 빨라지고 얼굴이 상기되며 땀이 날 것이라는 정확한 정보를 주고, 두 번째 집단에는 약의 부작용으로 두통이 생기고 다리가 저리며 가려울 것이라는 거짓 정보를 제공했다. 세 번째 집단 및 통제집단에게는 약의 효과에 대한 아무런 정보도 주지 않았다.

그런 다음 모든 피험자는 약의 효과가 나타날 때까지 각기 다른 방에서 20분 정도를 기다린 뒤, 시각 측정 과제를 수행하도록 지시를 받았다. 대기실에서 먼저 기다리고 있는 다른 피험자는 연구자와 미리 약속한 실험 협조자로 실제 피험자와 함께 과제를 수행하도록 하였다. 이때 한 조건에서는 실험 협조자가 친절하고 사교적으로 피험자를 대하도록 하였고 매우 기분이 좋은 듯이 행동한 반면, 다른 조건의 실험 협조자는 과제를 진행하면서 점점 화를 내다가 마지막에는 설문지를 찢어 버리고 밖으로 뛰쳐나갔다.

피험자가 자기 기분을 평가하는 것으로 실험의 효과를 측정하였다. 첫째, 에피네프린을 투여받아 생리적 흥분이 유발되고 약물이 생리적 각성을 일으킬 것이라는 설명을 미리 들은 피험자들은 에피네프린을 투여받았으나 그 효과에 대한 설명을 듣지 못한 피험자들보다 정서를 느끼지 않는다고 응답하였다. 둘째, 에피네프린 투여 집단 중 생리적 각성 상태에 대한 정보를 제공받지 못한 조건의 피험자들은 상황에 따라 기분이 좋거나 화가 났다고 보고하였으며, 셋째, 식염수를 투여하여 생리적 각성이 없었던 조건의 피험자들은 거의 정서를 경험하지 않았다고 응답하였다.

Schachter(1964)는 실험 결과에 근거하여 여러 가지 정서의 생리적 상태는 큰 차이가 없으며, 정서 상태는 인지적 요소에 의해 주로 결정된다고 주장하였다. 그에 따르면 정서는 교감신경계가 흥분된 상태인데, 사람들은 흥분이 일어난 상황에 대한 지각에 따라 그러한 흥분을 해석하고 분류하여 정서를 '느끼게 된다'는 것이다. 그의 이론은 정서를 경험하기 위해서 생리적 각성이 반드시 필요하다는 점에서 James-Lange 이론과 유사하나 James-Lange의 이론과 달리 생리적 각성의 원인을 설명하고 그 상태를 명명하는 과정에 의해 정서가 경험된다고 보는 점에서 정서 경험에서의 인지적 과정을 강조한다.

(2) 인지평가이론

한편, Lazarus는 정서를 자극에 대한 반응으로 간주하고 그러한 반응은 자극에 대한 인지적 평가의 결과라고 주장하였다(Lazarus, 1968; Lazarus et al., 1970). 그에 따르면, 인지적 평가는 세 단계로 이루어진다. 어떠한 자극이 주어지면 사람들은 그것이 자신의 안전에 어떠한 결과를 가져올지를 평가하는데, 이것이 첫 번째 단계이다. 일단 상황에 대한 평가가 이루어지면 두 번째로 현재의 상황에서 무엇을 할 수 있는지를 평가하며, 마지막으로 이러한 평가의 결과로 반응을 하게 된다.

인지적인 평가가 정서를 유발시킨다는 Lazarus의 이론을 가장 잘 보여 주고 있는 실험 하나를 소개해 보도록 하겠다. Lazarus와 동료들(Lazarus et al., 1962)은 스트레스를 유발하는 영화를 피험자들에게 보여 주고 영화에 대한 반응을 조사하였다. 영화의 내용은 호주의 원주민들이 성년식에서 할례를 받는 것이었는데, 이에 대한 피험자들의 반응은 대체로 거부감, 극도의 혐오, 지적 초연함 등이었다.

이 실험에 근거하여 연구자들은 이 영화에 각기 다른 음향을 입혀서 2차 실험을 실시하였다. 연구자들은, ① 피험자들이 더욱 강한 스트레스를 느끼도록(정신적 외상 조건), ② 상황이 덜 심각하게 느껴지도록(거부 조건), 그리고 ③ 영화가 마치 교양 프로그램처럼 느껴지도록(지적 조건) 음향 작업을 하여 피험자들에게 보여 주고 각 조건에 따라 느끼는 스트레스의 정도를 측정하였다.

실험 결과, 거부 조건과 지적 조건의 피험자들은 정신적 외상 조건의 피험자들보다 약한 스트레스 반응을 보였다. 즉, 이러한 결과는 같은 자극(영화)도 보는 사람의 평가에 따라 달리 해석되며, 그 결과로 정서적 반응(스트레스)도 달라진다는 것을 보여 주고 있다.

정서 경험에 인지적 과정이 개입되어 있다는 것은 정서 경험에 문화의 영향력이 미칠 수 있다는 것을 의미한다. 인간의 정서 경험과 문화를 보는 입장은 보편주의적 관점과 구성주의적 관점으로 구분할 수 있다. 보편주의적 관점에서는 인간이 경험하는 정서의 내용은 보편적이고, 범문화적이며, 생물학적으로 미리 결정된 자기유지 및 자기조절의 과정이기 때문에 같은 정서를 경험할 때는 누구나 동일한 생리적 변화를 바탕으로 하는 동일한 정서 경험을 하게 된다고 본다(Buck, 1988; Ekman, 1972; Tomkins, 1984 등).

반면에 구성주의적 관점은 정서를 사회문화적 과정에 의해 영향을 받고 구성되는 것으로 간주한다(Averill, 1985; Frijda, 1986; Harre, 1986; Kitayama & Markus, 1994; Markus & Kitayama, 1991; Shweder, 1993 등). 즉, 정서는 상호 관계 속의 사람들이 명명하고 정당화하며 설득하는 문화적 및 대인적 산물로 볼 수 있으며, 따라서 정서적 의미는 개인적으로 획득하는 것이 아니라 사회생활의 경과로서 출현한다(Lutz, 1988). 이 두 진영의 입장에서 정서의 보편성에 관한 논쟁이 계속되어 왔다.

2. 정서의 보편성에 관한 논쟁

1) 정서는 보편적이다

정서가 보편적이라는 주장은 진화론에 근거한다. Darwin은 인간의 다른 행동들과 마찬가지로 정서도 진화한 것이라 생각했는데, Darwin에 따르면 정서는 반복적으로 출현하는 환경조건에 적응하기 위해 고안된 정신상태로 정의할 수 있다(Darwin, 1872). 인류가 살아오면서 생존을 위해 겪어야 했던 수많은 사건(예, 태어남, 죽음, 투쟁, 갈등)은 특정한 유형의 정서 반응들을 형성하였을 것이다. 사람들은 가까운 이의 죽음에 슬퍼하고 자녀의 출생에 기뻐하며 누군가 자신의 물건을 빼앗아 갈 때 분노한다. 따라서 특정 상황에서의 특정 유형의 정서적 반응은 모든 인간에게서 보편적으로 나타날 것이라 예측할 수 있다.

(1) 기본 정서에 대한 표정 인식 연구

정서의 보편성을 뒷받침하기 위한 주된 연구 흐름은 다른 문화권의 성인들을 대상으로 한 표정연구들이다. Ekman과 Friesen(1971)은 보편적으로 인식될 수 있는 기본 정서에 대한 표정 사진을 다양한 국가의 관찰자들에게 제시하고 각 표정에 적절한 정서의 이름을 붙이도록 하였다. 표정이 보편적이라면 정서에 대한 판단은 문화보편적이라 할 수 있을 것이다. 만약 표정이 문화에 따라 다르다면 문화에 따라 판단은 달라질 것이다. 여섯 가지 기본 정서, 즉 분노, 공포, 혐오, 슬픔, 행복, 놀람에 대한 연구에서 다섯 문화 관찰자들의 응답은 상당한 정도로 일치하였다.

헝가리, 일본, 폴란드, 미국, 베트남 사람들의 표정에 대한 판단을 비교한 연구에서도 문화에 따른 차이는 없는 것으로 나타났다(Biehl et al., 1997). 특히 행복, 놀라움, 노여움, 혐오, 두려움, 슬픔, 경멸 등의 일곱 가지 기본 정서 표현은 문화권에 관계없이 유사하다는 것이 반복적으로 확인되고 있다.

그러나 이들 연구는 연구에 참여한 관찰자들의 문화가 산업화된 문명사회라는 한계를 가지고 있다. 즉, 관찰자들은 제시된 얼굴의 표정들에 익숙해 있고 이를 해석하는 방법을 알고 있을 가능성이 있다는 것이다. 이러한 단점을 보완하기 위해 문자가 없는 뉴기니의 두 부족을 대상으로 연구가 수행되었다. 원주민들에게 서양인들의 다양한 표정을 보여 주고 표정이 나타내는 정서를 물었을 때, 이들의 해석은 서양인들의 해석과 거의 일치하였다. 그런 다음 다른 부족 구성원들에게서 상이한 정서를 경험할 때 어떤 표정을 짓는지를 나타내 보도록 한 뒤 이들의 사진을 미국인들에게 보여 주었는데, 그들은 뉴기니 부족을 한 번도 본 적이 없었음에도 불구하

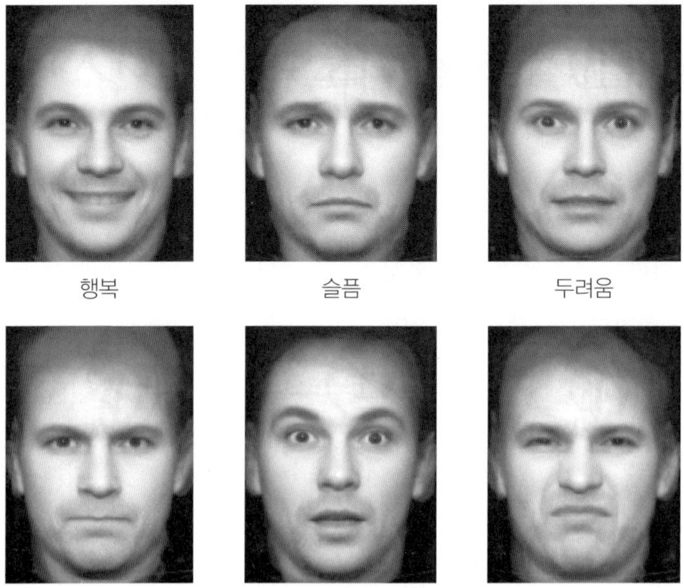

[그림 6-1] Ekman과 동료들이 사용한 기본 정서 자극의 예

출처: Ekman & Friesen (1971).

고 원주민들이 느끼는 정서를 구분하였다(Ekman et al., 1969). 산업화되지 않은 문화의 구성원들이 지은 표정 역시 산업화된 문화의 그것과 일치한다는 결과는 정서 표현과 판단의 보편성을 지지하는 증거가 된다.

(2) 영유아 연구 및 맹인 연구

정서가 보편적인 기제라면 전 세계 아동들(영아 혹은 유아)의 정서 반응의 형태는 동일해야 한다(Izard, 1994). 유아들은 커다란 소리에 두려움 또는 호흡곤란 등의 반응을 보인다. 그러한 반응은 즉각적이며 학습되지 않은 것으로, 유아들은 특정 자극에 대해 일반적인 정서 반응을 하도록 '만들어진 상태'에서 태어난 것 같다(Tomkins, 1962).

유아들은 다양한 정서 상태를 표현하는 표정을 가지고 있다. 성인의 혐오에 해당하는 싫어함(distaste), 슬픔이나 괴로움의 신호인 울음 등이 그 대표적 예이다.

이외에도 적지 않은 정서 반응들이 문화권에 관계없이 유사하다. 신체적 고통에 대한 반응에서 미국과 일본의 유아들은 유사한 표정과 신음, 몸부림의 정도를 나타내었다(Camras et al., 2003). 그 외에도 유아들은 다른 사람의 정서 상태를 해석할 수 있는 것처럼 보인다. 4~6개월 된 영아들에게 놀람, 두려움, 노여움 중 한 가지 표정을 짓고 있는 성인의 얼굴을 반복적으로 제시하여 해당 자극들에 대한 관심이 사라지도록 한 후, 다른 표정을 짓고 있는 사진들을 제시하자 영아들은 새로운 자극에 관심을 보였다(Serrano et al., 1992). 이는 6개월 미만이 영아들도 서로 다른 정서 표현을 구분할 수 있다는 것으로, 정서를 인식할 수 있는 능력이 보편적임을 시사한다.

또한 유아들은 행복한 표정에 대해서는 웃거나 다가가려는 반응을 보인 반면, 화난 표정에 대해서는 얼굴을 찡그리거나 고개를 돌렸는데, 이로 미루어 유아들이 타인의 정서를 인식할 수 있을 뿐 아니라 그 의미까지 이해하고 있다는 것을 알 수 있다(Serrano et al., 1995).

정서의 표현은 유아가 성장하면서 점차 분화하는데(Camras et al., 2003; Oster, 2005), 분노와 슬픔의 분화는 영아가 2세가 되는 해의 초기부터 나타난다는 사실이 보고되었으며(Hyson & Izard, 1985; Shiller et al., 1986), 학령기 정도의 나이가 되면 아이들은 모든 정서를 표현할 줄 알게 된다(Casey, 1993).

정서 표현은 학습의 결과가 아니라 유전되는 것이라는 증거는 선천적 맹인연구에서 찾아볼 수 있다. Matsumoto와 Willingham(2006)은 2004년 아테네 올림픽과 장애인 올림픽에서 시합이 끝난 후 정상인 선수와 맹인 선수의 표정을 비교하였는데, 그들의 표정 사이에 구별될 만한 차이는 발견되지 않았다. 대다수의 맹인 선수가 선천적인 맹인이었기 때문에 그들이 지은 표정이 학습된 것일 리는 없다. 따라서 정서의 경험과 표현에 대한 능력은 생득적인 것으로 보인다.

2) 정서의 보편성에 대한 반론: 문화의 조절

하지만 정서와 그와 관련된 행동들이 보편적이라고만 보기에는 어렵다. 기본 정서의 표현과 인식에 대한 보편성이 나타나고 있지만, 모든 정서 표현이 보편적이거나 모든 정서가 문화와 관계없이 동일한 방식으로 표현된다고 볼 수는 없다(Ekman, 1994). 비록 모든 사람이 보편적으로 동일한 정서를 갖고 있다고 하더라도, 인간의 정서 경험에는 문화의 영향력이 존재한다. 정서의 생물학적 기제는 보편적이지만 이는 문화와 상호작용하여 정서의 평가와 표현에 관한 특정 문화의 고유한 문화적 규칙을 만들어 낸다. 사람들은 이러한 규칙을 통해 문화적으로 적절한 정서 반응을 조절할 수 있다.

(1) 표정 인식의 문화 차

문화에 따라 더 민감하게 경험되는 정서들이 있다. 예컨대, 미국인들은 분노와 혐오에 있어 그 결과에 무력감을 느끼며 압도된다고 생각하였고, 일본인들은 수치 및 죄책감에 대해 더 민감하였다(Matsumoto et al., 1988). Scherer(1997a, 1997b)는 세계를 북중 유럽, 지중해권, 북미, 남미, 아시아, 아프리카의 6개 권역으로 나누고 각 권역 사람들의 정서 평가를 조사하였는데, 그에 따르면 정서 유발 사건들에 대한 평가에서 아프리카 사람들은 다른 권역의 사람들보다 불공정성, 외적 원인, 지속성을 더 높게 평가하였으며, 남미권 사람들은 다른 이들보다 지속성의 지각에서 낮은 점수를 보였다. 이러한 차이는 타인의 표정을 인식하여 정서를 판단하는 데에도 영향을 미칠 수 있다.

이렇게 정서 유발 사건 및 정서에 대한 평가가 문화에 따라 다르다는 점은 정서의 보편성을 가정하는 연구들의 한계로 간주될 수 있다. 예를 들면, 한 문화의 정서를 표현하는 표정은 관찰자가 누구냐에 따라 인식률에 차이를 보인다. 미국인들의 얼굴 사진이 제시되었을 때 영어권 국가의 참여자들의 정서 인식률이 인도-유럽권 언어 사용자들(예, 스웨덴, 그리스, 스페인)보다 높았으며, 인도-유럽권 국가의 참여자들은 비인도-유럽권 국가의 참여자들(예, 일본, 튀르키예, 말레이시아)보다 높았다. 또한 이들의 인식률은 문자가 없는 문화권의 참여자들(예, 뉴기니의 일부 종족)보다 앞서는 것으로 나타났다(Russell, 1994). 정서 표현 인식에 대한 메타연구에서 사람들은 다른 문화권의 표정보다는 자신의 문화권의 표정을 9%정도 더 잘 판단하였다(평균적으로는 58%의 정확도; Elfenbein & Ambady, 2002).

(2) 정서 표현에서의 문화 차

문화는 해당 문화에서 선호하는 가치와 관련하여 특정 정서의 표현을 억제하거나 권장하게 되는데, 이를 문화표출규칙(cultural display rule)이라는 개념으로 이해할 수 있다(Ekman & Friesen, 1969).

정서 표현의 전반적인 강도에 있어서 문화 차가 드러난다. 뉴기니의 칼룰리(Kaluli)족은 강하고 극적으로 정서를 표현하는 반면(Schieffelin, 1979), 발리인들은 긍정적이든 부정적이든 간에 강한 감정 표현을 피한다(Geertz, 1983). 중국의 영아들(11개월)은 미국이나 일본에 사는 비슷한 월령의 영아들보다 정서 표현의 정도가 약하게 나타났다(Camras et al., 1998).

개별적인 정서 표현의 강도에 있어서의 문화 차이는 보다 뚜렷하다. 우쿠 에스키모(Utku Eskimo)족은 공공장소에서 화를 내는 것을 강하게 비난하며(Briggs, 1970), 아랍의 유목 민족들은 모욕을 당하고도 화를 내지 않는 것은 대단히 불명예스러운 일로 간주한다(Abu-Lughod, 1986).

지중해 문화권에서는 고통을 더 강하게 표현하는 경향이 있다. 병원에 입원한 이탈리아계 환자들과 아일랜드계 환자들을 비교했을 때, 이탈리아계 환자들이 고통을 더 많이, 큰 소리로 표현하는 것으로 나타났다(Zborowski, 1969; Zola, 1996). 이러한 지중해 환자들의 경향은 미국 병원의 간호사들 사이에서 급성 지중해 증후군(Acute Mediterranean Syndrom: AMS)이라는 농담으로 널리 알려져 있다(Heine, 2008).

미국인들은 당황했을 때 고개를 숙이고 시선을 내리깔며 얼굴을 만지는 등의 많은 표현을 하는 반면, 인도인들은 혀를 조금 깨무는 것으로 그친다(Haidt & Keltner, 1999).

한국 문화에서 슬픔은 매우 적극적으로 표현되는 반면, 일본 문화에서는 상당한 정도로 억제된다. 방송 인터뷰 등에 등장하는 예기치 않은 가족의 죽음을 대하는 두 나라 사람들의 모습을 보면 이러한 점이 잘 드러나는데, 한국의 경우에는 가족을 잃은 이들은 소리 내어 통곡하고 주저앉아 발을 구르고 주먹으로 가슴을 치는 등의 행동으로 슬픔을 드러내지만, 쓰나미로 아들을 잃은 일본의 어머니는 심경을 묻는 기자에게 애써 웃음을 지어 보였다.

다양한 정서의 표현은 기본 정서를 경험하는 상황이 아니라 복잡한 문화적 맥락이 개입된 경우에 주로 나타난다. 이는 적어도 기본 정서가 아닌 문화적 정서의 경우에는 정서의 경험과 표현이 보편적이지 않다는 증거로 해석될 수 있다.

(3) 정서 연구 방법의 문제

기본 정서 연구에 사용되는 자극과 연구 방법 자체에 문제가 있다는 의견도 있다(Russell, 1994). 첫째, 기본 정서를 표현하고 있는 사진들은 효과적으로 정서 간 차이가 드러나도록 면밀하게 선택된 것들이다. 애매하거나 복합적인 정서를 표현하는 표정들은 처음부터 배제된다. 또한 사진들은 성인의 고정된 표정을 보여 주고 있으며, 연구참여자들은 사진을 보고 주어진 보기들 중에서 하나의 정서를 고르도록 되어 있다.

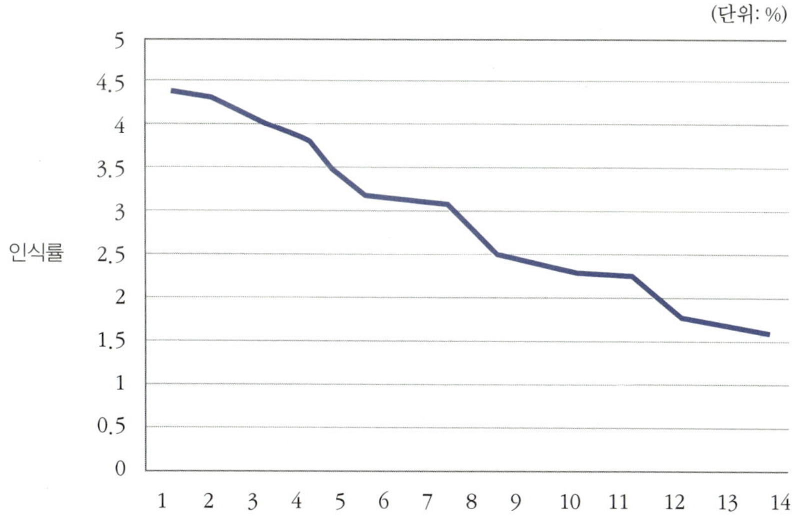

* 1–분노, 2–혐오, 3–행복, 4–놀람, 5–슬픔, 6–당황, 7–공포, 8–즐거움, 9–모욕, 10–무표정, 11–부끄러움, 12–경악, 13–연민, 14–침묵

[그림 6–2] 서로 다른 표정의 정서 표현에 대한 인식

출처: Haidt & Keltner (1999).

정서를 표현하는 인물이 성인이 아닐 경우, 사진으로 제시되는 고정된 자극이 아닐 경우, 주어진 보기 중에서 정서의 이름을 고르지 않고 주관적으로 평가하게 할 경우에 따라서 연구참여자들의 정서 인식은 달라질 수 있다. 실제로 아기들이 자연스럽게 짓는 표정에 대해 정서의 이름을 붙이도록 한 연구에서 참여자들은 행복과 놀라움은 잘 구분하였으나, 슬픔과 분노, 공포, 경멸 등의 정서를 구분하는 비율은 기존 연구 방식에 비해 현저히 낮았다(Meng et al., 1985).

기본 정서에 대한 기존 방식의 문화 간 비교연구에서도 문화에 따른 편차가 보고된 바 있다. 미국인과 뉴기니 원주민을 대상으로 한 Ekman과 Friesen(1971)의 연구에서 뉴기니인들은 행복, 혐오, 경멸, 노여움, 슬픔의 5개 정서는 쉽게 구분하였지만 놀라움과 두려움은 혼동하였고, 미국인들 역시 뉴기니인들이 지은 놀라움과 두려움의 표정을 구분하지 못하였다. 역시 앞서 언급한 6개 국가 간 비교연구에서도 일본인들은 노여움에 대한 인식이 다른 나라 사람들에 비해 떨어졌으며, 베트남 사람들은 상대적으로 혐오감을 인식하는 데 곤란을 겪었다(Biehl et al., 1997).

또한 기본 정서에 사용되는 정서들은 상당히 기본적인 것들이다. 문화에 관계없이 보편적으로 나타나는 기본 정서들에 비해 문화와 사회적 맥락의 영향을 받는 '덜 기본적인' 정서들일수록 정서의 인식률은 떨어질 수 있다(Haidt & Keltner, 1999).

3) 정서의 보편성에 대한 논의의 결론

정서의 보편성에 대한 논의들은 각각 정서의 생물학적 기원과 사회문화적 기원에 그 뿌리를 두고 있다. 그러나 정서는 이들 두 기제의 상호작용에 의해 경험되는 것으로 어느 한 쪽의 입장으로 정서를 온전히 이해하기에는 한계가 있다(Mesquita & Frijda, 1992). 정서란 개인이 부딪치는 상황을 평가하는 과정에서 유발되는 것으로(Lazarus, 1991), 이러한 평가차원 중에는 보편적인 것도 있고 문화특수적인 것도 있기 때문이다.

분명 여러 문화 사이에는 유사점도 있고 차이점도 있다. 유사점은 대체로 인간의 생물학적 특성의 보편성에서 연유하며, 차이점은 환경의 차이와 거기에서 기인한 삶의 양식에 대한 서로 다른 의미체계, 곧 문화에서 유래하는 것이다(Ellsworth, 1994). 정서가 개인을 둘러싼 상황 평가의 결과라면 이는 생물학적 특성보다는 상황에 대한 의미체계의 영향을 더 크게 받을 것이다. 인간은 태어나면서부터 문화적으로 조건화되며(Campos & Miyake, 1992), 정서는 해당 문화의 도덕적 규범으로 작용하기 때문이다(White, 1993).

따라서 현재로서 보편주의와 구성주의적 관점은 상호배타적이 아닌 상호보완적인 접근으로 간주하는 것이 최선이라고 여겨지며, 이러한 견해는 대단히 광범위하게 인정되고 있다(Russell, 1991).

3. 정서 경험을 조절하는 문화 분류

이렇듯 정서 경험에 미치는 문화의 영향력은 확고한 전제로 간주된다. 여기서는 현재 심리학에서 통용되고 있는 몇 가지 문화 분류 체계에서 기인하는 정서의 문화 차이를 살펴보도록 하겠다.

1) 개인주의 대 집단주의

개인주의 대 집단주의는 심리학(특히 비교문화심리학)에서 가장 대표적으로 채택하고 있는 문화를 구분하는 기준으로, 많은 정서비교 연구가 개인주의와 집단주의 문화에서 수행되었다. 개인주의 문화와 집단주의 문화는 다음과 같은 특징을 가진다.

개인주의 문화에서는 개인의 욕구와 목표 등이 개인 행동의 준거가 되며, 집단주의 문화에서는 집단의 목표나 집단 내 조화가 개인의 행동에 영향을 미친다(Triandis, 1994). 개인주의 문화에서 개인은 자유, 보상, 개인적 즐거움 등을 추구하며, 집단주의 문화의 개인은 집단 내 질서를 존중하고 집단 구성원으로서의 삶에 큰 의미를 부여한다. 이러한 차이는 문화 구성원들의 정서 관련 경험에 직접적인 영향을 미치리라 예상된다. 여기서는 개인주의 · 집단주의 문화의 인간관, 인간관에서 기인하는 대인관계 유형에서 비롯되는 정서표현성, 그리고 정서표현성과 관련을 보이는 부적 정서에 대한 수용성을 바탕으로 각 문화에서 지배적인 정서들에 대해 살펴보도록 하겠다.

(1) 인간관에 근거한 정서 경험의 분화

개인주의 문화에서 개인은 사회적 맥락에서 독립적으로 기능하며, 집단주의 문화의 개인은 집단 구성원 간의 관계 내에서 존재한다. 이러한 사회적 맥락에 대한 초점이 개인주의 대 집단주의 문화의 정서 차이를 우선적으로 유발한다. 각 문화에서는 특정 정서에 대해 상이한 보상과 처벌을 함으로써 결국 정서의 내용을 결정하게 된다(Diener & Larsen, 1993).

① 분화적 정서 대 통합적 정서

독립성-관계성 차원에서 나타나는 정서는 분화적 정서와 통합적 정서로 나눌 수 있다. 개인주의 문화에서는 개인의 자율성과 독특성의 추구와 관련되는 정서, 즉 개인 간의 분화와 독립을 촉진하는 분화적 정서(differentiating emotion; Kemper, 1984)가 사회적으로 긍정적 평가를 받고, 결과적으로 구성원들은 이러한 정서에 민감하게 되고 또 자주 경험할 것이다. 반면에 집단주의 문화에서는 배려와 조화 등 타인과의 관계 유지 및 강화에 도움이 되는 통합적 정서(integrating emotion; Kemper, 1984)가 높은 평가를 받고 구성원들 역시 이러한 정서에 익숙해질 것이다.

이러한 경향은 집단주의 문화권인 튀르키예와 수리남인들이 개인주의 문화권인 네덜란드인들보다 동일한 정서 상황을 더 대인관계적 특성에 맞추어 평가하였다는 연구결과(Frijda & Mesquita, 1994) 등으로 확인할 수 있다.

② 자아 중심적 정서 대 타인 중심적 정서

인간이 경험하는 정서는 자부심, 분노, 좌절 등 개인의 내적 속성에서 기인하는 자아 중심적 정서(ego-focused emotion)와 수치심, 조화감, 동정심 등 타인과의 관계에서 기인하는 타인 중심적 정서(other-focused emotion)로 나눌 수 있는데, 자아 중심적 정서는 개인주의 문화에서, 타인 중심적 정서는 집단주의 문화에서 지배적인 정서이다(Markus & Kitayama, 1991).

자아 중심적 정서는 개인의 내적 속성의 확인과 충족 또는 좌절로 경험된다. 이러한 정서를 경험하는 것은 자기의 내적 속성을 두드러지게 하여 개인은 이들 정서를 외적으로는 드러내고 내적으로는 확인하려는 노력을 기울이게 된다. 이에 비해 타인 중심적 정서는 타인에 대한 민감성, 공감 및 관계의 증진을 위한 노력을 통해 유발된다. 이러한 정서들은 구성원 사이의 상호의존성을 강조하고 호의적 행위와 협동을 유도하는 기능을 한다.

Matsumoto, Kudoh, Scherer와 Wallbott(1988)은 기쁨, 슬픔, 분노, 죄책감, 공포, 수치심, 혐오 등의 기본 정서의 경험 강도가 일본인보다 미국인이 훨씬 강하고 지속적임을 발견하였다. 수치심과 죄책감을 제외한 다른 정서들이 대체로 자아 중심적임을 감안하면 미국인들이 그러한 정서에 민감하고 강하게 반응한다는 것은 그들의 문화와 관련이 있다고 추정할 수 있다. 또한 15개국 사람들을 대상으로 분노, 슬픔, 공포의 표정을 짓고 있는 인물의 사진을 보여 주고, 사진 속 인물이 경험하고 있는 정서의 강도를 추정하게 한 실험에서도 개인주의 문화권의 사람들이 이러한 정서의 강도를 더 높게 평가하였다(Matsumoto, 1989).

③ 사회분리 정서 대 사회관련 정서

개인주의 문화 사람들은 자부심, 자존감, 좌절감과 같은 개인적 정서, 즉 사회분리 정서(socially disengaging emotion)를 많이 경험하는 반면, 집단주의 문화 사람들은 친절, 존중, 공감, 죄책감, 수치심 등과 같은 사회관련 정서(socially engaging emotion)를 더 많이 경험한다(Kitayama, Mesquita, & Karasawa, 2006).

(2) 정서표현성의 분화

① 표현 장려 대 표현 억제

개인주의 문화에서는 개인의 독립성과 자율성을 신장시킬 수 있는 자기주장을 선호하는 반면, 집단주의 문화에서는 집단의 조화와 성취를 위해 개인적 충동을 억제하고 표현을 조절할 것을 주문한다(Triandis, 1990). 이러한 경향은 정서의 표현에 그대로 반영되는데, 개인주의 문화에서 정서 표현은 개인의 내적 가치의 표현으로 간주되어 분노나 자부심 등도 거리낌없이 표현되는 반면, 집단주의 문화에서는 동정심이나 공감 등 타인 중심적 정서 표현은 권장되지만 자부심이나 분노 등의 자아 중심적 정서 표현은 억제된다(Markus & Kitayama, 1991).

연구에 따르면 개인주의 문화로 분류되는 미국인들은 주 1회 정도 가까운 사람들에게 분노를 표출하는 반면(Averill, 1982), 집단주의 문화로 분류되는 에스키모족(Briggs, 1970)이나 이팔리크족(Lutz, 1988)들은 분노를 전혀 경험하지 않거나 타인에게 드러내지 않았다.

이러한 사실은 많은 연구의 결과에서 확인되었다. 일본인과 미국인을 대상으로 한 Friesen의 고전적인 연구에서 혐오스런 동영상을 보여 주었을 때 일본인들은 동영상으로 인한 불편한 감정을 가리기 위한 사회적인 미소를 미국인보다 더 많이 사용하는 것으로 나타났다(Frisen, 1972). 또한 개인주의 국가인 미국과 집단주의 국가인 코스타리카의 대학생들을 대상으로 한 연구에서 긍정적 정서를 표현할 때는 미국과 코스타리카의 차이가 나타나지 않은 반면, 부정적 정서를 표현함에 있어서는 미국 대학생들은 큰 불편감 없이 부정적 정서를 표현한 데 반해 코스타리카 대학생들은 불편감을 느끼는 것으로 나타났다(Stephan et al., 1996).

중국계 캐나다인과 유럽계 캐나다인을 대상으로 식당에서 경험한 불쾌한 일(종업원의 형편없는 서비스)에 대해 어떻게 대처할 것인가를 물었을 때, 중국계 캐나다인들은 덜 화가 나는 쪽으로 상황을 재평가하거나('다른 바쁜 일이 있나 보군' 등) 다른 곳으로 주의를 돌리는 반응을 보인 반면, 유럽계 캐나다인들은 훨씬 강하게 분노를 느끼고 이를 표현하였다(Anderson & Linden, 2006).

집단주의 문화에서 개인이 부정적 정서를 표현하는 것은 집단의 조화를 저해하는 것으로 받아들여질 수 있기 때문이다. 따라서 개인주의 문화에 비해 집단주의 문화의 정서 표현은 암묵적이거나 우회적인 방식으로 나타나는 경향이 있다. 또한 이는 갓난아이 때부터의 문화화 과정을 통해 내재화된다(Ekman, 1972).

Miyake, Campos, Kagan과 Bradshaw(1986)는 미국과 일본의 유아들을 대상으로 어머니가 보이는 여러 정서에 반응하는 시간을 측정하였다. 어머니들이 기쁨, 공포, 분노 등의 정서를 언어로 표현하면서 좋아하는 장난감을 제시하였을 때 유아들이 이에 접근하려는 동작을 취하기까지의 시간을 측정한 결과, 기쁨과 공포 조건에서는 문화 간의 차이가 없었으나 분노 조건에서는 차이가 나타났다. 즉, 어머니가 화를 내면서 장난감을 내밀었을 때 미국의 유아들은 18초 만에 접근 동작을 취했으나 일본의 유아들은 접근 동작이 나타나기까지 48초가 걸렸다. 이러한 결과는 일본 문화에서 분노의 표출은 매우 드문 일로, 일본의 유아들은 어머니의 분노에 상대적으로 큰 충격을 받아서 어떠한 행동을 취해야 할지 혼란스러웠기 때문으로 해석할 수 있다.

(3) 부정 정서의 수용에 따른 분화

① 부정 정서의 회피 대 부정 정서의 수용

개인주의 문화에서 개인은 적극적인 자기주장과 자기현시를 당연하게 받아들이게 되므로 정적인 자기상 및 정적인 감정을 추구하려는 경향이 있다(Diener & Diener, 1995; Diener & Larsen, 1993; Heiner & Lehman, 1995; Kitayama & Markus, 1994). 그러나 집단주의 문화에서 개인은 관계 내에서 규정되기 때문에 자신과 관계를 맺고 있는 타인에 대한 배려와 공감, 집단 내에서의 조화를 강조하게 되므로 자기억제 및 부정적 자기상의 개선 등에 초점이 맞추어지게 된다. 따라서 집단주의 문화의 사람들은 개인주의 문화의 사람들에 비해 부정 정서에 더 민감하고 또한 이를 경험하는 것에 대해 수용적이 될 가능성이 크다(조긍호, 2003).

이와 같이 개인주의 문화에서는 자신의 독특성에 집중하여 자기를 고양시키는 자기고양(self-enhancement)으로의 문화적 압력이 존재하며, 집단주의 문화에서는 집단 혹은 타인의 기대에 근거하여 부족한 자신을 개선해 나가는 자기개선(self-improvement)이 주된 문화적 동기로 작용한다. 그러므로 집단주의 문화에서 부정 정서는 자기개선의 과정에서 필연적으로 발생하는 것으로 쉽게 받아들여지는 데 비해, 개인주의 문화에서는 부정적인 자기상 자체가 되므로 사람들은 적극적으로 부정 정서를 회피하고, 대신에 긍적 정서를 적극적으로 탐색한다(Kitayama et al., 1997).

White와 Lehman(2005)의 연구에 따르면 아시아계 캐나다인들이 유럽계 캐나다인들보다 사회 비교를 많이 하는 것으로 나타났고, 이러한 결과는 아시아계 캐나다인들의 향상 동기와 관련되어 있었다. 성취와 관련하여 자신을 보다 발전시키고자 하는 향상 동기는 주로 집단주의의 문화권에서 두드러진다. 어떤 과제의 성공과 실패 후에 그 과제 수행의 지속 여부를 살펴본 연구에서 집단주의 문화인 일본인들은 과제를 성공했을 때보다는 실패했을 때 과제 수행을 계속한 반면, 북미인들은 그 반대의 패턴, 즉 과제를 성공했을 때 그것을 계속하려는 경향을 보였다(Heine et al., 2001). Heine와 동료들은 이러한 차이가 일본인과 북미인들의 문화적 자기관 때문에 나타났을 것으로 추정하였다. 북미인들은 자기가 독립적이고 독특하며 상대적으로 변하지 않는다고 보기 때문에(독립적 자기) 자기를 긍정적으로 인식하여 고양하려는 동기가 우세하고, 일본을 비롯한 동아시아인들의 자기는 다른 이들과의 관계 속에서 형성되기 때문에 변화가 가능하다고 보고(상호협조적 자기) 집단의 목표나 다른 이들의 기준에 맞출 수 있도록 자기를 성장시키려는 향상 동기가 우세하다는 것이다.

집단주의 문화에서 부정 정서의 수용은 그 외에도 많은 연구에서 지지되고 있다. 예를 들면, 인도인은 '수치'를 공손함, 겸양, 사회질서 유지를 위해 자신을 억제하는 능력과 관련 있다고 보아 정적으로 받아들이는 데 반해, 미국인들에게 수치는 자기위신의 실추를 의미하며 부적으로 경험된다(Shweder, 1993). 또한 중국이나 인도에서 '고통'은 사람을 성숙하게 만드는 것으로 간주되어 긍정적으로 받아들여지지만, 서양인에게서는 고통의 회피가 일반적이다(Das, 1992; Kleinman, 1988).

한국과 주요 서구 선진국 등 18개국을 대상으로 한 정서비교 연구에 따르면, 한국인들이 일상에서 가장 두드러지게 경험하는 정서는 '눈코 뜰 새 없이 바쁨(52%)' '지겨움(47%)' '우울함(40%)' 등의 부정 정서들로 나타난 반면, 서구 국가들에서는 '흥미로움' '자랑스러움' '성취감' '희열' 등의 긍정 정서들이 주로 보고되었다(한국갤럽조사연구소, 1990).

② 부정 정서에 대한 인지 구조의 차이

집단주의 문화에서 부정 정서에 대해 더 큰 수용성을 보이는 것은 부정 정서를 경험하고 해석하는 인지구조의 차이에서 기인할 가능성이 크다. 한국 대학생들을 대상으로 최근 자신의 기분을 72개의 정서 단어로 평가하게 하여 요인/군집 분석한 결과, 쾌(快) 정서보다 불쾌 정서가 훨씬 세분화되어 있음이 나타났다(이만영, 이홍철, 1990). 이러한 결과는 안신호, 이승혜, 권오식(1993)의 연구에서도 거듭 확인되었다.

부정 정서의 인식에 대한 이러한 차이는 각 문화가 보다 이상적이라고 평가하는 정서의 종류와 밀접하게 관련되어 있다. Tsai, Knutson과 Fung(2006)은 정서를 각성 정도(high-arousal, low arousal)와 긍정/부정으로 구분하여 유럽계 미국인과 아시아계 미국인, 홍콩인을 대상으로 어떤 정서를 더 이상적으로 여기는지 조사하였다. 고각성 긍정(high-arousal positive) 정서는 열정적인(enthusiastic), 흥분된(excited) 등이었고, 저각성 긍정(low-arousal positive) 정서는 조용한(calm), 이완된(relaxed) 등이었으며, 고각성 부정(high-arousal negative) 정서는 공포스러운(fearful), 적대적인(hostile) 등이었고, 저각성 부정(low-arousal negetive) 정서는 둔한(dull), 게으른(sluggish) 등이 선택되었다. 즉, 유럽계 미국인은 개인주의 문화를, 홍콩인은 집단주의 문화를, 아시아계 미국인은 개인주의 문화와 집단주의 문화의 속성을 모두 가지고 있다고 가정되었다. 연구결과, 유럽계 미국인과 아시아계 미국인이 홍콩인보다 고각성 긍정 정서를 더 이상적이라고 생각하였으며, 홍콩인과 아시아계 미국인들이 유럽계 미국인보다 저각성 긍정 정서를 이상적으로 평가하였다.

또한 개인주의 문화권은 긍정 정서와 부정 정서를 독립적으로 경험하지만 집단주의 문화, 특히 동아시아 문화권에서는 이들 정서가 함께 경험되는 경향이 강했다[예, 애증(愛憎), 미운정 고운정, 시원섭섭함; Bagozzi, Wong, & Yi, 1999; Schimmack, Oishi, & Diener, 2002; 한민, 한성열, 2009].

③ 행복, 정신건강

부정 정서에 대한 상이한 인식은 곧 문화 구성원들이 인식하는 행복의 차이로 귀결될 수 있다. 심리학에서 행복은 개인이 주관적으로 평가하는 긍정 정서로 정의되는데(Diener & Larsen, 1993), 긍정 정서와 부정 정서에 대한 문화의 차이는 개인이 경험하는 주관적 안녕감에 영향을 미칠 가능성이 크다. Taylor와 Brown(1988)은 자기와 관련된 긍정적 환상, 즉 비현실적으로 긍정적인 자기평가, 통제력의 과장된 지각, 그리고 비현실적인 낙관주의는 개인의 정신건강 및 안녕감에 바람직한 기능을 수행한다고 주장하였다.

이러한 긍정적 환상은 자기충족적이고 독립적인 자기관을 강조하는 개인주의 문화권에서 자기고양 편파(self-enhancing bias)나 자기증진 편향(self-serving bias) 등으로 나타나지만, 관계 속에서의 조화 및 배려를 강조하는 집단주의 문화에서는 자기비하 혹은 타인증진(other-serving) 등의 겸양 편향이 두드러진다(Diener & Diener, 1995; Heine & Lehman, 1995; Markus & Kitayama, 1991). 따라서 개인주의 문화에서의 긍정적 환상은 곧 개인의 주관적 행복감으로 이어질 수 있지만, 집단주의 문화에서는 그렇지 않을 가능성이 크다.

그러나 주관적 안녕감의 요인은 각 문화에서 어떤 가치를 중시하느냐에 따라 달라질 수 있으므로(Suh & Diener, 1995) 부적 정서의 수용 여부가 곧 정신건강과 행복으로 직결된다고 보기는 어렵다. 이에 대한 논의는 제8장 '문화와 정신건강', 그리고 제14장 '한국인의 마음건강'에서 볼 수 있다.

2) 그 외의 문화 분류

(1) 명예의 문화

Cohen, Nisbett, Bowdle과 Schwarz(1996)는 미국 남부와 북부 지역 남성들의 공격성을 비교하는 과정에서 명예의 문화(culture of honor)라는 용어를 사용하였다. 연구자들은 참여자들의 공격성을 측정하기 위하여 일종의 상황 조건을 조작하였다. 연기자가 참여자들을 모욕하는 상황을 연출하고 두 명의 관찰자가 참여자의 분노 및 공격성 반응을 평정하는 방식으로 진행된 실험에서 남부지역 남성들이 북부지역 남성들보다 공격성이 높게 나타났다.

연구자들은 그 이유를 공업이 발달한 북부보다 상대적으로 목축이 중심적인 경제 수단이었던 남부에서는 자신과 재산을 보호하기 위해 폭력을 정당화하는 문화를 발달시켰기 때문이라고 설명하였다. 미국 남부지역은 개척시대의 척박한 환경과 목축을 중심으로 하는 사회경제적 여건 때문에 남성들이 '얕잡아 보거나 모욕할 경우에 반드시 보복하는 거친 사람'이라는 명성을 갖는 것이 생존에 유리했을 것이기 때문이다.

이와 동일한 기제를 아랍 문화권에서도 발견할 수 있다. 미국 남부 지역과 마찬가지로 유목문화의 전통을 가진 아랍 문화도 가문이나 씨족의 명예를 무엇보다 중시한다. 그 외에도 지중해나 남아메리카 지역에서도 명예의 문화가 나타났다(Pitt-Rivers, 1965). 이러한 문화에서는, 특히 자신이나 자신이 속한 집단이 해를 입었을 때 이에 대해 강한 부정적 정서와 공격 행동을 드러내는 것이 바람직한 것으로 받아들여진다.

(2) 권력거리

사회가 직면한 문제들을 해결하기 위해 구성원들의 행위 양식을 결정짓는 중요한 기준 중 하나로 권력거리를 들 수 있다(Hofstede, 1980). 권력거리란 문화가 개인들로 하여금 위계적인 불평등을 얼마나 합법적인 것으로 받아들이게 하는가와 관련이 있는 개념이다. Schwartz(1994)는 권력거리와 관련된 세 개의 차원, 즉 보수주의 대 자율성, 위계 대 평등주의, 지배 대 조화를 제시하였다. 권력거리가 작은 문화에서 개인들은 사회 내의 위계적 질서를 부당하게 여기는 반면, 권력거리가 큰 문화에서는 그러한 위계가 정당한 것으로 받아들여진다.

권력거리는 정서의 경험과 표현에 영향을 미칠 수 있는데, 권력거리가 큰 문화일수록 자신보다 위계가 낮은 사회계층의 사람들에게 우월감을 느끼고 지배적인 행동 양식을 취하며 그들에게 권위를 도전받았다고 생각하게 되면 강한 분노를 표출하게 된다. 반면에 자신보다 높은 계층에게는 부끄러움을 느끼고 비굴한 행동 양식을 보이는 경향이 있다. 연구에 따르면, 권력거리가 큰 문화에서 사람들은 자신보다 우월한 위계의 사람들에게 복종적인 태도를 보였으며 그들과 함께 있는 것을 불편해 하였다(Bochner & Hesketh, 1994).

(3) 주체성 자기 대 대상성 자기

한편, 같은 집단주의 문화권으로 알려진 한국과 일본의 정서 차이가 존재한다. 정서 표현(표정)에 대한 한일 비교연구에 따르면, 한국인이 일본인보다 표정의 표출 정도와 표정에 따른 얼굴 형태의 특징 차이가 컸다(大坊 外, 2007).

사회적 맥락에서 개인이 갖는 영향력의 방향성을 뜻하는 주체성과 대상성은 집단주의 문화로 대별되는 동양 문화 내의 문화 차이를 세분화하기 위해 제안되었다(이누미야, 김윤주, 2006; 이누미야 외, 2007). 이들에 따르면, 한국인들은 사회적 맥락에서 중심적 존재(主體)로 자신의 영향력을 발휘하고 싶어 하는 주체성 자기가 우세하고, 일본인들은 사회적 맥락에서 객체(대상)로서 다른 사람들의 영향력을 수용하고자 하는 대상성 자기가 우세하다.

자기관의 차이는 대인관계에서의 동기 차이로 이어진다. 주체성 자기는 타인과의 관계에서 '주도하고 싶다' '가르치고 싶다' '주관하고 싶다' '이끌고 싶다' '지배하고 싶다'와 같은 욕구를 느끼며, 대상성 자기는 타인에게 '배우고 싶다' '따라하고 싶다' '보좌하고 싶다' '의존하고 싶다' 등의 욕구를 가진다. 이러한 욕구에서 그 사람이 취하는 행동의 종류와 범위를 예측할 수 있는데, 예를 들면 주체성 자기가 우세한 사람은 자신의 사회적 영향력을 확장하는 방식으로 행동할 것이고, 대상성 자기가 우세한 사람은 자신의 사회적 영향력을 축소하고 다른 이들의 사회적 영향력을 받아들이는 데 초점이 맞춰질 것이다.

한국과 일본의 대표적인 토착 정서에서 이러한 자기관의 차이를 엿볼 수 있다. 한국인의 대인관계에서는 '정(情)'이 중요시되는데(이규태, 1977; 최상진, 2000), 정은 기본적으로 주체가 대상에게 느끼는 정서이며 주체가 대상에게 '주는 마음'이라고 할 수 있다. 우리가 '정 많은 사람'을 떠올릴 때 자녀에게 자신의 모든 것을 아낌없이 주는 어머니를 형상화하는 경우가 많은데, 이는 정의 영향력이 어머니의 마음이 그러하듯이 주체에서 대상으로 향하는 데에서 비롯된다.

한편, 일본인의 대인관계에서는 '아마에(甘え)'가 중요시된다(土居, 1971). 아마에는 한국어로 '어리광'으로 옮길 수 있으며, 어머니에 대한 자녀의 의존이 핵심인 정서적 의존성을 뜻하는 일본의 문화적 개념이다. 일본인들은 성인이 된 후에도 어머니에 대한 의존과 유사한 정서적인 안정을 추구하려는 경향이 있다. 이러한 아마에의 특징을 요약하면 '수동적 대상애'라 할 수 있는데(土居, 1971), 정을 이에 대비해 본다면 '능동적 주체애'라고 할 수 있을 것이다(이누미야, 김윤주, 2006).

3) 문화에 따른 정서의 질적 차이

이렇듯 문화는 구성원들이 경험하는 정서의 차이를 야기한다. 여기서는 보다 심화된 구성주의적 관점에서 정서의 질에 대한 차이를 언급해 보도록 하겠다.

(1) 정서의 구성과 해석

과거 심리학에서 정서는 문화에 관계없이 보편적인 것이라 여겨져 왔다. 기쁨, 슬픔, 분노, 공포 등의 정서는 발생적인 측면에서 생물학적인 기원을 갖기 때문에 이러한 견해는 타당한 것으로 받아들여졌다. 그러나 비교문화심리학의 연구결과들이 축적되면서 문화에 따라 개인이 경험하는 정서의 질이 다를 수 있다(Kitayama & Markus, 1991a)는 주장이 제기되었고, 이를 뒷받침하는 연구결과들이 계속 발표되고 있는 상황에서 정서가 문화보편적이라는 기존의 관점은 변화를 필요로 하고 있다.

물론 정서가 문화에 따라 다르다는 말은 정서의 생물학적인 과정이 문화에 따라 달라진다는 것을 의미하지는 않는다(Russell, 1991). 어떠한 정서가 발현되는 생물학적인 과정은 문화를 떠나서 보편적일 수밖에 없다. 이 말은 정서에 대한 해석이 문화의 영향을 받을 수 있다는 것을 뜻한다(Mesquita & Walker, 2003). 다시 말해 정서가 문화에 따라 다르다는 말은 어떠한 정서에 대한 해석과 설명이 문화에 따라 달라질 수 있다는 것이다. 특히 어떠한 정서가 한 문화에서 독특하게 경험되는 성질의 것이라면 그것의 배경이 되는 문화적 맥락을 이해하는 것은 필수적이다. 이러한 견해와 연구결과들은 Geertz(1973)의 '문화는 해석의 체계'라는 주장을 뒷받침하며, 그동안 보편적인 것이라고 생각되어 왔던 정서 역시도 문화와 독립적으로는 고려하기 힘들다는 점을 경험적으로 증명하고 있다.

일상에서 '심리'라는 용어의 의미에서는 구체적인 맥락적 특징을 갖는 주관적 경험이 중요하다. 때문에 심리학자에게 제기되는 현실적 · 일상적 질문을 일반화된 심리학적 개념들로 설명하기에는 제한이 따른다. 따라서 정서를 연구할 때는 구체적인 상황 맥락이 중요시된다.

특히 정서를 표현함에 있어서 문화는 반드시 고려되어야 하는 사안이다. 인간은 사회화 과정을 통해 정서 표현 규칙을 습득하여 표현하고자 하는 의향을 상대방에게 전달하는 것을 훈련한다(내재화). 반대로 표현된 정서를 이해하기 위한 능력과 주의도 발달한다. 이러한 사회화 과정은 어떤 상황에서 정서를 경험하며 이를 어떻게 표현해야 하는지 결정하게 한다.

Schachter(1971b)와 Lazarus(1984a) 등에 의해 제안된 인지평가이론은 정서는 생리적 반응뿐 아니라 개인이 처해 있는 상황과 그 상황에 대한 개인의 해석과 평가에 의해 결정된다고 본다. 즉, 정서 및 정서적 경험은 평가되는 환경과의 계속적인 상호작용으로 생성(혹은 구성)된다는 것이다.

이러한 상호작용, 다시말해 어떤 정서를 유발한 상황과 생리적 반응에 대한 해석에는 언어의 역할이 지대하다. 정서는 언어를 통해 표현되고 또 인지되는데, 어떤 문화에서 어떤 정서에 대한 특정한 용어가 있다면 다른 문화권의 사람들이 그 정서를 온전히 이해하기는 어렵다(Wierzbicka, 1995). 아주 비슷한 개념으로 정의된 문화적 정서라고 할지라도 그 경험의 질이 같다고 말하기는 어렵다.

예를 들어, 정과 sympathy가 동일한 의미를 갖는다고 하더라도 그 정서적 경험의 내용이 같다고 주장할 수는 없다. 왜냐하면 정이라는 정서는 우리성과 같은 문화적 정서체계 속에서 경험되는 것이기 때문이다. 만약 우리가 정과 sympathy를 비교한다면 이러한 정서적 경험의 체계에 비추어서 고찰해야 한다. 독립적인 정서적 경험이나 개별적인 정서는 존재하지 않기 때문이다(김정운, 2001).

(2) 언어와 정서적 경험

정서의 경험이 언어적 해석과 관계된다면 정서를 표현하는 단어의 다양성은 해당 언어를 사용하는 사람들의 정서적 경험의 질과도 관련이 있을 것이다. 예를 들어, 영어에는 2,000개가 넘는 정서 표현 단어가 있으나, 말레이시아의 추웡(Chewong)족은 겨우 8개의 정서 단어(분노, 공포, 부끄러움 등 Ekman의 기본 정서와 유사)만 가지고 있을 뿐이다(Heine, 2008).

또한 문화는 정서를 서로 다른 방식으로 분류하기도 한다. 우간다의 부간다(Buganda)족은 슬픔과 분노를 구분하지 않으며, 오스트레일리아의 기딩갈리 어보리진(Gidjingali aborigine)족은 한 단어로 부끄러움과 공포를 표현한다. 사모아 단어 alofa는 사랑과 연민이라는 뜻을 모두 가지고 있으며, 우쿠 에스키모(Utku Eskimo)는 친절함과 감사를 구분하지 않는다. 미크로네시아의 이팔루크(Ifaluk)족은 심지어 '정서'에 해당하는 말 자체가 없다. 이들의 정서적 경험이 우리와 같을 것이라고는 상상하기 어렵다.

한 문화의 정서를 표현하는 단어들이 다른 문화에서는 존재하지 않는다는 사실은 다른 문화의 사람들이 그같은 정서를 전혀 경험하지 않는다는 뜻이 아니라, 상이한 문화에서 살아가는 이들이 서로 다른 방식으로 심리적 경험을 구성한다는 것을 의미한다. 예를 들어, 독일어의 Schadenfreude라는 단어(다른 사람의 불행에서 느끼는 즐거움)가 있다는 사실은 독일인들에게는 그러한 감정 상태나 상황을 확인하고 받아들이는 것이 다른 문화 사람들에 비해 중요하다는 것이다.

한국인의 한(恨)은 한국만의 고유한 정서인가? 그렇지는 않을 것이다. 한자 문화권인 중국과 일본에도 한(恨)에 대한 정서적 경험이 존재하고, 서구 문화권에서도 이와 유사한 질의 경험은 있을 것이다. 한(恨)이 한국의 문화적 정서라는 진술은 한국인들이 한이라는 용어를 통해 자신의 심리적 경험을 구성하며, 한을 경험하고 표상하는 방식이 한국인들과 한국 문화에서 중요한 의미를 갖고 다른 심리적 경험을 구성하는 데 어떠한 기능 혹은 역할을 맡고 있다는 뜻이다. 즉, 다른 문화권 사람들에게 있어서 한(恨)과 유사한 어떤 정서는 한국인들이 '한(恨)'으로 표상하고 인식하는 정서와는 질적으로 다르게 받아들여지며, 사람들의 동기 및 행동체계에 미치는 영향 또한 '다를 것'이다.

(3) 토착 정서들의 예

특정 문화의 언어로 표현된 정서는 그 문화 내에서만 온전히 이해할 수 있다. 여기서는 몇 가지의 토착 정서를 소개해 보고자 한다.

① Liget

Liget은 필리핀 북부에 사는 수렵 · 채집 민족 일론고트(Ilongot)족의 토착 정서이다. Liget을 모르고서는 일론고트족을 이해할 수 없다는 말이 있을 정도인데, 그 뜻을 최대한 가깝게 옮기면 분노(anger), 열정(passion)과 에너지가 합쳐진 정서를 의미한다(Heine, 2008). Liget은 어떤 사람이 모욕을 당했을 때, 화가 났을 때, 실망했을 때, 특히 누군가가 부러울 때 경험할 수 있다. Liget은 다른 사람들과의 상호작용을 통해 경험되는데, 특히 누군가와 경쟁하고 상대방의 성취를 부러워하는 맥락에서 비롯된다. Liget은 또한 에너지의 원천이기도 하다. Liget을 느끼는 사람은 밭에서 하루 종일이라도 일할 수 있으며, 평소에는 못 올랐던 높은 나무도 오를 수 있다(Rosaldo, 1980).

② Schadenfreude

Schadenfreude는 독일어로, 다른 사람에게 생긴 곤란한 일을 보았을 때 경험하는 즐거움을 표현하는 말이다. 우리말로 '쌤통'이 연상되는 이 말의 뜻을 적절히 옮길 만한 영어 단어는 없다.

③ Iklas

자바어(인도네시아)로, 좌절의 기쁨 쯤으로 옮길 수 있는 정서이다(Geertz, 1959).

④ Song

이팔루크어(미크로네시아 원주민 언어)로 분노와 슬픔을 의미한다(Lutz, 1980).

⑤ Gurakadi

기딩갈리(오스트레일리아 원주민 언어)어로, 공포, 두려움, 불안, 겁이 많음, 수치 등을 지칭한다(Hiatt, 1978).

⑥ 중국의 경우

다음은 중국의 속담에서 자주 나타나는 정서들이다(Russell & Michelle, 1996).

표 6-1 중국의 정서 용어

정서(중국 음-한국 음)	의미	출현 빈도(%)
怒(nu-노)	anger 분노	68
喜(xi-희)	joy 기쁨	66
哀(ai-애)	sorrow/grief 슬픔	66
樂(le-락)	happiness 행복	64
愛(ai-애)	love 사랑	42
惡(wu-오)	dislike 싫어함	38
愛情(aiqing-애정)	love relationship 애정	30
友情(youqing-우정)	friendship 우정	30
嫌(hen-혐)	hate 증오	26
親情(qinqing-친정)	feeling with family 가족의 정	26
悲(bei-비)	sorrow/sadness 슬픔	14
慾(yu-욕)	desire 욕망	12

4. 한국 문화와 정서 표현

한국인의 정서 표현을 이해하기 위해서는 먼저 한국인의 대인관계가 크게 공적 관계와 사적 관계 두 축에서 상이한 양상으로 이루어짐을 이해해야 한다. 이러한 대인관계는 한국 문화의 외재적 측면과 내재적 측면을 대변한다고 볼 수 있다. 한국인의 공적 인간관계는 유교적 서열과 권위주의적 질서로 유지되는 수직적 관계가 일반적이다. 하지만 가족이나 가까운 친구와 같은 사적 영역에서는 유교적 서열이나 권위주의적 질서가 아닌 '우리'와 '정(情)'이 중시되는 수평적 관계가 나타난다. 이러한 대인관계의 축에 따라 정서의 표현은 크게 달라진다.

1) 정서의 억제

현재의 심리학 연구에서 한국은 집단주의 문화로 분류된다. 또한 한국 사회의 외현적 현상들을 보면 분명 집단주의 문화의 특성들이 많이 나타나는 것이 사실이다. 이러한 관점에서 한국인의 정서 표현은 억제에 초점이 맞추어져 있다. 집단주의 문화의 정서 표현을 설명하는 논리는 다음과 같다.

개인주의 문화의 사람들은 자신의 감정과 생각을 표현하는 것에 익숙하며 그것을 바람직하게 생각한다(Markus & Kitayama, 1991; Oyserman, Coon, & Kemmelmeier, 2002; Tsai & Levenson, 1997). 개인주의 문화에서 자기표현(self-expression)은 개인의 고유한 정체성을 드러내는 효과적인 방법으로 받아들여지기 때문이다(Bellah, Madsen, Sullivan, Swidler, & Tipton, 1985).

반면에 집단주의 문화권에서는 개인의 감정과 생각을 표현하는 것은 때로 집단의 조화를 저해하는 일로 받아들여질 수 있다. 대표적인 집단주의 문화권인 아시아 나라들에서는 다른 사람에게 상처를 주지 않고 관계를 유지하기 위한 목적에서 많은 상황에서 표현의 억제를 장려한다(Wierzbicka, 1994).

한편 정서 표현을 억제하는 정서 억제는 개인의 안녕감에 부정적인 영향을 미친다고 알려져 있으나(Gross, 1998; Gross & Levenson, 1993, 1997), 한국에서는 그렇지 않다는 보고가 있다. 개인주의 문화에서는 정서 억제를 많이 할수록 자아존중감이 낮고 주관적 안녕감 수준이 낮았지만, 집단주의 문화인 한국인들에게서는 이러한 부정적 결과들이 나타나지 않았다(이은경, 서은국, Chu, Kim, & Sherman, 2009). 이는 한국 등의 집단주의 문화에서 정서 억제란 문화적인 행동 양식이라는 것을 의미한다.

(1) 정서 억제로 인한 행위 양식: 체면과 눈치

특히 오랜 시간 동안 한국인들의 정신세계에 영향을 끼쳐 온 유교적 사회질서는 체면이라는 행위 양식을 발달시켰다. 체면이란 사회적 지위에 걸맞은 행동 양식을 따르는 것을 의미하며, 개인이 특정한 사회적 맥락에서 취할 수 있는 행동(정서 표현을 포함)의 종류와 범위를 결정한다. 이러한 한국인들의 의사표현에 대해 오세철(1994)은 그 특징이 우회적인 표현이며, 이는 상대방이 스스로 알아차리게 하려는 것이라고 하였다. 우회적 표현은 상대방의 비위를 건드리지 않으며 원만한 인간관계를 유지하려는 동기에서 비롯된다. 즉, 자신의 의사를 직접 표현하면 상대방의 기분이나 자존심을 손상시킬 우려가 있을 때 자신의 진실을 은폐하게 되고 따라서 상대방은 숨은 의도를 직관을 통해 읽어야 하는 것이다(박종삼, 1985).

직관은 인간이 갖고 있는 오감 이상의 모든 감각을 동원하여 의사소통 내용을 이해하는 과정이다. 이는 해석 창조 과정으로서의 의사소통, 침묵의 의사소통, 메타 의사소통으로 분류될 수 있다. 해석 창조 과정이란 의미가 없는 것처럼 보이는 의사소통에 의미를 부여함으로써 의사소통을 능동적으로 해석하고 새롭게 의미를 창출하는 행위적 특성이며, 침묵의 의사소통은 침묵이 다양한 의미를 함축하기 때문에 직관에 따라 그 의미를 정확히 파악해야 하는 것을 의미한다. 메타 의사소통은 지금 행한 의사소통이 담고 있는 '의미의 의미'를 전달하려는 의사소통이다. 이는 메시지의 단순한 의미를 전달하려는 것이 아니라, 메시지의 단순한 의미를 통해 보다 심층적인 의미를 전달하려는 것이므로 직관에 의한 추론 혹은 많은 눈치가 요구된다(장낙인, 1991).

한국인의 사회적 성격 특성 중 하나인 눈치는 일반적으로 상호작용하는 양자 또는 상호가 자신의 의중이나 기타 내적 상태(감정, 욕구, 이해관계, 판단, 그밖에 감추고 싶은 것 등)를 상대방에게 직접 노출하지 않을 때 간접적 단서나 상황으로 미루어 상대방의 내심을 추론 내지 짐작하는 것(최상진, 최연희, 1989)으로, 비언어적이고 직관적인 한국적 의사소통 기저에서 작용하는 그리고 그러한 의사소통을 가능하게 하는 필수적 기제이다.

한국 사람들에게 눈치가 발달한 이유는 사람들이 속마음을 언어로 표현하지 않고 언어의 휴지부(pause)나 상황적 맥락 속에 메시지를 은폐하며, 불분명하고 불충분한 정보 단서를 통해 그 의미를 찾아야 할 필요가 있기 때문이다(박종삼, 1985; 오세철, 1979; 장낙인, 1998; 최상진, 2000). 눈치는 서양인의 '행간 읽기' 또는 '함의 찾기'와 어느 정도 비슷하지만, 그 응용의 복잡성과 임의성에 있어서 크게 다르다. 때때로 눈치는 무의미에서 의미를 찾아내기도 하는데, 상대방조차도 스스로가 무엇을 원하는지 모를 때 직관을 통해 자신이 원하는 것이 무엇인지를 알아낸다는 것이다(장낙인, 1991). 결국 한국인들의 체면과 눈치는 정서 표현의 억제에서 비롯된 의사소통 양식이라고 할 수 있을 것이다. 이에 대해서는 제13장에서 보다 자세히 다룰 것이다.

2) 정서의 적극적 표현

한편, 한국인들은 매우 솔직한 정서 표현을 한다고 알려져 있기도 하다. 특히 같은 집단주의 문화로 여겨지는 일본인들이 보기에 한국인들은 '솔직하고, 붙임성이 있고, 본심으로 말하는 사람들이며(道上, 2001, p. 93)', 한국인들의 언어 및 감정 표현은 직설적이고 분명하다(渡部, 2006). 애매한 표현을 좋아하지 않으며 내숭이나 일구이언은 한국인의 성격과 맞지 않다(四方田, 2002). 정서의 적극적 표현 역시 한국 문화의 중요한 특징이다.

이러한 특징은 정서 표현을 억제하는 문화와 상충되는 것처럼 보이지만, 이는 한국인 대인관계의 또 다른 축을 고려하면 이해할 수 있다. 한국 문화는 외면적으로 정서의 표현을 억제하는 문화이지만 모든 경우에 그렇지는 않다. 위계적 질서가 요구되는 공적인 맥락에서는 정서의 표현은 억제되지만 사적인 영역, 즉 '우리' 관계에서는 매우 개방적이고 솔직한 정서 표현이 나타난다. '우리' 관계에서는 '심정'과 심정 교류가 중요한 의사소통의 수단이 되는데, 이에 대해서는 '한국인의 사회심리'(제13장)에서 보다 자세히 다루도록 하겠다.

이러한 성향은 자기가치감이 높고 자신의 영향력을 외부로 확장시키기 원하는 '한국인의 자기관'(제12장)과 관련하여 이해할 수 있으며, 한국인의 고유한 정서 표현 방식이라고 할 수 있다. 그러나 유교 등의 영향으로 공적 관계에서는 이러한 표현이 바람직하지 않게 여겨지면서 이중적인 형태의 정서 표현 양식을 갖추게 된 것이다.

한국인들은 감정을 매우 솔직한 자기의 표현으로 받아들이는 진실 진정관(최상진, 1997)을 가지고 있다. 한국과 일본 혹은 한국과 중국의 비교문화 심리 연구에 따르면, 한국은 자기를 표현하고자 하는 현시성이 높은 주체성 자기 문화(이누미야, 2004; 이누미야, 김윤주, 2006; 이누미야, 2009; 한민, 이누미야, 김소혜, 장웨이, 2009)로, 자신의 감정을 감추기만 하기보다는 은연중에라도 드러내고 또한 구체적인 정보가 없어도 상대방의 감정을 알아채는 기제가 발달되어 있다(최상진, 1997). 최상진(2000)은 한국 사람들의 사회심리 기제는 언뜻 보기에 매우 부정적 감정의 표현으로 알려진 기제들이 많은 것처럼 보이지만, 기제의 겉으로 드러난 모습과는 달리 그 본연에는 직접 노출하기 힘든 속내, 즉 심정을 우회적으로 표현하는 기능을 가지고 있다고 한다. 여기서는 '삐침'과 '자존심 상함'이라는 경우를 예로 한국인들의 적극적 정서 표현의 양상과 문화적 의미를 살펴보도록 할 것이다.

(1) 사적인 관계에서의 정서 표현: 삐침

'삐침'은 상대방에 대해 내가 가진 감정의 응어리를 표현하기는 하되, '화'와 같은 직접적이고 적극적인 형태가 아닌 우회적인 방법으로 표현된다. 관계 악화를 야기할지도 모르는 상대방과

표 6-2 삐침의 심리 · 사회적 현상

정서	응답 수(%)	삐친 사람에 대한 느낌		응답 수(%)
서운섭섭	32(26.9)	이유 궁금	나	13(10.9)
			너	38(31.9)
화	22(18.5)	풀어 줘야겠다		15(12.6)
불쾌	16(13.4)	소심하다		14(11.8)
속상함	15(12.6)	불편, 짜증, 당황		9(7.6)
기타	14(11.8)	답답하다		9(7.6)
소외	11(9.2)	미안하다		9(7.6)
무시당한 느낌	8(6.7)	대화를 원한다		8(6.7)
무응답	1(0.8)	미성숙하다		4(3.4)
–	–	이해심 없다		3(2.5)
–	–	기타		3(2.5)
합계	119(100)	합계		119(100)

출처: 송경재 외(2010).

의 직면(confrontation)은 피하되, 나의 감정 상태는 알리고 그 감정을 상대방이 알아주기를 바라는 한국인 특유의 의사소통 양식을 포함하는 정서가 바로 '삐침'이다. 삐침으로 유발되는 정서 및 삐친 사람에 대한 2차적 정서는 다음과 같다.

'삐침'은 친밀한 우리성 관계 속에서 갈등이 생길 경우, 이를 드러내어 해결하지 않고 간접적으로 표현하여 해결하고자 노력하는 소통 양식, 즉 한국적 마음 읽기가 반영된 기능을 갖는다. 삐침을 통해 얻을 수 있는 것을 알아본 결과, '상대방의 관심 유도(26.1%)' '심정 공감 받기(25.2%)' '간접적 심정 표출(11.8%)' '직접적 심정 표출(8.4%)' '얻는 것 없음(21.8%)'으로 나타났다. 즉, '얻는 것 없음(21.8%)'를 제외한 나머지 약 80%는 손상된 관계를 개선 및 유지할 수 있는 기능에 대해 이야기하고 있다.

삐침 해소 방법에서 '내 마음 알아주기'를 가장 많이 원하는 것으로 나타난 것처럼, 관계 속에서 갈등 발생 시 삐침을 통해 상대방의 관심을 끌고 심정을 공감받을 수 있다는 것이다. 이는 미숙한 관계 대처 양식으로 보일 수 있는 '삐침'이 한국의 일상에서 빈번한 의사소통 양식으로 발현된다는 것에 대한 정당성을 입증하는 것임을 알 수 있다. 즉, '삐침'은 상대방과의 소통을 차단하는 듯한 겉모습과는 달리 의사소통의 기능을 담당하고 있다.

(2) 자기 관련 정서: 자존심 상함

한국인들은 자존심을 자신을 나타내는 것으로 인간으로서 반드시 가져야 하는 필수요건으로 인식한다. 자존심은 가난하고 가진 것 없는 사람일수록 가지고 있어야 하는데, 이는 자존심이 자신의 존엄을 지키는 마지막 수단이기 때문이다. 따라서 한국인들에게 자존심이 상하는 경험은 대단한 심리적 충격으로 해석된다.

한국 문화에서 자존심은 다음과 같이 이해할 수 있다. 첫째, 자존심은 평소에는 잘 인지되지 않다가 손상을 당함으로써 비로소 인지된다. 자존심은 타인으로부터 자기가치를 인정받지 못하거나 존중받지 못할 때 자존심이 상하는 느낌과 함께 인식된다. 다시 말해 자존심은 타인으로부터 개인이 스스로가 인식하고 있는 자기 능력이나 자기 가치 수준에 미치지 못하는 평가나 대접을 받을 때 유발되는데, 이는 우선적으로 자존심이 개인이 수립한 자기상이나 자기개념을 평가하고 싶어 하는 자기평가(self-evaluation)의 욕구와 관련되어 있음을 의미한다.

자기평가에서는 무엇이 평가 기준이 되느냐가 특히 중요한데, 이는 사회비교 과정과 관련되어 있다. Festinger(1954)는 사회비교 과정에서 자기평가의 기준이 되는 타인이 누구인가 하는 문제가 개인의 자존감과 관련이 있다고 보았다. 개인은 자신의 자존감을 보호하기 위해 자기고양 욕구 또는 자기방어 욕구에 따라 상위 타인(상향 비교)/하위 타인(하향 비교)을 선택하는 사회비교 과정을 수행한다는 것이다. 그러나 자존심은 사회비교 과정에서의 평가 기준이 자신이 스스로 선택함으로써 형성되는 것이 아니라 타인에 의해서 형성되는 차이점을 지닌다. 즉, 자기평가의 기준이 되는 타인의 선택에 대한 권한이 없는 상태에서 일방적인 사회비교 과정을 통한 자기평가를 받게 됨으로써 경험된다.

둘째, 한국인들은 자존심 유발 경험의 대부분을 '자존심이 상한다'라고 인식하는데, 이는 대개 부정적 정서로 표현되고 있다(〈표 6-3〉 참조). 자존심 상하는 경험은 사회비교 과정에서 하위 타인의 평가 기준으로 이루어진 하향 비교의 실패 상황으로 볼 수 있으며, 자존심 현상은 장은영과 한덕웅(2004)이 수행한 사회비교 결과에 따른 자기정서의 경험에 대한 연구결과의 부적 정서를 구성하는 요인에 속하는 정서의 개념들과 유사하다. 연구결과에 따르면, 부적 정서(당혹, 우울, 분노, 열등, 자기연민, 불안)는 사회비교에 실패할 경우에 높게 발생하였고, 당혹 정서(황당함, 어이없음, 기막힘 등), 우울 정서(상심, 울적함, 서글픔 등), 분노 정서(분함, 울화가 치밈, 노함 등)는 하향 비교일 경우에 더 높게 나타났다. 특히 당혹 정서와 분노 정서는 하향 비교에 실패할 경우에 그 수준이 높게 나타났는데, 이는 자존심이 상했을 때의 현상인 표출형 정서를 설명해 준다.

또한 침잠형 정서에 속하는 열등 정서(기죽음, 위축감, 열등감, 무능감 등)는 상향 비교에 실패한 경우에 더 높은 수준으로 나타났으며, 자기방어의 목표보다는 자기향상의 목표를 가지고 상향 비교하여 실패한 경우에 가장 높게 열등 정서를 경험하였다. 이는 자기향상 또는 자기방어의 동기적 욕구로 인해 발생하는 정서로 자존감에 보다 근접한 현상이라고 생각된다. 이와 같이 자존심 상함의 현상으로 나타나는 정서는 사회비교와 관련된 부적 정서와 밀접한 관련을 가지고 있는 것으로 생각해 볼 수 있으며, 자존심이 사회비교 과정의 동기로 작용하는 자존감과는 달리 사회비교 과정을 거치며 발생하는 결과 차원의 개념이라고 볼 수 있다.

표 6-3 자존심 상함의 정서

현상	범주	하위 범주	개념
자존심 상함	표출형 정서	불쾌감	기분 상함, 기분 나쁨
		억울함	억울함, 답답함
		분노 및 공격 의도	화남, 분노, 싸우고 싶음, 때려 부수고 싶음
	침잠형 정서	자기 초점적 정서	비애감, 허탈감, 씁쓸함
		자괴감	기죽음, 창피함

출처: 한민 외(2013).

제7장

문화와 사회

'사람은 누구나 다 혼자다'라고 깨달은 것처럼 말하는 사람도 간혹 있지만 인간은 본질적으로 사회적인 존재이다. 평생 동안 사회적 행동을 전혀 하지 않는 사람을 우리는 상상할 수 없다. 인간의 삶이란 사람을 만나고 이야기하고 같이 지내고 같이 일하고 때로는 싸우고 화해하는 일들로 가득 차 있다.

이러한 사회적 행동은 예외 없이 모든 문화에 존재하지만 그 양상은 문화마다 다양하다. 낯선 사람을 얼마나 믿고 어떤 행동을 할 것인지, 어떤 사람들과 친해지고 내집단을 형성할 것인지, 의사소통을 어떤 방식으로 할 것인지, 중요하게 생각하는 사회규범이 무엇인지, 혼자 있을 때와 함께 있을 때의 행동에 어떤 차이가 있는지, 리더에게 원하는 일이 무엇인지, 대인 갈등에 어떻게 대처할 것인지 등에 관해서는 큰 문화 차이가 존재한다. 여기서는 동양인과 서양인의 차이를 중심으로 인간의 사회적 행동과 문화의 관계에 대해 살펴보고자 한다.

구체적으로는 대인관계의 인지적 측면과 행동적 측면 및 집단역학에 관한 문화 차이에 대해 검토할 것이다. 대인관계의 인지적 측면에서는 친한 사람에 대한 대인지각과 낯선 사람에 대한 대인지각을 구분하여 친구 및 내집단 성원에 대한 대인평가와 타인에 대한 일반적 신뢰의 문화 차이에 대해 살펴보고자 한다. 일반적 신뢰는 낯선 사람과 관계를 형성할 때의 중요한 요인이다. 대인관계의 행동적 측면에서는 의사소통 방식과 사회규범에 대한 인식을 비교할 것이다. 집단역학에 관해서는 협동 방식의 문화 차이에 대해 검토하기 위해 의견 제시에 관한 동조 행동, 공동작업 시의 사회적 태만, 그리고 효과적인 리더십 등에 대해 살펴보고자 한다. 그리고 공격 행동의 문화 차이에 대해서도 살펴볼 것이다. 이상과 같은 인간의 사회적 행동에 대해 충분히 이해한 후에 '사람은 누구나 혼자다'라는 말을 해도 늦지 않을 것이다.

1. 대인지각

1) 친구와 내집단 성원

(1) 친한 친구의 성격 특성

당신의 친한 친구들은 어떤 사람들인가? 이 질문에 대한 평균적인 답은 문화마다 다르다. 어떤 문화의 사람들은 친한 친구의 성격 특성을 기술할 때 유쾌함, 열성적임, 인기 있음, 친절함, 사교적임, 지도력 있음, 농담을 잘함, 잘생김 등의 표현을 많이 쓰는 반면(Kuhlen & Lee, 1943) 다른 문화의 사람들은 친절함, 배려심, 상냥함, 겸손함, 이타적임, 정직함, 노력형임, 관대함 등의 표현을 많이 사용한다(Chang, 1983; Chien, 1977). 전자는 미국 사람들이고, 후자는 중국 사람들이다. 친한 친구로 선택된 사람의 성격 특성에 관한 이러한 문화 간 차이는 두 문화에서 우세한 가치관이나 인간관의 차이를 생각하면 쉽게 이해할 수 있다.

미국과 같은 개인주의 문화에서는 상호독립성을 강조하기 때문에 대인평가에서 독특성, 적극성, 경쟁심, 능력을 중시하게 된다. 한편, 중국과 같은 집단주의 문화에서는 상호협조성을 강조하기 때문에 대인평가에서 조화, 양보, 협동, 노력을 중시하게 된다(조긍호, 1996). 즉, 개인주의 문화권에서는 외향성, 주도성, 적극성, 수월성, 전문성, 유능함, 세련됨, 창의성 등의 특성이 상대적으로 주목받게 되고, 그러한 특성에서 높게 평가받은 사람이 친한 친구로 선택되는 것이다. 집단주의 문화권에서는 타인에 대한 관심, 배려, 양보, 동조, 협동, 과묵함, 노력 등의 특성이 상대적으로 주목받게 되고, 그러한 특성에서 높게 평가받은 사람이 친한 친구로 선택되는 것이다.

친한 친구의 실제 성격 특성과 마찬가지로 친한 친구에게 기대하는 성격 특성에서도 유사한 문화 차가 존재한다. 미국과 일본의 고등학생을 대상으로 친구로서 중요한 개인적 특성에 관해 비교한 연구에 의하면, 미국 학생은 일본 학생에 비해 독립심 있음, 지적임, 모험심 있음, 야심적임, 창조적임, 느긋함, 관대함, 충실함 등의 특성을 중시하였다. 이는 주로 경쟁원리가 지배하는 개인주의 사회에서 성공할 수 있는 자질을 나타내고 있다. 한편, 일본 학생은 미국 학생에 비해 성격이 좋음, 밝고 낙관적임, 양심적임, 조용함 등의 특성을 중시하며, 이는 집단주의 사회에서 주위 사람들과 잘 어울릴 수 있는 자질을 나타내고 있다. 물론 미국과 일본의 고등학생들이 공통적으로 중요시하는 특성도 있다. 신뢰할 수 있음, 유머감각이 있음, 의지할 수 있음, 배려심이 있음, 활력 있음, 정직함, 친절함, 책임감 있음 등의 특성은 양국의 학생들에게 유사한 정도로 중요하게 여겨지는 특성들이었다(岩田, 1997).

실제 친구나 이상적 친구의 특성에는 그 문화의 가치관과 인간관이 반영되어 있다. 그 문화의 전형적인 인간상은 그 문화에서 적응적인 대다수의 사람의 모습을 나타내고 있으며, 전형적인 인간상과 거리가 먼 사람은 대부분 부적응적인 사람이기 때문에 친한 친구로 선택되기 어렵다.

일본 성인을 대상으로 상호협조적인 사람들과 상호독립적인 사람들에 대한 인상을 물어본 연구(橋本, 2011; 增田, 山岸, 2010b)에 의하면, 상호독립적인 사람들은 다른 사람들에게서 좋은 평가를 못 받을 것이라고 생각하는 것으로 나타났다. 일본은 상호협조적 자기관이 우세한 문화로 분류되며, 실제로 일본 대학생은 상호독립적 자기관에 비해 상호협조적 자기관이 상당히 강하다(이누미야 외, 1999; 조선영 외, 2005; 高田, 大本, 清家, 1996). 따라서 상호독립적인 사람이란 일본에서는 비전형적인 인간상인 셈이다. 이 연구에서는 전형적인 상호독립적인 인간상과 전형적인 상호협조적인 인간상을 제시하고, 그 사람을 어떻게 생각하는지 물어봤다. 구체적으로 전형적인 상호독립적인 인간상에 대해 'A씨는 항상 자신의 의견을 가지고 있으며, 자신의 의견을 확실하게 말합니다. 자립하는 것, 다른 사람들과 다른 독특함을 중시하며 주변 사람들이 어떻게 생각하든 자기 생각을 표현합니다'라고 소개하였다. 그리고 전형적인 상호협조적인 인간상에 대해서는 'B씨는 다른 사람과 의견이 대립될 때 상대방의 의견을 수용하는 경우가 많으며, 동료 사이에서 조화를 유지하는 것, 자기에게 알맞은 입장을 취하는 것을 중시합니다. 상대방이나 상황에 따라 태도나 행동을 바꿉니다'라고 소개하였다. 이후 좋은 사람, 신뢰할 수 있는 사람, 공정한 사람과 같은 18개 항목의 성격 특성이 A씨와 B씨 중 어느 쪽에 잘 맞는지를 7점 척도(−3 = A씨에게 잘 맞음, 0 = 어느 쪽이라고 말할 수 없음, 3 = B씨에게 잘 맞음)로 물어봤다. 그 결과, A씨(상호독립적인 사람)는 B씨(상호협조적인 사람)보다 신뢰할 수 있는 사람이며, 정직한 사람이고, 사회에서 성공하기 쉬운 사람이며, 리더로서 바람직한 사람이라는 평가를 받았지만 동시에 주변 사람이 싫어하는 사람이라고 평가받았다. 한편, B씨(상호협조적인 사람)는 자신의 평판에 대해 신경 쓰는 사람이며 교활한 사람이지만, 주변 사람들한테서 도움을 받을 수 있는 사람이고 사회에서 잘 살아갈 수 있는 사람이라는 평가를 받았다. 또한 A씨(상호독립적인 사람)와 B씨(상호협조적인 사람)를 전체적으로 어떻게 평가하는지를 9점 척도(1 = 별로 좋지 않다, 9 = 좋다)로 물어본 결과, 자기 자신은 상호독립적인 사람($M = 5.35$)을 상호협조적인 사람($M = 4.44$)보다 좋게 평가하지만, 사회의 일반 사람은 상호독립적인 사람($M = 3.69$)을 상호협조적인 사람($M = 5.11$)보다 나쁘게 평가할 것이라고 생각하고 있는 것으로 나타났다. 이러한 결과는 개인이 지니고 있는 가치관이 아니라 해당 문화에서 공유되고 있는 신념이 무엇인가에 따라 상호독립적인 행동 또는 상호협조적인 행동이 유발된다는 것을 시사한다. 즉, 신념에 따른 행동에 의해 상호협조 행동이 유지되고, 그러한 행동에 의해 신념도 유지된다는 것이다(橋本, 2011).

(2) 관계고양 지각

제4장에서 언급한 서양인의 자기고양 지각은 자신과 관계를 맺고 있는 다른 사람에게로 확장되기도 한다. 예를 들어, 사람들은 자신의 친한 친구를 다른 사람보다 더 긍정적으로 평가하며 친구가 실패한 일에 대해서는 다른 사람이 실패했을 때보다 덜 책망하는 경향이 있다. 또한 자신이 속한 집단을 그렇지 않은 집단보다 더 호의적으로 평가하는 내집단고양 편향으로 나타나기도 한다(Brown, 1986; Hall & Taylor, 1976; Taylor & Koivumaki, 1976).

일본인의 경우에 자기고양 지각을 거의 나타내지 않고 오히려 자기비하적 지각을 나타내지만, 관계고양 지각 경향은 서양인처럼 가지고 있는 것으로 드러났다. 예를 들어, 일본인은 자신과 관련이 없는 타자에 비해 자신의 친한 친구를 더 긍정적으로 평가하는 경향을 보였다. 이러한 경향은 특히 자기가 중요하다고 생각하는 특성에서 강하게 나타났다(Brown & Kobayashi, 2002). 일본인은 다른 사람들의 연애관계보다 자신의 연애관계가 더 잘되고 있다고 생각하고 있었다(Endo et al., 2000). 또한 소그룹 과제를 수행하는 실험연구에서 일본인은 자기 그룹의 성적을 설명할 때, 성공은 같은 그룹 성원의 능력 탓으로, 실패는 우연이나 과제의 어려움 탓으로 하였다(村本, 山口, 1997).

자기고양 지각을 나타내는 한국인의 경우에는 관계고양 지각 경향 또한 있는 것으로 나타났다. 부부를 대상으로 실시한 연구를 보면, 부부의 서로에 대한 평가는 연구에서 제시한 기준들(전형적인 배우자, 자기 자신, 배우자가 내린 자신에 대한 평가)보다 더 긍정적인 것으로 나타났다. 이러한 결과는 부모와 자녀를 대상으로 실시한 연구에서도 동일하게 나타났다(최진희 외, 2002).

이상과 같이 자신과 친한 사람, 자신이 속한 집단에 대해 긍정적인 환상을 가지고 있는 이유는 그렇게 함으로써 간접적으로 자신의 가치를 고양시킬 수 있기 때문이다. 관계고양 지각이 자기가치의 고양과 연관되는 이유는 한국인의 고유성에 대한 연구(허태균 외, 2012)에서도 찾아볼 수 있다. 연구자들은 동서양의 문헌연구를 통해 한국인의 자기인식에서 나타나는 특성을 관계성으로 설명하였다. 한국인의 자기개념은 서구 문화권에서와 같이 개인이 독립적이고 그 자체로서 완전성을 갖는 개별자로 존재하고 있는가 보다는 사회적 관계 안에서 개인의 역할 및 기능에 의해 규정된다(Choi & Choi, 1990). 즉, 관계적 자기(relational self)의 특성이 강해 타인과의 관계 안에서 자신이 누구인지를 발견하고자 한다는 것이다. 이러한 이유로 개인이 맺고 있는 관계에 따라 자기표상이 달라지기 때문에 관계 내에서 자신의 역할과 책임, 타인의 평가, 관계의 조화를 위한 겸손, 자신을 발견하는 수단으로서의 인맥 등을 중시하게 된다. 따라서 한국인에게는 관계고양 지각이 곧 자기개념과 매우 밀접하게 관련될 수밖에 없다.

(3) 내집단 성원에 대한 인식

최근 Yuki(2003)는 북미인의 집단주의와 동아시아인의 집단주의가 질적으로 상이한 지향성을 지니고 있을 가능성을 지적하며, 각각 집단 간 비교지향(intergroup comparison orientation)과 집단 내 관계지향(intragroup relationship orientation)이라는 개념을 제시했다. 북미인들이 특징적으로 가지고 있는 집단 간 비교지향의 요소에는, ① 집합적 자기, ② 탈개인화된 내집단 표상, ③ 내집단 우월동기의 세 가지가 있다. 즉, 집단행동의 심리적 기반으로서 자기와 내집단의 동일시, 내집단 성원을 서로 유사한 존재로 지각하여 내집단 전체를 균일한 실체로 파악하는 인지, 그리고 외집단과 비교하여 내집단을 보다 우위의 입장에 세우려는 동기가 있다는 것이다. 우리는 서로 닮았고, 그들과는 다르며, 우리는 그들보다 우수해야 한다는 심리이다. 한편, 동아시아인들이 특징적으로 가지고 있는 집단 내 관계지향은, ① 관계적 자기, ② 대인관계 네트워크의 총체로서의 내집단 표상, ③ 집단 내 협조관계 유지 동기의 3요소로 구성된다. 동아시아인의 자기개념은 집단 내의 성원들이 맺는 복잡한 대인관계망과 연결되어서 비로소 의미를 가지며, 내집단은 다양한 종류의 관계들로 구조화된 대인관계망으로서 파악된다. 평등한 분배를 선호하고, 집단 내 갈등 해결 시 옳고 그름을 가려내는 일보다 성원 간의 적대감 감소를 우선시하며, 집단 내 비협력자를 찾아내어 벌을 주는 시스템을 동원함으로써 집단 내의 협조관계를 유지하려는 동기가 강하다는 것이다.

동아시아인의 집단행동 원리는 집단 내 관계지향이며, 북미인의 집단행동 원리는 집단 간 비교지향이라는 앞과 같은 가설을 지지하는 실증연구들이 존재한다. 예를 들어, Yuki(2003)는 일본과 미국 대학생의 내집단 정체성과 충성심을 규정하는 요인이 무엇인지를 검토하였다. 그 결과, 미국인의 내집단 정체성과 충성심은 외집단과 내집단의 상대적인 지위를 지각하거나 내집단의 균질성 지각 등과 같이 집단 간 비교지향과 관련된 요인들이었다. 하지만 일본인은 이러한 요인과는 관련이 없었고, 집단 성원 개개인의 특징을 파악하는 정도나 집단 성원 간의 관계성 이해 등 집단 내 관계지향과 관련된 요인에 의해 내집단의 정체성과 충성심이 규정되었다. 또한 미국 대학생은 일본 대학생보다 집단 간 비교에 더 강한 흥미를 보였다(竹村 外, 2004). 즉, 소속 대학이나 소속 집단에 대해서 미국인은 일본인보다 내집단과 외집단의 우열을 비교하는 일에 더 많은 관심을 보였다는 것이다.

신뢰의 기반에 대해 일본 대학생과 미국 대학생을 비교한 실험연구에서도 이 가설을 지지하는 차이가 드러났다(Yuki et al., 2005). 실험참가비가 걸려 있는 거래 실험에서 잘 모르는 타자인 상대방을 얼마나 신뢰하는지 알아보았다. 구체적으로 잘못된 상대방을 신뢰하여 실험참가비를 빼앗길 위험이 있는 상황에서 상대방이 내집단 성원인지의 여부와 서로에게 공통의 지인이 있는지에 따른 신뢰 행동을 비교한 것이다. 그 결과, 일본인과 미국인은 다른 양상의 신뢰 행동을 보였다. 일본인은 상대방이 내집단 성원이 아니어도 공통의 지인이 있으면 내집단 성원의 경우와 유사한 정도로 신뢰를 보였지만, 미국인은 공통의 지인이 있든 없든 내집단 성원이 아니면 내집단 성원에 해당하는 만큼의 신뢰를 보이지 않았다. 이는 일본인 참여자에게는 신뢰성 판단에 영향을 미치는 요인이 상대방과 자신 사이에 간접적인 대인관계 네트워크가 존재할 가능성이 높은가이지만, 미국인 참여자에게는 상대방이 자신과 같은 집단에 속해 있는지가 더 중요하다는 것을 의미한다.

이러한 결과는 자신의 소속 집단을 지각하는 데 있어 집단을 구성원 간의 대인관계 네트워크로 간주하고 집단의 조화를 중시하는 '집단 내 관계지향' 관점과 자신의 소속 집단을 균질한 실체로 간주하고 외부 집단과의 비교를 통해 상대적으로 높은 지위를 획득하고자 하는 '집단 간 비교지향' 관점이 존재함을 보여 준다. 이러한 두 가지 관점을 일본과 미국 또는 동아시아와 서양 사이에 존재하는 여러 가지 심리적 차이를 해석하는 틀로 활용하는 것이 가능한지에 대해서는 앞으로 지속적인 검토가 필요하다.

2) 타인과 일반적 신뢰

(1) 신뢰의 문화 차

우리는 같은 사회에 살고 있는 사람들을 어느 정도 믿고 살아간다. 한 공동체의 구성원으로서 상대방이 나에게 손해를 입힐 의도가 없다는 근본적인 믿음 없이는 사회생활을 하기 어려울 것이다. 하지만 사람들이 갖는 타인에 대한 신뢰의 정도는 사회마다 다르다. Fukuyama(1995)는 중국 · 한국 · 프랑스 · 남부이탈리아 사회 등을 가족주의가 강하고, 가족 이외의 타인에 대한 신뢰가 조성되지 않은 저신뢰 사회로 분류하였고, 그와 반대로 미국 · 독일 · 일본 사회 등을 가족의 틀을 넘어 타자 일반에 대한 신뢰가 조성된 고신뢰 사회로 분류했다. 저신뢰 사회에서는 가족과 그 측근을 중심으로 조직을 구성하게 되고, 기업도 가족 경영이 주가 된다. 고신뢰 사회에서는 가족집단의 틀을 벗어난 조직 활동이 어렵지 않으며, 기업도 전문인 경영이 많다. 이는 공동체 내에서 그 공동체의 구성원들이 보편적 규범에 기초하여 정직하게 협동적 행동을 할 것이라는 기대(즉, 신뢰)가 조직의 효율성을 높이는 사회적 자본으로서 기능하기 때문이다(Fukuyama, 1995).

박희봉과 이희창(2009)은 한국과 일본의 신뢰 특징을 비교하여 다음과 같은 결과를 얻었다. 첫째, 한국의 신뢰 구조는 연고관계를 바탕으로 한 사적 신뢰(가족신뢰, 지인신뢰)와 수직적 신뢰(연고단체신뢰) 위주로 형성되어 있다. 반면에 일본의 신뢰 구조는 기본적으로 사적 신뢰가 일반신뢰보다 높고, 한국과 유사하게 수직적 신뢰(연고단체신뢰)가 수평적 신뢰(시민단체신뢰)보다 높지만 그 차이가 한국만큼 심하지 않으며, 한국에 비해 일반신뢰(일반인 신뢰, 낯선 사람 신뢰)가 높다.

한국과 일본 모두 가족신뢰가 가장 높지만, 한국은 일본보다 배우자에 대한 신뢰는 높고 형제에 대한 신뢰는 낮다. 부모와 자녀에 대한 신뢰는 한일 간에 차이가 없다. 또한 한국인은 가족을 제외한 지인(학교 동창, 고향 동료 및 선후배, 직장 동료)을 일반인보다 훨씬 더 신뢰한다. 일본인은 가족을 제외한 지인에 대해 일반인과 같은 수준의 신뢰를 보인다. 아는 사람(지인)과 모르는 사람(일반인, 낯선 사람) 사이에 극단적인 신뢰 차이를 보이는 한국과는 달리 일본은 아는 사람과 모르는 사람 사이에 신뢰 차이가 별로 없다.

둘째, 단체신뢰에 있어서 한국이 일본보다 수직적 단체(연고단체신뢰)와 수평적 단체(시민단체신뢰: 환경단체, 여성단체, 문화 · 예술 단체)에 대한 신뢰가 모두 높다. 셋째, 한국과 일본 모두 정부신뢰가 낮은 가운데, 한국은 일본보다 대통령(수상)과 의회를 포함한 중앙정부기관에 대한 신뢰는 높지만 지방정부(광역자치단체, 기초자치단체)와 사법부에 대한 신뢰는 일본보다 낮다. 넷째, 사회기관신뢰에 있어서는 한국이 일본보다 낮게 나타났다(특히 기업과 학교에 대한 신뢰가 낮음, 언론에 대한 신뢰는 차이 없음). 다섯째, 제도공정성신뢰(경제적 성공 기회, 법 집행, 교육 기회, 양성평등)에 있어서 한국인은 일본인보다 낮은 수준으로 형성되어 있다. 한국인의 제도공정성신뢰는 지인신뢰, 연고단체신뢰보다 낮지만, 일본인의 제도공정성신뢰는 지인신뢰, 연고단체신뢰보다 높다. 일반적 신뢰와 사회기관신뢰도 일본보다 낮지만 한국이 고신뢰 사회로 분류되지 못하는 주된 이유는 여기에 있다.

Fukuyama(1995)에 의해 미국과 일본이 고신뢰 사회로 분류되었지만 야마기시(山岸, 1998)는 집단주의적인 안정적 사회관계망이 큰 역할을 하고 있는 일본 사회에서는 타자 일반에 대한 신뢰인 일반적 신뢰의 수준이 개인주의 사회인 미국보다 낮은 수준에 머물고 있다는 점에 주목하였다. 미국인이 일본인보다 일반적 신뢰의 수준이 높다는 결과는 대학생과 일반 시민뿐만 아니라 남자와 여자를 불문하고 나타났다.

예를 들어, 대학생과 일반 성인을 대상으로 한 조사에서 미국인의 일반적 신뢰 수준(남학생 M=3.60, 여학생 M=3.53, 성인 남자 M=4.13, 성인 여자 M=3.85)은 일본인(남학생 M=3.12, 여학생 M=3.35, 성인 남자 M=3.53, 성인 여자 M=3.38)보다 높은 결과가 나왔다(Yamagishi & Yamagishi, 1994). 이 조사에서는 일반적 신뢰를 측정하기 위해 '대부분의 사람은 기본적으로 정직하다' '대부분의 사람은 신뢰할 수 있다' '대부분의 사람은 기본적으로 선량하고 친절하다' '대부분의 사람은 타인을 신뢰한다' '나는 사람을 신뢰하는 편이다' '대부분의 사람은 다른 사람에게서 신뢰받을 경우에 똑같이 그 상대방을 신뢰한다'라는 여섯 문항이 사용되었다.

일반 성인을 대상으로 한 전국조사에서도 다음과 같은 결과가 나왔다(統計數理研究所國民性

調査委員會, 1978년 조사; 山岸, 1998에서 재인용). '대부분의 사람을 신뢰할 수 있다고 생각합니까? 아니면 조심해서 나쁜 것은 없다고 생각합니까?'라는 질문에 신뢰할 수 있다고 응답한 사람이 미국에서는 47%, 일본에서는 26%였다. '다른 사람은 기회만 있으면 당신을 이용하려고 한다고 생각합니까? 또는 그런 일이 없다고 생각합니까?'라는 질문에 그런 일이 없다고 응답한 사람은 미국에서는 62%, 일본에서는 53%였다. '대부분의 사람은 다른 사람에게 도움을 주려고 노력한다고 생각합니까? 아니면 자기 일에만 신경을 쓴다고 생각합니까?'라는 질문에 다른 사람에게 도움을 주려고 한다고 응답한 사람은 미국에서는 47%, 일본에서는 19%였다.

일본인보다 미국인이 타인을 신뢰하는 경향이 강하다는 사실은 분배위임 실험에서도 확인되었다(山岸, 1998). 이 실험에서 참여자는 분배자와 피분배자의 역할을 한다. 피분배자에게 주어진 과제는 두 가지의 사례금 수령 방법 중 한 가지를 선택하는 것이었다. 그중 하나는 실험참가 사례금으로 600엔(미국에서는 6달러)을 실험자에게서 직접 받는 방법이고, 다른 하나는 실험자가 1500엔(미국에서는 15달러)을 다른 실험참여자인 분배자에게 주고 그 분배자에게 권한을 위임하는 방법이다. 이때 분배자는 1500엔을 자기 마음대로 분배할 수 있다. 그는 1500엔 전부를 자기가 가지고 상대방에게는 한 푼도 주지 않을 수도 있고, 750엔씩 평등하게 분배할 수도 있다. 분배자는 피분배자가 어떤 선택을 하더라도 자신에게 스스로 분배한 금액을 받는 것으로 되어 있었다.

한 도덕문제에 관해 20분 동안 토론한 6명의 실험참여자는 분배자의 역할을 맡았다고 가정했을 때와 피분배자의 역할을 맡았다고 가정했을 때의 결정을 모두 하게 되지만, 실제로 맡을 역할이 무엇인지는 실험 종료 시에 추첨으로 결정될 것이라는 설명을 들었다. 이 실험은 모든 결정이 완전히 익명 상태로 이루어졌으며, 서로 상대방이 누구였는지 어떤 선택을 했는지 모르도록 설정되어 있었다. 또한 특정 참여자의 결정은 실험자도 알 수 없도록 설계했기 때문에 이 실험에서 피분배자가 한 선택은 거의 완전히 분배자를 공정한 인간이라고 생각하는지에 달려 있다고 볼 수 있다.

이 실험의 결과는 앞의 설문조사에서 나타난 대로 미국인 참여자가 일본인 참여자보다 분배자에게 강한 신뢰를 나타낸다는 것이었다. 우선 분배자가 누구인지 알 수 없는 경우에 6달러 또는 600엔을 확실하게 받는 쪽을 택한 미국인 참여자는 12%밖에 없었으나 일본인 참여자는 20%에 달했다. 다음으로 함께 토론한 나머지 5명 중 몇 명이 자신에게 분배해 주기를 원하는지에 대한 반응을 보면 미국인 참여자는 평균 4.2명에게 분배해 줄 것을 원했고, 일본인 참여자는 평균 3.7명에게 분배해 줄 것을 원했다. 이러한 차이는 통계적으로 유의미한 차이였다.

그러나 미국인과 일본인 간에 드러난 분배자에 대한 신뢰의 차이는 그들의 실제 신뢰성을 반영하는 것은 아니었다. 왜냐하면 미국인 참여자는 15달러 중 평균 6달러 14센트를 상대방인 피분배자에게 주었고, 일본인 참여자는 1500엔 중 평균 644엔을 상대방에게 주었다. 또한 7달러 50센트 이상을 상대방에게 분배해 준 미국인 참여자는 66%, 750엔 이상을 상대방에게 분배해 준 일본인 참여자는 61%였으며, 이러한 차이는 통계적으로 유의미하지 않았기 때문이다. 이것은 미국인과 일본인 간에 신뢰성에서는 차이가 없으나 신뢰에는 차이가 있다는 말로, 미국인이나 일본인 모두 공정하게 행동하는 경향(신뢰성)에는 차이가 없으나 타인이 공정하게 행동할 것이라는 기대(일반적 신뢰)에는 차이가 있음을 의미한다.

(2) 신뢰의 기능

신뢰에는 관계를 강화시키는 기능과 관계를 확장시키는 기능이 있다. 특히 야마기시(山岸, 1998)는 신뢰를 이해하기 위해서는 관계 강화의 측면뿐만 아니라 관계 확장의 측면도 고려할 필요가 있다고 주장하며 신뢰의 해방 이론을 제시했다. 이 이론은 특정한 조건(사회적 불확실성과 기회비용이 모두 높은 상황)에서는 타자 일반을 신뢰하는 특성인 일반적 신뢰가 결과적으로 본인에게 이익을 가져다줄 가능성이 있음을 지적하였다. 이때 고신뢰자가 얻게 될 이익이란 특정한 상대와의 약속 관계로부터 이탈하여 기존 관계의 외부에 존재하는 보다 유리한 기회로 접근함으로써 얻게 되는 이익이다(山岸, 1998).

신뢰를 필요로 하는 상황은 사회적 불확실성이 큰 상황이다. 즉, 중고차 매매 장면과 같이 상대방의 의도에 대한 정보가 필요하지만 그 정보가 부족한 상태에서 필요한 것이 일반적 신뢰이다. 타인에게 속아 비참한 꼴을 당할 가능성이 전혀 없는 상황에서는 신뢰가 필요하지 않다. 신뢰가 필요한 상황은 신중함이 필요한 상황이라는 것이다.

사회적 불확실성으로 인해 발생하는 문제에 대처하기 위해 사람들은 일반적으로 약속 관계

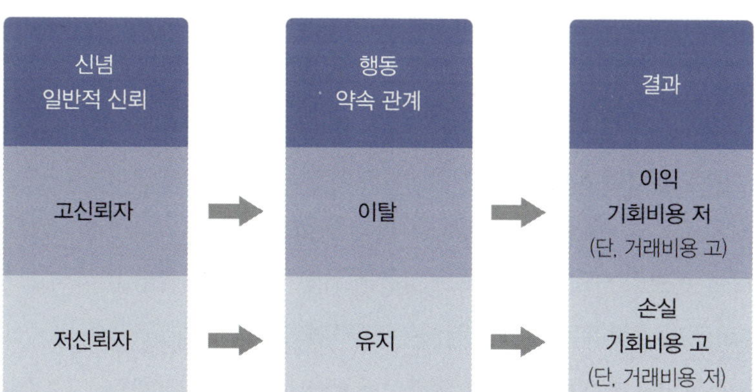

[그림 7-1] 신뢰의 해방 이론

출처: 山岸 (1998), p. 86.

를 형성한다. 약속 관계란 다른 상대로부터 유리한 제안이 들어와도 이를 거부하고 특정한 상대하고만 거래하는 선택을 서로가 하는 관계를 의미한다. 약속 관계에는 서로의 감정적 유대에 의해 성립하는 연인형의 관계도 있지만, 신뢰의 해방 이론에서 고려하는 것은 적대적인 외부 사회에 대응하기 위해 관계 내부의 결속을 유지하는 조폭형의 관계이다. 사회적 불확실성이 존재하는 환경에 직면한 사람들은 종종 사회적 불확실성을 감소시키고 서로 안심할 수 있는 약속 관계를 자발적으로 형성하려고 한다.

특정한 상대와의 약속 관계를 형성하면 거래비용을 감소시킬 수 있다. 불확실한 상황에서의 거래비용이란 신용도 조사비용, 계약을 위한 변호사 상담료, 부도로 인한 손실 등과 같이 거래를 하기 위해 들어가는 비용이다. 하지만 약속 관계의 형성은 거래비용은 감소시킬 수 있으나 기회비용(opportunity cost)을 발생시킨다. 야마기시(山岸, 1998, p. 80)는 기회비용을 다른 행동을 함으로써 얻는 이익이 실제 행동의 결과에서 얻는 이익보다 클 경우에 개인이 얻을 수 있는 여분의 이익으로 정의하였다. 기회비용이 큰 상황에서는 약속 관계를 유지하는 것보다 파기하는 것이 유리하다.

저신뢰자는 고신뢰자에 비해 사회적 불확실성에 직면했을 때, 특정한 상대와 약속 관계를 형성하고 유지하려는 경향이 더 강하다. 일반적 신뢰는 안심할 수 있는 약속 관계로부터 이탈하는 데 필요한 추진력을 제공하는 부스터(보조 추진 장치) 역할을 하게 된다(山岸, 1998, p. 83). 따라서 사회적 불확실성과 기회비용이 모두 높은 상황에서는 고신뢰자가 저신뢰자보다 큰 이익을 얻을 가능성이 존재한다.

여기서 고신뢰자가 반드시 의도적으로 자기이익을 추구하는 수단으로서 타인을 신뢰한다는 것은 아니다. 의식적으로는 자기이익을 고려하지 않은 채 행동하고 있다고 생각하는 대부분의 고신뢰자도 결과적으로는 이익을 얻게 될 가능성이 존재한다는 말이다. 타인에게 착취당하는 것을 피하기만 하는 사람은 보다 좋은 기회를 놓치게 될 가능성이 있고, 그러한 기회가 많이 존재하고 있는 상황에서는 타인을 신뢰할 수 있는 사람이 오히려 성공할 가능성이 높다.

(3) 사회적 지성으로서의 신뢰

타자 일반을 신뢰하는 경향이 강한 사람은 남에게 당하기 쉬운 어수룩한 사람이라는 통상적인 생각과는 달리 오히려 반대로 타인의 신뢰성에 관한 정보에 민감하고 타인의 신뢰성을 보다 정확하게 예측하는 사람이라는 것을 보여 주는 연구결과들이 있다.

고신뢰자가 저신뢰자에 비해 타인의 신뢰성에 관한 정보에 민감하다는 결과는 시나리오를 사용한 실험(小杉, 山岸, 1995) 및 죄수의 딜레마 게임에서 실험참여자가 얻는 이익을 타자에 대한 신뢰성으로 평가하도록 설계한 실험연구(垣内, 山岸, 1997)를 통해 확인되었다. 즉, 저신뢰자는 처음에 상대방의 신뢰성 결여를 시사하는 정보에 둔감하게 반응하다가 그것 때문에 호되게 당하자 이번에는 과도하게 방어적으로 반응하게 되고, 상대방이 협력해도 별로 상대방에 대한 의존도를 높이려고 하지 않았다. 한편 고신뢰자는 처음부터 끝까지 상대방의 신뢰성 내지 신뢰성의 결여를 시사하는 정보에 적절하게 반응하고 있었으며, 상대방이 비협력적인 경우에는 상대방에 대한 의존도를 높이지 않았고 상대방이 협력적인 경우에는 상대방에 대한 의존도를 높이는 반응을 보였다.

또한 고신뢰자는 저신뢰자에 비해 타인의 신뢰성을 보다 정확하게 예측한다는 연구결과들도 있다(菊地 外, 1998; 山岸, 1998). 예를 들어, 일반적 신뢰가 높은 사람일수록(r=.48) 타자의 행동(죄수의 딜레마 게임에서 협력 또는 비협력)에 대한 예측이 정확했다. 또한 정직하고 공정하게 행동하는 것이 중요하다고 생각하는 사람일수록(r=.43), 주변 사람들과 서로 도와가면서 살아야 한다고 생각하는 사람일수록(r=.55), 그리고 주변 사람들로부터 신뢰성이 높다고 평가받는 사람일수록(r=.32) 타자의 행동에 대한 예측이 정확했다.

이상과 같이 고신뢰자는 저신뢰자에 비해 타인의 신뢰성에 관한 정보에 민감하고 타인의 신뢰성을 보다 정확하게 예측하는 등 사회적 지성이 높은 사람이라고 할 수 있다.

(4) 신뢰 발달의 인지 자원 투자 모델

사회적 불확실성과 기회비용이 모두 높은 환경에서는 타자 일반을 신뢰하고, 약속 관계로부터의 이탈을 적극적으로 고려함으로써 자기이익을 얻을 가능성이 있기 때문에 타자의 신뢰성을 간파하는 사회적 지성의 발달을 통해 큰 이익의 성취를 기대할 수 있다. 따라서 약속 관계로부터의 이탈을 고려하는 고신뢰자는 사회적 지성을 발달시키기 위한 인지 자원의 투자를 적극적으로 하게 된다(山岸, 1998, p. 180). 인지 자원의 투자란 신중하게 행동하기 위해 신뢰성 결여를 시사하는 상대방 정보(몸짓, 표정, 말투, 복장 등)에 주의를 기울이는 것을 의미한다. 상대방의 신뢰성에 관한 정보를 수집하기 위해 인지 자원을 투자하는 행동을 반복함으로써 타자의 신뢰성을 간파하는 데 필요한 사회적 지성이 발달하게 된다. 높은 사회적 지성을 발달시킨 사람은 우선 타인을 신뢰해도 호되게 당하지는 않을 것이라는 자신감을 가질 수 있다. 이러한 관점으로 보면 일반적 신뢰의 본질은 사회적 지성이 뒷받침된 대인관계 능력에 대한 자신감에 있다고 말할 수 있다. 한편 약속 관계로부터의 이탈을 별로 고려하지 않는 저신뢰자는 인지 자원의 투자 행동을 할 필요성도 낮고 기회도 많지 않기 때문에 사회적 지성을 발달시킬 수 없고, 대인관계 능력에 대한 자신감이 없어서 호되게 당하는 것을 예방하기 위해 타자 일반을 믿지 않는 것이다. 즉, 일반적 신뢰는 신뢰성이 높은 사람에 한해서만 사회적 지성과 합쳐져 적응적 가치를 발휘하게 된다.

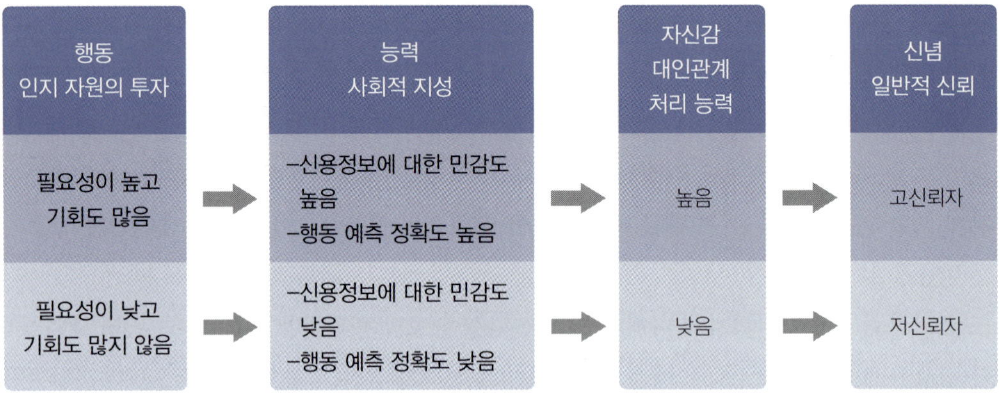

[그림 7-2] 신뢰 발달의 인지 자원 투자 모델

출처: 山岸 (1998).

2. 대인관계

1) 의사소통

중국인(홍콩 사람)과 미국인의 의사소통에 관한 한 비교문화 연구(Wheeler et al., 1989)에 의하면, 미국인은 중국인에 비해 대인 간 상호작용이 많은 것으로 드러났다. 각 문화에서 사람들에게 10분 이상 계속된 자신의 상호작용을 2주 동안 기록하게 하여 비교한 결과, 중국인은 미국인에 비해 상호작용하는 사람의 수가 적었으며(미국: 동성 22명, 이성 17명; 중국: 동성 15명, 이성 10명), 상호작용의 빈도도 낮았고(미국 하루 평균 6.00회, 중국 하루 평균 2.25회), 집단 상호작용이 많았다(미국 17%, 중국 29%).

개인주의자는 속한 내집단의 수가 많고 집단에 입출입하는 횟수가 잦다. 따라서 개인주의자는 그들 집단을 유지하기 위해 적극적으로 관여해야 하기 때문에 타자와 효과적인 상호작용을 하기 위한 기술을 발달시키는 경향이 있다. 개인주의자는 사회적 행동이 즉흥적으로 상호작용하며 이루어지기를 서로에게 기대하기에 그것에 관해 명료한 규범을 가지고 있지 않다. 그에 비해 속한 내집단의 수가 적은 집단주의자는 단순히 규범에 따라 상호작용하면 되기 때문에 특별한 기술을 필요로 하지 않는다(Wheeler et al., 1989).

친밀한 대인관계를 이루고 원활한 상호작용을 하기 위해서는 자기 노출과 칭찬이 중요한 역할을 한다. 자기 자신에 관한 정보와 경험을 털어놓고 서로 칭찬하면서 긍정적 정서를 공유하면 관계가 더 친밀해질 수 있다. 미국과 일본의 대학생을 대상으로 한 연구(野村, 1979)에 의하

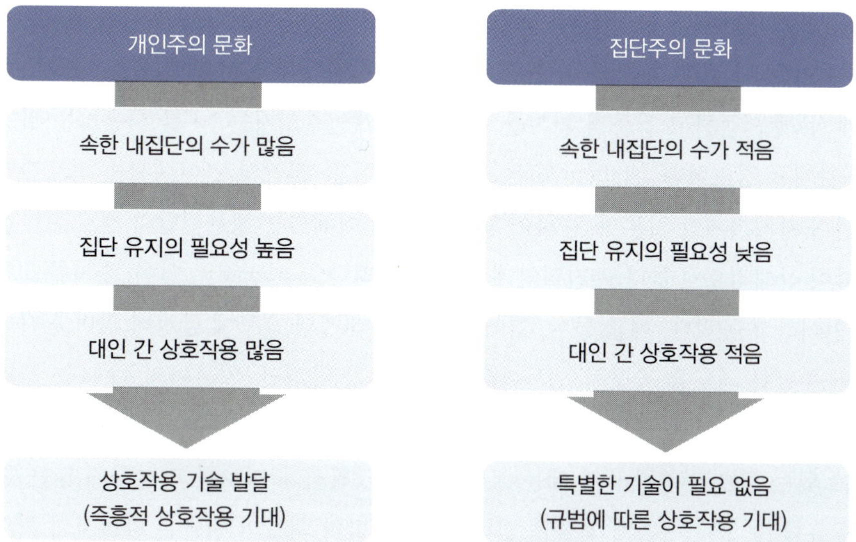

[그림 7-3] 문화와 대인 간 상호작용

출처: Wheeler et al. (1989).

면, 미국인은 일본인에 비해 자기노출이 많은 것으로 나타났다. 동성과 이성의 친구, 부모, 잘 모르는 사람, 신용할 수 없는 사람 등의 상대방에게 자신의 흥미나 취미, 일이나 연구, 공공문제에 대한 의견, 경제문제, 성격, 신체 등의 내용을 얼마나 깊이 노출하는지를 비교한 결과, 전반적으로 미국인은 일본인보다 상대가 누구이든, 어떤 내용이든 적극적으로 자기를 노출하는 경향을 보였다. 동일한 결과는 중국과 미국의 대학생을 대상으로 한 연구(Chen, 1995)에서도 나타나 모든 조건에서 미국인은 중국인에 비해 자기노출이 현저했다.

일본과 미국의 대학생을 대상으로 칭찬에 관해 비교한 연구(Barnlund & Araki, 1985)에 의하면, 일본인보다 미국인이 훨씬 더 빈번하게 칭찬하는 것으로 드러났다. 미국인은 1.6일에 한 번씩 칭찬하는 데 비해 일본인은 13일에 한 번이었다. 미국인은 일본인보다 다양한 형용사와 비교급을 사용하여 과장된 표현을 쓰는 경향이 있었다. 일본에서는 미국에 비해 다양한 내용이 칭찬의 주제가 되어 있었다. 미국에서는 외형과 개인적 특성이 주된 내용이었으나 일본에서는 행위가 가장 많았고, 일이나 공부, 외형이 그다음으로 많았으며, 개인의 기호도 빈번하게 칭찬의 대상이 되어 있었다. 그리고 일본인은 친하지 않은 사람을 더 칭찬하는 경향이 있었으나, 미국인은 친한 사람을 더 칭찬하는 경향이 있었다. 또한 미국인은 일본인에 비해 칭찬을 수용하는 경향이 강했다. 미국인은 칭찬을 솔직하게 받아들이는 경향이 강한 데 비해 일본인은 칭찬에 의문을 나타내거나 칭찬을 부정하며 겸손한 태도를 보이기도 하고, 그냥 미소 짓거나 침묵하는 반응이 많았다. 양국에서 공통적으로 드러난 사실은 남성보다 여성이 더 빈번하게 칭찬하고, 칭찬을 받는다는 것과 누구나 다 칭찬을 받거나 칭찬하면 기쁘다는 것이었다.

집단주의자는 '나'보다 '우리'를 자주 사용하며, 의미 전달에 있어 문맥(목소리 크기, 몸짓, 자세, 상황, 관계 등)에 의존하고 암묵적 의미를 강조한다. 개인주의자는 '나'를 사용하는 경향이 강하고, 내용 자체를 강조한다. Hall(1976)은 영어, 독일어 등 서양의 언어에서는 정보전달의 주된 경로가 언어 자체이지만 일본어, 중국어 등 동양의 언어에서는 정보전달의 경로로서 문맥적 단서의 역할이 상대적으로 높다고 지적하며 전자를 저맥락(low context) 언어, 후자를 고맥락(high context) 언어라고 불렀다. 예를 들어, 영어의 'Yes'는 대개의 경우에 긍정적 의미를 나타내는 것처럼 언어는 발화 의도를 직접적으로 나타내는 경우가 많지만, 일본어의 'はい'는 문맥에 따라 다양한 의미로 해석할 수 있게 된다. 저맥락 언어의 의사소통에서는 정보를 기본적으로 개인이 지니고 있는 것으로 간주하기 때문에 타자에게 정확하게 정보를 전달하지 않는 한 그것은 타자와 공유할 수 없다는 전제가 깔려 있다. 따라서 발화 의도의 전달은 발화자의 책임인 것이다. 그러나 고맥락 언어의 의사소통에서는 정보를 기본적으로 타자와 공유되어 있는 것으로 간주하기 때문에 화자는 타자에게 정확하게 정보를 전달할 필요가 없으며, 오히려 청자가 문맥적 정보에 주의하여 발화 의도를 알아채야 한다는 전제가 숨겨져 있다(石井, 北山, 2004). 정보전달은 명시적인 의사소통이 없어도 성취된다는 생각이 일반적이며, 이는 이심전심(以心傳心)이라는 성어에도 나타나 있다.

앞과 같은 관점은 동양의 언어인 한국어에도 어느 정도 적용할 수 있지만 일본어에 비하면 맥락에 덜 의존한다는 것을 시사하는 연구결과도 있다. 사과하는 장면에서의 일상회화를 비교한 연구(尹, 2011)에 따르면, 한국인은 일본인에 비해 발화의 의미 정보량이 상당히 많은 것으로 드러났다. 즉, 한국인은 의미적으로 다양한 정보를 듣는 사람에게 더 많이 전달하여 자신의 발화 의도를 명확하게 하려는 경향이 강하다고 할 수 있다. 또한 TV드라마(한국: 공부의 신, 일본: ドラゴン桜)의 대화 장면을 비교한 연구(尹, 2010)에서도 같은 결과가 나타났다. 이러한 결과는 일상회화에서 발화 의도를 이해하는 책임의 주체가 누구인가에 대해 한국어는 발화자 책임(speaker-responsible)의 언어이지만 일본어는 청자 책임(listener-responsible)의 언어라는 것을 시사하는 결과라고 해석할 수 있다(尹, 2010, 2011).

문화권에 따라 언어가 담당하는 기능에는 차이가 있다. 말을 주고받는 행위에는, ① 정보를 전달하는 기능과 ② 참여하고 있는 사람들에게 관계성을 부여하는 기능이 있는데 어느 쪽을 중시하느냐는 문화에 따라 다르다(Scollon & Scollon, 1995). 서양 문화에서는 정보전달 기능을 중시한다. 따라서 중요한 사항을 언어적으로 명료하게 전달하는 것이 중요하며, 그렇지 않은 것은 주의할 가치가 없다고 간주되기 쉽다. 이와 대조적으로 중국이나 한국, 일본 등의 동양 문화에서는 관계성 유지 기능을 더 중시하는 경향이 있다.

한국인과 미국인을 대상으로 참여자의 상사, 부하 또는 동료에게 좋은 정보와 나쁜 정보를 전달하는 장면을 녹화한 자료를 비교 분석한 연구(Ambady et al., 1996)에 의하면, 한국인은 미국인에 비해 상대방에게 동의하거나 동조하는 표현을 자주 사용하고 있었으며, 특히 상사에게 정보를 전달하는 장면에서 상사에게 동의하는 경향을 강하게 보였다. 한편, 미국인의 경우에는 의사소통 상대방에 따른 차이는 거의 없었고, 정보의 성격에 따른 차이만 있었다. 나쁜 정보를 전달하는 경우에는 좋은 정보를 전달할 때보다 상대방에게 동의하거나 동조하는 정도가 낮았다는 점에서 의사소통 양식에서만 차이가 나타났다.

또한 한국인과 미국인을 대상으로 다른 사람에게 부탁하는 장면을 비교한 연구(Holtgraves & Yang, 1992)에서도 유사한 결과가 나왔다. 즉, 부탁을 하는 상대방의 지위나 상대방과의 관계 또는 부탁의 어려움 정도 등이 상이한 몇 가지 시나리오 장면에서 한국인과 미국인이 어떤 방식으로 부탁을 하는지를 비교한 결과, 한국인도 미국인도 상대방의 지위가 높을수록, 상대방과의 관계가 소원할수록, 부탁이 어려운 것일수록 정중한 표현을 사용하는 경향을 보였다. 하지만 상대방과의 관계가 소원할수록 정중한 표현을 사용하게 되는 경향은 한국인이 미국인보다 강했다. 한편, 미국인은 한국인보다 부탁의 어려움 정도에 따라 정중함이 증가하는 경향이 더 강한 것으로 나타났다. 이와 같이 미국인은 상황보다 전달하는 내용을 중시하여 표현을 바꾸는 경향이 강하고, 한국인은 전달하는 내용보다도 상황이나 관계성에 따라 표현을 바꾸는 경향이 강하다.

동아시아 사람들이 상대방의 입장이나 상대방과의 관계를 고려하면서 언어표현을 선택하는 경향이 강하다면 그들의 의사소통에는 더 큰 인지적 부하가 걸려 있을 가능성이 있다. 일본인과 미국인을 대상으로 다른 사람에게 부탁하는 장면의 정보처리 과정을 비교한 연구(Miyamoto & Schwarz, 2006)에 의하면, 일본인은 언어표현의 정중함을 상대방에 따라 선택적으로 사용하기 위해 미국인보다 정보처리에 더 많은 인지적 자원을 할당하고 있는 것으로 나타났다. 이 실험에 참가하는 일본인과 미국인 학생에게 주어진 과제는 자신의 동료 학생 또는 교수에게 부탁을 하는 메시지 내용을 자동 응답 전화기에 녹음하는 것이었다. 다만 이 실험에 참여한 학생들은 메시지를 자동 응답 전화기에 녹음하는 동안에 컴퓨터 화면상에 나타나는 문자를 구별하는 또 다른 작업을 동시에 하도록 요청받았다. 자동 응답 전화기에 메시지를 녹음하는 작업에 사용하는 인지적 자원량이 많으면 많을수록 문자를 구별하는 작업에 할당할 수 있는 인지적 자원량이 감소하여 작업 성적이 떨어질 것으로 예상하였다. 다르게 말하면 자동 응답 전화기에 메시지를 녹음하고 있을 때 문자를 구별하는 작업의 성적이 얼마나 저하하는지를 확인함으로써 일본인 학생과 미국인 학생이 메시지 전달을 위해 사용하는 인지적 자원의 양을 측정할 수 있다는 것이다. 실험결과 일본인 학생이 미국인 학생보다 문자를 구별하는 작업 성적의 저하가 현저했으며, 특히 교수에게 부탁을 할 경우에 성적 저하가 더 뚜렸했다. 이 결과는 교수에게 부탁을 할 때 상대방과 자신의 지위나 관계를 어떻게 언어적 표현으로 반영할 것인가에 대해 일본인 학생이 보다 많은 인지적 자원을 쓰고 있다는 것을 시사한다.

2) 사회규범

미국인과 일본인 대학생을 대상으로 상황적 규범을 비교한 연구(Gelfand et al., 1998)에 의하면, 일본인은 미국인에 비해 상황적 규범에 대한 지각된 순응도가 더 높았으며, 상황적 규범의 중요성에 대한 지각에서도 동질성이 더 높은 것으로 드러났다. 또한 한국인과 미국인을 대상으로 사회규범의 지각된 명확성을 비교한 연구(Kim et al., 2004)에 의하면, 한국인이 지각하는 사회규범의 명확성은 미국인에 비해 더 높은 것으로 나타났다.

미국인과 일본인 대학생을 대상으로 사회규범을 비교한 연구(Iwata, 1991)에 의하면, 대다수의 항목(46개 항목 중 37개)에서 일본인은 미국인보다 사회규범에 관한 기술을 더 강하게 지지하는 것으로 나타났다. 또한 의견의 일치도도 더 높았다. 일본과 미국 간에 차이가 없었던 항목은 '대화할 때는 자기 혼자 이야기를 독차지하지 말고 가능한 한 다른 사람에게도 말할 기회를 주어야 한다' '식사 중에 말할 때는 입 안의 음식이 튀지 않도록 해야 한다' '교통신호를 지켜야 한다' '사람들의 프라이버시를 존중해야 한다' '인종이나 성별로 사람들을 차별하지 말아야 한다'였다. 미국인이 더 강하게 지지했던 유일한 항목은 '연장자를 존중해야 한다'였다.

앞의 연구에서 다룬 사회규범에 대해 한국인과 일본인을 비교한 연구(Koh & Iwata, 1993)에 의하면, 한일 양국의 사회규범은 상당 부분 유사하지만 그 중요성에 있어 차이가 나는 영역도 있는 것으로 나타났다. 즉, 사회적 약자에 대한 배려의 규범과 대화 및 식사에 관한 규범은 한국에서만 중요한 사회규범이었고, 환경 미화에 관한 규범과 공공질서에 관한 규범은 일본에서만 중요한 사회규범이었다. 구체적으로는 '재해로 인해 어려움에 처해 있는 사람들을 위한 모금 운동에는 자진해서 약간의 돈을 기부해야 한다' '노약자에게는 좌석을 양보해야 한다'와 같은 사회적 약자에 대한 배려의 규범과 '함께 이야기하고 있을 때 어떤 주제에 관심이 없는 사람이 있는 경우에 그 사람을 무시하고 오랫동안 이야기를 계속하면 안 된다' '주변에 있는 사람들을 불쾌하게 만드는 이야기는 하지 말아야 한다' '식사 중에는 식사를 불쾌하게 하는 이야기는 하지 말아야 한다' '식사 중에 식기가 부딪치는 큰 소리를 내지 말아야 한다'와 같은 대화 및 식사에 관한 규범은 한국에서만 중요한 사회규범인 것으로 드러났다. 한편, '담배 꽁초나 쓰레기를 아무 데나 버리면 안 된다' '빈 캔이나 빈 병을 아무 데나 버리면 안 된다' 등의 환경 미화에 관한 규범과 '타인의 얼굴을 빤히 쳐다보지 말아야 한다' '만취해서 추태를 부리지 말아야 한다' '공공장소에서 잡된 말을 하지 말아야 한다' '혼잡한 버스나 지하철 안에서 다리를 쩍 벌리고 앉거나 좌석에 짐을 놓고 넓은 공간을 점유하지 말아야 한다' 등의 공공질서에 관한 규범, 그리고 '약속한 시간은 지켜야 한다'는 규범은 일본에서만 중요한 사회규범이었다.

3. 집단과 개인

1) 동조 행동

당신은 어떤 심리학 실험에 참여하였다. 당신을 포함하여 8명이 참여한 시지각에 관한 실험이었다. 과제는 참여자들이 앉아 있는 곳에서 3미터 정도 떨어진 곳에 실험자가 제시한 두 개의 카드를 보고 왼쪽 선분(기준선)의 길이와 같은 선분을 오른쪽 카드에 제시된 세 개의 보기 중에서 선택하는 것이었다. 당신이 앉은 자리는 가장 마지막에 대답하는 자리였다. 몇 번의 시행을 해 보니 과제는 선분 맞히기로 아주 쉬운 문제였고, 당신을 포함한 모든 참여자가 정답을 계속 말했다. 그런데 이번 시행에서는 좀 이상한 일이 생겼다. 지금까지 아무 문제없이 정답을 맞히던 사람들이 똑같이 틀린 답을 차례차례 말하기 시작한 것이다. 마지막으로 당신이 대답할 차례가 왔다. 당신은 7명의 판단과 다른 자신의 판단을 과연 그 상황에서 말할 수 있을 것인가?

Asch(1951, 1955)가 실시한 앞과 같은 실험에서 마지막 자리에 앉은 사람만이 실제 참여자이고, 나머지 7명은 실험협조자였다. 그들은 실험자가 짜놓은 각본대로 세 번에 한 번 꼴로 엉뚱한 답을 하여 집단 압력을 조성하였다. 이러한 상황에서 30% 이상의 사람이 틀린 답에 동조하는 행위를 보였다. 엉뚱한 방향으로 집단 압력이 조성된 12번의 시행에서 끝까지 자신의 판단을 관철시킨 사람은 25%밖에 없었고, 75%의 사람들은 적어도 한 번 이상 틀린 답에 동조하였

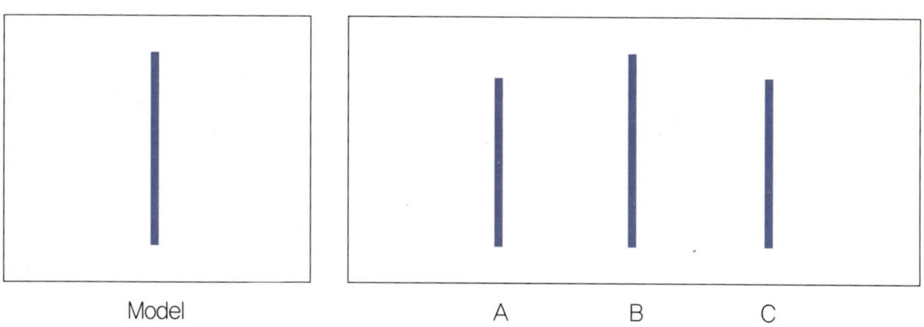

[그림 7-4] 동조 실험에서 사용된 카드의 예

출처: Asch (1951, 1955).

다. 그들은 틀린 답을 말할 때는 그것이 틀린 답인 줄 알면서도 다수의 응답을 따른 것이다.

Asch(1951, 1955)의 실험에서 조성된 집단 압력은 그저 우연히 일시적으로 모인 사람들에 의해 형성된 것이며, 틀린 답을 말한다고 해서 어떤 제재를 받는 상황도 아니었다. 그럼에도 불구하고 많은 사람이 잘못된 견해에 동조했다는 것은 자신에게 중요한 소속감을 주는 집단에서 압력이 발생했을 때, 그리고 유형무형의 제재가 예상되는 상황에서는 훨씬 더 많은 사람이 잘못된 견해에 동조할 가능성이 높음을 시사한다.

개인이 느끼는 집단과의 정서적 유대감이 강하고 이탈 시 감수해야 하는 손해가 클 경우에 개인은 집단에의 동조 압력을 크게 느낀다. 따라서 집단과 개인의 관계 양상이 다른 문화에서는 동조의 정도가 다를 것이다. 개인의 독립성과 자율성을 중시하는 개인주의 문화인 미국에서 30%의 동조율을 보였다면, 상호협조성을 강조하는 집단주의 문화로 간주되는 일본에서는 몇 %의 동조율을 보일 것인가? Asch(1951, 1955)의 동조 실험을 일본에서 실시한 연구(Frager, 1970)에 의하면, 일본인은 미국인보다 낮은 25%의 동조율을 보였다. 의외의 결과였다. 그러나 집단주의에 대해 잘 이해하고 있는 현명한 독자는 그 이유를 설명할 수 있을 것이다. 집단주의 문화에서 개인의 행동을 구속하는 집단이란 정서적 유대감이 강한 내집단이며, 유대감이 별로 없는 일시적으로 구성된 집단에 대해서는 압력을 덜 느끼는 것이다. 실제로 집단을 낯선 사람들로 구성한 경우와 친구들로 구성한 경우를 비교한 연구(Matsuda, 1985; Williams & Sogon, 1984)에 의하면, 일본인은 동조 실험 장면에서 압력을 행사하는 집단이 낯선 사람들로 구성되었을 때는 27%의 동조율밖에 보이지 않았지만, 집단이 친구들로 구성되었을 때는 50%에 달하는 높은 동조율을 나타냈다. 같은 경향이 중국에서도 확인되었다(Bond & Hwang, 1986; Meade & Barnard, 1973).

17개국에서 이루어진 133개의 Asch형 동조 실험결과를 통합적으로 분석한 결과, 각 나라의 개인주의 수준이 낮을수록 동조율이 높은 것으로 나타났다(Bond & Smith, 1996). 즉, 집단주의 사회일수록 동조 행동이 많고 개인주의 사회일수록 동조 행동이 적은 것이다. 이러한 경향은 자급자족 경제생활을 하는 전기 산업사회에서도 일반적으로 나타나는 현상이다(Berry, 1967, 1979). 예를 들어, 수렵/채집 생활을 하는 개인주의자인 에스키모(Eskimo)족의 경우에는 Asch형 동조 실험에서 17.2%의 동조율이 나타나는 반면, 농경사회의 집단주의자인 템네(Temne)족에서는 58.9%의 동조율이 나타났다.

문화권에 따라 동조의 의미가 다르게 받아들여지고 있다는 사실이 동조 행동의 문화 차이를 부분적으로 설명한다. 독립성과 자율성을 중시하고 개성을 존중하는 개인주의 문화인 미국이나 유럽에서는 동조 행동을 복종적인 행동이라고 부정적으로 보는 경향이 있는 반면, 인간관계의 화합을 중시하는 집단주의 문화인 동양에서는 동조 행동을 자기통제, 협조성, 성숙성의 지표로 좋게 평가하는 경향이 있다. 동조의 의미에 대한 해석이 문화에 따라 다르기 때문에 잘못된 견해에 대한 동조라는 특수한 상황에서 동조율에 차이가 나타난 것으로 생각된다.

한국의 고등학생과 대학생을 대상으로 동조 행동 의도를 조사한 연구(조긍호, 김은진, 2001)에 의하면, 집단 중심 성향자(allocentrism)들의 동조 행동 의도가 개인 중심 성향자(idoiocentrism)들보다 더 강한 것으로 나타났다. 다만 이러한 결과는 중립적 행동에 관해서만 나타나고 반사회적 행동에 관해서는 집단 중심 성향자들과 개인 중심 성향자들 간에 차이가 없었다. 또한 집단 중심 성향자들이 개인 중심 성향자들보다 자기와 내집단의 유사성을 더 크게 지각하고 있었는데, 이는 내집단과의 강한 유사성 지각이 강한 내집단 정체감을 갖게 함으로써 동조 행동을 유발하게 된다는 것을 시사하는 결과이다(조긍호, 김은진, 2001).

Asch의 동조 실험에서 7명의 실험협조자 중 한 명이 자신과 같은 의견을 제시하는 경우에는 실험참여자의 동조율은 5.5%까지 떨어졌다. 집단 안에 한 명이라도 자신과 같은 의견을 가진 아군이 있으면 사람은 훨씬 쉽게 자기 의견을 밝힐 수 있게 된다. 아군이 보이지 않을 때는 자신이 최초로 다른 의견을 말하기가 어려운 것이다.

2) 사회적 태만

우리는 살아가면서 혼자서 일을 하는 경우도 많지만 다른 사람들과 같이 집단으로 일을 하는 경우도 많다. 공동 작업을 할 때, 각 개인의 작업량을 식별할 수 없는 상황이라도 우리는 개인으로 작업할 때만큼 집단으로 작업할 때에도 열심히 일을 하고 있는가?

자신의 작업량이 평가되지 않는 상황에서는 집단으로 작업할 때 개인으로 작업할 때보다 작업량이 저하된다. 이러한 현상을 사회적 태만(social loafing)이라고 한다(Latané et al., 1979). 개인별 작업량이 식별되지 않고 작업량이 집단 전체로 합산되는 상황에서는 개인별 작업량이 식별되고 있는 상황에 비해 작업량이 감소한다. 사회적 태만의 주된 원인은 개인별 작업량의 평가 가능성의 유무이다.

하지만 중국인 학생을 대상으로 한 실험에서는 사회적 태만이 일어나지 않았다(Gabrenya et al., 1985). 이 연구에서는 혼자 또는 둘이서 한 쪽 귀로만 음악을 듣고 스테레오 방송의 음을 변별하는 과제를 수행하게 하였다. 그 결과, 초등학교 6학년 학생의 경우에는 사회적 태만에서 문화 차이가 나타나지 않았다. 하지만 중학교 3학년 학생의 경우에는 미국인에게서만 사회적 태만이 나타났다. 미국의 중3 학생은 둘이서 작업했을 때 혼자서 했을 때의 88%밖에 성과를 낼 수 없었다. 한편, 대만의 중3 학생은 공동 작업 시 개인 작업 대비 109%의 성과를 올렸다. 이것은 사회적 노력(social striving)이라고 부를 만한 현상이다. 따라서 사회적 태만은 집단지향성이 높은 동양에서는 발생하지 않고, 개인주의 사회인 서구에서만 발생하는 것으로 생각된다. 실제로 대만인은 미국인보다 집단지향성이 높았으며, 초등학교 6학년 학생보다 중3 학생이 더 집단지향성이 높았다. 반대로 미국 학생의 경우에는 초등학교 6학년 학생보다 중3 학생이 더 집단지향성이 낮았다.

이와 관련하여 일본인을 대상으로 한 연구(阿形, 釘原, 2008)에서 문화적 자기관이 사회적 태만에 영향을 주는 것으로 밝혀졌다. 이 연구에서는 참여자들에게 12개의 색깔별로 나누어져 있는 연필 트레이에서 모든 색상을 하나씩 꺼내어 비닐봉지에 넣어 연필 세트를 완성시키는 작업을 제시하였고, 개인 조건과 집단 조건으로 나누어 실험을 진행하였다. 연구결과, 상호독립적 자기관이 우세한 집단에서는 개인 조건(평균 15.31개)보다 집단 조건(평균 11.50개)에서 작업량이 적었고, 사회적 태만이 확인되었다. 한편, 상호협조적 자기관이 우세한 집단에서는 개인 조건(평균 13.60개)과 집단 조건(평균 13.44개) 간 작업량에 차이가 없었다.

개인별 성적 평가는 상호독립적 자기관이 우세한 사람에게는 자신의 바람직함을 확인하는 중요한 전략이기 때문에 그 여부에 따라 행동의 동기가 크게 좌우된다. 좋은 성적에 대한 중요성 평가와 자신의 작업량에 대한 우려는 모두 상호독립적 자기관이 우세한 집단이 높았다. 한편, 상호협조적 자기관이 우세한 집단의 경우에는 조건에 상관없이 작업량이 일정하였다. 이것은 상호협조적 자기관을 가진 사람들에게는 개인별 평가가 자신의 바람직함을 확인하는 데 별로 영향을 주지 않아 동기를 유발하는 요인이 되지 않았기 때문이라고 해석할 수 있다(阿形, 釘原, 2008). 이상과 같이 사회적 태만은 상호독립적 자기관이 우세한 경우에 두드러지는 현상으로 여겨진다(Earley, 1989; Gabrenya et al., 1985; Wagner & Moch, 1986).

공동 작업 시의 사회적 태만 또는 사회적 노력은 같이 일을 하는 집단의 성격에 따라 다르게 나타난다. 중국인과 미국인 및 이스라엘인을 대상으로 개인 조건, 내집단 조건, 외집단 조건의 작업량을 비교한 연구(Earley, 1993)에 의하면, 미국인은 내집단이나 외집단 성원들과 작업했을 때보다 개인으로 작업했을 때 더 많은 성과를 보였다. 한편, 중국인과 이스라엘인은 개인으로 작업했을 때나 외집단 성원들과 작업했을 때보다 내집단 성원들과 작업했을 때 더 많은 성과를 보였다. 즉, 미국인의 경우에는 같이 일을 하는 집단의 성격과 무관하게 사회적 태만이 발생했지만 중국인과 이스라엘인의 경우에는 내집단 성원들과 작업할 때 사회적 노력이 발생하는 것으로 드러났다. 이와 유사하게 Karau와 Williams(1997)는 과업을 수행하는 집단의 조건을 서로 친한 사람들로 구성된 집단과 낯선 사람들로 구성된 집단으로 분류하고, 집단결속력에 따라 과업 수행 정도에 차이가 있는지를 살펴보았다. 그 결과, 친한 사람들로 구성되어 집단결속력이 높은 조건에서 과업 수행 정도가 더 높았다. 이러한 연구는 집단 내에서의 결속력을 증진시키려는 욕구나 대인관계를 중요시하는 정도에 따라 사회적 태만의 발생에 영향을 줄 수 있음을 보여 준다. 따라서 상호독립적 자기관이 우세한 개인주의 사회보다는 상호협조적 자기관이 우세한 집단주의 사회에서 사회적 태만이 덜 나타나는 것이라고 할 수 있다.

이는 서양에서도 집단의 성과 목표가 분명하거나 집단 성과에 대해 피드백을 받는 평가 상황에서는 사회적 태만이 일어나지 않았다는 연구(Harkins & Szymanski, 1989)나 친한 친구처럼 관계를 위해 배려해야 하는 사람들과 공동으로 작업할 때 또는 여성들끼리 공동 작업할 때는 사회적 태만이 덜 일어났다는 연구(Karau & Wiliams, 1993)가 나타나는 이유일 수 있다.

3) 리더십

대부분의 집단에는 리더가 존재한다. 항상 성공하는 것은 아니지만 리더는 집단이 수행하는 과업의 성과를 높이려고 노력한다. Burns(1978)는 이러한 리더의 역할을 두 가지로 유형화하였다. 즉, 기존의 리더십 스타일인 거래적 리더십과 더 효과적인 리더십 스타일인 변혁적 리더십이다. 거래적 리더십(transactional leadership)은 부하에게 보상을 약속함으로써 업무 수행 동기를 끌어올리려는 자원 교환에 기초한 리더십이다. 한편, 변혁적 리더십(transformation leadership)은 부하에게 업무 성과의 중요성과 가치를 인식시킴으로써 부하들의 잠재되어 있는 높은 수준의 욕구에 호소하여 개인적 이해관계 이상의 성과를 달성하도록 동기를 부여하는 리더십이다(Burns, 1978). 두 리더십 스타일은 상호배타적인 개념이 아니라 상호보완적인 개념이며, 바람직한 리더는 두 가지 리더십 전략을 모두 구사할 수 있어야 한다(Bass, 1985). 각각의 리더십 스타일은 다음과 같은 특징을 가지고 있다.

거래적 리더십은 조건에 따른 보상과 예외에 의한 관리라는 두 가지 요소로 구성된다. 조건에 따른 보상(contingent reward)은 좋은 성과에 대한 보상을 약속하고 성취의 정도를 인정하는 것이다. 이는 뛰어난 근무 태도에 대한 경의 표시, 좋은 성과에 대한 칭찬, 급여 인상, 보너스, 승진 등과 같은 행위들로 나타날 수 있다. 예외에 의한 관리(management by exception)란 업무가 정상적으로 진행되고 있을 때는 개입하지 않지만 업적에 대해 설정한 기준이나 조직의 규칙에 부합되지 않을 때는 개입하여 기준과 규칙에 맞게 수정된 행동을 실시하도록 하는 것을 말한다.

변혁적 리더십은 카리스마, 지적 자극, 개인적 배려라는 세 가지 요소로 구성된다. 카리스마는 비전을 제시하고 추종자에게 사명감과 자부심을 심어 주고, 존경과 신뢰를 얻을 수 있는 능력을 말한다. 지적 자극은 새로운 방법으로 생각하도록 지식을 전달하고 주의 깊은 문제해결과 행동을 장려하는 것을 의미한다. 개인적 배려는 부하의 개별적 능력과 욕구를 존중하고 이들의 개발을 독려하며 개인적으로 조언과 지도를 하는 행동을 뜻한다(Bass, 1997).

변혁적 리더십은 많은 사회에서 바람직한 리더십으로 간주되고 있으나 문화에 따라 적절한 행위 내용이 다를 수 있다. 예를 들어, 개인적 배려와 관련하여 일본과 홍콩에서는 리더가 곤경에 처해 있는 부하의 사적인 어려움에 대해 그가 없을 때 다른 부하들과 상의하는 것이 자상한 행위로 여겨졌으나 미국과 영국에서는 그러한 상의가 전혀 자상하지 않은 행위로 여겨졌다. 당사자에게 직접적인 의사소통을 하는 것 못지않게 간접적인 관심의 표명도 수용되는 동양 문화권에서와 달리 개인주의 문화권에서는 그러한 간접적인 것은 프라이버시 침해로 여겨질 수 있다. 같은 이유로 상사가 직장 안팎에서 부하들과 같이 시간을 보내는 행위는 개인주의 문화권에서보다는 집단주의 문화권에서 더 자상한 행위로 여겨진다. 다만, 미국과 영국에서도 작업 능률을 향상시키는 요령을 개인적으로 알려주거나 기계를 잘 쓰는 방법을 직접 시연해 줬을 때는 자상한 행위로 여겨졌다. 개인주의자는 주로 작업지향적 행위와 관련해서 상사의 자상함을 파악하지만, 집단주의자는 관계지향적 행위까지 포함해서 상사의 자상함을 파악한다(Bond, 1991).

Hersey와 Blanchard(1969)는 리더가 과업 상황에 있는 부하의 준비도(follower readiness)를 정확하게 진단하고 그 상황에 적합한 리더십을 발휘해야만 진정한 효과가 나타날 수 있다고 주장하였다. 즉, 부하의 능력(ability)과 자발성(willingness)에 맞게 과제지향적 행동(task behavior: 방향 제시)과 관계지향적 행동(relationship behavior: 행동 지원)의 조합이 달라져야 한다는 것이다. 구체적으로는 다음과 같다.

부하가 과제와 관련되어 매우 성숙하지 못한 경우, 리더는 과제지향적 행동에 초점을 두어 부하의 역할을 정의하고, 무엇을, 어떻게, 왜, 언제, 어디에서 수행해야 하는지를 상세히 지시하며 일방적인 의사소통을 사용하는 리더십이 효과적이다(telling approach, 지시적 접근). 부하가 아직 능력은 부족하지만 기꺼이 일하고자 하는 경우, 리더는 여전히 방향을 지시해 주어야 하지만 이와 동시에 양방향적 의사소통을 사용하고 부하에게 사회적/정서적 지원을 제공하는 리더십이 효과적이다(selling approach, 설명적 접근). 능력은 있으나 아직 불안정한 의욕을 보이는 부하인 경우, 주의를 기울이고 정서적인 지지와 칭찬으로 높은 관계지향적 행동을 유지하면서 부하에게 정보를 나눠 주고 과제 달성 방법에 관한 의사결정에 참여시킴으로써 과제지향적 행동의 수준을 낮추는 것이 효과적이다(participating approach, 참여적 접근). 부하가 능력도 있고 의욕도 넘치는 등 매우 성숙한 경우, 리더는 여전히 의사결정에 관여하고 진행 상황을 모니터하는 자세를 유지하지만 부하에게 상당한 수준의 자율성을 주고 권한과 책임을 위임하는 것이 바람직하다(delegating approach, 권한위임적 접근).

이상은 전형적 상황에 따른 일반적 리더십 스타일이만 구체적인 상황을 고려하여 유연하게 활용할 필요가 있다.

Misumi(1985)는 리더가 수행하는 두 가지 역할인 과제 성과 지향(performance orientation)과 관계 유지 지향(maintenance orientation)을 기준으로 리더십을 네 가지 유형으로 구분하여 효과적인 리더십에 대해 연구하였다. 그는 일본의 광산업, 은행업, 운수업 및 지방자치단체의 행정부를 대상으로 30년에 걸쳐 수행한 연구를 정리하면서 일본에서 효율적인 리더는 과제 성과와 관계 유지를 모두 지향하는 유형의 사람이라고 결론지었다. 일본 사회에서 효율성이 높은 리더는 부하들에 대하여 윗사람으로서 권위적인 태도를 보이면서도 공과 사를 명확히 구분하지 않고 아랫사람들의 사생활에도 조언을 아끼지 않는 사람이었다.

중국인을 대상으로 이루어진 연구에 의하면, 리더십의 기존 두 가지 차원(과제지향적 행동과 관계지향적 행동) 이외에 세 번째 차원이 발견되었다. 그것은 도덕성 차원이다. 중국인들은 지도자가 법을 준수하고 부정한 행위를 하지 않을 것, 자신의 이익과 배치되더라도 공산당의 명령을 따르며 당에 헌신적인 태도를 지닐 것, 모든 부하 직원에게 공평할 것, 작업 시간에 열리는 정치적 교육에 대하여 헌신적인 태도를 지닐 것, 부하들의 제언에 수용적일 것을 요구하고, 이러한 지도자 밑에서 일할 때 작업 성과가 좋았다(Bond, 1991; 한규석, 2002).

이상과 같이 리더십은 사회문화적 가치를 함축하고 있고, 사회문화적 맥락과 분리하여 이해될 수 없다(Biggart & Hamilton, 1987). 이러한 맥락에서 최근 동양적 가치에 기초한 이상적 인간상, 즉 군자(君子)를 현대의 새로운 리더상으로 재발견하고자 하는 노력들이 일고 있다(류수영,

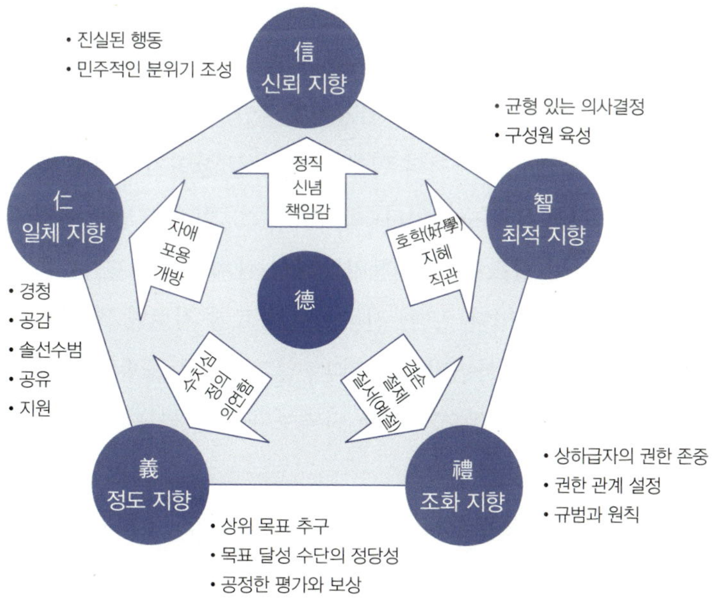

[그림 7-5] 군자적 리더십의 구조

출처: 류수영, 이경묵(2009), p. 213.

이경묵, 2009). 예를 들어, Fernandez(2004)는 새로운 리더십 모형으로 공자에 의해 제안된 덕(德)의 리더십과 그 실천자인 군자를 이상적인 리더상으로 제시하였다. 이강옥(2005)은 서구 중심적인 기존의 리더십 이론들을 유교의 수신(修身)을 통한 치인(治人)의 개념에 의거하여 설명하려는 시도를 하였다. 또한 이경묵(2006)은 사서의 분석 과정을 통해 도덕적 품성을 바탕으로 한 관리 행동을 실천하는 군자가 현대에도 통용될 수 있는 효과적인 리더상임을 제안하였다. 류수영과 이경묵(2009)의 정의에 의하면, 군자적 리더십이란 군자와 같이 인의예지신(仁義禮智信)의 도덕 품성에 근거하여 일체 지향, 정도 지향, 조화 지향, 최적 지향 그리고 신뢰 지향의 관리 행동을 통해 구성원들이 조직의 상위 목표 달성에 동의하고 자발적으로 협조하도록 동기를 부여하는 과정을 의미한다.

4) 공격 행동

(1) 폭력성의 지역 차이

공격 행동에는 많은 원인이 관여하고 있지만 문화도 그 원인 중의 하나인가? 만약 문화도 공격 행동의 원인이 되는 경우가 있다면 문화의 어떤 특징이 공격 행동에 영향을 끼치는 것인가? 또한 그러한 문화는 어떻게 형성되었는가?

미국은 지극히 폭력적인 사회이지만 그 경향에는 현저한 지역 차가 있는 것도 사실이다. 미국을 7개 지역으로 구분하고, 주민의 90% 이상이 비히스패닉계 백인인 도시를 대상으로 비히스패닉계 백인의 살인율을 산출한 결과, 인구 1~5만 명의 작은 지역공동체에서는 남부지역의 살인율이 높았고, 남서부지역도 유사한 경향이 있었다. 인구가 5~20만 명의 큰 지역공동체에서도 남부의 살인율이 높았다. 남부지역의 인구 대비 남성 살인자의 비율은 뉴잉글랜드 지역(북동부)의 두세 배에 달하는 높은 비율이었다(Nisbett, 1993). 아울러 남부 출신자를 조상으로 하는 사람의 비율을 남부다움의 지표로 하고 살인율과의 관계를 검토한 결과, 남부다운 주일수록 살인율이 높다는 결과가 나타났다. 또한 전국조사 자료를 검토한 결과에 의하면, 폭력사건의 발생 건수에서는 지역 간에 큰 차이가 없었지만, 남부지역은 도발을 받았거나 자위를 위한 목적에서 일으킨 폭력사건의 발생 건수가 다른 지역보다 훨씬 높은 것으로 나타났다(Cohen & Nisbett, 1994).

살인이나 폭력사건과 관련이 깊은 가치관의 차이도 발견되었다. 설문조사 결과에 의하면, 폭력을 긍정하느냐의 여부에 대해서는 남부와 북부 간에 차이가 없었으나 자위를 위한 폭력과 모욕을 당한 경우의 폭력에 대해서는 남부 사람들이 더 긍정적이었다. 예를 들어, '남자는 집을 지키기 위해 사람을 죽일 권리가 있다'는 의견에 찬성하는 사람은 남부 백인에서는 38%였고, 남부 이외의 백인에서는 18%였다(Nisbett, 1993). 사형제도 유무나 사형집행 정도를 비교하여 지역 간 차이를 분석한 결과에서도 법제도적인 폭력을 긍정하는 경향이 남부지역에서 더 강한 것으로 드러났다(Nisbett & Cohen, 1996).

(2) 역사적 배경: 명예의 문화

미국의 뉴잉글랜드 지방과 미드 아틀란틱 지방(대서양 연안 중부)에는 청교도나 퀘이커교도 그리고 네덜란드의 농민이나 장인이 정착했다. 한편, 남부지방에는 스코틀랜드나 아일랜드의 목축민이 정착하여 목축에 종사했다. 목축을 생업으로 삼는 사람들은 가축에 의존하여 생활하기 때문에 만약 가축을 도둑맞으면 한순간에 생활의 근거를 상실하게 된다. 따라서 가축을 지키는 일은 목축민에게 가장 중요한 문제였다. 그런데 가축의 약탈을 방지하는 것은 쉬운 문제가 아니었다. 가축은 경작을 위한 땅과는 달리 쉽게 약탈당할 수 있다. 또한 목축에 적합한 지역은 대부분 경작에는 맞지 않는 지역이어서 다른 수단으로 식량을 얻기가 어렵다. 따라서 다른 사람이 가지고 있는 가축의 약탈을 유발하기 쉬운 환경이었을 뿐만 아니라 개척 초기에는 거의 무정부 상태였기 때문에 적의 침입이나 약탈자에 대한 처벌을 공적인 조직에 의지할 수도 없는 상황이었다.

이러한 상황에서 사람들은 자신의 재산인 가축을 스스로 지킬 수밖에 없어 자위 능력이 중요한 생존 수단이었다. 그래서 무기와 폭력에 의존할 필요가 있었고, 동시에 항상 자신의 힘을 과시하는 태도는 가축의 약탈을 예방하기 위해 중요한 의미가 있었다. 다른 사람으로 하여금 '만약 저 사람의 가축을 훔치면 꼭 보복을 당할 것이다'라는 생각을 가지게 만들 필요가 있었던 것이다. 바꿔 말하면 '저 사람은 보복도 못할 나약한 사람이다'라는 이미지를 주변 사람들이 갖게 되면 가축을 지키려는 사람에게는 매우 치명적이다. 따라서 그것을 방지하기 위해서는 위협을 일으킬 수 있는 어떤 행위에 대해서도 민감하게 반응하고, 사소한 모욕에 대해서도 단호한 태도를 보일 필요가 있었던 것이다. 모욕을 당했을 때 과도할 정도로 폭력적으로 대응하는 것은 자신의 힘을 과시하는 적응적인 행동이지만 아무 보복도 하지 못하면 남자답지 못한 나약한 놈이라는 치명적인 평판이 생길 가능성이 높았다. 그래서 이런 상황에서는 안 좋은 평판이 생기는 것을 막기 위해서 모욕을 당하면 반드시 보복할 수밖에 없었다. 사소한 모욕에 대해 공격적으로 반응하는 미국 남부 사람들의 이러한 경향을 Nisbett과 Cohen(1996)은 '명예의 문화'라고 불렀는데, 이러한 행동 양식과 가치관은 목축을 생업으로 하는 생태환경에서 생존 확률을 높이는 가장 적절한 적응 양식이었던 것이다. 이 당시 남부에서는 모욕을 당했을 때 상대방이 그것을 취소하거나 보상하지 않을 경우, 상대방을 죽이겠다고 경고하고 만약 살인을 범한다고 해도 유죄가 되는 일은 없었다.

(3) 균형 상태

목축민의 생태환경에서는 사소한 모욕에도 감정적으로 반응하여 공격 행동을 취하는 것이 자신과 가족을 다른 사람으로부터 착취당하지 않도록 예방하는 데 필요한 행동 경향이었다. 그러한 환경에서 대부분의 사람이 모욕에 대해 공격적으로 반응하는 경향을 가지게 되면 모욕에 대해 차분하게 이성적인 반응을 보이는 사람은 어떻게 평가될 것인가? 대부분의 사람이 모욕에 대해 이성적으로 대응하는 문화에서는 감정적으로 반응하여 폭력적인 행동을 취하는 사람이 부정적으로 평가될 것이다. 그 반대로 목축민 사이에서는 이성적인 반응을 보이는 사람은 자기 자신을 스스로 지킬 기개가 없는 겁쟁이로 간주될 것이다. 목축민 사이에서는 모욕에 대해 차분하게 행동하는 것이 겁쟁이이기 때문이라는 인간관이 형성되고, 차분하게 행동하면 겁쟁이로 간주될 것이라는 신념이 우세해지면 공격 행동을 선호하지 않는 사람마저도 자신이 겁쟁이로 간주되는 것을 피하기 위해 사소한 모욕에 대해 공격적으로 행동할 수밖에 없는 문화적 분위기가 조성된다.

이렇게 형성된 인간관과 신념은 발생 배경이었던 생태환경이 없어진 후에도 그대로 잔존하게 된다. 사법제도가 정비되고 목축 이외의 산업이 주된 생업이 된 후에도 공격적인 반응을 하지 않으면 다른 사람들이 자기를 겁쟁이로 간주할 것이라는 신념은 남아서 그 신념에 의거하여 실제로 공격 행동을 계속한다는 것이다. 그렇게 되면 모욕에 대해 공격적으로 행동하지 않는 소수파는 겁쟁이로 간주되어 다른 사람들로부터 경멸을 받는 등 실제로 불이익을 당할 가능성이 높아진다. 모욕을 당하면 보복하는 것이 남자다운 행동이라는 규범대로 행동하는 것은 이익을 가져다주기 때문에 이러한 폭력적인 경향은 생태환경이 변한 후에도 계속 유지되는 것이다 (Cohen, 2001).

(4) 실험연구

이상과 같이 명예의 문화가 생태환경의 변화에도 불구하고 균형 상태로서 존속한다는 가설의 타당성을 검토하기 위해 몇 가지 연구가 수행되었다.

지각: 남부와 북부의 사람들을 대상으로 등장인물들의 행동이 공격적인지 아닌지 확실하지 않은 장면의 비디오를 시청한 후 그 장면에서 무슨 일이 일어나고 있는지 물어본 연구(Vandello et al., 2008)에 의하면, 남부 사람들은 북부 사람들에 비해 애매한 단서를 공격적인 단서라고 해석하는 경향이 강한 것으로 나타났다.

정서: 어떤 사람이 다른 사람에게 바보 취급당하는 시나리오를 읽고 그러한 장면에서 자기라면 어떻게 느낄 것인가를 물어본 결과, 바보 취급당하는 장면에서 분노를 느끼는 정도

에는 남부 사람과 북부 사람 간에 차이가 없었다.

신념: 그러나 다른 사람의 행동에 대한 예측에서는 남부와 북부 간에 차이가 나타났다. 즉, 남부 사람들은 북부 사람들보다 다른 사람이 그 장면에서 강한 분노를 느껴 공격적으로 반응할 것이라고 생각하고 있었다. 이는 남부와 북부 사람의 차이가 분노를 포함한 공격성 자체에 있는 것이 아니라 주변 사람들이 모욕에 대해 공격적으로 행동할 것이라는 신념에 있다는 것을 시사하는 결과이다.

생리 반응(호르몬): 다른 실험(Nisbett & Cohen, 1996)에서는 실험협조자에게 실험참여자가 나타나면 복도에서 어깨를 부딪치도록 하고 참여자에게 '멍청이(asshole!)'라고 욕을 하고 사라지게 하였다. 이러한 상황을 겪은 남부 출신 학생들은 더 분노하였으며, 공격적인 생각을 많이 하였다. 뿐만 아니라 남부 출신 학생들은 스트레스를 받을 때 분비되는 호르몬인 코르티솔과 공격성을 증가시키는 호르몬인 테스토스테론 수준이 증가하는 것으로 나타났다.

행동: 이들은 또한 모욕을 당한 후에 제3자와 악수할 때 손아귀의 힘이 훨씬 강했으며, 상대방에게 지배적인 자세를 보이는 것으로 나타났다.

이상의 결과는 명예의 문화가 생태환경이 변화한 후에도 하나의 지역 문화로 남아서 모욕과 관련된 자극에 대한 해석, 감정, 사고, 행동뿐만 아니라 생리적 반응에까지 광범위하게 영향을 끼치고 있다는 것을 보여 주는 결과들이다.

(5) 사회화 과정

Nisbett과 Cohen(1996)이 명예의 문화라고 부르는 이러한 인간관과 가치관의 유지에는 사회화 과정도 일정한 기여를 하고 있다. 아이의 훈육에 어느 정도로 폭력이 필요하다고 생각하는지에 관해서 조사한 결과, 남부의 폭력성은 현저하게 드러났다. 예를 들어, '아이의 엉덩이를 때리는 것이 적절한 훈육이다' 라는 생각에 강하게 찬성하는 백인 남성은 중서부에서는 31%인데 비해 남부에서는 지금도 49%에 달한다. 또한 친구의 모욕에 대해 폭력으로 응하도록 자녀를 격려하는 경향도 있었다. 이러한 사회화 과정을 하나의 통로로 하여 명예의 문화는 세대 간에 계승되어 온 것으로 생각된다.

제 8 장

문화와 정신건강

사람이라면 누구나 건강하고 행복하게 살고 싶은 욕구가 있다. 불행과 고통을 원하는 사람은 아무도 없을 것이다. 그래서 우리는 행복이나 정신건강과 같은 주제를 생각할 때 보편성을 전제로 사고하는 경향이 강해 행복을 위한 처방전을 보편적인 것이라고 생각하기 쉽다. 그런데 행복을 추구하는 심성은 보편적인 것이지만 어떤 상태가 행복이고, 행복을 규정하는 조건이 무엇인지에 관해서는 문화에 따라 차이가 존재한다. 또한 불행의 한 형태라고 할 수 있는 정신 병리도 문화에 의해 규정된다. 따라서 행복이나 정신 병리에 대해 이해하려면 문화와 정신건강 간의 관계에 대해 고려할 필요가 있다. 여기서는 행복감 수준의 문화 차이가 의미하는 바에 대해 검토하여 문화에 따른 행복감의 질적 차이에 대해 살펴보고, 행복

과 정신건강을 촉진하는 성격 강점들의 문화 차이와 문화적 증후군을 포함하여 이상심리와 문화의 관계에 대해 알아보고자 한다. 때로는 전자기기의 설명서가 도움이 되듯이 문화와 정신건강에 대한 이해는 문화적인 존재인 우리의 건강하고 행복한 삶을 위해 도움을 줄 수 있다.

1. 행복

1) 행복감의 문화 차이

사람들이 느끼는 행복감에는 문화 차이가 있는가? Diener(1984)가 행복이라는 경험의 주관성을 강조하여 주관적 안녕감(subjective well-being)이라는 개념을 사용한 이래 이 질문에 답하기 위한 대규모의 국가 간 비교연구가 많이 수행되어 왔다. 이러한 연구에서는 주관적 안녕감의 지표로서 사람들의 행복감이나 삶의 만족도를 측정하고 비교한다. 여러 연구를 통해 사람들이 느끼는 행복감에는 문화 차이가 존재한다는 사실이 반복적으로 밝혀졌다(Diener & Diener, 1995; Diener et al., 1995; Diener & Suh, 1999; Inglehart et al., 2008). 여기서는 한 예로서 총 66개국을 대상으로 진행한 세계 가치관 조사(World Value Survey: WVS) Wave 7의 자료를 분석한 결과를 〈표 8-1〉에 제시하였다. 이 자료를 보면 전반적으로 라틴아메리카(푸에르토리코, 멕시코, 콜롬비아 등)와 중앙아시아(키르기스스탄, 타지키스탄, 파키스탄 등) 및 동남아시아(베트남, 인도네시아, 필리핀 등) 지역 사람들의 주관적 안녕감이 높고, 아프리카(짐바브웨, 튀니지, 나이지리아 등), 서아시아(이라크, 이란 등), 동유럽(슬로바키아, 우크라이나 등) 지역 사람들의 주관적 안녕감이 낮은 것을 알 수 있다.

이러한 행복감의 문화 차이를 초래하는 원인은 무엇인가? 첫 번째로 예상되는 원인은 각국의 경제적 부유함일 것이다. 실제로 국가의 부유함과 행복감의 관계를 조사한 연구(Diener et al., 1995)에 의하면, 행복감의 국가 순위와 국가의 부유함의 지표인 GDP나 구매력 간에는 .58과 .61이라는 높은 상관이 있는 것으로 나타났다. 또한 1인당 GDP는 국가의 행복보다 삶의 만족도와 훨씬 더 강하게 연관되어 있다는 것도 발견되었다(Diener et al., 2010).

하지만 경제력과 행복감의 관계는 신중하게 해석해야 하며 결코 과대평가해서는 안 된다. 그 이유로는 첫 번째, 경제력이 높은데도 불구하고 행복감이 별로 높지 않은 한국이나 일본 같은 예외적인 나라가 존재하는 한편 경제력이 별로 높지 않은데도 불구하고 행복감이 매우 높은 브라질이나 아르헨티나와 같은 예외적인 나라도 존재하기 때문이다. 이러한 예외의 존재는 경제력 이외에 행복감에 영향을 주는 중요한 요인이 있다는 것을 시사한다.

다음으로 국가의 경제력은 인권의 보호나 사회복지(평등주의)와 밀접한 관련이 있기 때문에 경제력이 행복감에 미치는 영향은 상당 부분 간접적인 것일 수 있다는 사실도 간과해서는 안 된다. 개인의 구매력 상승이 행복감에 직접적인 영향을 주는 부분도 물론 있겠지만 앞의 결과에는 사회적인 경로를 통한 간접적인 영향도 포함되어 있다고 해석해야 할 것이다.

표 8-1 주관적 안녕감, 행복감, 삶의 만족도의 문화 차이(2017~2022)

국가	조사 연도	주관적 안녕감	행복감	삶의 만족도	국가	조사 연도	주관적 안녕감	행복감	삶의 만족도
Kyrgyzstan	2020	5.02	1.35	8.40	Kazakhstan	2018	2.43	1.81	6.92
Puerto Rico	2018	4.41	1.60	8.40	Taiwan ROC	2019	2.40	1.85	7.03
Mexico	2018	4.41	1.49	8.15	Venezuela	2021	2.34	1.87	7.02
Tajikistan	2020	4.36	1.43	7.95	Singapore	2020	2.33	1.86	6.98
Colombia	2018	4.32	1.55	8.19	Japan	2019	2.30	1.80	6.76
Vietnam	2020	4.14	1.55	8.03	Chile	2018	2.26	1.90	7.01
Uruguay	2022	4.10	1.65	8.20	Jordan	2018	2.07	1.92	6.87
Ecuador	2018	4.03	1.50	7.79	Malaysia	2018	2.06	1.97	6.99
Nicaragua	2020	3.78	1.67	7.94	Cyprus	2019	2.05	1.95	6.91
Libya	2022	3.64	1.74	7.93	Canada	2020	2.03	1.97	6.97
Pakistan	2018	3.53	1.65	7.67	Romania	2018	2.01	2.06	7.14
Guatemala	2020	3.52	1.59	7.50	Czechia	2022	1.96	2.03	7.03
Philippines	2019	3.49	1.56	7.40	Thailand	2018	1.95	1.85	6.59
Indonesia	2018	3.49	1.63	7.56	Lebanon	2018	1.76	1.97	6.68
Northern Ireland	2022	3.41	1.65	7.54	Kenya	2022	1.66	1.68	5.88
Andorra	2018	3.26	1.71	7.54	Turkey	2018	1.66	1.94	6.52
New Zealand	2020	3.25	1.73	7.55	Serbia	2017	1.60	2.04	6.70
Argentina	2017	3.17	1.82	7.69	Macau SAR	2019	1.57	1.96	6.46
Germany	2018	3.14	1.84	7.74	South Korea	2018	1.55	2.07	6.73
Uzbekistan	2022	3.13	1.53	6.96	Russia	2017	1.55	2.02	6.57
Peru	2018	3.05	1.84	7.64	Morocco	2021	1.54	2.06	6.68
Bangladesh	2018	3.02	1.84	7.60	Hong Kong SAR	2018	1.43	2.09	6.66
Brazil	2018	3.00	1.83	7.54	Mongolia	2021	1.36	2.07	6.55
Greece	2017	2.88	1.78	7.34	Ethiopia	2020	1.24	1.82	5.78
Netherlands	2022	2.79	1.84	7.36	Slovakia	2022	1.10	2.30	6.83
China	2018	2.74	1.85	7.37	Ukraine	2020	1.04	2.04	6.08
India	2023	2.71	1.80	7.20	Nigeria	2018	0.84	1.89	5.58
Bolivia	2017	2.70	1.91	7.47	Iran	2020	0.65	2.22	6.20
Maldives	2021	2.68	1.85	7.30	Great Britain	2022	0.64	2.21	6.17
United States	2017	2.66	1.85	7.27	Tunisia	2019	0.24	2.11	5.52
Armenia	2021	2.66	1.85	7.28	Egypt	2018	0.18	2.27	5.87
Myanmar	2020	2.64	1.83	7.20	Iraq	2018	-1.06	2.21	4.47
Australia	2018	2.58	1.65	6.69	Zimbabwe	2020	-1.21	2.46	4.95

주: 주관적 안녕감=삶의 만족도−2.5×행복감(Inglehart et al., 2008에서 참조), 삶의 만족도는 10점 척도로 측정(10점: 매우 만족, 1점: 전혀 만족하지 못함), 행복감은 4점 척도로 측정(1점: 매우 행복하다, 2점: 행복한 편이다, 3점: 별로 행복하지 않다, 4점: 전혀 행복하지 않다).

출처: https://www.worldvaluessurvey.org/WVSDocumentationWV7.jsp에서 제공한 자료를 재분석함.

세 번째로는 경제성장이 항상 국민의 삶의 만족도(life satisfaction) 향상을 가져오는 것은 아니라는 것이다. 15개국을 대상으로 1965년에서 1990년까지의 GNP와 삶의 만족도의 관계를 분석한 연구(Diener & Oishi, 2000)에 의하면, 이 기간에 실질소득(물가상승을 통계적으로 조정한 후의 소득)이 몇 배로 늘어난 미국, 독일, 일본에서 국민의 삶의 만족도는 거의 변하지 않았다.

마지막으로는 서구와 북미에서 수행된 대부분의 연구에서 연간 소득과 삶의 만족도의 상관계수가 .10에서 .20 사이로 나타났다는 사실이다(Diener et al., 1999). 이러한 결과는 연간 소득이 높은 사람이 낮은 사람보다 삶의 만족도가 약간 높다는 것을 의미하나, 그 차이는 별로 크지 않다고 볼 수 있다. 그러나 경제력이 높지 않은 나라에서는 사정이 다르다. 경제적 만족도와 삶의 만족도의 상관은 GNP가 낮은 나라일수록 높다(Oishi et al., 1999). 가난한 나라의 사람일수록 삶의 만족도는 경제력에 의해 좌우된다. 예를 들어, 캘커타(인도)의 빈민가에서는 소득과 삶의 만족도는 .45의 비교적 높은 상관관계가 있는 것으로 나타났다(Diener & Biswas-Diener, 2002). 이상과 같은 결과들을 보면 생존을 위한 기본적 욕구를 충족할 때까지는 경제력이 삶의 만족도를 크게 좌우하지만 그 이후에는 행복감에 대한 경제력의 영향은 훨씬 작아진다는 것을 알 수 있다.

경제적 부유함 이외에 행복감에 영향을 주는 요인으로는 인권의 보호와 평등주의(소득, 교육의 기회, 성별)가 있다(Diener et al., 1995). 일반적으로 민주주의와 사회복지를 중요시하는 나라에 사는 사람들의 행복감은 높고, 정치적 억압과 사회적 격차가 심한 나라에 사는 사람들의 행복감은 낮다. 그러나 경제적 부유함, 인권의 보호, 평등주의에 의한 행복감의 예측에는 한계가 있다. 이 세 가지 요인으로는 라틴아메리카의 높은 행복감과 동아시아의 낮은 행복감이 충분히 설명되지 않는다(Heine, 2008). 이러한 사실은 경제적 부유함, 인권의 보호, 평등주의와 같은 정치경제적 요인 이외에 문화적 요인이 행복감에 영향을 주고 있을 가능성을 시사한다. 이 문제를 해결하기 위해 우선 행복 또는 주관적 안녕감이라는 개념의 내용에 대해 검토해 보기로 한다.

2) 주관적 안녕감과 정서

행복을 유발하는 조건들에는 많은 문화 차가 있겠지만 최종적으로 느끼는 행복 경험의 자체는 범문화적으로 유사한 것으로 가정되어 왔다(Diener & Suh, 2000). 행복 경험의 핵심을 이루는 것은 삶의 만족, 긍정적 정서의 경험, 부정적 정서의 결여라는 세 가지 하위 요인이다(Diener, 1984; Diener et al., 1999). 이 세 요인은 행복 경험(또는 주관적 안녕감)의 상위 개념으로 묶이지만 개념적으로는 각각 조금씩 다른 속성들을 가지고 있다(Lucas et al., 1996). 이러한 주관적 안녕감 이론은 많은 문화권에서 그 속성이 입증되었다(Scollon et al., 2004).

많은 연구자는 삶의 만족도를 행복 또는 주관적 안녕감의 가장 보편적인 지표라고 생각하고 있다(大石, 2009). 삶에 대한 만족이라는 개념은 보편적으로 모든 문화에 존재한다(Oishi et al., 1999; 임낭연 외, 2010). 무엇이 행복하고 이상적인 인생인지에 대해서는 문화마다 다른 생각을 가지고 있을지라도 그러한 삶을 살아가고 있는 사람은 자신의 삶에 만족하고 있을 것이라는 생각은 보편적인 것이다.

그러나 행복 또는 주관적 안녕감의 정서적 요소에 관해서는 무시할 수 없는 문화 차이가 존재한다는 사실들이 밝혀졌다. 우선 행복과 밀접한 관련이 있는 긍정 정서의 내용이 문화마다 다르다. 어떤 문화에서는 신나고 고양된 기분을 행복이라고 생각하지만, 다른 문화에서는 침착하고 안정된 상태를 행복이라고 여긴다. 구체적으로는 개인주의 문화에서는 고각성 정서(즐거움 등)가 강조되고, 집단주의 문화에서는 저각성 정서(편안함 등)가 중요하다(Lu, 2001; Lu & Gilmour, 2004; Tsai et al., 2006). 개인주의 문화권의 행복은 긍정적인 고각성 정서(정서적으로 긴장되고 상승된 긍정적 상태)를 의미하는 반면에 집단주의 문화권에서 행복은 저각성 정서(정서적으로 동요하지 않고 고요한 평정의 상태)와 관련이 깊다(Lu & Gilmour, 2004). 예를 들어, 유럽계 미국인 문화에서는 흥분하거나 마음이 들떠 있는 것이 행복과 관련이 깊은 반면, 아시아계 미국인과 중국인 등 동양 문화에서는 평온과 휴식이 행복과 더 관련이 있는 것으로 나타났다(Tsai et al., 2006).

이와 관련하여 유럽계 미국인은 활동적이고 개인적인 여가활동(예, 조깅, 롤러스케이트)을 더 선호하지만, 아시아계 미국인은 활동적이지 않은(passive) 여가활동(예, 관광, 피크닉)을 더 선호한다는 연구결과가 있다(Gobster & Delgado, 1992). 선호하는 여가활동의 종류(활동적-비활동적)는 행복이 의미하는 긍정 정서 상태의 차이(고각성-저각성)에 대응한다. 행복이 고각성의 긍정 정서 상태를 의미하는 문화에서는 그것을 추구하는 하나의 수단으로 사람들은 활동적 여가활동을 선호하고, 행복이 저각성의 긍정 정서 상태를 의미하는 문화에서는 그것을 추구하는 하나의 수단으로 사람들은 비활동적 여가활동을 선호하는 것으로 이해할 수 있다.

또한 미국이나 캐나다 등에서는 자부심(자존감)이 행복이나 흥분과 같은 긍정 감정에 포함되며 행복은 자부심이나 흥분과 함께 경험되는 경향이 강하다. 하지만 일본이나 중국에서는 그러한 경향이 없었다(Oishi, 2007). 자기 자신에 대한 긍정적 감정인 자기존중감(self-esteem)은 북미와 서구에서는 삶의 만족도와 강한 상관이 있었지만, 중동, 인도, 아프리카에서는 약한 상관밖에 나타나지 않았다(Diener & Diener, 1995). 또한 관계로부터 분리된 정서(자부심, 우월감, 분노, 좌절 등)는 일본인보다 미국인의 행복과 더 높은 상관이 있었고, 관계적 정서(친밀감, 우정, 수치심, 소외감 등)는 미국인보다 일본인의 행복과 더 관련이 높았다(Kitayama et al., 2000; Kitayama et al., 2006; Mesquita, 2001). 북미 사람들의 행복은 즐거움, 흥분, 자부심을 느끼는 것과 관련이 깊지만, 동양 사람들의 행복은 편안함과 같은 침착하고 안정된 느낌과 관련이 깊고 흥분이나 자부심과는 별로 관련이 없는 것이다.

다음으로 긍정 정서와 부정 정서의 관계에도 문화 차이가 있다. 미국인의 경우에는 긍정 정서를 경험하는 빈도와 부정 정서를 경험하는 빈도 간에 부적 상관이 있었지만, 일본인이나 중국인의 경우에는 그러한 상관이 나타나지 않았다(Bagozzi et al., 1999; Kitayama et al., 2006; Schimmack et al., 2002). 긍정 정서를 자주 경험하는 미국인은 부정 정서를 별로 경험하지 않지만, 동아시아인의 경우에는 긍정 정서를 자주 경험하는 사람이라고 해서 부정 정서를 경험하지 않는 것은 아니었다. 이러한 차이는 긍정 정서와 부정 정서의 평가에 대한 문화 차이와 관련이 있어 보인다(大石, 2009). 즉, 미국에서는 부정 정서, 그중에서도 특히 죄책감은 사람들이 매우 싫어하는 정서이다. 그러나 일본이나 중국에서는 죄책감이 바람직하지는 않지만 반드시 회피해야 하는 정서라고 여기지는 않는다. 또한 긍정 정서도 항상 바람직하다고 간주되는 것도 아니다(Eid & Diener, 2001; Schimmack et al., 2002).

긍정 정서와 삶의 만족도의 관계에 대한 비교문화 연구(Suh et al., 1998)에 의하면, 삶의 만족도에 대한 긍정 정서 경험의 영향에는 문화 차가 있는 것으로 드러났다. 미국이나 북유럽에서는 긍정 정서의 빈도와 삶의 만족도 간에 높은 상관이 나타난 데 비해, 동아시아, 남아시아, 아프리카의 나라들에서는 그다지 높은 상관이 나타나지 않았다. 즉, 미국이나 북유럽에서는 긍정 정서 없이 인생에 만족감을 느끼는 사람은 별로 없지만, 아시아나 아프리카에서는 긍정 정서를 빈번하게 경험하지 않고서도 자기 인생에 만족하고 있는 사람이 적지 않다는 것이다. 이러한 현상이 나타나는 이유를 Oishi와 동료들(2013)의 연구를 통해 살펴보고자 한다. 그들은 30개국[1)]을 대상으로 시간과 문화에 따른 행복 개념의 변화를 연구했다. 고대에서 행복은 일반적으로 행운(luck) 또는 운(fortune)과 같이 외부 요인에 의해 발생하는 현상으로 여겨졌기 때문에 대부분 행복의 정의에 이러한 요소들이 포함되어 있을 것이라고 보고 연구를 진행하였다. 그러나 24개국의 행복 정의에는 행운이나 운이 부분적이라도 존재했지만 나머지 6개국(미국, 스페인, 아르헨티나, 에콰도르, 인도, 케냐)에서는 행복의 정의에 행운이나 운이 전혀 포함되어 있지 않은 것으로

1) 아르헨티나(스페인어), 호주(영어), 브라질(포르투갈), 중국(중국어), 에콰도르(스페인어), 에스토니아(에스토니아어), 프랑스(프랑스어), 독일(독일어), 과테말라(스페인어), 인도(힌디어), 인도네시아(인도네시아어), 이스라엘(히브리어), 이탈리아(이탈리아어), 일본(일본어), 케냐(스와힐리어), 한국(한국어), 말레이시아(말레이어), 모잠비크(포르투갈), 노르웨이(노르웨이어), 파키스탄(펀자브어), 포르투갈(포르투갈어), 루마니아(루마니아어), 러시아(러시아어), 세네갈(프랑스어), 싱가포르(중국어), 남아프리카(아프리칸스어), 스페인(스페인어), 튀르키예(튀르키예어), 미국(영어)

나타났다. 영어를 사용하는 두 국가를 비교해 보면 호주 영어에는 행운과 운의 정의를 가지고 있는 반면에 미국 영어에는 이러한 개념이 전혀 포함되어 있지 않았으며, 행복을 기분좋은 감정이나 그것의 지속에 대한 욕망이 특징인 상태 및 즐거움과 즐거운 경험으로 정의하고 있다. 또한 스페인어를 사용하는 국가 간에도 이러한 차이가 나타났는데, 과테말라에서는 행운과 운이 포함되지만 스페인, 아르헨티나, 에콰도르에서는 포함되지 않았다. 이러한 결과에 대해 연구자들은 행복의 정의에는 언어적 요인뿐만 아니라 지역의 역사와 문화까지 함께 반영된다고 보았다. 따라서 독일인, 러시아인, 일본인, 한국인 등에게 당신이 얼마나 행복했는가에 대해 물으면 그들은 자신이 얼마나 운이 좋았는지에 대해 생각할 수 있지만 미국인, 스페인인, 케냐인 등에게 물으면 그들은 다른 개념을 떠올리고 응답할 수 있다. 예를 들어, 행복을 달성 가능한 것으로 보는 문화에서는 행복이 의식적인 목표가 될 수 있기에 내가 무엇을 해야 행복해질 수 있는가, 현재 나는 무엇을 하고 있는가, 현재 나는 무엇을 이루었는가, 앞으로 어떻게 산다면 행복할까 등을 떠올릴 것이다. 즉, 행복을 판단과 결정의 준거로 사용할 수 있어 이를 극대화하기 위한 선택이 가능함을 의미한다. 그러나 동아시아 국가와 같이 행복이 행운이나 운을 의미하는 문화에서는 그들이 지니고 있는 부족한 면을 채우거나 부정 정서에 초점을 두는 경향이 있기 때문에 행복을 극대화하는 결정과는 무관해 보일 수 있다(Falk et al., 2010; Oishi & Diener, 2003).

이상과 같이 부정 정서를 회피하고 긍정 정서를 추구하는 것을 행복이라고 생각하는 사람은 동아시아보다 미국에 더 많으며 라틴아메리카에는 더욱 더 많다(Diener et al., 2000). 한편, 서구에는 이러한 행복관에 회의적인 문화도 있다. 예를 들어, 독일에서는 이상적 인생을 살고 있는 사람이란 슬픔이나 고통을 느끼고, 그것을 극복해 온 사람이라는 개념이 강하다(大石, 2009). 실제로 인생에서 부정 정서를 많이 경험해 온 사람이 노년기에는 예지(wisdom)를 지니게 되는 경향이 있으며, 긍정 정서만을 추구해 온 사람은 노년기에 예지를 갖추기가 어렵다는 것을 시사하는 연구결과가 있다(Kunzmann & Baltes, 2003).

3) 삶의 만족도의 규정요인

행복의 중요한 원천 중 하나는 목표 달성이다. 일반적으로 사람은 목표를 달성하면 행복감을 느끼게 되는 경우가 많다. 긍정 정서를 느끼게 하고 삶의 만족도를 높이는 요인으로서 목표 달성은 중요하다. 그런데 삶의 만족도에 영향을 주는 목표 달성의 동기에는 문화 차이가 존재한다. 미국인의 경우에는 자기 자신이 설정한 목표를 달성한 사람에게서 삶의 만족도가 점차 상승하지만, 일본인의 경우에는 가족이나 친구를 기쁘게 하기 위해 설정한 목표를 달성한 사람에게서 삶의 만족도가 상승한다는 연구결과가 있다(Oishi & Diener, 2001). 북미 사람들의 경우, 같은 수준의 목표를 달성한 사람 중에서도 자기가 결정한 목표를 자기 자신의 의지로 성취한 사람의 삶의 만족도는 상승했으나, 부모가 결정한 목표나 의무로서 주어진 목표를 달성한 사람은 삶의 만족도가 별로 변화하지 않았다(Sheldon & Kasser, 1998). 북미 사람들은 의무감이나 부모의 요청에 의한 목표는 노력하여 달성하더라도 성취감을 크게 느끼지 못하는 것이다. 한편, 아시아계 미국인이나 일본인의 경우에는 부모나 친구의 기대에 부응하기 위한 목표를 설정한 사람들이 자신만을 위한 목표를 설정한 사람들보다 오히려 목표 달성 후에 삶의 만족도가 더 크게 상승하였다(Oishi & Diener, 2003). 미국인도 일본인도 목표의 대부분은 자기 자신을 위해 추구한다고 답하는 사람이 많았지만, 이러한 의식적 태도와는 달리 일본인에게는 중요한 타자를 기쁘게 함으로써 만족감이 더 높아지는 무의식적 기제가 아직 남아 있는 것 같다(大石, 2006).

다음으로 개인의 성격 특성도 행복감에 큰 영향을 미친다. 예를 들어, 외향성이나 신경증적 경향(정서적 안정성)과 같은 성격 특성은 개인이 느끼는 삶의 만족도에 강한 영향을 준다. 외향성은 기쁨이나 설렘과 같은 긍정 정서와 관련이 깊고, 신경증적 경향(정서적 안정성)은 우울이나 걱정 같은 부정 정서와 관련이 깊은 것을 생각해 보면 이러한 관계는 쉽게 이해할 수 있을 것이다(大石, 2009). 또한 인간관계에서 개인 행동의 일관성을 유지할 수 있는 능력과 상대방에 따라 유연하게 대처할 수 있는 능력은 둘 다 성숙한 특성이기 때문에 보편적으로 삶의 만족도에 기여할 것으로 예상된다. 일관성도 유연성도 잘 살기 위해 필요한 특성이지만 문화에 따라 그 상대적인 중요도는 다를 수 있다. 어떤 문화에서는 일관성으로 간주되는 행동이 다른 문화에서는 경직성이나 미성숙함으로 간주될 수도 있고, 반대로 비일관성으로 간주되는 행동이 유연성으로 간주될 수도 있는 것이다. 미국인과 한국인을 대상으로 자기개념의 일관성에 대해 비교한 연구(Suh, 2002)에 의하면, 미국 대학생은 한국 대학생보다 자기개념의 일관성이 높았고 미국에서는 일관성이 높은 사람에 대한 호감도가 높았으나 한국에서는 그러한 경향이 없는 것으로 나타났다. 그리고 미국에서는 일관성과 긍정 정서 경험의 빈도 및 삶의 만족도의 상관이 한국에서보다 강했다. 자기개념의 일관성은 개인주의가 강하고 권위주의가 약한 문화에서는 중요한 성격 특성으로 긍정 정서와 삶의 만족도를 크게 좌우하지만, 집단주의와 권위주의가 강한 문화에서는 유연성의 중요도가 상대적으로 높기 때문에 이러한 결과가 나타난 것으로 생각된다.

세 번째로 가족이나 친구 관계에 대한 만족도도 전반적인 삶의 만족도에 중요한 영향을 미칠 것으로 예상된다. 그런데 삶의 만족도에 대한 친구 관계의 영향력은 개인주의 문화에서 더 강할까? 아니면 집단주의 문화에서 더 강할까? 비교문화 연구에 의하면, 가족이나 친구 관계에 대한 만족도와 전반적인 삶의 만족도 간의 상관은 개인주의 경향이 강한 나라에서 높고, 집단주의 경향이 강한 나라에서는 비교적 낮은 것으로 드러났다(Diener & Diener, 1995).

이러한 결과는 인간관계의 변동에 대한 문화 차이의 관점에서 이해할 수 있다. 즉, 인간관계의 변동이 많은 개인주의 사회에서는 자신의 의사와 기술에 따라 인간관계를 종결하거나 새로 형성하는 것이 비교적 쉽다. 이러한 문화에서의 인간관계는 서로 맞는 사람들이 자발적으로 형성한 관계일 경우가 많다. 따라서 만족스러운 인간관계를 가질 수 있는지의 여부는 직접적으로 개인의 삶의 만족도에 영향을 주는 것이다. 한편, 집단주의 사회에서는 인간관계가 안정적인 편이기에 자신의 의사와 기호에 따라 인간관계를 종결하거나 새로 형성하는 것이 비교적 어렵다. 여러 가지 연고로 연결된 사람들 중에는 행복감의 원천이 되는 사람뿐만 아니라 자신을 구속하는 사람들도 있기 때문에 인간관계는 양가적 색채가 강하다. 따라서 개인적으로는 삶의 만족도가 높은 사람도 얼마든지 부담스러운 인간관계를 유지하고 있을 수 있다.

또한 자기가 적극적으로 인간관계를 개척해야 하는 환경에서는 좋은 친구를 가지고 있는 것이 자존감을 높이는 데 기여하고 있을 가능성이 있다. 미국과 일본에서 사회적 지원과 삶의 만족도의 관계를 비교한 연구(Uchida et al., 2008)에 의하면, 사회적 지원은 문화에 따라 상이한 경로를 통해 삶의 만족도에 영향을 주는 것으로 드러났다. 미국인의 경우에 사회적 지원은 자존감을 높임으로써 삶의 만족도에 영향을 미치지만 그 외에는 직접적인 영향이 없었다. 그래서 북미에서는 자존감을 손상시키는 방식으로 사회적 지원을 받게 되면 오히려 행복감에 대한 효과가 손실된다(Bolger & Amarel, 2007).

한편, 일본인의 경우에는 사회적 지원이 자존감을 높이기 때문에 삶의 만족도가 높아지는 것이 아니라 사회적 지원이 삶의 만족도에 직접적인 영향을 주고 있었다(Uchida et al., 2008). 즉, 일본인은 자존감의 변화와는 거의 무관하게 사회적 지원을 받았다는 것 자체로 자신을 이해하고 지지해 주는 사람이 있다는 것만으로 자신의 삶에 만족하게 되는 것이다. 다만 일본인 가운데서도 인간관계를 항상 유동적이라고 생각하고 스스로 새로운 인간관계를 개척해 나가겠다는 의식이 강한 사람일 경우에는 미국인처럼 사회적 지원이 자존감을 높임으로써 삶의 만족도에 간접적인 영향을줄 뿐 그 외에는 직접적인 영향이 없었다는 연구결과도 있다(Schug et al., 2009).

네 번째로 자신에 대한 긍정적 환상(positive illusions)도 행복감에 기여한다. 그러나 그 영향력은 문화에 의해 제한을 받는다. 미국인이나 캐나다인은 동아시아인에 비해 비현실적으로 긍정적인 자기관, 과장된 개인적 통제감, 비현실적 낙관성 등의 긍정적 환상이 강하다(Heine & Hamamura, 2007). 이러한 긍정적 환상은 정신적으로 건강한 사람들이 강했고, 우울하거나 불안한 사람들의 경우에는 약하게 나타나(Mezulis et al., 2004) 긍정적 환상이 자존감의 고양을 통해 정신건강과 주관적 안녕감에 영향을 미친다고 볼 수 있다. 하지만 긍정적인 일은 내적으로 귀인하고 부정적인 일은 외적으로 귀인하는 자기고양적 편향은 동아시아 중에서도 특히 일본에서는 매우 약하다. 반대로 일본인은 자기비하적 편향마저 보일 때가 있다. 자존감을 감소시킬 수도 있는 자기비하적 편향은 정신건강에 해롭지 않은가? 일본인에게서 자기비하적 제시가 나타나는 이유는 타자가 그것을 호의적으로 평가할 것이라는 신념을 가지고 있기 때문에 타자가 자신의 자기비하적 제시를 부정함으로써 정신건강이 촉진된다는 것이다(吉田, 浦, 2003; 吉田 外, 2004). 따라서 일본인은 자기비하적 제시를 바람직하다고 여기는 규범을 가지고 있다. 자기비하적 행동을 하는 정도에는 세대에 따른 차이는 없었으나, 20대부터 60대까지 세대가 올라갈수록 자기비하적 제시라는 규범을 내재화하는 경향이 두드러지는 것으로 밝혀졌다. 아울러 자기비하적 제시의 실행이 정신건강을 촉진하는 효과는 세대가 올라갈수록 현저해지는 것으로 드러났다(吉田, 2006). 일본인은 자신에 대한 긍정적 환상으로 자존감을 고양시키지 않아도 자기비하적 행동을 부정해 주는 사람들과의 관계가 있다는 지각을 통해 정신건강이 유지되는 것이다.

4) 문화적 행복관

북미에서는 행복을 자신의 능력을 가능한 한 최대화한 상태에서 얻을 수 있는 것으로 정의한다. 이러한 행복관을 지닌 사람들은 더 행복한 상태를 향해 스스로가 적극적으로 나아가는 경향이 강하다. 관계 유동성이 높은 북미 사회의 환경에서는 개개인이 자신이 가진 자원을 최대한 활용하여 더 높은 행복을 찾으려고 한다(Falk et al., 2009; Oishi et al., 2007).

반면에 동아시아에서는 유교나 불교 등의 영향으로 사물에는 좋은 면과 나쁜 면이 동시에 존재한다는 음양 사상이 행복관에 반영되어 있다. 예를 들어, 너무 행복한 것은 오히려 불행을 초래하는 것이며 오히려 '좋은 일과 나쁜 일이 같은 수만큼 존재하는 것이 진정한 삶이다' 라는 생각이 존재한다(Peng & Nisbett, 1999). 또한 조화로운 인간관계 속에서의 평안도 중시된다. 이것은 농경이라는 경제적 체계로 인해 관계 유동성이 낮은 사회적 환경에서 다른 사람들과의 협력이나 자연과의 조화를 중요시해 온 토착 사상과 무관하지 않다(内田, 荻原, 2012; Uchida et al., 2004).

미국인과 일본인의 문화적 행복관을 비교한 연구(Uchida & Kitayama, 2009)에 의하면, 행복의 의미에는 실제로 문화 차가 존재하는 것으로 나타났다. 이 연구에서는 북미에 사는 유럽계 미국인과 일본인 학생에게 행복의 특징, 행복이 가져오는 결과 등 행복이라는 경험으로부터 연상되는 내용을 5개씩 자유롭게 기술해 달라고 요청했다. 그리고 나서 그 내용이 갖는 의미와 특징의 바람직성을 평가하게 했는데, 미국에서는 행복에 관한 기술 전체의 97%가 '바람직한 것'이었던 반면에 일본에서는 68%에 그쳤다. 즉, 일본에서는 행복의 특징 중에서 나머지 30% 정도는 행복이 '바람직하지 않은' 또는 '어느 쪽이라고 말할 수 없는' 미묘한 뉘앙스의 것이었다. 이러한 내용을 자세히 살펴보면 '행복해지면 주위가 보이지 않는다' '행복해지면 다른 사람의 질투를 사게 된다' '행복은 오래 가지 않는다' '행복이 계속되면 오히려 무섭다' 등 대인적인 우려와 인생의 전체적인 균형 지향과 같이 너무 행복한 것에 대한 경고와 관련된 기술들이었다. 이러한 결과는 미국인은 행복을 일의적으로 긍정적인 것으로 해석하는 경향이 강하지만 일본인은 행복을 다면적으로 해석하는 경향이 강하다는 것을 시사한다(增田, 山岸, 2010). 좋은 일이 계속되면 오히려 그 후에 안 좋은 일이 일어날 수 있음을 우려하는 감각의 저변에는 인생을 전체적으로 보면 개개인이 경험하는 행복과 불행의 수는 거의 동등하다는 암묵적 인생관이 반영되어 있다고 할 수 있다. 10점 만점에 7점 정도의 행복이 이상적이라고 대답하는 사람이 일본에는 많으며, 만점을 최고라고 생각하지 않는 것이 일본적인 행복관의 특징이다(内田, 荻原, 2012).

한국인 중에도 이와 유사한 행복에 관한 신념을 가지고 있는 사람이 있다. 한국인의 행복에 대한 내재이론을 밝혀낸 연구(구자영, 서은국, 2007)에 의하면, 일부 한국인은 행복의 양이 한정되어 있다는 믿음을 가지고 있는 것으로 나타났다. 그런데 나와 남들 사이의 행복의 총량과 내가 평생 누릴 수 있는 행복의 총량이 한정되어 있다고 강하게 믿는 사람일수록 자신의 긍정적인 사건을 남에게 덜 알렸고, 주변의 가족이나 친구들에게서 호감을 덜 받았으며, 다른 사람들보다 덜 행복하였다. 행복의 양이 한정되어 있다는 믿음은 사람이 행복해지는 것을 방해하기 때문에 이러한 결과가 나타났을 가능성도 있고, 별로 행복하지 않은 사람이 자신의 상태를 설명하기 위해 이러한 신념을 가지게 됐을 수도 있다.

이상과 같이 북미의 문화적 행복관은 불행과 대치되는 행복을 개인이 자신의 능력을 최대한으로 발휘해서 적극적으로 추구하는 것을 강조한다. 한편 동아시아의 문화적 행복관은 불행과 행복의 균형을 인생의 본질로 보고, 조화로운 인간관계 속에서의 평안한 상태를 이상으로 삼는 과도하지 않은 행복을 강조한다. 이러한 문화적 행복관의 차이는 자신의 행복을 평가하는 인지과정에 영향을 미칠 가능성이 있다.

일기법이나 경험표집법(experience sampling method, 랜덤하게 신호음이 울린 순간의 감정을 그 자리에서 매일 여러 번 기록하는 방법)을 이용하여 삶의 만족도에 대한 일상적 판단과 회고적 판단을 비교한 연구(Oishi, 2002)에 의하면, 일상적 만족도(7일 동안의 평균값)에는 유럽계 미국인과 아시아계 미국인 사이에 차이가 없었으나, 회고적 판단에서는 유럽계 미국인이 아시아계 미국인보다 만족도가 높다는 판단을 내리는 것으로 드러났다. 과거 일주일 동안의 생활을 회고할 때 경험한 사건을 신중하게 다 기억할 수는 없기 때문에 문화적 행복관이 개입하여 편파적인 회상이 일어날 가능성이 있다. 인생에서 불행과 첨예하게 대치시킨 행복을 적극적으로 추구하는 일의적 행복관을 가진 유럽계 미국인은 인생에서 불행마저도 포함시킨 균형을 생각하고 행복의 부정적 측면까지도 고려하는 다면적 행복관을 가진 아시아계 미국인보다 긍정적인 경험을 선택적으로 더 많이 회상하고 만족도를 상대적으로 높게 판단했을 가능성이 있다.

또한 영역별 만족도와 전반적 만족도를 비교한 연구(Diener et al., 2000; 大石, 2006에서 재인용)에 의하면, 미국, 스페인, 포르투갈, 푸에르토리코, 콜롬비아에서는 전반적 만족도가 영역별 만족도의 평균값보다 높았고, 한국, 일본, 중국에서는 반대로 전반적 만족도보다 영역별 만족도의 평균값이 더 높은 것으로 나타났다. 그리고 전반적 만족도가 영역별 만족도의 평균값보다 높은 정도는 이상적 만족도의 수준과 정적 상관이 있는 것으로 나타났다. 즉, 이상적 만족도가 높은 나라일수록 영역별 만족도의 평균값에 비해 전반적 만족도가 높았던 것이다. 스페인이나 콜롬비아는 35점 만점으로 이상적 만족도가 31점 이상이었던 데 비해 한국, 일본, 중국은 각각 25.01점, 25.75점, 19.80점이었다. 이러한 결과에도 문화적 행복관의 차이가 반영되어 있다고 볼 수 있다.

2. 성격 강점

20세기에는 정신질환 진단 및 통계 편람(Diagnostic and Statistical Manual of Mental Disorders: DSM)으로 대표되는 질병모델이 제도적으로 확립되어 많은 정신적 문제에 대한 효과적인 개입이 가능해졌다. 사회적 가치를 중요시하는 관점에서 사회적인 일탈로 여겨지는 행위로 인해 비난과 벌을 받아 오던 사람들에게 질병모델을 적용시킨 새로운 관점은 질병의 치료라는 명목하에서 도덕적 가치로 사람들을 평가하지 않는 임상적 활동으로 사람들을 구원해 온 것이다. 하지만 긍정심리학을 지지하는 학자들은 질병모델이 사회적 · 역사적 사명을 충분히 수행해 왔다고 인정하면서도 그 한계를 지적한다. 병리적 측면에 주목하는 질병모델에서의 인간 이해는 본질적으로 개인의 책임을 경시하는 경향이 있고, 인간의 정상적인 심리적 기능에 대해 충분히 설명할 수 없으며, 예방적 개입 또는 건강 증진을 위한 개입의 이론적 토대를 제공하지 못하는 등 심각한 문제점들이 있다는 것이다. 이러한 문제를 해결하기 위해 긍정심리학자들은 인간이 지닌 긍정적 특성에 대한 체계적인 연구를 시작하였다.

1) 강점과 덕성에 대한 분류체계

Peterson과 Seligman(2004)을 중심으로 한 연구자들은 DSM이 병리적인 측면을 망라하여 각각의 특징을 정리한 것처럼 긍정적인 특성들을 망라하여 각각에 대한 연구를 정리하고, 앞으로의 연구 발전의 기초를 마련하기 위해 성격 강점 분류 체계의 개발을 시도하였다. 연구자들은 세계의 주요 종교와 철학자들이 제시하는 덕목과 심리학의 연구자료를 검토하여 200여 개의 덕목을 찾고, 다음의 기준에 의거하여 성격 강점들을 선별하였다(Park et al., 2004, p. 605).

① 많은 문화에서 긍정적 덕목으로 간주되고 있는가? (보편성)
② 넓은 의미로 개인의 성취, 만족, 행복에 기여하는가? (충족성)
③ 그 자체로 도덕적 가치를 지니는가? (도덕적 가치)
④ 표현된 특성을 목격한 사람이 그것을 칭찬하게 되는가? (타인 향상성)
⑤ 확실히 부정적인 특성을 가지고 있는 반대어가 있는가? (반대어의 부정성)
⑥ 명백한 일반성과 안정성을 구비한 개인차로 간주할 수 있는가? (특질성)
⑦ 개인차로서 연구자에 의해 측정될 수 있는가? (측정 가능성)
⑧ 개념적 또는 경험적으로 다른 강점들과 잘 구별되는가? (변별성)
⑨ 모범적 인물에 의해 구현화되어 있는가? (모범의 존재)
⑩ 일부 조숙한 아이나 청년에 의해 표현되는 경우가 있는가? (신동의 존재)
⑪ 현저하게 결여된 사람들이 존재하는가? (선택적 부재성)
⑫ 육성하기 위한 풍습과 의식을 가지고 있는가? (제도화)

Peterson과 Seligman(2004)은 이상의 기준을 충족시키는 성격 강점들을 정리하여 실천적 가치를 분류하는 체계를 제시하였다. 이는 인간의 성격 강점과 덕성 연구에 이론적 체계를 제공하는 보편적 틀이며, 이것을 바탕으로 하여 강점과 덕성에 대한 분류 체계(Values in Action Inventory of Strengths: VIA-IS)가 개발되었다(Park et al., 2004). 6개의 핵심 덕성과 24개의 성격 강점을 포함하는 VIA-IS를 살펴보면 다음과 같다(〈표 8-2〉 참조).

첫째, 지혜 및 지식(wisdom and knowledge)은 더 나은 삶을 위한 지식의 습득 및 활용과 관련된 인지적 강점들이며, 창의성, 호기심, 개방성, 학구열, 지혜로 구성되어 있다. 둘째, 용기(courage)는 내면적 · 외부적 난관에 직면하더라도 추구하는 목표를 성취하려는 의지를 포함한 감정적 강점이며, 용감성, 끈기, 진실성, 활력으로 구성되어 있다. 셋째, 인간애(humanity)는 다른 사람들을 보살피고 친밀해지는 것과 관련된 대인관계적 강점이며, 사랑, 친절성, 사회

표 8-2 VIA-IS의 구성과 각 강점에 대한 측정 문항의 예

〈핵심 덕성〉	문항의 예
성격 강점	
〈지혜 및 지식〉	
창의성	어떤 일을 하는 데 있어 필요한 새로운 방법을 찾는 걸 좋아한다.
호기심	언제나 세상에 대해 호기심이 많다.
개방성	판단력이 필요한 주제가 있을 때면 아주 이성적으로 사고한다.
학구열	새로운 것을 배울 때 전율을 느낀다.
지혜	항상 꼼꼼히 생각하고 더 큰 것을 볼 줄 안다.
〈용기〉	
용감성	강력한 반대도 무릅쓰고 나의 주장을 고수할 때가 많다.
끈기	한 번 시작한 일을 끝까지 해낸다.
진실성	약속을 반드시 지킨다.
활력	무슨 일을 하든 전력투구한다.
〈인간애〉	
사랑	나의 감정과 행복을 마치 자신의 것처럼 여기는 사람들이 있다.
친절성	자발적으로 이웃을 도와준다.
사회적 지능	어떤 성격의 단체에 가도 잘 적응할 수 있다.
〈정의〉	
시민정신	어떤 단체에 가입하면 최선을 다한다.
공정성	어떤 사람에게든 똑같이 대한다.
리더십	일일이 참견하지 않고도 사람들이 단합해 일하도록 이끌어 준다.
〈절제〉	
용서와 자비	과거의 것을 문제 삼지 않는다.
겸손	다른 사람들이 나를 칭찬할 때면 슬그머니 화제를 돌린다.
신중성	다칠 위험이 있는 일은 하지 않는다.
자기조절	나의 정서를 다스릴 줄 안다.
〈초월성〉	
심미안	음악, 미술, 연극, 영화, 스포츠, 과학, 수학의 아름다움과 경이로움을 보고 전율한 적이 있다.
감사	아무리 하찮은 일이라도 항상 고맙다고 말한다.
낙관성	어려움에도 불구하고 미래에 대해서 항상 희망적이다.
유머	되도록 일과 놀이를 잘 배합한다.
영성	나는 인생에는 의미가 있다고 믿는다.

적 지능으로 구성되어 있다. 넷째, 정의(justice)는 건강한 공동체 생활의 기초가 되는 시민적 강점이며, 시민정신, 공정성, 리더십으로 구성되어 있다. 다섯째, 절제(temperance)는 지나침을 방지하는 강점이며, 용서와 자비, 겸손, 신중성, 자기조절로 구성되어 있다. 여섯째, 초월성(transcendence)은 더 큰 우주와 관계를 맺고 의미를 형성하는 영적 강점이며, 심미안, 감사, 낙관성, 영성, 유머로 구성되어 있다.

개인 내에서 각 강점이 차지하는 순위의 분포 형태를 분석한 연구(島井, 2006)에 의하면, 성격 강점은 네 가지 유형으로 분류할 수 있는 것으로 나타났다. 이 연구에서는 미국과 일본의 청년들이 수행한 자기평가 자료에서 각 강점의 순위를 1~6위, 7~12위, 13~18위, 19~24위 영역으로 분류하고, 각 순위 영역에 해당하는 사람들의 비율을 산출하여 그 분포 형태로 강점들을 분류하였다. 그 결과 많은 사람이 상위에 위치시키고 단조 감소(monotone decreasing)하는 분포, 많은 사람이 하위에 위치시키고 단조 증가(monotone increasing)하는 분포, 상위에 위치시킨 사람과 하위에 위치시킨 사람으로 갈라지는 U자형 분포, 중간에 정점이 있는 역 U자형 분포의 네 가지 유형이 있는 것으로 드러났다. 이 결과는 미국과 일본에서 거의 동일한 형태로 나타났다.

단조 감소 분포에 분류된 강점은 사랑, 친절성, 감사, 낙관성, 유머, 공정성, 개방성이었다. 이러한 강점들은 습득이 용이한 특성들로 판단된다(島井, 2006). 또는 문화적 중요성이 높거나 일상적 활용도가 높은 특성들로 보인다.

단조 증가 분포에 분류된 강점은 용서, 자비, 겸손, 신중성, 자기조절, 호기심, 용감성이었다. 이러한 강점들은 습득이 어려운 특성들로 판단된다. 또는 문화적 중요성이 낮거나 일상적 활용도가 낮은 특성들일 수 있다. 핵심 덕성 절제에 속하는 강점들은 여기에 다 포함되어 있다.

U자형 분포에 분류된 강점은 심미안, 영성, 창의성, 학구열이었다. 이러한 강점들은 개인의 기호나 지향성이 많이 반영된 특성들로 보인다. 일부의 사람들만 타고나거나 개발한 특성들로 판단된다.

역 U자형 분포에 분류된 강점은 끈기, 진실성, 활력, 시민정신, 리더십, 사회적 지능, 지혜였다. 이러한 강점들은 천부적인 성격이 강한 특성(島井, 2006)이거나 문화적 중요성이 중간 정도인 특성들로 보인다. 핵심 덕성 중 용기에 속하는 강점들은 대부분 여기에 포함되어 있다.

또한 미국에서도 일본에서도 사랑, 친절성, 시민정신, 감사, 심미안 등의 대인적 강점들은 여성들이 높은 순위를 나타냈다. 한편, 창의성, 개방성, 지혜와 같은 인지적 강점들과 용감성, 자기조절은 남성들이 높은 순위를 나타냈다.

2) 덕성의 문화 차이

모든 문화에는 인간에게 바람직하다고 생각되는 덕성과 강점들이 있는데 그 중 대부분은 보편적인 것이지만, 상대적인 중요성은 시대와 문화에 따라 달라질 것이다. VIA-IS를 이용하여 미국과 일본 청년들의 성격 강점을 비교한 연구(島井, 2006)에 의하면, 덕성의 상대적 중요도에는 공통점과 함께 문화 차이도 있는 것으로 드러났다(〈표 8-3〉 참조).

미국과 일본의 순위 평균치의 상관을 검토한 결과, 상관계수(N=24)는 .77이었다. 즉, 핵심 덕성 중 인간애, 초월, 정의에 속하는 대부분의 강점은 미국에서도 일본에서도 상위에 위치하고 있었으며, 용기와 절제에 속하는 대부분의 강점은 비교적 하위에 위치하고 있었다. 한국인의 경우에도 유사한 결과가 나왔는데, 임영진(2012)의 연구에서는 Peterson과 Seligman(2004)의 VIA-IS를 토대로 한국에서 개발된 유사한 척도(성격 강점 검사, Character Strengths Test)를 사용하였다.

그러나 일부 강점들은 상대적 중요도에 있어 문화 차이가 드러났다. 미국인은 일본인보다 유머, 끈기, 지혜, 시민정신, 활력, 영성, 호기심의 상대적 중요도가 높은 반면에 일본인은 미국인보다 감사, 공정성, 낙관성, 심미안, 학구열, 신중성, 겸손, 자기조절의 상대적 중요도가 높았다.

이 결과를 핵심 덕성별로 살펴보면 다음과 같다. 지혜 및 지식에 속하는 강점 중 미국에서는 일본에서보다 지혜와 호기심이 중요한 반면 일본에서는 학구열이 중요했다. 용기에 속하는 강점 중 미국에서는 일본에서보다 끈기와 활력이 중요했고, 절제에 속하는 강점 중 일본에서는 미국에서보다 신중성, 겸손, 자기조절이 중요했다. 정의에 속하는 강점 중 미국에서는 일본에서보다 시민정신이 중요한 반면 일본에서는 미국에서보다 공정성이 중요했다. 초월성에 속하는 강점 중 미국에서는 일본에서보다 유머와 영성이 중요한 반면 일본에서는 미국에서보다 감사, 낙관성, 심미안이 중요했다.

각 강점의 순위와 주관적 행복감의 상관관계를 분석한 결과, 미국과 일본 양국에서 공통적으로 활력, 호기심, 낙관성, 감사, 영성의 순위가 높은 사람일수록 주관적 행복감이 특히 높은 것으로 나타났다. 24가지 성격 강점 중에서 유일하게 겸손의 순위가 높은 사람은 주관적 행복감이 상대적으로 낮은 것으로 드러났다. 미국 성인을 대상으로 성격 강점들과 삶의 만족도의 상관관계를 분석한 연구(Park et al., 2004)에서도 유사한 결과가 나타났다.

한국의 대학생을 대상으로 한 연구(임영진, 2012)에서는 특히 낙관성(r=.64), 사랑(r=.58), 감사(r=.56), 활력(r=.56), 호기심(r=.53), 지혜(r=.49), 친절성(r=.46) 등이 심리적 안녕감과 높은 상관을 보였다. 성격 강점 중에서 겸손, 영성, 학구열, 자기조절은 심리적 안녕감과 상관을 보이지 않았다. 한국의 청소년을 대상으로 한 연구(원두리, 2011)에서는 특히 낙관성(r=.58), 용감

표 8-3 VIA-IS 각 강점의 순위 비교

〈핵심 덕성〉	미국(N=1099)		일본(N=308)		한국(N=361)	
성격 강점	개인 내 평균 순위	(순위)	개인 내 평균 순위	(순위)	개인 내 평균 순위	(순위)
〈지혜 및 지식〉						
창의성	14.03	(15)	14.18	(18)	17.28	(16)
호기심	15.18	(21)	16.70	(23)	17.29	(15)
개방성	9.90	(6)	10.16	(6)	18.26	(9)
학구열	14.36	(17)	11.88	(12)	14.77	(23)
지혜	10.40	(8)	15.52	(21)	16.65	(19)
〈용기〉						
용감성	14.87	(20)	14.03	(16)	15.35	(22)
끈기	9.09	(4)	11.33	(9)	17.25	(17)
진실성	12.88	(13)	11.73	(11)	18.74	(6)
활력	14.18	(16)	15.70	(22)	17.31	(14)
〈인간애〉						
사랑	8.44	(2)	7.99	(4)	21.81	(1)
친절성	7.61	(1)	7.32	(2)	20.97	(2)
사회적 지능	10.74	(9)	11.28	(8)	17.78	(12)
〈정의〉						
시민정신	11.55	(10)	13.59	(14)	18.13	(10)
공정성	10.38	(7)	7.85	(3)	18.48	(7)
리더십	12.44	(12)	13.26	(13)	15.49	(21)
〈절제〉						
용서와 자비	15.11	(20)	15.29	(19)	16.36	(20)
겸손	16.91	(23)	14.07	(17)	18.35	(8)
신중성	16.30	(22)	13.81	(15)	17.60	(13)
자기조절	17.26	(24)	15.43	(20)	16.76	(18)
〈초월성〉						
심미안	13.28	(14)	11.43	(10)	18.08	(11)
감사	9.52	(5)	5.83	(1)	20.22	(4)
낙관성	11.73	(11)	9.96	(5)	20.83	(3)
유머	8.87	(3)	10.66	(7)	19.12	(5)
영성	14.37	(18)	19.96	(24)	9.34	(24)

출처: 島井 (2006), p. 166 및 임영진(2012), p. 719의 자료에 의거하여 작성함.

성(r=.53), 학구열(r=.49), 끈기(r=.48), 사랑(r=.46), 활력(r=.45), 감사(r=.44), 창의성(r=.44), 호기심(r=.44) 등이 심리적 안녕감과 높은 상관을 보였다. 성격 강점 중에서 신중성은 심리적 안녕감과 상관을 보이지 않았고, 겸손(r=−.20)은 부적 상관을 보였다.

한국의 수도권 중년 여성들을 대상으로 한 연구(윤성민, 신희천, 2012)에 의하면, 성격 강점 중에서 특히 감사(r=.55), 낙관성(r=.50), 사랑(r=.47), 활력(r=.42), 지혜(r=.41), 끈기(r=.41), 자기조절(r=.38) 등이 삶의 만족도와 상관이 높은 것으로 나타났다.

성격 강점 중에서 낙관성, 감사, 활력, 호기심은 보편적으로 주관적 안녕감 또는 삶의 만족도에 심리적 기반이 되는 강점들이다. 한편, 겸손이라는 강점은 주관적 안녕감 또는 삶의 만족도에는 직접적으로 공헌하고 있지 않거나 부정적 영향을 끼치는 특성인 것으로 보인다.

3. 이상심리

1) 조현병

조현병(schizophrenia)은 모든 문화에서 발견되는 심각한 정신장애이다. 조현병에 관한 많은 연구가 수행되어 왔고, 이 질환에는 분명한 생물학적 기초가 존재한다는 사실들이 밝혀졌으나 아직 그 원인에 대한 이해는 불충분한 상태이다.

DSM−5−TR의 진단기준에 의하면, 조현병을 정의하는 핵심적 특징인 ① 망상(delusion), ② 환각(hallucination), ③ 와해된 언어(disorganized speech: 예, 빈번한 탈선 혹은 지리멸렬), ④ 극도로 와해된 또는 긴장성 행동(grossly disorganized or catatonic behavior), ⑤ 음성 증상(negative symptoms: 즉, 감퇴된 감정 표현 혹은 무의욕증) 중 두 가지(혹은 그 이상)가 1개월의 기간 동안 상당 부분에 걸쳐 나타나고, 이것들 중 최소한 하나는 ① 망상이나 ② 환각 혹은 ③ 와해된 언어가 분명히 존재해야 한다. 조현병은 발병 이후 상당 기간 동안 직업, 대인관계 또는 자기관리 등의 주요한 생활영역의 한 가지 이상에서 기능 수준이 현저하게 감소되고, 앞의 특징적 증상들을 보이는 1개월의 기간을 포함하여 장애의 징후가 적어도 6개월 이상 지속되면 조현병 진단이 내려진다.

조현병의 평생 유병률은 대략 0.3~0.7% 정도이며, 결코 드문 질병은 아니다. 조현병은 흔히 10대 후반에서 30대 중반에 발병하며, 아동기나 노년기에 발병하는 경우는 흔하지 않다. 남자가 여자보다 일찍 발병하는 경향이 있으며, 남자는 15~24세, 여자는 25~34세에 발병하는 경우가 많다(권석만, 2003).

유병률이 문화에 따라 편차가 심한 편은 아니기 때문에 조현병은 보편적인 질환으로 간주될 수 있지만 문화 차이가 존재하지 않는 것은 아니다(Jablensky et al., 1992). 조현병의 유병률은 오세아니아, 중동, 동아시아에서 높은 경향이 있다. 한편, 호주, 일본, 미국, 서유럽의 국가들은 상대적으로 낮은 유병률을 보인다(WHO, 2004). 다만, 인도네시아(유병률이 가장 높은 나라)의 유병률은 호주(유병률이 가장 낮은 나라)의 2배 정도이다.

조현병의 하위 유형에 관해서도 문화 차이가 존재한다. 환자가 나타내는 주된 증상에 따라 조현병을 망상형, 긴장형, 해체형, 감별불능형, 잔류형의 하위 유형으로 구분할 수 있다. 망상형(paranoid type)은 하나 이상의 분명한 망상을 지니고 있으며 빈번한 환청 경험을 나타낸다. 이들은 와해된 언어, 와해된 행동, 감퇴된 감정 표현은 나타내지 않는다. 피해망상과 과대망상을 가장 흔히 나타내지만 질투망상, 종교망상, 신체망상 등을 나타내기도 한다. 긴장형(catatonic type)은 긴장된 자세로 오랜 시간 움직이지 않는 강직증이나 흥분한 목적 없는 행동을 보인다. 해체형(disorganized type)은 와해된 언어, 와해된 행동, 감퇴된 감정 표현과 같은 음성 증상을 주로 나타낸다. 감별불능형(undifferentiated type)은 조현병의 특징적 증상들을 보이지만, 망상형, 긴장형, 해체형의 어떤 유형에도 속하지 않는 혼합형이다. 잔류형(residual type)은 조현병의 특징적 증상들이 약화된 상태로 지속되고 있는 경우를 말한다(권석만, 2003). 조현병의 하위 유형에 관한 비교문화 연구에 따르면, 영국에서는 조현병 환자의 75%가 망상형이지만, 인도의 경우에는 15%만이 망상형으로 진단되었다. 또한 영국이나 미국의 경우에 긴장형의 진단을 받는 환자는 3% 이하였으나, 인도에서는 20% 이상이 긴장형으로 분류되었다(WHO, 1973). 다른 연구에서도 긴장형과 감별불능형이 개발도상국에 더 많은 것으로 나타났다(Sartorius et al., 1986).

또한 조현병의 예후에 관해서도 문화 차이가 존재한다. 고도로 산업화된 국가의 환자에 비해 개발도상국의 환자는 조현병의 예후가 더 양호한 것으로 밝혀졌다(Leff et al., 1992). 조현병 환자를 2년 동안 추적한 연구(WHO, 1973)에 의하면, 덴마크(오르후스), 미국(워싱턴), 체코공화국(프라하)에서는 추적 기간 동안 조현병의 특징적 증상들을 보인 조현병 환자의 비율이 각각 48%, 47%, 36%였으나, 콜롬비아(산티아고데칼리)와 인도(아그라)에서는 그러한 환자의 비율이 7%와 19%밖에 되지 않았다. 낮은 사회계층일수록 조현병의 발병률이 더 높고, 전반적인 건강 상태도 더 안 좋다는 사실을 감안할 때 이는 주목할 만한 결과이다. 선진국과 개발도상국 모두에서 사회적 유대가 있는 사람과 기혼자는 예후가 더 양호하였다. 높은 교육 수준은 서양 국가들에서는 조현병의 만성화와 무관했지만, 서양 이외의 개발도상국에서는 만성화를 촉진하는 요인인 것으로 나타났다.

다음과 같은 요인들에 의해 선진국에서는 조현병의 예후가 더 악화될 가능성이 있다는 주장이 제기되어 있다(Marsella & Yamada, 2007). ① 조현병을 생활환경에 따라 결코 변치 않는 생물학적 질환이라고 여긴다. ② 조현병의 원인은 개인 안에 있으며, 개인적인 책임이 가정되어 있다. ③ 조현병에 대한 강한 사회적 거부와 낙인이 존재한다. ④ 종종 가족 자원이 존재하지 않기 때문에 개인적인 부담이 요구된다. ⑤ 환자는 가족과 지역사회로부터 격리되어 병원에서 보호감독만 받는다. ⑥ 환자 역할을 지속함으로써 쉽게 얻을 수 있는 장애인 수당과 같은 경제적 이득이 많다. ⑦ 스트레스의 원인은 많고 지원은 별로 없다. ⑧ 정상적인 사회생활을 하기 위해 매우 높은 수준의 사회적 · 지적 능력과 기술이 요구되고 힘들다(예, 은행 거래, 세금 납부 방식, 자동차 유지 관리 등). ⑨ 종종 종교적 시스템과 영적 배려가 불충분하다. ⑩ 물질남용과 심리적 외상이 많고 복잡하다. ⑪ 치료는 기본적으로 의학적인 처치이며 침입적(invasive)이다. ⑫ 환자와 전문가 사이의 계급 차이와 문화 차이에 민감하지 않기 때문에 종종 의사소통문제가 발생한다. 이러한 요인들이 없거나 약하기 때문에 개발도상국에서는 조현병 환자의 예후가 더 양호하다는 것이다.

2) 주요우울장애

전쟁, 자연재해, 인종차별, 빈곤, 문화 변동, 고령화, 도시화, 사회적 변화 등의 세계적인 추세 속에서 우울증, 즉 우울장애는 가장 중요한 심리적 문제로 부상되고 있다. DSM-5-TR의 진단기준에 의하면, 주요우울장애(Major Depressive Disorder: MDD)는, ① 우울한 기분, ② 거의 모든 활동에 대한 흥미나 즐거움의 현저한 감소, ③ 다이어트와 무관한 체중이나 식욕의 감소 또는 증가, ④ 불면이나 과다수면, ⑤ 정신운동 초조나 지연, ⑥ 피로나 활력 상실, ⑦ 무가치감 또는 과도하거나 부적절한 죄책감, ⑧ 사고력이나 집중력의 감소 또는 우유부단함, ⑨ 죽음에 대한 반복적인 생각, 구체적인 계획 없이 반복되는 자살 사고, 구체적인 자살 계획 또는 자살 시도 중 다섯 가지 이상이 2주 동안 거의 매일 하루 중 대부분 지속되며, 증상 가운데 적어도 하나는 ① 우울 기분이거나 ② 흥미나 즐거움의 상실이어야 한다.

이 기준에 의해 진단이 내려진 우울증은 모든 문화에서 발견되는 보편적인 정신장애이다. 하지만 여러 연구를 통해 비서양 문화권, 특히 중국이나 대만에서는 서양에 비해 우울증이 적은 것으로 드러났다. 한 역학 조사에 의하면, 중국인의 우울증 유병률은 미국의 5분의 1이었다(Kessler et al., 1994). 다른 연구에서 대만 사람의 우울증 유병률도 미국인의 경우보다 낮은 것으로 나타났다(Compton et al., 1991).

우울증 유병률뿐만 아니라 우울증이 나타나는 형태 또한 문화에 따라 다르다. 우울증의 핵심 증상 중 일부는 우울한 기분이나 죄책감 같은 심리적인 증상이며, 일부는 피로나 불면증과 같이 기본적으로 신체적인 증상이다. 비서양 문화권에서는 서양 문화권에 비해 우울증 환자들의 심리적인 증상이 더 적고, 신체적인 증상이 더 많다. 예를 들어 WHO(1983)가 스위스, 캐나다, 일본, 이란에서 수행한 연구에 따르면, 비서양 문화권의 우울증 환자는 죄책감이 결여되어 있는 경우가 상대적으로 많은 것으로 나타났다. 즉, 스위스, 캐나다, 일본, 이란에서 죄책감을 나타낸 우울증 환자의 비율은 각각 68%, 58%, 45%, 32%였다. 영국인과 튀르키예인을 대상으로 한 우울증 외래 환자의 비교연구(Ulusahin et al., 1994)에 의하면, 튀르키예인 환자는 신체화 증상을 더 많이 호소하였고, 영국인 환자는 심리적 증상을 더 많이 호소하였다. 캐나다인과 중국인을 대상으로 한 우울증 외래 환자의 비교연구(Chang, 1985; Parker et al., 2001)에서도 유사한 결과가 나타났다. 즉, 캐나다인 환자가 인정하고 임상가가 진료한 주된 증상은 심리적인 것이었으나 중국인 환자가 인정하고 임상가가 진료한 주된 증상은 신체적인 것이었다. 우울증이라는 같은 진단이 내려진 환자라도 캐나다에서는 우울한 기분이나 죄책감 같은 심리적 증상을 주로 나타내는 데 반해 중국에서는 피로나 불면증 같은 신체적 증상을 주로 나타낸다.

많은 비서양 문화권의 사람들뿐만 아니라 저소득층에 속하는 미국인들은 중산층의 미국인들이라면 슬픔을 느낄 것 같은 상황에서 피로나 두통을 호소하는 것으로 알려져 있다(Kleinman, 1988). 우울증 증상의 이러한 문화 차이는 왜 나타나는 것일까? 앞과 같은 신체화 증상을 위장된 우울증(masked depression)으로 간주하는 견해도 있는데(Kim, 1995), 과연 신체화 증상은 우울증이 위장된 것인가? 아니다. 우울증은 각각의 문화적 영향에 따라 실질적으로 다른 형태로 나타날 수 있고, 경험을 해석하는 문화적 도식에 따라 감정화(Shweder, 1994)가 일어날 수도 있고, 신체화(Kleinman, 1988)가 일어날 수도 있다. 따라서 신체화 증상을 위장된 우울증으로 간주하는 것은 서양인의 자문화 중심주의적인 편파적 사고의 결과이다.

우울증 증상의 문화 차이에 대해 그것을 실질적인 것으로 인정하지 않는 견해와 실질적인 것으로 간주하는 견해가 있다. 전자에 속하는 해석으로는 사회적 낙인(social stigma)을 강조하는 입장과 선택적 지각을 강조하는 입장이 있다.

일반적으로 동양인은 서양인에 비해 정신장애에 대한 부정적 태도가 강하다(Sue & Sue, 1987). 동양인은 정신장애를 자신과 가족의 오명과 수치로 여기기 때문에 정신병원을 잘 방문하지 않으며, 따라서 치료가 지연되고, 병원에 입원했을 때는 서양인에 비해 장애의 정도가 현저하게 심각해진다. 이러한 사실을 감안했을 때, 동양 사람도 서양 사람과 동일한 우울증을 경험하고 있지만 사회적으로 낙인이 찍히는 것을 우려해 심리적 문제를 호소하는 것을 꺼린 결과 외견 상 우울증 증상의 문화 차이가 있는 것처럼 나타난 것일 수 있다. 그러나 익명성이 보장된 자기보고식 조사(Chang, 1985; Parker et al., 2001)에서도 우울증 증상의 문화 차이가 확인된 경우도 있기 때문에 이러한 해석에는 한계가 있어 보인다. 또한 분노와 같은 부정 정서와는 달리 우울, 허무감, 죄책감 등은 표현이 금기시되는 부정 정서는 아닌 것으로 생각된다.

두 번째는 우울증 증상의 문화 차이가 서양인이 심리적 증상에 선택적으로 주의를 기울인 결과로 나타났을 가능성이다. 동양 사람도 서양 사람과 동일한 우울증을 경험하고 있는데, 서양인은 심리적인 내용을 더 의미 있는 것으로 간주하기 때문에 심리적 증상에 더 많은 주의를 기울이게 되고, 그것을 더 많이 지각하여 호소하게 된다는 것이다. 이 견해를 지지하는 연구결과들이 있다. 서양인은 동양인보다 정서적 경험에 더 민감하다는 결과이다(Matsumoto et al., 1988; Mesquita & Karasawa, 2002). 또한 서양인 정신질환자는 중국인 정신질환자보다 정서 상태에 더 많은 관심을 기울인다는 결과도 있다(Ryder et al., 2008).

한편, 다른 견해에 따르면 우울증 증상의 문화 차이가 실질적인 경험의 차이를 반영한 것일 수도 있다. 상실이나 실패와 같이 우울증을 유발할 수 있는 부정적 생활사건을 경험하고 있는 상황에서 유기체인 인간은 일차적으로 신체적 생리 과정의 작동에 의해 어떤 내적 감각을 가지게 된다. 이러한 내적 감각을 지각하는 형태에는 두 가지가 있다. 하나는 감정적 해석 도식에 의한 감정화(Shweder, 1994)이고, 또 하나는 신체적 해석 도식에 의한 신체화(Kleinman, 1988)이다. 감정화의 배경에는 몸과 마음을 뚜렷하게 구분하는 서양의 심신이원론적 사고가 있으며, 신체화의 배경에는 몸과 마음을 통합적으로 파악하는 동양의 심신일원론적 사고가 있다. 예를 들어, 동양에는 부정적 감정을 신체기관의 감각으로 표현하는 것들이 많다(권석만, 2003).

감정화는 외적 현실 속에 내적 감각을 통합함으로써 의미를 부여하는 내적 감각 지각의 하나의 형태이다. 하지만 내적 감각이 지각될 때 반드시 감정화가 일어난다는 보장은 없다. 이와 대조적으로 신체화는 내적 감각을 외적 상황에 통합하는 것이 아니라 내적 감각을 외적 상황에 대치시킨다(北山, 1998). 신체화를 통해 사회적 상황의 요구로부터 자신을 분리시키는 것이다.

내적 감각에 부여된 의미 구조는 단순한 해석을 넘어 증상으로 발전할 수 있다. 슬픔은 그것과 관련된 생각을 낳고, 그것에 대응하는 행동을 촉진하여 결과적으로 더 증폭되어 심리적 증상으로서의 우울한 기분으로 변환될 수 있다. 한편, 신체화는 이상을 느낀 신체 부위에 대한 주의를 증폭시켜서 결과적으로 신체적 증상으로 심화될 수 있다(北山, 1998). 우울증을 유발하는 같은 상황에서 내적 감각을 해석하는 도식의 차이로 인해 증상에 관한 실제 경험 자체가 달라질 수 있는 것이다.

3) 사회불안장애

불안장애의 한 유형인 사회불안장애(social anxiety disorder)는 다른 사람들과 상호작용하는 사회적 상황을 두려워하고 회피하는 것이 주된 특징으로, 다른 불안장애에 비해 흔한 심리적

장애이다. DSM-5-TR의 진단기준에 의하면, 다음과 같은 주요 증상이 6개월 이상 나타나고, 일상생활과 직업적 또는 사회적 생활에 현저한 방해를 받을 경우에 사회불안장애로 진단된다. ① 타인에게 면밀히 관찰될 수 있는 하나 이상의 사회적 상황에 대한 두드러진 공포 또는 불안으로, 사회적 교류의 상황이나 타인에게 관찰되는 상황(예, 먹고 마시기), 타인 앞에서의 공개적인 과제수행 상황에 대해 지속적인 공포를 지니는 것이다. ② 이러한 상황에서 부정적인 평가를 받을 수 있는 행동을 하거나 불안 증상을 보일 것을 두려워한다. 사회적 상황에서 자기가 다른 사람에게 관찰될 때 부정적 평가를 받아 모욕당하고, 당황하게 되는 것을 두려워한다. 예를 들어, 얼굴이 붉어지는 것을 다른 사람이 알게 되는 것을 두려워하는 적면공포, 공공장소에서 음식을 먹는 것을 두려워하는 회식공포, 여러 사람 앞에서 발표를 하거나 무대에서 연주할 때 느끼는 무대공포 등이 있다. ③ 이러한 사회적 상황이나 공개적인 과제 수행 상황에 노출되면 거의 예외 없이 즉각적인 공포나 불안 반응이 나타나게 된다. 얼굴이 붉어지고 심장박동이 빨라지며 근육이 긴장되고 손발이 떨린다. 또한 진땀이 흐르고 배가 아프거나 설사를 하며 정신이 혼미해지기도 한다. ④ 대부분의 경우에 사회적 상황이나 공개적인 과제 수행 상황을 회피하려고 한다. 그러나 때로는 심한 불안을 느끼면서 고통 속에서 이러한 공포를 참아내는 경우도 있다. ⑤ 자신의 공포가 과도하고 비합리적이라는 것을 알고 있다. 사회적 상황에서 그렇게까지 두려워할 현실적 근거가 없다는 것을 알고 있지만 그러한 상황에 대한 공포를 통제할 수가 없다.

DSM-IV에서 정의된 사회불안장애는 일반화된 하위 유형과 비일반화된 하위 유형으로 나뉜다. 비일반화된 하위 유형은 다른 사람에 의해 실제로 관찰되거나 그들의 관찰이 예상되는 발표와 같은 사회적 수행 상황에서만 공포 반응을 보이는 집단이고, 일반화된 하위 유형은 타인과의 대화와 같은 사회적 상호작용 상황에 대해서도 공포 반응을 보이는 집단이다(Turner et al., 1992).

정도의 차이는 있겠지만 사회적 상황에서 느끼는 앞에서와 같은 두려움은 일반인도 종종 경험하는 보편적인 현상일 것이다. 하지만 대인관계에 부여하는 문화적 의미에 따라 사회적 상황에서 느끼는 불안의 정도는 다를 것이다. 동양 문화에서는 서양 문화에 비해 대인관계에서 조화와 체면을 더 중요시하기 때문에 이러한 사회적 상황에서 사람들이 느끼는 불안이나 두려움이 강할 것으로 예상된다. 실제로 동아시아인은 북미인보다 사회불안장애가 강하다는 증거가 많다. 예를 들어, 아시아계 미국인은 유럽계 미국인보다 대인불안 증상이 많은 것으로 드러났다(Okazaki, 1997). 또한 사회불안장애 환자(일본인)와 일본과 미국의 대학생을 대상으로 대인불안의식에 대해 비교한 연구(小川 外, 1979)에 의하면, 일본 대학생의 대인불안의식은 사회불안장애 환자와 미국 대학생의 중간에 위치하는 비교적 높은 수준인 것으로 나타났다. 일본에 온 미국인 유학생과 재미 미국인 학생 간에는 대인불안의식 수준의 차이가 없었다.

그런데 동아시아인은 서양인에 비해 대인불안을 더 강하게 느끼지만, 역학조사에 의하면 사회불안장애로 진단되는 사람은 오히려 동아시아보다 서양에 더 많다. 즉, 동아시아에서는 사회불안장애의 평생 유병률은 약 0.5%이지만(Hwu et al., 1989) 북미와 유럽에서는 적어도 7% 정도가 된다(Wittchen & Fehm, 2003). 동아시아에서는 사회적 상황에서 느끼는 불안을 특별히 문제시하지 않고 결함으로도 여기지 않기 때문에 이러한 차이가 나타난 것으로 생각할 수도 있으나 그 원인에 대해서는 아직 거의 알려진 바가 없다(Heine, 2008).

이상과 같이 일반인의 사회불안장애나 DSM-IV에서 정의된 사회불안장애의 평생 유병률에 관한 문화 차이가 있을 뿐만 아니라 동북아시아 3국에는 독특한 유형의 사회불안장애, 즉 가해염려형 사회불안장애를 나타내는 사람들이 존재한다. 가해염려형 사회불안장애는 자신의 외모, 체취, 눈빛, 얼굴 표정이나 말투로 인해 다른 사람을 불편하게 하거나 불쾌감을 줄까 봐 사회적 상황을 두려워하고 회피하게 되는 것을 말한다. 이는 일본과 한국 및 중국에서 주로 관찰되고 다른 문화권에서는 거의 찾아볼 수 없는 일종의 문화적 증후군으로 알려져 있다. 20세기 초에 일본에서 森田(1921)이 Taijin Kyofusho symptoms(TKS)라는 일본 특유의 사회불안장애 양상에 대해 기술한 이래로 가해염려형 사회불안장애에 대한 경험적 연구들이 이루어져 왔다. 최근에 한국(조용래, 김은정, 2005)과 중국(Tseng, 2001)에서도 일부 연구자들이 이 질환에 주목하고 있다. 일본어의 Taijin Kyofusho(対人恐怖症, 다이진 고후쇼)는 한국어로 대인공포증이라는 의미이다.

이러한 가해염려형 사회불안장애와 DSM-5에서 정의된 일반적인 사회불안장애는 자신의 외모나 어떤 행동이 타인으로부터 부적절하다는 평가를 받을까 봐 두려워하며, 그러한 평가가 예상되는 사회적 상황을 회피한다는 유사점을 가지고 있다. 하지만 일반적인 사회불안장애는 당사자 자신이 창피를 당하거나 무안을 당할까 봐 두려워하는 것인데 비해 가해염려형 사회불안장애는 자신이 타인을 불쾌하게 하거나 당황하게 할까 봐 두려워한다는 차이점이 있다. 즉, 가해염려형 사회불안장애 환자는 다음과 같이 느끼는 것이 특징이다. '나의 외모가 어떤 식으로든 다른 사람의 기분을 상하게 할까 봐 두렵다' '내 눈과 마주치는 것으로 인해 다른 사람이 불편해질까 봐 두렵다' '내 몸의 냄새 때문에 다른 사람들이 불쾌하게 느낄까 봐 두렵다' 등이다. 일반적인 사회불안장애는 가장 두려워하는 사회적 상황에 따라 분류되는데 비해 가해염려형 사회불안장애는 두려워하는 신체적 측면에 따라 분류된다(Lee, 1987). 또한 서양에서 일반적인 사회불안장애 환자는 남자에 비해 여자가 더 많았고, 일본에서 가해염려형 사회불안장애 환자는 여자에 비해 남자가 더 많다(山下, 1977). 대부분의 가해염려형 사회불안장애 환자는 가족이나 친한 친구와 있을 때나 전혀 모르는 사람들과 있을 때는 괜찮으나 그 중간 정도의 친밀성을 가진 사람들과 있을 때에는 큰 어려움을 느꼈다(Kasahara, 1986).

한국에서는 1980년대에 처음 보고된 이래 가해염려형 사회불안장애는 지속적으로 관심을 끌고 있다. 사회불안장애 환자를 분류하는 새로운 진단기준을 제시한 연구(이시형 외, 1987)에 의하면, 한국의 사회불안장애 환자는 DSM의 일반적인 사회불안장애 진단기준에 대체로 부합하는 단순형, 자신의 증상으로 인해 남에게 피해를 주거나 영향을 미친다고 생각하는 가해염려형, 그리고 관계망상이나 기타 증상들이 괴이하고 심각해서 다른 정신병과 감별을 요할 만큼의 경계선상에 있는 경계형으로 분류된다.

10년간 강북삼성병원(당시의 고려병원) 신경정신과에 내원한 838명의 사회불안장애 환자들을 대상으로 사회불안장애의 세 하위 유형별로 임상 양상을 비교한 연구(이시형 외, 1994)에 따르면, 전체 내원 환자 중 단순형이 54.2%로 가장 많았고, 가해염려형이 32.2%, 경계형이 13.6%로 밝혀졌다. 이 환자들의 병원 내원 연령은 20대가 과반수를 넘을 정도로 높은 비율을 보였다. 증상 초발 연령은 평균 19.5세였으며, 경계형의 발병 시기가 가장 빨랐고 다음으로 가해염려형, 단순형 순이었다.

서울 지역에 거주하는 중학생, 고등학생, 대학생 및 성인 1087명을 대상으로 가해염려를 보이는 사람들의 비율 등을 조사한 연구(오강섭 외, 1999)에 의하면, 사회불안장애로 인해 타인에게 피해를 준다고 생각하는 사람들의 비율은 중학생 13.0%, 고등학생 14.8%, 대학생 8.09%, 성인 6.7%로 나타나 성인으로 갈수록 그 비율이 점차 낮아지는 것으로 나타났다.

일반인의 사회불안장애 수준이나 사회불안장애 유형에 관한 문화 차이를 감안할 때, 이들은 문화적 자기관과 관련될 것으로 예상된다. 일반적인 사회불안장애와 가해염려형 사회불안장애와 문화적 자기관의 관계를 살펴본 연구들에 의하면, 서양에서는 상호독립적 자기가 약하고 상호협조적 자기가 강한 사람일수록 일반적인 사회불안장애 증상뿐만 아니라 가해염려형 사회불안장애 증상도 많이 보이는 것으로 나타났다(Dinnel et al., 2002; Kleinknecht et al., 1997). 한편, 동양에서는 상호독립적 자기가 약한 사람일수록 일반적인 사회불안장애 증상과 가해염려형 사회불안장애 증상을 많이 보이는 것으로 나타났으며, 상호협조적 자기와 사회불안장애 증상들의 관계에 대해서는 정적 상관을 보고하는 연구도 있으나 상관이 없다는 결과나 부적 상관을 보고하는 연구도 있는 등 일관성이 없다(김은정, 조용래, 2008; 송지연, 박기환, 2009; 조선영 외, 2005; Dinnel et al., 2002; Kleinknecht et al., 1997). 이 결과는 한국이나 일본과 같은 집단주의 문화권에서는 상호협조적 자기관이 기본적으로 긍정적 가치를 갖기 때문에 상호협조적 자기가 강하다고 해서 반드시 사회불안장애로 이어지지는 않는다는 것을 의미한다.

상호독립적 자기관이 우세한 서양 문화에서 상호독립적 자기가 약하고 상호협조적 자기가 강한 사람은 청년기의 정체성 위기를 겪을 때 타자와의 관계로 인해 자신이 창피를 당하여 개인의 독립성을 상실할까 봐 자기방어를 위해 사회적 상황을 두려워하고 회피하는 일반적인 사회불안장애가 나타나는 것으로 해석할 수 있다. 한편, 상호협조적 자기관이 우세한 동양 문화에서 상호독립적 자기가 약한 사람은 청년기의 정체성 위기를 겪을 때 자기로 인해 타인을 불쾌하게 하여 타자와의 관계(또는 관계 속에서의 자기)를 상실할까 봐 타인을 지나치게 배려하게 되어 가해염려형 사회불안장애가 나타나는 것으로 생각된다.

4) 문화적 증후군

문화적 증후군(culture-bound syndroms)은 특정한 문화 집단, 공동체 또는 환경 내에 있는 개인들에게 동시에 발생하는 정신적 질환으로 그 지역에서 일관된 양상으로 경험되는 증상과 속성들을 말한다. DSM-IV-TR까지 문화적 증후군은 본문이 아닌 부록에 증례 중심으로 따로 정리되어 있었다. 그러나 이러한 방식은 특정 문화를 병리적으로 오해하거나 부정적인 고정관념을 갖게 만들 수 있고, 문화적인 맥락에 기반한 진단과 평가를 내리기에는 부족함이 존재했다. 이러한 문제점들을 고려하여 DSM-5에서는 동일한 고통이라도 문화마다 고통을 경험하고 표현하는 방식, 고통의 원인을 해석하는 방식이 다르기 때문에 문화적 증후군은 문화적 맥락 속에서 이해해야 하는 고통의 표현이라는 관점을 반영하였다. 그 결과, 고통에 대한 문화적 개념(cultural concepts of distress)이라는 새로운 범주를 편성하고, 문화적 증후군을 포함하여 고통의 문화적 표현(cultural idiom of distress), 고통 또는 질병에 대한 문화적 설명(cultural explanations (or perceived causes) of distress or illness)이라는 세 가지 하위 범주를 구성하였다. 즉, 문화적 증후군을 유발하는 문화적 배경과 각 증후군이 해당 문화에서 어떻게 받아들여지며 어떤 의미를 지니는지와 같은 문화적 맥락을 보다 구체적으로 살펴보게 되었음을 의미한다.

DSM-IV의 부록에는 25가지의 문화적 증후군이 소개되어 있었지만 DSM-5로 넘어오면서 대폭 축소되어 9가지 정도만 다루고 있다. 일반적으로 문화적 증후군은 고통스러운 상황에 대처할 수 없게 된 개인이 경험하는 비교적 양성의 질환(즉, 심인반응)으로, 직접 이해가 가능하고, 격렬하지만 단기적이며 가역적인 특성을 지닌다. 각각의 문화적 증후군은 해당 문화권의 사람들 사이에서는 잘 알려져 있고, 공통적으로 경험하지만 다른 문화에는 거의 존재하지 않는다. 앞에서 언급한 가해염려형 사회불안장애(다이진 고후쇼)도 여기에 포함되어 있다. 이것들은 문화적 요소의 영향을 크게 받아서 형성된 질환이다. 고통스러운 상황에 대한 통제력을 상실한 개인이 나타내는 이러한 이상 행동에는 문화적인 가치와 지식 및 상호작용 패턴이 응축되어 있다. 문화적 증후군을 이해하고 기술하기 위해서는 해당 문화의 암묵적인 세계관이나 인간관, 문화적 규칙 등에 의거해야만 한다. 각각의 문화에는 특정한 문화적 증후군을 가리키는 고유한 이름(또는 진단범주)이 있으며, 그 질환의 원인과 치료에 관한 토착적인 모델이 존재한다. DSM의 진단 단위는 350개 이상 있지만 문화적 증후군과 일대일로 대응시킬 수 있는 것은 없다. DSM을 적용시킬 경우에 여러 가지 진단으로 분류할 수 있는 이상 행동이 토착적인 진단 기준으로는 하나의 진단일 수 있고, DSM에 의해서는 하나의 진단으로 내려질 수 있는 진단도 토착적인 진단 기준으로는 여러 가지로 분류될 수 있다. 문화적 증후군의 존재는 심리적 경험이 문화적 맥락의 영향을 받아 형성된다는 강력한 증거이며, 문화보편적으로 적용 가능한 질병 분류학을 가정하는 서양적 인식론의 편파성을 시사한다.

(1) 아목

아목(amok)은 말레이시아, 인도네시아, 라오스, 필리핀 등의 동남아시아 문화권에서 주로 발생하는 격정적인 폭력성의 폭발이며, 무차별 살인으로 나타나는 경우가 많다. 아목 상태가 되는 것은 대부분 남성이며, 그들은 뭔가 고통스러운 일이 있거나 모욕을 받은 후 부족 사람들과의 접촉을 피하고 은둔하여 생각에 잠긴 상태가 된다. 일정 기간 후 극도의 피로와 해리성 기억상실 상태에서 아목을 일으킨다. 아목은 스트레스와 수면의 결여, 알코올 섭취로 인해 유발되는 것으로 생각된다. 한 이론에 의하면(Carr, 1978), 아이들에게는 아주 관대하지만 성인에게는 엄격한 규율을 지키도록 요구하는 전통사회에서 남자들에게 소극적이고 대결을 회피하는 성격을 형성하게 하는 문화가 아목의 배경에 존재한다는 것이다. 그러한 사회에서 문화적으로 인정되는 방법으로 자신의 좌절감을 표현할 수 없었던 사람이 결국 분노와 해결되지 않는 긴장감 때문에 통제력을 상실하여 폭력성 발작을 일으키게 된 것이다. 말레이시아의 경찰서에는 그들을 벽에 고정시켜 움직이지 못하게 하기 위한 무기가 비치되어 있다(Heine, 2008). 아목을 일으킨 사람은 대부분 살해되지만 일부 생존자들은 체포된 후에 조현병, 우울증, 간질 등으로 진단될 수 있는 정신병적 증상을 보이는 경우가 많다(Schmidt et al., 1977). 사회가 근대화되면서 아목은 크게 감소하였다. 그런데 미국을 비롯한 서구 사회나 일본 등에서 무차별적으로 사람을 살상하는 사건이 발생하고 있지만 그 기저에 깔려 있는 심리적 기제가 아목과 동일한지는 분명하지 않다.

(2) 코로/닷 증후군

코로(koro)는 남근이 수축해 하복부로 들어가서 죽음을 야기할지도 모른다는 강한 신념을 동반한 극심한 불안 발작으로, 그 신념이 부적절한 성행위와 결합될 때는 수치심도 동반되는 경우가 있다. 환자는 대부분 남성이지만, 여성의 경우에는 음순이나 유두가 수축해 몸속으로 들어간다는 신념을 갖게 된다. 주로 중국 남부와 동남아시아에서 발견되는 문화적 증후군이지만, 때때로 서양이나 아프리카에서도 발견된다. 미국에서는 대마 중독 상태에서 코로와 유사한 증상이 보고된 바가 있는데, 그 환자들은 그와 같은 경험을 한 후에 대마를 줄이기로 결심했다(Earleywine, 2001).

중국 광둥성 레이저우반도와 하이난의 코로 환자들에 대한 연구에 의하면(Tseng et al., 1992), 코로 환자들은 불안과 공포 증상이 강하기는 했으나 다른 불안장애 집단에 비하면 모든 임상적 증상이 약했다. 또한 그들은 영적 존재에 대한 강한 믿음을 나타냈으며, 불안장애 집단과 일반인 집단에 비해 학력이 낮은 것으로 나타났다. 그 지역에는 여우의 영혼이 남자의 성기를 훔쳐 간다는 얘기를 믿는 문화가 있었다. 어느 점쟁이의 예언이 계기가 되어 여우의 영혼의 소문이 마을에서 마을로 퍼져 가 코로가 집단 발생했었던 것이다.

코로는 본인뿐만 아니라 주위 사람을 끌어 들여 집단 히스테리를 일으켜 버리는 경우도 있다. 1967년 싱가포르에서 발생한 코로의 유행은 유명하다. 그 해에 돼지 독감이 유행했는데, 예방접종을 받은 돼지고기를 먹으면 성기가 수축해 버린다는 소문이 확산되어 불안과 공포에 사로잡히는 코로 증상을 호소하는 수백 명의 사람으로 병원은 넘치게 되었다(Koro study team, 1969). 코로는 이름은 말레이어로 거북의 머리를 의미한다.

닷 증후군(dhat syndrom)은 코로와 유사하게 남성의 성기와 관련된 증상이다. DSM-5-TR에 따르면, 닷 증후군은 개인이 관찰할 수 있는 배변 또는 배뇨 시의 흰색 분비물로 힌두교의 의학체계인 아유르베다에서 건강을 위해 필요한 필수 체액 중 하나로 묘사된 닷(정액)과 관련되어 있다. 이 증후군은 남아시아의 젊은 남성들에게서 공통적으로 나타나며, 중요한 특징은 생리학적 기능장애가 없음에도 불구하고 경험하는 불안과 괴로움이다. 특히 이들은 자신이 겪는 다양한 증상이 정액 손실 때문이라고 믿으며, 불안이나 피로감, 허약, 체중 감소, 발기부전 등의 신체적 증상 및 우울감을 호소한다.

(3) 섭식장애

섭식 행위의 현저한 장애가 특징인 섭식장애는 25가지의 문화적 증후군이 수록되어 있는 DSM-IV의 부록에는 포함되어 있지 않지만 이것 또한 일종의 문화적 증후군으로 보인다. 섭식장애의 일반적 형태에는 신경성 식욕부진증과 신경성 폭식증의 두 가지가 있다.

신경성 식욕부진증(anorexia nervosa)은 최소한의 정상 체중 유지의 거부, 체중 증가에 대한 극심한 공포, 체형 또는 신체의 크기에 대한 심각한 지각 장해 등을 필수 증상으로 한다. 월경이 시작된 여성에게 이 장애가 있을 경우에 무월경을 보인다. 신경성 식욕부진증 환자의 90% 이상이 여성이다. 신경성 식욕부진증은 서구화된 사회(산업화사회)에서 보다 흔하다. 즉, 미국, 캐나다, 유럽, 호주, 뉴질랜드, 남아프리카, 일본, 그리고 한국에서는 흔하지만, 다른 지역에서는 흔하지 않다. 예를 들어, 파키스탄이나 중국 학생을 대상으로 한 대규모 연구에서는 발견되지 않았다(Mumford et al., 1992; Zhang et al., 1992). 신경성 식욕부진증이 많이 발생하는 서구화된 산업화사회에서는 음식물이 풍부하게 존재하지만, 동시에 날씬한 것이 매력적이라는 신념이 존재한다. 특히 여성의 경우에는 더욱 그러하다.

신경성 폭식증(bulimia nervosa)의 필수 요소는 먹는 데 대한 조절 능력의 상실감이 동반된 반복되는 한 판의 폭식 행위와 이에 뒤따르는 부적절한 보상적 행동이다. 보상적 행동에는 스스로 유도하는 구토, 하제나 이뇨제, 관장약, 기타 약물의 남용, 단식이나 지나친 운동 등이 포함된다. 폭식과 이에 대한 부적절한 보상적 행동이 평균적으로 적어도 주 2회씩 3개월 동안 일어나는 것이 신경성 폭식증 진단을 내리기 위한 필수적인 기준이다. 또한 신경성 폭식증 환자의 자기평가는 체형과 체중에 의해 지나치게 영향을 받는다. 신경성 폭식증 환자의 90% 이상이 여성이다. 신경성 폭식증은 미국, 캐나다, 유럽, 호주, 뉴질랜드, 남아프리카, 일본 등 고도로 산업화된 나라들에서 비슷한 빈도로 발생하고 있지만, 현대 서구 문화의 영향을 덜 받은 아프리카, 인도, 중동, 동남아시아에서는 흔하지 않다.

이러한 섭식장애는 최근 수십 년 동안 증가 추세에 있으며, 저연령화의 추세도 보이고 있다. 이러한 추세는 날씬한 몸이 매력적이라는 문화적 메시지가 최근 더욱 강해지고 있는 것과 관련이 있다.

제 9 장

문화 적응과 다문화주의

한국 사회는 빠른 속도로 다인종 · 다민족화된 다문화사회로 변화하고 있다. 법무부 출입국 · 외국인정책본부의 통계에 따르면, 2023년 8월 기준 한국에 체류하는 외국인은 243만 3천 명을 넘어섰다. 외국인 노동자(44만 9천 명)는 이미 한국 경제의 한 축을 담당하고 있으며, 외국인 며느리로 대표되는 결혼이주자(17만 명)가 농촌 사회의 일원이 된 것도 이미 오래된 사실이다. 외국인 유학생(19만 7천 명)은 앞의 통계에 포함되지만, 그 외에 북한이탈주민(3만 3천 명)과 불법체류 외국인(42만 9천 명)도 존재한다. 이미 서울과 수도권 일부 지역은 특정 외국인 거주 지역으로 변화하였다. 이처럼 한국의 다인종 · 다민족 사회화는 우리가 인식하는 것보다 훨씬 빠르게 진행되고 있다.

한국에 체류하는 외국인을 이해하고 조화로운 관계를 형성하며, 보다 나은 다문화사회 한국을 건설하기 위해서는 그들이 겪고 있는 문화 적응의 본질에 대한 이해가 필수적이다. 이 장에서는 문화 적응 과정, 문화 정체성의 변화, 문화 감수성 등에 대해 살펴본 후, 한국인의 인종 태도와 다문화 시대에 새롭게 정립되어야 하는 한국인의 정체성에 대한 논의를 하고자 한다.

1. 문화 접촉

1) 문화 적응

심리학자보다 먼저 문화 간 접촉 상황에서 일어나는 현상에 주목한 사람들은 인류학자와 사회학자였다. 그들은 문화 배경이 다른 사람들로 구성된 두 집단이 지속적으로 직접적인 접촉을 가지게 된 결과 일어나는 문화 패턴의 변화를 문화 적응(acculturation)이라고 명명하였다(Redfield et al., 1936). 문화 적응은 접촉하는 두 집단 모두에게 일어날 수 있는 현상이지만, 많은 경우에 집단 간의 세력 차이로 인해 어느 한 집단이 다른 집단에 비해 더 현저한 변화를 겪는다.

집단 수준의 문화 접촉 결과는 학살, 동화, 격리, 통합으로 구분할 수 있다(Ward et al., 2001). 학살(genocide)은 접촉하게 된 다른 집단의 구성원들을 모두 죽이는 것이다. 아메리카 인디언의 사례처럼, 밖에서 침입하여 원래 거주자들을 학살하는 경우와 독일의 나치에 의한 유태인 대학살과 같이 새로 이주한 사람들을 내부에 있는 사람들이 학살하는 경우가 있다. 격리(segregation)는 남아프리카공화국의 아파르트헤이트와 같이 서로 다른 지역에서 서로 다른 문화를 가지고 살도록 의도적으로 집단을 나누는 것이다. 동화(assimilation)는 주로 침략국의 문화를 식민지에 강요하는 경우나 이민자와 소수 인종에게 주류사회의 문화를 강요하는 경우를 의미한다. 통합(integration)은 자기 문화의 핵심적 속성을 그대로 유지하면서 동시에 새로운 문화의 중요한 면도 받아들이는 적응을 의미한다.

Graves(1967)는 집단 수준의 변화인 문화 적응과 어떤 개인이 이주로 인해 새로운 문화와 접촉할 때 일어나는 개인 수준의 변화인 심리적 문화 적응(psychological acculturation)을 구분하였다. 후에 심리학자들이 이 분야에 관한 연구를 폭넓게 진행시키면서 최근에는 집단 수준의 변화뿐만 아니라 개인 수준의 심리 변화에 대해서도 문화 적응이라는 용어를 쓰고 있다(정진경, 양계민, 2004). 여기서는 주로 개인 수준의 변화에 초점을 맞추어 문화 적응에 대해 기술해 나가지만, 문화 간 접촉 상황에서 집단 수준의 특징과 개인 수준의 특징의 관계를 체계적으로 이해하기 위해서 여전히 이 개념적 구분은 필요하다. 왜냐하면 어떤 집단이 전반적으로 문화 적응을 겪는 경우에도 그 집단에 소속하는 각 개인이 경험하는 심리적 문화 적응에는 큰 편차가 존재하기 때문이다.

문화 적응에 관한 영역에서는 사람들이 새로운 문화와 접촉할 때 어떤 경험을 하는지에 대해 연구한다. 사람들이 경험하는 문화 충격의 내용은 무엇인가? 사람들은 문화 충격에 어떻게 대처하는가? 개인의 심리적 문화 적응은 어떤 과정을 거쳐 진행되는가? 이 과정에서 어떤 요소들이 변화하는가? 성공적인 문화 적응은 어떤 것이며, 그것을 촉진하는 요인은 무엇인가? 어떤 경우에 새로운 문화에 대한 적응이 어려워지는가? 이상과 같은 문제들을 해결하기 위해 많은 연구가 이루어졌으나, 이 문제에 대한 보편적 이론은 아직 수립되지 않았다. 그 이유는 문화 적응이라는 현상이 새로운 문화와 문화 간 이동자의 특징에 따라 지극히 다양한 경험을 의미하기 때문이다. 관광객, 유학생, 해외 주재원, 이민자, 토착민, 민족문화 집단, 난민은 모두 문화 적응을 경험할 가능성이 있지만 질적으로는 상당히 다른 경험을 하고 있을 것이다.

2) 문화 접촉의 유형

Berry와 Sam(1997)은 문화 적응을 겪는 사람들을 분류하기 위해 이동성, 자발성, 영속성이라는 세 가지 기준을 제시하였다. 이동성(mobility)은 자신이 새로운 문화로 옮겨 갔느냐 아니면 원주민들이 새로운 문화집단을 받아들였느냐를 구분하는 차원이다. 이민자(immigrants)나 난민(refugees)은 새로운 문화로 옮겨 간 사람들이고, 토착민(indigenous peoples)과 민족문화 집단(ethnocultural groups)은 새로운 문화집단을 받아들인 사람들이다.

표 9-1 문화 접촉의 유형

분류 기준			일반적 유형	한국적 사례	
ⓐ 이동성	ⓑ 자발성	ⓒ 영속성		국내	국외
×	×	○	토착민	국내 거주 한국인	–
×	○	○	민족문화 집단	화교	재외동포(초기 정착)
○	×	×	망명자	–	–
○	×	○	난민	–	(탈북자)
○	○	×	여행자	외국인 여행자	해외여행자
○	○	×	체류자	외국인 유학생 외국인 노동자	유학생 해외 근무자
○	×	○	체류자의 자녀	재한 외국인의 자녀 귀국 자녀	해외 체류자의 자녀
○	○	○	이민자	탈북자 국제결혼 이주민	재외동포(최근 이민) 국제결혼 이주민
×	×	○	다문화가정의 자녀	다문화 가정의 자녀	다문화가정의 자녀 해외 입양아

자발성(voluntariness)은 문화 간 이동이 자발적이었는지 여부를 나타내는 차원이다. 연수생·유학생, 해외 주재원 등의 체류자(sojourners)나 이민자는 자발적인 사람들이고, 난민이나 체류자의 자녀는 비자발적인 사람들이다.

영속성(permanence)은 얼마나 오래 새로운 문화 환경에서 살게 될 것인지를 의미하는 차원이다. 이민자는 오랜 기간 새로운 문화 환경에 거주하게 되는 사람들이고, 여행자(tourists)나 연수생·유학생, 해외 주재원과 같은 체류자는 일시적으로 머물게 되는 사람들이다.

이상과 같은 기준에 의해 문화 접촉이 일어나는 일반적 유형과 한국적 사례를 분류한 결과를 〈표 9-1〉에 제시하였다. 앞에서도 언급했듯이, 이들 집단은 이동성, 동기, 새로운 문화 접촉 기간에 있어 각기 다른 조건을 가지고 있기 때문에 경험하게 되는 문화 적응의 특징에는 부분적으로 차이가 생길 수밖에 없다.

3) 문화 적응 과정

새로운 문화에 적응하는 것은 시간에 따라 서서히 변화해 가는 복잡한 심리 과정이며, 새로운 문화의 특징과 문화 간 이동자의 특징에 따라 상당히 다른 양상을 보이는 다양한 프로세스일 것으로 예상된다. 하지만 초기 연구자들은 문화 적응의 일반적 과정에 대해 연구하여 체류자들의 표준적 문화 적응 모델을 제시하려고 하였다.

대표적인 모델이 Oberg(1960)의 문화충격(culture shock) 이론이며, 이 이론에서는 밀월(honeymoon) 단계, 문화충격 단계, 적응 단계를 거쳐 가는 U자형의 점차적 적응 과정을 가정한다. 밀월 단계는 새로운 문화와 만나서 호기심이 자극되어 흥분되며 기쁨을 경험하는 시기이다. 문화 간 이동자는 초기 몇 주 내지 몇 달 동안에 특별히 긍정적 정서를 경험한다. 그들은 새롭고 이국적인 환경 속에서 새로운 음식을 즐기고, 새로운 사람들을 만나서 외국어로 의사소통을 시도하는 등 들뜬 기분과 적당한 긴장감 속에서 신선하고 재미있는 경험을 만끽한다. 많은 여행자와 단기 체류자는 이러한 경험만 하고, 새로운 문화에 대한 긍정적 인상만 가지고 본국으로 돌아간다.

장기 체류자의 경우에는 여행자 기분으로 지낼 수 있는 행복한 시기가 끝나면 다른 문화 속에서 본격적으로 일이나 학업에 전념하거나 이국에서의 일상생활을 영위해야 하는 시기가 온다. 이 단계는 많은 체류자에게 문화충격을 경험하는 시기가 된다. 이 단계는 새로운 문화와 자기 자신에 대한 부정적 정서를 경험하는 위기의 시기이며, 6개월 내지 18개월 정도 지속될 수 있다. 새로운 문화에 대한 호기심이 거의 다 충족되면 더 이상 즐거움을 느낄 수 없게 된다. 새로운 문화에 대한 설렘과 스릴이 피곤과 곤란으로 변한다. 문화 간 이질성이 크게 부각되어 욕구 불만의 원인이 된다.

새로운 문화 속에서는 자기의 원래 문화에서 통했던 방식으로는 적응하기가 어려운 경우가 많기 때문에 좌절감, 위화감, 불안, 초조감, 부적절감, 무력감, 분노 등을 경험하게 된다. 문화 차이가 부정적으로 해석되어 새로운 문화에 대한 태도는 부정적인 것으로 변한다. 이는 불안과 무력감에 시달리는 자기와 자기 문화를 위협으로 간주되는 새로운 문화로부터 보호하려는 자기방어 기제일 수 있다. 또한 이 시기에는 향수병이 심해진다. 본국에서 즐겼던 음식, 과자, TV 프로그램, 책 등이 생각나게 된다. 새로운 문화의 그것들에 대해서는 더 이상 매력을 못 느끼게 되며 지겨워진다. 언어 능력과 새로운 문화에 대한 지식과 기술의 부족 때문에 이국 사람과의 일상적 대화에 참여하는 데 어려움을 느끼면서 본국에 두고 온 가족과 친구들이 그리워진다. 문화충격은 심리적 증상뿐만 아니라 신체적 증상까지 수반하는 경우도 있으며, 가벼운 당혹감으로 끝나지 않고 심각한 정신질환까지 초래할 수도 있다. 또한 일시적 충격으로 끝나는 경우도 있으나 만성적인 패닉으로 진행될 수도 있다. 심각한 문화충격으로 인해 체류를 중단하고, 새로운 문화에 대한 부정적 기억을 지닌 채 본국으로 돌아가는 경우도 있다.

수개월 동안의 침체와 분투 끝에 많은 체류자는 새로운 문화에서의 생활을 즐길 수 있는 적응 단계를 맞이하게 된다. 언어 능력이 향상되고 새로운 문화에 대한 지식과 기술도 많아지면서 새로운 문화 환경에서 일상생활에 적응할 수 있게 된다. 새로운 문화와 자기에 대해서 보다 객관적으로 파악할 수 있게 된다. 그 문화의 음식에도 익숙해지고, 그럭저럭 이해할 수 있게 된 TV 프로그램도 어느 정도 즐길 수 있다.

그러나 U자형 문화 적응 모델의 일반화 가능성에 대한 의문이 제기되었다(Church, 1982). 구체적으로는 초기 밀월 단계의 부재를 지적하는 J자형 과정(Guthrie & Zektick, 1967; Ward & Kennedy, 1995)과 적응 단계의 부재를 지적하는 L자형 과정(Hsiao-Ying, 1995; Heine, 2008)이 문화 적응의 실정이라는 주장들이 있다.

종단적 연구를 통해 체류자들의 적응을 추적한 연구들에 의하면, 체류자나 이민자들이 새로운 문화에 들어간 초기에 가장 심각한 부적응 문제를 경험한다는 보고가 많다(정진경, 양계민, 2004). 뉴질랜드에 도착한 말레이시아인과 싱가포르인은 도착 후 한 달 이내에 심한 우울증을 경험하게 되었으며, 6개월 후에는 약간 회복세를 보이다가 다시 12개월 후에는 초기와 비슷한 정도의 심한 우울증을 경험하게 되었다. 뉴질랜드를 떠나서 외국으로 간 사람들의 심리적 적응을 측정한 결과, 뉴질랜드를 떠나 새로운 환경에 들어간 지 2개월 정도 되었을 때 출발 전보다 훨씬 심한 우울증을 경험하게 되었다. 캐나다로 유학 간 중국인 학생들은 도착한지 3, 4개월이 되었을 때 가장 심한 심리적 스트레스를 받는 것으로 드러났다(Zheng & Berry, 1991). 많은 체류자에게 외국 생활이 시작되는 초기 몇 주 동안은 불안과 스트레스가 너무 많아서 새로운 경험을 즐길 만한 여유가 없는 시기이다.

일본에 체류하는 외국인들의 문화 적응 경험을 추적한 연구에 의하면, 밀월 단계와 문화충격 단계는 확인되었으나 적응 단계에 이른다는 증거는 얻지 못했다. 5년 넘게 체류한 사람들도 체류 기간이 1년이 되어 문화충격 단계에 있는 사람들과 비슷한 정도로 부정적 태도를 일본에 대해 가지고 있었다(Hsiao-Ying, 1995). 이처럼 새로운 문화 적응 과정이 기존의 U자형이 아니라 비관적인 L자형 과정으로 드러난 것은 외국인을 수용하는 사회의 민족적 다양성의 차이 때문일 것이다(Heine, 2007). 기존 연구는 미국과 같은 다인종·다민족 사회에 체류하는 외국인을 대상으로 연구되었으나, 이 연구에서 외국인을 수용하는 사회였던 일본은 인종적·민족적 동질성이 아주 높은 사회이다. 체류자는 대부분의 일본인과 외견상 차이가 확연히 드러나기 때문에 인종적·민족적 다양성이 높은 사회보다 적응하는 데 더 많은 어려움이 예상된다. 따라서 적응 단계에 이르려면 더 오랜 시간이 소요될 것이다. 만약 연구자가 10년 이상 체류한 사람까지도 연구에 포함시켰었더라면 적응 단계를 발견했을지도 모른다(Heine, 2007).

Gullahorn과 Gullahorn(1963)은 본국으로 돌아간 후의 재입국 충격 단계와 재적응 단계까지 고려하여 W자형의 적응 과정을 제안하였다. 재입국 충격(reentry shock)이란 새로운 문화에 적응하여 생활하고 있던 사람이 귀국한 시점에서 다시 자신의 원래 문화와 접촉함으로써 경험하는 문화충격이다. 잘 적응하고 생활하고 있던 새로운 문화와 비교하여 자신의 원래 문화에 대해 의문을 가기게 된다. 일본인 귀국 자녀의 재입국 충격에 관해서는 처음 새로운 문화와 접촉했을 때의 문화충격 경험보다 심각한 경우도 많다. 귀국 후 일본 사회에 적응할 때 강렬한 재입국 충격을 경험하여 그것을 극복하지 못해 다시 해외로 나가는 사람도 적지 않다(鈴木, 1997).

W자형의 적응 과정을 좀 더 자세히 살펴보면 WW자형의 적응 과정으로 간주할 수 있다는 주장도 있다(Berry, 1985; Kim, 1989). 이 모델에서는 새로운 문화 접촉을 준비하는 단계(기대감)와 접촉 직전의 단계(불안)가 밀월 단계(흥분) 이전에 존재하며, 문화충격 단계(좌절감), 적응 단계(즐거움)를 거친 후, 귀국 준비 단계(불안)와 귀국 직후의 짧은 시기(안도감)를 거쳐 재입국 충격 단계(위화감)와 재적응 단계(납득)로 변화해 가는 아홉 단계를 구별한다.

2. 문화 정체성

1) 문화 정체성의 정의

새로운 문화 접촉으로 인한 문화 적응 과정에서는 많은 심리적·행동적 변화가 일어난다. 그

중에서도 가장 핵심적인 변화는 문화 정체성의 변화이다. 문화 정체성(cultural identity)이란 자기 자신이 한 문화 집단에 소속해 있다는 감각이다. 즉, 문화 귀속감이라고도 할 수 있다. 문화 정체성은 자기 자신을 한 문화 집단의 일원으로 인식하고 범주화시키고 동일시하는 것을 포함한다. 또한 문화 정체성은 문화 전통, 가치, 관습의 실천뿐만 아니라 자신이 소속한 문화 집단에 대한 긍정적 평가와 자긍심을 포함한다. 문화 정체성은 개인적 정체성 가운데서 중요한 위치를 차지한다. 이러한 문화 정체성은 새로운 문화 접촉의 과정과 결과에 큰 영향을 미친다. 새로운 문화에 대한 심리적 적응의 상당 부분은 문화 정체성의 변화에 의해 규정된다.

문화 정체성의 변화를 기술하고 설명하는 방식에는 세 가지 모델이 있다. 즉, 문화 정체성의 변화를 개념화할 관점에는 연구자에 따라 동화모델, 균형모델, 직교모델이 있다.

동화모델에서는 문화 간 이동자는 기존의 문화 정체성을 포기하고 새로운 문화 정체성을 획득하는 방향으로 발달해 간다고 가정한다. 일차원적이고 일방향적인 이 모델은 이민자들에 대한 동화 정책을 지지하는 관점이다.

균형모델에서는 이민자나 난민들이 고국의 문화 정체성과 정착하는 국가의 문화 정체성을 병존시켜 균형을 유지하게 된다고 가정한다. 새로운 문화에 완전히 동화되는 것도 아니고 격리되고 고립되는 것도 아닌, 그 중간의 어딘가에서 두 문화 간의 평형 상태를 형성한다고 보는 것이다. 균형모델은 동화주의적 관점을 벗어나 두 문화의 병존주의(biculturalism)적 관점을 제시했다는 점에서 긍정적으로 평가할 수 있다. 하지만 일차원적 모델이기 때문에 두 문화 모두에 대해 강한 동일시를 가지고 있는 사람과 두 문화 모두에 대해 약한 동일시밖에 형성하고 있지 않은 사람을 개념적으로 구별할 수 없다는 한계가 있다.

직교모델에서는 기존의 문화 정체성과 새로운 문화 정체성을 독립적이고 직교적인 차원으로 간주하여 문화적 정체성의 변화를 개념화한다. Berry와 Sam(1997)은 장기 체류자, 이민자, 그리고 난민들은 문화 접촉을 통해 갈등과 위기를 경험하면서 고국의 문화 및 새로운 문화와 자기 자신과의 관계에 대한 두 가지 기본적 문제에 직면하게 된다고 주장했다. '내가 물려받은 문화적 유산을 유지하는 것이 가치가 있는가?' 그리고 '주류사회와의 관계를 유지하는 것

표 9-2 문화 적응 전략

차원 2 \ 차원 1		문화적 유산을 유지할 것인가?	
		그렇다	아니다
주류사회와의 관계를 유지할 것인가?	그렇다	통합	동화
	아니다	분리	주변화

출처: Berry & Sam (1997), p. 295에서 인용.

이 가치가 있는가?' 이 두 문제에 대해 어떤 태도를 취하느냐에 따라 이주자의 문화 적응 전략(acculturation strategies)은 네 가지로 구분할 수 있다.

통합(integration)은 기존의 문화 정체성과 문화 전통을 유지하면서 주류사회의 새로운 문화도 동시에 수용하는 전략 또는 상태를 말한다. 자신의 문화 전통과 새로운 문화에 대해 동시에 긍정적 태도를 형성하는 경우이다. 동화(assimilation)는 기존의 문화 정체성과 문화 전통을 포기하고 주류사회의 새로운 문화를 수용하는 전략 또는 상태를 말한다. 분리(separation)는 기존의 문화 정체성과 문화 전통을 유지하고, 주류사회의 새로운 문화는 거부하는 전략 또는 상태를 말한다. 마지막으로 주변화(marginalization)는 기존의 문화 정체성과 문화적 전통도 유지하지 못하고, 주류사회의 새로운 문화와도 접촉하지 못하는 상태를 말한다. 새로운 문화에 적응하기 위한 갈등과 위기를 극복하는 이러한 전략 중에서 심리적 · 문화적 변화가 가장 큰 것이 동화이고, 그다음은 통합이며, 분리는 변화가 가장 적다고 할 수 있다. 주변화는 아직 위기를 극복하지 못하고 갈등 상태에 있다는 것을 의미한다.

문화 적응 과정에 있는 이주민들은 전반적 특징을 기준으로 네 가지 문화 적응 상태 중 하나로 분류할 수 있으나, 생활 영역에 따라 선택되는 전략이 달라질 수 있다. 집이나 확대가족 또는 민족 공동체(ethnic community)와 같은 사적 공간 안에서는 직장이나 정치적 상황과 같은 공적 공간에서보다 문화적 전통을 유지하려는 태도가 강하고 그러한 행동을 많이 할 수 있다.

예를 들어, 한국에 살고 있는 국제결혼 이주여성의 경우에 남편이나 시가족과 함께 있을 때는 한국 음식을 해 먹지만 모국 출신의 친구들과 함께 있을 때는 모국 음식을 먹으며 즐긴다. 또한 모계 중심 사회에서 온 이주여성들은 주변에 사람들이 있을 때는 한국식으로 남편에게 존댓말을 해서 남편 체면을 세워 주고, 집에 와서는 자신의 평등주의 소신에 따라 남편에게 반말을 하는 경우도 있다(박주희, 정진경, 2008).

개인의 문화 적응 전략은 국가 차원에서 실시되는 이민 정책의 영향을 받는다. 새로 들어간 국가가 통합을 추구하는 정책을 시행하고 있다면 이주민도 통합 전략을 선택하게 될 가능성이 높다. 동화 정책을 시행하는 국가라면 이주민도 동화 전략을 선택하게 될 가능성이 높다.

그러나 이주민들이 가장 선호하는 전략은 통합 전략이다. 다문화사회에서뿐만 아니라 문화적 균질성이 높은 사회에서도 이주민들이 가장 선호하는 것은 역시 통합 전략이다. 통합 전략은 양호한 심리적 적응과 긍정적인 관련이 있다(Berry & Sam, 1997).

두 번째로 선호하는 전략은 이민 수용국과 이민자들의 집단 특성에 따라 달랐다(정진경, 양계민, 2004). 일본에 사는 서양인과 노르웨이에 사는 개발도상국 사람들은 분리를 두 번째로 선호하였다. 헝가리 출신 캐나다 사람들의 1세대는 분리를, 2세대들은 동화를 두 번째로 선호하였다. 캐나다에 사는 한국인과 포르투갈인은 통합 이외의 다른 세 가지 모두를 바람직하지 않은 것으로 보았다.

주변화를 선호하는 사람은 상대적으로 흔하지 않다. 주변화는 적극적인 문화 적응 전략으로 보기 어렵고 단지 부적응으로 인한 신경증적 상태를 나타내는 것인지도 모른다(Heine, 2007). 하지만 양쪽 문화를 거절하여 새로운 문화를 만들어 내는 사람들이 주변화로 분류된 사람들 가운데서 나올 가능성도 있다.

한국에 살고 있는 국제결혼 이주여성의 문화 적응 전략 중 가장 많은 유형은 동화로서 대부분의 이주여성은 전적으로 동화 유형의 특성을 나타내거나 아니면 동화와 통합이 혼재되어 나타나는 양상을 보였다(박주희, 정진경, 2008). 주로 음식이나 예절과 같은 생활방식에서 동화적 특성이 나타나는 경우가 많았고, 특히 자녀교육과 관련한 부분에서는 전적으로 동화하려는 의지를 강하게 보였다. 이주여성은 자녀가 자신의 모국에 대해 자신감을 가졌으면 좋겠다고 생각하면서도 자녀가 한국인으로 성장하기를 바라고 스스로도 완벽한 한국인이 되기를 추구하는 모순적인 면을 가지고 있었다. 타민족에 대해 배타적인 경향을 가지고 있는 한국에서 자녀가 받을지도 모르는 불이익을 염려하여 다문화적 정체성의 추구를 포기하는 것이다. 부부 사이에서는 모국의 남녀 평등주의적 가치관을 유지하면서 주변에 제3자가 있을 때는 한국의 가부장적 가족문화를 따르는 등 가치관에서는 통합 전략을 구사하는 경우도 많았다.

한편, 한국 문화를 거부하는 분리나 주변화 유형은 드물었다. 이는 이주여성들이 혼인을 통해 자발적으로 한국으로 이주해 왔으며, 모국 출신자의 연대나 모임을 통해 확고한 하위 문화 집단을 만들기도 어렵고, 한국인 남편과 함께 한국에서 자녀를 키워야 하는 상황에 처해 있는 데에서 기인한 것으로 보인다(박주희, 정진경, 2008).

국제결혼 이주여성의 문화 적응 전략에 관한 다른 연구에서는 분리가 가장 많았고, 그다음으로 통합이 많았다(성현란, 2011). 이와 같이 이주여성이 선호하는 문화 적응 전략이 연구마다 차이가 있는 것은 이들 연구에 참여한 국제결혼 이주여성의 출신 국가 비율이나 거주 지역, 한국 거주 기간에 차이가 있기 때문인 것으로 파악된다. 참고로 출신 국가별로 살펴보면, 필리핀과 베트남 출신의 결혼이주여성은 통합이 많은 편이고, 태국, 북한, 중국 출신의 결혼이주여성은 주변화가 많은 편이었다는 보고도 있다(최혜지, 2009).

문화 정체성은 시간 경과에 따라 변화가 일어난다. 소수 집단 정체성 발달 모델(Minority Identity Development Model: MID)에 의하면, 시간 경과에 따라 자신과 자신이 속한 집단에 대한 태도와 주류 집단에 대한 태도는 대조적인 변화 과정을 보인다(Atkinson et al., 1998). 대체로 적응 초기에는 자기 자신과 자신이 속한 집단과 문화에 대해서는 낮은 평가를 하다가 다시 저항과 반작용으로 높은 평가를 하는 식으로 태도를 바꾸었다가 시간이 더 경과되면 합리적이고 선택적 평가가 이루어진다. 이와 대조적으로 새로운 문화에 대해서는 초기에는 적응하기 위하여 높은 호감을 보이다가 차츰 시간이 경과되는 반작용으로 부정적으로 평가하다가 점진적으로 합리적 평가와 선택이 이루어진다. 처음에는 새로 접촉한 문화에 무조건적으로 동조하던 태도에서 시간이 흐름에 따라 의심과 적대감까지 나타나지만, 결국 일정 시간이 지나면 이전의 문화와 새로운 문화 양쪽을 객관적으로 볼 수 있게 되고, 생활 영역과 상황에 따라 선택할 수 있는 통합된 문화적 정체성을 갖게 된다는 것이다. 이 모델은 탈북자들에게도 타당한 것으로 드러났다(금명자 외, 2008; 이애란, 2003).

탈북 청소년의 전반적인 문화 적응 전략은 성인 탈북자의 경우와 유사하게(이애란, 2003) 동화(29.0%)와 통합(27.5%)이 분리(24.6%)나 주변화(18.9%)보다 약간 많은 경향을 보였으나, 남한 입국 후 국내 거주 기간에 따라서 선택되는 문화 적응 전략에는 차이가 있는 것으로 드러났다(금명자 외, 2008). 즉, 하나원 시절인 4개월 이하의 탈북 청소년은 통합(52.6%)과 동화(31.6%)를 주로 선택하였다. 보호 기간이 끝나고 혼자 살기 시작한 후 1년 동안에는 통합(10.0%)이 감소하고 분리(40.0%)와 주변화(25.0%) 유형이 증가하였고, 1~2년 사이에는 분리 유형(20.0%)이 감소하는 한편, 주변화(40.0%)는 계속 증가하였다. 2년이 경과한 후에는 통합 유형(37.5%)이 다시 증가하고 주변화(6.3%)는 감소하였다. 동화 유형을 선택하는 탈북 청소년은 이 기간 내내 일정 비율(25~30%) 존재하였다.

탈북 청소년들은 하나원이라는 보호 기간 시절에는 일단 새로운 문화의 이해와 습득이 필요하기 때문에 동화적 태도가 필요할 것이고 이 또한 적응에 유리할 것이다. 그러나 보호 기간이 끝나고 홀로 살아가야 하는 이후의 1년 기간은 새로운 생활에서 현실의 냉혹함을 경험할 것이고, 아직까지 새로운 인간관계를 맺기 어려워 이전의 알고 있던 친구들과의 교류로 지지를 얻기 때문에 기존 문화의 정체성으로 회귀하는 분리 전략을 선택하게 되는 것으로 보인다. 2년 정도의 시간 속에서 함께 남한에 온 친구도 역시 적응의 어려움에 처해 있기 때문에 다른 친구를 돌봐 주거나 구체적으로 도움이 되는 정보를 주기 어려우므로 탈북 청소년들은 옛 친구에게서도 또 새로운 문화에서도 지지와 지원을 받을 수 없어 두 문화 모두를 거부하는 주변화 상태가 되는 것이다. 2년 이상의 시간이 흐르면서 여러 가지 생활 경험에 의해 탈북 청소년들은 점차 적응을 하게 되고, 두 문화를 선택적으로 자신의 적응에 활용하는 통합 전략을 사용하게 되는 것이다. 성인 탈북자의 경우에는 남한 문화 정체성을 갖는 데 더 많은 시간이 걸렸다(이애란, 2003). 즉, 북한 문화 정체성은 1년 이상 3년 미만일 때 높다가 점점 낮아졌으며, 남한 문화 정체성은 비교적 점진적으로 상승하는 양상을 보였다.

2) 문화 정체성과 적응

한국에 살고 있는 국제결혼여성의 문화 정체성과 심리사회적 적응의 관계는 최근에 연구가 시작된 영역이다. 전반적으로 보면 통합 전략은 심리사회적 적응에 도움이 되고, 주변화 전략은 심리사회적 적응의 실패를 의미하지만, 동화와 분리 전략은 심리사회적 적응에 도움이 되지 않거나 오히려 부정적 영향을 끼치는 경우가 많다는 것을 알 수 있다. 구체적으로는 다음과 같은 연구결과들이 있다.

통합 전략을 사용하는 이주여성일수록 삶의 만족도가 높았고, 주변화 전략을 사용하는 여성일수록 삶의 만족도가 낮았다. 동화와 분리 전략은 삶의 만족도와 관련이 없었다(성현란, 2011).

국제결혼여성은 한국 문화 정체성이 높을수록, 그리고 모국 문화 정체성이 낮을수록 결혼만족도가 높다는 연구보고가 있다(권복순, 차보현, 2006). 하지만 다른 연구(성현란, 2011)에서는 정반대의 결과가 나타났다. 이 연구에서는 통합과 분리 전략은 결혼만족도와 관련이 없었으나, 동화와 주변화 전략을 사용하는 이주여성일수록 결혼만족도가 낮았다. 즉, 통합과 분리 전략의 공통점으로 판단하여 모국 문화 정체성을 강하게 유지한다고 해서 결혼만족도가 높아지는 것은 아니지만, 동화와 주변화 전략으로 인한 모국 문화 정체성의 상실은 결혼만족도에 부정적 영향을 끼치는 것으로 해석할 수 있다. 또한 동화 전략과 결혼만족도의 부정적 관계가 한국 문화 정체성이 결혼만족도에 부정적 영향을 주기 때문에 나타나는 것일 가능성도 있다.

통합 전략을 사용하는 이주여성일수록 긍정적 양육과 자녀와의 긍정적 상호작용을 하는 경향이 있었고, 주변화 전략을 사용하는 여성일수록 부정적 양육과 자녀와의 부정적 상호작용을 하는 경향이 있었으나, 동화와 분리는 이들 특성과 관련이 없었다(전은애, 2008).

3) 새로운 문화 정체성의 규정요인

이주민들이 문화 적응 전략을 선택할 때 어떤 요인들의 영향을 받는가? 새로운 문화 정체성의 형성을 촉진 또는 억제하는 조건은 무엇인가? 이 문제에 관심을 가진 연구자들은 성별, 나이 또는 세대, 교육 수준, 사회경제적 지위, 이주 동기, 문화 간 및 문화 내 상호작용, 이민을 수용하는 사회의 특성 등이 문화 정체성의 변화에 영향을 끼친다는 것을 밝혀 냈다.

우선 이민을 수용하는 주류사회의 특성이 문화 정체성의 변화에 영향을 준다. 주류사회가 소수 민족 집단에 대해 편견을 가지고 있을 경우에 그 집단에 속한 이주민들은 분리나 주변화를 선택하게 될 가능성이 높다. 특히 주류사회의 사람들과 확연한 외모 차이가 있어 융합되기 어려운 경우에는 주류문화에 대한 부정적 태도를 가지게 된다(Berry et al., 1989). 반대로 주류사회가 문화의 다양성을 수용하고 다문화주의 정책을 시행하고 있는 경우에는 이주민들은 주류문화에 대한 긍정적 태도를 가지게 되고 통합이나 동화 전략을 선택할 가능성이 높다.

다음으로 체류자나 단기 이주민과 같이 새로운 문화에서의 체류가 일시적일 것으로 예상하는 사람들은 체류를 영속적인 것으로 계획하는 사람들보다 기존의 문화 전통에 대한 동일시가 강하고 새로운 문화에 대한 동일시는 약하다(Mendoza, 1989). 장기적으로 체류하는 이민과 난민 가운데서도 더 이상 고국에 있을 수 없어서 어쩔 수 없이 이주하게 된 사람들은 새로운 문화에서 얻을 수 있는 무언가를 기대하여 이주한 사람들에 비해 새로운 문화에 동화될 가능성이 낮다(Wong-Rieger & Quintana, 1987).

문화 접촉의 양과 질도 문화 정체성의 변화에 큰 영향을 준다. 새로운 문화와의 상호작용이 많아질수록 동화 전략을 선택하게 될 가능성이 높아진다(Mendoza, 1989). 체류 기간이 오래될수록 기존의 문화적 전통에 대한 동일시는 약해지고 새로운 문화에 대한 동일시는 강해진다. 새로운 문화 안에서 태어난 세대들은 외국에서 태어나 이주하게 된 세대보다 더 빨리 문화적으로 동화된다. 미국이나 영국 같은 산업화된 서구 사회로 이주한 경우에는 교육 수준과 사회경제적 지위가 높을수록 새로운 문화에 대한 동일시가 강해진다(Suinn et al., 1992; Barona & Miller, 1994). 이와 반대로 교육 수준과 사회경제적 지위가 낮은 사람들의 경우에는 분리나 주변화 전략을 선택하게 될 가능성이 높다. 그들은 새로운 문화로부터 그들이 원하는 것을 별로 제공받지 못하기 때문이다.

한국에 거주하는 국제결혼여성 가운데서 남편이 성역할 고정관념을 강하게 가지고 있고, 아내 문화 수용 정도가 낮고, 다문화 감수성이 낮으면 주변화 전략을 선택하게 될 가능성이 높아진다(성현란, 2011). 하지만 통합, 동화, 분리 전략은 그러한 남편의 특성과 관련이 없었다.

현재 대안학교에 다니고 있는 탈북 청소년의 경우, 이전에 남한에서 공교육을 받은 경험이 있는 집단은 공교육을 받은 경험이 없는 집단에 비해 남한 문화 정체성은 높고, 북한 문화 정체성은 낮은 것으로 나타났다(김은경, 권정혜, 2009). 하지만 일반 공교육기관에 다니는 탈북 청소년은 대안학교에 다니는 탈북 청소년에 비해 새로운 문화뿐만 아니라 기존의 문화에서도 지원을 받지 못하고 있는 주변화 상태가 되는 비율이 많았다(금명자 외, 2008).

문화 접촉이 새로운 문화적 정체성 형성을 촉진하는 것과 반대로 소수 민족 거주지에 살거나 민족 집단 내에서의 상호작용이 많으면 기존의 문화 정체성은 오래 유지되고 새로운 문화적 정체성은 천천히 형성된다(Altrocchi & Altrocchi, 1995). 또한 모국어를 자주 쓰거나 선호할수록 동화 반응은 약해진다(Montgomery, 1992).

문화 정체성의 변화는 성별에 따라 차이가 있는 것으로 드러났다. 남자는 여자보다 동화가 빨리 진행되는 경향이 있다. 어린이나 청소년의 경우에도 그렇고 성인의 경우에도 마찬가지이다(Ghaffarian, 1987). 여성은 남성보다 새로운 문화에 대한 태도가 더 부정적이며, 기존의 문화적 정체성을 더 강하게 유지하는 경향이 있다(Liebkind, 1996). 이러한 성차는 여성의 전통적 성역할과 관련이 있다. 여성들의 경우에 직장에 다니지 않고 집에 있는 시간이 많아서 새로운 사회의 구성원들과 접촉할 시간이 남성보다 적기 때문이다. 또한 여성들은 아이들에게 문화적 가치와 관습을 가르치고 문화적 전통에 대한 동일시를 촉진하는 문화적 문지기(cultural gatekeepers) 역할을 하고 있기 때문이다(Yee, 1992).

젊은 사람들은 나이 든 사람들에 비해서 더 쉽게 새로운 문화와 가치를 받아들이는 경향이 있다(Marin et al., 1987). 이는 새로운 언어를 더 쉽게 획득할 수 있기 때문일 것이다(정진경, 양계민, 2004). 또한 새로운 문화에서 살아가게 될 기간에 대한 전망의 차이도 영향을 미칠 것이다. 세대 차이에 관해서는 세대가 내려갈수록 주류문화에 대한 지향성이 증가하고, 나이 든 세대일수록 기존의 문화적 정체성을 강하게 고수하는 경향이 있다(Montgomery, 1992).

이민자들은 세대가 내려갈수록 주류문화에 대한 지향성이 증가하고, 기존의 문화 정체성은 약해지기는 하지만, 본국에 살고 있는 동시대의 사람들보다 전통적 가치를 더 강하게 보존하고 있다는 것을 시사하는 연구결과가 있다. 예를 들어, 한국계 미국인과 한국에 살고 있는 한국인을 비교한 결과 한국계 미국인은 더 집단주의적 특징을 나타냈다(Lee, 1995). 일본계 미국인과 일본에 살고 있는 일본인을 비교한 연구에서도 유사한 결과가 나왔다(Matsumoto et al., 1997). 한국, 중국, 일본, 필리핀으로부터 미국으로 건너간 이민자들에 관한 사회학적 연구에서도 출신 국가의 문화보다 미국에 살고 있는 이민 집단의 문화가 더 전통적인 것으로 드러났다(Takaki, 1998). 그러한 이민 집단에는 지금도 문화적 전통, 관습, 문화유산, 언어 등이 강하게 유지되고 있는 것이다.

자국 내에 살고 있는 단일문화적 사람과 비교하여 이중문화적 사람은 자신의 출신 문화의 전통 가치를 보다 강하게 지지하는 현상을 Kosmitzki(1996)는 '문화의 재확인'이라고 불렀다. 단일문화적 또는 이중문화적 독일인과 미국인을 대상으로 한 그의 연구에 의하면, 단일문화적 사람과 비교하여 이중문화적 사람은 자신의 출신 문화를 더 친근한 것으로 지각하고, 보다 긍정적으로 평가했으며, 두 문화의 차이는 더 크다고 평가하였다.

이민 집단은 그 당시의 자국 문화를 가지고 새로운 사회에 정착한다. 그리고 다문화사회에서 생활하는 스트레스를 이겨 내기 위해 '문화의 재확인'이라는 현상이 출현하게 된 것이다. 이민 집단의 사람들은 다양한 문화 정체성을 가지면서 자라는 한편, 다양한 문화 가운데 자국 문화 본래의 정체성이야말로 존경할 만한 가치가 있다고 생각하여 문화적 전통과 유산을 더 소중하게 여기게 되는 것이다. '문화의 재확인'은 자존감의 원천이 될 수 있다. 이리하여 이민 집단은 자신이 가지고 간 문화를 결정화(結晶化)하기 때문에 이러한 심리적 문화가 거의 그대로 다음 세대에 계승되어 간다. 한편, 자국의 문화는 시대에 따라 더 빨리 변화해 간다. 그래서 일정 시간이 경과한 후에 이민 집단과 자국 집단의 문화 가치관을 비교하면 본래의 자국 문화 자체는 변화해 가고 있는데, 이민 집단의 결정화된 문화는 그다지 변하고 있지 않기 때문에 자국 문화보다 이민의 문화가 더 전통적이라는 결과가 나온 것이다(Kosmitzki, 1996; Matsumoto, 2000).

문화 정체성 형성은 새로운 문화와 접촉한 연령에 따라서도 달라진다. Schrader와 동료들은 독일에 거주하는 외국인 노동자의 자녀들을 대상으로 문화 정체성의 발달을 연구하였다(Schrader et al., 1979). 그들은 아이들이 자신의 문화를 어느 정도 획득했는지를 나타내는 지표로서 새로운 문화로 이주한 나이에 주목하여, ① 6~14세(학령기), ② 1~5세(학령기 이전), ③ 0~1세(입국 후의 출생을 포함한 유아기)의 세 집단으로 분류하여 문화 정체성 발달을 설명하였다.

학령기에 이주한 아이들은 자국의 문화를 습득한 후에 이문화로 이행하기 때문에 독일에서는 큰 어려움을 경험한다. 독일어를 습득해도 자국의 문화와 동일시하여 외국인으로서의 정체성에 머무른다. 학령기 이전의 아이들은 부분적으로는 자국의 문화의 영향을 받고 있으나, 이행 후에는 그것이 중단되어 새로운 문화를 습득해 간다. 하지만 어디까지나 새로운 문화의 부분이나 요소에 불과하고 전체는 아니다. 양쪽 문화 각각에 부분적으로 동일시하여 상황에 따라 자기 문화와 새로운 문화를 선택적으로 사용한다. 문화 소수자로서의 이중문화적(bicultural) 정체성을 가진다.

1세 이하의 아이들은 소수 하위 문화(자국 문화와 새로운 문화의 양쪽 요소를 포함하는 외국인 노동자로서의 문화)와 독일 문화가 혼합된 상황 속에서 사회화된다. 대부분의 아이는 이문화에 동일시한다. 소위 '신 독일인'으로서의 정체성을 획득한다. 가정 내에서는 자국어를 말하지만 자국 문화에 대한 지식은 거의 없다.

중국계 미국인의 이중문화 정체성에 대한 한 연구(Tsai et al., 2000)에 의하면, 중국에서 태어나 미국으로 이민 온 중국인 학생의 경우에 중국인 정체성과 미국인 정체성은 양립되지 않고, 미국인 정체성이 강하면 중국인 정체성은 약해지는 것으로 나타났다. 한편, 미국에서 태어난 중국인 학생의 경우에 중국인 정체성과 미국인 정체성은 문제없이 양립 가능한 것이었다. 이러한 이중문화적 정체성을 가능케 하는 것은 영어와 중국어의 선택적 사용 때문임을 시사하는 연구결과가 있다(Ross et al., 2002). 영어도 중국어도 잘하는 중국에서 태어난 대학생을 피험자로 하여 영어 또는 중국어로 대답하도록 요청한 결과, 중국어로 답할 경우에는 영어로 답할 경우에 비해 다음과 같은 차이가 발견되었다. 첫째, 자기 자신에 대해 자유롭게 기술할 때는 주변 사람과의 관계를 통해 자기를 기술하는 '중국인의 특징'이 강하게 나타났다. 둘째, Rosenberg의 자기존중감 척도에서 상대적으로 낮은 자기평가를 하였다. 셋째, 전반적으로 중국인의 가치관과 문화관에 동조하는 경향이 드러났다. 이러한 결과는 두 개의 문화와 접촉하고 있는 사람들은 언어의 선택적 사용을 통해 이중문화적 정체성을 확보하고 있다는 것을 시사한다.

3. 문화 간 교류

1) 문화 감수성

Bennett(1979, 1986)은 문화 차이를 이해하고 충분히 경험할 수 있는 능력을 문화 감수성이라고 정의하고, 이러한 문화 간 감수성의 발달 모델(developmental model of intercultural sensitivity)을 개발하였다. 그는 문화 감수성의 발달을 자민족 중심주의에서부터 문화 상대주의 방향으로 변화하는 연속체로 보고, 문화적 차이에 반응하는 상이한 방식들에 대해 기술하였다. Bennett(1979, 1986)은 문화 감수성의 발달을 6단계로 구분했는데, 처음 세 단계는 자민족 중심주의적 단계이며, 후의 세 단계는 문화 상대주의적 단계에 해당된다.

(1) 차이의 부정

자민족 중심주의의 가장 낮은 단계는 문화 차이는 전혀 존재하지 않는다고 생각하는 단계(차이의 부정, Denial of Difference)부터 시작한다. 이 단계에 있는 사람들은 다른 문화 집단으로부터 물리적 · 심리적으로 거리를 두고, 자신의 문화를 유일한 현실 문화로 경험한다. 다른 문화에 대해서는 거의 관심이 없거나 아주 단순한 방식으로만 이해한다. 문화 차이에 대해서 전반적으로 관심이 없지만 그러한 차이에 직면하게 되면 그것을 피하거나 없애려고 적극적으로 시도한다. 이 단계에 있는 사람들의 특징적 사고는 다음과 같다.

- 모든 큰 도시는 다 똑같다. 많은 건물, 너무 많은 자동차, 그리고 패스트푸드점이 있다.
- 내가 정말 알아야 할 것은 예술과 음악이다.
- 우리 모두가 같은 언어를 쓰는 한 아무 문제가 없다.
- 나의 주된 관심사는 여기저기 여행하는 방법을 아는 것과 레스토랑에서 주문하는 방법을 아는 것이다.
- 내 경험으로 나는 어떤 특별한 노력 없이 어떤 문화에서도 성공할 수 있다.
- 나는 문화충격을 경험한 적이 없다.
- 내가 알아야 할 모든 것은 정치와 역사이고, 나머지 것들은 살아가면서 저절로 알아낼 수 있다.

(2) 차이에 대한 방어

자민족 중심주의의 제2단계(차이에 대한 방어, defense against difference)에서는 문화 차이가 있는 것은 인정하지만, 그러한 차이를 자신에 대한 위협으로 간주하고 문화 차이에 대해 자기 방어를 시도한다. 이 단계에 있는 많은 사람은 다른 문화를 헐뜯거나 다른 문화에 대해 경멸적 태도를 취함으로써 문화 차이로부터 자기를 방어하려고 한다. 자신의 문화 집단은 우수하다고 평가하는 경우가 많다. 자신의 문화 집단은 가장 진화된 것이고, 최상의 생활방식이라고 생각하는 것이다. 이 단계의 사고는 '우리와 남'의 이원론적 사고이며, 명백한 부정적 고정관념이 동반된다. 하지만 흥미롭게도 자신의 문화 집단을 평가절하하고 다른 문화를 더 우수한 것으로 낭만적으로 묘사하는 반전된 사고로 문화 차이로부터 자신을 방어하고자 하는 사람도 있다. 이 단계에 속한 사람은 다음과 같은 생각을 한다.

- 나는 이 사람들이 우리와 같은 방식으로 말해 줬으면 좋겠다.
- 내가 그들의 언어를 사용하더라도, 그들은 여전히 나를 무례하게 대한다.
- 다른 문화에 가면 우리 문화가 얼마나 좋은지 깨닫게 된다.
- 우리는 이 사람들에게 많은 것을 가르쳐 줄 수 있겠다.
- 나는 내 동포가 창피해서 그 나라 사람들과 함께 내 모든 시간을 보낸다.
- 나는 내 자신의 문화를 포기하고 실제로 이 사람들의 일원이 될 수 있었으면 좋겠다.

(3) 차이의 최소화

자민족 중심주의의 제3단계(차이의 최소화, minimization of difference)는 문화 차이의 존재는 인정하나 자신의 생활에 대한 문화적 차이의 영향을 최소화하려는 것이다. 이 단계에 있는 사람들은 음식이나 관습의 피상적인 문화 차이는 인식하면서도 신체 구조나 심리학적 욕구, 그리고 보편적 가치와 같은 인류의 유사성을 강조한다. 그들은 자신을 더 이상 자민족 중심주의자가 아니라고 생각하며 자신의 관용성을 과대평가하는 한편, 자신의 문화에 특권을 부여한 것에 대해서는 과소평가한다. 이 단계에 속하는 사람들은 다음과 같이 이야기한다.

- 어떤 문화에서도 통하는 열쇠는 바로 자기 자신에게 충실하고 정직하게 하는 것이다!
- 물론 관습은 다르지만 그것들은 알고 보면 우리의 것과 거의 유사하다.
- 나는 그들의 문화에 상관없이 다른 문화의 사람들을 직관적으로 이해할 수 있다.
- 과학기술은 선진국에 문화적 균일성을 가져오고 있다.
- 맥락은 다를 수도 있지만, 의사소통에 대한 기본적인 필요성은 전 세계에서 동일하게 유지

된다.

- 그들의 문화가 어떤 것이든 사람들은 거의 같은 것들에 의해 동기화된다.
- 정말로 정직하다면, 사람들은 어떤 가치는 보편적임을 인식할 것이다.
- 결국 좁은 세상이다!

(4) 차이의 수용

문화 상대주의적 발달의 제1단계(차이의 수용, acceptance of difference)에서는 문화 차이를 인정할 뿐만 아니라 존중한다. 다른 문화의 사람들이 보이는 행동 특징과 가치관을 존중한다. 자신의 문화는 동등하게 복잡한 세계관 중의 하나로서 경험된다. 이 단계에 있는 사람들은 다른 문화에 대해 반드시 모든 면에서 동의하거나 좋아하지는 않지만, 인간 존재를 구성하는 다양한 문화적 방식이 존재한다는 것을 인정한다. 그들은 문화가 광범위한 인간 경험에 어떻게 영향을 미치는지를 이해할 수 있고, 관찰한 문화적 차이를 조직화하기 위한 틀도 가지고 있다. 이 단계에 속한 사람들의 특징적 생각은 다음과 같다.

- 난 항상 새로운 문화에 가기 전에 거기에 대해 공부하려고 한다.
- 많은 문화에 대해 알면 알수록 좋은 비교를 할 수 있다.
- 나 자신의 핵심 가치를 유지하면서 문화에 따라 다른 가치관들을 이해하고 존중하는 것이 때로는 어렵게 느껴진다.
- 유학할 때, 모든 학생은 중요한 문화적 차이에 대해 알고 있어야 한다.
- 내 홈스테이 가족과 나는 매우 다른 인생 경험을 가지고 있다는 것을 알고 있으나, 그래도 우리는 함께 일하는 방법을 배워 가고 있다.

(5) 차이에 대한 적응

문화 상대주의적 발달의 제2단계(차이에 대한 적응, adaptation to difference)에서 사람들은 정확하게 다른 문화를 이해하고, 문화적으로 적합한 다양한 방식으로 행동하기 위해 자신의 세계관을 확장할 수 있다. 타자의 가치관이나 생각, 태도를 이해함으로써 자신의 마음속에 다양한 문화적 상황을 창조하게 된다. 이는 이중문화주의나 다문화주의와 밀접하게 관련되어 있다. 또한 문화적 경계를 넘어 서로 이해하고 의사소통하기 위해 참조틀(frame of reference)을 바꿀 수 있으며, 공감을 효율적으로 사용할 수 있다. 즉, 다른 문화에 있는 사람들의 상황을 인지적으로 이해할 뿐만 아니라 스스로도 같은 방식으로 느낄 수 있게 되는 것이다. 이 단계에 있는 사람들의 특징적 사고는 다음과 같다.

- 이 분쟁을 해결하기 위해서 내 접근 방식을 변경해야 한다.
- 나는 그들이 내 스타일에 적응하기 위해 열심히 노력하고 있다는 것을 알고 있기 때문에 나도 중간까지 다가가서 그들을 만나는 것이 공평하다.
- 나는 내 가치는 유지하면서 동시에 문화적으로 적절한 방식으로 행동할 수 있다.
- 모든 유학생은 적어도 어떤 문화 차이에 적응할 수 있어야 한다.
- 이 문화의 일원 같은 느낌이 들기 시작하는군.
- 그 문화에 대해 더 이해할수록 나는 그 언어도 잘할 수 있게 된다.

(6) 차이의 통합

문화 상대주의적 발달의 최종 단계(차이의 통합, integration of difference)에서 사람들의 자기 경험은 더 확장되어 서로 다른 문화적 세계관으로 출입이 가능하게 된다. 이 단계에 있는 사람들은 어떤 문화에 대해서도 주변적인(marginal) 존재로서 자기를 정의한다. 이것이 각각 다른 문화적 세계관 사이를 원활하게 이동하는 것을 가능케 한다. 하나의 문화 관점에서 문화 차이를 평가하는 것이 아니라 다양한 상황적 배경을 기준으로 하여 문화 차이를 평가하게 된다. 이 단계에 속한 사람들은 다음과 같이 말한다.

- 내가 아는 문화 간의 차이에 다리를 놓고 있을 때 나는 가장 편안하다.
- 어떤 상황이든 나는 그것을 다양한 문화적 관점에서 볼 수 있다.
- 문화 간 교류가 활발한 세계에서는 모든 사람에게 문화 초월적 사고가 필요하다.
- 나는 정말 나의 모든 문화에 완전히 참여하고 즐길 수 있다.
- 내 의사결정 능력은 다원적인 참조틀을 가짐으로써 강화된다.

이상과 같은 Bennett(1979, 1986)의 모델에서는 각 개인이 인생의 어떤 시점에서 특정한 발달 단계에 위치한다고 가정하지만, 상황에 따라 다르게 행동하는 사람도 있을 것이다(Matsumoto, 2000). 즉, 많은 상황에서 문화 상대주의적 단계에 해당하는 행동(예, 차이의 수용)을 하는 사람이 어떤 상황에서는 자민족 중심주의적 행동(예, 차이에 대한 방어)을 보이는 경우도 있을 것이다. 또한 문화 감수성의 발달 모델에는 상위 단계가 더 바람직한 상태라는 암묵적 가치관이 내포되어 있지만, 상황에 따라서는 자민족 중심주의적 행동이 더 적응적인 문화집단도 존재할 수 있기 때문에 이를 절대적 단계로 간주하는 것은 문제의 소지가 있을 것이다.

한국인을 대상으로 문화 감수성의 발달 수준을 측정한 연구(박주희, 정진경, 2008)에 의하면, 한국인들은 자신의 문화 감수성을 실제 발달 정도보다 과장하여 생각하고 있는 것으로 드러났다. 즉, 실제 타문화에 대한 태도는 낮은 단계(부정적인 단계는 넘어섰으나 아직 방어 단계에 해당됨)에 머무르고 있지만, 생각으로는 타문화에 대하여 수용적이고 적응적인 태도를 가지고 있는 것으로 인식하고 있다는 것이다. 문화 감수성의 발달 수준에 있어 성별, 연령, 소득에 따른 차이는 나타나지 않았으나, 교육 수준이 증가할수록 더 높은 문화 감수성의 발달 수준을 나타냈다. 또한 외국 방문 경험, 외국인 친구, 높은 외국어 학습 정도, 높은 외국에 대한 관심도, 봉사와 프로그램 참여를 포함한 다문화적 경험 등이 있는 사람은 더 높은 문화 감수성의 발달 수준을 보였다.

2) 문화 간 의사소통의 장애물

문화 감수성과 문화 간 의사소통 사이에는 밀접한 관련이 있다. 문화 감수성의 발달은 효과적인 문화 간 의사소통에 의해 촉진되고, 반대로 문화 감수성의 발달에 따라 문화 간 의사소통도 활발해진다. 그런데 문화 감수성 발달의 낮은 단계에서는 효과적인 문화 간 의사소통의 성립을 방해하는 장애물들이 여러 가지 존재하는 것도 사실이다. Barna(1997)는 효과적인 문화 간 의사소통을 방해하는 주된 장애물을 다음과 같이 정리했다.

(1) 유사성의 가정

첫 번째는 유사성의 가정(assumption of similarities)이다. 이것은 우리 모두가 인간이기 때문에 우리 모두가 기본적으로 비슷하다고 순진하게 가정하는 것을 의미한다. 이러한 가정을 가지게 되는 하나의 이유는 차이점을 다루는 불편함에 있을 수 있다. 유사성의 가정은 차이를 위협으로 간주하는 사람이 차이에 직면하지 않아도 되게 해 주는 방어기제인 것이다. 그러나 어떤 경우라도 우리가 지금까지 배운 대로 문화가 다른 사람들은 서로 다른 신념과 관습을 가지고 있다. 우리는 이러한 차이를 인식하지 않는 한 다른 문화에서 온 사람들과의 의사소통에서 어려움에 직면하게 된다. 기본적 해결책은 차이점에 민감해지고, 자신의 문화를 이해하고, 다른 문화를 가이드북의 간접 정보에 의해 피상적으로 이해하는 것이 아니라, 역사부터 깊이 있게 이해하려고 시도하는 것이라고 Barna(1997)는 제안했다.

(2) 언어의 차이

문화 간 의사소통에 있어서 언어의 차이(language differences)는 분명히 가장 큰 장애물이다. 언어의 차이는 기본적으로 다른 언어 사이에 존재하는 어휘, 문법, 숙어, 속어, 방언의 차이를 의미한다. 그 외에도 Barna는 사람이 어감이나 문맥을 고려하지 못하고 새로운 언어의 단어나

구문이 갖는 단 하나의 의미에 집착하는 것이 더 큰 문제라고 하였다. 우리는 별로 유창하지 않은 언어를 사용하여 의사소통을 시도할 때, 특정 단어나 구문이 자신이 전달하고자 하는 의미밖에 없다고 생각하기 쉽다.

언제 대화를 시작할 수 있는지, 누가 말할 권리를 가지고 있는지에 관한 문화적 단서의 차이도 오해의 원인이 될 수 있다. 그리고 Barna는 언어를 사용하는 다양한 스타일의 차이도 문제가 된다고 말했다. 예를 들어, 직접적인 스타일과 간접적인 스타일, 개방적인 스타일과 간결한 스타일, 논쟁적인 스타일과 타협적인 스타일, 도구적인 스타일과 사이좋게 지내는 스타일 등의 차이가 장애물이 될 수 있다.

(3) 비언어 행동의 잘못된 해석

다른 문화는 서로 다른 비언어적 의사소통 방식을 가지고 있다. 문화가 다르면 사람들의 몸짓, 손짓, 얼굴 표정 등도 다르다. 어떤 문화에서 통용되는 특정한 의미나 감정이나 태도를 표현하는 비언어적 의사소통 방식을 쉽게 알아차리는 것은 문화가 다른 사람들에게는 아주 어려운 일이다. 다른 문화권의 익숙하지 않은 비언어적인 메시지는 그것을 해석할 수 있는 문화적 틀을 가지고 있지 않기 때문에 정확하게 이해할 수 없어서 비언어 행동의 잘못된 해석(nonverbal misinterpretations)이 발생한다. 비언어 행동의 오해는 쉽게 마찰이나 대립으로 이어진다.

(4) 선입견과 고정관념

네 번째 장벽은 우리가 가지고 있는 선입견과 고정관념(preconceptions and stereotypes)이다. 고정관념은 우리 주위에서 무슨 일이 일어나고 있는지를 '이해'하기 위한 개념적 기초를 제공해 주는 과잉 일반화된 간접적 신념이다. 그것은 정확한지 여부나 상황에 맞는지 여부와 상관없이 작동한다. 고정관념은 세계를 예측할 수 있게 함으로써 미지의 위협을 줄일 수 있다. 하지만 고정관념은 상대를 객관적으로 보는 것을 방해하기 때문에 의사소통을 시도하는 사람에게 장애물로 작용한다. 즉, 우리는 특정 문화권 사람의 행동을 고정관념적 선입견을 가지고 해석하기 때문에 의사소통에 부정적 영향을 받게 된다. 고정관념은 특정 사항에만 주의를 향하게 하는 선택적 주의(selective attention) 등의 심리 과정에 의해 유지된다.

(5) 평가하는 경향

다섯 번째 장벽은 장애물을 평가하는 경향(tendency to evaluate)이다. 우리는 다른 세계관에 의거해서 표현된 타자의 생각이나 감정을 완전히 이해하려고 시도하기보다는 그들의 말이나 행동을 우리의 관점에서 바로 평가하려는 경향이 있다. 이런 태도는 타자의 관점에서 그들의 태도와 행동 패턴을 보는 데 필요한 개방적 주의를 방해한다. 평가하는 경향은 자기 문화를 더 정당하고 자연스럽다고 생각하는 자민족 중심주의에 기반을 둔다.

(6) 강한 불안이나 긴장

마지막으로 여섯 번째 장벽은 강한 불안이나 긴장(high anxiety or tension)이다. 또한 그것은 스트레스라고 해도 좋다. 문화 간 교류 상황에서 여러 가지 불확실성에 직면하게 되면 불안이나 긴장과 같은 불쾌한 정서를 느끼기 쉽다. 충분히 이해할 수 없는 환경에서 너무 많은 불안이나 긴장을 느끼게 되면 그것을 해소시키기 위해 왜곡된 인식이나 관계의 단절 또는 적의와 같은 방어기제를 쓰게 된다. 그러나 그러한 방어기제들은 효과적인 의사소통을 방해할 수밖에 없다. 높은 불안은 종종 다른 장애물과 결합하여 문화 간 의사소통을 어렵게 한다.

4. 한국인의 인종 태도

1) 인종 편견의 이중성

대부분의 다른 나라 사람들이 그런 것처럼, 한국 사람들도 다른 인종(race)에 대해 편견적 태도를 가지고 있다. 이는 그들에 대한 차별적 행동과 문화 갈등의 중요한 원인이다. 타문화 집단과의 문화 갈등에서 일어나는 대부분의 문제는 인종 차이에 기인하는 경우가 많다. 사람들의 피부색과 외모는 가장 쉽게 '다름'을 인식하게 하는 조건이기 때문이다. 그리고 타문화 집단의 인종을 인지하는 순간에 내재되어 있던 인종 도식이 발화되어 그들에 대한 차별 및 폭력이 정당화되는 과정을 밟는다.

그런데 한국 사람의 인종 편견은 이중적 성격을 가지고 있다. 백인(북미, 서유럽인), 동북아시아인(한국, 중국, 일본 등), 동남아시아인(태국, 필리핀, 베트남 등)들에 대한 한국 대학생들의 태도를 명시적인 방법과 암묵적인 방법으로 조사한 연구(한민, 2011)에 의하면, 한국인들은 서로 다른 인종에 대해 상반되는 태도를 갖고 있는 것으로 드러났다.

암묵적 태도 측정의 경우에 한국인들은 백인과 동남아인을 비교한 실험에서는 백인들을 동남아인들보다 선호하였으며, 동북아인과 동남아인을 비교한 실험에서는 동북아인들을 동남아인들보다 선호하였다. 한편, 백인과 동북아인을 비교한 실험에서는 차이가 나타나지 않았다.

암묵적 태도의 측정에서 나온 구체적 결과는 예를 들어 다음과 같은 것이다(〈표 9-3〉 참조). 즉, 백인 사진과 긍정 형용사(행복함, 평화, 즐거움, 영광스러움, 사랑, 대단함, 기쁨, 웃음)를 함께 제

표 9-3 암묵적 측정을 위해 사용된 자극물 예시

백인	동남아시아인	동북아시아인
	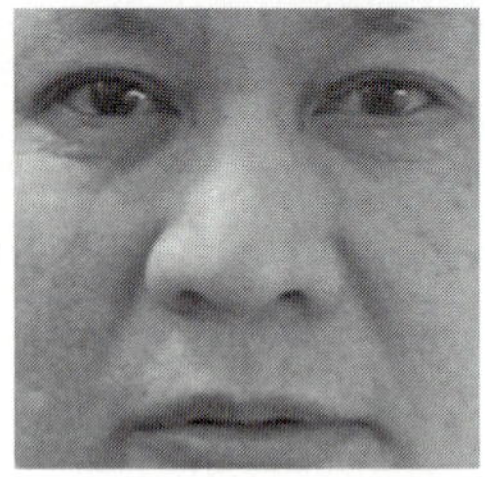	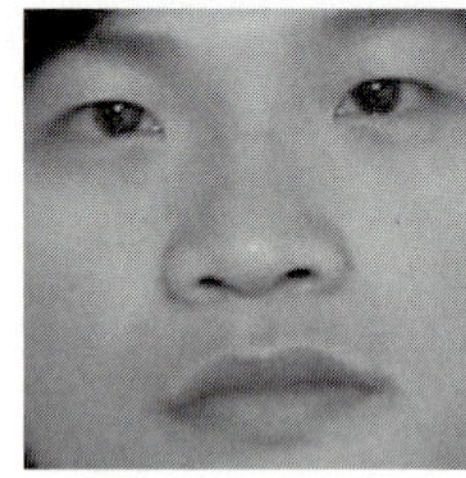
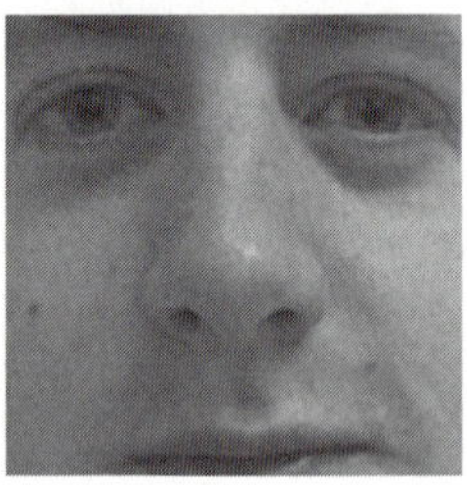	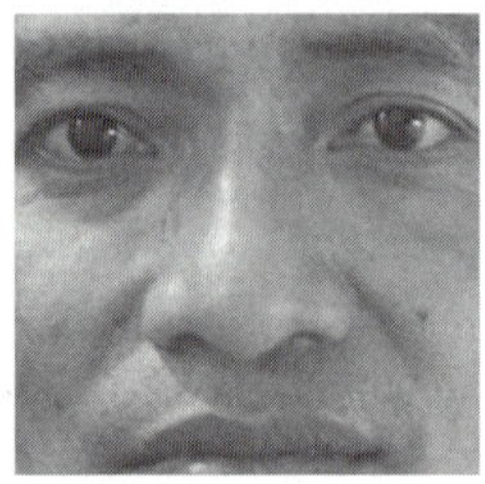	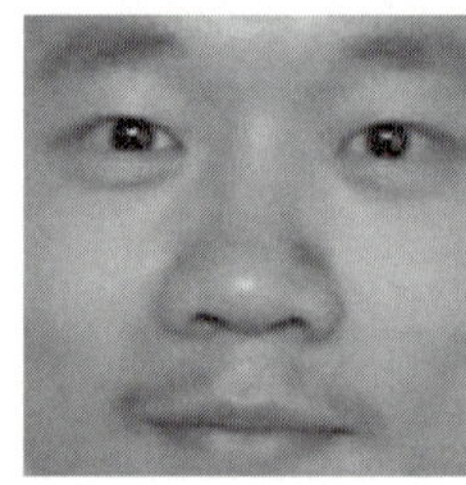

〈긍정적 단어〉	〈부정적 단어〉
행복함, 대단함, 즐거움, 웃음, 사랑, 기쁨, 평화, 영광스러움	고뇌, 상처, 무서움, 더러움, 악함, 지독함, 실패, 끔찍함

시한 자극에 대한 반응 시간(M=675.22ms)이 백인과 부정 형용사(고뇌, 상처, 실패, 더러움, 악함, 지독함, 무서움, 끔찍함)를 짝지은 자극에 대한 반응 시간(M=782.61ms)에 비해 빠른 것으로 나타났다. 이는 피험자들이 백인과 부정 형용사의 연합보다 백인과 긍정 형용사의 연합에 더욱 즉각적으로 반응했다는 뜻으로, 백인과 긍정 형용사의 연합이 보다 강하다는 것을 의미한다. 한편, 동남아인의 사진과 긍정 형용사를 함께 제시한 자극에 대한 반응 시간(M=754.68ms)은 동남아인과 부정 형용사를 함께 제시한 자극에 대한 반응 시간(M=674.05ms)보다 느리게 나타났으며, 이는 백인의 경우와는 반대로 동남아인의 경우에는 부정 형용사와의 연합이 피험자들에게 있어 보다 자연스러움을 뜻한다([그림 9-1] 참조).

다음으로 '나는 ○○○과 결혼이라도 하겠다' '나는 ○○○이 우리 가족의 일원과 결혼해서 인척이 되는 것은 거부하겠다' 등과 같은 문항들로 사회적 거리감을 측정한 명시적인 태도에서도 각 인종 집단에 대해 암묵적 태도와 비슷한 패턴이 확인되었다. 즉, 백인–동남아인과 동북아–동남아인의 비교에서 모두 동남아인들에 대한 높은 사회적 거리감이 나타났으며, 백인–동북아인의 비교에서는 유의미한 차이가 나타나지 않았다. 즉, 한국인들의 인종에 대한 태도는 암묵적 수준과 명시적 수준에서 모두 이중적인 양상을 보이는 것으로 나타났다.

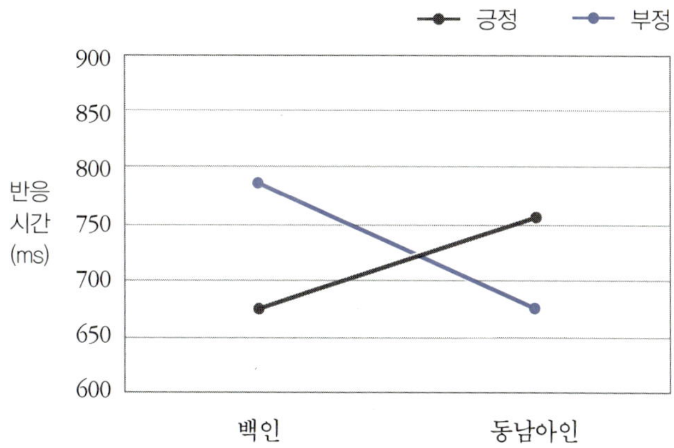

[그림 9-1] 인종(백인/동남아인)과 형용사 세트(긍정/부정)의 상호작용 효과

출처: 한민(2011).

이 결과에서 특기할 점은 인종에 대한 암묵적 태도와 명시적 태도가 차이를 보이지 않았다는 점이다. 기존의 연구에서는 인종에 대한 태도는 암묵적 수준에서는 나타나지만 명시적 수준에서는 분명하지 않거나 나타나지 않는다(Fazio et al., 1995; Baron & Banaji, 2006). 설문지법으로 측정되는 명시적 태도는 사회적 바람직성이 개입할 여지가 있기 때문이다. 외국(주로 미국)의 인종연구 사례는 주로 백인과 흑인을 그 대상으로 하며, 미국에서의 흑인에 대한 인종차별과 그것을 철폐하고자 노력해 온 역사는 짧지 않다. 따라서 인종에 대한 태도 연구에 참가하는 피험자들은 자신의 본심을 그대로 노출하였을 경우에 가해질 사회적 비난을 예상하여 명시적 수준에서는 본심을 감추는 노력을 할 수 있다. 이것이 미국 심리학에서 인종에 대한 태도를 측정하는 다양한 방법론을 개발해 온 이유이다. 한국인의 경우, 동남아시아 인종에 대한 태도가 암묵적 수준에서는 물론 명시적 수준에서도 동일하게 부정적이라는 사실은 한국인들이 가진 인종에 대한 인식의 틀이 그만큼 확고하다는 것을 의미한다(한민, 2011).

이러한 인종에 대한 이중적 태도가 형성되는 것은 청소년기 이후인 것으로 보인다. 초등학생들에게서는 동남아시아인에 대한 특기할 만한 부정적 태도가 발견되지 않았다(노경란, 방희정, 2009).

2) 이중적 인종 편견의 근원

심리학에서 인종문제는 전통적으로 다수 집단의 소수 집단에 대한 차별이라는 관점에서 다루어져 왔다. 인종이라는 범주는 내집단, 외집단의 구분에 있어서 가장 강력한 시각 정보를 제공하기 때문이다. 이러한 견해에 따라 심리학에서는 소수 집단에 대한 인종차별을 다수 집단의 내집단 선호에 의해서 발생하는 것으로 설명해 왔다. 그러나 이러한 설명은 한국인들의 인종에 대한 태도 중 일부, 즉 동남아인과 흑인 등에 대한 태도를 설명할 때에만 타당하다. 한국인들의 백인과 동남아인들에 대한 이중적 태도 중에서 백인들에 대한 선망은 내집단 선호라기보다는 오히려 외집단 편애에 가까운 현상이라고 할 수 있다.

사회정체성이론에 의하면, 외집단 편애가 나타나는 경우는 외집단에 비해 내집단의 열등한 지위가 객관적이고 합당한 준거에 의한 것일 때이다(Brewer & Brown, 1998). 한국인들이 동남아시아인들이나 흑인들에 대해서는 내집단 선호 성향을 갖지만 백인들에 대해서는 외집단 선호 성향을 보인다면, 그것은 자신들의 지위가 백인들에 비해 열등하며 그것이 객관적이고 합당한 준거에 의한 것이라는 추정을 가능케 한다. 즉, 출신 국가의 사회적 자원이라든가 문화 진화론적 설명에 의한 보편적인 인종도식(백인종 > 황인종 > 동남아시아인종 > 흑인종)과 같은 내적 기준이 작용했을 가능성이 있다는 것이다. 여러 분야의 학자들이 한국의 다문화 갈등의 원인으로 꼽는 순혈주의나 배타적 민족주의, 자문화 중심주의 등의 개념은 물론이고 인종에 대한 편파적 태도와 차별을 강화하는 문화적 요인임에 틀림이 없다. 그러나 그것이 전부는 아니다. 보다 중요한 것은 그 이면에 작용하고 있는 인종에 대한 편견이며, 그것은 비단 한국인들에게 국한된 것이 아닌 세계사의 흐름 속에서 대부분의 사람에게 각인된 인식의 틀이라는 것이다(한민, 2011).

다만 인종에 대한 이중적 태도가 인종서열에 근거한 문화적 편견의 일종인지 아니면 단지 어떠한 사람이 가진 사회적 자원이 개인에 대한 평가에 영향을 미치는 것인지는 앞으로 면밀히 검토할 필요가 있다. 만약 이중적 태도의 원인이 경제력과 같은 단순한 사회적 자원이라면 같은 국적을 가진 사람들끼리는 인종 간 차이가 나타나지 않아야 한다. 이를 검증하기 위해서는 인종과 국적 정보를 포함한 실험을 구성해 볼 필요가 있다. 이를테면 한국인들과 같은 동아시아인종인 중국, 조선족, 일본 사람들에 대한 태도나 미국이나 프랑스 등 선진국 출신이지만 아프리카계나 동남아계인 사람들에 대한 태도를 측정하여 인종에 대한 이중적 태도가 단순히 경제적 · 사회적 자원의 구분인지 아니면 문화 진화론적 인종서열에 근거한 인식 틀에 관한 문제인지를 명확히 살펴볼 필요가 있을 것이다. 물론 배경지식이 필요한 사회적 인정에 의한 평가보다는 가시적으로 명확한 정보를 제공하는 인종 특성이 더 큰 영향을 미칠 가능성도 있다.

이중적 인종 편견에 대한 앞과 같은 설명 틀에는 한계도 존재한다. 노경란과 방희정(2008)의 연구에 의하면, 동남아시아 학생들의 타인종에 대한 태도는 백인 > 한국인 > 흑인의 순으로 사회적 인정이나 문화 진화론적 인종도식에 의한 설명과 일치하는 결과를 보였지만, 한국 학생들의 동남아인에 대한 태도는 흑인에 대한 태도보다 더 부정적인 것으로 나타났다. 흑인의 출신 국가로 우선 고려되는 아프리카의 여러 나라는 일반적으로 동남아시아 국가에 비해 경제력이나 문화적 위상 면에서 더 낮은 것이 사실이다. 즉, 사회적 인정이나 문화 진화론에 의한 인종도식과 일치하지 않는 결과이다. 그러한 도식에 따르면, 흑인에 대한 태도가 더 낮게 형성되어야 하지만 동남아인들에 대한 태도가 오히려 더 부정적이었다.

이에 대해 문화 진화론적 설명에 의한 보편적인 인종도식(백인종 > 황인종 > 동남아시아인종 > 흑인종)은 해당 인종과의 접촉 빈도 등의 영향에 따라 그 순위가 바뀔 가능성이 상존한다는 견해가 있다(한민, 2011). 한국 사회의 동남아시아인에 대한 강한 비선호는 쉽게 접할 수 있는 인종집단이 외국인 노동자와 결혼이주여성 등 사회적으로 낮은 지위에 처한 외국인들이며, 그들 중 상당수가 동남아시아 출신이라는 점에 기인한다고 해석할 수 있다는 것이다.

5. 다문화주의

1) 다문화 현황

인종에 관한 한국인의 이중적 태도를 제대로 알기 위해서는 보다 깊은 연구가 필요하겠지만, 인종 편견이라는 이중적 태도의 중심에는 뿌리 깊은 한국인의 순혈주의 또는 배타적 민족주의 관점이 자리 잡고 있는 것은 분명하다. 이 점은 미국, 캐나다, 호주처럼 출발점부터 다인종 · 다민족으로 시작한 다민족 국가(mulitnation state)와 선명하게 비교된다. 백인 중심의 주류문화권은 국가 형성의 초기부터 피부색과 언어가 다른 인종집단의 비주류문화권과 공존하였다. 이와는 달리 한국은 역사상 소수의 다른 인종 또는 민족과 교류가 있었지만, 언어, 인종 및 민족 측면에서 한글과 한민족이 차지하는 비율이 90%가 넘는다. 단일 인종이 하나의 주류문화권을 형성하였기 때문에 한국인과 한국 사회에서는 보편적으로 확인할 수 있는 태도와 가치체계가 보인다. 예를 들어, 3부에서 살펴본 바와 같이 눈치와 체면, 정과 한, 삐침과 참견, 마음과 심정, 그리고 우리성(we-ness) 등 한국의 토착적인 심리는 한국인 대다수가 공유하는 문화유산이라고 해도 과언이 아니다. 이처럼 한국은 유교 가치관을 중심으로 단일민족 국가(nation state)로 살아온 오랜 역사적 특징이 뚜렷하다(최상진, 2011; 심경섭, 2012, 2014).

단일 인종의 단일민족 국가(nation state) 이미지는 세계화(globalization)로 시작된 노동력의 국제 이주로 깨지기 시작했다. 지난 30년간 지속적으로 외국인 노동자, 결혼이주민, 외국인 유학생, 그리고 북한이탈주민이 유입되었다. 단일성에 익숙한 한국의 주류 문화권이 다양한 언어, 문화, 종교, 이데올로기를 가진 비주류문화권과 공존하게 된 것이다.

표 9-4 **연도별 장단기 체류 외국인 현황** (단위: 명, %)

연도	총계 (a)	장기 체류			단기 체류	전체 인구(b)	비율 (b/a)
		소 계	등 록	거소 신고			
2013년	1,576,034	1,219,192	985,923	233,269	356,842	51,141,463	3.08
2014년	1,797,618	1,377,945	1,091,531	286,414	419,673	51,327,916	3.50
2015년	1,899,519	1,467,873	1,143,087	324,786	431,646	51,529,338	3.69
2016년	2,049,441	1,530,539	1,161,677	368,862	518,902	51,696,216	3.96
2017년	2,180,498	1,583,099	1,171,762	411,337	597,399	51,778,544	4.21
2018년	2,367,607	1,687,733	1,246,626	441,107	679,874	51,826,059	4.57
2019년	2,524,656	1,731,803	1,271,807	459,996	792,853	51,849,861	4.87
2020년	2,036,075	1,610,323	1,145,540	464,783	425,752	51,829,023	3.93
2021년	1,956,781	1,569,836	1,093,891	475,945	386,945	51,638,809	3.79
2022년	2,245,912	1,688,855	1,189,585	499,270	557,057	51,439,038	4.37
2023년 8월	2,433,318	1,812,929	1,291,480	521,449	620,389	51,377,213	4.74

출처: 법무부(2023a, 2023b).

〈표 9-4〉 연도별 장단기 체류 외국인 현황을 보면, 인구 대비 국내 체류 외국인 비율은 코로나19의 영향으로 2019년 4.87%에서 2021년 3.79%까지 감소하였다가 2022년 다시 4.37%로 증가하였다. 2013년 인구(51,141,463명) 대비 체류 외국인(1,576,034명) 비율은 3.08%이지만, 10년이 지난 2023년 8월 기준 인구(51,377,213명) 대비 체류 외국인(2,433,318명) 비율은 4.74%로 증가했다(법무부, 2023a, 2023b).

여기에 불법체류자와 한국으로 귀화한 외국인 및 결혼이주민을 포함해 볼 필요가 있다. 먼

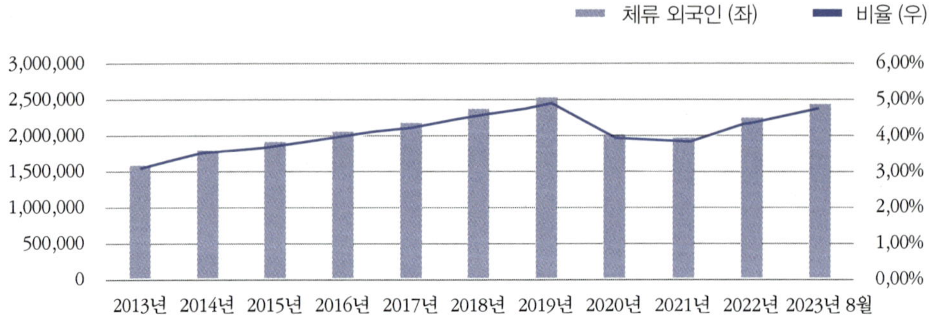

[그림 9-2] 체류 외국인 수와 인구 대비 비율 추이

출처: 법무부(2023a, 2023b).

표 9-5 연도별 장단기 체류 외국인 현황(불법체류자 포함) (단위: 명, %)

연도	체류 외국인 (명)	체류 외국인		불법체류자	전체 인구 (b)	비율
		장기 체류	단기 체류			
2013년	1,759,140	1,219,192	356,842	183,106	51,141,463	3.44
2014년	2,006,396	1,377,945	419,673	208,778	51,327,916	3.91
2015년	2,113,687	1,467,873	431,646	214,168	51,529,338	4.10
2016년	2,258,412	1,530,539	518,902	208,971	51,696,216	4.37
2017년	2,431,539	1,583,099	597,399	251,041	51,778,544	4.70
2018년	2,722,733	1,687,733	679,874	355,126	51,826,059	5.25
2019년	2,914,937	1,731,803	792,853	390,281	51,849,861	5.62
2020년	2,428,271	1,610,323	425,752	392,196	51,829,023	4.69
2021년	2,345,481	1,569,836	386,945	388,700	51,638,809	4.54
2022년	2,657,182	1,688,855	557,057	411,270	51,439,038	5.17
2023년 8월	2,862,432	1,812,929	620,389	429,114	51,377,213	5.57

출처: 법무부(2023a, 2023b).

저, 〈표 9-5〉와 같이 불법체류자를 포함하면 2013년 인구(51,141,463명) 대비 체류 외국인(1,759,140명) 비율은 3.44%이지만, 10년이 지난 2023년 8월 기준 인구(51,377,213명) 대비 체류 외국인(2,862,432명) 비율은 5.57%에 달했다.

다음으로 〈표 9-6〉과 같이 귀화 외국인을 포함하면 국내 체류 외국인은 2013년 1,770,410명으로 총인구의 3.46%의 비율에서 2023년 8월 기준 2,867,876명으로 총인구 대비 5.58%에 이르렀다. OECD가 다문화국가로 분류하는 외국인 인구 비율 5%를 넘어선 것이다.

표 9-6 연도별 장단기 체류 외국인 현황(귀화 외국인 포함) (단위: 명, %)

연도	체류 외국인 (귀화 외국인, 불법체류 포함) (명)	체류 외국인		불법체류자	국적 취득 외국인(귀화)	전체 인구 (b)	비율
		장기 체류	단기 체류				
2013년	1,770,410	1,219,192	356,842	183,106	11,270	51,141,463	3.46
2014년	2,016,310	1,377,945	419,673	208,778	9,914	51,327,916	3.93
2015년	2,127,572	1,467,873	431,646	214,168	13,885	51,529,338	4.13
2016년	2,269,305	1,530,539	518,902	208,971	10,893	51,696,216	4.39

2017년	2,441,787	1,583,099	597,399	251,041	10,248	51,778,544	4.72
2018년	2,734,289	1,687,733	679,874	355,126	11,556	51,826,059	5.28
2019년	2,924,851	1,731,803	792,853	390,281	9,914	51,849,861	5.64
2020년	2,442,156	1,610,323	425,752	392,196	13,885	51,829,023	4.71
2021년	2,356,376	1,569,836	386,945	388,700	10,895	51,638,809	4.56
2022년	2,667,353	1,688,855	557,057	411,270	10,171	51,439,038	5.19
2023년 8월	2,867,876	1,812,929	620,389	429,114	5,444	51,377,213	5.58

출처: 법무부(2023a, 2023b).

추가적으로 학교 현장과 결혼이민자 가정을 추가로 살펴보자. 2013년 전체 학생 수(648만 1492명) 대비 다문화 학생 수는 5만 5천 780명으로 다문화 학생 비율은 0.86%였다. 그러나 10년이 지난 2023년은 전체 학생 수(520만 9029명) 대비 다문화 학생 수는 18만 1178명으로 다문화 학생 비율은 3.48%에 달했다. 일부 지역단위 학교에서는 다문화 학생 비율이 50%가 넘는 지역 학교도 있다.

결혼이민자 비율을 보면, 2013년 기준 150,865명으로 총인구의 0.29%이고 체류 외국인의

표 9-7 다문화 학생 현황

	소계 (b)	초등학교	중학교	고등학교	각종 학교	비율 (b/a)
2012년	46,954	33,740	9,627	3,409	178	0.70%
2013년	55,780	39,360	11,280	4,858	282	0.86%
2014년	67,806	48,225	12,506	6,734	341	1.08%
2015년	82,536	60,162	13,827	8,146	401	1.36%
2016년	99,186	73,972	15,080	9,816	318	1.69%
2017년	109,387	82,733	15,945	10,334	375	1.91%
2018년	122,212	93,027	18,068	10,688	429	2.19%
2019년	137,225	103,881	21,693	11,234	417	2.52%
2020년	147,378	107,694	26,773	12,478	433	2.76%
2021년	160,058	111,371	33,950	14,308	429	3.01%
2022년	168,645	111,640	39,714	16,744	547	3.20%
2023년	181,178	115,639	43,698	21,190	651	3.48%

출처: 교육부, 한국교육개발원(2023).

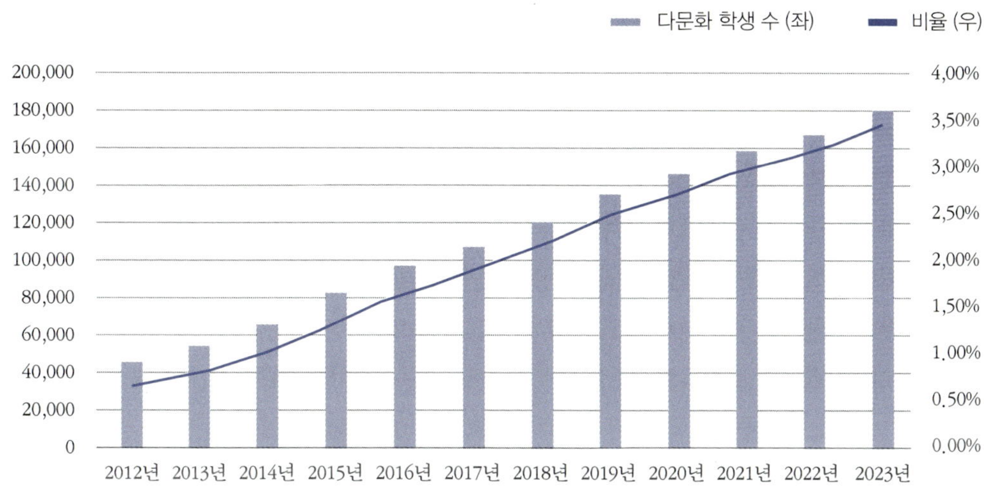

[그림 9-3] 다문화 학생 수와 전체 학생 대비 비율

출처: 교육부, 한국교육개발원(2023).

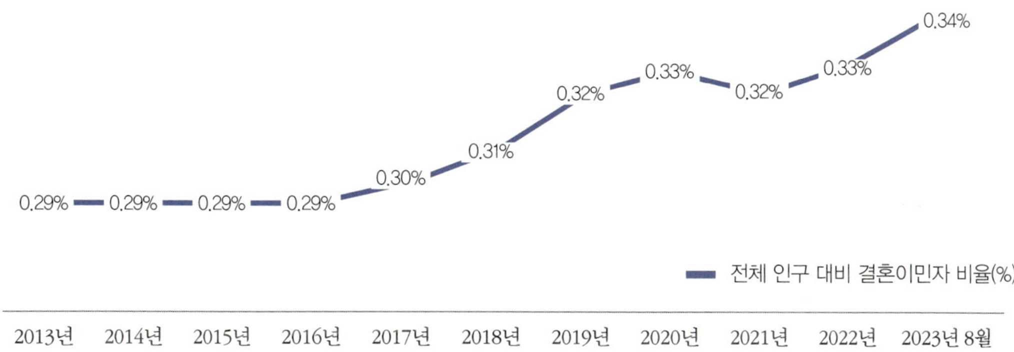

[그림 9-4] 결혼이민자 비율

출처: 법무부(2023a, 2023b).

8.58%에 달했다. 2023년 기준 결혼이민자의 수는 173,791명으로 총인구의 0.34%에 이르렀으며, 이는 10년 동안 22,926명이 증가했음을 보이고 있다. 통계청에 따르면, "2019년까지는 매년 2% 증가했으나 코로나19로 인해 국가 간 이동이 제한됨에 따라 2020년 이후 신규 입국하는 결혼이민자가 감소하였고, 2021년 결혼이민자는 전년과 같은 수준으로 유지"되고 있다고 분석하였다. 이는 앞으로 결혼이민자가 증가세에 있음을 보여 준다(법무부, 2023a, 2023b).

2023년 한국의 총인구 대비 체류 외국인의 비율은 5.58%로, 통상 다문화국가로 분류하는 외국인 비율인 5%를 넘어섰다. 2017년 기준 외국인 비중이 평균 18%에 달하는 OECD 또는 EU 회원국과 비교해 볼 때 이것은 낮은 수치이다. 하지만 2018년 OECD는 한국을 불가리아, 칠레,

일본, 루마니아, 튀르키예와 함께 '이주 인구는 적지만 새롭게 (이주지로) 등장하는 국가군'에 포함시켰다(OECD/EU, 2018, p. 30).

내외국인 인구 전망(2020~2040)에 관한 통계청 보도자료(2022)에 따르면, 이주 배경 인구는 2020년 218만 명에서 2040년 323만 명으로 늘어 총인구 중 이주 배경 인구는 2020년 4.2%에서 2040년 6.4%로 증가할 전망이다(통계청, 2022). 이제 한국 사회는 각종 다문화 통계 수치를 제시하면서 어느 정도 다문화가 진행되었는지를 논할 단계는 넘어섰다. 이미 일부 지방자치단체는 결혼이민자, 이주노동자, 외국인 유학생이 없으면 유지되기 어려운 지역과 학교가 등장하기 시작했다. 의심할 여지 없이 다인종 · 다민족이 공존하는 다문화사회가 된 것이다.

2) 다문화사회

다문화사회(multicultural society)란 여러 인종 또는 민족이 다양한 언어, 문화, 종교를 가지고 공존하는 다인종 · 다민족 사회를 말한다. 그런데 다인종 · 다민족을 중심으로 하는 다문화사회에 대한 정의가 모호하게 느껴지는 이유는 무엇일까? 인종(race)과 민족(ethnic) 개념의 모호성 때문이다. 두 개념의 위계, 범주, 정의와 관련된 명확한 합의를 찾기 어렵다. 다만 인종 개념은 주로 편견, 차별과 억압을 논할 때 부각되고, 민족 개념은 태도, 신념, 가치관 등 공유하는 의식과 공동체적 유대감과 관련된다는 공통점을 보인다(Bell et al., 2016). 요컨대, 인종은 피부색과 골격 등 신체 특징에 근거한 생물학적 유전 요인을, 민족은 언어와 생활양식 등 문화적 특징에 근거한 후천적 환경요인을 강조하는 경향이 있다(McAuliffe et al., 2020).

한편, 한국이 다문화사회가 되었다는 것은 어떤 의미일까? 순혈주의라는 단일성 신화를 의심해 본 적이 없는 한국인과 한국 문화 속으로 새로운 인종 또는 민족과 다양한 문화가 함께 들어왔다는 것을 뜻한다. 이것을 문화심리적 관점에서 보면 '문화접촉', 즉 원주민과 이주민, 주류사회와 비주류사회, 다수자와 소수자의 만남과 충돌이 일어나는 사회로 변화되었다고 볼 수 있다. 여기서 새로운 문화에 적응해야 하는 이주민을 대상으로 한 문화 적응 과정과 문화 접촉 유형, 다문화 감수성과 문화 정체성은 앞서 살펴보았다. 그런데 과연 한국의 주류사회 원주민은 차별과 혐오 없이 이주민과 관계를 맺고 있을까? 지금까지 원주민을 대상으로 한 연구는 이주민과 관계를 맺는 원주민의 내면적인 심리 변화보다는 다문화 수용 방법, 다문화 교육 방법 또는 현황과 실태조사에 치중된 감이 있다. 여기서는 주류사회 원주민의 정체성에 대해 원론적인 차원에서 간략하게 살펴보고자 한다.

카타르에서 열렸던 2022년 월드컵을 예로 들어보자. 당시 결승전에 올라온 프랑스 대표팀 총 25명 중 13명이 아프리카계 프랑스인이었다. 이를 본 일부 한국인들은 각종 포털 사이트와 사회관계망서비스(SNS)에서 '모르고 보면 아프리카팀인 줄 알겠다'든지, '언제부터 프랑스가 흑인 국가였냐'는 식의 인종차별 게시글과 혐오 표현을 서슴없이 올렸다. 2018년 강원도 평창에서 열린 동계올림픽에서 한국으로 귀화한 외국 출신 국가대표선수들이 나왔음에도 불구하고, 순혈주의에 익숙한 일부 주류사회 원주민들은 인종에 대한 혐오와 차별을 말할 때 무의식적으로 이중성을 보인 것이다.

김혜숙과 동료들(2011)의 연구에 의하면, 한국의 원주민들은 특히 감정적 차원에서 주류사회 내집단을 편애하고, 비주류사회 이주민들에게 드러내는 편견의 정도가 심한 것으로 조사되었다. 첫째, 비주류사회 이주민 집단에 대한 주류사회 원주민들의 편견과 차별의 정도는 심각한 것으로 나타났다. 둘째, 편견적 태도의 강도는 집단에 따라 다르게 나타났다. 다문화가정 자녀와 결혼이주여성을 가장 좋게 평가하고, 그다음이 조선족이며, 이주노동자와 북한이탈주민이 가장 낮은 평가를 받았다(김혜숙 외, 2011).

원주민과 이주민이 서로 만나고, 인종과 민족 측면에서 다양해진 다문화사회가 보다 질적으로 성숙해지기 위해서는 다인종 · 다민족의 공존을 긍정적으로 수용해야 할 것이다. 이를 위하여 원주민인 나(Self)와 이주민인 타자(Otherness) 사이에서 필연적으로 발생할 수밖에 없는 차이와 오해, 편견과 고정관념, 차별과 갈등을 극복하기 위해서는 문화적 다양성과 원활하게 소통할 줄 아는 다문화 감수성(multicultural sensitivity)을 높일 필요가 있다. 또한 한국인의 인종 태도에 관한 연구에서 말하는 바와 같이 다문화 감수성의 수준을 높이기 위해서는 이질적으로 여기는 인종과 민족의 접촉 빈도를 높이는 것도 하나의 방법이 될 것 같다.

그런데 보다 근본적으로 다양한 인종과 민족이 공존하는 한국 사회와 다문화 현실에서 이제 '한국인이란 누구인가?'라는 정체성(identity)의 문제를 다시 돌아봐야 한다. 그 이유는 두 가지로 정리된다. 첫째, 한국인의 정체성 문제는 단일성을 강조하는 한국인의 순혈주의 또는 배타적 민족주의와 연결된다. 둘째, 한국으로 이주해 왔으니 빨리 한국인이 되어야 한다는 동화주의(assimilationism)를 당연한 논리로 인정하게 만들기 때문이다. 이것은 문화적 다양성을 장려하는 다문화주의(multiculturalism)를 제대로 수용하는 것이 아니기 때문에 한국의 다인종 · 다민족 사회가 지향해야 할 바람직한 태도와 거리가 멀다고 하겠다(김중혁 외, 2019, p. 181).

원주민 주류사회가 가지고 있는 한국인의 정체성 문제를 단적으로 보여 주는 사례를 하나 들어보자. 2019년에 방송된 다큐 〈10년 후의 동창생〉을 보면 다문화 배경을 가진 다양한 출신의 아이들이 어렵게 한국 사회와 문화에 적응해 가는 눈물겨운 과정을 볼 수 있다. 그들은 일반학교에서 외모의 차이로 시작된 심한 차별과 갈등에 상처를 받고 대안학교로 온 공통점을 가지고 있다. 그러나 부모 한쪽이 외국인이지만 한국에서 출생한 A군과 부모가 한시적인 이주노동자로 동남아시아 출생인 B군은 너무나 다른 길을 가게 된다. 한국 출생의 A군은 학창 시절에는 편견과 차별 경험으로 적응하기 힘든 때도 있었지만 군복무까지 마치고 한국에 적응한다.

반면에 외국 출생의 B군은 이주노동자였던 부모가 먼저 고향으로 돌아가게 되자 법적 체류 자격을 상실한다. 고등학교 과정을 마칠 때까지 한국인 보호자의 배려로 체류 연장을 허락받지만 결국 졸업 이후 모국으로 강제 이주된다. B군은 자신을 한국인이라고 생각했기 때문에 처음에는 언어, 종교, 음식이 모두 낯선 출생지인 모국을 떠나 한국으로 돌아갈 방법만 찾았다. 모국에서 오히려 그는 인종적으로는 동남아시아인이지만 문화적으로는 완벽한 한국인의 정체성을 강하게 느낀 것이다. 외모를 제외하고는 언어, 문화적 측면에서 출생지인 모국의 정체성을 느낄 수 있는 요인은 피부색 이외에는 없었기 때문이다. 이후 B군은 인종적으로는 유사하나 문화적으로 완전히 다른 배경을 가진 나라에서 다시 힘겨운 문화 적응 과정을 거쳐야 하는 상황에 던져진 것이다.

윤인진(2005)은 한국인의 민족주의적 태도와 국민 정체성 상황에 대해 연구를 하면서 '진정한 한국인이 되기 위한 자격 조건'을 두 가지 요인과 여덟 가지 항목으로 구분하였다. 민족적 요인(ethnic factors)에는 출생, 종교, 조상을, 시민적 요인(civil factors)에는 언어, 국적 소재지, 장기 거주, 제도와 법 존중, 소속감을 포함시켰다. 이 연구결과에 따르면, 한국인은 한국인이 되는 자격 조건을 민족적 요인보다 시민적 요인을 더 중요하게 생각하고 있는 것으로 나타났다. 그러나 척도 점수를 살펴보면 민족적 요인에 포함되는 출생 항목이 시민적 요인 중 장기 거주, 제도와 법 존중, 소속감보다도 더 높은 것으로 나타났다. 즉, 주류사회 원주민 중에는 한국에서 출생하는 것이 한국인이 되는 조건으로 중요하다고 생각하는 사람들이 압도적으로 많다는 것이다. B군이 가진 한국인으로서의 정체성은 부정되고 외국인으로 분류될 수밖에 없는 이유도 이와 같을 것이다. 그러나 앞으로 B군처럼 이질적 인종이지만 문화적으로는 한국인의 정체성을 가진 이들에 대한 수용성 문제는 한국적 다문화사회의 큰 화두가 될 것이다.

다인종 · 다민족이 공존하는 다문화사회에 대한 한국인과 한국 사회의 수용성이 향상되기 위해서는 한국인의 정체성을 논할 때 그 무게 중심이 옮겨져야만 한다. 다시 말해서 생물학적 유전의 관점에 근거한 인종, 출생, 조상이 아니라 후천적인 환경의 관점에서 문화를 기준으로 한 시민적 요인으로 이행해야 할 것이다. 이처럼 인종과 민족에 대한 깊은 성찰 속에서 새롭게 한국인의 정체성을 재정립해 나가는 과정을 거쳐야 한국 문화에 적합한 다문화주의가 나올 것이다.

제10장

문화와 범죄

문화는 범죄와도 관련되어 있을까? 해외 소식란을 통해 각국의 범죄 현상을 가끔이라도 접해봤다면 문화에 따라서 범죄 양상이 다르다는 사실을 부인하기는 어려울 것이다. 가족의 명예를 훼손했다는 이유로 딸이나 여동생을 살해하는 이슬람의 명예 살인, 특정 지역의 문화에 뿌리를 두고 있는 각국(이탈리아, 러시아, 일본, 중국) 마피아의 조직 범죄, 특정 종교에 기반한 테러리즘, 아프리카 해적들에 의한 해상 범죄 등은 특정 지역이나 문화에 기초를 두고 특수성을 가지고 발생하는 경향이 있다.

그러나 심리학의 관점에서 범죄 행동에 미치는 문화의 영향을 밝히는 일은 쉬운 일이 아니다. 아쉽게도 그동안 측정된 문화적 특성에 따른 범죄 행동의 차이를 확인하는 연구들은 별로 없었다. 이는 범죄심리학 분야에서 다루어진 변인들을 보더라도 알 수 있다. 지금까지 범죄와 밀접한 관련이 있는 것으로 알려진 심리적 변인들은 문화를 불문하고 범죄와 관련성이 높은 보편적 특성인 경우가 많기 때문에 문화적인 차이를 설명하기에는 부족하다.

이 장에서는 다양한 분야의 문헌을 토대로 문화와 범죄의 관련성에 대한 가능성을 제안할 것이다. 이는 문화와 범죄의 관련성에 대한 퍼즐 조각을 맞추는 작업이 될 것이다. 범죄를 문화적 관점에서 다룬 다양한 학문 분야의 연구성과를 토대로 문화가 범죄의 규정, 범죄의 유발, 그리고 억제에 어떤 영향을 미치는지 알아보고, 문화적 차원에 따른 국가별 범죄 발생률을 실제로 확인해 볼 것이다.

1. 범죄의 문화적 원인

1) 문화와 범죄의 관련성

(1) 문화의 기원과 범죄

저명한 인류학자인 Girard는 그의 역작『문화의 기원』을 통해 문화가 범죄의 원인 중 하나일 가능성을 시사했다(Girard et al., 2004). 그의 관점은 '희생양 이론'으로 표현되는데, 그는 이 이론을 통해 문화 형성 과정이 사회적 폭력과 밀접한 관련이 있다고 주장하였다. 이 이론은 범죄와 관련하여 두 가지 주요 측면을 다룬다.

① 모방과 경쟁

Girard는 인간 사회의 문제 중 하나가 모방과 경쟁 때문에 발생하는 사회적 긴장과 폭력이라고 주장했다. 그는 사람들이 다른 사람을 모방하며 그들을 향한 욕망을 키우는 경향이 있다고 보았다. 이런 모방은 긍정적인 면도 있지만, 경쟁과 갈등으로 이어질 수도 있다. 범죄 역시 이 모방과 경쟁의 결과 중 하나이다. 개인이 타인을, 또는 한 집단이 다른 집단을 모방하여 그들의 물건 또는 사회적 지위를 얻으려고 할 때 경쟁과 갈등이 생기고, 그 결과, 범죄 행위가 발생할 수 있다(Hodge, 2011).

② 희생양 메커니즘

Girard는 '희생양 메커니즘(scapegoat mechanism)' 개념을 제시하여 사회적 폭력과 범죄의 기원에 대한 또 다른 해석을 제공했다. 모방과 경쟁의 원리에 의해 한 집단이 제한된 자원을 두고 경쟁할 경우에 구성원들은 갈등을 일으킬 수밖에 없다. 특히 강력한 세력 간의 충돌로 번지는 경우에 상호 간에 큰 희생이 발생할 수밖에 없다. 이런 상황에서 사람들은 공통적인 적을 찾고 그들을 비난하며 단일한 표적에 공격성을 집중하는 경향이 있다(Campbell, 2011). 이 표적은 사회적으로 약한 개체 또는 소수 그룹이 선택되는 경우가 많다. 그리고 이러한 표적이 희생양으로 선택됨으로써 사회적인 긴장을 해소하고 사회의 조화를 회복하는 데 이용된다.

이런 과정을 통해서 강력한 세력들 사이에서는 그 희생양의 행위나 특성을 비난하는 방식으로 금기나 합의가 발생하게 된다. 이때의 금기나 합의는 특정 행위를 범죄로 규정하기도 하고, 가장 공식적으로는 법이라는 이름으로 구성원의 행위를 규제하게 된다.

Girard에 따르면, 문화는 한 사회가 추구하는 가치의 형성, 그리고 가치를 분배하는 방식과 밀접하게 관련되어 있으며, 다수 집단의 가치 획득 및 보유를 위협하는 특정 집단이 희생양이라는 형태로 배척되고 특정 행위도 금지된다.

(2) 문화의 기능

문화심리학에서 문화와 사회적 가치의 관계는 중요하게 다루어진다. 한 예로 Schwarts(2014)는 문화의 핵심은 가치(value)에 의해 결정된다고 주장했다. 문화는 인간의 본능 충족 행위를 가치 실현 행위로 바꾸어 준다(Johnson & Johnson, 2013). 문화적 특성을 반영하는 제도들은 가치 합치적인 방식을 선택하게 되는데, 그 결과, 구성원들의 욕구 충족과 사회 유지 사이에서 균형을 이루는 다소 합리적인 방식으로 해결해 준다.

또한 희생양 메커니즘에서 설명된 바와 같이 문화는 경쟁을 양식화해서 상시적인 경쟁으로 인한 과도한 출혈을 방지하는 역할을 한다. 사회적 가치와 자원을 두고 벌이는 경쟁 방식을 규정하거나 제한함으로써 개인과 사회가 피해를 최소화하고, 집단 수준의 자원을 보존할 수 있다(Girard et al., 2004).

하지만 시대가 변하고 욕구가 변함에 따라서 일반인들의 욕구 수준이나 해소 방식에 대한 기대가 변화하므로 특정 제도와 방식이 과거에 문제를 해결하는 데 도움이 되었다고 해서 현재에도 같은 방식으로 구성원의 욕구 충족이 가능하리라고 평가하는 것은 타당하지 않다. 예를 들어 특정 행위의 반가치와 비난 가능성에 대한 평가가 바로 범죄의 규정인데, 과거에 심각한 범죄로 평가되던 간통이라든지, 혼인빙자간음 등의 비범죄화는 사회적 가치의 변화에 따른 법의 개정 사례로 볼 수 있다. 반대로 불법촬영죄(2010. 4. 10. 신설)라든지, 스토킹 범죄(2021. 3. 24. 신설)는 기술적 변화와 그에 따른 새로운 반가치 행위의 발생으로 인한 가치평가 변화 사례로 볼 수 있다.[1)]

(3) 문화와 범죄의 관계 유형

이상의 논의들을 정리해 봤을 때 문화는 범죄 발생과 관련하여 다음과 같은 의미를 가지는 것으로 요약할 수 있다.

1) 불법촬영죄는 「성폭력범죄의 처벌 등에 관한 특례법」 제14조에서 카메라 등을 이용한 촬영으로 규정하고 있고, 스토킹 처벌죄는 「스토킹범죄의 처벌 등에 관한 법률」에서 규정하고 있다.

① 범죄 규정

범죄 여부, 심각성(비난의 정도)의 평가는 사회적 합의의 산물이다. 문화는 사회적으로 보호할 가치를 결정하고, 범죄인 행위와 범죄에 해당하지 않는 행위를 구분하는 기준을 제시한다.

② 범죄 유발 · 억제

문화는 사회적 환경으로서 범죄에 영향을 미친다. 범죄에 대한 문화적인 평가는 범죄 발생 수준을 결정하는 중요한 요소이다.[2] 사회규범의 준수에 대한 문화적인 인식은 구성원이 범죄를 유발하거나 억제하는 내적 상태를 결정하는 중요한 요인이다.

③ 범죄의 행동적 토대

범죄는 일상적인 활동(문화에 의해 규정되는 욕구 충족 과정)의 부수적인 결과이다. 한 문화가 추구하는 가치나 행위는 그것과 관련된 다양한 행위를 촉발하므로 더 많은 일탈 행위를 발생시킨다. 특정 문화가 공유하는 금기는 특정 유형의 행위를 억제하는 경향이 있다.

문화는 기본적으로 욕구를 해결하고 이를 통제하는 시스템을 제공한다(Spencer-Oatey & Franklin, 2012). 범죄는 이러한 문화적 과정의 결과로 발생하는 부산물로 볼 수 있다. 앞에서는 문화와 범죄의 세 가지 관계 유형을 범죄와 가장 직접적으로 관련이 있는 순서대로 열거하였지만, 다음에서는 더 일반적이고 보편적인 특성으로부터 구체적인 문제의 순서로 설명하고자 한다.

2) 문화와 행동 양식

(1) 문화와 행동 양식의 학습

Bandura(1977)는 사회학습이론에서 미디어의 폭력성은 직접적인 경험 없이도 시청자들에게 영향을 미친다고 보았다. 즉, 미디어가 시청자에게 미치는 폭력성 유발 효과에 대해서 무수히 많은 연구가 수행되었다(Anderson & Bushman, 2018; Bandura et al., 1963; Green & Thomas, 1986). 하지만 동시에 미디어는 하나의 거대한 사회적 인식의 반영이며, 미디어를 통해서 표출되는 세상과 사람들의 인식은 상호 영향관계 하에 있다(Dowler et al., 2006).

2) 주로 범죄학의 연구성과들이 이러한 입장을 지지한다. 예를 들어, Levy와 Srebnick(2017)의 책에서는 역사적으로 문화에 따른 범죄의 발생 양상을 광범위하게 소개하고 있다.

① 문화에 따른 문제해결 방식

서양에서는 중세 이전부터 이미 결투 문화가 성행하였다(Kiernan, 2016; Low, 2016). 하지만 미국 남부의 폭력적 문화(Southern culture of violence)는 역사적으로 다양한 문화와 가치관이 만나고 혼합되어 형성된 특별한 문화적 특징을 가지고 있다. 특히 미국 내전 시기인 19세기에는 남부 지역에서 결투 문화가 확고하게 자리를 잡게 되었다. 남부에서는 정치적 불만이나 개인적인 갈등을 결투로 해결하려는 시도가 있었으며, 이러한 결투 문화는 미국 남부의 역사와 정체성에 큰 영향을 미쳤다(Thomas et al., 2018).

과거 미국 남부 지역에서는 개인의 명예가 중요한 가치로 간주되었다(Nisbett & Cohen, 1999). 이로 인해 사소한 갈등이나 모욕적인 행동으로도 도전장을 내밀거나 즉각적인 결투가 발생하곤 했다. 도전장은 상대방에 대한 협박이나 모욕을 포함하는 문서로, 도전을 받은 사람은 이에 응하여 '아무런 제약 없는' 혈투를 벌이거나 사과를 해야 했다. 결투는 대개 검이나 총기를 사용하여 벌어지며, 양측의 명예를 회복하거나 분쟁을 해결하기 위해 이루어졌다.

미국 남부의 결투 문화는 오늘날 다양한 스토리로 발전했다. 실제 결투 사건이나 전설적인 결투 이야기는 음악, 문학, 영화 등 다양한 예술 형태로 제작되었다(Campbell, 2003; Ebner & Langman, 2001). 현대에는 결투 문화가 두드러지게 나타나는 것은 드물지만, 미국 남부 지역의 문화와 정체성에 여전히 영향을 미치고 있다. 일부 사회적 행사나 축제에서는 과거 결투 문화를 기념하거나 재현하는 이벤트를 벌이고 있다. 이러한 남부의 결투 문화는 문화가 어떻게 공격성에 영향을 미치는지, 그리고 문화와 어떻게 상호작용하고 지속되는지를 보여 주는 대표적인 사례이다.

(2) 문화적 행동 양식과 범죄

앞서 제2장에서 문화–성격–행동 도식(Levine, 1973)에서 소개된 바와 같이 문화와 밀접하게 결부되어 있는 성격 특성은 그 문화에서의 범죄율과 자살율을 결정한다. 구성원들이 살아가면서 필연적으로 발생하는 좌절과 분노 경험이 표출되는 과정에서 어떤 방식을 선택할지는 성격 특성에 따라 결정될 수 있다. 예를 들어, 외향적인 사람과 내향적인 사람은 감정의 원인을 찾는 방식, 이를 표출하는 방식에 있어서 차이가 있을 것으로 예상할 수 있다. 예를 들어, Eysenck의 성격 분류에 따르면, 외향적인 사람은 내향적인 사람에 비해 더 주장적이고 공격적인 특성을 가진다(Hernandez & Mauger, 1980).

범죄자가 범죄 충동을 억제하지 못하는 경우에는 다양한 정당화(justification) 기제를 동원하여 양심의 가책을 덜어 낼 수 있다. 정당화는 특히 범죄를 이미 저지른 상황에서 자신의 행위를 정당화하기 위한 방식으로 많이 사용된다.[3] 이 과정에서 문화적으로 공유하는 가치나 사고방

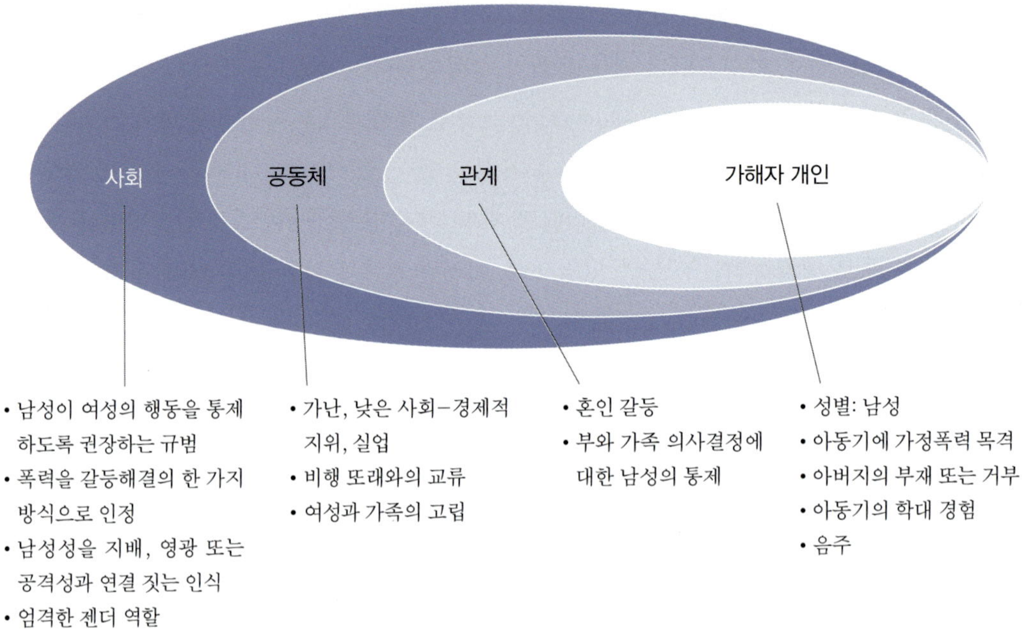

[그림 10-1] 파트너 학대 자원과 관련된 생태학적 모델

식은 범죄자에게 정당화의 기제를 강화하거나 구체적인 인식의 틀을 제공할 수 있다. 법학 분야에서도 문화는 범죄 행위에 대한 처벌을 면해 주지 못하더라도 정당화 사유로 제시될 수 있다는 견해가 제기된 바 있다(Chiu, 2006). 사회학적 연구에서 다루어진 젠더 폭력의 발생 요인에서는 사회적 차원으로 사회적 인식의 영향을 다루고 있다(Ali & Naylor, 2013). 여기에는 여성의 행위를 통제하는 것을 장려하는 규범, 갈등해결의 수단으로 폭력을 수용하는 문화, 남성성을 지배, 명예, 공격성과 연결짓는 인식, 엄격한 젠더 역할 등이 포함된다.

또한 일부 학자들은 사회적 · 문화적 요소가 폭력적인 관계 영속에 기여한다고 주장하고 있다.[4] 대표적으로 Galtung(1990)은 문화적 폭력을 개념화하고 다른 폭력 유형과 구분하였다. 그에 따르면, 직접적인 폭력은 신체적 또는 언어적으로 가장 눈에 잘 띄며 피해자와 가해자를 명확하게 식별 가능케 한다. 다음으로, 사회적 불의로 불리기도 하는 구조적 폭력은 사회구조에 내재된 불의와 불평등으로 정의되며, 불평등한 권력과 불균형한 삶의 기회로 인해 발생한다. 마지막으로, 문화적 폭력은 직접적 또는 구조적 형태로 폭력을 정당화하는 데 사용할 수 있는

3) 범죄학에서는 이를 중화기술(techniques of neutralization)이라고 부른다(Matza & Sykes, 1957; Sykes & Matza, 2017).
4) https://www.marshall.edu/wcenter/domestic-violence/relationship-violence-and-culture/

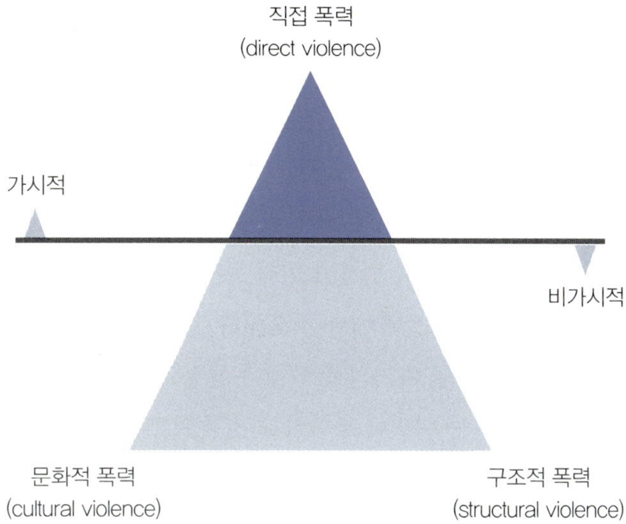

[그림 10-2] Galtung의 폭력 삼각형

문화의 모든 측면을 의미한다.

① 문화의 전달(문화의 범죄 유발 과정)

유럽에서 중세가 끝나갈 무렵, 선정적인 범죄 서적이 유행한 시기가 있다. 이 자극적인 서적의 작가들은 종교적 의미를 찾기 위해 끔찍한 사건을 다루곤 했는데, 가족 내에서 발생한 여러 건의 살인사건 같은 것들이다. 당시 마녀에 대한 공포와 경제 위기가 고조되는 것과 함께 범죄에 대한 두려움이 급증하면서 신비주의에 대한 두려움과 일상적인 위험 사이의 복잡한 감정들이 유럽 사회를 지배했다(Sharpe, 1981).

Wiltenburg(1995, 2004, 2012)는 초기 현대 독일의 범죄와 문화(16세기 초부터 17세기 및 그 이후까지)에서 범죄 선정주의(crime sensationalism)의 시작을 탐구하였다. 인쇄술 발달에 따른 대중 간행물의 범죄 묘사를 보관소 기록, 법률 담론 및 판타지 문학의 묘사와 비교하면서 주요한 사회적 불안을 강조하고 범죄 텍스트가 대중의 인식과 사고방식을 형성하는 데 어떻게 작용했는지 분석하였다. 지금과 마찬가지로, 당시의 열악한 출판 환경 속에서도 선정적 서적들은 대중의 관심을 끌고 종교적인 가치를 전파하였다.

(3) 문화의 양면성과 딜레마

문화의 욕구 충족적 성격은 문화가 현실 적응력이 있을 때는 굳이 그 이면적인 성격을 파악하지 못하더라도 그 기능을 발휘한다(Wedenoja & Sobo, 2014). 오히려 문화가 그 이면에 내포하고 있는 욕구를 개인이 인식하게 되면 그 개인은 문화적인 행동을 꺼리게 된다. 개인은 문화의 이면성을 알고 나면 그 양식을 포기하는 경우가 생기고, 대중적 차원에서 이면성이 폭로되고 나면 문화는 새로이 탈바꿈해야 한다. 즉, 특정 문화는 자신의 속살을 가리고 있을 때 제 기능을 하게 되는 것이다.

이러한 관점에서 봤을 때 전통적인 한국 문화는 보수적인 가치 판단 기준으로만 작용하고 있고 결핍 욕구의 해소 수단으로 작용하지 못하고 있다. 문화가 우리 것이기 때문에 과거의 모습 그대로 소중하다는 명제는 문화의 본질에 대한 착오이다. 문화는 현재에 적응적이지 못하면 계승되지 못한다(Morphy, 2020). 오늘날 과거의 문화재나 생활의 지혜가 재조명을 받는 것은 관광자원으로서 천연제품들이 각광받는 현실에 부합하고 전통으로부터 현재에 필요한 새로운 가치를 발견했기 때문이다(박소진, 2016; 한성열, 2008; Berkes et al., 2000). 따라서 과거의 유물로서의 문화와 현재의 양식으로서의 문화는 구분하여야 할 것이다. 현실의 문제에 대처할 수 있는 가장 적합한 방식을 문화로서 개발해 나가야 한다. 문화는 어떤 유형물이기보다는 무형의 실체임을 잊어서는 안 될 것이다.

3) 문화와 억제(금기)

(1) 금기의 의의

금기(禁忌, taboo)는 특정 문화나 사회에서 해당 내용이 사회적 또는 개인적 상황을 심각하게 침해하는 것으로 인식되어 없애려고 하는 금지 사항을 의미한다. 사회적 금기는 인종, 젠더, 성(性), 사회계층, 권력 등 보편적임에도 불구하고 민감한 사회적 이슈들을 주로 다룬다(Steinberg & Cornish, 2010). 이런 금기는 종종 윤리, 도덕 혹은 문화적 가치에 근거하여 형성될 수 있다(Evans et al., 2000). 특정한 행동이나 활동이 금기로 여겨지는 이유는 다양하다. 표면적으로는 종교, 윤리 등이 그 이유가 될 수 있으나, 금기는 보통 안전이나 사회적 안정을 유지하기 위한 최소한의 규범으로 작용하는 경우가 많다.

어떤 문화나 사회에서는 특정 음식을 먹는 것이 금기로 여겨질 수도 있고, 다른 곳에서는 특정 행위나 욕설(Morris, 2002; Tetlock et al., 2000), 특정 의상의 착용이 금기로 여겨질 수도 있다. 약혼제도(위반 시 파혼)는 실제로 결혼 이외의 성적 활동을 제한하기 위한 기능을 수행했다. 금기는 문화의 고유한 가치관을 반영하며, 그 문화나 사회의 정체성을 형성하는 중요한 역할을 한다.

범죄와 금기는 서로 다른 개념이지만 밀접하게 관련되어 있다. 범죄는 일반적으로 법률에 의해 금지되고 처벌되는 행위를 나타내며, 이는 사회규범을 침해하거나 다른 개인이나 집단에 해를 가하는 행동을 포함한다. 반면에 금기는 문화적이거나 윤리적인 측면에서 특정 행동이나 활동이 금지되는 것을 의미하는 것으로, 반드시 법적으로 처벌받지 않을 수 있다. 그러나 일부 금기적인 행동은 법적으로 처벌을 받기도 한다. 예를 들어, 도둑질은 국내에서 법적으로 금지되고 범죄로 인식된다. 동시에 대부분의 문화나 윤리적 가치체계에서도 도둑질은 금기이며, 범죄로 인식된다. 그러나 모든 금기 행동이 범죄로 간주되는 것은 아니며, 문화나 지역에 따라 다르게 해석될 수 있다.

(2) 금기를 통한 범죄 억제

범죄에 있어서 중요한 개념 중 하나는 억제(deterrence)이다. 그래서 심리학에서 범죄의 발생 기제를 설명할 때는 촉발요인으로서 욕구와 범죄 동기 이외에도 억제요인을 고려한다. 단순하게 말하면 억제요인에 비해서 촉발요인이 큰 경우에 범죄가 발생한다.

문화는 범죄를 포함한 특정 행위를 유발하는 요소로 작용하기도 하지만 어떤 행위에 대해서는 억제 기능을 가지고 있는데, 특별히 유형화된 경우에 해당하는 경우가 바로 금기이다. Freud (1904, 2012)는『토템과 터부(Totem und Tabu)』를 통해 원시사회의 가족제도를 분석하여 오이디푸스콤플렉스의 중요성을 발견하였다. 또한 Freud는 같은 책에서 토템을 종교의 가장 원초적인 형태로 보았으며, 종교적 윤리나 도덕의 기원을 근친상간의 금지와 같은 터부에서 찾았다.

전통사회에서 문화적 금기를 활용하여 범죄를 막는 것은 중요한 예방 전략 중 하나이다 (Hughes, 2015). 현대사회에서는 강제력이 없는 금기가 아닌 명시적인 법률에 의해서 행위가 제한되지만, 전통적인 사회에서 금기는 효과적인 행위 억제 수단이었다. 전통사회에서 금기가 효과를 발휘한 것은 사회적 압력이 작용하였기 때문이고, 경우에 따라 집단의 처벌이 가능했기 때문이다. 다음의 내용들은 문화적 금기가 사회규범으로서의 역할을 하는 기제들을 설명하고 있다.

① 교육 및 인식 증진

다양한 경로를 통해 문화적 금기를 강조하고 사람들에게 그 이유와 중요성을 설명하는 교육이 진행된다. 이를 통해 사회 구성원들의 규범의식이 높아지며 부정적인 행동을 자제하는 데 도움을 줄 수 있다. 예를 들어, 사회적 가치를 다음 세대에 전달하는 수단인 동화(fairy tale)는 특정 문화 또는 지역의 가치와 금기를 반영하여 아동에게 사회규범을 가르친다(Bettelheim, 1976).

② 문화적 규범 강화

사회가 하나의 집단으로서 기능하기 위해서는 사회나 지역 내에서 원하는 행동 양식을 강조하고 긍정적인 가치를 강화하는 것이 중요하다. 금기는 문화적 규범을 강조하면서 범죄나 부정적인 행동을 비난하는 분위기를 조성한다.

③ 법률 및 제재 강화

문화적 금기를 강조하는 동시에 법률 및 제재 체계도 강화하여 범죄 행위에 대한 엄격한 대응을 보장한다. 범죄가 일어날 경우에 적절한 제재를 가하고 범죄자를 처벌함으로써 일반적인 예방 효과를 극대화할 수 있다.

(3) 욕구의 표출 양식(축제)

앞서 소개한 Girard와 동료들(2004)의 희생양 이론은 축제와 공격성 감소 사이의 관계를 설명할 수 있다. 사회적인 갈등과 긴장을 해소하는 과정으로서 희생양을 만들어 폭력을 행사하는 대신 축제의 방식을 통해 사회적인 조화와 평화를 유지하며 공격성을 감소시킬 수 있다. 즉, 사회적인 조화와 화합을 촉진할 수 있다. 축제라는 의식을 통해서 사회 내부에서 폭력과 갈등이 확산되는 것을 방지하는 것이다. 축제를 통해 갈등 확산이 방지되는 원리는 다음과 같이 설명할 수 있다.

첫째, 축제는 희생양 메커니즘을 활용함으로써 발생하는 불공정 문제에 대한 대안적인 방법을 제공할 수 있다. 축제는 공통의 이벤트나 행사로 사람들을 모으고 연결시킴으로써 사회적 단합을 촉진할 수 있다. 이는 표적이 된 특정 개인이나 집단을 지목하고 비난하기보다는 긍정적인 사회적 상호작용을 강조하는 방식으로 사회적 긴장을 해소하고 공격성을 감소시킬 수 있다.

둘째, 축제는 종종 문화적인 의미와 상징(symbol)을 가지고 있다. 이를 통해 사회 구성원들은 공동체의 일원으로서의 정체성을 구축하고 공유할 수 있다. 이러한 문화적 상호작용과 상징은 사회적 갈등을 완화하고 사람들 간의 연결을 강화하는 데 도움을 줄 수 있다.

셋째, 축제는 참여자들에게 흥분과 긍정적인 감정을 제공한다. 이는 개인 수준에서 공격성과 갈등을 억제하는 데 도움이 될 수 있다. 사람들이 즐거움과 행복을 공유하며 긍정적인 경험을 함께하는 과정에서 갈등이 줄어들고 공격성이 감소할 수 있다. 긍정적인 정서 상태에서 다양한 집단을 만남으로써 타집단에 대한 태도 변화를 유발할 수 있다(Hassanli et al., 2021).

4) 문화와 행동의 경계: 평가

(1) 문화와 행위에 대한 평가

범죄 여부가 모호한 행위들에 대한 문화적 평가는 사회 및 문화적 맥락에 따라 다양하게 이루어질 수 있다. 다양한 문화와 사회에서는 범죄 여부를 판단하는 기준과 가치가 다를 수 있으며, 이로 인해 행위에 대한 평가가 서로 다를 수 있다. 범죄 여부뿐만 아니라 심각성의 정도에 대한 양적 평가 역시 달라질 수 있다(Hsu, 1973).

① 법과 제도

모든 사회는 법과 제도를 통해 범죄를 규정하고 평가한다. 법은 특정 행위를 범죄로 규정하고 그에 따른 처벌을 명시한다. 하지만 법은 문화(또는 국가)에 따라 다르고, 시간 변화에 따라 달라진다. 범죄가 문화를 불문하고 동질적인지에 대해서는 상반된 관점이 있지만, 살인, 폭력, 성범죄, 절도 등 대부분의 문화에서 공유하는 범죄가 있는가 하면 특정 문화에서만 금지되는 행위도 있다(이슬람 문화권에서 음주가 법으로 금지되는 사례).

② 사회적 명시성과 관습

문화는 종종 사회적 명시성과 관습을 통해 범죄 여부를 평가한다. 어떤 행위가 특정한 상황에서는 허용되지만 다른 상황에서는 범죄로 간주될 수 있다. 이는 문화 내에서 공유되는 규범과 가치에 따라 결정된다.

③ 윤리적 고려

모호한 행위에 대한 평가는 종종 윤리적 고려와 관련이 있다. 사회나 문화는 어떤 행위가 공동체의 윤리적 가치와 부합하는지를 평가하고 결정한다. 예를 들어, 과거에 혼외정사는 불륜으로 불리며 범죄로 인식되었지만, 이제는 더이상 형법에 의해 처벌하지 않고 있다. 동성결혼의 경우에도 과거에는 전면 금지되었지만, 지금은 8촌 이내의 동성 이외에는 혼인이 허용되고 있다.

현대사회에서 범죄 여부의 판단은 법률에 의해서 행해지는 것이 보편적이지만, 어떤 행위를 범죄로 규정하는 기준은 문화와 밀접한 관련이 있음을 알 수 있다.

(2) 문화에 따른 평가의 양면성

문화가 내포하고 있는 행동 양식에 따라 특정 행위가 더 많이 발생하는 경향이 있을 뿐만 아니라 그러한 행위의 부산물로 발생하는 결과에 대해서는 평가가 관대해질 가능성이 있다(김형중, 2012). 예를 들어, 음주에 관대한 한국 문화에서는 음주 상태에서의 실수를 너그럽게 이해하는 경향이 있다. 따라서 문화에 따른 범죄의 발생량은 특정 문화에서 활성화된 행위 양식만으로는 판단하기가 어렵다. 이러한 기본적인 가정 하에서 문화와 범죄의 관계를 파악하기 위해서는 특정 행위의 활성화 정도뿐 아니라 이에 대한 평가 역시 중요함을 알 수 있다.

과거에는 문화를 불문하고 가정폭력과 아동학대(다수의 아동학대가 가정폭력에 포함된다)가 지금보다 굉장히 흔했을 것으로 추정된다. 아동학대의 역사를 파헤친 deMause(1998)는 인간애의 역사는 아동학대의 토대 위에서 세워졌다고 역설하기도 했다. 인류의 역사에서 아동학대는 노동력 착취 등 다양한 방식으로 횡행했으며, 이러한 관행을 변화시키는 데 엄청난 사회적 노력이 필요했음을 보여 준다.

가정폭력과 아동학대 양상은 시대와 장소에 따라 크게 변해 왔다. 이와 함께 가정폭력과 아동학대에 대한 사회적 의식과 법적 조치 수준의 변화와 관련되어 있다. 즉, 과거에는 여러 가정적 · 사회적 · 문화적 요소로 인해 가정폭력과 아동학대가 널리 보고되지 않거나 무시되었다. 여성과 아동의 권리 및 보호에 대한 인식이 낮았고, 가정 내 사적 문제로 간주되어 외부에서 개입하지 않는 것이 일반적이었다.

과거 가정폭력과 아동학대에 대한 사회문화적인 특징들은 보편화되어 있었다. 그러한 특징들은 다양한 측면에서 살펴볼 수 있다.

첫째, 과거 사회에서는 아동노동이 일상적이었고, 어린이들이 가정폭력 및 학대 상황에 노출될 가능성이 컸다. 부모나 양육자들이 물리적 및 정신적 학대를 가하는 경우가 빈번했으며, 그것은 가장으로서 당연한 권리로 인식되었다.

둘째, 이러한 폭력이 일상화될 수 있었던 것은 법과 사회적 의식이 부재했기 때문이다. 과거에는 가정폭력과 아동학대에 대한 제도나 법률이 현대와 비교하여 부족했다. 또한 이러한 문제에 대한 사회적 의식이 더 낮았기 때문에 보고나 개입이 어려웠다.

셋째, 특정 시기의 문화적인 가치관과 사회적 관습은 가정폭력과 아동학대를 더 강화했다. 권위주의적인 가족구조나 성차별적인 태도가 대표적이다.

넷째, 문화적인 차원에서 가정폭력이나 아동학대를 사적인 문제로 간주하거나(따라서 공적 개입을 거부) 외부에 공개되기를 꺼려 했던 가족문화에 따라 가정폭력과 아동학대에 대한 보고를 자제했던 것도 가정폭력이나 아동학대가 만연했던 한 가지 이유였다.

사회적 약자가 차별받는 현실은 대부분의 문화에서 보편적으로 나타났고, 특히 가장 기초적인 집단인 가족 내에서 오랜 기간 반복되어 왔다. 현대사회에서는 가정폭력과 아동학대에 대한 인식과 대응이 크게 개선되었지만 이 잔인한 악행은 다수의 문화에서 여전히 행해지고 있다.

5) 문화적 교류와 범죄 양상의 변화

문화 간 교류가 증가하면서 범죄 현상도 변화하고 있다(Shelley, 2011). 예를 들면, 인터넷을 통한 국제적인 소셜 네트워크에서의 상호작용이 증가함에 따라 사이버 범죄도 급증하고 있다.

금융 사기, 개인정보 유출, 악성 소프트웨어를 이용한 공격, 아동 성착취물의 유통 등이 문화 간 교류의 확대와 연관이 있다(Holt & Bossler, 2020).

또한 국제 관광산업이 전 세계적으로 성장하면서 관광지에서 발생하는 범죄도 크게 증가하였다. 예를 들어, 외국인 관광객을 대상으로 폭력, 강절도, 사기, 증오범죄(인종차별) 등이 발생하고 있으며, 종종 자국민 대상 범죄에 비해 더 높은 발생 건수를 보이기도 한다(Lemieux & Felson, 2010). 이는 문화적 차이나 언어적 장벽 때문에 피해자가 적절하게 대응할 수 없다는 점이 큰 영향을 미치고 있다.

그 외에도 이민자들이 다양한 문화를 유입하면서 갈등과 관련된 범죄도 증가하고 있다. 여기에는 두 가지 유형이 있는데, 첫째, 원주민과 이민자 간 문화 충돌로 발생하는 갈등이다. 둘째, 이민자들이 향수를 달래기 위해 이용하는 자국에서의 문화적 습관, 예를 들어 폭력적 해결 방식, 마약, 도박 등이 현재 국가에서 매우 부정적으로 평가 받는 경우이다. 문화 간 교류로 인해 다양성은 증가하지만, 동시에 새로운 도전과 대응이 필요한 상황이 전개되고 있다. 외국 세력의 등장은 새로운 범죄 수법, 조직 등을 동반하기 때문에 각국의 대응기관은 어려움을 겪을 수밖에 없다.

2. 문화와 공격성

1) 공격성 수준

(1) 가장 공격적인 부족

야노마미족(Yanomami tribe)은 남아메리카 아마존 열대우림 지역에 거주하는 원주민으로, 브라질과 베네수엘라에 걸쳐 분포하고 있다. 야노마미족은 그들의 문화와 생활방식의 독특성으로 유명하며, 특히 일부 집단은 공격성이 비정상적으로 높은 것으로 알려져 있으며, 이는 만성적 전쟁 상태로 표현될 정도이다(Chagnon, 1968).[5)]

야노마미족의 공격성과 관련된 주요 원인으로 지목되는 것은 다음과 같다(Kellman, 1982). 첫

5) Napoleon Chagnon이 주장하여 오랜 시간 동안 인류학적 사실로 받아들여졌으며, Steven Pinker나 Richard Dawkins로부터도 지지를 받았다. 그러나 Corry(2013)에 의해 야노마미족의 폭력성의 근거가 되어 온 높은 살인 경험자 비율은 실제보다 과장되었다는 주장이 제기되기도 했다.

째, 자원 경쟁이다. 아마존의 열대우림 지역은 나무가 빽빽하고 식물이 무성하여 식량이나 물을 얻기 위한 경쟁이 치열하다. 이로 인해 야노마미족과 주변의 다른 부족들 간에 갈등과 충돌이 발생해 왔다.

둘째, 영토 방어의 목적이다. 야노마미족은 주변 부족들과 경계를 형성하며 자신들의 영토를 방어하기 위해 공격적인 태도를 보인다. 부족의 존속을 위한 자원 부족과 생존을 위한 필요성 때문에 충돌과 전투는 불가피한 상황으로 인식된다.

셋째, 문화적 관습의 영향이다. 야노마미족의 일부 그룹은 전통적으로 전투와 갈등을 경험해 왔다. 부족 간의 전투 이외에도 산업화시대에 접어들면서 광물자원 및 경작지 확보를 위한 거대 자본의 삼림 파괴 위협에의 노출은 공격성을 부추길 수 있으며, 전투와 자기방어의 능력을 강조하는 문화적 관습이 형성되었다.

이러한 관습은 전쟁 상황에서만 작동하는 것이 아니라 평시에도 부족의 생활양식 전반에 영향을 미쳤으며, 특히 아내에 대한 폭력 행사가 상습적으로 이뤄진다는 점은 문화가 확장되고 보편화 되는 특성을 보여 준다. 한 문화의 존립을 결정하는 중요한 특성은 다른 영역에까지 영향을 미친다는 것을 알 수 있다. 예를 들어, 야노마미족의 효율적인 전쟁 수행을 위해 폭력성을 장려하는 문화는 일상적인 가족관계에도 지배적인 형태로 나타난다.

(2) 세상에서 가장 평화로운 나라

그렇다면, 세계에서 제일 평화로운 나라는 어디일까? 각국의 평화 수준에 대한 측정지표가 있다. 세계 평화 지수(Global Peace Index: GPI)는 호주 경제 평화 연구소에서 매년 23가지의 측정지표로 발표하는 지수이다. 23개 지표에는 군사 예산, 무기 수출, 폭력범죄의 정도, 전쟁 사상자, 죄수 규모, 조직범죄 수준, 잠재적인 테러 공격 위험, 사회 · 정치적 갈등, 인접 지역이나 국가와의 상대적 관계 등이 포함된다.

2023년 기준 163개국 중 세계에서 제일 평화로운 나라로 GPI 지수 1위를 차지한 나라는 아이슬란드이며, 가장 평화롭지 못한 나라는 아프가니스탄으로 평가되었다. 평화로운 국가는 아이슬란드(점수: 1.124), 덴마크(점수: 1.31), 아일랜드(점수: 1.312), 뉴질랜드(점수: 1.313), 오스트리아(점수: 1.316)의 순이었다. 평화롭지 못한 국가는 아프가니스탄(점수: 3.448), 예멘(점수: 3.35), 시리아(점수: 3.294), 남수단(점수: 3.221), 콩고공화국(점수: 3.214)의 순이었다. 우리나라의 순위는 43위로, 2022년에 비해 5순위 상승했다. 이러한 결과는 개인 수준의 공격성을 보여 주지는 못하지만, 국가적 수준에서의 폭력 수준을 가늠하게 해 준다.

[그림 10-3] 세계 평화 상태

2) 공격의 방향: 범죄 대 자살

(1) 범죄와 자살의 관계

범죄심리학에서 공격성은 개념상 '타인을 해칠 의도'를 포함하므로 보통 공격성은 타인을 대상으로 하는 행위로 인식된다. 그러나 공격성의 대상을 타인에 국한하지 않는 입장에서는 공격성의 범위에 자해를 포함하기도 한다. 예를 들어, Kauffman(1997)은 공격성을 그 표출 방식에 따라 직접적, 수동적, 자기회피적 공격성으로 구분하였는데, 직접적 공격성은 상대방에 대한 신체적 · 언어적 공격을 포함하는 것이고, 자기회피적 공격성은 상대방을 공격하지 못하고 스스로 자해하는 행동을 포함하는 것으로 분류했다.

이러한 관점에서 봤을 때 공격성은 그 방향에 따라 타인을 향하는 경우에는 범죄, 자신을 향한 경우에는 자해(심각한 경우 자살)로 나타난다. 이러한 관점에서 좌절 및 분노로 발생하는 공격성이 범죄에만 영향을 미치는 것은 아니다. 프랑스의 사회학자 Durkheim은 사회적 규범 상태가 범죄율과 자살률에 미치는 영향을 탐구하였으나, 범죄율과 자살률 사이의 관계는 복잡하며 여러 요인에 영향을 받을 수 있다(Bills, 2017). 일반적으로 특정 사회나 지역의 범죄율은 자살

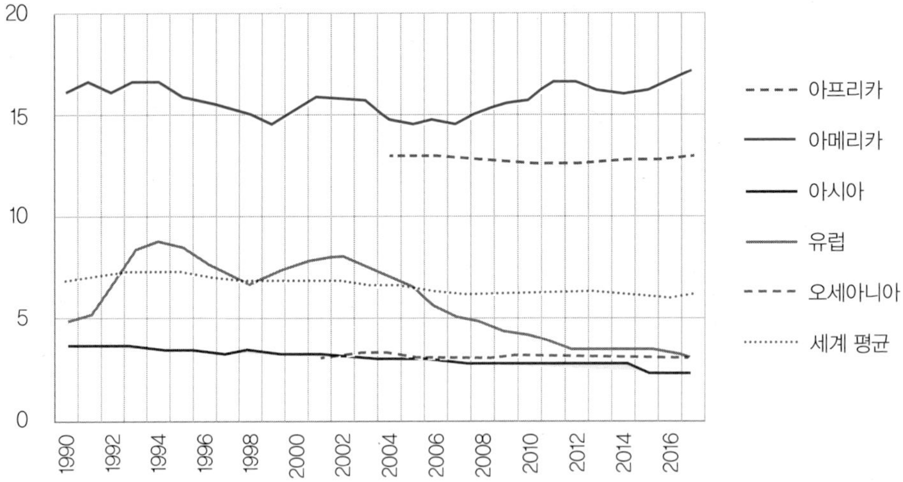

[그림 10-4] 대륙별 살인 발생 추세

출처: Vienna (2019), p. 20.

률과 직접적인 상관관계가 확인되지는 않는다(Modestin & Emmengger, 1986). 그러나 몇 가지 요인이 두 현상 간의 관련성 또는 공통 요인을 설명할 수 있다(Piatkowska, 2020).

① 사회적 요인

고용 기회 부족, 경제 불안정, 빈곤 등과 같은 사회경제적인 어려움은 범죄율과 자살률을 증가시킨다. 반대로 강력한 사회적 지원 시스템이나 정신건강 서비스가 있는 지역에서는 범죄나 자살의 위험이 낮아질 수 있다.

② 개인적 요인

범죄와 자살은 정신건강문제와 연관이 있는 것으로 알려져 있다. 정신건강문제를 가진 개인들은 범죄에 가담할 가능성과 자살을 고려할 가능성이 증가한다. 또한 알코올이나 마약 중독과 같은 문제는 범죄 및 자살과 관련성이 높다. 마지막으로 개인적 문제인 동시에 사회적 문제이기도 한 사회적 분리와 고립은 범죄와 자살 위험을 증가시키는 요인으로 알려져 있다.

(2) 문화와 자살

범죄 및 자살 모두 공격성의 표출 형태로 보는 관점에서 두 행위의 차이는 공격성 표출의 방향에 있다. 타인과 자신에 대한 공격성의 기원을 동일하게 파악하는 견해가 심리학에도 존재한다. 바로 Freud의 견해이다. Freud는 전쟁, 범죄, 자살 등 공격적인 행동의 원인을 죽음의 본능,

즉 타나토스(tanotos)로 보았다. 긍정적인 대인관계를 형성하는 삶의 본능인 에로스와는 달리 인간의 부적응적이고 자기파괴적인 행동을 하는 이유는 타나토스 때문이라고 보았다. 그리고 자살은 자기파괴적인 행동의 가장 극단적인 형태이다. 진화적인 관점에서 생존이 인간의 가장 강력한 목적이자 동기라는 점을 고려하면 자살은 매우 모순적인 행위이다.

문화가 자살에 미치는 영향은 매우 복잡한 문제이다. 문화는 사람들의 가치관, 태도, 행동, 신념, 관습 등을 포함하는 넓은 개념이기 때문에 자살과 관련된 요인들과 상호작용한다. 예를 들어, 문화적으로 자살에 대한 부정적인 시선이 강하다면 자살을 고려하는 사람들이 도움을 구하기 어려울 수 있다. 반대로 문화적으로 자살에 대한 이해와 동정이 높다면 자살을 예방하고 감소시키기 위한 노력이 증가할 수 있다.

국내의 한 연구(모지환, 배진희, 2011)에서는 성별과 연령에 따라 자살 행동에 영향을 미치는 요인을 비교하였다. 그 결과, 기존의 연구가 초점을 둔 심리적 요인뿐만 아니라 주변인의 자살, 자살에 대한 태도, 사회갈등에 대한 인식, 사회에 대한 신뢰도와 같은 사회문화적 요인도 영향을 미치는 것으로 나타났다.

문화는 다양한 차원에서 자살과 관련된 요인들과 상호작용하기 때문에 각 개인과 집단의 특성과 상황에 따라 다른 영향을 미칠 수 있다. 김효창(2010)의 연구에서도 자살을 자살자의 의사결정 과정을 거친 사회적 행위로 보고 자살의 결행 여부, 자살의 방법 등의 결정이 문화적 영향을 받는다고 보았다. 의사결정 과정에 관여하는 개인의 가치체계와 판단체계가 문화적 과정을 통해 습득된다는 것이다. 연구자는 이 연구의 결과로 얻은 가족 동반 자살, 관계적 문제 원인, 음주의 개입, 자살 원인의 남녀 차이(남자는 경제적 문제, 여자는 신체질환) 등의 특징을 분석하여 한국의 문화적 특징의 관점에서 이를 해석하였다.

현실적인 결과로 국가별 자살률은 세계보건기구(WHO)가 발표하는 통계를 기준으로 비교할 수 있다. 2019년 기준 인구 10만 명당 자살률이 가장 높은 나라는 스리랑카(34.6명)이고, 그다음으로 가이아나(30.6명), 몽골(28.1명), 카자흐스탄(27.5명), 코트디부아르(27.2명) 등의 순서였다. 한국은 23.5명으로 OECD 38개국 중에서 가장 높은 자살률을 기록했다. 2020년 기준 한국의 자살률은 25.4명으로 증가했고, 리투아니아(20.3명)와 슬로베니아(15.7명)가 그 뒤를 이었다.

종합하면, 자살률은 국가의 사회적 · 경제적 · 문화적 · 정치적 요인과 밀접한 관련이 있다. 예를 들어, 빈곤, 실업, 가정폭력, 성소수자 차별, 사회적 고립, 정신질환 등은 자살의 위험요인으로 알려져 있다(Franklin et al., 2017). 반면에 사회적 지지, 종교적 신념, 가족 및 친구와의 관계, 자살 예방 프로그램 등은 자살의 보호요인으로 작용할 수 있다. 따라서 국가별 자살률을 비교할 때는 이러한 다양한 요인을 고려해야 한다.

(3) 공격성의 방향성을 결정하는 문화적 요소

보상에 대한 인지적 기대 차이는 개인마다 다를 수 있는데, 통제력이 내부에 있는지 또는 외부에 있는지에 대한 인식 차이를 '통제 소재(locus of control)'라고 한다(Lefcourt, 1991; Rotter, 1966). 통제 소재에는 내부 통제 소재와 외부 통제 소재가 있다. 문화적인 차이는 이 통제 소재에 대한 태도와 관련이 있을 수 있다.

① 내부 통제 소재(internal locus of control)

대부분의 서구 문화에서는 내부 통제 소재가 강조되며, 이 문화권에 속한 개인은 자신의 행동과 결정이 그들의 삶을 좌우하는 주체라고 믿는 경향이 있다. 성취, 성공, 실패 등은 자신의 노력과 능력에 기인한다고 여긴다. 일부 동양 문화에서도 내부 통제 소재가 강조되기도 한다. 예를 들어 일본에서는 노력하고 공부하면 누구나 성공할 수 있다는 사고방식이 보편적인데, 이는 내부 통제 소재가 반영된 것으로 볼 수 있다(Parsons & Schneider, 1974).

② 외부 통제 소재(external locus of control)

몇몇 문화에서는 운명, 운, 환경 등 외부적인 요소가 삶의 결과를 좌우한다고 믿는 경향이 있다. 중국과 같은 문화에서는 종종 운이나 운명에 큰 영향을 받는다는 식의 사고가 나타날 수 있다(Wong, 2009). 또한 일부 종교적인 문화에서도 외부 통제 소재가 강조된다. 예를 들어, 운명이나 절대자의 뜻에 따라 삶이 흘러간다는 식의 신념이 외부 통제 소재에 가깝다.

특히 특정 개인이 아닌 사회 및 구조적 좌절을 경험한 개인의 경우에는 공격성의 표출 대상을 특정하기가 어렵다. 한국은 십수 년째 OECD 국가 중 자살율 1위라는 불명예를 유지해 왔다. 그리고 최근 이상동기 범죄(묻지마 범죄)의 증가 현상까지 경험하고 있다. 자신이 경험하는 갈등과 분노를 어디에 표출하는지는 중요한 사회적 문제이다. 그동안 우리 사회는 자살을 개인의 문제로 보고 관심을 덜 가졌지만, 새로운 사회현상에 대해서 대책을 마련하지 않으면 안 되는 상황이 되었다(윤상연 외, 2023).

3) 공격 수단

(1) 문화가 공격성 표출 방식에 영향을 미치는 방식

문화는 개인의 행동과 태도에 큰 영향을 미치며, 공격성을 표출하는 방식 또한 문화에 따라 다를 수 있다. 각 문화는 자체적인 가치, 규범, 관습, 사회적 관계 등을 가지고 있기 때문에 공격성이 어떻게 나타나고 표현되는지에 차이가 있다. 자체적인 역사와 경험을 통해 형성된 태도와 행동 양식이 공격성 표출에 영향을 미친다.

① 신체 언어와 제스처

신체 언어(body language)와 제스처(gesture)도 문화에 따라 다르게 해석될 수 있다. 예를 들어, 어떤 제스처는 한 문화에서는 친근한 의미로 받아들이지만, 다른 문화에서는 모욕적으로 해석될 수 있다(Morris, 2002).

② 사회적 관습과 예절

어떤 문화에서는 공격성을 표출하는 특정한 방식이 사회적 관습 또는 예절의 일부로 포함될 수 있다. 이러한 관습을 따르면서도 공격성을 표현하는 것은 그 문화 내에서는 수용되는 행동이다. 관습이 얼마나 적절하게 욕구를 충족시키고 충동을 조절하는지가 범죄를 억제하는 문화의 중요한 기능이다.

③ 충돌 해결 방식

충돌 해결 방식 또한 문화에 따라 다를 수 있다. 어떤 문화에서는 공격적인 접근이 충돌을 해결하는 한 방법으로 간주될 수 있지만, 다른 문화에서는 협상과 타협을 중시하는 접근이 선호될 수 있다(Lee & Rogan, 1991).

이러한 다양한 문화적 측면으로 인해 공격성을 표출하는 방식은 크게 다를 수 있다. 이를 이해하고 존중하는 것은 이질적인 문화 간의 충돌 상황에서 상호 이해와 커뮤니케이션을 강화하는 데 도움을 줄 수 있다.

(2) 언어적 공격성: 욕설

한국의 욕설은 다른 국가에 비해 비교가 불가능할 만큼 다양하다. 우선 매우 다양한 종류의 기원을 가진 욕설이 존재하고 실제로 빈번히 사용하고 있다(한민, 2022, p. 56). 욕설은 신체 부위, 동물, 질병, 신체 기능, 근친상간 등 문화권별로 고유한 금기를 침해하는 언어적 표현이며, 상대방을 공격하거나 모욕 또는 저주하거나 협박하는 의미를 담고 있다.[6)]

6) https://www.bbc.com/korean/features-57058168

언어와 표현 방식은 문화에 따라 다르다. 공격성을 표출할 때 사용되는 단어는 문화적 배경에 따라 큰 차이를 보일 수 있다. 문화에 따라서 상대방을 비난하거나 비하하는 표현을 결정하는 경험의 내용이 다르기 때문이다. 어떤 문화에서는 직접적이고 공격적인 말투가 일반적일 수 있지만, 다른 문화에서는 미묘한 표현이 선호될 수 있다.

욕설은 부정적 감정을 표출하는 수단이고 부정적으로 평가되는 경향이 있지만, 심리적으로는 긍정적인 기능을 하기도 한다. 좌절이나 상실, 분노 등에 의해 화가 치솟을 때 욕을 하면 스트레스가 해소되고 고통이 감소할 수 있다.

욕설은 친밀한 관계를 표상하기도 한다. 이를 보여 주는 측면은 욕이 친한 사이에서도 많이 쓰인다는 것이다. 특히 어릴 때부터 함께한 친구들이 주고받는 대화는 욕으로 시작해서 욕으로 끝나기도 한다. 실제로 이러한 경우가 많지는 않겠지만 한국인은 적어도 이런 영화적 장치를 매우 자연스러운 행동으로 받아들이는 것이 분명해 보인다. 시장통의 욕쟁이 할머니들도 고객들에게 쌍욕을 하며 장사를 하지만, 그것은 할머니의 따뜻한 정을 전달하는 방식이다(또는 그렇게 인식된다).

한국의 욕설 문화는 한국인들의 사회적 합의와 문화적 습관에 의해 형성되었다. 한국인들은 자신의 영향력을 주변에 미치기 원하는 '주체성 자기'를 갖고 있으며, 자신의 가치를 높이 평가하고 자신의 가치가 손상되는 것에 민감하다(이누미야 요시유키 외, 2007). 욕설은 이러한 한국인들이 자신을 방어하고 드러내며 주위 사람들과 소통하기 위한 문화적 도구이다.

욕설은 감정이나 공격성을 드러내는 방식이며, 신체적인 폭력으로 발전할 수 있는 상황을 상호 간의 신체적 손상 없이 종결시키는 이점이 있다. 그러나 이는 상호 간의 신체적 폭력을 최소한으로 해야 한다는 암묵적 합의가 있어야 가능한 방식일 것이다. 낮은 수준의 공격성 표출만으로도 목숨을 걸어야 하는 배타적인 문화에서는 욕설만으로도 나의 생명이 위협받을 수 있기 때문이다(한민, 2022). 그러나 욕설에 대해 수용적인 문화에서도 상대방이 이를 과도한 것으로 인식하게 되면 갈등을 악화시키거나 폭력을 유발할 수 있다.

(3) 문화와 공격성 억제 방식

Elias(1939)의 '문명화 과정(The Civilising Process)'은 예절(etiquette & manners)과 감정의 관리에 관한 최초의 체계적 연구였다. 예절과 공격성의 억제는 심리적으로 밀접한 관계를 가지고 있다(Elias, 2000). 예절은 사회규범과 예의를 따르는 행동 양식을 의미하며, 사회적 상호작용과 대인관계에서 중요한 역할을 한다. 반면에 공격성의 억제는 감정적인 충동이나 적대적인 행동을 억제하는 것을 의미한다. Elias는 먹고, 마시고, 자고, 배변하고, 코를 푸는 등 인간의 기본적인 기능과 성적·공격적 충동을 조절하는 등 다양한 예절에 관해 다루었다.

예절은 사회적 상호작용에서 원활한 의사소통과 조화롭고 상호 존중하는 대인관계를 형성하는 데 도움을 준다. 예절은 대화의 원활한 흐름과 갈등의 예방을 촉진하며, 공격적인 감정이나 행동의 발현을 줄이는 데 기여할 수 있다.

또한 예절은 감정을 조절하고 상대방의 감정을 고려하는 능력을 강화하는 데 도움을 줄 수 있다. 이는 공격성의 억제와 관련이 있다. 따라서 예절은 사회적 상호작용에서 공격성을 억제하고 긍정적인 대인관계를 형성하는 데 중요한 역할을 하며, 상호작용의 질과 대화 시 감정 수준을 조절하는 데 기여한다.

예를 들어, 악수는 많은 문화에서 사용되는 사회적인 행위로 손을 흔들거나 접촉하는 것을 의미한다. 악수의 기원에 관한 다양한 이론이 있어 왔지만, 공통적인 설명은 무기가 없는 빈손을 확인시켜 줌으로써 평화와 신뢰의 표시로 사용되었다는 것이다. 즉, 본인이 주로 사용하는 손으로 상대방과 쥐고 흔드는 행위를 통해 각자의 손에 무기를 숨기지 않았음을 상대방에게 확인시켰다. 이를 통해 상호 간의 평화적인 의도와 신뢰를 보여 줄 수 있었다.

3. 문화와 일탈 및 범죄

1) 발달과 비행: 청소년 문화와 비행

청소년 문화와 일탈은 사회적, 문화적 및 심리적 측면에서 복잡한 관계를 가지고 있다. 일탈(delinquency)은 미성년인 청소년이 반사회적 행위를 하거나 사회규범에 어긋나는 행위를 하는 것을 의미한다(이수정, 2017). 청소년 비행은 중비행(살인, 강도, 강간, 폭행 및 주거침입, 절도), 경비행(사소한 절도, 폭행, 기타 법 위반 행위), 지위비행(음주, 흡연, 음란물 접촉, 가출)으로 구분한다(김준호, 2009; Korbin et al., 1980).

청소년들은 자신의 정체성을 형성하고 사회적 경험을 쌓기 위해 종종 일탈을 시도한다. 이는 정상적인 발달 과정에서도 나타나는 특징이며, 문화를 불문하고 공통적으로 나타나는 과정이다. 그러나 구체적인 내용에 있어서 청소년의 발달이 환경에의 적응을 지향하는 것이라면, 문화적인 요소는 청소년의 발달에 중요한 영향을 미치며, 청소년의 발달과 부적응으로서 일탈과 비행에 영향을 미치게 된다.

청소년들의 비행을 문화적 관점에서 바라본 이론들은 심리학에 국한되지 않는다. 사회학을 기반으로 하는 범죄학의 초기 이론들은 거시적 환경으로서 문화의 역할에 주목했다. 사회학적 이론으로서 1920년대와 1930년대에 미국 시카고대학 사회학과의 범죄원인론 연구의 성과인

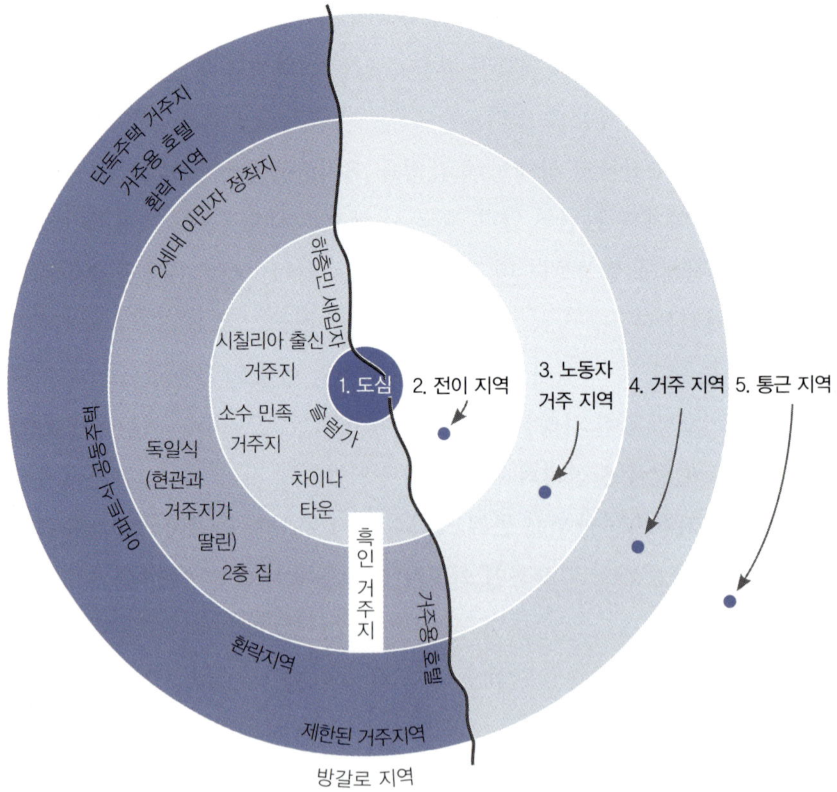

[그림 10-5] 사회해체 지역의 구분

거시환경론(Theories on Macro Social Environment)에서는 사회적 상황 자체가 범죄를 유발한다고 생각하였다. 예를 들어, 도시의 지역적 특성 외에도 사회적 조건, 사회구조, 문화 등 다양한 요인에 관심을 기울였다.

이러한 이론들 중 사회해체와 문화전달론이라고 불리는 이론에서는 틈새지역, 사회해체, 문화전달이라는 세 개념을 중심으로 범죄의 발생을 설명했다. 즉, 과거의 지배적인 사회관계는 와해되었지만, 아직 새로운 관계가 형성되지 않은 지역으로 이웃에 의한 통제 · 교육 · 계도 · 통합된 가치규범이 부재한 지역을 틈새지역이라고 지칭하였다. 틈새지역에서는 사회적 환경으로 지역사회가 주민들에 대한 통제력을 상실한 사회해체 상태를 겪는다. 그리고 사회해체로 인해 형성된 범죄하위문화가 계속적으로 주민들(특히 청소년)에게 계승되어 해당 지역에는 높은 범죄율이 유지되는데 이를 문화전달이라고 하였다.

사회해체 및 문화전달론과 더불어 문화의 중요성을 강조한 범죄학 이론으로는 범죄하위문화론이 있다(Cohen, 1955, 2015). 이 이론에 따르면, 사회의 여러 하위문화(sub-culture: 사회에서 각계각층의 성원들이 공유하는 문화와는 별도로 특정 집단에서 강조되는 가치나 규범체계) 중에서 규범의 준수를 경시하거나 반사회적 행동 양식을 옹호하는 범죄하위문화가 존재하는데, 일반인이 정상적 규범에 따라 행동하는 것과 마찬가지로 한 개인이 범죄하위문화에 따름으로써 범죄를 저지른다. 따라서 범죄하위문화론에서는 범죄 행위를 특정 하위문화의 자연적 결과로 인식한다.

2) 문화 간 충돌

역사적으로 문화 간 충돌은 지속적으로 반복되어 왔다(Wall, 2014). 11세기부터 13세기에 걸쳐 유럽 기독교 군인들이 중동으로 성지를 탐험하고, 특히 예루살렘을 되찾기 위해 벌인 일련의 군사 작전인 십자군 전쟁, 16세기 스페인의 식민지 확장과 아메리카 원주민들 간의 충돌을 빚은 아메리카 대륙 식민지화를 들 수 있다. 이러한 역사적 사실들은 국가적인 행위였고, 초법적인 행위이기 때문에 범죄라는 관점에서 평가하기는 어려운 일이지만 그 과정에서 발생한 개별적인 행위들은 과거와 현재의 문화적 경계에서 발생하는 각종 범죄 행위의 특성을 잘 보여 준다.

문화적 갈등은 종교, 가치, 언어, 의상, 음식, 예술 등에서 나타나는 문화적인 차이로부터 출발해서 상호 이해 부족과 편견을 증대시키고, 상호 이해를 저해한다. 이러한 요소들이 문화 간의 충돌을 심화시키고, 서로 다른 신념과 관행을 갖는 사람들 간의 이해관계를 복잡하게 만든다(Sellin, 1938). 문화적 갈등의 측면에서 설명할 수 있는 범죄의 유형들을 다음과 같이 몇 가지로 분류해 볼 수 있다.

① 인종 차별과 폭력

인종주의는 가장 대표적이고 극렬한 차별적 인식 중 하나이다(Clarke, 2017). 인종이나 민족적 배경에 따른 차별이 범죄로 이어지기도 한다. 이는 다인종 특히 다문화사회에서 흔히 발생하는 문제로, 혐오범죄, 인종차별적 폭력 및 모욕 등이 여기에 해당한다. 코로나19 확산 이후에 미국이나 호주 등에서 발생한 아시아인 폭행에는 이러한 인종차별이 바탕에 있는 경우가 많았다.

② 종교적인 원인의 범죄

종교적인 신념 차이로 인한 갈등이 범죄로 이어질 수 있다. 여기에는 종교적인 이유로 인한 모욕, 종교 시설에 대한 공격, 종교 신자들에 대한 폭력 등이 포함될 수 있다. 최근 팔레스타인 가자지구의 무력 충돌은 오랜 종교적 갈등과 역사적인 배경이 복잡하게 얽힌 결과이다.

③ 이민자나 난민에 대한 범죄

다문화사회에서 이민자나 난민에 대한 편견과 차별은 범죄로 나타날 수 있다. 이는 인종, 출신 국가, 언어 등 다양한 이유로 이민자나 난민을 향한 폭력, 차별, 인신매매 등을 포함한다. 더 나은 삶을 찾아 국경을 넘은 이민자와 세계 각지에서 진행되고 있는 전쟁과 학살로 인해 발생한 난민이 정착지 또는 이동 과정에서 경험하는 차별과 학대는 심각한 범죄로 나타나고 있다. 이 경우에 범죄 여부의 판단을 놓고 양 진영은 첨예하게 대립할 수 있다.

이외에도 문화 간 이동이 잦은 시대적 특성으로 인해 문화적 부적응이 범죄로 이어질 수 있다. 어떤 개인이나 공동체가 새로운 문화에 적응하지 못하면서 범죄로 이어지는 것이다. 사회적 배려 부족, 경제적 어려움, 언어 장벽 등이 이에 영향을 미칠 수 있다.

3) 대표적인 각국의 범죄 조직과 특성

세계적으로 다양한 범죄 조직이 존재하는데, 이들 조직은 각자의 활동과 특성을 가지고 있다. 대부분의 세계적인 범죄 조직은 특정 지역을 기반으로 발생하였으며, 그 지역의 문화적인 특성을 유지하는 경향이 있다. 이는 일반인에게는 범죄 집단에 불과하지만, 이런 조직들은 해당 집단의 구성원을 보호하기 위한 특수한 집단적 목적을 가지고 형성된 경우가 많기 때문이다. 구성원 보호의 목적은 소속 집단의 문화를 유지하려는 경직된 인식으로 확대되었을 가능성이 크다. 현재 세계적으로 영향력을 행사하는 범죄 조직은 다음과 같다.

① 마피아(Mafia)

이탈리아를 기원으로 하며, 현재 전 세계에 확산되어 있다. 조직적인 범죄 집단으로, 불법 활동인 조직적 범죄, 마약 거래뿐 아니라 합법적인 기업의 외양을 갖추고 대규모로 수행되는 금융거래 등 다양한 범죄 활동을 수행한다. 계급 구조와 비밀스러운 운영 방식으로 유명하다.

② 콜롬비아 카르텔(Colombian Cartels)

콜롬비아를 기반으로 한 범죄 조직으로, 주로 마약밀수와 관련된 활동을 한다. 주로 코카인 제조와 유통에 특화되어 있으며, 국제적인 범위에서 활동한다. 과격한 전쟁과 폭력으로 악명이 높다.

③ 야쿠자(Yakuza)

일본을 기반으로 한 범죄 조직으로, 다양한 형태의 범죄 활동을 수행한다. 조직 내 계급 구조와 비밀스러운 운영 방식을 가지고 있으며, 범죄 외에도 비즈니스 및 사회 활동에도 영향을 미친다.

④ 시날로아 카르텔(Cartel de Sinaloa)

멕시코를 기반으로 한 범죄 조직으로, 마약 밀수와 관련된 활동을 주로 수행한다. 국제적으로 활동하며, 코카인 밀수와 분배에 특화된 조직이다.

⑤ 삼합회(Triads)

중국을 기반으로 한 범죄 조직으로, 아시아 지역에서 활동한다. 조직 내 계급 구조와 비밀스러운 운영 방식을 가지고 있으며, 마약, 성매매, 강도, 금융 범죄 등 다양한 활동을 수행한다.

이외에도 세계 각 지역에서 다양한 범죄 조직이 활동하고 있으며, 각 조직은 지역적 문화와 환경에 따라 다양한 특성을 가지고 있다. 이러한 조직들은 범죄 활동을 통해 수익을 얻으며, 종종 사회 및 경제적 문제를 악화시키는 역할을 한다.

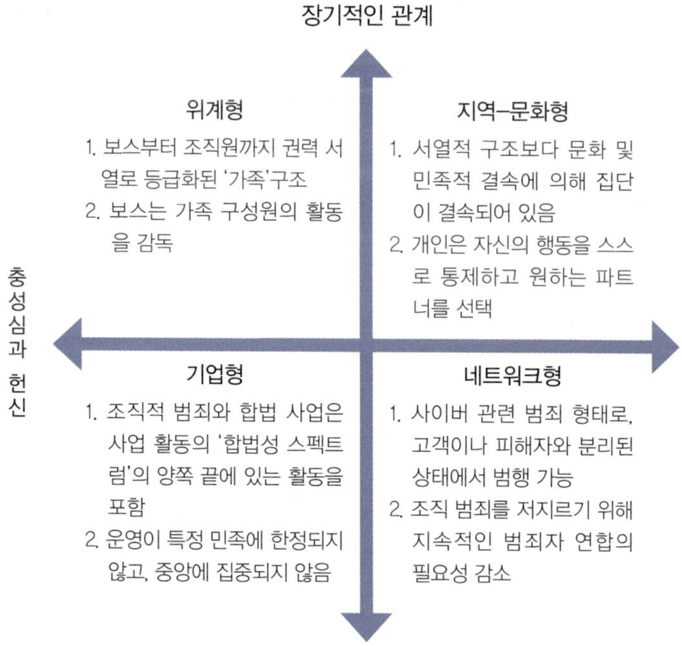

[그림 10-6] 범죄 조직의 유형

출처: https://www.unodc.org/e4j/en/organized-crime/module-7/key-issues/networked-structure.html

그러나 국제적 범죄 조직은 최근 많은 변화를 겪고 있다. 이는 글로벌화된 대인관계 특성이 범죄 조직에도 그대로 반영되고 있기 때문이다. 유엔마약범죄사무국(UNODC)에서도 이러한 국제적 범죄 조직의 변화를 고려하여 범죄 조직의 특성을 새롭게 분류하고 있다. 범죄 조직이 가지고 있던 충성심과 헌신, 그리고 장기적 관계를 전제로 하던 조직적 특성이 지금은 약화되어 국제적인 조직들도 많은 변화를 겪고 있다. 강력한 위계서열이나 지역을 기반으로 한 조직에서 단기적 목적을 중심으로 구성된 기업형 또는 네트워크 조직으로 변모하고 있다.

4. 문화적 특성과 범죄 발생 수준

1) 기존 연구의 한계와 본 연구의 기대 효과

이 장의 서론에서 밝힌 것처럼 범죄에 관한 실증적인 문화 간 비교연구는 드물다. 그 이유는 크게 두 가지가 있는데, 하나는 국가나 문화를 대표할 통계자료를 수집하기가 쉽지 않을 뿐만 아니라 자료가 있다고 하더라도 국가별 범죄 통계 생산의 기준이 상이하여 이를 근거로 범죄 발생 수준을 비교하기가 쉽지 않기 때문이다. 다른 하나는 데이터의 안정성과 관련된 것으로, 범죄 통계는 집단 간(between) 차이뿐만 아니라 집단 내(within) 차이가 크기 때문에(추세 변화가 커서 안정적이지 않은 현상) 그 결과의 신뢰성을 보장하기가 어렵다. 마지막으로, 국가 간 비교 결과는 단순한 수치 비교에 그치는 경우가 많아 통계적 유의미성을 확인하지 못하고, 일관된 이론을 제시하지 못하는 한계가 드러났다.

이런 이유들로 인해 한국을 초월한 문화적 관점에서 국내 범죄 현상에 대한 일반적 현황, 원인, 특성에 관한 기초연구가 부족했던 것이 사실이다. 이로 인해 국내 범죄 수준에 대한 객관적인 근거가 부족하여 주관적인 범죄 인식이 횡행하고 있다. 범죄 인식에서 소수의 예외적이고 극단적인 사건의 영향이 크기 때문에, 어쩔 수없이 외국의 연구결과를 무비판적으로 수용해 왔다. 따라서 문화심리학에 기초한 범죄 현상의 연구는 고유한 범죄 현상과 범죄 특성 이해를 위한 중요한 관점을 제공할 것으로 기대된다.

2) 연구 방법

Hofstede는 네덜란드의 저명한 사회심리학자로, 전 세계 IBM 직원을 대상으로 문화 특성을 연구하고 측정도구를 개발하였는데, Hofstede의 문화차원이론에 기초하여 문화적 특성과 범죄

표 10-1 한국의 문화적 차원과 관련 범죄 현상

여섯 가지 차원		한국 문화의 특성	관련 범죄 현상
권력거리가 작음	권력거리가 큼	조직에서 권력이 작은 구성원이 불평등	권력적 범죄 (성범죄)
개인주의	집단주의	개인적 권리보다 집단적 가치를 우선시함	재산 범죄 / 폭력 범죄
불확실성 회피가 약함	불확실성 회피가 강함	불확실한 상황이나 미지의 상황에 대해서 위협으로 느낌	전체 범죄
남성성	여성성	경쟁과 모험적인 행동, 물질적인 부를 찬양하기보다는 겸손, 부드러움, 삶의 질 강조	재산 범죄 / 폭력 범죄
단기 지향	장기 지향	장기적인 성과를 이루려고 하고, 미래지향적인 가치를 중시	재산 범죄
자적	자제	욕망이나 충동을 즉각 충족시키기보다는 억제	전체 범죄

현상(범죄 유형별 발생률)의 관계에 관한 가설을 세우고 통계자료도 확인한 대표적인 문화심리학자 중 한 명이다.

Hofstede는 3회에 걸쳐 각국의 문화적 특성(6개 차원)을 측정[7]하여 일반에 공개하였다(자세한 설명은 제4장 참조). 여기에서는 2013년에 수집된 111개국의 자료를 사용하여 각국의 문화적 속성으로 활용하였다. 또한 유엔마약범죄사무소에서 제공하는 국가별 범죄 발생률 자료[8] 중 2014년 자료를 제공하는 국가의 자료를 사용하였다.

문화적 차원의 특성에 관한 다양한 보고를 바탕으로 확인된 한국의 문화적 특성에 근거하여 범죄 발생률에 대한 예측을 해 볼 수 있다. 한국은 여섯 가지 문화적 차원 중 권력거리가 크고, 집단주의, 불확실성 회피 경향, 여성성, 장기지향성이 강하고 자제를 많이 하는 문화에 속한다(〈표 10-1〉 참조). 이러한 문화적 특성으로부터 관련 범죄 발생 수준을 예상하였고, 상관관계 분석을 통해서 실제 관계를 확인하였다.

7) Hofstede's academic website(http://www.geerthofstede.nl/)
8) UNODC 범죄 및 사법 통계데이터(https://data.unodc.org/)

3) 분석결과

상관관계 분석 결과, 범죄 유형을 불문하고 일관성 있게 관련성이 높은 문화적 특성은 자적이었다. 살인, 폭행, 성범죄, 강도, 절도 등 5대 범죄 모두와 유의미한 상관관계를 나타냈다. 반대로 불확실성 회피가 강한 국가는 성범죄와 절도에서 유의미하게 낮은 발생률을 나타낸 것으로 확인되었다. 권력거리 역시 범죄 발생률을 낮추는 요인으로 보이며, 불확실성 회피와 마찬가지로 성범죄나 절도에서 유의미한 역상관이 나타났다. 장기지향성 역시 범죄 발생률과는 대체로 역상관을 보였다. 즉, 장기지향성이 강할수록 살인이나 강도 등 치명적인 침해 행위가 억제되는 경향이 있었다. 반면 개인주의, 남성성, 장기지향성 등의 문화적 특성들은 범죄 발생률과 일관성 있는 관계를 보이지 않았는데, 개인주의는 폭행, 성범죄, 절도 등과는 정적 상관을 보였으나, 살인이나 강도와는 역상관을 보이는 일관성 없는 결과가 나타났다. 그리고 남성성의 경우에는 절도하고만 유의미한 역상관을 보였다.

이상의 결과를 문화적 특성이 뚜렷한 한국을 중심으로 요약해 보면 기본적으로는 자제, 불확실성 회피 등의 문화적 특성은 범죄 발생률을 전반적으로 감소시켰다. 집단주의 문화는 재산범죄나 폭력 범죄의 발생률을 낮춘다. 권력거리가 큰 문화는 성범죄나 절도발생률을 낮춘다. 그리고 장기지향성은 극단적인 범죄 발생률을 낮추는 것으로 해석할 수 있다. 남성성-여성성 차원은 범죄 발생에 영향이 적었으나, 절도를 감소시키는 것으로 나타났다.

표 10-2 문화 차원과 범죄 유형별 발생률의 상관관계

범죄 유형	살인	폭행	성범죄	강도	절도
자적	.387**	.297*	.589 ***	.261*	.358**
불확실성 회피	.118	−.024	−.434**	.232+	−.296 *
개인주의	−.394**	.406**	.311*	−.261+	.674***
권력거리	.189	−.227	−.445**	−.042	−.643***
남성성	.009	.129	−.222	−.098	−.358 *
장기 지향	−.396*	−.021	−.221+	−.327*	.051

주: *** $p < .001$, ** $p < .01$, * $p < .05$, + $p < .10$

4) 미국과 한국의 비교

앞서 설명한 바와 같이 문화 차원과 범죄율은 각각 측정상의 한계가 있을 뿐만 아니라 범죄율에는 문화적인 특성 이외에도 매우 다양한 요인이 영향을 미치기 때문에 문화 차원과 범죄율

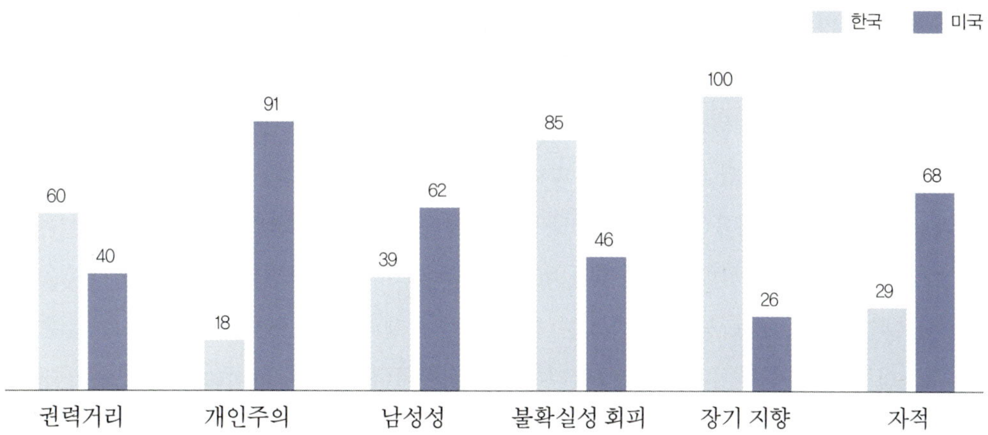

[그림 10-7] 한국과 미국의 문화 차원 비교

을 비교하는 것은 한계가 있으며, 특히 두 개 국가를 비교하는 방식은 결과 해석의 오류가 있을 수 있다. 그러나 이러한 한계를 감안하더라도 한국과 특정 국가를 단순히 비교해 보는 것도 흥미로운 분석이 될 수 있다.

미국은 국가적 영향력, 그리고 역사적 배경으로 인해 한국과 정치, 사회, 문화적으로 밀접한 관계를 맺고 있어 다양한 측면에서 비교 대상이 된다. 흥미로운 점은 한국과 미국은 문화적 특성에 있어서 극단적으로 상반된 특성을 보인다는 것이다.

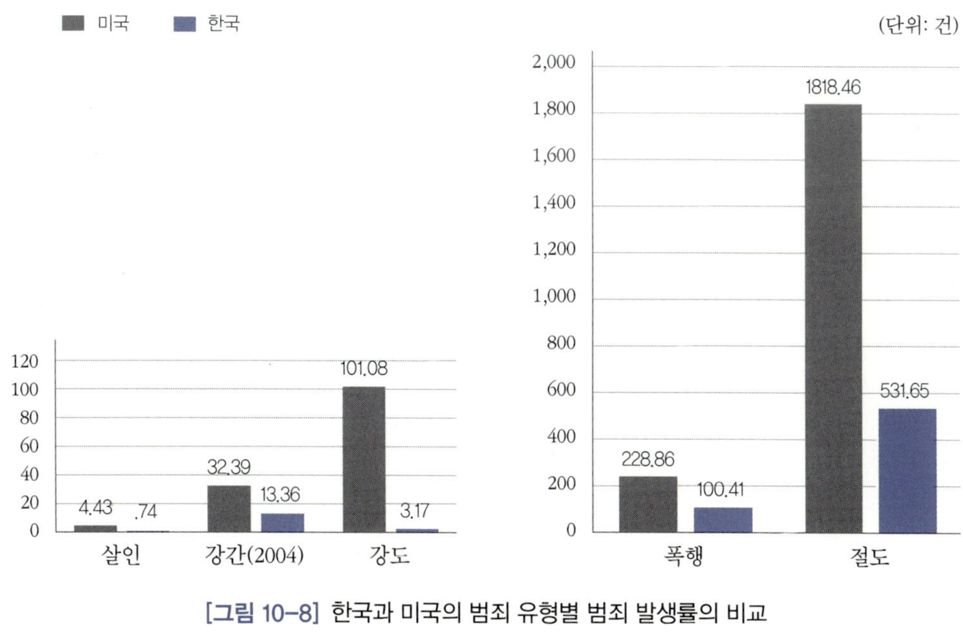

[그림 10-8] 한국과 미국의 범죄 유형별 범죄 발생률의 비교

한국은 우선 미국에 비해 뚜렷하게 집단주의가 강하고, 권력거리가 크고, 불확실성 회피가 강하며, 장기 지향이 매우 강해(100점) 확실한 차이가 있다. 이러한 특성들은 앞서 상관관계 분석에서 범죄를 억제하는 문화 차원으로 확인된 바 있다. 이외에도 범죄 전반에 영향을 미치는 것으로 확인된 자적은 낮았고, 남성성도 약한 특성을 보였다.

실제 양국의 범죄 발생률(인구 10만 명당 발생 건수)을 비교해 보면 비교가 힘들 만큼 큰 차이를 보이고 있다. 즉, 모든 범죄 유형에서 미국이 한국에 비해 월등히 높은 범죄 발생률을 보이고 있다. 살인, 강간, 강도 등 강력범죄는 물론이고, 폭행이나 절도 등 발생 빈도가 높은 범죄까지 미국의 범죄 발생률이 월등히 높았다. 살인은 미국(4.43건)이 한국(0.74건)보다 6.0배, 강간은 미국(32.39건)이 한국(13.36건)보다 2.4배, 강도는 미국(101.08건)이 한국(3.17건)보다 무려 31.9배 높았다. 폭행의 경우에는 미국(228.86건)이 한국(100.41건)에 비해 2.3배, 절도는 미국(1818.46건)이 한국(531.65건)에 비해 3.4배 높은 것을 확인할 수 있다.

이상의 결과는 문화적 특성이 범죄 발생률에 영향을 미친다는 증거로써의 의미도 있지만, 문화적 특성 이외에 다양한 특성들이 영향을 미칠 가능성이 여전힌 존재한다. 따라서 실증적인 연구를 통해 범죄 발생에 영향을 미치는 다양한 영향 요인을 확인하고 그 상호작용을 밝힐 필요가 있다.

제 3 부

한국인의 심리

제11장

한국인의 마음

> 문화는 드러내는 것보다 감추는 것이 훨씬 더 많으며, 더구나 묘한 것은 그 문화에 속한 사람들이 감춰진 바를 가장 모른다는 점이다. 나는 여러 해 동안 문화를 연구하면서 정말로 중요한 일은 외국 문화를 이해하는 것이 아니라 자신의 문화를 이해하는 것이라는 점을 확신하게 되었다,
>
> –Edward Hall

한국인들이 자신의 경험을 판단하고 행위하는 근거는 '마음'이다. 그러나 이 '마음'이 무엇인가에 대한 논의는 그다지 많이 이루어지지 않았다. 그동안의 한국심리학이 주류심리학의 개념과 이론들을 그대로 차용하면서 한국인들이 자신의 심리와 행동을 설명하기 위한 개념과 이론들에는 큰 관심을 기울이지 않았기 때문이다.

인간의 행동은 보편적일 수 있지만, 인간 행동의 세부적인 측면은 문화에 따라 고유성을 띤다. 이를테면 '마음'은 영어로 'mind'라고 옮겨지지만 '마음'과 'mind'가 의미하는 바는 같다고 할 수 없다. 옥스퍼드 영어사전에 의하면(Simpson & Weiner, 1989), 'mind'는 정신

생활을 가능하게 하는 정신적 능력과 관계된 의미로 주로 사용된다. 심리학에서 mind가 들어간 대표적 이론으로 TOM(theory of mind; Premack & Woodruff, 1978; Wellman, 1990)이 있는데, 여기서의 mind 역시 인지능력을 의미한다.

한편, 한국인의 '마음'이 가지는 의미는 'mind'와는 상당한 차이가 있다. 우리말 사전(이희승, 1961)은 마음을 "사람의 지(知), 정(情), 의(意)의 움직임 혹은 그 움직임의 근원이 되는 정신적 상태의 총체"라고 정의하고 있다. 한국인의 심리에 있어 '마음'의 역할은 상당히 중요하다. 서양인들의 심리 경험에서 self가 준거로 작용한다면, 한국인들은 '마음'을 통해 자신의 상태를 유추하고 경험에 의미를 부여한다.

이 장에서는 한규석과 최상진(2008), 최상진, 한규석, 김기범(2000)의 마음에 대한 논의, 최상진(2000)의 우리성, 심정 등에 대한 논의를 바탕으로 한국인들의 마음관과 마음 경험의 종류와 질, 마음의 교류 양식 등을 살펴보도록 할 것이다.

1. 한국인의 마음

1) 한국인의 마음관

한국인들이 가지고 있는 마음에 대한 인식은 크게 세 가지로 요약할 수 있다.

첫째, 마음은 움직임이라는 것이다. 마음은 활성화된(activated) 것이고, 불러일으켜진(arousal) 것이며, 어떤 상태가 되고 있는(becoming) 것이다. 마음은 지, 정, 의의 정태적 요소가 아니라 그것들의 움직임이다. 마음은 움직임이 있어야 드러나는 것이고, 사건이 있어야 나타나는 현상이며, 사건 속에서 비로소 의미를 갖게 된다. 일상의 용례에서 "미운 마음이 들다." "좋아하는 마음이 생기다." 등의 표현은 이러한 시각을 반영하는 것이다. 이는 마음의 작용 원리를 생성적으로 본다는 측면에서 본체론(ontology)적으로 보는 서구적 관점과 큰 차이를 보인다.

생성된 마음은 그 자체에서 진실성(authenticity)이 내재되어 있다(최상진, 1994). 아이가 "아빠 미워!"라며 운다면 아이에게 미운 마음이 든 것이다. 미운 마음이 든 이유는 여러 가지 경우의 수가 있을 수 있지만, 미운 마음이 생긴 것 자체는 진실이다. "남은 속여도 자신은 못 속인다."는 말은 마음의 생성 원리에는 의도적 조작이나 왜곡이 작용하지 못한다는 뜻이다.

억울하다, 서럽다, 섭섭하다, 서글프다 등 한국인의 정서를 나타내는 많은 어휘가 이러한 생성적 마음을 표현하기 위한 말들이다. 이것들은 마음의 주체가 되는 사람의 의향이나 바람과는 관계없이 특정 사건에 대해 내적으로 생성된 상황적 마음이며, 이때 해당 상황에서 당사자가 경험하는 진실성은 부정할 수 없다.

둘째, 마음은 지, 정, 의의 움직임의 근원이라는 점이다. 이는 마음의 작용이 사건 속에서 전개되지만 그 궁극적 소재의 책임은 마음의 주체인 사람에게 있다는 인식이다. 여기서 마음의 중층적 구조가 드러난다. 우선 마음의 표층, 즉 외현적으로 드러나는 마음에는 생활 속에서 작용하고 구현되는 성격, 태도, 정서, 동기 등의 요소(최상진 외, 2002)가 있다. 현대 심리학에서 대상화되어 연구되고 있는 주제들이 모두 이에 속한다. 한편, 마음의 심층에는 이 요소적 마음을 주관하는 주인성 마음이 자리한다. 일상생활에서는 이 두 종류의 마음이 구분되지 않고 쓰이지만 반추적 상황, 다시 말해 자신의 마음이 왜, 어떻게 발생하고 움직였는지를 돌아보는 경우에 마음은 주재자로서의 마음을 의미한다. 이와 관련된 일상의 표현으로는 "모든 것이 마음 먹기에 달려 있다." "마음을 다스린다." "마음을 바로 써라." 등을 들 수 있다.

겉으로 드러나는 성격, 동기, 정서 등의 요소적 마음은 마음 주인이 할 나름이라는 마음관을 갖고 있기 때문에 한국인들은 예로부터 마음을 다스리는 것에 큰 관심을 가져 왔다. 여기에 현대 심리학과 한국 전통의 심학(心學)과의 차이가 있다. 현대 심리학은 요소적 마음이 실체적으로 존재한다는 전제에서 이것들의 객관적 특성을 규명하려고 하는 반면, 한국의 지적 전통은 마음을 주재자의 위치에서 요소적 마음을 다스리는 주체로 간주해 온 것이다. 따라서 한국의 심학은 마음을 다스리는 수양심리학의 모습을 갖게 된 것이다(김성태, 1989; 임능빈, 1981; 조긍호, 2003; 한덕웅, 1994).

셋째, 마음은 정신 상태의 총체라는 시각이 있다. 여기서 총체성의 의미는 두 가지로 해석될 수 있다. 우선 넓은 의미에서 마음을 지, 정, 의의 각 요소를 아우르는 것으로 보는 것이다. '~한 마음이 들었다' '슬픈 마음으로……' '~하고 싶은 마음에……' 등 일상의 표현에서 드러나듯이, 마음은 때로 감정, 성격, 동기를 의미하기도 한다. 또 하나는 좁은 의미로, 마음을 의지나 의도가 개입된 상태, 즉 마음의 주재자적 성격을 강조하는 경우이다. 이는 성(性)과 정(情)이 마음먹기에 따라 제어될 수 있다는 관점을 반영하는 것이고, 마음의 각 요소들이 성격상 구분될 수 있지만 분리될 수는 없다는 점을 나타내기도 한다.

2) 마음의 구조

마음이 감각기관으로 직접 체험되지 않는 것이라면 사람들은 자신의 경험이나 상태를 소통할 때 실제로 체험되는 질의 경험에 은유(metaphor)적으로 표현할 가능성이 높다. 실제로 마음을 기술하는 표현들을 보면 큰 마음, 넓은 마음, 깊은 마음, 부드러운 마음, 병든 마음, 뜨거운 마음 등과 같이 마음의 상태를 물질적 속성에 빗대어 기술하는 표현 양식이 보편적임을 알 수 있다.

한편, 은유적 방식이 아니라 그 뜻을 바로 짐작할 수 있는 의미적 기술 방식 또한 존재한다. 예를 들면, 기쁜 마음, 놀란 마음, 진실한 마음, 편안한 마음, 아껴 주는 마음, 답답한 마음, 안쓰러운 마음 등의 표현은 현 마음 상태가 의미하는 바를 비교적 직접적으로 드러내고 있다.

이러한 마음의 속성을 알아보기 위한 현실적 접근의 하나는 마음이라는 말이 일상생활에서 사용되는 맥락을 찾아 그 맥락에 따른 의미를 추론해 보는 것이다. 최상진, 한규석, 김기범(2002)은 420명의 대학생을 대상으로 '마음'이라는 말이 들어가는 문장을 자유롭게 기술하도록 하여 마음의 속성을 도출하였다. 다음은 분석결과의 일부이다.

표 11-1 '마음'이 포함된 언어 표현 분석

	표현	속성
1	마음 가는 대로 해라.	마음은 변한다.
2	내 마음을 너에게.	마음은 물건처럼 주기도 하고 받기도 한다.
3	얼굴이 예쁘면 뭐하나 마음이 고와야지.	마음에는 평가적인 속성이 있다.
4	얼굴은 마음의 거울이다.	마음은 얼굴에 나타난다.
5	마음대로 해라.	마음은 주인 뜻대로 할 수 있다.
6	마음이 어지럽다.	마음은 가지런하기도 하고 어지럽기도 하다.
7	마음이 아프다.	마음은 사람의 몸처럼 아픔을 느낀다.
8	나의 마음은 바다만큼 넓다.	마음은 넓기도 하고 좁기도 하다.
9	난 이제 내 마음대로 살 거다.	내 마음대로 살기도 하고, 못 살기도 한다.
10	그는 내 마음과 통한다.	마음은 사람들 사이에서 왔다갔다한다.
11	마음을 열어 봐.	마음은 대문처럼 열기도 하고 닫기도 한다.
12	내 마음은 텅 비어 있다.	마음은 채워지기도, 비워지기도 한다.
13	마음속에 항상 널 간직할게.	마음속에 무엇을 넣을 수 있다.
14	마음 잡기가 힘들다.	마음은 잡을 수도, 놓칠 수도 있다.
15	마음이 약하다.	마음은 강하기도, 약하기도 하다.
16	마음을 먹으면 다 된다.	마음은 먹기도, 안 먹기도 한다.
17	내 마음을 달래 주는 것은 그녀이다.	마음은 달랠 수 있다.
18	진실한 마음은 언제나 전해지는가?	마음은 진실할 수도, 그렇지 않을 수도 있다.
19	함께 마음을 나누자.	마음은 나눌 수 있다.
20	니가 내 마음을 알아?	마음은 인식의 대상이다.

출처: 최상진 외(2002).

이러한 분석자료를 1차 자료로 하고 이를 바탕으로 다시 2차 분석을 하여 마음의 속성적 차원들을 도출하였다. 한국인이 인식하고 있는 마음의 구조는 [그림 11-1]과 같다(Choi, 2004).

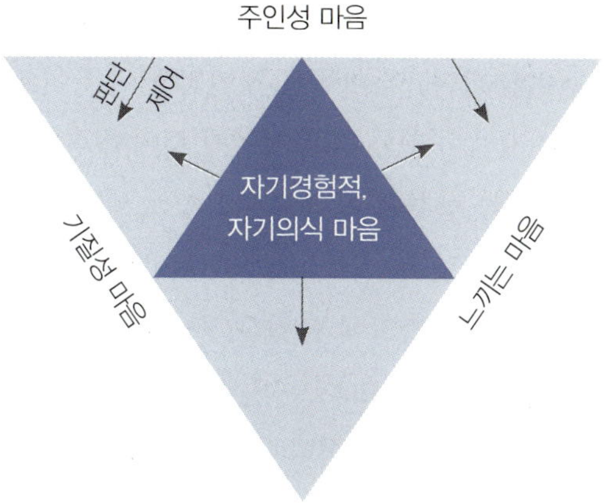

[그림 11-1] 한국인의 마음관에 바탕한 마음 지도

출처: choi (2004).

(1) 기질성 마음

먼저, 기질성 마음(dispositional maum)은 개인이 갖추고 있는 성격이나 기질, 가치관 등의 개인적 특성과 개인이 가지고 있는 지식과 도식, 지각 및 인지적 특성을 포함하는 것으로, 현대 심리학에서 대상화하여 탐구하고 있는 영역이다.

(2) 느끼는 마음

두 번째, 느끼는 마음(feeling maum)은 사건이나 자극을 접해서 일어나는 내적인 마음 상태를 뜻한다. 마음이 외현적으로 발현되는 양태라고 할 수 있는 이 상태는 정서적인 느낌뿐만 아니라, 대상에 대한 태도, 상황이나 자극으로 인해 촉발된 생각, 인지, 표상, 도식, 생리적 반응까지 모두 포괄한다. 느끼는 마음 중에서 객관적 대상화가 가능한 부분들은 정서심리학과 인지심리학에서 다루어지고 있고, 상황 및 대상과 관련된 부분은 사회심리학에서 연구되고 있다.

그러나 이와는 달리 개인의 특징과 상황이 상호작용하는 가운데 총체적 상황을 주관적으로 경험하고 느끼는 맥락성(contextuality)의 부분이 있다. 객관적인 상황 및 사건에 개인의 특수하고 주체적(agentive)인 면이 작용하여 개인의 경험을 주관적으로 만드는 부분으로, 현대 심리학에서는 이 부분을 개인차 혹은 오차로 간주하고 있다. 그러나 다음의 주인성 마음과 관련하여 이 부분은 한국인의 마음 이해에서 중요한 비중을 차지할 것으로 생각된다.

(3) 주인성 마음

마지막은 마음의 주인인 개인이 관장하고 행사하는 자의적 마음이다. 개인은 마음의 주인으로서 상대방에게 마음을 '쓰고', 마음을 '부리고', 마음을 '먹고(작심, 作心)', 마음을 '놓고(방심, 放心)', 마음을 '싣고 거두는' 행위를 한다. 이 마음은 개인의 행위를 관조하고 통제하는 주재(主宰)성, 자의(恣意)성을 가진다. 주재성이란 마음이 개인의 행위를 통제하는 주체(agent)가 된다는 뜻이며, 자의성은 마음의 작동하는 방식은 매우 주관적이고, 개인적이라는 의미이다.

한국인들은 이러한 주인성 마음(agentive maum), 즉 마음을 먹거나, 잡거나, 쓰거나 하는 면을 중요하게 여긴다. "모든 것은 마음먹기에 달렸다."는 말이 주인성 마음의 성격을 단적으로 보여 준다. 한국인들은 상황에 대한 인식(知)이나 일시적인 기분(情)보다는 자신이 통제력을 발휘할 수 있는 의지(意)를 보다 중요시하는 것이다.

한국인들의 대인관계에서도 마음먹기와 마음 써 주기의 중요성이 잘 나타난다. 예를 들어, 내키지 않는 일을 상대방과의 정을 생각해서 '큰 맘 먹고' 해 준다거나, 자신도 형편이 어려운 상황에서도 친구의 경조사를 잊지 않고 챙겨야 친구의 도리를 하는 것이라 생각한다. 같은 논리로 내게 '마음을 써 줄 것'이라 기대되는 친구가 그 기대를 저버릴 때 한국인들은 '마음이 상하는' 서운하고 섭섭한 감정을 느낀다.

주인성 마음의 중요성은 언어의 표현에서도 잘 나타난다. 즉, '아낀다, 생각한다, 먹는다, 본다'라고 표현할 수 있는 것을 '아껴 준다, 생각해 준다, 먹어 준다, 보아 준다'와 같이 '준다'라는 보조동사를 추가하여 표현하는 것은 행위의 주체로서 마음의 작용을 강조하는 방식이라고 여겨진다.

기질성 마음과 느끼는 마음은 이미 현대 심리학의 주제로서 연구되고 있는 영역이다. 그러나 맥락성과 관련된 느끼는 마음과 주인성 마음은 마음관의 차이와 연구의 어려움 때문에 이제까지 관심의 대상으로 받아들여지지 못했다. 하지만 한국인들의 일상 언어에서 드러나듯이 한국인들은 주인성 마음의 작용에 큰 관심을 갖고 있다.

물론 한국인들에게 주인성 마음이 강조된다고 해서 그것이 한국인만의 고유한 현상이라는 것은 아니다. 하지만 현대 심리학은 객관화, 대상화할 수 있는 마음을 연구의 주제로 한정하여 접근하고 있는 반면, 일반적 한국인들은 한국 문화의 전통 속에서 주관적이고 대상화하기 어려운 마음의 영역에서 자신들의 경험을 구성해 오고 있다. 따라서 한국인들의 마음과 행동을 보다 면밀히 이해하기 위해서는 바로 이 부분에 대한 새로운 접근이 필요하다.

2. 한국인의 마음의 질

문화와 관계없이 사람들은 생활 중에 사물, 사람, 사건 등을 접하고 경험한다. 때에 따라 사람들은 자신을 제3자적 입장에 두고 모든 것을 대상화하여 대상들을 고정된, 안정된, 일관적인 것으로 여기는 양상이 나타난다. self라는 개념은 그러한 대상화의 작업이 자기 자신에 대한 인식에까지 이르러 있음을 보여 준다. 서구 문화에서 일반적인 이러한 방식은 세상을 안정적으로 지각하고 예측할 수 있게 해 주며, 실체적으로 존재하는 대상들에 대한 분석적인 사고를 발달시킨다.

반면에 어떤 경우에는 개인의 주관적 경험이 큰 의미를 갖는다. 자신만의 감상이나 해석이 그 예가 될 수 있으며 주인성 마음이 작용하는 때이다. 주인성 마음이 작용하므로 어떤 사태가 나에게 주는 의미는 나만의 개인적인 것이며 이는 다분히 주관적일 수밖에 없다. 이런 종류의 경험에서 개인은 늘 당사자가 된다. 당사자로서 사물, 사람, 사건을 주관적으로 파악하고 해석하면서 의미를 부여한다.

대인관계에 있어서 역시 당사자들의 주관적 경험이 중시되기 때문에 관계의 논리와 상황의 논리가 객관적인 논리나 법칙에 우선하게 된다. 즉, 주인성 마음이 개입하는 주관적 경험은 이미 존재하는 법칙과 요소들이 일관적으로 작용하는 것이 아니라 각 상황이 갖는 특수한 실제의 현실 속에서 구성되고, 그때그때 주고받는 마음에 의해 변화하며, 이미 존재하는 관계나 법칙들은 당사자 내의 혹은 당사자 간의 부단한 상호작용을 통해 변화된다(Choi et al., 2007). 따라서 한국인의 마음과 관련된 경험들은 마음에 대한 해석의 불확실성으로 인해 갈등이나 오해가 발생할 가능성이 높다(최상진, 2000).

이와 같은 경험 방식은 관계와 맥락을 중시하는 동양 문화권에서 상대적으로 두드러질 것으로 예상되지만 실제로 주관적 경험의 중요성이 동양 문화권 내에서 보편적으로 나타나는 것인지는 확실치 않다. 다만 모든 것은 마음에서 비롯된다는 일체유심조(一切唯心造)를 강조한 불교적 전통과 마음 수양을 골자로 하는 심학(心學)을 발달시킨 유학의 전통에서 한국 문화와 한국인들에게 주인성 마음의 작용이 보다 중요한 의미를 가질 것이라 짐작할 수 있다.

1) 문화적 정서의 이해

관여자의 주인성 마음이 작위적으로 관여되어 벌어지거나 주인성 마음이 작동되어 겪는 경험을 마음 경험(maum experience)이라고 한다(한규석, 최상진, 2007; 최상진 외, 2000; Choi et al., 2006). 마음 경험에서 사람들은 마음을 지닌 '당사자'로서 관여한다. 이들은 상대방의 마음(특히 작위성과 진실성)을 읽으며 그것에 반응한다. 마음 경험은 개인적으로 의미를 지니는 것이며, 각 경험은 상황에 따른 특수성을 지닌다. 마음 경험은 당사자의 주관적 체험이며, 본인에게 있어서는 진정하고 진실되며 절실한 것이다. 따라서 마음은 언어적으로 기술(describe)하여 표현하기보다는 간접적 · 비언어적 방식으로 표현하고 전달되는 것이 자연스럽다. 주인성 마음이 발달한 한국인들은 이러한 형태의 경험에 익숙하다.

(1) 문화적 정서

한국인의 마음 경험의 질을 이해하기 위해서는 우선 한국 고유의 문화적 정서를 살펴볼 필요가 있다. 문화적 정서란 특정 문화권에서만 이해되는 정서이다(Ekman, 1972; Kitayama & Markus, 1994; Lutz, 1982; Mesquita & Frijda, 1992). 현대 심리학에서는 정서를 대상화시켜 분류하고, 특정 정서가 문화권에 따라 어떤 양상으로 나타나는가에 관심을 두어 왔다(Ekman, 1972; Frijda, 1986). 그러나 주인성 마음에 의해 경험되는 정서는 개인 특수적이고 주관적인 측면이 강하기 때문에 기존의 방식으로 이해하기 어렵다.

한국인들은 정서를 표현할 때, '느낌' 혹은 '감(感)'이라는 말을 많이 사용한다. 이 느낌은 생각이 개입되기 전의 즉각적 경험이다. 느낌의 첫 단계에서 사람들은 무엇인지 명확하게 알 수는 없지만 마음이 움직였음을 '느끼고', 이를 이해하기 위해 주인성 마음이 반추적 사고를 한다. 반추적(reflective) 사고란 자신이 한 경험을 되새겨 자신을 중심으로 사태의 의미를 파악하고 재해석하는 과정이다. 흔히 기본 정서로 알려진 분노, 슬픔, 기쁨, 혐오 등을 유발하는 자극들은 이러한 반추적 사고가 개입될 여지가 없이 명확하다. 이러한 기본 정서들은 유기체의 생존과 밀접한 관련을 가지고 있기 때문이다.

그러나 답답하다, 아쉽다, 서럽다, 서운하다, 한스럽다, 억울하다, 안타깝다 등의 문화적 정서는 주인성 마음이 어떠한 사건을 접하면서 자기관여적으로 체험하는 주관적 성격을 갖는다. 자기관여적이란 사건이 자신에게 미친 영향을 자신의 배경, 도식, 가치, 목표 등과 직간접적으로 관련시켜 해석하고 받아들인다는 것이다.

이러한 정서들은 개체의 생존과는 일차적으로 관련이 없는 문화적 관습이나 가치의 영향을 받기 때문에 충분히 명확하지 않다. 애매한 느낌이지만 자신(주인성 마음)이 관여되어 있기 때문에 무시해 버릴 수도 없다. 사람들은 이러한 느낌을 이해하기 위해 반추적 사고를 하지만 이 과정만으로는 부족하다. 자기관여적 경험에서 작용하는 강한 주관성 때문에 자신이 경험한 느낌을 확인하고 정당화하기 위해서는 타인들의 반응, 즉 사회적 피드백이 필요하다(Choi & Han, 2001; Zabinsky & Valsiner, 2004).

따라서 문화적 정서의 경험은 다른 이들과의 상호작용에서 완성된다. 정서의 경험은 순전히 개인 내적 과정으로 간주되어 왔으나, 그 과정은 문화적 틀 안에서 정당화되어야 한다. 개인에 따라 경험을 해석하는 방식은 차이가 있지만 이러한 해석들이 온전히 자의적일 수는 없다. 특정 상황 맥락에서 정서를 경험하고 해석하며 이해하는 문화적 규칙이 존재하는 것이다(김정운,

2001; Mauro et al., 1992). 즉, 주관적 정서 경험이라고 해도 해당 문화의 사람들이 공유하고 있는 정서의 경험과 해석의 틀 안에서 작용하기 때문에 사람들은 다른 이들의 경험을 이해할 수 있게 된다. 한국인들은 다른 이들의 정서 경험을 이해하기 위한 다양한 방식을 발달시켜 왔고, 그것에 대한 공감 역시 중요하게 받아들여진다. 그러므로 한국인들의 문화적 정서를 이해하기 위해서는 한국인들의 대인관계 양상과 그 관계 내에서의 교류 방식 등에 대한 이해가 뒷받침되어야 한다(이에 대해서는 제13장에서 자세히 다룰 것이다).

우선 간단히 요약하자면 한국인들의 대인관계 양상은 '우리성-정' 관계라고 할 수 있다. 우리성-정 관계는 한국의 관계주의 문화와 밀접한 관련을 지닌다. 흔히 한국 문화를 집단주의 문화라고 하지만, 집단의 목표와 개인의 목표를 대비시키는 의미(Triandis, 1989)에서 집단주의 문화라고 하기보다는 관계의 지속성을 중시한다는 의미에서 관계주의 문화라고 보는 편이 옳다. 관계주의 문화에서는 집단이 가시적 구조로서의 존재성을 지니고, 개인을 압도하기보다는 개인에게 연계망을 제공하는 구조로서의 기능을 한다(김경자, 한규석, 2000).

관계주의 문화에서 사람들은 자신이 소속한 집단에 의해 영향을 받기보다는 자신이 형성하고 있는 인간관계에 의해 더 큰 영향을 받는다. 이러한 문화에서 사람들이 맺는 관계가 '우리성'의 관계이다.

물론 대인관계의 양상은 공적 관계와 사적 관계로 구분할 수 있지만, 다양한 마음의 질을 파생시키며 문화심리학의 관심 주제가 되는 것은 사적 관계, 즉 '우리' 안에서의 마음경험이다. 특히 한국 문화에서 대인관계의 양상은 우리성이 전제된 관계(우리)와 그렇지 않을 때에서 크게 달라진다(최상진, 1993; 최상진, 김기범, 1999b; 최상진, 김정운, 1998 등). 후자의 인간관계에서 기대되는 교류의 원칙은 합리성과 이성, 이해타산의 논리인 반면에 전자, 즉 우리 내에서는 '우리 지각(우리 편)', 사적인 정과 의리, 감정의 논리를 바탕으로 관계가 이루어진다(최상진, 1997; 최상진, 김기범, 1999b).

또한 한국인의 우리 편 인간관계는 정(情)이라는 대인관계 심리와 행위 규범을 바탕으로 이루어진다(정에 대해서는 제13장에서 자세히 다룰 것이다). 정의 심리와 인간관계의 원형은 한 이불을 덮고 한 솥 밥을 먹는 가족관계이다. 한국의 가족은 당위적 운명공동체로서 '하나됨(oneness)' '동질성(sameness)' '자기희생' '상호부조' '정과 인정(人情)'을 특징으로 한다. 한국인의 우리성은 이러한 한국인의 가족관계 심리가 사회적 관계로 확장된 형태를 의미한다. 이러한 인간관계에서 가장 두드러지는 심리가 정이다. 정의 핵심 개념은 '상대방을 가족처럼 아끼는 마음'인데, '아끼는 마음'은 '상대방에 대한 관심 쏟기' '상대방의 어려움을 상대방의 입장에서 이해하고 도와줌' '상대방의 마음 상태에 대한 공감 및 지원' 등 실제 가족관계에서 이루어질 수 있는 종류와 질의 행위들을 포괄한다(최상진, 김기범, 1999b).

2) 주인성 마음의 예: 억울

그러면 한국인들의 마음경험에서 중요한 역할을 하는 주인성 마음의 예를 하나 들어보자. 한국인들은 '억울하다'는 말을 자주 쓴다. 억울의 한자는 抑鬱인데, 이는 억눌리고 침울한 상태를 나타내는 말로, 보통 우울(depression)과 같은 뜻으로 옮긴다. 그러나 한국인들이 보통 '억울하다'라고 하는 말의 뜻은 이와는 전혀 다르다. '억울하다'의 사전적 의미는 "사람이 처한 사정이나 일 따위가, 또는 사람이 애매하거나 불공정하여 마음이 분하고 답답하다."이다. 이 억울은 한국인의 문화적 증후군인 화병(火病, Hwa-Byung)의 기제로 이해되고 있을 만큼(최상진, 이요행, 1995) 한국인에게 중요한 의미를 갖는 마음경험이다.

최상진(2000)은 억울한 마음을 "자신이 부당한 피해를 당했다는 사실에 대해 수용하기 어려운 마음"으로 정의하였다. 이 정의에 따르면, 억울의 요소는, ① 피해 당사자는 자기 자신이라는 점, ② 피해의 성격이 부당하다고 지각된다는 점, ③ 피해의 결과를 수용하는 데 거부감이 든다는 점이다. 여기서 드러나는 억울의 성격은 '당사자적 피해 심리'이다. 타인이 받은 피해에 대해서는 억울한 마음이 생기지 않는다. 당사자적 피해 심리에서 '부당한' 피해의 기준은 객관적이라기보다는 '주관적'이며, 사회정의보다는 '심정 논리'에 기초하는 경우가 많다.

여기서는 억울의 사회적 표상에 대한 연구(서신화 외, 2016)를 바탕으로 억울의 성격을 살펴보도록 하겠다. 연구는 총 44명(남성 12명, 여성 32명)을 대상으로 이루어졌으며, 전체 참여자의 평균 연령은 34.97세(SD=8.34)였다.

(1) 억울함에 대한 표상

한국인들이 억울함을 경험하는 종류의 사건은 다음과 같이 크게 4개의 범주로 구분된다. '내가 감당할 이유가 없는 일일 때' 억울했다는 응답이 총 38건(38.6%)으로 가장 많았고, 구체적으로는 내가 한 일이 아님이 명백함에도 내가 한 일로 여기는 상황 16건(16.7%), 내 책임이 아닌 일을 내가 해야만 했던 상황 11건(11.5%), 내 잘못이 없는 일로 실질적인 피해를 당하는 상황 10건(10.4%)이었다. 이 상황들은 공통적으로 나에게 이익이 되지 않는 일이 발생하는 것의 책임이 자신에게 전혀 있지 않을 때임을 알 수 있다.

두 번째는 '나의 진의가 받아들여지지 않을 때'로 모두 22건(29.1%)이었고, 내가 한 말이나 의도가 곡해되는 상황 12건(12.5%), 나를 믿어 주지 않거나 나의 진심을 몰라 주는 상황이 각각 8건(8.3%)이었다. 사람들은 나의 말이나 행동을 다른 사람들이 본래 의도와는 다르게 부정적으로 받아들이거나 상대방이 나의 의도 자체를 중요하게 여기지 않아서 발생한 일에 대해 억울해 하였고, 자신의 마음이나 의도는 진실되고 가치 있지만 상대방은 이것을 모르는 상황이라고 볼 수 있다.

세 번째는 '공정한 평가를 받지 못할 때'로 16건(16.6%)이었으며, 최선을 다했지만 그만큼의 결과가 따르지 않는 상황과 부당한 일을 당하는 상황이 각각 8건(8.3%)이었다. 이때의 부당함은 내가 한 최선의 노력이 인정받지 못하는 것에 기인하며, 특히 그 원인이 자신이 통제할 수 없는 외부적인 요인에 있을 때 발생함을 알 수 있다.

마지막은 '상대적인 불이익을 볼 때'로 14건(14.7%)이 나타났고, 나만 불이익을 당하는 것 같은 상황 6건(6.3%), 어쩌다 한 일로 지적당할 때 4건(4.3%), 어쩔 수 없이 받아들여야만 하는 상황이 4건(4.3%)이었다. 마지막 상황의 특징은 자신의 행동에도 일정 부분 원인이 있거나 자신이 책임질 수밖에 없음이 명백함에도 자신이 손해를 입었다고 여기는 상황이라는 데 있다.

(2) 억울 경험의 성격

억울 경험에 대해 근거이론 분석을 실시한 결과, 억울은 그 원인과 결과, 해결 방식 등에서 공유된 문화적 틀을 갖는 문화적 정서임을 알 수 있었다.

① 억울의 원인

억울은 주관적으로 경험한 부당성에 의해 인지된다. 객관적으로는 또는 다른 사람의 관점에서는 그다지 부당하지 않을 수 있으나, 나의 입장(주인성 마음)에서는 매우 부당하다는 감정이

표 11-2 인과적 조건

인과적 조건	범 주	하위 범주	개 념
주관적 부당성	주관적 피해 인식	피해 인식	실질적(금전적) 손해가 발생함
			자존심에 상처를 입음
			나의 이미지가 실추됨
		상대방의 일방적 태도	상대방이 나의 진의를 오해함
			상대방이 나의 말을 들으려고 하지 않음
			상대방이 서로 합의된 사항을 번복함
			같은 사안에 대한 서로의 기준이 다름
		자기진실성	나의 판단으로는 잘못하지 않았음
			나의 말이 사실임
	수용 불가능함	수용 불가능함	납득할 수 없음
			받아들이기 힘듦
			수용하기 어려움

출처: 서신화 외(2016).

억울이다.

사람들은 자신이 피해를 입었다는 주관적 생각(주관적 피해의식) 때문에 일차적으로 억울을 경험한다. 이러한 경우는 '실질적인 피해를 인식하거나(피해인식)', 피해를 준 '상대방의 일방적인 태도', 피해에 대해 자신은 잘못이 없다고 생각하는 '자기진실성'이 큰 경우이며, 자신이 입은 피해가 받아들이기 힘든 경우(수용 불가능함)에는 더욱 억울함을 느낀다.

② 억울의 정서

억울의 정서(현상)는 크게 '타인초점적 정서'와 '자기초점적 정서'로 나눌 수 있다. 타인초점적 정서는 억울한 상황을 초래한 상대방에 대한 '분노'와 그에 대한 배신감, 실망감, 서운함 등의 '관계적 정서'가 도출되었으며, 자기초점적 정서는 상황에 대한 자기관여적인 느낌으로 '당혹감'과 '불쾌감' '무기력감' 등으로 분류되었다.

표 11-3 현상

현상	범 주	하위 범주	개념
억울의 정서	타인초점적 정서	분노	화남
			적개심, 미움
		관계적 · 정서관계적 정서	배신감
			실망
			서운함
	자기초점적 정서	당혹감	당황, 황당함
			어이없음
		무기력감	우울
			답답함
			절망감, 무기력함
		불쾌감	짜증
			속상함
			괴로움

출처: 서신화 외(2016).

이러한 억울 경험에는 '자기인식'과 '상황적 특성'이 영향(맥락적 조건)을 미친다. 우선, 자신이 어느 정도의 사람이라는 자기가치감과 보통 어떤 방식으로 의사소통을 한다는 평소의 자기인식에 따라 억울한 감정이 영향을 받았으며, 특히 자신이 부당하다고 판단한 상황의 특성이 '예측 불가능'했거나 이미 벌어진 결과가 '돌이킬 수 없을' 때 부정적인 감정을 느끼는 것으로 나타났다.

표 11-4 맥락적 조건

맥락적 조건	범 주	하위 범주	개 념
자기인식	자기인식	자신에 대한 생각들	나라는 사람의 가치 수준
			나의 의사소통 스타일
상황적 특성	예측 불가능	예기치 못함	관행 내지는 원칙이 아닌 상황임
			이해할 수 없는 상황임(예외적)
		예측할 필요 없음	그럴 줄 몰랐음
			그럴 필요가 없었음
	돌이킬 수 없음	결과를 바꿀 수 없음	이미 발생한 일임
			할 수 있는 일이 없음
			받아들일 수밖에 없음

③ 억울 경험 이후의 행동

억울한 경험 이후의 행동(작용/상호작용 전략)은 주관적으로 인식된 부당한 경험에 대한 감정들을 조절하기 위한 전략을 의미하며, 부당하고 당황스러운 상황과 그 상황을 제공한 상대방에 대한 '회피적 행동'과 부정적 감정을 표출하고 문제를 해결하고자 하는 '표출적 행동'으로 나눌

표 11-5 작용/상호작용 전략

작용/상호작용 전략	범주	하위 범주	개념
회피적 행동	회피	무행동	굳어 버림(어찔 줄 모름)
			가만히 듣고만 있음
		참음	화를 억누름
	관계 단절	상대방과의 관계 단절	상대방과 관계를 끊음
			이직 혹은 팀을 옮김
표출적 행동	적극적 토로	직접적 감정 표출	상대방에게 화를 냄
			화를 내며 싸움
			울음
		적극적 항변	상대방에게 직접 따짐
			강하게 나의 주장을 알림
	소극적 토로	소극적 항변	한마디 하고 넘어감
		제3자에게 토로	지인이나 친구에게 하소연
			상담을 함

출처: 서신화 외(2016).

수 있다. 회피적 행동은 '회피'와 '관계 단절'로 구분되며, 표출적 행동은 '적극적 토로'와 '소극적 토로'로 나뉜다.

이러한 행동들은 억울 해소의 동기와 억울함을 불러일으킨 상황 및 대상과의 관계에 따라 조절된다. 관계의 유지가 우선이라면 억울함은 해소되지 않을 것이고, 억울의 해소가 우선이라면 관계가 단절되는 식의 결과가 뒤따를 것이다.

3. 우리 관계 안에서의 마음 경험

1) 정(情)의 성격

정은 예로부터 한국인의 마음과 행동을 설명하는 중요한 개념으로 이해되고 있다. 정은 기본적으로 사회적 관계에서 경험되는 정서로서 정을 이해한다는 것은 한국인이 맺고 있는 사회적 관계와 그 안에서의 행동들을 이해하는 첫걸음이 된다.

(1) 대인지향적 감정

정은 그 사용에 따라 두 가지 맥락에서 이해할 수 있는데, 하나는 '나는 누구에게 정을 느낀다'처럼 대상지향적인 정이고, 또 하나는 누구누구는 '정이 많다'와 같이 성격 특질로서의 정이다. 그러나 어떤 맥락에서든지 '경험되는 정'은 동일한 속성을 갖는다. 여기서 정이 '경험된다'는 것은 정의 감정이 실제로 일어나고, 이를 정으로 인지하는 것을 뜻한다. 이러한 정 경험은 기본적으로 '누구에 대해' 정을 느끼는 것이 본질이다.

한국인의 대인관계에서 정은 가까움과 밀착의 정도를 나타내는 가장 대표적인 심리적 속성이며 준거이다. 대인관계에서의 친밀도를 기술하는 준거는 문화에 따라 다를 수 있다. 미국인의 대인 거리가 호감이나 친밀도로 표현되고, 일본인의 대인 거리가 '기리'와 '아마에'로 기술된다면, 한국인의 대인 밀착은 정의 강도로 기술하는 것이 가장 적합할 것이다(최상진, 1997).

(2) 정의 인지 방식

① 회상을 통해 인지

그러나 정 그 자체로 대인 간의 밀착성을 스스로 지각하기에는 충분치 못하다. 정은 열정이나 사랑과 같이 격렬한 감정 상태라기보다는 장기간의 접촉 과정에서 '가랑비에 옷 젖듯' 잔잔

하게 누적되는 감정 상태이다. "살다보니 정 들었다."는 말처럼, 정은 어떤 계기에 의해 자신의 과거를 되돌아보는 과정에서 확인되는 심리 상태이다. 이처럼 정은 과거의 사건과 이와 관련하여 느꼈던 감정들을 통해 추론되며, 당사자가 주관적으로 구성한 개념이다. 따라서 두 사람이 함께한 역사가 깊어서 정이 들 수 있는 사건이 많았다고 해도 이를 정이라고 의식하는 계기가 없었다면 두 사람의 관계는 정의 관계로 인식되지 않는다.

따라서 어려움에 처한 자신을 보고 상대방이 마음 아파하는 것을 느끼게 될 때, 즉 상대방의 심정을 읽게 될 때 상대방이 자신에게 '정을 주고 있음'을 간접적으로 인지하게 되며, 또한 그 반대의 과정, 즉 상대방이 어려울 때 마음 아파하는 자신의 심정을 스스로 인식할 때 '상대방에게 정을 주고 있음'을 확인하게 된다. 정의 관계에서는 발동된 정의 마음을 주고받는 것이 이상적이다. 왜냐하면 한국 문화에서 정은 교환되는 서로의 심정을 통해 확인되고 소통되기 때문이며, 정의 심정을 깔고 있는 정 행위가 진정한 정으로 느껴지고 받아들여지기 때문이다.

② 행동 단서를 통한 인지

한국의 정은 의무나 책임과는 상극의 방향에 있는 자생적 심리 상태이다(최상진, 1993). 따라서 정이 있고 없음의 판단은 정 행위, 즉 정의 마음 씀이 있는가 없는가, 또는 그 마음 씀이 깊은가 얕은가의 판단을 통해 이루어진다. 어떤 행위가 정에 근거한 행위인가 아닌가를 판단하는 기준은 그 행위 속에 얼마나 정에서 비롯된 것이냐 하는 것이다. 이러한 판단에서 상대방의 정이 기대보다 낮거나 가벼울 때 '섭섭함'이란 감정이 발생한다.

따라서 정의 소통 방식을 보면 대개 정을 베푸는 행위로 나타난다. 정의 전달 효과는 상대방이 어려울 때 커지며, 또한 상대방에게 호의를 베풀 때 자신이 입게 되는 손해의 양이 클수록 커진다.

(3) 성격 특질로서의 정

정이 많은 사람이란 남에게 정을 많이 느끼거나, 남에게 정을 많이 주는 사람을 말한다. 성격특질로서의 정은 흔히 인정이라고도 하는데, 인정은 인지상정(人之常情)이라는 말과 같이 남의 어려움이나 고통을 공감하고 공유하는 데에서 출발하며, 따라서 정이 많은 사람의 성격 특질은 일차적으로는 남의 아픔을 자신의 아픔처럼 공감하는 경향이 높은 사람을 말한다(최상진, 2000). 박가열(1996)은 공감성이 높을수록 도움 행동이 많이 나타난다는 것을, 김은미(1994)는 정 수준이 높을수록 도움 행동을 더 많이 하게 된다는 것을 경험적으로 밝힌 바 있다.

(4) 정의 발달 배경

한국 사람에게 정이 발달하게 된 배경은 여러 차원에서 추론해 볼 수 있다. 우선, 앞 장에서 다룬 한국인의 주된 감정 경험 방식인 심정을 들 수 있다. 심정은 상대방의 마음과 감정에 대한 공감에서 비롯되며, 심정을 통해 상대방을 이해하는 한국인들은 타인의 경험을 공감하는 일에 민감하다. 정이라는 마음과 경험 방식은 이러한 심정 교류를 통해 발달하고 정교화되었을 것이다.

정의 마음질은 한국 문화의 부모자녀관계의 특성 및 자녀양육 방식과 관계된다. 한국의 부모자녀관계는 서구의 이성적 · 독립적 관계와는 달리, 정서적(공감적) · 자아미분화적 관계가 특징적이다. 이처럼 부모자식 간에 일체감, 연대성이 강조되고, 정을 바탕으로 부모자녀관계 및 상호작용이 이루어지므로 정이 자녀의 성격 특질로 내재화될 가능성이 높다(최상진, 유승엽, 1994b).

이러한 정의 성격은 발달 과정에서 형성된 자기관의 영향에 기인하는 것으로 추정된다. 한국인의 정처럼, 일본인을 대표하는 문화적 정서는 아마에(甘え)이다. 정과 아마에는 가까운 관계에서 경험하는 친밀한 감정이라는 점에서 공통적이지만, 그 감정의 질에서는 차이가 있다. 정은 기본적으로 주체가 대상에게 느끼는 정서이며, 주체가 대상에게 주는(베푸는) 마음이라고 할 수 있는 반면에 아마에는 수동적 애정 희구, 즉 애정을 받으려는 마음을 의미한다(土居, 1971). 즉, 정과 아마에는 사회적 맥락에서 자신의 영향력을 발휘하기 원하는 주체성 자기와 타인의 영향력을 수용하는 것을 선호하는 대상성 자기에서 비롯된 감정이라고 할 수 있다. 자기관과 자기관의 발달에 대해서는 12장에서 보다 자세하게 다룰 것이다.

2) 정의 현상과 기능

정이 한국 사회와 문화에서 수행해 온 실질적인 기능은 '우리' 또는 '우리 편' 만들기의 수단이라는 점이다. 한국인의 인간관계의 궁극적 목표는 '우리(성) 의식'의 형성을 통한 '우리 편' 만들기이다(최상진, 1997; 최상진, 박수현, 1990; Choi & Choi, 1994).

한국인의 '우리 편'은 서양의 우리나 사회심리학에서 말하는 '내집단'과는 달리 그 밀착성의 정도가 매우 강하다. 한국인의 우리 편에 대한 사회적 표상은 나와 타인이 구분되지 않을 정도(sameness)의 하나됨(oneness)을 뜻한다. 우리 편이 있으면 남이 나를 무시하지 못하고, 남이 피해를 주기도 어려우며, 내가 어려울 때 도움을 받을 수 있고, 외로울 때 의지하고 위로를 받을 수 있다. 즉, 구성원으로부터 도움을 받을 수 있을 뿐 아니라 필요할 때 뜻대로 활용할 수 있는 가용성(availability)이 높다는 점에서 우리(편)는 한국인의 삶과 생존에 반드시 필요한 것이다.

그러나 우리 편의 반대에는 항상 남의 편이 있고, 남의 편이 존재한다는 가정 하에 우리 편이라는 말도 성립한다. 한국인들은 상대방이 우리 편으로 분류되느냐 남의 편으로 분류되느냐에 따라 다른 방식으로 상대방을 대하는 경향이 있으며, 우리성의 밀착과 이해가 클수록 남의 편은 무시되거나 피해를 받을 가능성도 커진다는 점에서 한국인의 우리 편은 배타적으로 작용할 가능성 또한 존재한다. 이러한 한국인의 우리 편 만들기에 관여되는 우리성 의식은 정을 바탕으로 구성된다. 우리의식은 정을 느낄 때 생겨나고, 정은 아껴 주는 마음에서 비롯되며, 정을 느끼면 상대방은 '우리'로 경험된다(최상진, 1997). 최상진과 이장주(1999)는 정과 정 관계가 일상생활에서 작동되고 기능하는 상황 속에서 실제로 일어나는 정의 구체적 행위와 활동(activity)의 과정을 실증적 자료를 통해 설명하였다. 이를 통해 우리성-정 관계로 표현되는 한국인의 대인관계에서의 감정의 질과 행위 양식들, 정과 관련된 사회현상들을 이해할 수 있을 것이다.

(1) 정든 관계에서 얻어지는 감정

정든 관계에 있는 사람들 사이에서 느끼는, 느낄 수 있는 감정의 질은 우선적으로 '편안함'이다. 이는 정의 목적론적 기능인 '정서적 안정감'과도 깊은 관계가 있다. 부수되는 감정으로는 '기쁨'과 '즐거움' '든든함'과 '안정감' 등이 있고, 그 외에 '만족감, 여유로움, 고마움' 등이 있다. 한국인들이 정을 그리워하고, 정을 찾고, 정에 대한 욕구와 의도가 있다는 것은 '정서적 안정'을 얻기 위한 것이라고 할 수 있다. '든든함'은 이러한 정서적 안정감을 단적으로 나타낸다.

표 11-6 정든 관계에 부착된 감정

반응 유형	빈도
1. 편안함	76
2. 기쁨/즐거움	40
3. 든든함/안정감	28
4. 기타(만족감, 여유로움, 고마움 등)	22

출처: 최상진(2000).

(2) 정의 표현 행위

정의 표현 행위는 크게, ① 아껴주는 행위(도와줌, 자주 만남, 선물), ② 격의없는 행위(솔직히 대함, 퉁명스럽게 혹은 얄밉게 말하기), ③ 본심적 행위(예의, 격식을 차리지 않는 솔직한 표현), ④ 다정다감한 행위(연락과 만남, 직설적 애정 표현 등) 등으로 구분할 수 있다. 〈표 11-7〉에서 볼 수 있듯이, 정 행위의 핵심 내용은 상대방을 아껴주는 행위이다. 이를 통해 정 관계의 사람들은 다정다감하고 격의없는, 본심을 드러내는 관계로 발전한다. 이러한 정의 상호 교류는 우리의식을 강하게 하여 우리 관계를 강화한다.

표 11-7 정의 표현 행위 유형

반응 유형	빈도
1. 연락/만남 –같이 시간을 보냄 –자주 전화함	65
2. 도와줌 –어려울 때 도와줌	33
3. 선물함 –선물 –생일 등 기념일을 챙겨 줌	26
4. 솔직히 대함	12
5. 기타(언어적 · 비언어적 표현)	43

출처: 최상진(2000).

(3) 정의 기능

정이 한국인의 삶의 맥락에서 미치는 영향은 긍정적인 것과 부정적인 것으로 나눌 수 있다. 이를 정리하면 〈표 11-8〉과 같다.

정 관계는 서로 아껴주는 행위의 교환을 통해 발생하며, 이러한 행위의 동기에는 부적 상황에서 정서적 안정감을 얻으려는 동기가 내재되어 있다. 다시 말해 한국인에게 있어서 '정 관계'는 재난이나 어려움을 당했을 때 도움을 주는 보험과 같이 '심리적 보험(psychological insurance)'의

표 11-8 정의 긍정적 · 부정적 영향

긍정적 영향	서로 마음을 의지할 수 있다. (1)
	어려울 때 조언이나 문제해결책을 주고받을 수 있다. (2)
	서로 신뢰할 수 있다. (3)
	내 편이 있다는 소속감을 가질 수 있다. (4)
	상대방에게 헌신적일 수 있다. (4)
부정적 영향	남을 위해 내가 희생해야 한다. (1)
	수용하기 어려운 상대방의 요구를 거절하기 어렵다. (2)
	의사결정 시 합리성과 공정성에 문제가 생긴다. (3)
	문제해결 시 판단을 흐릴 가능성이 있다. (4)
	개인의 개성이 함몰될 수 있다. (5)

출처: 최상진(2000).

기능을 담당한다(최상진, 이장주, 1999). 이러한 기능은 '정 관계'가 가족을 원형으로 하고 있다는 최상진과 최수향(1990)의 주장을 뒷받침한다. Strong과 DeVault(1992)는 가족의 가장 중요한 기능으로 정서적 안정과 지원을 얻는 것을 꼽았다. 가족의 이러한 기능은 정의 목적론적 기능인 '정서적 의지'와 '실질적 문제해결'과 거의 흡사하다. 그러므로 '정 관계'는 확장된 가족관계와 유사하며, 이는 한국인이 맺는 대인관계의 중요한 특징이 된다.

(4) 정의 양가성: 미운 정 고운 정

한편, 정은 오랜 시간 동안 가까운 공간에서 형성된 것이기에 반드시 긍정적인 영향만 있는 것은 아니다. 아주 가까운 사이일지라도 서로 다투고 싸우기도 하며, 앙숙이나 라이벌 등 서로의 이해관계가 불일치하여 외견상 사이가 좋지 않아 보이는 사람들도 오랫동안 티격태격하면서 서로에 대해 긍정적 마음이 생기기도 한다. 이런 경우, '미운 정 고운 정 다 들었다'라는 표현을 쓰는데, 미운 정은 상대방을 미워한다는 것만을 뜻하지 않는다. 서로 미워하는 가운데 계속되는 대결 속에서 무의식중에 서로가 서로의 존재에 길들여진다는 것, 즉 서로를 아끼는 마음이 생긴다는 것을 의미한다(임태섭, 1995).

4. 마음의 교류 양식: 심정

대인관계 맥락에서 한국인들의 대화는 '마음'을 준거로 이루어지는 것들이 많다. 이를테면, '네 마음대로 해' '마음에도 없는 말 하지 마' '일이 마음같지 않다' '이 마음을 어떻게 전할까' 등 일일이 예를 들기가 어려울 정도이다. 이는 한국인들에게 마음이 대단히 중요한 개념일 뿐 아니라 마음이라는 개념과 마음이라는 말을 사용하는 맥락에 대한 도식이 상당히 세분화되어 발달해 왔음을 의미한다. 또한 한국인의 자기(self)는 자신이 어떤 마음을 가지고 있느냐에 대한 추론적 판단을 근거로 경험을 구성해 간다(최상진, 김기범, 1999a). 이를 종합해 보면 한국인의 대인관계 및 사회적 행위는 행위 그 자체보다 행위의 기저에 깔린 마음을 중심으로 이루어진다고 할 수 있다.

바로 그렇기 때문에 대인관계나 사회적 맥락에서 상대방의 언행을 해석하는 것이 중요한 과제가 된다. 마음은 볼 수도, 만질 수도 없다. 이러한 것은 상대방은 물론 당사자도 마찬가지이다. 따라서 외부로 드러난 행위와 그 행위가 나타난 정황 등으로 자신과 상대방의 마음을 추론하는 도식이 발달하게 된다. 그러나 이러한 도식이 사회적 맥락의 모든 행위의 저변에 있는 마음을 추론해 주는 것은 아니다. 따라서 마음을 해석하는 것은 대개 사안과 상황에 따라 스스로 추론(주관적 해석)해야 한다. 이때 자신과 상대방의 마음을 해석하는 데 사용되는 단서가 심정(心情)이다(최상진, 김기범, 1999b).

심정은 心과 情의 합성어로서 '마음의 정황'(이희승, 1961), '마음이 일어난 상태와 상황'(신국어대사전, 1974)을 말한다. 정태적인 마음의 한 상태가 아니라 사건에 의해 발동되어 비로소 감지된 마음이다. 한국의 방송이나 언론매체에서는 심정이란 말이 빈번하게 등장한다. (예, 자식 같던 배추를 갈아엎은 농민의 심정, 이렇게까지 하는 엄마 심정을 알겠니……) 한국인들의 일상사와 심리 경험 방식을 담고 있는 연속극의 경우는 물론이고, 객관적 사실을 전달해야 하는 언론의 기사에도 심정이라는 표현이 나타난다는 것은 심정이 그만큼 한국인들의 심리 경험의 많은 부분을 차지한다는 방증일 것이다. 심정이란 표현은 주로 다른 이들의 마음을 공감하는 혹은 공감시키려는 맥락에서 주로 사용된다(예, 물러날 곳 없는 벼랑 끝에 선 심정, 지푸라기라도 잡는 심정). 심정을 통해 다른 이의 마음을 내가 직접 경험하는 것 같은 효과를 기대할 수 있다. 한국에서 심정 표현이나 심정 담론은 보통 합리적 사고나 이성적 담론이 요구되는 상황보다는 가까운 사람 사이와 같은 사적 관계에서 일반적으로 통용된다. 즉, 대인관계 속에서 상대방에 대해 갖게 되는 다양한 감정이나 마음은 모두 심정으로 발동되고 경험될 수 있다(Gergen, 1997 참조). 정의 심정, 한의 심정, 사랑이나 증오의 심정 등 대부분의 감정은 심정의 형태로 전환되고 경험될 수 있다. 이러한 맥락에서 심정은 발동된 상태의 감정이라고 볼 수 있다(최상진, 김기범, 1999b).

1) 심정의 성격

(1) 주관화된 마음 경험

심정의 가장 중요한 특징은 심정은 주인성 마음의 작용이라는 점이다. 다시 말해 심정에는 자의식이 전제되어 있다. 심정을 발동한(경험하는) 사람은 자신의 마음속에서 일어난 일을 감지하고 그것을 표현한다. 즉, 심정이란 나의 마음이 주관적으로 재해석한 마음이다. 그것은 상대방의 마음일 수도 있고 나의 마음일 수도 있다. 중요한 것은 그것이 '나에 의해서' '나의 관점에서' 재해석된 것이라는 것이다. 한국인들은 가까운 사람들과의 대인관계에서 자신의 행위나 자신과 관련된 사건에 대해서 상대방의 마음속에서 일어나는 심적 경험을 자기 자신의 경험으로 치환하여 공경험(共經驗, co-experience)하는 일에 민감하며 습관화되어 있다(최상진, 1999). 여기서 공경험이란 정서적 공감(empathy)과는 다른 의미로, 다른 이가 경험하는 내용을 마치 자신이 경험하는 것처럼 동시에 경험한다는 뜻이다. 즉, 공경험은 다른 사람이 경험하는 인지, 정서적 내용뿐만 아니라 그 사람의 현재 상황에 대한 이해와 그 사람이 표현하는 방식과 내용에 대한 이해를 포함하는 개념이다.

사실 다른 이의 경험을 '있는 그대로' 동시에 경험하는 일은 불가능하다. 그러나 한국인들에게는 자신이 다른 이의 경험을 공경험하고 있다고 믿는 신념의 체계가 존재하는데, 다른 이의 경험에 대한 이러한 믿음은 그것들이 자신의 입장에서 해석된 것이기 때문에 가능하다. 이 점에서 한국인들은 상대방의 경험을 당사자적 입장에서 주관화(subjectify)한다고 볼 수 있다(최상진, 1997; Choi, 1998).

주관화(subjectification)란 외부로부터 주어지는 정보가 개개인이 가지고 있는 배경지식과 도식에 의해 해석되어 자기 자신만의 정보로 변화하게 되는 심리내적 과정이다(Han & Cunha, 2015). 예를 들면, 두 사람이 같은 시간에 똑같은 사건을 경험했다고 하더라도 두 사람이 가진 배경과 지식, 사고방식과 가치관 등의 차이에 의해 그 사건에 대한 개인적인 인상이나 의미는 달라질 수밖에 없는데, 그것이 바로 주관화의 결과이다. Han과 Cunha(2015)는 주관화를 인간이 외부 세계의 정보를 받아들여 자신의 내적 심리 경험을 구성하는 보편적인 과정으로 이론화하였지만, Choi, Han과 Kim(2007)이 지적하고 Han과 Song(2015)이 그 실제적 과정을 기술한 것처럼 주관화의 과정은 문화적으로 양식화(patterned)되는 경향을 보인다. 특히 한국인의 마음은 주관적인 해석과 판단으로 경험되느니만큼, 이 과정은 서양인들이 가장 주관적인 자기(self)까지도 객관화(objectify)하는 것과 대비되어 한국인들의 심리 경험 전반에 중요한 영향을 미칠 것으로 가정된다. 이렇게 주관화된 상대방의 경험, 주관화된 나의 마음이 바로 심정이다.

한편, 최상진, 김기범(1999b)은 심정을 '서러운 내 신세' 등과 같은 자기조망적 평가가 부정적 감정과 결부되어 나타나는 것이라고 주장하였으나 한국 문화에는 '고마운 심정'이나 '황홀한 심정' 등과 같이 긍정적인 심정 경험도 다수 존재한다. 따라서 심정의 의미를 심정과 결부되는 정서에 따라 부정적인 것으로 한정지을 필요는 없다고 생각된다. 다만 심정에 어떤 방향이든지 자기의 관점에서 재해석되는 '자기조망적 평가', 즉 주관화 과정이 개입된다는 것은 주목할 필요가 있다. 결국 심정의 본질적 속성은 심정이 타인과의 교류를 위해 자신의 입장에서 주관화한 심리 경험이다.

(2) 심정의 작동 원리

심정이란 말 속에는 좋고 나쁨과 같은 평가적 가정과 더불어 그러한 감정이 나타난 이유나 배경에 대한 심리 과정이 내포되어 있다. 예컨대, 상대방의 특정한 말 때문에 섭섭한 심정을 느끼게 되었다면 당사자는 자신이 왜 그런 심정을 갖게 되었는지를 파악하려고 할 것이다. 심정은 그러한 과정 끝에 얻은 것이다. 즉, 심정은 '마음속에서 일어난 것을 느끼는 마음과 그 내용'으로 정의된다(최상진, 김기범, 1999b). 이러한 심정의 과정에 대한 설명 방식은 사물과 사리에

표 11-9 심정 논리와 사리 논리

심정 논리	사리 논리
우리성의 논리	개별자의 상호작용 논리
정의 논리	이성의 논리
사적 논리	공적 논리
마음의 교류 논리	이해관계의 교환 논리
간주관성의 논리	객관성의 논리

출처: 최상진(1997).

대한 합리적 설명 방식과는 차이를 보인다. 최상진(1997)은 전자를 심정 논리로, 후자는 사리 논리(事理論理)로 명명하였다(〈표 11-9〉 참조).

(3) 심정의 기원

한국인의 마음 경험에서 큰 부분을 차지하는 심정은 자신의 주관적 해석이 개입된 심리 경험이다. 따라서 한국인들이 체계화한 심정의 성격을 짐작하기 위해서는 그러한 해석의 방식이나 경향성을 알 필요가 있다. 그러기 위해서는 경험을 해석하는 주체인 자기(self, subjectivity)에 대한 심층적인 이해가 선행되어야 한다. 간략하게 말하자면 한국인의 자기는 자기에게 의미있는 타인과의 관계 속에서 상황맥락적으로 구성되는 '관계적-상황맥락적' 자기이다([그림 11-2] 참조).

따라서 한국인들에게는 총체적인 상황맥락 속에서 상대방의 속마음을 읽고 상대방에게 자신의 마음을 전달하는 것이 중요하다. 심정은 이러한 목적을 달성하기 위해 발달한 한국인들의

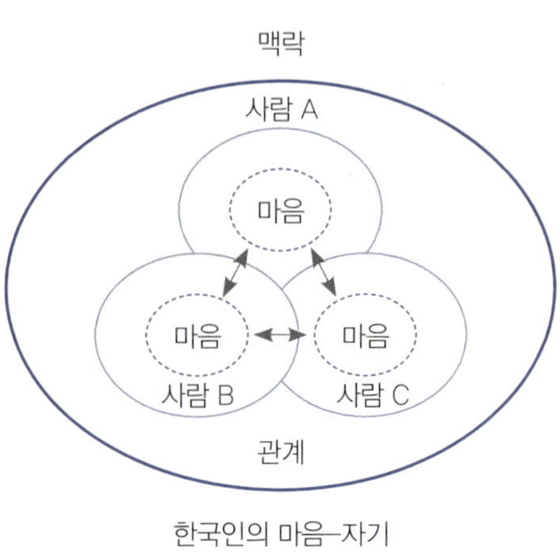

[그림 11-2] 한국인 자기의 특징

출처: 최상진, 김기범(1999a).

문화적 마음이다. 그 외에 한국인 자기의 다른 특성들 때문에 심정과 심정 교류는 독특한 양상을 갖게 된다. 한국인의 자기에 대해서는 다음 장에서 보다 자세하게 다루도록 할 것이다.

2) 심정 교류

우리는 마음이란 말을 대인관계 상황에서 상대방에게 기울이는 배려나 관심, 또는 의지를 지칭하는 경우에 많이 쓴다. 한국인들에게 바람직한 대인관계란 '마음이 통하는 관계' '이심전심의 관계'라고 보며, 상대방이 보여 주는 행동을 통해 상대방이 자신에게 가지고 있는 마음의 방향과 크기를 읽으려고 한다. 여기서 한국인들이 경험하는 마음의 질과 교류의 방식이 결정된다.

심정은 특히 우리 관계에서 가장 동적이면서 생생한 교류의 수단이며 매체가 된다(최상진, 1999). 이러한 심정이 교환되는 과정은 다음과 같다. 어느 한 사람, 즉 A의 마음속에 발생한 심정은 상대방 B의 마음에 공감이 되고, 다시 이러한 공감을 바탕으로 생겨난 B의 A에 대한 심정이 다시 A에게 공감이 되는 방식이다(최상진, 김기범, 1999a). 특히 가족과 같이 친밀한 관계일 경우에는 어느 한쪽의 심정이 상대방의 심정으로 그대로 전이되는 일이 일어난다(최상진, 김기범, 1999b). 의사소통의 주체가 나(I)와 상대방(other)으로 명확히 구분되는 것이 아니라 나와 상방이 분리되지 않는 형태의 의사소통 양식이다.

이러한 심정의 교류는 말을 매개로 이루어지기보다는 비언어적 심정 전달 단서를 통해 이루어진다. 언어를 통한 소통에는 마음이 아닌 '생각', 본마음이 아닌 '꾸민 마음'이 들어갈 수 있는 소지가 있기 때문이다. 따라서 한국 문화에서는 마음을 마음으로 전달하는, 즉 이심전심(以心傳心)의 교류가 가장 이상적으로 여겨지고 있다.

이심전심의 마음 교류가 가장 빈번하게 일어나는 집단은 가족이다. 가족 구성원, 특히 부모와 자식은 말하지 않고도 서로를 배려하는 행동에 익숙해 있다. 명절에 내려왔다가 돌아가는 자식을 역에서 배웅하는 장면에서 모자의 대화를 예로 들어보자.

> 아들: (화를 내며) 빨리 들어가세요.
>
> 어머니: (손사래를 치며) 어서 가.

참으로 짧고 쌀쌀맞은 대화이다. 자신을 배웅하러 나온 어머니에게 '빨리 들어가시라'는 아들이나 기껏 배웅을 나와서 '어서 가'라는 어머니나 대화 자체만 봐서는 서로에 대한 배려는 느껴지지 않는다. 그러나 심정 교류는 이러한 언어의 이면에 존재한다. 어머니에게 화를 내며 빨리 들어가라는 아들은 자신을 위해 역까지 나온 어머니의 수고에 대한 고마움과 어머니가 빨리 돌아가서 쉬시기를 바라는 마음일 것이며, 어머니는 먼 길을 가야 하는 아들이 혹시나 열차 시간에 늦지는 않을까 걱정하는 마음과 아들이 좋은 자리에 앉아서 편하게 가기를 바라는 마음을 '어서 가'라는 말에 담았을 것이다. 동시에 이 대화에는 짧은 만남과 이별을 아쉬워하는 두 사람의 마음이 담겨 있다. 이러한 두 사람의 본심은 반어적인 표현에 가려지는 듯하면서 서로의 심정을 더욱 애틋하게 하고 있다.

이처럼 한국의 부모자녀관계는 심정 교류의 관계이며, 이를 통해 강력한 심정의 결속이 이루어진다. 심정의 결속이란 상대방의 심정이 자기의 것으로 체험되는 관계로, 어느 한쪽의 심정이 상대방에게 그대로 전이되는 수준의 단계를 의미한다. 이러한 심정 교류의 방식은 한국인들의 관계 양상(제13장에서 자세히 다룰 것이다)으로 인해 부모자녀관계에서 일반적인 대인관계로 확장된다.

한국인의 대표적 대인관계 양식인 '우리'는 가족을 그 원형으로 한다. 자연히 어머니-자녀 간의 감정을 원형으로 하는 정이 우리 관계에서 교환되는 중요한 감정이 되고, 어머니-자녀 사이의 감정 교류 방식이 우리 관계에서의 중요한 교류 방식이 될 것이라는 것을 짐작할 수 있다. 따라서 심정과 심정 교류는 한국인들의 대인관계를 구성하고 유지시키는 중요한 원리가 된다. 예를 들면, 한국인들은 인간관계에서 갈등이나 불화가 생겼을 때 심정 토로의 방식으로 자신의 속마음을 상대방에게 표현하고, 상대방으로부터 자신의 주관적 해석에 대한 피드백을 받음으로써 상대방과의 관계를 유지하고 개선한다. 우리가 흔히 접하는 술자리에서의 대화들은 이러한 기능을 수행한다.

그러나 심정 교류가 항상 비언어적으로 일어나는 것은 아니다. 매우 친밀한 관계가 아닌 일반적 대인관계에서는 보다 명확한 전달 방식을 사용한다. 보통 이러한 행위들에 대한 해석은 관계 및 상황에 따라 이루어지며, 심정 전달 행위의 양식과 그것을 해석하는 방식은 문화적으로 공유되고 상징화되어 있다(최상진, 김기범, 1999b; Boesch, 1991). 이러한 경우에 언어의 사전적 의미보다는 그러한 언어를 사용한 상대방의 동기가 더욱 중요하게 되며, 한국 사회에서는 그러한 표현과 해석의 틀이 매우 섬세하게 발달되어 있다(최상진, 김기범, 1999b).

(1) 양식화된 심정 교류: 의례성

심정 교류와 관련된 행위 양식들은 한국 문화의 의례성(최상진, 유승엽, 1994a)과도 연관된다. 여기서 의례성은 의식과 예절을 갖추는 뜻에서의 의례적 상황과 행위를 의미하며, 사전적 의미의 의례(ritual)와는 상관이 없다.

의례성에 대한 가장 쉬운 예는 사회생활 중에 가장 흔히 하고 또 듣게 되는 표현 중 하나인 "언제 밥 한 번 먹자."일 것이다. 한국 문화에서 밥을 함께 먹는다는 것은 '가까운 사람들이 마음을 나눈다'는 의미를 갖는다. 따라서 밥을 함께 먹는 시간을 내겠다는 것은 내가 상대방과의 관계를 그만큼 각별하게 여기고 있다는 것을 은연중에 드러내는 것이다. 물론 '언제 밥 한 번 먹자'는 사람들 중 실제로 함께 밥을 먹는 경우는 많지 않다. 아주 친밀하지는 않지만 그래도 그냥 보내기에는 내가 너무 무심한 사람으로 보일 것 같아서 의례적으로 하는 표현이 '언제 밥 한 번 먹자'이다. 이러한 의례성은 한국인의 형식주의나 은폐의식, 표리부동에 대한 비판들(이규태, 1991; 이부영, 1988)과 밀접하게 관련되어 있다.

3) 심정 교류에 대한 사회적 표상

여기서는 심정 교류에 대한 사회적 표상 연구(김경자, 한규석, 2000)를 바탕으로 심정 교류의 성격을 살펴보도록 하겠다.

(1) 심정의 의미

심정은 무엇인가에 대한 응답은 '속마음, 마음의 상태(38.0%)' '생각 자체(28.3%)' '느낌(18.6%)' 등의 순으로 나타났다.

즉, 심정은 어떤 사람의 마음이나 생각, 느낌으로 관계의 역사성이 전제되거나 마음이 통하는 사이에서 진실하고 솔직하게 나눌 수 있는 속성을 갖고 있다.

표 11-10 심정의 표상

내용	빈도(%)
마음(속마음), 마음 상태	43(38)
생각 자체(가치관, 뜻하는 바)	32(28.3)
느낌, 감정	21(18.6)
마음이 통함(텔레파시)	9(8.0)
비밀, 고민	4(3.5)
진실, 솔직	3(2.7)
같은 처지, 같은 경험	1(.9)
계	113(100) *복수 응답

출처: 김경자, 한규석(2000).

(2) 심정이 통하는 상황

심정이 통하는 상황은 상대방과 '생각이 같을 때(31.8%)' '마음이 통할 때(31.8%)' '같은 처지에 있어 상황이 이해가 갈 때(20.0%)' 등의 응답이 도출되었다.

표 11-11 심정이 통하는 상황

<table>
<tr><th colspan="2">내용</th><th colspan="2">빈도(%)</th></tr>
<tr><td rowspan="3">양방적</td><td>생각이 같을 때, 가치관이 비슷할 때</td><td>27(31.8)</td><td rowspan="3">71(83.6)</td></tr>
<tr><td>마음이 통할 때
행동이 일치할 때
표정만으로도 통할 때</td><td>27(31.8)</td></tr>
<tr><td>같은 처지, 같은 상황에 처해 있을 때</td><td>17(20.0)</td></tr>
<tr><td rowspan="2">일방적</td><td>표현하지 않는 마음을 미리 알아서 표현해 줄 때</td><td>7(8.2)</td><td rowspan="2">14(16.4)</td></tr>
<tr><td>내 마음을 열 수 있을 때
진지한 대화를 할 수 있을 때
내 편이 되어 줄 때</td><td>7(8.2)</td></tr>
<tr><td colspan="2">계</td><td colspan="2">85(100)</td></tr>
</table>

출처: 김경자, 한규석(2000).

심정이 통하는 상황은 서로의 심정이 통하는 상황(양방적)과 한쪽은 표현하지 않았지만 다른 쪽에서 심정을 읽어 주는 상황(일방적)으로 나눌 수 있다. 양방적 상황이 많았지만 일방적 상황 역시 심정 소통의 중요한 유형을 보여 준다.

(3) 심정이 통하는 대상

심정이 통하는 대상은 가족, 친구 등의 내집단이 63.0%로 많았지만, 반드시 기존의 내집단 구성원이 아니더라도 생각이나 처지가 비슷한 사람이나 사려깊은 사람, 눈치가 있거나 신뢰가 가는 사람(35.0%)과도 심정 소통이 발생할 수 있음이 드러났다.

심정과 심정 교류의 기원은 가족으로 대표되는 원형적 내집단에 있지만 특정 조건을 만족하게 되면(예, 같은 환경, 처지에 있는 경우) 심정이 통하는 관계는 확장된다.

표 11-12 **심정이 통하는 대상**

<table>
<tr><th colspan="3">내용</th><th colspan="2">빈도(%)</th></tr>
<tr><td>내집단</td><td colspan="2">가족, 부모, 형제</td><td>17(17.0)</td><td rowspan="2">63(63.0)</td></tr>
<tr><td rowspan="5">내집단, 외집단 구분이 안 되는 추상적 대상</td><td colspan="2">친구, 선배, 연인</td><td>46(46.0)</td></tr>
<tr><td colspan="2">환경, 처지가 비슷한 사람
같이 부대끼는 사람
생각이 비슷한 사람</td><td>17(17.0)</td><td rowspan="4">35(35.0)</td></tr>
<tr><td colspan="2">이해심 있는 사람, 사려깊은 사람</td><td rowspan="2">13(13.0)</td></tr>
<tr><td colspan="2">생각이 트인 사람</td></tr>
<tr><td>기타</td><td>눈치 있는 사람, 똑똑한 사람
술 좋아하는 사람
느낌이 통하는 사람
믿음직한 사람</td><td>5(5.0)</td></tr>
<tr><td>외집단</td><td colspan="2">잘 모르는 사람</td><td>2(2.0)</td><td>2(2.0)</td></tr>
<tr><td colspan="3">계</td><td colspan="2">100(100)</td></tr>
</table>

출처: 김경자, 한규석(2000).

(4) 심정을 표현하려는 상황

심정을 표현하려는 상황은 크게 부정적 상황과 긍정적 상황으로 나눌 수 있으며, 부정적 상황(55.7%)이 긍정적 상황(13.4%)보다 많았다. 즉, 기쁘고 좋은 일보다는 어렵고 힘든 일에 자신의 마음을 표현하고 싶어 한다는 것이다. 그 외에도 단지 소통을 원할 때(13.4%)나 속으로 담고 있기 어려울 때(10.3%) 등에서도 심정을 표현하는 것으로 나타났다.

표 11-13 **심정을 표현하려는 상황**

<table>
<tr><th colspan="2">내용</th><th colspan="2">빈도(%)</th></tr>
<tr><td rowspan="5">부정적 상황</td><td>구체적 어려움이 있을 때, 힘들고 괴로울 때</td><td>19(19.6)</td><td rowspan="5">54(55.7)</td></tr>
<tr><td>답답할 때</td><td>10(10.3)</td></tr>
<tr><td>오해
억울
부당</td><td>9(9.3)</td></tr>
<tr><td>외로울 때, 그리울 때</td><td>7(7.2)</td></tr>
<tr><td>자신의 나쁜 감정(상한 기분 등)을 표현하고자 할 때</td><td>9(9.3)</td></tr>
</table>

긍정적 상황	자신의 긍정적 감정을 표현하고자 할 때	9(9.3)	13(13.4)
	상대방에 대한 호감을 전할 때	4(4.1)	
기타 상황	내 마음, 생각을 전하고자 할 때	13(13.4)	30(30.9)
	이해받은 느낌을 받았을 때	3(3.1)	
	고민에 답을 줄 수 있는 사람을 만났을 때	4(4.1)	
	담고 있기엔 너무 가슴 벅찰 때	10(10.3)	
계		97(100)	

출처: 김경자, 한규석(2000).

(5) 타인의 심정을 지각하는 단서

누군가 심정을 전하려고 한다는 것을 지각하는 단서로 언어적 단서와 비언어적 단서가 있는데, 암시적 감정이나 분위기, 태도, 말투 등의 비언어적 · 준언어적 단서(84.0%)가 훨씬 많았다.

표 11-14 타인의 심정 표현을 지각하는 단서

내용		빈도(%)	
비언어적 단서	눈빛	28(22.4)	97(77.6)
	표정	18(14.4)	
	느낌	17(13.6)	
	행동(태도)	17(13.6)	
	분위기	15(12.0)	
	기타	2(1.6)	
준언어적 단서	말투, 어투, 목소리	8(6.4)	8(6.4)
언어적 단서	말을 통해서	20(16.0)	20(16.0)
계		125(100)	

출처: 김경자, 한규석(2000).

(6) 심정 표현의 방식

또한 자신의 심정을 표현하는 방식 역시 언어적 표현과 비언어적 표현으로 나눌 수 있는데, 심정 표현은 '직접 말하기'와 같은 언어적 표현(57.6%)이 비언어적 표현(42.4%)보다 더 많은 것으로 나타났다.

표 11-15 자신의 심정 표현 방식

내용		빈도(%)	
언어적 표현	직접 말하기	32(37.6)	49(57.6)
	편지	10(11.8)	
	전화	3(3.5)	
	돌려 말하기	4(4.7)	
비언어적 표현 (분위기 형성)	술을 마시면서	10(11.8)	27(31.8)
	분위기 형성, 평소와 달리	8(9.4)	
	표정을 심각하게	3(3.5)	
	뜸들이기	3(3.5)	
	차를 마시면서	1(1.2)	
	안아 주기	2(2.4)	
언어+비언어적 표현	강한 눈빛을 보내거나 눈을 보고 이야기	9(10.6)	9(10.6)
계		85(100)	

출처: 김경자, 한규석(2000).

심정 대화의 특징은 분위기의 형성에 있다고 할 수 있다. 심정 소통은 친밀한 관계에서 주로 이루어지며, 그러한 관계에서는 보통 상대방의 입장을 배려한다. 그러나 상대방에게 갖는 기대가 충족되지 못하거나 곤란한 입장에 처했을 때 심정 소통의 욕구는 강하게 일어난다. 그러나 그러한 심정을 솔직히 표현할 경우에 상대방과의 관계가 위협을 받을 수 있기 때문에 오해의 소지를 줄이고 관계를 유지하기 위해 본론이 나오기 전에 서로 간의 관계를 환기시킬 수 있는 시간적 여유가 필요한데, 그것이 분위기의 형성이다. 반면에 공적 관계에서의 사리 대화에서는 그럴 필요성이 현저히 적다.

또 하나 짐작할 수 있는 것은 당사자의 표현하려는 의도가 개입되면 직접적인 언어적 표현이 등장하지만 심정을 읽는 사람 입장에서는 당사자의 표현 의도와 관계없이 다양한 비언어적 정보를 활용한다는 사실이다. 한국인들은 의사소통 맥락에서 이러한 목적을 위해 '눈치'를 발달시켰다(눈치에 대해서는 제13장에서 다룰 것이다).

이러한 결과로 미루어 볼 때, 심정은 한국인들이 표상할 수 있는 실질적인 개념이자 관련된 동기, 욕구, 행위 양식 등을 가진 살아 있는 심리 구성체임을 확인할 수 있다.

4) 심정 교류의 예: 섭섭함과 삐침

삐침은 친구나 애인, 배우자 등 가까운 관계에서 주로 경험된다. 우리성-정 관계로 요약할 수 있는 이러한 관계에서는 언어적 표현 없이 서로의 기대를 충족시켜 줄 것이 기대된다. 이러한 기대가 좌절되었을 때 사람들은 부정적 정서를 느끼는데, 한국 문화에서는 그러한 정서를 '섭섭함' 혹은 '서운함'으로 개념화한다.

한편, '삐침'은 상대방에 대해 내가 가진 섭섭한 감정을 표현하기는 하되, '화'와 같은 직접적이고 적극적인 형태가 아닌 우회적인 방법으로 표현하려는 행위 양식이다. 삐침의 표현 양식은 '말 안함' '비꼬기/툴툴거림' '시무룩, 냉담한 표정' '삐쳤다고 말함' 등이다. 이 중 말을 안 한다거나 툴툴거리고 냉담한 표정을 짓는다는 것은 '나 지금 삐쳤다'라는 간접적 의사소통인 것이다.

송경재, 김윤영, 박율우, 박성미, 신지영, 한성열(2010)의 연구에서 삐침의 표현 양식 중 약 85%가 간접적 표현이라는 점은 자신이 삐친 상황을 직접적으로 표현하기 꺼려하고, 직접적으로 삐쳤다는 것을 알리는 것이 문화적으로 바람직하지 않기 때문이다. 이는 '너 삐쳤니?'라고 상대방이 물어 왔을 때, '그렇다'라고 말하는 경우가 13.4%밖에 안 된다는 점에서 이를 확인할 수 있다. 관계의 악화를 야기할지도 모르는 상대방과의 직면(confrontation)은 피하되, 나의 감정 상태는 알리고 그 감정을 상대방이 알아주기를 바라는 한국인 특유의 의사소통 양식이 바로 '삐침'인 것이다.

손영미, 최상진(1999)은 심정적 대화는 '내 마음을 좀 헤아려 줘' '나 심정 상했으니까 풀어 줘'라는 의도를 함축하고 있으며, '나 속상한데 내 말 좀 들어주라' '내 말이 맞지? 동조, 지지해 줘'의 의도를 함축하고 있다고 하였다. 이러한 심정의 교류는 삐친 사람의 삐친 의도를 이해하는 데 매우 중요한 의미를 지니고 있다. 본 연구를 통해 나타난 '나의 삐친 마음을 알아 달라는 것'은 삐친 사람들이 상대방에게 바라는 가장 큰 요구이다.

상대방은 이러한 속마음, 즉 '내가 너에게 섭섭한 마음이 있고 그것을 알아 달라'는 것을 '삐침' 행동으로부터 미루어 짐작하여야 한다. '삐침'의 간접적 표현 단서를 알아내기 위한 가장 좋은 도구는 '눈치'이다. 눈치를 통해서 상대방의 표정, 행동, 분위기, 느낌 등을 파악하는 것이다. 특히 눈치는 한국과 같은 고맥락 사회에서 발달한 사회적 심리기제이다. 눈치를 통해 상대방의 삐침 상태를 잘 알아주는 사람이 관계를 형성하기에 유리하다.

눈치를 통해 삐친 상대방의 진의를 파악하였으면 그의 섭섭한 마음을 풀어 줄 책임이 삐치게 만든 사람에게 있다. 그는 사과나 잘못 인정, 선물이나 위로 등의 물질적/심적 보상을 통하여 자신의 마음을 표현해야 한다. 이러한 과정에서 섭섭함과 삐침의 당사자 둘 사이에는 심정이 교류한다. 구체적인 말이나 요구는 없지만 문화적으로 공유된 표현 양식과 마음 읽기 양식, 행위 양식을 통해 서로의 마음과 의도는 충분히 전달되고 받아들여지는 것이다.

이러한 과정을 통해 두 사람의 관계는 성숙되어 간다. 송경재와 동료들(2010)에 의하면, 응답자 중 27%는 관계가 악화된다고 하였지만, '상호 이해' '관계 돈독' '관계 재확인' '서로 조심' 등 관계가 견고해지고, 성숙해지는 계기가 된다는 응답이 약 45%로 나타났다.

삐침은 관계 속에서 발생한 심정 손상이기 때문에 그 당시의 정서는 서운하고 불쾌한 부정적인 감정으로 표현된다. 그러므로 그 당시의 당사자 입장에서는 관계가 악화될 것으로 예상된다. 그러나 상대방이 삐쳤다는 것을 인지했을 때 상대방이 삐치게 된 이유가 궁금하고, 그것을 풀어 줘야겠다는 생각이 든다는 것으로 미루어 이러한 과정을 통해 관계가 더욱 돈독해질 수 있다는 것을 의미한다. 삐친다는 것은 미숙한 방식으로 관계 속 갈등을 대처하는 것으로 보이지만, 삐치고 푸는 과정 속에서 관계가 더욱 성숙해질 수 있음을 알 수 있다.

결국 삐침을 드러내고, 읽고, 해소하는 과정에서 심정은 교류하고 두 사람 사이의 관계는 개선된다. 즉, 삐침과 삐침 관련 행위 양식들은 한국 문화에서 심정을 통한 의사소통 방식의 한 예다.

제12장

한국인의 자기관

자기(self)는 심리학에서 중요한 비중을 차지하는 주제이다. self는 개인의 마음속에 존재하는 실체로서 그 사람의 성격, 정서, 행동, 의지 등에 광범위하고도 중요한 영향을 미친다(Danziger, 1997). self는 당사자인 나 자신의 이성적 이식을 통해 발견되고, 논리적으로 체계화, 구조화되며(Harre & Gillett, 1994), 개인의 일상적 삶 속에서 참고의 준거로 활용된다. 이 점에서 서양인들은 자신의 self에 대한 관여(commitment)가 강하다(Giddens, 1991).

또한 서양인들에게 self는 자신의 존재를 확인하는 증거가 된다. 존재에 대한 안정감을 얻기 위해 서양인들은 자신을 대상으로 한 자기관찰을 빈번히 수행한다. 자기관찰을 통해 얻은 결과물(self-concept)이 self이다. 따라서 self-concept이 자신의 real self에 가까울수록 바람직하고 정상적이다. 자신의 real self를 올바르게 이해하기 위해서는 자신의 self에 대한 집중과 주의를 통해 self를 분석하고 명확히 표현할 수 있어야 한다. self를 표현하는 것이 중요하다는 생각의 배경에는 self가 견고하고 안정적으로 구성되고, self를 이루는 요소들 간에는

일관성(consistency)이 높아야 한다는 명제가 전제되어 있다(Holland, 1997). 이렇게 구성된 self는 'I'가 하는 다양한 행동에 광범위한 영향을 미친다.

그렇다면 한국인에게 있어 self에 상응하는 것은 무엇일까? 한국에서 self는 흔히 자기(自己, one's own body)로 번역된다. 영어의 self에 해당하는 적합한 한국어가 없기 때문에 영어의 'I'의 뜻에 해당하는 '자기'를 번역어로 채택한 것이다. 일상적인 한국어에서 서양의 'I'에 상응하는 말은 '나'이다. '자기'와 같은 뜻이지만 '자기'라는 말이 사용되는 경우는 매우 제한되어 있는 반면에 '나'라는 말은 대부분의 경우에 일반적으로 사용된다.

그러나 self에 상응하는 단어가 없다고 한국인에게 self 자체가 없다고 생각할 수는 없다. 한국인에게도 자기 자신에 대한 인식은 존재한다. 그러나 그것이 한국인에게 의미하는 바와 그것이 형성되는 과정 등은 self와 다를 것이다. 이 장에서는 한국인들의 자기, 즉 한국인들이 개인적 심리 경험 및 사회생활에서 참조하게 되는 자기 인식에 대해 살펴보도록 하겠다.

1. 한국인의 자기

1) 한국인 자기의 성격

(1) 추론적 자기

서양인의 self에 있어서 가장 두드러진 특징은 그것이 '객관화(objectified)'된 자기라는 것이다. self는 나(I)이지만 내가 객관적으로 인식하여 마치 타인처럼 관찰하고 참고(reference)할 수 있는 실체(entity)로서의 나이다. 반면에 한국인의 자기 인식은 서구의 자기(self)와 같은 객관적 실체와 같은 자기를 대상으로 한 인식과는 거리가 있다. 한국인은 자신을 타인과 구분되는 안정적이고 자명한 존재로 인식하지 않는다.

또한 고맥락적이고 관계주의적인 문화에서 한국인의 자기 인식은 상황이나 역할에 따라 매우 가변적이다. 이러한 두 가지 특성(비실체성, 가변성) 때문에 자신의 마음에 대한 자각이 어려우며, 지각된 경우라도 그것에 대한 확신이 강하지 않다. 따라서 한국인의 자기 마음에 대한 이해는 자신에 대한 객관적이고 구체적인 상(서양인의 self)에서 비롯된다기보다는 추상적인 성향(disposition)으로 기술되고 파악된다. 즉, '나'는 '무엇'이 아니라 '어떤 성향을 가진 사람'으로 개념화된다. 따라서 한국인이 '나'를 파악하는 대표적인 인식 양식은 추론(inference)이 된다. '내가 이런 행동을 한 것을 보니 내 마음이 이렇구나' 하는 식이다. 한국인들이 자주 사용하는 '내 마음이 어떠하다'나 '내 마음이 어떠하다는 느낌 혹은 생각이 든다'는 표현에는 '내 마음을 느낌으로 짐작한다(感知)'는 전제가 깔려 있다. 이렇듯 한국인들은 자신의 마음은 자신의 다양한 행동이나 생각에 분산되어 있다고 믿으며, 이러한 자신의 행동과 생각에 내재된 대표적인 성향을 추론을 통해 믿음의 형태로 추출한다. 요약하자면 서양인의 자기를 '준거적 물성-자기(referential entity-self)'라 한다면 한국인의 자기는 '추론적 마음-자기(inferential mind-self)'라고 명명할 수 있다(최상진, 2000).

즉, 한국인의 마음은 서구의 self와 같은 방식으로 인식되는 성질의 것이 아니다. 또한 한국인의 자기는 행위나 생각의 준거(reference)로 활용되는 경우도 적다. 개인의 고유성과 독립성이 강조되지 않는다는 점에서 '존재의 근거'로서의 self를 구축할 필요성도 적으며, 자신의 행위와 self를 일치시키려는 노력도 강조되지 않는다. 이처럼 서구적 형태의 self를 구축해야 할 필요가 적은 데에는 한국의 문화도 중요한 영향을 미친다. 앞서 언급한 것처럼, 한국인에게는 사회적으로 부여된 가치와 이상을 내면화하는 것이 개인을 개성화(individualize)하는 일보다 더욱 중요하고, 사람들은 이를 사회규범으로 수용한다.

정리하자면, 한국인의 self는 자기 자신에게 고유하게 실재하는 것을 스스로 찾고 구성하는 것이라기보다는 사회적으로 규범화된 이상적인 심성과 가치를 자신의 마음에 내면화시키고 실천하는 것으로 규정할 수 있다(최상진, 2000). 따라서 한국인에게는 자신의 self를 발견하는 일보다는 사회적으로 부여되고 규정된 사회적인 ideal self를 자신의 마음속에 내면화하고 성장시키는 것이 보다 중요한 과제가 된다. 따라서 한국인에게 자기반성(self-reflection)이란 자신의 self를 확인한다는 의미보다는 사회적으로 부여된 self에 반하거나 미달된 행동을 한 자신을 깨닫고 회개하는 의미로 쓰인다(최상진, 김기범, 1999).

(2) 맥락적 자기

한국인에게 개인적 self가 발달될 필요성을 약화시키는 또 다른 요인은 자신이 상호작용하는 대상과 상황에 따라 자신의 생각과 행동을 달리 해야 하는 사회-문화적 맥락을 들 수 있다. 한국인들은 가까운 관계일수록 자신의 마음에 따른 행동을 하는 반면, 먼 관계일수록 역할 중심이나 상대 지향적 행동을 하는 것으로 나타났다(Jang & Kim, 1996). 관계와 맥락을 중시하는 문화 속에서 상황을 초월해 행위에 일치시켜야 하는 self를 구축해야 할 당위성을 찾기가 어렵다. 한국인에게 중요한 것은 자신의 마음을 사회적 가치와 일치시키며 상황에 따른 적합한 행동을 보이는 것이다.

서양인의 준거적 물성-자기는 대상과 상황을 초월하는 '초월적 자기(transcendental self)'로서의 특성을 갖는다(Holland, 1997). 반면에 한국과 같은 고맥락 관계주의 사회에서 개인의 마음은 개인이 상호작용하는 대상과 상황에 따라 맥락적으로 규정된다. 이러한 자기개념의 특성상 서양인들은 사회적 맥락이나 타인과의 관계에 영향을 받지 않는 내적 일치성을 가질 수 있으나, 한국인들의 자기개념은 내적 준거로서 작용하는 확고한 실체로서가 아닌 상황과 맥락에 따라 다양한 모습을 갖게 된다. 따라서 한국 문화에서 개인은 사회의 질서나 목표에 합일시켜야 한다는 사회지향적 자기관이 존재한다(최상진, 2000). 이는 서구의 원자화된 개인주의적 자기관과 구별된다. 따라서 한국인들(동양인들)은 성숙된 사람일수록 사인(私人)이 아닌 공인(公人)의 마음과 인격을 가져야 한다고 믿는다. 이 때문에 한국인에게는 '남과 다른 나'를 구축하는 것보다 '남보다 나은 나'를 구축하는 것이 중요하다(최상진, 김기범, 1999).

이상으로 서구의 self와 대비되는 한국인들의 자기의 성격에 대해 살펴보았다. 다음은 self의 구성요소가 문화에 따라 다를 수 있다는 문화-자기관 이론을 바탕으로 한국인의 자기관의 특성을 알아보도록 하겠다.

2. 한국인의 자기관

자기관이란 자기가 어떤 구성요소로 이루어져 있는가에 대한 인식을 뜻한다. 개인이 자기(self)를 인식하는 방식은 자기개념(self-concept)이라는 용어가 사용되고 있다. 그러나 자기개념은 주로 사회적 맥락과는 별개로 개인의 심리적 적응과 관련하여 연구되어 온 반면, 자기관(self-construal)은 사회적 맥락에서 구성되는 자기에 대한 인식이라는 관점에서 자기개념과 구별된다.

자기관 이해가 중요한 이유는 자신을 사회적 맥락 속에서 어떤 존재로 보느냐에 따라서 타인과의 상호작용의 방식 및 질이 결정되기 때문이다. 또한 자기관은 대인관계를 포함한 사회적 상호작용에서 개인의 경험을 조절하며, 나아가 그들이 살아가는 문화의 특성을 규정한다.

1) 기존의 문화-자기관 이론: 상호독립적 자기 대 상호협조적 자기 이론

현재의 자기관 이론 중 문화와 자기의 관계를 설명하는 것은 Markus와 Kitayama의 이론이다. 문화적 자기관은 문화적 다양성을 보이는 심리적 과정과 사회적 행동을 설명하는 틀로서 비교문화심리학에서 중요한 비중으로 다루어져 왔는데, 대표적으로 Markus와 Kitayama(1991)의 상호독립적 자기-상호협조적 자기 이론은 비교문화심리학에서 서양과 동양의 문화차이를 조명하는 많은 연구에 적용되어 왔다.

이 이론은 Triandis(1988)가 세계의 문화를 개인주의 문화권과 집단주의 문화권으로 분류한 것에서 비롯된다. Triandis의 이론이 가치관에 주목하여 문화라는 인류학적 개념을 심리학에 접목시켰다면, Markus와 Kitayama는 해당 문화 속의 구성원이 갖는 자기개념(self)에 초점을 맞추어 문화와 심리적 과정의 관계를 연구하는 틀을 제시하였다고 할 수 있다. 즉, 독립된 존재로서 인간을 바라보는 개인주의 문화의 개인은 독립적 자기관을 발달시키고 집단 내 다른 구성원들과의 관계를 중시하는 집단주의 문화의 개인은 상호협조적 자기관을 발달시켰다는 것이다(이누미야 외, 2007).

(1) 현 자기관 이론의 제한점

그러나 최근 들어 서양의 개인주의 문화와 동양의 집단주의 문화를 반영하기 위해 고안된 상호독립적-상호협조적 자기관 개념이 실제로 서양인과 동양인들의 자기관을 반영하고 있지 못하다는 증거들이 제시되기 시작했다. 상호독립적-상호협조적 자기관 척도들을 사용한 그동안의 연구들을 메타 분석한 연구에 의하면, Markus와 Kitayama(1991)의 이론이 예언한 서양인과 동양인 간의 자기관 차이는 약하고 비일관적이거나 아예 없는 것으로 드러났다. 즉, 서양인은 아시아인보다 상호독립적 자기관이 강하다는 가정과 서양인은 상호협조적 자기관보다 상호독립적 자기관이 우세하다는 가정은 미약하게나마 지지되었지만, 아시아인은 서양인보다 상호협조적 자기관이 강하다는 가정과 아시아인은 상호독립적 자기관보다 상호협조적 자기관이 우세하다는 가정은 지지되지 않았다(Levine et al., 2003).

기존의 문화적 자기관 개념의 가정을 지지하지 않는 결과들은 서양과 동양의 자기존중감과 자기에 대한 긍정적 환상을 비교한 연구들에서도 나타났다. 자기존중감(Self-esteem)이란 자기에 대한 긍정적·부정적 평가이며, 자기 자신의 능력, 가지에 관한 평가적 감정을 포함하는 개념이다(Rosenberg, 1965). 이러한 자기존중감은 각 문화의 특성에 따른 문화의 명제를 충족시키는 것을 기본으로 하기 때문에 자기개념과 마찬가지로 자기존중감도 문화에 따라 다르게 나타날 수 있다(Markus & Kitayama, 1991; Heine & Lehman, 1995).

예를 들면, 개인주의 문화를 대표하는 서양 문화권에서 자기(self)는 긍정적 가치를 지니는 독립적 항상체로서의 기능을 한다. 자존, 자립, 자기주장, 자아실현 등이 바람직한 덕목이며, 개인들은 자율적 주체임을 강조받는다(Hsu, 1981). 따라서 서양 문화권에서 개인의 자기는 독립적인 항상체로서 기능하기 위해 일관성을 추구하게 된다. 반면에 동양 문화권에서 자기는 내집단에 종속되어 있으며, 이것은 내집단과 결부된 여러 가지 평가에 관련하여 자기의 다양한 변화를 인정하고 받아들인다(Devos, 1973).

이러한 전제에서 서양과 동양, 즉 개인주의 문화와 집단주의 문화의 자기존중감을 비교하는 많은 연구가 수행되었는데 이들 연구의 결과 자기존중감은 개인주의 문화일수록 높다는 시각을 반영하고 있다(예, Kwan et al., 1997; Baumeister et al., 1989). Baumister, Tice, 그리고 Hutton(1989)은 서구에서 이루어진 자기존중감 연구에서 사용된 척도와 상관없이 자기존중감 평균 또는 중앙치가 이론적 중간점보다 상위에 편포되어 있음을 보여주었으며, Heine와 동료들(2001)의 연구에서도 캐나다 백인의 자기존중감 점수의 분포는 매우 높은 쪽으로 편포되었다. 캐나다 응답자 중 자기존중감이 낮다고 분류되는 사람들마저도 이론적인 중간 점수를 넘는 것으로 나타났다. 한편, 집단주의 문화권으로 분류되는 일본인들의 경우에는 자기존중감 점수가 이론적 중간 점수를 중심으로 정규 분포하는 것으로 나타났다.

(2) 집단주의 문화에서의 자기관 차이: 한국과 일본

그러나 일본과 같이 집단주의 문화권으로 분류되는 한국을 포함한 연구에서는 이와는 다른 양상의 결과들이 보고되었다. 예를 들어, 한국 대학생(M=5.27, SD=.97)은 일본 대학생(M=4.29,

SD=.98)보다 훨씬 높은 자기존중감을 갖고 있는 것으로 나타났다(조선영 외, 2005).

이러한 경향은 긍정적 환상에 대한 지각에서 보다 명확하게 드러난다. 조긍호(2002), 조긍호와 명정완(2001), 정욱과 한규석(2005) 등의 긍정적 환상에 대한 비교연구에서 한국은 동일한 집단주의 문화권에 속하는 일본과 유사하기보다는 오히려 개인주의 문화권에 속하는 미국이나 캐나다 학생들과 유사한 수준의 강한 긍정적 환상을 가지고 있음이 드러났다.

Heine와 Lehman(1997)은 일본과 캐나다 대학생을 대상으로 연구한 결과, 일본 대학생에게서는 비현실적 비관성이 발견된 반면에 캐나다 대학생에게서는 비현실적 낙관성이 발견되었다고 보고한 바 있다. 이는 기존의 상호독립적-상호협조적 자기 이론의 가정에 부합하는 경향성이다. 그러나 한국 대학생들을 대상으로 한 연구에서는 이와는 상반되는 결과가 도출되었다. 한국 대학생들은 같은 집단주의 문화권인 일본과는 다르게 캐나다 대학생과 같은 비현실적 낙관성이 나타났으며, 특히 부정적인 사건들에 대한 통제감은 캐나다 학생들보다도 높은 수준을 나타냈다(이누미야 외, 1999).

따라서 같은 집단주의 문화권으로 분류되며 동일하게 상호협조적 자기관을 가졌을 것으로 예상되는 한국과 일본의 이러한 차이는 개인주의-집단주의라는 기존의 문화 분류와 거기에 기반을 둔 문화적 자기 이론의 전제에 적지 않은 허점이 있음을 반증한다.

2) 대안적 문화-자기관 이론: 주체성-대상성-자율성 자기 이론

이러한 문제는 상호독립적-상호협조적 자기관 개념 자체 중에서도 특히 상호협조적 자기관 개념이 지나치게 단순하고 애매하기 때문에 초래된 것이다. 특히 각 문화권에서의 상호협조적 자기가 의미하는 바는 해당 문화의 맥락에 따라 달라질 수 있다. Cross, Bacon 그리고 Morris(2000)는 서유럽 및 북미 지역의 일부 사람들이 갖는 상호협조적 자기관은 소속집단이 아니라 개인적으로 형성한 친밀한 대인관계에 대한 표상을 포함하는 관계지향적인 상호협조적 자기관(relational-interdependent self-construal)으로서 일본으로 대표되는 동양 집단주의 문화에서의 상호협조적 자기와는 다르다고 주장하였다.

또한 이누미야(2004)는 같은 집단주의 문화권에 속하는 한국인과 일본인은 양쪽 다 상호협조적 자기관이 우세하며 사회적 관계에 대한 표상이 자기개념에 포함되어 있지만, 양국 사람들이 사회적 관계에 임하는 태도에는 대조적인 차이가 있다고 하였다. 즉, 한국인의 자기관은 자신을 사회적 영향력을 발휘하는 중심적 존재로 보는 주체성 자기(subjective self)가, 일본인의 자기관은 스스로를 사회적 영향력을 수용하는 주변적 존재로 보는 대상성 자기(objective self)가 우세하다는 것이다.

이누미야와 김윤주(2006)는 동일한 문화권으로 생각되어 온 한국인과 일본인들이 자신들에 대해 갖는 긍정적 환상이 서로 다른 양상을 보이는 것을 바탕으로 한국인과 일본인들의 자기개념에 대한 논의를 심화하였다. 일본인들은 기존의 비교문화심리학적 가정대로 낮은 수준의 긍정적 환상을 가지고 있는 데 반해, 한국인들이 개인주의 문화권의 서양인들과 비슷한 수준의 긍정적 환상을 가지고 있는 이유는 양국 사람들의 자기개념, 즉 주체성 자기와 대상성 자기의 차이에서 비롯된다는 것이다.

(1) 주체성-대상성-자율성 자기 이론의 주요 개념

주체성, 대상성, 자율성의 개념을 간단히 설명하면 다음과 같다. 본 이론은 먼저 사회적 맥락에 대해 설정한 심리적 거리감을 기준으로 자기관을 크게 두 가지로 분류할 수 있다고 가정한다. 하나는 자기를 사회적 맥락으로부터 분리된 존재로서 인식하는 경우이며, 또 하나는 사회적 맥락과 연결된 존재로서 인식하는 경우이다. 전자는 Markus와 Kitayama(1991)의 상호독립적 자기의 속성과 기본적으로 동일하며, 본 이론에서는 이를 자율성 자기(autonomous self)라고 명명한다.

한편 자기를 사회적 맥락과 연결된 존재로서 인식하는 경우에 대인관계에서 작용하는 영향력의 방향성이라는 관점에서 다시 두 가지로 분류할 수 있는데, 즉 자신을 사회적 영향력을 발휘하는 중심적 존재로 보는 경우와 스스로를 사회적 영향력을 수용하는 주변적 존재로 보는 경우이다. 이누미야(2004)는 전자의 자기개념을 주체성 자기(subjective self), 후자의 자기개념을 대상성 자기(objective self)라고 명명한 바 있다. 각 구성요소들의 속성은 〈표 12-1〉과 같다.

표 12-1 자기관 요인들의 속성

	자율성 자기	주체성 자기	대상성 자기
정의	사회적 맥락에서 독립된 자율적 존재	사회적 영향력을 미치는 중심적 존재	사회적 영향력을 수용하는 주변적 존재
목표 지향	자신의 목표를 지향	자신의 목표를 지향	타인의 목표를 존중
자기 평가	자신의 가치, 능력, 비전을 높이 평가	자신의 가치, 능력, 비전을 높이 평가	타인의 가치, 능력, 비전을 높이 평가
자기통제	자율적, 자기중심적	원심적(외부), 자기 현시	구심적(내부), 자기 억제
관계 욕구	자기향상, 자기충족	리드, 지도, 통제, 관리	수용, 의존, 보조, 학습

출처: 이누미야 외(2007).

즉, 주체성, 대상성, 자율성이란 개인이 사회와 관계 맺는 방식과 사회 내에서 개인의 영향력이라는 관점에서 파생된 개념으로, 개인이 갖는 주체성, 대상성, 자율성의 정도는 개인과 사회의 관계 및 사회 내 개인들의 관계의 다양성에 따라 결정된다. 다시 말해 개인이 갖는 주체성, 대상성, 자율성의 비율은 그 개인이 살아가는 문화와 밀접한 관련이 있다고 예상할 수 있다.

(2) 집단주의 문화 내 자기관의 차이: 한국, 중국, 일본

실제로, 전통적으로 집단주의 문화권으로 분류되면서 동일한-상호협조적 자기를 가졌을 것으로 예상되는 한국, 중국, 일본 사람들의 주체성-대상성-자율성 자기관을 알아본 결과, 각 구성요소에서 차이가 발견되었다(한민, 이누미야, 김소혜, 장웨이, 2009).

표 12-2 자기관 요소의 국가별 차이

구분	한국	중국	일본	F
사례 수	201	128	133	
주체성	4.81a (.89)	4.63a (.94)	3.82b (1.00)	51.419***
대상성	3.68a (.84)	3.06c (.93)	4.30b (1.02)	59.344***
자율성	4.95a (.97)	5.12a (.83)	4.60b (1.00)	10.396***

*** p<.001. a, b, c는 scheffe 사후검증 결과임.
출처: 한민 외(2009).

주체성의 경우에는 한국(*M*=4.81, *SD*=.89)과 중국(*M*=4.63, *SD*=.94) 대학생들의 차이는 유의미하지 않았으나 일본(M=3.82, *SD*=1.00) 대학생들의 점수는 한국과 중국 대학생들보다 유의미하게 낮았다.

대상성은 일본이 평균 4.30(*SD*=1.02)으로 가장 높았고, 한국(*M*=3.68, *SD*=.84)이 중간 정도, 중국(*M*=3.06, *SD*=.93)이 가장 낮았으며, 국가 간 차이는 모두 통계적으로 유의미하였다. 마지막으로 자율성은 중국(*M*=5.12, *SD*=83)과 한국(*M*=4.95, *SD*=.97)의 점수가 통계적인 차이를 보이지 않았으나 일본(*M*=4.60, *SD*=1.00)과는 유의미한 차이를 나타냈다([그림 12-1] 참조).

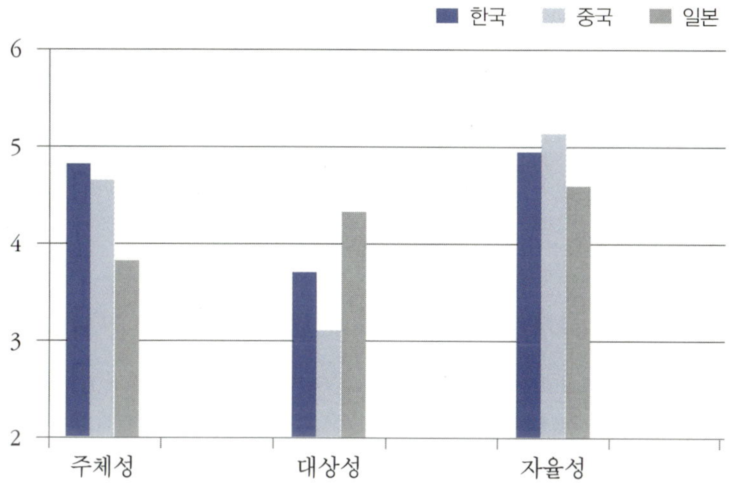

[그림 12-1] 주체성-대상성-자율성 자기의 국가 간 차이

출처: 한민 외(2009).

한국과 일본의 차이는 이누미야(2009)의 연구에서도 확인되었다.

표 12-3 주체성-대상성 자기의 평균 비교

	주체성 자기		대상성 자기		t
	M	SD	M	SD	
한국 대학생(n = 158)	5.06	(.84)	3.73	(1.06)	9.91***
일본 대학생(n = 131)	3.82	(1.00)	4.30	(1.03)	−3.19**

$^{**}p<.01$, $^{***}p<.001$.

출처: 이누미야(2009).

나라에 따라 자기관의 양상을 보다 자세히 살펴본 결과, 자기관 구성요소의 비율, 즉 특정 자

표 12-4 주체성-대상성-자율성 자기 우세자의 국가 간 교차 분석

	한국(%)	중국(%)	일본(%)	X^2
주체성	72(35.8)	33(25.8)	21(15.8)	70.058***
대상성	15(7.5)	5(3.9)	45(33.8)	
자율성	114(56.7)	90(70.3)	67(50.4)	
계	201(100)	128(100)	133(100)	

$^{**}p<.001$.

출처: 한민 외(2009).

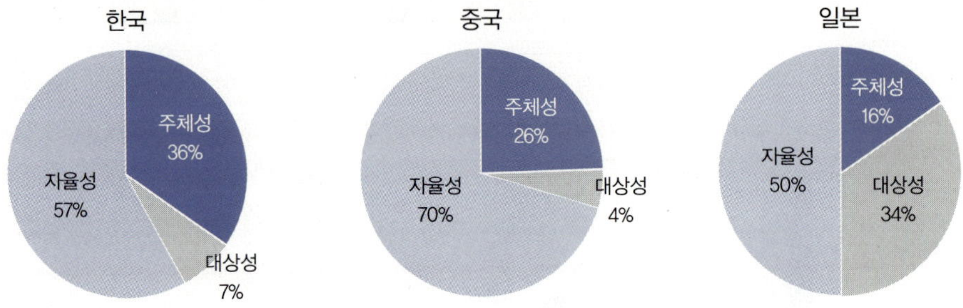

[그림 12-2] 주체성-대상성-자율성 자기 우세자의 국가 간 비율

출처: 한민 외(2009).

기관 구성요소가 우세한 사람들의 비율이 각각 다른 것으로 나타났다.

한국과 중국은 자율성이 우세한 이들이 가장 많고, 그다음으로 주체성, 대상성으로 같은 패턴을 보였지만, 전체적으로 보아 한국이 중국보다 주체성이 우세한 이들이 많고, 중국이 한국보다 자율성이 우세한 이들이 많았다. 한편 일본은 자율성이 우세한 이들의 비율이 가장 높았으나 한국, 중국에 비해 낮은 수준이었고, 주체성이 우세한 이들의 비율도 한국과 중국에 비해 가장 낮았다. 반면에 대상성이 우세한 이들의 비율은 일본이 가장 높음을 알 수 있다.

이러한 패턴은 한국, 중국, 일본, 미국의 자기관을 비교한 연구에서도 반복적으로 나타났다(한민, 류승아, 2018). 주체성이 우세한 사람의 비율이 한국이 가장 높고, 대상성이 우세한 사람의 비율은 일본이 가장 높았다. 자율성은 집단주의 문화권에서는 중국이 가장 높게 나타났으나 개인주의 문화인 미국의 자율성 우세자 비율이 가장 높았다. 전반적으로 개인주의 문화와 집단주의 문화의 차이는 존재하지만, 집단주의 문화로 분류되는 한국, 중국, 일본의 자기관 패턴에도 유의미한 차이가 있음을 알 수 있다.

표 12-5 주체성-대상성-자율성 자기의 국가별 차이

구분	한국	중국	일본	미국	전체	F
주체성	4.52^{a} (.99)	4.56^{a} (.92)	4.06^{b} (.99)	4.32^{ab} (.57)	4.36 (.90)	3.121*
대상성	4.12^{a} (.85)	3.99^{ab} (.90)	4.27^{a} (1.12)	3.73^{b} (.85)	4.03 (.95)	4.570**
자율성	4.79^{bc} (.83)	5.12^{a} (.88)	4.52^{c} (.87)	5.09^{ab} (.56)	4.87^{a} (.82)	7.407***

*** $p<.001$. a, b는 scheffe 사후검증 결과임.

출처: 한민, 류승아(2018).

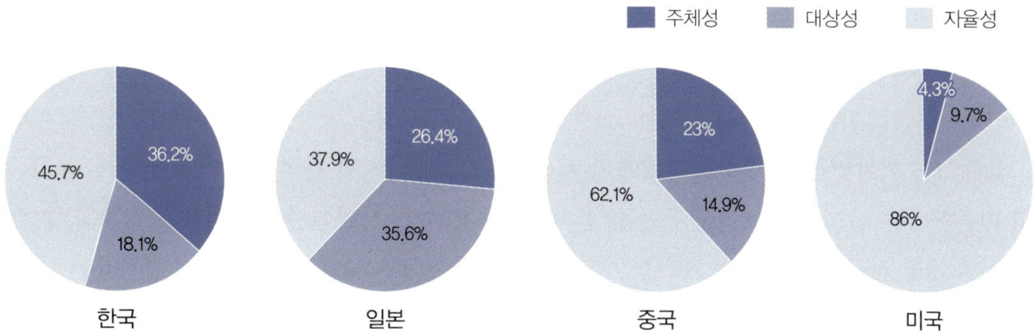

[그림 12-3] 한국, 중국, 일본, 미국의 자기관 비교

* 각 자기관 요인이 가장 우세한 사람들의 비율
출처: 한민, 류승아(2018).

이러한 연구결과로부터 드러나듯이, 한국인들은 기존에 같은 문화권으로 분류되어 왔던 중국과 일본과도 구별되는 자기관을 가지고 있다고 볼 수 있다. 주체성-대상성-자율성 자기 이론에 근거하여 한국인의 자기를 설명하자면, 우선 한국인들은 사회적 맥락에서 자신의 영향력을 발휘하고자 하는 경향이 강하다. 자신의 가치를 높게 평가하며 타인과 자신의 목표가 충돌할 때 자신의 목표를 지향한다. 물론 한국인들은 집단의 목표를 자신의 것보다 우선한다는 인식이 있지만 그러한 경우, 즉 자신의 목표나 가치를 집단을 위해 희생해야 하는 경우에는 개개인에게 상당한 심리적 충격을 동반한다. 따라서 한국인의 사회적 행동은 외부지향적, 자기현시적이다. 다시 말해 남에게 자기를 드러내고 인정받으려는 욕구가 강하다. 대인관계에 있어서는 남에게 이끌리기보다는 자신이 주도적이 되기를 바라고 자신이 관여된 일들이 자신의 영향력 하에 있기를 원한다.

이와 같은 견해는 기존에 한국인의 특성을 설명해 오던 시각과 차이를 보인다. 즉, 한국인들은 '집단주의 문화권의 다른 나라들처럼' 개인을 드러내기보다는 집단 속에 자신을 감추면서 개인의 지향을 추구하기보다는 집단의 목표를 우선시한다고 여겨져 왔다. 그러나 이 책에서 한국인의 중요한 특징으로 꼽고 있는 주체성 자기는 지금까지의 이러한 견해와는 상반되는 성향을 보인다.

주체성-대상성-자율성 자기 이론은 소개된 지 오래되지 않은 이론이다. 하지만 이 이론은 한국과 일본의 문화와 사회현상에 대한 꾸준한 관찰에 의해 정립되었으며, 한일 비교, 한중일 비교 등 국가 간 비교연구뿐만 아니라 한국인의 행복(한민 외, 2013)이나 스트레스 대처(류승아 외, 2014) 등에 대한 꾸준한 실증연구가 이루어지면서 개인주의 대 집단주의의 틀로만은 이해하기 어려운 한국인들의 심리와 행동에 대안적인 설명을 제시하고 있다.

3. 한국인의 자기가치감

앞에서는 한국인의 자기와 자기관에 대해 살펴보았다. 하지만 한국인의 자기 인식에는 기존의 이론들로는 설명하기 어려운 독특한 점이 또 있다. 여러 사회현상에서 미루어 짐작할 수 있는 이 특징은 한국인들이 자기 자신의 가치를 객관적 사실보다 높이 평가한다는 것이다.

Higgins의 자기불일치(self discrepancy) 이론에 따르면, 사람들은 자신의 객관적 현실에 근거한 현실적 자기(actual self)와 자신이 도달했으면 하는 이상적 상태를 뜻하는 이상적 자기(ideal self), 그리고 사회의 구성원으로서 해야 하는 의무와 관계된 의무적 자기(ought self)를 지닌다(Higgins, 1998). 그러나 한국인들의 강한 자기고양 경향과 현상적으로 드러나는 자기현시적 행위 양식 등을 고려해 보면 한국인들의 현실적 자기는 이상적 자기를 동일시하는 듯하다. 현재 자신의 객관적인 상황보다는 자신이 '도달할 수 있다고 믿는' 상황의 자기 모습을 현재의 자신으로 인식하는 것이다. 다시 말해 한국인들의 자기 인식은 '실제의 자기가치보다도 높은' 자기가치감에 근거하고 있다고 할 수 있다. 즉, 자기가치감이 높다는 것은 시쳇말로 '근자감', 즉 '근거없는 자신감'이라고 할 수 있는 자기 인식인데 이러한 자기 인식의 방식이 한국 문화에 유형화되어 있다고 할 수 있다는 것이다.

이는 우선적으로 자기관의 영향이라고 예상된다. 선행연구들에서 나타났듯이 한국인들은 주체성 자기가 우세하다고 알려져 있는데, 주체성 자기가 우세한 사람은 자신의 지향을 중시하며, 이상적인 자기상(ideal self)에 근거한 자기 인식을 하고, 대인관계에서도 주도적 혹은 지배적 위치를 점하려고 하며, 자기현시적인 행동 양상을 보인다. 반면에 대상성 자기가 우세한 사람은 상대방의 지향을 존중하며, 의무적인 자기상(ought self)에 근거한 자기 인식을 하고, 대인관계에서 순종적이고 협조적인 측면이 강하며, 자기억제적인 양상을 보인다.

높은 자기가치감은 한국인 자기의 중요한 특징이라고 가정되지만 아직까지 이에 대한 학문적인 접근은 거의 이루어지지 않은 상태이다. 따라서 여기서는 한국인의 자기가치감이 높다는 것을 뒷받침할 수 있는 몇 가지 증거를 제시하고자 한다.

1) 높은 자기가치감의 증거

(1) 긍정적 환상

최근의 문화심리학 연구들에 따르면, 한국인들은 자신에 대한 강한 긍정적 환상을 가지고 있는 것으로 알려져 있다. 긍정적 환상에 대한 비교연구에서 한국은 같은 집단주의 문화권에

표 12-6 자기존중감 및 비현실적 낙관성의 국가별 차이

구분	한국	일본	중국	평균 (표준편차)	F
사례 수	201	133	127		
자기존중감	5.11a (1.08)	4.06b (.98)	4.83a (.83)	4.73 (1.08)	45.993***
비현실적 낙관성	8.61a (12.03)	.13b (13.11)	5.16c (11.17)	5.21 (12.61)	19.440***

*** p<.001. a, b, c는 scheffe 사후검증 결과임.
출처: 한민 외(2009).

속하는 일본과 유사하기보다는 오히려 개인주의 문화권에 속하는 미국이나 캐나다 학생들과 유사한 수준의 강한 긍정적 환상을 가지고 있음이 드러났다(이누미야 외, 1999; 조긍호, 명정완, 2001; 정욱, 한규석, 2005). 또한 한국과 독일 대학생과 노동자들을 대상으로 자기고양 편파 경향과 적응의 관계를 살펴본 경우에도 한국인들은 독일인들보다 자기고양적 사고를 할수록 자기존중감 등 적응 관련 지표가 높은 것으로 나타났다(한성열, 2003).

한국인, 중국인, 일본인을 대상으로 한 연구에서도 한국의 비현실적 낙관성이 세 나라 중에서 가장 높았으며(한민 외, 2009), 한일 비교연구에서도 한국의 허구적 독특성 및 지각된 통제감이 일본보다 높은 것으로 나타났다(이누미야, 2009).

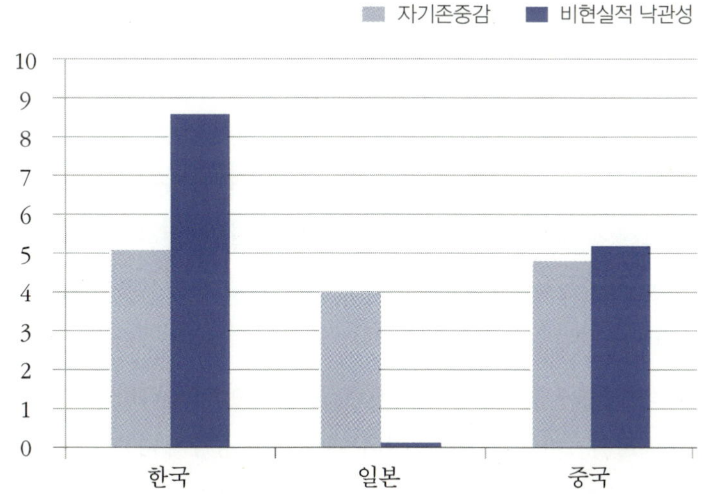

[그림 12-4] 한국, 일본, 중국의 자기관 관련 변인의 차이

출처: 한민 외(2009).

한국인의 자신에 대한 긍정적 환상이 높다는 사실은 한국인들이 자신의 가치에 대해서 객관적 사실 이상의 높은 평가와 확신을 가지고 있다는 것을 뜻한다. 한민과 한성열(2009)은 한국인들의 자기가치감은 현재의 자신에 대한 객관적인 평가라기보다는 자신이 가지고 있었으면 하는 이상적인 모습에 대한 이미지에 가까울 정도로 높은 경향이 있으며, 그러한 자기가치감이 손상당하는 경험이 한(恨)으로 연결된다고 주장하였다(한민, 한성열, 2007). 이러한 논의들로 미루어 자존심은 한국인들의 독특한 자기가치감과 상통하는 표현으로 이해할 수 있다. 한국인들은 자기가치를 높게 유지하고자 하는 동기를 가지고 있고 그것이 좌절되었을 때 '자존심 상하는' 경험을 하게 된다.

자존심 경험의 맥락은 크게 자존심이 상하는 상황과 회복되는 상황으로 나타난다. 자존심 관련 표현의 대부분이 자존심이 상하는 상황 및 손상된 자존심이 회복되는 상황과 관련이 있다는 사실은 역시 한국인들의 심리 경험에 자존심 상함이 큰 비중을 차지한다는 것을 보여 주는 것이며, 손상된 자존심은 반드시 회복되어야 한다는 동기 및 행동 체계와 연결되어 있음을 의미한다.

한편, 자존심이 손상되고 회복되는 상황과는 별개로 의도적으로 자존심을 버리는 상황이 구체적으로 표상되고 있는데, 이는 자존심 상함에 대처하는 방식이 개인의 특성(예, 인격적 성숙)에 따라 저급하다고 인식되는 것부터 사회적으로 바람직하다고 여겨지는 것까지 세분화되어 있음을 나타내는 것이다. 이러한 결과는 자존심과 자존심 관련 경험이 그만큼 한국인들에게 일반적으로 발생하는 일이라는 점을 짐작케 한다(한민 외, 2013).

(2) 자존심

이러한 높은 '자기가치감(self-worth)'의 근거는 한국인의 자존심에서 찾아볼 수 있다. Crane (1978, p. 25)은 '한국인 개인에게 가장 중요한 것'은 자신의 자존심을 유지하는 것이라고 천명한 바 있으며, 특히 한국인의 높은 자존심은 한국과 함께 집단주의 문화로 꼽히는 일본인들에 반복적으로 언급된다(小倉, 2001; 渡部, 2006). 강준만(2006)은 한국인들이 높은 자존감을 가지고 있으며, 그 결과 높은 자기이상을 구축하게 되어 현재에 만족하지 않고 끝없이 최고를 추구하는 경향이 있다고 보았다.

심리학적 개념인 자기존중감에서도 한국과 일본의 차이가 나타나며(한국 > 일본; 조선영 외, 2005; 木野, 速水, 2009; 趙 外, 2011), 자기존중감과 타인 경시 경향에 따른 유능감 유형(전능형, 자존형, 가상형, 위축형)에서도 한일 간의 차이는 두드러진다(木野, 速水, 2009; 速水, 2011). 한국인의 경우, 전능형(높은 자존감, 높은 타인 경시)과 자존형(높은 자존감, 낮은 타인 경시)이 많은 반면, 일본인들은 가상형(낮은 자존감, 높은 타인 경시)과 위축형(낮은 자존감, 낮은 타인 경시)이 많았다.

이러한 결과들과 함께 사회적으로 나타나는 다양한 한국인들의 행위 양식을 고려해 보면 한국인들의 자기 인식에는 상당히 독특한 면이 있다는 것을 알 수 있는데, 이를 잘 드러내는 개념이 바로 '자존심'이다. 여기서는 자존심의 문화적 의미를 살펴봄으로써 한국인들의 자기개념 및 자기 인식을 짐작해 보려고 한다.

한국 문화에서 자존심이란 용어는 주로 '자존심 상한다'는 표현에서 볼 수 있는데, 여기서 우선적으로 추론할 수 있는 사실은 한국인들에게 자존심은 평소에 인지하고 있는 개념이 아니라 어떠한 계기를 통해 자존심이 '상했을 때' 비로소 인지되는 특성을 가지고 있다. 이는 객관적이고 지속적인 자기관찰에서 비롯된 확고한 자기개념을 통해 인식되는 자존감과는 확연히 구분되는 특징이다. 또한 일상적인 관찰에 따르면, 한국인들에게 '자존심 상하는 경험'은 특정 종류의 정서를 불러일으키며 그 상황에 대처하기 위한 일련의 독특한 행동체계와 연결되는 것처럼 보인다. 예를 들어, 자존심이 상한 사람은 강렬한 분노를 표출하고 다양한 방식으로 손상된 자존심을 회복하려고 한다. 이 과정에서 자신의 자존심을 상하게 한 사람과의 관계를 끊기도 하고 허세나 과장된 행위로 손상된 자존심을 보상받으려고 하기도 한다. 한국인들에게 이러한 행위들은 자존심이라는 개념과 연결된 행위 양식이며, 서양인들이 자존감이라는 개념과 관련하여 경험하는 방식이나 행위 양식과는 차이가 있을 것으로 예상할 수 있다(한민 외, 2013).

① 자존심의 문화적 의미

자존심에 대한 사회적 표상을 통해 자존심의 문화적 의미를 살펴본 결과, 자존심의 속성은 크게 긍정적인 내용과 부정적인 내용으로 분류할 수 있는데 그 결과를 〈표 12-7〉에 제시하였다.

자존심의 속성은 긍정적 속성 열 가지와 부정적 속성 아홉 가지로 요약될 수 있다. 이를 바탕으로 한국인들이 표상하고 있는 자존심의 의미를 정리해 보면 다음과 같다. 자존심은 인간의 존엄을 지켜 주는 것으로, 인간이라면 반드시 가져야 하는 산 사람의 필요조건이다(집단이나 국가에 있어서도 마찬가지이다). 자존심을 가진 사람은 스스로를 존중하는 사람이며, 다른 이들로부터 무시당하지 않고 매사에 당당하며 삶에 대한 적극적인 태도를 갖는다.

자존심은 자신을 자신답게 만들어 주는 것으로, 자아 통합과 발전을 위한 노력을 하게 한다. 또한 자존심은 부자이거나 가난하거나 관계없이 누구나 갖고 있는 것이다. 자존심이 없는 사람은 비굴해지고 다른 이들에게 나약하고 무력한 존재로 인식된다(무시당한다). 자존심은 가진 것 없는 사람들이 내세울 수 있는 최후의 보루로서 그들을 살아가게 만드는 원동력이 된다. 따라서 누구도 어떤 이유로도 다른 이의 자존심을 꺾어서는 안 된다.

그러나 자존심이 너무 세거나 지나치면 여러 가지 문제를 야기하기도 한다. 사람들은 자존심 때문에 어떤 일을 하지 못하게 되기도 하고, 어떤 일을 해야만 하기도 한다. 때로는 그런 원칙을

표 12-7 자존심의 속성

긍정적 속성	부정적 속성
반드시 지켜야 하는 것(필요조건)	버려야 하는 것(버릴 수 있는 것)
꺾어서는 안 되는 것	무언가를 놓치게 하는 것
긍지, 절개, 의기, 염치	무언가를 고수하도록 하는 것
자신의 입장, 견해, 정체성	무리한 일을 하도록 하는 것
살맛 나게 하는 것	손해가 되기도 함
자아 통합의 노력을 하게 하는 것	객기, 똥고집의 원인이 됨
존엄을 지켜 자신을 자신이게끔 하는 것	지나치면 허세가 됨
무력감을 이겨 낼 수 있게 하는 것	자만, 허영, 교만이 되어서는 안 됨
없으면 수치, 흠결이 되는 것	저급한 자존심이 되어서는 안 됨
최후의 무기(수단)	–

출처: 한민 외(2013).

고수하는 것이 매우 비합리적이거나 무리하게 보일 수도 있다(객기, 똥고집). 자존심을 너무 내세우는 것은 본인에게 손해가 되기도 하고, 남들에게 허세 또는 자만이나 교만으로 받아들여지기도 한다. 이러한 자존심은 진정한 자존심이 아니며 바람직하지 않다. 그래서 어떤 경우에는 자존심을 버리는 것이 더 현명하다고 생각되기도 한다.

(3) 문화적 행위 양식으로서의 '우쭐'과 '핑계'

① 우쭐

우쭐은 '우쭐거리다'라는 몸동작(어깨를 들썩거리는 것)을 나타내는 의태어에서 파생된 말로서 역사적 · 사회적 과정을 통해 '의기양양', 또는 '뽐냄'과 같은 의미를 지니게 되었다(한글학회, 1994). 한국인의 주요 심리 특성 중 하나로 이해되고 있는 우쭐은 한국인의 자기관 및 자기가치감과 밀접한 관련이 있으리라 예상된다. 우쭐대는 행동을 묘사하는 단어로는 '잘난 척한다' '잰체한다' '폼 잡는다' '목(어깨)에 힘 준다' '거들먹댄다' '으스댄다' '뻐긴다' 등이 있다. 모두 자신의 가치를 타인 앞에서 한껏 과시하는 행동에 관련된 표현들이다. 우쭐거림에 대한 표현이 많다는 것은 이러한 행위 양식이 한국인의 생활과 마음에 깊은 영향을 끼치고 있음을 의미한다.

한국인들은 흔히 '감투'를 좋아한다고 알려져 있다. '감투'는 도처에 있고, 누구나 이를 탐한다. '감투'와 관련된 동기와 행위 양식은 한국인의 전형적인 문화적 동기이자 행위 양식으로 인정된다. 즉, 한국인의 생활 속에서 역사–문화적 과정을 거치면서 자연발생적으로 생겨난 생활 속의 자생적 심리 현상이라는 뜻이다. 한국 문화에서 '감투'는 그 지위를 차지한 이들에게 신분뿐만 아니라 권력, 능력, 인품 등을 부여하며, 따라서 한국인들은 그 '감투'를 차지하기 위해 동기화된다. '출세한다'는 우리말은 결국 '감투' 한 자리를 차지하는 것이며, 이는 유교적 사고방식에서의 '입신양명(立身揚名)', 즉 지위를 얻어서 이름을 떨치는 것과 깊은 관련이 있다. 역사적으로 양반가의 자제들은 벼슬을 얻어 가문의 이름을 빛내는 것을 가장 큰 목표로 삼았는데, 이는 현재의 각종 '고시' 열풍으로 이어지고 있다.

일단 '감투'를 얻어 지위를 얻게 되면 감투에 걸맞은 행위를 하려는 욕구가 발생하게 되는데, 이와 관련된 행위 양식들을 '체면을 지킨다'로 요약할 수 있다. 앞서 살펴본 바와 같이, 어느 정도 이상의 지위를 가진 사람들에게는 그 지위에 맞는 행위 양식이 기대된다. 따라서 감투에 걸맞은 체면을 지키고자 하는 동기와 행위들은 '잘난 척'이나 '우쭐거림'이 아닌, 당연하게 인정되고 받아들여질 수 있는 범주에 속한다.

그러나 '우쭐'이란 체면 유지에서 한 걸음 나아간다. 우쭐대고자 하는 욕구의 원천은 자신이 획득한 '감투', 즉 권력, 지위, 능력 등을 다른 사람들에게 과시하고자 하는 데 있다. 즉, 이 경우에는 체면을 지키는 수준이 아니라 체면을 '세우는' 보다 적극적인 형태가 된다. 최상진, 박정열, 이장주(1997)는 우쭐 심리를 유발하는 욕구로, 자신이 남보다 우월하다는 자의식을 확인하려는 욕구와 남으로부터 인정받으려는 욕구, 자신의 열등감을 감소시키거나 은폐하려는 욕구 등을 꼽았다. 즉, 우쭐은 자신이 지각하는 자기의 가치를 타인들에게 과시하는 데에서 오는 감정 및 행위들이라고 할 수 있다.

'우쭐거리다' '우쭐대다'는 우리말은 의기양양하여 힘 있게 춤추듯이 움직인다는 뜻이다. '어깨에 힘이 들어간다'든지, '목에 힘을 주다' '거들먹거리다' '으스대다' '뻐기다' 등의 신체언어와 일맥상통하는 표현이다. 이러한 표현에서 공통적으로 두드러지는 신체 부위는 '어깨'이다. 어깨는 명예와 지위를 상징하는 인류 공통의 신체 부위로, 과거 귀족이나 군인들은 견장과 술 등의 장식을 통해 어깨를 돋보이게 함으로써 자신들의 지위와 위엄을 강조하였다. 이러한 자신을 드러내어 과시하는 것을 나타내는 표현들이 어깨의 움직임과 관련있는 것은 일리가 있다고 하겠다.

우쭐 심리는 자신의 가치를 드러내거나 인정받으려는 동기와 관련되어 있다. 이는 자기가치감을 높게 지각하고 사회적 맥락에서 자신의 영향력을 미치는 것을 선호하는 한국인 자기의 성격이 반영된 것이라고 할 수 있다.

결국 우쭐대는 것은 '남을 의식해서 자신을 드러내는 행동'이다. 따라서 우쭐대는 행위는 반드시 그 행위의 목격자가 존재한다. 이러한 맥락에서 보면 '우쭐댄다'는 보통 목격자의 입장에서 하는 표현이고, 행위 당사자의 입장에서는 '자랑'이 될 수 있으나, '우쭐'은 '나는 너보다 낫다'와 같은 우월감이 함축된다. 따라서 상대방의 '우쭐댐'을 목격한 사람은 '아니꼽고' '배알이 꼴리는' 불쾌한 감정을 느낄 수 있다. 물론 이러한 방식의 우쭐대기는 한국 문화에서 금기시되어 있다. 체면 지키기나 적당한 체면 세우기 등은 사회적으로 바람직하다고 여겨지는 행위 양식이 존재하지만 우쭐대기는 부정적이고 억제되어야 할 행동으로 간주된다.

그밖에도 우쭐 행동이 나타나는 중요한 이유에는 열등감을 감추려는 동기가 있다. 열등감은 우월감과는 정반대의 심리이다. 한국인들은 자신의 우월감을 드러낼 때에도 '우쭐'대지만 반면에 자신의 열등감을 극복하거나 위장하기 위해서도 '우쭐'댄다는 것이다. 상대방의 기분을 상하게 하지 않는 범위의 적절한 우쭐대기는 '흥'이나 '신'으로 해석되기도 한다. 앞서 언급했듯이, 한국 문화에는 우쭐의 범위를 제한하는 문화적 규칙이 존재한다. 이러한 규칙을 넘어서는 우쭐 행위, 즉 자신의 우월감으로 상대방을 굴복시키려고 한다든가, 자신의 우월을 드러내기 위해 자신도 감당할 수 없는 행동들을 하게 된다든가 하는 데에는 별개의 이유가 있는데, 그것이 바로 열등감을 감추기 위한 동기와 관련되어 있다.

'우쭐'과 관련된 행위 양식인 체면 세우기에도 이와 유사한 양상이 나타난다. 자신의 지위가 자신의 실제 능력과 비례할 때 사람들은 굳이 체면에 신경쓰지 않지만, 자신의 지위와 능력 사이에 차이가 있을 때(예, 졸부) 사람들은 자신의 본모습이 드러날까 두려워서 겉으로 드러나는 것들(예, 명품, 고급차, 큰 집)로 그 차이를 메꾸려고 한다. 일부 연구들은 한국인들의 과시적 소비 행태의 기원을 여기서 찾고 있다(성영신, 1994; 염동섭, 유승엽, 2012).

② 핑계

핑계는 자신이 한 일에 대한 변명을 하거나 구실을 대는 것이다. 이 정의에 따르면, 핑계는 변명을 하거나 구실을 대는 것을 뜻한다. 변명이나 구실은 자신이 한 어떤 일에 대해서 타인(혹은 자신)으로부터의 실질적인 책임 추궁이 있거나 예상될 때, 책임을 회피하거나 책임의 정도를 감소시키려는 의도에서 이루어진다.

이솝 우화의 〈신 포도 이야기〉와 같이 핑계에 대한 도식은 문화보편적으로 나타나지만, 한국인에게 책임 회피 성향과 핑계가 발달되었다는 증거는 여러 곳에서 찾을 수 있다. 우선 핑계에 대한 속담이 매우 많다는 것이다. 몇 가지만 예로 들어도 '핑계없는 무덤없다' '처녀가 애를 낳고도 할 말이 있다' '서투른 무당이 장고 나무란다' '잘되면 내 탓, 못 되면 조상 탓' '게으른 여편네가 아이 핑계한다' 등 익숙한 것들이 많다.

그 외에도 한국인의 특성에 대한 일상적 관찰들에서 핑계를 발견할 수 있다. 이규태(1991)는 한국 사람들이 핑계를 잘 대며 이는 사후 변명식의 핑계 의식구조 때문이라고 하였고, 이부영

(1988)은 한국인 심성의 부정적 측면으로 자신의 불행을 남의 탓(환경, 부모 탓)으로 돌리는 투사의 기제를 지적하였다. 한국에 오래 거주한 프랑스인 여동찬은『이방인이 본 한국, 한국인』(1987)이란 저서에서 '핑계 없는 무덤 없다'는 속담을 인용하며 핑계를 잘 대는 한국인의 습성을 전통사회의 구조적 입장에서 설명하였다. 이로 미루어 핑계는 한국인의 심리 구조에 확고하게 자리하고 있는 인지적 · 행동적 도식이라고 볼 수 있다.

핑계는 약속이나 책임의 불이행, 우발적 실수나 고의적 위해 등으로 상대방에게 피해를 입혔을 경우에 이에 대한 책임을 요구받을 때 나타난다. 즉, 자신이 행한 일이 초래한 부정적 결과에 대한 책임을 져야 할 상황에서 그 책임을 회피하려는 방어적 동기에서 나타나는 행위이다. 자신의 과실로 인한 책임 추궁 상황에서 적절한 변명이 이루어지지 않을 경우에는 사회적 · 대인관계적 측면에서의 자기손실이 있을 수 있으며, 보다 직접적으로는 상대방과의 갈등유발 및 비난과 같은 관계 악화와 더불어 자존심의 손상 등과 같은 자신에 대한 부정적 인식이 발생할 수 있기 때문이다. 따라서 핑계는 부정적 결과를 회피 · 감소 · 제거하려는 동기에서 나타나는 자기방어적 변명행위라고 할 수 있다.

그러나 핑계의 효과는 항상 긍정적이지만은 않다. 핑계가 상대방에 의해 핑계로 지각될 때, 그것도 자기변명이나 책임 회피를 위한 것으로 지각될 때 그러한 핑계는 안 댄 것만 못한 결과를 초래할 수 있다. 따라서 핑계가 기대한 효과를 발휘하기 위해서는 상대방이 받아들일 수 있는 정당한 이유가 뒷받침되어야 한다.

이러한 핑계의 사용은 한국인들의 자기관과 관련이 있다고 추측된다. 자기가치감이 높은 사람들은 어떤 이유에서든지 자신이 행하거나 판단한 일의 결과가 부정적으로 평가되는 것을 받아들이기 어려워하며, 자신의 대외적 이미지나 스스로 생각하는 자신의 가치가 훼손되는 것을 참지 못한다. 한국 문화에서 핑계가 주요한 행위 양식으로 받아들여지고 있다는 것은 한국인들의 문화적 자기관과 관련하여 고려할 만한 증거로 이해할 수 있다.

이러한 한국인의 자기관과 자기 인식은 자신이 경험하는 사건들에 대한 해석과 평가에 있어 지대한 영향을 미친다. 한국인의 마음은 자신의 경험에 대한 주관적 추론의 결과물이며, 한국인의 자기관 및 자기 인식은 마음 경험의 방식과 질을 결정하는 주된 기준이 된다(제10장 참조).

주체성 자기는 허태균, 서신화, 이종원, 김혜진(2012)의 연구에서도 한국인의 중요한 문화심리적 특성으로 꼽히는데, 가족확장성, 관계 중심주의, 심정 중심주의, 주체성, 복합유연성, 불확실성 회피의 특성 중 복합유연성 또한 한국인의 자기관과 관련이 있을 것으로 보인다. 복합유연성은 사고의 유연성 정도가 높고 개념의 모순성을 잘 견디는 성향을 뜻하는데, 이는 높은 자기가치감과 주체성 자기에서 비롯되는 자기중심적 해석의 결과라고 여겨진다.

4. 자기관 형성의 배경

지금부터는 한국인의 자기관 형성 배경을 살펴보도록 하겠다. 여러 학자가 지적한 바와 같이, 자기는 사회 안에서 타인들과의 상호작용을 통해 발달한다. Cooley(1902)는 자기는 주위 사람들을 통해 파악된다고 주장하였으며, Festinger(1954)는 자기란 결국 사회적 맥락 속에서 '만들어지는' 사회적 실체라고 하였다. 따라서 자기관이 어떻게 형성되는지 이해하기 위해서는 그 사회문화적 배경을 먼저 이해할 필요가 있다.

1) 사회문화적 배경

한국은 사람들이 자신의 사적인 관계망을 유지하고 확대하기 위해 노력하는 관계주의 문화이며, 가족주의에 바탕을 두고 있는 연고주의는 사회적 역할관계를 정(情)의 관계로 전환시킨다(김동직, 한성열, 1998; 한규석, 2002). 한편, 일본에서는 공적이고 직업적인 역할관계를 중요시하며 사적이고 심정적인 인간관계로부터의 침범을 경계한다는 주장이 있다(이누미야, 2004). 따라서 사적이고 심정적인 인간관계를 지향하는 관계주의 성향 문화와 주체성 자기는 일정한 관련성이 있고, 공적이고 직업적인 인간관계를 지향하는 집단주의 성향 문화와 대상성 자기도 일정한 연관이 있는지도 모른다.

사적이고 심정적인 인간관계 상황에서 주로 활성화되는 것은 주체성 자기이다. 심정적 관계는 보다 큰 사회적 체계에서 상대적으로 독립되어 있기 때문에 각 개인이 비교적 쉽게 주체성을 발휘할 수가 있다. 사회적 이익을 추구하는 사회적 역할관계에서는 도저히 주체가 될 수 없는 어린아이도 때때로 또는 자주 주체가 될 수 있는 것이 친밀감을 추구하는 심정적 관계이다. 상대적으로 폐쇄성이 높은 심정적 관계에서는 서로가 상대방에 대해 주체의 위치를 취하여 상당한 영향력을 자유롭게 행사할 수 있다.

한편, 공적이고 직업적인 인간관계 상황에서 주로 활성화되는 것은 대상성 자기이다. 사회적 역할관계는 보다 큰 사회적 체계와 밀접하게 연결되어 있기 때문에 각 개인은 기본적으로 그 체계 앞에서는 대상의 위치에 있게 되고 자유로운 행동은 크게 제한되고 규정된 행동을 하게 된다. 이 상황에서는 주체성을 발휘하기가 비교적 어렵다. 가정에서는 큰 영향력을 행사하는 중년의 남성도 많은 경우에 사회적 체계에 포섭되어 있는 역할적 관계에서는 보다 큰 사회적 체계의 대상으로서 사회규범과 기대되는 역할 등에 의해 자유로운 주체성의 발휘는 상당히 제한된다.

2) 양육 태도: 주체성 자기의 발달

한국인이 문화적 자기관으로 주체성 자기를 내면화하고, 일본인이 대상성 자기를 내면화하게 된 하나의 요인으로 한국과 일본의 가정적 배경의 차이를 들 수가 있다. 즉, 양육 태도의 차이 때문에 상이한 문화적 자기관이 형성된 것이라고 가정할 수 있다. 한국 부모와 일본 부모의 자녀양육 태도를 비교한 연구들에 의하면, 이상적인 자녀상, 자녀의 장래에 대한 기대 및 기대되는 자녀의 학력(學歷) 측면에서 주체성 자기와 대상성 자기 형성에 관련이 있어 보이는 차이가 존재한다.

(1) 이상적인 자녀상

한국과 일본에서 취학 전 자녀를 둔 어머니들에게 "귀하는 자녀를 어떤 아동으로 키우고 싶으십니까?" 라고 묻고 여러 항목 중에서 가장 가까운 항목을 하나만 선택하게 하였다(須永 外, 2005). 그 결과를 보면, 한국의 어머니들(1,598명)이 갖는 이상적인 자녀상은 1위 책임감이 강한 어린이(25.3%), 2위 적극적인 어린이(21.4%), 3위 예의바른 어린이(13.2%), 4위 친구가 많은 어린이(9.6%), 5위 자립하는 어린이(9.2%)의 순이었다. 한편, 일본의 어머니들(1,019명)이 갖는 이상적인 자녀상은 1위 동정심이 강한 어린이(56.8%), 2위 자립하는 어린이(10.2%), 3위 친구가 많은 어린이(10.1%), 4위 끈기 있는 어린이(3.6%), 5위 협조성이 강한 어린이(3.0%)의 순이었다.

양국에 공통적인 것은 자립하면서 친구가 많은 어린이의 모습이지만, 인간관계에서의 바람직한 모습에 있어서는 차이가 확연하게 드러났다. 약 50%의 한국 어머니들은 책임감이 강하거나 적극적인 어린이가 이상적이라고 생각하고 있는 데 반해, 과반수의 일본 어머니들은 동정심이 강한 어린이가 이상적이라고 생각하고 있는 것이다. 반대로 책임감이 강한 어린이와 적극적인 어린이를 선택한 일본의 어머니는 각각 2.1%와 2.5% 밖에 없었고, 동정심이 강한 어린이를 선택한 한국의 어머니도 0.1% 밖에 없었다.

한국인의 자기관은 자신을 사회적 영향력을 발휘하는 중심적 존재로 보며 자신의 지향성을 중시하는 주체성 자기(subjective self)이고, 일본인의 자기관은 스스로를 사회적 영향력을 수용하는 주변적 존재로 보며 상대방의 지향성을 존중하는 대상성 자기(objective self)이다. 한국 어머니들이 이상적이라고 생각하는 책임감이 강하고 적극적인 어린이는 한국인의 주체성 자기가 반영된 어린이의 모습인 데 반해, 일본 어머니들이 이상적이라고 생각하는 동정심이 강한 어린이는 일본인의 대상성 자기를 투영한 어린이의 모습이다.

그런데 '동정심이 강한'에 해당되는 일본어는 '오모이야리노 아루(思いやりのある)'이다. 이 연구에서 사용된 설문지의 한국어판과 일본어판을 각각 확인하였다. 여기에는 약간의 문제가 있어 보인다. 한국어의 '동정심'이라는 말은 불쌍하거나 가엾은 상대에 대해 주로 쓰는 말이지만, 일본어의 '오모이야리(思いやり)'는 반드시 그렇지만은 않다. 좀 더 폭넓은 상대에 대해 쓰는 말이다. '오모이야리(思いやり)'는 남을 헤아리는 마음 또는 배려심에 더 가깝다. 만약 '동정심이 강한 어린이' 대신에 '배려심이 많은 어린이' 또는 '남을 헤아릴 줄 아는 어린이'라는 말을 썼더라면 이 항목을 선택하는 한국 어머니들이 조금 더 있지 않았을까 하는 생각도 든다. 그러나 한국 어머니들이 '책임감이 강하고 적극적인 어린이'보다 '배려심이 많은 어린이'를 더 선호하지는 않을 것이다. 역시 '책임감이 강하고 적극적인 어린이'가 한국의 전형적인 이상적 자녀상임은 변하지 않을 것으로 생각된다.

1980년대에 행한 조사에서도 유사한 자료가 있다(本村, 洪, 1983). 한국의 어머니들(230명)과 일본의 어머니들(279명)이 갖는 이상적인 자녀상에 관하여 한일 간에 차이가 나는 항목들이 있었는데, 한국에서는 독립심과 자주성이 강한 어린이, 창의성이 풍부한 어린이를 선택한 어머니가 일본보다 많았고, 반면 일본에서는 약속이나 정한 일은 확실히 지키는 어린이, 정조(情操)가 풍부한 어린이, 확실히 자기의견을 말하는 어린이를 선택한 어머니가 한국보다 많았다. 독립심, 자주성, 창의성, 자기주장성은 주체성 자기와 관련이 깊은 특성들인데, 한국에서 이들 특성을 갖는 어린이상의 비율을 합하면 70.9%나 됐지만 일본에서는 40.2% 밖에 안 됐다. 한편, 신뢰성, 정조(情操), 예의는 상대방을 존중하고 공감하고 외부 기원의 준거를 중시한다는 점에서 대상성 자기와 관련이 깊은 특성들인데, 일본에서 이들 특성을 갖는 어린이상의 비율을 합하면 37.9%나 됐지만 한국에서는 11.8% 밖에 안 됐다. 이러한 각기 다른 이상적 자녀상을 가지고 있던 양국의 어머니들은 초등학교 고학년 자녀를 두고 있었다. 이 어머니들이 키운 학생들은 현재 30대 후반의 성인 한국인과 일본인이 되어 있다.

3) 양육 방식: 자기가치감의 발달

한국에 거주했거나 거주하고 있는 많은 외국인이 한국의 독특한 양육 방식을 언급하고 있다. 유니버설 발레단의 국제부장을 지낸 미국인 김린(Lynne Louise Kim)은 한 인터뷰에서 한국적인 양육 방식에서 한국인들의 끝을 알 수 없는 자신감(자기가치감)이 나온다고 하였다. 그가 지적하고 있는 것은 아이에 대한 어머니의 태도이다. 한국의 어머니들은 서양의 어머니들보다 갓난 아이의 울음에 훨씬 더 즉각적으로 반응한다. 아이가 울 때는 반드시 원인이 있고, 그 원인을 해결해 주어야 한다는 것이다. 한국의 어머니들은 아이가 울면 먼저 기저귀가 젖지 않았나 확인하고, 기저귀가 젖어서 불편한 것이 아니면 젖을 물려보고, 그래도 울음을 그치지 않으면 아이의 옷을 벗겨서 어디가 찔려서 아픈 것이 아닌지 확인한다. 이렇게 완벽한 배려를 받고 자란 한국인들이 자신에 대한 강한 믿음을 갖게 되는 것은 당연하다는 것이다.

외국인들에 의한 이러한 관찰은 뿌리가 깊다. 1653년(효종 4년) 한국에 표류한 네덜란드인 하멜도 부모의 관대한 양육 태도에 관한 기록을 남겼고, 구한말 조선을 다녀간 다블뤼 주교(1818~1866)도 조선 부모들의 끔찍한 자식 사랑을 인상깊게 기록하였다.

정신분석이론의 심리학자들은 어린 시절의 경험을 평생의 성격을 형성하는 데 있어 가장 중요하다고 본다. 특히 Erik Erikson은 이 시기에 맺어지는 부모와 아이의 상호작용에 따라 자신과 세상에 대한 태도가 형성된다고 주장하였다. 특히 이 책에서는 한국인의 자기가치감과 관련하여 중요한 시기로, 에릭슨의 심리사회적 발달단계에서 주도성 대 죄의식이라고 명명한 시기를 꼽고자 한다. 이 시기는 약 3~7세 정도의 나이에 해당하며, 아이의 정신적 · 신체적 능력이 성숙하여 계획을 세우고 이를 달성하고자 노력하는 행동(주도성)이 나타나는 시기이다. 아이의 이러한 행동들은 때로 매우 공격적이어서 부모를 포함한 다른 이들의 안녕을 침해할 수 있다. 따라서 부모는 죄의식을 수반하는 강한 제재를 앞세워 이를 조절하게 된다.

이 시기에 한국의 부모들은 특히 일본과 비교했을 때, 자녀의 행동에 대해서 상당히 긍정적인 반응(격려와 칭찬)을 보이는데, 이러한 면이 높은 자기가치감 형성에 영향을 주었으리라는 추정이 가능하다. 연구에 따르면, 한국인은 일본인보다 칭찬받은 경험이 많았고 야단맞은 경험은 적었다. 한국인의 경우, 칭찬받은 경험이 많은 사람일수록 자기존중감이 높았으나 일본인의 경우에는 칭찬받은 경험이 자기존중감에 영향을 주지 않는 것으로 나타났다(趙, 松本, 木村, 2011).

교육열로 대표될 수 있는 한국 부모들의 자식 사랑은 지금도 여전히 유명하다. 우리에게 부모님은 자신은 굶더라도 자식은 먹이며, 자식의 안녕과 성공을 위해 자신을 희생하는 이미지로 남아 있다. 한편, 우리가 식당 등지에서 흔히 볼 수 있는 '당신이 뭔데 우리 애 기를 죽여?' 식의 편향된 자식 사랑은 공공의 이익과 충돌하기 쉬워 이기적이고 자기와 자기가 속한 일차적 집단의 이익밖에 모르는 사람을 양산한다는 우려도 있다. 그러나 문화는 총체적으로 작동하여 전체적인 균형을 유지하도록 한다. 다음에 인용한 Cummings(1997)의 진술은 문화의 이러한 측면을 보여 준다.

> (내가 방문한 한국의 한 가정에서) 나는 그들이 자식들에게 지나치게 관대한 데 놀랐다. 두 아이는 자유로운 새처럼 집 안을 온통 마음대로 헤집고 다녔다. 부모는 전혀 야단을 치거나 벌을 주려고 하지 않았다. 밤이면 아이들은 부모의 팔에 꼭 안겼다. 미국인의 관점에서 볼 때 그것은 아이를 초자아도 없고 규범마저 느슨한 어른으로 키우는 과정이었으며, 자칫하면 시민사회를 위태롭게 할 수도 있는 행위였지만 그렇지만도 않았다. 곧 학교에서 어린이들에게 필요한 모든 규율을 부여하며, 부모가 바라는 정신적으로 건강한 아이로 교육해 주기 때문이다.

가정에서의 관대한 양육 태도는 학교 및 공적 관계에서의 엄격한 규율로 균형을 이룬다. 가정에서의 교육과 학교에서의 교육이 조화를 이룬다는 가정 하에서 한국의 문화는 유지되어 왔다.

한국 부모의 양육 태도의 또 다른 기능은 Alford(2000, p. 88)가 인용한 한국의 어느 정신과의사의 인터뷰에서 추측할 수 있다.

> 한국의 아이들은 두세 살이 되기까지 거의 무제한적으로 어머니의 손에 맡겨집니다. 그 결과 아이들은 서양인들은 잘 모르는 세계에 대한 자신감을 키우게 되죠. 물론 삶은 고되고 자신감은 오래 가지 않아요. 하지만 그것은 우리에게 미래에 대한 희망으로 남아 있죠.

근거도 없고 막연한 것일지라도 자신감은 미래에 대한 희망이 된다. 따라서 일시적인 고난과 어려움에 쉽게 좌절하지 않는다. 심리학적 용어로 말하자면 자아탄력성(self-resilience)이 크다고 할 수 있다. 자신이 겪는 고난과 역경에 대한 이러한 태도는 '한과 신명'이라는 한국인들의 문화적 동기체계와 깊이 관련되어 있다(한과 신명에 대해서는 제14장 '한국인의 마음건강'에서 다룰 것이다).

또한 자기가치감은 자기자비와도 관련이 있을 것으로 추정된다. 자기자비(self-compassion)는 자신의 부족함을 인식하거나 어려운 상황에 처했을 때 스스로를 비난하는 대신에 자신을 포용적 태도로 돌보는 것을 의미한다(Neff, 2003). 자기자비에 대한 114편의 논문을 메타분석한 연구에 따르면, 한국인들은 서양인들과는 달리 자기자비와 적응 심리와 높은 관련성을 보였다(김수빈 외, 2017).

참고 자기가치감과 자기애

한편, 한국인의 자기가치감은 정신역동이론의 자기애와 유사한 측면이 있다. Freud에 따르면 자기애는 유아기에 형성되는데, 유아가 자기 자신과 대상(object)을 구분할 능력이 아직 없는 상태에서 나타나는 현상이 자기애의 일차적 모습이다. 만족의 근원이 외부에 있음에도 불구하고(유아가 배고플 때 어머니가 젖을 주는 것) 이를 구분할 능력이 없기 때문에 충족된 욕구가 자신이 창조한 것이라고 여기게 되는 것이다.

유아는 성장하면서 '적절한 좌절'을 통해 만족의 근원이 자신이 아닌 대상임을 깨닫고 현실적인 자기 인식을 하게 된다. 이때 아이들은 잃어버린 자기애에 대한 대체물로서 자아 이상(ego ideal)을 형성하는데, 자아 이상은 감탄, 희망, 소망의 대상이 되는 이상화된 기준과 목표, 정체성으로 구성된다. 즉, 자아 이상은 이상적인 사람이 되기를 바라고 계획하는 내면의 자신이다. 이상의 성취는 자존감과 만족을 높여 주지만, 반대로 이상의 기대에 부응하는 삶을 살지 못하는 것은 수치심을 낳을 수도 있다.

앞서 한국 부모들의 양육 태도가 높은 자기가치감의 근원일 것이라고 서술하였는데, 부모의 (무조건적인) 긍정적 태도는 유아기의 자기애 형성의 선결 조건이다. 또한 이상적 자기(ideal self)와 현실적 자기를 일치시키는 경향이 큰 한국인들의 자기 인식은 성장하면서 자기애에 대한 대체물로서 갖게 된 이상적인 자기상의 반영이라고 생각된다.

또한 한국인이 민감한 '자존심 상함'이나 '한' 등은 현실의 삶이 이상적 자기상과 일치하지 않을 때 경험하는 수치심과 관련이 있어 보이며, '무시당했을 때'의 격렬한 분노나 타인의 평가에 지나치게 민감한 속성 등도 자기애의 병리적 측면과 유사성을 갖는다.

홍이화(2016)는 한국인의 수치심을 객체적 자기 인식에서 비롯된 감정으로 보고 Kohut의 자기심리학 이론의 확장을 제안하였다. Kohut(1971)에 의하면, 수치심은 자기의 자기애 욕구가 적절하게 반영받지 못했을 때 경험하는 정서이다. 발달 과정에서의 이러한 상처는 자기 구조에 영향을 미치고 성장 후의 자기애적 욕구로 이어진다.

Kohut은 수치심을 개인의 자기의식적 감정으로 보았으나, 홍이화는 이를 문화에서 형성된 자기관과 관련이 있다고 보았다. 한국인들이 체면이나 자존심이 상하는 경험에 민감하다는 사실은 타인의 시선과 같은 외적 기준에 의해 자기를 인식(객체적 자기 인식)하기 때문이라는 것이다.

한국인의 높은 자기가치감은 성장 과정에서 부모의 양육 방식으로 인해 패턴화된 문화적 자기관에서 비롯된 것일 가능성이 크다. 따라서 한국인에게 우세한 주체성 자기 또한 이러한 자기관을 사회적 맥락에서 실현시키고자 하는 동기와 관련이 있을 것으로 추측된다.

4) 언어의 사용

(1) 목적격이 없는 한국어

심리 경험은 결국 언어로 구성된다는 Witgenstein(1953) 등의 관점에서 한국인의 자기의 발달에 미치는 한국어의 언어적 특징을 살펴보았다. 자기의 발달과 관련하여 우선 두드러지는 특징은 한국어에는 목적격이 없다는 것이다. 반면에 self가 중요한 의미를 갖는 서양 문화권의 언어들에는 대부분 목적격이 존재한다.

그런데 이 self의 형성에는 사회적 맥락이 중요한다. James(1890)는 self의 구성요소 중 타인들에 의해 받는 인상이나 평가를 뜻하는 사회적 자기가 있다고 보았으며, Cooley(1902)는 자기는 주위 사람들을 통해 파악된다고 주장하였다. 인간 행동에서의 상징적 상호작용을 강조한 Mead(1934)는 자기란 태어나자마자 처음부터 존재하는 것이 아니라 사회적 경험과 활동 과정에서 발달하는 것이라고 하였으며, Festinger(1954)는 자기란 결국 사회적 맥락 속에서 '만들어지는' 사회적 실체라고 규정하였다.

사회적 상호작용에서 영어를 비롯한 서구의 언어에 존재하는 목적격의 존재는 자기의 형성에 중요한 역할을 한다. Mead(1934)는 'I'와 'me'를 구분하여 설명하였는데, 그에 따르면 'I'는 타인의 태도에 대한 그 자신의 반응이며, 'me'는 조직화된 타인의 태도를 의미한다. 다시 말하면 'I'는 상황에 따라 능동적으로 반응하는 행위의 주체이고, 'me'는 타인들의 관점에서 구성된 객체로서의 'I'이다.

예를 들면, 친구의 집 초인종을 눌렀을 때 누구냐고 묻는 질문에 영어사용자들은 "It's me."라고 대답한다. 여기서 'me'는 지금 대답하고 있는 'I'가 상대방에게 설명하는 '여기 지금 문 앞에서 있는 객체로서의 I'인 것이다. 다른 사람이 자신을 관찰하는 것처럼 객관적으로 구성된 'me'는 'I'의 반응에 영향을 미치고 조절하는 준거가 된다. 즉, 이러한 언어의 사용자들은 목적격의 사용을 익히는 과정에서 자연스럽게 self라는 자기개념을 갖게 된다.

그러나 목적격이 없는 한국어의 경우에 사람들은 언어 사용에서 자신을 객체화시킬 필요가 없다. 앞의 예에서 누구냐고 묻는 친구의 질문에 대한 대답은 "나야."이다. 즉, 상황에 대해 반응하고 있는 '나'가 있을 뿐, 현재의 나를 객관적으로 묘사하는 용어가 별도로 존재하지 않는다. 이러한 언어 습관에서는 자신을 객체화하여 인식할 필요성이 대두되지 않는다. 이는 일차적으로 다양한 상황 및 관계적 맥락에서 항상 적합한 반응이 요구되는 한국 문화의 특성상 한국인들은 상황 맥락과 관계없이 객관적으로 유지되는 자신에 대한 인식이 필요하지 않기 때문인 것으로 추정된다. 그리하여 목적격이 없는 한국어의 특성은 주관적인 해석이 두드러지는 심정(心情)을 매개로 이루어지는 마음의 성격을 규정하게 된 것이다.

그렇다고 해서 한국인에게 자신을 대상화하는 방식이 전혀 없다는 것은 아니다. 목적격이 없는 언어를 사용한다고 해서 한국인들이 모두 자기중심적이고 객관적이지 못한 사고를 한다고 생각해서는 안 된다. 모든 사회의 개인들에게 자기객관화는 요구되는 능력이다. 자기중심성을 탈피하지 못한 전조작기 아동들의 인지처럼 자신을 객관화할 수 없다면 사회적 관계의 유지와 의사소통이 불가능하다. 한국 문화에서 사람들의 자기객관화를 발달시켜 온 것은 동방예의지국이라고 할 만큼 강조되어 온 예(禮)이다. 예는 사회적 맥락 안에서 자신의 위치에 맞는 역할과 행동을 지시하는 기능을 한다. 한국인들은 예를 체화함으로써 자신을 대상화하고 다른 사람들과 상호작용하는 법을 훈련해 왔다.

(2) 한국어와 일본어의 차이: 수동태의 사용

어순과 어휘가 상당히 유사한 한국어와 일본어의 가장 큰 차이점은 일본어에서는 빈번하게 사용되는 수동태와 사역수동태를 한국어에서는 별로 사용하지 않는다는 점이다. 한국어에는 일부 동사에 수동태가 있기는 하지만 대부분의 동사는 문법적으로 수동태로 변하지 않는데, 일본어에서는 대부분의 동사가 수동태로 변할 수 있다(오선화, 1992). 예를 들면, 한국어로 '그 편지가 누이동생에게 읽혀졌다'라고 하면 어색한 표현이지만, 일본어로 그러한 내용을 수동태로 말하는 것은 전혀 어색하지 않은 자연스러운 표현이다. 또한 일본어에서는 목적어가 없는 자동사도 수동태가 될 수 있다. '사원들이 조퇴해 버렸다'뿐만 아니라 '사원들의 조퇴를 당해 버렸다'라는 표현도 자주 쓰인다. 또한 'A의 아들이 죽었다'라는 표현도 있지만 'A는 아들의 죽음을 당했다'라는 표현이 훨씬 더 흔히 쓰인다.

또한 타인이 시키는 일을 하게 된다는 뜻을 나타내는 사역수동태도 자주 사용한다. 자기의 의사와는 관계없이 타인의 요구에 의하여 (어쩔 수 없이) 그렇게 하다(되다)의 의미로 사용되는 사역수동태는 한국어에는 없는 표현 방식이다(천수성, 1992). 일본어의 'させられる'는 한국어로 직역하면 '시킴을 당하다'라는 뜻이다. '교수가 읽으라고 해서 이 어려운 책을 읽고 있다'라는 내용을 일본어에서는 흔히 '교수의 시킴을 당하여 이 어려운 책을 읽게 된 상태에 있다(読まされている)'라는 식으로 표현한다.

또한 일본 사람은 '~을 하도록 하여 주심을 받는다(させていただく)'라는 표현을 많이 쓴다. 한국인이라면 능동태로 '제가 하겠습니다'라고 하는 상황에서, 일본인은 '하도록 하여 주심을 받겠습니다(やらせていただきます)'라고 보통 표현한다. 실제로는 그 일을 직접 시키는 사람이 없을 때에도 어떤 주체를 상정하여 그가 시킨 일을 자기가 하도록 허락을 받았다는 뉘앙스를 풍기도록 표현한다.

예를 들면, 한국어로 '그 편지가 누이동생에게 읽혀졌다'라고 하면 어색한 표현이지만 일본어로 말하는 것은 아주 자연스러운 표현이다. 또한 일본어에서는 목적어가 없는 자동사도 수동태가 될 수 있다. '사원들이 조퇴해 버렸다(社員たちが早退してしまった)'뿐만 아니라 '사원들의 조퇴를 당해 버렸다(社員たちに早退されてしまった)'라는 표현도 자주 쓰인다. 또한 'A의 아들이 죽었다(Aの息子が死んだ)'라는 표현도 물론 쓰지만, 'A는 아들의 죽음을 당했다(Aは息子に死なれた)'라는 표현이 훨씬 더 흔히 쓰이는 표현이다.

한국과 일본의 일상생활에서의 언어표현에 대한 연구에 따르면, 한국어는 화자 책임(speaker-responsible)의 언어, 일본어는 청자 책임(listener-responsible)의 언어(尹, 2010)라고 나타낼 수 있다. 한국어에서 화자는 주체로서의 자기에 초점이 있는데, 일본어에서는 청자, 즉 대상으로서의 자기에 초점이 맞춰져 있는 것이다(이누미야, 김윤주, 2006). 이러한 표현이 발달한 것은 일본인들에게 대상성이라는 심성이 강하게 존재하기 때문이라고 할 수 있다.

제13장

한국인의 사회심리

한국인의 사회적 행동은 한국의 문화적 맥락에서 이해할 수 있고, 또 이해되어야만 한다. 어떠한 행위에 담겨 있는 의미는 해당 문화의 문화적 관습과 맥락 안에서만 의미있는 것이기 때문이다. 이번 장에서는 한국인들의 사회적 행동과 거기에 담긴 심리를 알아보고자 한다.

그러한 목적을 위해 우선 한국인의 기본적 인간관계 유형인 '우리'에 대해 살펴볼 것이다. 한국인들의 사회적 행동은 대부분 '우리'와 관련해서 이루어진다. 예를 들면, 한국의 대표적인 문화적 정서인 정(情)은 우리 관계 내에서 친밀함을 나누는 감정을 의미하며, 주인성 마음이 경험하는 마음의 질을 잘 나타내는 '섭섭함'이라는 감정 역시 '우리'라고 할 수 있는 친밀한 관계에서 비롯된다.

또한 한국의 사회적 맥락에서 파생한 정서(정, 섭섭함, 부러움 등)는 탈맥락적인 정서가 아니라 문화적 배경에서 해석되어야 하는 맥락적 정서이다. 이것들은 한국의 사회적 맥락, 즉 대인관계 상황에서 일정한 역할을 수행하고 있는데, 다시 말해 이러한 정서들은 관계 유지나 갈등 해결 등의 목적을 위해 표현되고 또 경험된다는 것이다. 그렇기 때문에 이러한 문화적 정서들을 제대로 이해하기 위해서는 그러한 정서들이 발동되는 '우리'관계에 대한 이해가 선행되

어야 한다.

한국적인 사회적 행위 양식이라고 할 수 있는 체면이나 눈치는 이제까지는 그 문제점이나 역기능적인 면에 초점을 두고 이해되어 온 면이 있다. 한국인들은 체면을 중시하기 때문에 허례허식이 많고 눈치를 잘 보기 때문에 대인관계에서의 스트레스가 높다는 식이다. 물론 그것들이 갖는 역기능적인 측면도 존재하지만 체면과 눈치는 그 이전에 한국인들의 사회적 행동과 동기들을 설명할 수 있는 문화적 행위 양식으로서 이해해야 한다. 실제로 한국 사회에서 적절한 체면과 눈치가 바람직한 행위로 받아들여지고 있는 것은 체면과 눈치가 수행하는 문화적 기능이 존재한다는 뜻이기 때문이다.

따라서 이번 장에서는 '문화적 행위 양식'이라는 관점에서 한국인들의 사회적 행동들을 살펴보고자 한다. 체면과 눈치 외에도 한국 문화의 특성에서 비롯된다고 여겨지는 여러 개념(권위주의적 행동들과 신뢰 및 불신의 문제, 갈등의 해결 방식 등)도 문화적 행위 양식의 관점에서 살펴볼 것이다.

1. 우리성

'우리'는 자기를 포함하여 자기와 관련있는 무리를 일컫는 말이다. 따라서 자기가 속한 모든 집단은 '우리'가 될 수 있으며, 내집단 구성원 모두가 '우리' 관계를 형성할 수 있는 대상이 될 수 있다. 이러한 관계는 보편적으로 모든 문화에 존재한다. 그러나 한국 문화에서 '우리'라는 말은 'we'라는 말이 영어권 사람들에게 의미하는 것보다 더 '한국적인' 의미와 행위 양식들과 관련되어 있다.

1) '우리'의 의미

Allport(1958)는 집단 구성원들이 본질적으로 같은 의미로 '우리(we)'라는 말을 사용할 경우에 그 집단을 내집단(in-group)으로 할 수 있다고 규정함으로써 '우리(we)'를 내집단과 동일한 개념으로 다루었다. 그러나 내집단의 경우에 집단이 자신의 선택에 의해 결정되지 않을 수도 있기 때문에(예, 가족, 고향, 모국) 적극적으로 자신을 전체 집단의 한 부분으로 관련시키고자 할 때 존재하게 되는 준거집단(reference group; Sherif & Sherif, 1953)의 개념과는 차이가 있다고 하였다. 이러한 관점에서 '우리(we)'는 구성원이 자기 의사와 무관하게 출생과 더불어 결정되는 '귀속적(ascribed) 우리'와 자신의 능력, 노력, 의지 등으로 구성원이 될 수 있는 '성취적(achieved) 우리'로 구분될 수 있다.

그러나 '우리' 관계 혹은 집단을 이미 주어진 객관적 실체로만 파악하는 설명들은 '우리'가 구성원들의 적극적인 인지적 범주화와 관계의 자각을 전제로 형성되는 사회인지적 산물이라는 점을 간과하고 있으며, 따라서 그 관계와 연합된 구성원들의 인지적 · 감정적 · 행동적 지향성을 구체적으로 설명하지 못하고 있다.

예를 들어, 버스를 타기 위해 줄을 서 있는 사람들은 '우리'라는 인식을 공유하지 않는다. 그들은 서로 관계성이나 공통성을 확인하려고 하지 않으며, 중립적인 입장에서 하나의 군집(aggregate)을 이루고 있을 뿐이다. 하지만 여기서 언급하는 '우리'는 구성원들의 뚜렷한 인식과 동질감을 전제로 하고 있다(최상진, 2000).

'우리'를 이해하는 데 있어 또 한 가지 중요하게 다루어져야 할 점은 서구의 개인 중심적 '우리'와 한국의 집단 중심적 '우리'가 사회적 상호작용의 측면에서, 그리고 '우리'의 구성원들이 집단에 대해 갖는 집단 정체성의 성격에서 차이를 보일 것이라는 것이다. 최상진과 최수향(1990)은 서구의 집단주의 개념은 집단을 구성하는 개인들을 자율적이고, 독립적이며, 개별적인 존재로 상정함으로써 집단 내에서도 개인의 고유성이 소멸되지 않는 군집(collective pool)을 의미한다고 보았다. 그러나 동양 문화권, 특히 한국에서는 개인이 집단 상황에서 자신의 고유성을 집단에 맞추어 변화, 순응시키고 전체에 융화됨으로써 개인의 합으로는 포착할 수 없는 '새로운 집단성'을 창출한다.

이러한 한국적 집단주의의 성격은 '우리'라는 말의 일상적 쓰임새에서 잘 드러난다. '우리'는 일상적 맥락에서 자신이 속한 특정 집단을 수식하거나 지칭하는 경우가 많다(우리 가족, 우리 학교, 우리 회사, 우리 나라). 여기서 중요한 것은 이때 사용되는 '우리'는 반드시 소유의 개념만을 나타내는 것이 아니라는 것이다. 예를 들어, 대화 중에 '우리 아내'라는 말은 지금 이야기하고 있는 '우리'가 공유하는 아내를 의미하는 것이 아니다. 이때의 '우리'는 말하고 있는 나(남편)와 그의 아내로 이루어진 우리이다. 즉, 다른 사람과의 대화 시에 '우리'로서의 나와 아내의 관계가 등장하는 것이다. 이를 말하는 사람과 그와 함께 있는 사람들로 이루어진 '우리'로 받아들여서는 안 된다.

'우리끼리……'라는 표현은 서로 간의 친밀하고 독특한 관계를 암시하는 것으로, 상호 친밀감을 고조시키거나 어떤 것에 대한 배타적 공유의식을 확인시키는 뜻으로 사용된다(예, 우리끼리 얘긴데……). 또한 '우리 사이에 네 것 내 것이 어디 있느냐'라든가, '우리 사이에 그렇게 따지면 섭섭하지'라는 표현은 우리란 분리될 수 없는 일체이며, 우리에서 분리되는 것은 '우리'관계를 위협하는 요소임을 드러낸다. 그리하여 상호관계에 대한 기대가 실제와 어긋날 때 사람들은 '우리 사이에 어떻게 그럴 수가……'라는 표현으로 기대가 깨진 것에 대한 애석함, 섭섭함, 절망감, 배신감 등의 감정을 표출한다. 따라서 '우리'는 개인 간 혹은 개인과 집단 간의 관계뿐 아니라 구성원들 사이의 인간관계의 특성 및 그 관계를 통해 기대할 수 있는 감정적 · 행동적 특성까지도 함축하는 말로 넓은 맥락에서 사용된다(최상진, 2000).

이와 같은 언어사용의 실례들은 한국인의 일상생활이나 관념 속에 특정 집단을 지칭하는 상태의 '우리' 개념이 때로는 집단의 특성과 무관하게도 존재할 수 있음을 가정하게 한다. 즉, 다양한 종류의 '우리' 경험은 일반화되고 추상화된 '우리' 개념을 구성원들에게 내면화시킴으로써 추상적 형태의 고유한 '우리' 개념이 구체적인 '우리'와는 별개로 기능하게 될 수 있다는 것이다. 여기서 구체적 우리란 구성원들로 이루어진 실제의 우리 집단과 그 관계를 말하고, 추상화된 우리란 한국인들이 한국 문화의 맥락 속에서 문화적으로 공유하고 표상하는 우리의 개념을 뜻한다.

2) '우리'의 성격

최상진(2000)은 그림을 통해 추상화된 '우리' 개념의 형성과 변화 과정을 설명하였다.

(1) '우리' 인식의 발생: 공통 요소 지각

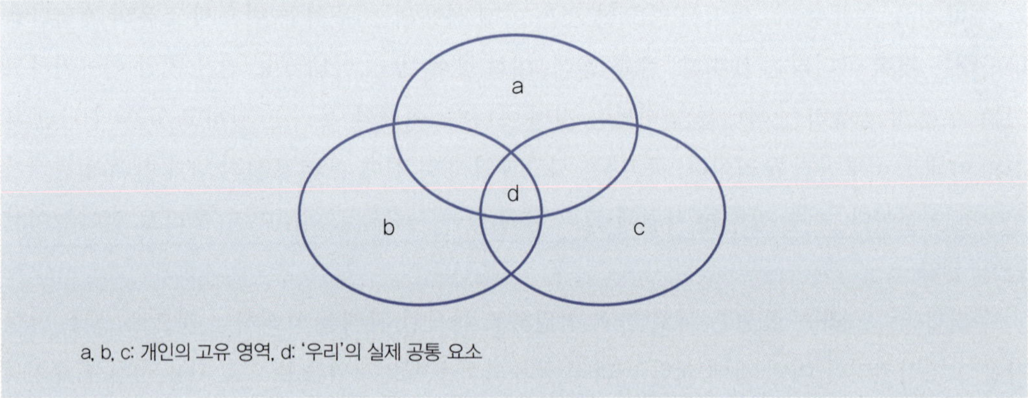

[그림 13-1] '우리' 형성의 근거

출처: 최상진(2000).

[그림 13-1]은 독립된 개체로서의 개인들이 서로 실제 공통성 지각을 통해 '우리'라는 인식이 발생하는 과정을 보이고 있다. 개인들은 물리적 · 심리적 · 사회적 차원 중 어느 것에서든지 공통성 또는 유사성을 지각하여야 하나, 여기서는 특히 사회적 관계에서의 유사성 지각이 '우리성'의 출현에 중요한 요소가 된다. 예를 들면, '외모가 닮았다'나 '취미가 같다'는 것보다는 '고등학교 동창이다' '같은 회사에 다닌다'와 같은 사회적 관계 유사성이 물리적 · 심리적 동질감을 포괄하는 요소가 된다.

(2) '우리'의 확장: 지각된 공통 요소의 확장

[그림 13-2]는 실제적 공통 요소가 추리 및 가정을 통해 실제보다 확대된 상태를 보이기 위한 것이다. 예를 들어, '같은 고향 사람이다'라는 공통 요소 지각은 '사고방식이 비슷할 것이다' '서로 잘 통할 것이다'와 같은 가정을 하게 한다.

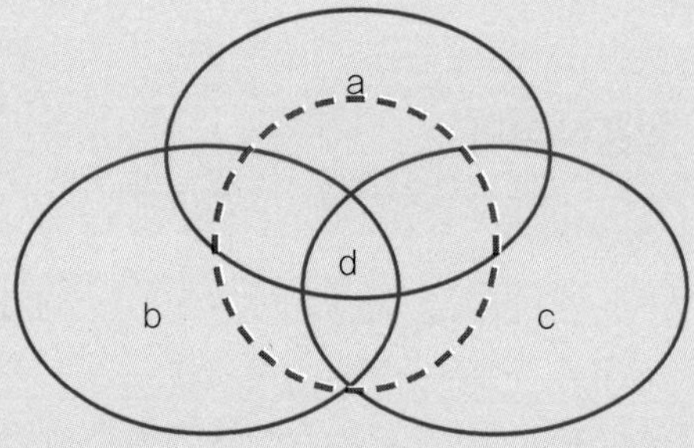

a, b, c: 개인의 고유 영역, d: '우리'의 실제 공통 요소, 점선 원: 가정된 '우리'의 공통 요소

[그림 13-2] 가정된 '우리'의 공통 요소

출처: 최상진(2000).

(3) '우리' 중심으로의 융화: 개인-우리 경계의 소멸

[그림 13-3]은 '우리' 공통 요소의 가정과 더불어 일어나는 중요한 변화를 설명하기 위한 것이다. 우선 각 개인의 고유 영역이 차지하는 비중이 줄면서, 동시에 개인 영역의 경계가 희미해진다. 서구 사회에서는 'we'로 묶일 수 있는 집단이라고 해도 개인 고유의 영역은 뚜렷하게 지켜지지만(Valsiner, 1997), 한국 문화에서의 '우리'는 전체에 대한 조화를 위해 자기 개별성의 주장을 양보 또는 억제해야 한다. 개인의 자율성, 독립성, 개별성을 강조하는 것은 개인보다 집단을 중시하는 사회에서는 전체의 조화를 방해하는 행위로 간주되기 때문이다. 그러나 이러한 경향이 반드시 강요에 의해 일어나는 것은 아니다. 개인은 전체로의 융합 혹은 전체와의 조화를

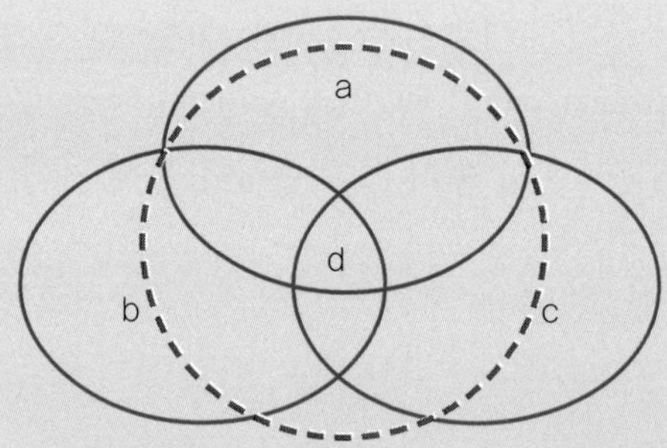

a, b, c: 개인의 고유 영역, d: '우리'의 실제 공통 요소, 점선 원: 가정된 '우리'의 공통 요소의 확장

[그림 13-3] '우리' 중심으로의 융화

출처: 최상진(2000).

위한 내재적 동기를 갖기도 한다.

(4) '우리성'의 출현: 자기-함몰적 우리

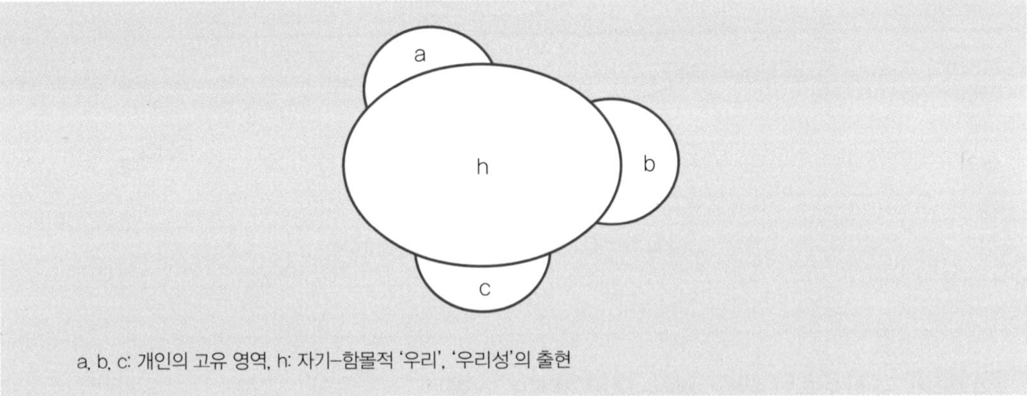

[그림 13-4] 우리성의 출현: 탈개성적 · 자기-함몰적 '우리'

출처: 최상진(2000).

[그림 13-4]는 개인의 고유 영역이 전체 '우리' 속에 함몰되어 집단 중심의 '우리'가 형성된 것을 나타낸다. 이 경우에 물리적인 의미에서 개인 a, b, c …… n은 엄연히 존재하지만, 사회심리적인 측면에서 개인의 고유성은 통일된 전체 속으로 잠식되어 흔적을 찾을 수 없다.

따라서 일단 '우리'가 강조되는 집단 상황에 접하게 되면 개인의 개별적 특성의 합으로는 설명할 수 없는 '우리' 자체의 독특한 특성과 역동성이 나타난다. 집단 상황에서 일어나는 변화는 두 가지로 구분할 수 있는데, 첫째는 집단 상황에서 자기 정체가 상실되는 몰개성화(deindividuation)로서 집단 상황에서 개인은 익명성을 띄게 되거나 개별성을 가질 수 없게 된다. 두 번째는 탈개성화(transindividuation)[1]인데, 이는 몰개성화와는 달리 개인의 정체성이 집단 속에 상실되지 않으며 집단 상황에서도 여러 가지 현상을 통해 자기 정체성과 개별성의 확인이 가능하다.

1) 1판에서는 탈개성화를 depersonalization이라는 용어로 사용하고 있으나, depersonalization은 임상심리학에서 이인증을 일컫는 표현과 혼동이 있어서 개정판에서는 transindividuation이라는 용어로 교체하였다. transindividuation은 철학자 Bernard stiegler의 개념으로 개인의 개인성을 유지하면서 집단화가 되는 현상을 설명한다.

(5) '우리성'의 성격: 자기확장적 우리

우리는 한국의 집단 문화가 개개인의 개성을 말살한다고 생각하지만 한국인의 '우리'는 몰개성화보다는 탈개성화로 설명될 수 있는 부분이 더 많다. 예를 들어, '우리는 고교 동창이다'라는 집단적 정체성은 같은 고등학교를 졸업한 각 구성원의 존재를 분명하게 가정할 수 있을 때 형성된다. 이는 개인의 개별성이 '우리' 형성의 필요조건임을 의미한다. 그러나 구성원 각자가 개인적 수준을 넘어서 고교 동창생 '우리'라는 통일된 전체를 이루기 위해 의식적, 무의식적으로 노력할 뿐 아니라 그 통일성을 기꺼이 수용하려는 태도를 보임으로써 우리 요소가 아닌 개인적 요소의 상쇄는 암묵적으로 용인된다. 이는 개인의 정체성이 집단 정체성으로 전환되는 것을 뜻하며, 우리로의 합일을 향한 개인의 변화가 '우리' 형성의 충분조건임을 나타낸다.

이 경우에 '우리'는 내가 속한 집단이 아니라 곧 나 자신이 된다. 즉, 한국의 자기함몰적 '우리'는 집단 속에 개인이 함몰되는 것을 의미하지 않는다. '우리'는 '나'와 '너'가 분리된 단위가 아니라 통일된 존재로서 '우리'에 속한 구성원은 '내가 우리이고, 우리가 곧 나'인 독특한 정체성을 갖게 된다. 개인은 '우리'를 통해 자신의 정체성을 확장시키며, 따라서 한국인에게 있어 '우리'란 확장된 자기(extended self)를 뜻한다.

이러한 '우리'의 성격은 한국인의 일차 집단, 즉 가족에서 유래하였을 것으로 추정된다. 한국인들이 처음 보는 사람들에게도 할아버지, 할머니, 아저씨, 아주머니 등의 가족 호칭을 쓰고, 공적인 업무로 시작한 관계도 조금 친해지면 '형, 오빠, 언니, 동생'의 가족 호칭으로 서로를 부르는 사적 관계로 변형되는 것도 이 때문이다. 문화심리학에서는 이를 가족확장성이라고 규정한다(허태균, 서신화, 이종원, 김혜진, 2012).

이러한 현상은 한국의 거의 모든 사회적 맥락에서 나타나는데, 한규석(2000)은 한국인의 공적 영역은 '사적 영역의 확대'로 이해할 수 있음을 천명하였다. 이와 같은 한국인 우리의 성격은 비교를 통해 명확해 질 수 있다. 한중일의 기업문화에 대한 연구에 따르면, 중국의 기업조직에서는 가족 연고주의가 강하고, 일본 기업에서는 직장생활 중 인위적으로 형성된 인맥이 가장 큰 영향력을 행사하는 반면, 한국의 경우에는 지연, 학연 등에 의해 확대된 '우리' 집단이 가장 강한 영향력을 미치는 것으로 나타났다(윤경우, 2006).

자기확장적 '우리'의 형성은 인지적 측면뿐 아니라 감정적 · 행동적 요소까지 결합되어 강력한 집단적 힘(syntality)을 발휘할 잠재적 가능성을 내포하게 된다. '신바람 효과'로 알려진 한국적 조직의 시너지 효과는 이러한 '우리'의 성격과 관련해서도 이해할 수 있다.

정서적 요소의 결합은 전체적 조화를 자연스럽게 유도하는 데 중요한 역할을 한다. 즉, 인지적 유사성 지각은 '친밀감' '따뜻함' '안정감' 등의 정서적 요인들을 자극하여 '우리'로의 융합을 자연스럽고 신속하게 일어나도록 하며, 무리한 강요없이도 집단을 위한 양보나 희생을 가능하게 한다. 이러한 정서적 요소가 없다면 집단 구성원은 전체에 동조하거나 동일시하는 데 저항을 느낄 수 있으며 집단으로부터의 이탈 가능성 또한 늘어나게 된다.

사회적 표상이론의 관점에서 '우리'는 집단 상황과 사회적 맥락에 대한 개인의 행동을 방향 짓고, 상황 내 개인을 통제하는 질서를 설정한다. 또한 '우리'는 구성원들 사이의 사회적 교환을 가능케 하는 법칙들과 '우리'와 관련된 여러 사회적 맥락에 대해 분명하게 인식하고 체계화하는 법칙들을 제공함으로써 구성원들 사이의 의사소통을 가능하게 한다.

양정은(2019)은 문화적 의사소통의 관점에서 '우리성'을 한국적 집단주의로 규정하고 우리성을 구성하는 차원을 추출하였다. 연구결과, 우리성은 '심리적 지지' '집단이기주의' '집단회의주의' '개인희생' '집단지향' '정서적 친밀감'의 여섯 개 차원으로 이루어져 있음이 확인되었고, 이 중에서 '심리적 지지' '집단지향' '정서적친밀감'은 건설적 의사소통 행위에, '집단이기주의' '집단회의주의' '개인희생'은 비건설적 의사소통 행위에 영향을 미치는 것으로 나타났다.

2. 사회적 기술로서의 체면

1) 체면의 의미

체면은 몸을 뜻하는 체(體)와 얼굴을 뜻하는 면(面)의 합성어이다. 체면에 해당하는 개념은 많은 나라에 존재한다. 중국에는 얼굴 면(面)을 쓰는 미엔즈(面子)라는 표현이 있고, 일본에도 얼굴 안(顔)을 쓰는 가오(かお)라는 말이 있다. 심지어 개인주의 문화권인 미국에도 체면에 해당하는 표현이 있다(예, save one's face, ~의 체면을 세우다). 그러나 그 맥락과 용법은 문화에 따라 차이가 있다. 한국에서 체면은 '남을 대하기에 떳떳한 도리나 얼굴'로 정의된다. 여기서 얼굴은 내적 자기, 즉 인격이나 품성의 외적 표현인 동시에 상징이다. 도리에 어긋난 행동을 했을 때 얼굴을 들 수 없다는 말 속에는 도리를 지키지 않은 데에서 오는 부끄러운 감정이 포함되어 있다. '낯 뜨겁다' '낯이 두껍다' '얼굴을 들지 못하겠다' 등의 표현은 일반적으로 사람의 도리를 다하지 못했을 때, 즉 도덕적 인격에 하자가 생겼을 때 사용한다. 이러한 표현들의 공통적 특징은 얼굴을 도덕성과 연계시킨다는 점이다.

한편, 몸(體)은 사회적 지위를 상징한다. 지체, 체통, 위신, 체신 등은 모두 '몸'이라는 말을 중심으로 이루어져 있으며, 지위나 신분에 따른 권위, 인격, 능력을 전제하고 있다. 얼굴은 벌거벗었다는 점에서 내적 자기, 즉 내재적 인격을 나타낸다면, 몸은 의관과 장신구 등으로 지위나 신분을 상징한다는 점에서 외적 자기를 나타낸다고 해석할 수 있다(최상진, 김기범, 1998).

이러한 체면은 한국에서만 나타나는 것은 아니다. 체면은 동양 집단주의 문화권, 특히 유교 문화권의 특징이라고 할 수 있는데 체면의 양상은 나라에 따라 각각 달리 나타난다. 동아시아 관료제에서의 체면의 문화를 비교한 정하영(2011)의 연구를 보면, 체면의 작용 범위가 중국의 경우에는 친인척 및 개별적 관계에서, 일본은 혈연보다는 생활 공동체에서 주로 작용하지만, 한국의 경우에는 '우리'로 지칭할 수 있는 관계 전반에서 작용한다. 또한 중국은 투자 혹은 호혜의 형태로서 체면 세우기가 행해지는 반면, 일본과 한국의 경우에는 훨씬 서열적, 즉 권위주의적인 형태의 체면 행동이 나타난다. 즉, 체면이라는 개념과 관련 행위 양식은 동아시아 유교 문화권에서 공유되지만, 체면에 대한 각국의 문화적 의미는 각각 다르다는 것이다.

독특하게도 한국 사회에서는 사회적 관계의 전반에서 체면이 중요하게 작용한다. 사람들은 체면 때문에 하기 싫은 일을 억지로 해야 할 때도 있고, 때로는 분수에 넘치는 무리한 소비를 하기도 한다. 또한 체면을 유지해야 할 필요가 많은 한국인들의 요구에 맞추어 그러한 일들을 대행 내지 도와주는 체면 산업(예, 결혼식 하객 대행)이 등장하기도 하였다.

체면의 긍정적 · 부정적 측면과는 관계없이 체면은 한국 사회에서 현실적으로 작동하고 있는 중요한 사회현상이라는 점에서 우선 중요하게 이해될 필요가 있다. 또한 한국의 대인관계를 포함한 사회적 관계에서는 암묵적이고 비언어적이거나 언어로 표현될지라도 매우 우회적인 표현이 많이 사용된다. 여기서 체면은 중요한 자기표현의 수단으로 작용한다. 신분이나 지위가 변하면 옷차림에서부터 말투나 행동거지에 이르기까지 달라지는 경우가 많고, 또 다른 이들로부터 그렇게 하기를 요구받는데, 이는 자신이 속하게 되는 사회적 맥락에 따라 자기를 표현하는 방법이 달라져야 한다는 것을 뜻한다. 따라서 체면은 암묵적 의사소통의 차원에서 자신을 드러내는 기술로 이해할 수 있다.

여기서는 이와 같은 관점에서 한국인의 체면을 이해해 보도록 하겠다. 체면은 '남을 대하기에 떳떳한 사회적 얼굴'로 규정할 수 있다. 한국인들은 '남을 대하기에 떳떳하기 위해서' 체면을 중요하게 여긴다. '떳떳하다'는 것은 '부끄럽다'는 말과 상반되며, '부끄러움'은 어떠한 기준에 미치지 못함에 대해 갖게 되는 부정적 감정을 뜻한다.

2) 체면의 차원: 도덕성 체면과 능력 체면

최상진(2000)은 체면의 차원을 '부끄러움'을 느끼는 기준에 따라 도덕성 체면과 능력 체면으로 구분하였다. 먼저 도덕성 체면을 살펴보자. 유교 문화권인 한국에서 좋은 사람은 곧 도덕적인 인격을 갖춘 사람, 곧 예의염치(禮義廉恥)를 아는 사람을 의미한다. 전통적으로 한국인들은 일상생활에서 예(禮)를 갖추지 못하거나 의(義)를 행하지 않거나 염치(廉恥)가 없는 행위를 했을 때, 부끄러움을 느끼며 그런 사람을 나쁜 사람으로 인식한다. 따라서 '떳떳함'은 자신의 행위가 예의염치에 어긋나지 않음을 인식할 때, 즉 자기상이 사회적(도덕적) 규범에 부합할 때 생기는 감정이며, '부끄러움'은 예의염치에 벗어나는 일을 했다는 자의식에서 오는 감정이다.

그러나 한국인들이 일상생활에서 사용하는 형태와 방식으로서의 체면과 부끄러움은 도덕적 체면의 그것과는 차이가 있다. 도덕성 체면의 부끄러움이 자신의 행위가 내면화된 도덕적 기준에 부합하지 않는다는 것을 스스로 인식하는 데에서 오는 '자기반성적 부끄러움'이라면, 일상생활에서 보다 흔하게 경험하는 체면의 경우에는 자신의 행위가 타인에게 노출되었을 때 나타나는 상대방의 반응을 통해 부끄러움을 느끼는 '타인반영적 부끄러움', 즉 '남부끄러움'이다. 이 '남부끄러움'을 경험하게 하는 준거는 도덕적인 것들보다는 능력이나 지위 등이 일반적이다. 예컨대, 높은 지위에 있지 못하거나 좋은 직장에 다니지 못하는 사람들이 친구 만나기가 꺼려진다거나, 자식이 좋은 대학에 가지 못한 부모들이 그 사실을 남들에게 알리는 것을 부끄러워하는 경우들이다.

한국 문화에서 남부끄러움의 준거가 되는 사회적 지위는 그 사람의 능력을 반영한다고 여겨지고 있으므로 남부끄러움과 관련된 체면을 도덕성 체면과 구분하여 '능력 체면'이라고 볼 수 있다. 능력 체면의 맥락에서는 능력상의 우월성이 현시되는 행위를 했을 때, 한국인들은 떳떳함 혹은 자부심을 느낀다. 따라서 자신의 지위를 상징(예, 집, 차, 명품)을 통해 밖으로 나타냄으로써 자신의 '능력'을 과시하려는 행동 양식이 발달하였다.

체면은 한국인들의 문화적 욕구와 밀접한 관계가 있다. 도덕성 체면의 경우에는 인격적 성숙 욕구가, 능력 체면의 경우에는 인정과 성취의 욕구가 관여할 것이다. 따라서 체면은 자기 자신의 도덕성과 능력을 성숙, 고양시키려는 자기완성 욕구와 동시에 남으로부터 승인과 인정을 받으려는 사회적 성취 욕구라는 두 가지 측면의 욕구에 기초한다. 그러나 체면과 관련된 한국의 문화적 · 사회적 현상을 살펴보면 한국인들에게 체면이 발달되었다는 말은 자기완성 욕구보다는 사회적 성취 욕구가 강하다는 의미로 해석할 수 있다.

그 욕구가 어느 쪽이든 체면은 일종의 자기반성체계이며 나아가 자기제어체제로 작동하기 때문에 체면이 인격이나 능력과 관계없이 지위나 신분의 획득과 과시에 한정되어 기능한다면 개인적으로나 사회적으로나 역기능을 초래할 수 있다. 다른 한편으로 사회적 기술로서의 체면은 서로의 자존심을 높여 준다는 점에서 사회적 관계를 원활하게 유지할 수 있게 돕기도 한다. 그러나 자신의 체면만 지나치게 내세우거나 상대방의 체면을 깎아내리는 행동을 할 때는 정반대의 결과를 초래할 수 있다. 그러나 이와 같은 체면의 긍정적 · 부정적 측면과는 상관없이 체면은 한국 사회에서 현실적으로 작동하고 있는 중요한 욕구-행위의 체계라는 점에서 그 자체로 기능적이다.

문화심리학에서 체면은 주로 체면이 손상되는 경험과 관련하여 연구되고 있다. 손진혁과 양난미(2020)는 대학생들의 대인관계를 설명하는 체면민감성 척도를 개발하였다. 척도는 자괴 민감, 평가 불안, 능력 노출, 감정 노출, 자기방어의 5개 요인, 20개 문항으로 구성되어 있으며, 체면이 작동하는 사회적 맥락과 이와 관련한 개인적 경험과 행동 기제를 설명한다.

이예지(2022)는 체면 손상과 사회적 낙인이 전문적 도움 추구 태도에 미치는 영향을 연구했는데, 이는 체면 관련 동기가 심리적 적응 기제로 작용할 수 있음을 보여 준다. 요약하면 타인들이 규정한 기준(사회적 낙인)이 아닌 스스로 지각한 사회적 기준(체면)은 자신이 심리적으로 어려울 때 심리상담과 같은 전문가의 도움을 청하게 할 가능성이 높다.

3) 체면의 형식성과 상징성

체면과 관계된 일상 표현들, 예컨대 '체면을 지킨다' '체면을 차린다' '체면을 세운다' '체면치레를 한다' 등은 체면과 관계된 행위 및 그 과정에 대한 문화적 공유체계가 있음을 짐작하게 한다. 체면과 그것에 관계된 행위 양식은 사회적 맥락에서 어떤 경우에 어떻게 행동해야 한다는 지침과 같이 작용한다.

따라서 체면 행위의 상징적 상호작용의 방식은 규범적 형식성을 갖는다(최상진, 2000). 문화적 형식성은 일반적으로 형식 그 자체에 목적이 있다기보다는 형식 속에 함축된 의미를 바탕으로 한 기능이 보다 중요하다. 예를 들어, 윗사람에게 두 손으로 술을 따르는 행위는 상대방에 대한 존경과 예의를 상징한다. 그러나 형식화된 행위들(관습) 중에는 시간이 지나면서 본래의 의미가 희석되고 오히려 형식 자체가 더 강조되는 경우도 볼 수 있다. 보통 체면은 겉치레적인, 불필요한 것으로 여겨지고 있다(윤태림, 1986). 그러나 이와 같은 시각은 체면의 바깥으로 드러나는 형식에 치중하는 면에 초점이 맞추어진 것으로, 우리는 체면의 형식 이면에 숨어 있는 기능적 의미를 좀 더 이해할 필요가 있다.

체면은 일반적으로 지위가 높은 사람, 남을 통솔하는 위치에 있는 사람, 교육을 담당하는 사람, 종교적 의식을 주관하는 사람 등에게 중요시되며, 이들은 자기 자신이 체면치레 및 체면 지키기에 대한 민감성이 높을 뿐 아니라 타인들의 자신에 대한 체면 민감성 역시 높다(최상진, 유승엽, 1992). 앞의 범주에 속하는 사람일수록 사회적 맥락에서 언행을 조심하고, 거짓말을 삼가며, 신뢰성을 갖게 하는 행위 양식을 취해야 하며, 다른 사람들 역시 그러한 행위 양식을 그들에게 요구한다는 것이다. 물론 구체적인 행위 양식은 상대와 상황에 따라 달라질 수 있다.

먼저 상대방에 따른 체면 행위 양식은 상대방에게 자신이 어떤 사람이냐에 따라 결정된다. 예를 들면, 한 교수는 학생 앞에서는 교수이지만 자식 앞에서는 아버지이고, 그가 속한 동호회 같은 사적 집단에서는 또 그에 걸맞은 위상을 갖게 되며 그에 따른 체면 행위 양식도 달라진다. 또한 상황에 따른 체면 행위는 상대방과 자신이 그 상황을 어떻게 규정했느냐에 따라 달라질 수 있다. 예컨대, 두 사람이 상사와 부하 관계일 때 그들 모두가 서로의 지위관계를 지키는 것이 필요하다고 생각할 때는 두 사람의 상하 지위에 맞는 체면 행위가 나타날 것이고, 만약 이들이 지위를 떠난 동등한 관계를 맺었다면 형식적인 체면치레와는 다른 행위 양식이 나타날 것이다. 이처럼 상대와 상황에 따라 달라지는 자신의 인물 규정과 상황 맥락에 적합한 체면 행위 양식을 따랐을 때, 우리는 자신이나 상대방의 체면을 차리거나 세우거나 지킨다고, 즉 자신의 사회적 위치에 걸맞은 행동을 했다고 판단한다(최상진, 김기범, 1998).

4) 체면의 유형

사회적 상황에서 체면의 형태는 크게 두 가지로 나눌 수 있다. 하나는 자신의 체면을 지키고 세우는 것이며, 다른 하나는 상대방의 체면을 지켜 주고 세워 주는 것이다. 지키고 지켜 주는(preserve) 체면은 부정적인 결과가 발생하지 않는 방향으로, 세우거나 세워 주는 체면(promote)은 자신이나 상대방의 긍정적 체면을 발생시키는 방향으로 작동한다.

체면이 발동하는 맥락에는 체면의 당사자와 피당사자가 반드시 관여된다. 이때 체면의 발현 양상은 두 사람 간의 친소 및 지위 관계와 더불어, 제3자의 존재 여부 및 제3자와 당사자들과의 관계 등 다양한 요인에 따라 달라진다. 예를 들어, 서로가 서로를 잘 알고 있는 경우나 사적 친교를 목적으로 하는 비공식적 상황에서는 체면과 관련된 행위들이 발동될 가능성이 낮다. 반면에 공식적 상황이나 서로 잘 모르는 관계에서 체면 행위가 나타날 확률이 높다. 최상진(2000)은 일상생활에서 발현되는 체면의 유형을 다음과 같이 크게 5개로 구분하여 설명하였다.

(1) 지키는 체면

자신의 지위나 신분에 맞는 체면 행위양식을 따름으로써 다른 사람이 자신의 신분, 지위와 자신의 인격 및 능력의 기대수준 사이의 괴리를 인지하는 것을 방지하거나, 이 둘을 합치시키는 형태의 체면을 말한다.

예 지식인이나 성직자가 공공장소에서 말과 행동을 품위있게 하려는 것

(2) 지켜 주는 체면

상대방의 지위, 신분에서 기대되는 체면 행위 양식을 상대방에게 취해 보임으로써 상대방 및 함께 있는 제3자에게 상대방의 지위가 높다는 것과 상대방이 그에 맞는 인격과 능력을 갖춘 사

람이라는 것을 자신이 인식하고 의식하고 있음을 간접적으로 상대방 및 제3자에게 암시하는 형태의 체면이다.

예 고위공직자가 말실수를 했을 때 하급자가 자료 불충분 등의 이유를 드는 경우

(3) 세우는 체면

자신이 자신의 지위, 신분에 걸맞은 인격은 능력을 갖춘 사람이라는 것을 상대방에게 암시하려는 동기가 관여되어 자신의 지위, 신분과 인격, 능력에 걸맞은 체면 행위 양식을 의식적으로 취하는 형태의 체면이다.

예 교수가 사석에서 전문용어 등을 사용하여 자신의 지식과 지위를 드러내는 경우

(4) 세워 주는 체면

자신이 상대방의 능력 및 인격이나 신분, 지위에 대해 충분히 인식하지 못하거나 인식은 하되 경시한다고 상대방이 느끼는 상황에서, 또는 함께 있는 제3자가 상대방의 신분, 지위와 인격, 능력에 대해 무지 또는 경시한다고 판단되는 상황에서 상대방의 지위, 신분과 인격, 능력이 높다는 것을 간접적으로 암시하는 형태의 체면이다.

예 어떤 교수가 모르는 사람들과 이야기하고 있을 때 동료 교수 또는 지도학생이 교수의 직함이나 업무 등을 언급하는 경우

(5) 치레 체면

상대방과의 기존 관계와 상황 맥락으로 보아 자신이 도리적으로 체면을 차리지 않거나 상대방의 체면을 세워 주지 않으면 자신이나 상대방의 체면이 훼손될 수 있다고 판단되는 상황에서 본심과는 다르지만 최소한의 예의와 의례성을 갖춘 형식적인 체면 행위를 취하는 형태의 체면이다. 예를 들어, 참석하고 싶지 않은 경조사에 잠깐 들러 그저 다녀간 것만으로 상대방에게 최소한의 예의를 갖추는 경우이다. 이러한 치레적 체면은 대인 간의 관계와 형식적 예의가 중시되는 유교 문화권에서 보편적으로 나타나는 형태의 체면이다. 상대 배려적인 일본인의 다테마에, 한국인의 체면치레, 중국인의 mian zi는 이러한 성격이 강한 체면의 문화적 양상들이다.

예 참석하고 싶지 않은 경조사에 잠깐 들름으로써 상대방에게 최소한의 예의를 갖추는 경우

5) 체면과 자존심

이러한 체면은 한국인들의 자존심과 함께 고려해 볼 수 있다. 한국 문화에서의 자존심에 대

한 사회적 표상을 알아본 결과, 자존심과 관련된 상황은, 첫째, 자존심이 손상되는 상황, 둘째, 자존심이 유지 및 회복되는 상황, 마지막으로 의도적으로 자존심을 포기하는 상황으로 나눌 수 있다. 각각의 상황과 관련되는 표현과 이어지는 결과는 〈표 13-1〉과 같다.

첫째, 자존심은 주로 '자존심이 상처 입는 상황'을 통해 인식된다. 앞서 살펴본 자존심의 문화적 의미에 따르면, 자존심은 인간의 존엄을 지켜 주는 것으로 빈부귀천에 관계없이 누구나 가지고 있는 것이다. 이러한 전제에서 자존심을 가진 사람의 최우선 과제는 자신의 자존심을 잘 지키는 것(유지)이 된다. 따라서 별다른 계기가 없는 평상시에 사람들이 자신의 자존심을 자각하기는 쉽지 않다. 그러다가 자존심을 유지하지 못할 상황이 발생하면 자존심은 상처를 입게 되는데, 이때 비로소 사람들은 자신의 자존심을 인식하게 된다. 이 경우가 한국인들이 표상하는 '자존심 상하는' 상황이다.

이와 관련된 표현으로 '상하다' 외에도 '짓밟히다' '구겨지다' '꺾이다' '잃다' '손상당하다' 등이 있는데, 이런 표현들은 자존심의 속성이 '개인이 소유하고 있는 실체'로서 평소에는 '흠이 없고' '반듯하거나 곧은' 상태라는 것을 짐작하게 한다. 정리하자면 자존심을 잃은 상황이란 '내가 원래 가지고 있는 흠 없이 소중한 것을 잃어버리거나 손상당한' 상황과 같다. 자존심은 '반드시 가

표 13-1 자존심 관련 상황 및 표현

관련 상황	관련 표현	결과
자존심이 손상되는 상황 (예, 무시당함, 능력을 의심받음, 배척당함, 약점이 드러남, 가진 것 없음 등)	짓밟힌다	분노 인지적 · 행동적 비약 관계 악화 업무에 지장을 줌
	상한다	
	구겨진다	
	꺾인다	
	잃다	
	손상당하다	
자존심이 유지, 회복되는 상황	지킨다	내면의 품위(존엄)를 지킴 자신의 가치를 드러냄
	드날린다	
	회복한다	
	세운다	
	보상받는다	
자존심을 포기하는 상황 (예, 생존, 실리, 더 높은 가치 등)	버리다	더 중요한 것을 지킴(얻음)
	포기하다	
	내려놓다	

출처: 한민 외(2013).

지고 있어야 하는' '나를 나타내고 드러내는 것'으로, 그것에 손상을 입거나 잃는다는 것은 나의 가치 혹은 존재감에 손상을 입는다는 의미가 된다. 따라서 자존심이 상한 경우에는 화가 나고 비참함을 느끼는 등의 부정적 정서 반응이 뒤따르며, 이성적인 판단을 하지 못하고 비정상적이거나 비합리적인 행동을 저지르는 등 인지적 · 행동적인 비약이 나타나기도 한다. 또한 관련된 사람과의 인간관계가 악화되거나 평소 하는 일에 지장을 초래하기도 한다.

둘째, 자존심을 지키거나 회복되는 상황이 있다. 먼저 자존심을 지킨다는 표현을 보면, 한국인들은 경제적 곤란이나 대외적 위기와 같은 어려운 상황에서도 꿋꿋하고 당당하게 자신의 가치를 지킬 때 '자존심을 지킨다'는 표현을 쓰며, 이는 '자기다움' '인간의 존엄' '긍지' '내면의 품위' 등을 지키는 일로 받아들여진다. 또한 자존심을 지키는 것에서 나아가 보다 적극적으로 자신의 가치를 내세울 때는 '자존심을 드날린다'는 표현이 사용된다.

그러나 이보다 더 자주, 중요하게 언급되는 표현은 '자존심을 회복하다'와 관련된 것들이다. 자존심을 '회복하다' '세우다' '보상받다' 등의 표현은 자존심이 이미 손상당한 상태였음을 의미한다. 즉, 손상당한 자존심은 반드시 회복되어야 하는 것이다. 특히 '세우다'는 표현은 자존심을 손상당한 당사자가 적극적으로 자존심을 회복시킨다는 의미이며, '보상받는다'는 표현은 직접적으로 자존심을 회복할 수 있는 상황이 아닌 경우에 간접적 · 대리적인 방식으로라도 그 손상분을 보상받아야 한다는 점을 뜻한다.

자존심과 관련된 이러한 표현들은 체면과 관련된 표현들과 매우 유사하며, 그 사용 맥락 역시 비슷한 것을 알 수 있다. 자존심이 자신의 가치에 대한 보다 근본적인 동기라면, 체면은 자존심의 유지와 관계되는 행위 양식으로 이해할 수 있다.

3. 마음 읽기의 기술: 눈치

1) 눈치의 의미

눈치는 한국인의 성격 특성 또는 의식구조에 관한 기존의 연구들에서 공통적으로 지적되는 개념이다(오세철, 1979; 이규태, 1977; 차재호, 1983; 최재석, 1976). 눈치란 상호작용하는 두 사람이 서로 자신의 의중이나 기타 내적 상태를 상대방에게 직접 노출하지 않을 때, 간접적 단서나 상황으로 미루어 상대방의 내심을 추론 내지 짐작하는 것이다(최상진, 2000).

고맥락 문화에서 눈치와 같은 비언어적 소통은 보편적이다. 한국과 더불어 상당한 고맥락 문화로 꼽히는 일본에도 '공기를 읽다(空氣を讀む)'라는 표현이 있다. 이러한 소통은 저맥락 문화

에도 없지 않다. 영어에도 '분위기를 보다'는 의미로 'read the room'이라는 표현이 있다. 하지만 눈치는 한국의 문화적 맥락과 밀접한 관련이 있다.

눈치가 한국인에게 발달하게 된 이유는 우선 한국인의 의사소통 방식에 기인한다. 한국인의 의사소통은 상대방의 성별, 사회적 위치, 친근한 정도, 처한 상황에 따라 어법이 바뀌고, 대화는 함축적이고 간접성을 띤다(양진성, 2003). 또한 그 표현에 있어서 구체적 사안에 대한 설명 없이 뭉뚱그리거나 우회적인 방식으로 표현하며, 상대방은 그것을 완전히 이해하지 못하면서도 총체적으로 받아들인다. 또한 문장이 길고, 불명료하며, 간접적인 화법을 구사한다. 이러한 특징은 일반적으로 자신을 감추려는 의도에서 비롯된다고 여긴다(김장이, 2001).

이러한 형태의 의사소통에서는 주고받는 모든 종류의 메시지에 대한 직관적 이해가 필수적이다. 직관은 인간이 갖고 있는 오감 이상의 모든 감각을 동원하여 의사소통 내용을 이해하는 과정이다. 이는 해석 창조 과정으로서의 의사소통, 침묵의 의사소통, 메타 의사소통으로 분류될 수 있다.

해석 창조 과정이란 의미가 없는 것처럼 보이는 의사소통에 의미를 부여함으로써 의사소통을 능동적으로 해석하고 새롭게 의미를 창출하는 행위적 특성이며, 침묵의 의사소통은 침묵이 다양한 의미를 함축하기 때문에 직관에 따라 그 의미를 정확히 파악해야 하는 것을 의미한다. 메타 의사소통은 지금 행한 의사소통이 담고 있는 '의미의 의미'를 전달하려는 의사소통이다. 이는 메시지의 단순한 의미를 전달하려는 것이 아니라, 메시지의 단순한 의미를 통해 보다 심층적인 의미를 전달하려는 것이므로 직관에 의한 추론 혹은 많은 눈치가 요구된다(장낙인, 1998). 이러한 과정은 문화심리학(협의)에서 의미 구성 과정(meaning making process)으로 중요하게 다루고 있다. 물론 이 과정에는 해당 문화의 문화적 요소가 깊숙이 관여된다.

일부에서는 눈치가 자기존중감이 부족한 이들의 행동 특성이라며 부정적으로 보는 경향이 있는데, 실증연구의 결과 한국 문화에서 눈치는 적응적 기능을 하는 것으로 드러났다. 허재홍과 박원주(2013)는 눈치 파악과 눈치 행동의 2개 요인, 12개 문항으로 이루어진 눈치척도를 개발하여 자기존중감 및 주관적 안녕감과의 관계를 연구하였다. 그 결과 눈치는 자기존중감을 통해 주관적 안녕감에 영향을 미치는 것으로 나타났으며, 허재홍과 오충광(2018)의 연구에서도 눈치는 대인관계와 심리적 안녕감에 긍정적인 영향을 미쳤다. 또한 눈치는 정서 조절의 두 전략인 인지 재평가와 정서 억제 모두를 유의미하게 설명하였다(이슬비, 허재홍, 2018). 이는 눈치가 한국 사회에서의 대인관계에서 중요한 수단이며, 눈치 수준이 높을수록 더 효과적인 대인관계를 수행한다는 것을 보여 준다.

2) 눈치의 문화적 배경

송경재(2011)는 한국의 전통사상이 한국인의 의사소통 양식에 미쳐 온 영향을 불교와 도교, 유교를 대상으로 살펴본 바 있다. 먼저 불교의 의사소통관은 '언어최소주의'라는 방법론적 사고에 근거한 불립문자론(不立文字論)으로 상징화될 수 있다(박태원, 1984; 황용회, 1996). 김정탁(2004)은 불교의 언어최소주의는 오관에 대한 불신과 기호화에 대한 회의로 특징짓는 불가, 특히 선종(禪宗)에서 나타난다고 하였다. 그는 선종이 언어나 문자를 통하지 않고 즉각적인 깨달음을 얻는 불립문자의 방식을 최선의 의사소통 방식으로 여기고 있다고 하였다. 불립문자란 직역하면 '문자로 세울 수 없다'인데, 이는 '문자로 표현을 할 수 없다'는 것을 의미한다. 이 불립문자론은 불교 선(禪)의 최초 설법에 해당하는 '염화시중의 미소' 이야기와도 일맥상통한다. '염화시중의 미소'는 말을 통하지 않고 마음으로 전하고, 미소로 그 마음을 받았음을 의미한다. 의사소통이 상호 간에 이루어진다는 사실을 감안할 때, 불가에서 석가와 선종의 창시자인 제자 가섭(迦葉)이 꽃을 드는 것을 보고 이에 미소로써 화답함으로써 이른바 이심전심(以心傳心)이 되어 상호 소통이 이루어지며, 이것이 선종의 불법 전달 방식이 된 것이다(박태원, 1984; 황용회, 1996).

이러한 극단적인 불교의 의사소통관은 도교의 비명론(非名論)과 맥을 같이한다. 비명론은 불가의 불립문자론보다 더욱 강하게 언어와 문자에 대해 불신을 표시한다. 즉, 도가는 불가보다도 '기표' 사용에 대해 더욱 회의적이다. 예를 들어, 불가의 염화시중의 미소는 '꽃'과 '미소'를 상징적 기표로 사용하였다면, 도가에서는 이마저도 인정하지 않는 것이다. 노자는 『도덕경』 첫머리에 '도가도 비상도, 명가명 비상명(道可道 非常道, 名可名 非常名), 즉 도를 도라고 말할 수 있으면 그것은 진정한 도가 아니고, 이름을 말로 표현할 수 있으면 그것 또한 진정한 이름이 아니라고 하였다. 이는 언어란 잠정적인 표현 수단에 불과하며, 언어를 통해서는 진의나 진정한 실재를 전달할 수 없다는 것이다. 이를 통해 노자의 언어 사용에 대한 불신이 얼마나 강한지 알 수 있다(김정탁, 2004; 장웅철, 1998).

불가의 염화시중의 미소나 이심전심처럼 언어나 문자에 의한 의사소통에 대한 부정은 도가의 '언어도단(言語道斷)'이라는 말로서 귀결되는데, 이는 언어를 사용해서는 절대로 도에 이를 수 없다는 표현 방식이다. 따라서 서양의 의사소통에서처럼 뜻을 전달하기 위해 언어를 사용하는 것은 진정한 의사소통을 가로막고, 결과적으로 진정한 의미를 소통할 수 없다는 것이 불가와 도가의 의사소통의 입장이다.

이처럼 불교와 도교에서 비언어적 의사소통에 의한 깨달음을 중시한 것과는 달리, 유교는 의사소통을 하는 당사자들 간의 관계를 더욱 강조한다. 물론 유가도 불가, 도가와 마찬가지로 언어최소주의라는 맥락에서 의사소통 철학을 전개했다. 장자는 '언어의 궁극적 목적은 의미 전달에 있다. 의미를 얻고 나면 언어를 버려야 한다(言者所以在意 得意而忘言)'고 말했다. 이는 언어가 의미 전달에 필요한 '최소한의 도구'에 불과하다는 것을 말하는 것이다. 하지만 유교는 불교나 도교에서처럼 극단적 언어최소주의를 전개한 것은 아니다. 대신에 유교는 언어를 사용하되 언어가 행동과 일치해야 한다는 것을 강조한다. 유교의 의사소통관은 입상진의(立象盡意)로 형상을 통해 뜻을 전달한다는 것이다. 이는 형상, 즉 실재를 강조하는 것이며, 이는 언행과 행의의 일치를 더욱 강조함을 의미한다.

유교는 인간의 윤리적인 행동의 극치가 바로 '인화(人和)'를 이루는 것이라고 강조한다. 즉, 인간관계의 가장 이상적인 상태는 서로 감정적인 마찰 없이 조화로운 상태를 유지하는 것이다. 흔히 우리나라 사람들이 인간관계를 표현할 때, '나'라는 말 대신에 '우리'라는 단어를 사용하는데, 이때 '우리'라는 개념은 반드시 '집단'을 의미하기보다는 바로 '일치된 감정의 상태 또는 인화'를 강조하는 의미에서 사용된다(신인아, 2001).

이처럼 한국 문화에서는 역사적으로 간접적이고 우회적인 방식의 의사소통을 선호하고 또 구성원들에게 조장해 왔다. 그 외에도 한국인들이 눈치를 발달시키게 된 이유는 더 있다. 앞서 한국인들의 대인관계는 가족을 원형으로 하여 발달했다고 하였다. 가족, 특히 어머니와 자녀의 감정공조(affection attunement; Stern, 1985) 과정은 상대방의 마음(의도, 본심)을 주관화하여 주고받는 심정 교류 방식으로 이어져서 일반적 대인관계의 주요한 의사소통 방식으로 기능하게 되었다.

한국인들은 친밀한 사적 인간관계에서는 심정 교류에서 기인한 간접적이고 암묵적인 의사소통 방식을 사용한다. 또한 공적인 인간관계에서는 당사자와 피당사자 모두에게 기대되는 규격화되고 양식화된 행위 규범(체면)이 존재하며, 한국인들의 문화적 욕구와 관련하여 문화 전반적인 사회현상으로 기능하고 있다. 이러한 상황에서 한국인들에게 요구되는 능력은 간접적이고 암묵적인, 그리고 양식화된 외면적 표현 너머에 있는 상대방의 진의를 파악하는 것이 된다. 그것이 바로 눈치인 것이다.

3) 눈치의 유형

최상진(2000)은 눈치와 관련된 사회적 상황을 다음과 같이 구분하였다. 의사소통에 관여하는 두 사람이 있을 때 나타날 수 있는 눈치의 차원은 '보는 눈치'와 '보이는 눈치'로 구분할 수 있다. 다음으로 상호작용하는 사람들 사이의 관계와 역동에 따라 5개의 차원으로 세분화된다.

상호작용하는 두 사람 중 어느 한쪽에서만 눈치를 보거나 보이는 일방 눈치 상황(I, II)과 두 사람 모두 상대방의 눈치를 보거나 보이는 쌍방 동등 눈치 상황(III, IV), 그리고 한쪽에서는 눈

표 13-2 눈치 상황의 구조

		보는 눈치	보이는 눈치
일방적		I	II
쌍방적	동등	III	IV
	비동등	V	

출처: 최상진(2000).

치가 보이고 다른 한쪽은 눈치를 보는 쌍방 비동등 눈치 상황으로 나눌 수 있다(V). 이를 표로 나타내면 〈표 13-2〉와 같다.

눈치 상황은 어느 한쪽만 눈치를 보고 다른 한쪽은 눈치가 보이는 정태적 구조보다는 동시적으로 서로 눈치를 주고받는 역동적 구조 상황인 경우가 보편적이다. 따라서 어느 한 차원의 눈치 유형이 독립적으로 존재한다기보다는 계속되는 의사소통의 맥락 속에서 서로의 위치와 관점의 변화에 따라 눈치의 유형도 지속적으로 변화한다고 볼 수 있다.

눈치는 서로의 속마음을 보고 읽는 과정이므로 객관적인 언어사용의 맥락과는 달리 한쪽의 주관적 동기, 의도 등의 심리적 과정을 다른 한편이 공감하는 과정이 수반된다. 따라서 둘 사이에 공유되는 정보를 통칭하는 간주관성(intersubjectivity)의 존재가 선행되어야 한다. 가까운 사이일수록 간주관성의 질은 농밀해지며 암묵적이고 그에 따라 암묵적이고 비언어적 방식으로 소통할 수 있는 정보의 양도 늘어난다. 따라서 한국의 가장 사적인 인간관계, 즉 정(情)관계에서의 의사소통은 "말하지 않아도 알아요."라는 한마디로 요약할 수 있다. 반면에 두 사람의 사이가 멀수록 서로의 진의를 파악하기 위한 노력을 기울여야 하는데, 대개 이러한 경우가 눈치를 '보고 보이는' 상황이다.

4) 사회적 맥락에서 눈치의 활용 예: 자존심 관련 경험에서

한국인에게 자존심 상하는 경험은 일차적으로 자기가치감의 손상에서 비롯되는 개인적 정서 경험이라고 할 수 있지만, 그 경험에는 자존심을 상하게 한 사람과의 사회적 관계가 전제되어 있고 상한 자존심을 회복하는 과정에서 그 사람과의 다양한 상호작용이 파생된다. 특히 나의 자존심을 상하게 한 사람과의 관계에 따라 어떠한 방식으로 손상된 자존심을 회복하느냐가 결정되는데, 이 과정에서 눈치는 상당한 역할을 한다.

여기서는 자존심 관련 경험에서 눈치가 작용하는 상황을 살펴보도록 할 것이다. 자존심 상하는 경험의 과정은 다음과 같다(한민 외, 2013).

(1) 자존심 관련 경험

① 손상 인지 단계

일반적인 상황에서 자존심은 쉽게 자각되지 않는다. 그러다가 자신의 가치가 무시당한다든가 훼손되는 사건이 발생하면서 자존심이 손상되었다고 느끼면서 자존심의 존재가 인식된다. 평소에 가지고 있는 자기인식(높은 자기가치감 혹은 열등감)의 정도나 자존심을 상하게 한 상대방의 태도 및 상대방과의 관계에 따라서도 자존심 상함의 정도가 달라지게 된다. 자기가치감이 높은 사람일수록, 그리고 특정 분야에 대하여 열등감을 가진 사람일수록 자존심의 손상을 크게 지각할 가능성이 높다. 또한 자존심을 상하게 한 상대방이 권위주의적이거나 모욕적인 태도를 보일수록 자존심은 더 심하게 손상되며, 상대방과의 관계는 이를 증폭시키기도 하고 감소시키기도 한다. 한편, 손상당한 자존심은 분노, 좌절, 비애, 우울 등의 부정적 정서를 불러일으킨다.

② 상황 파악 단계

일단 자신의 자존심이 상하면 부정적 정서들이 활성화되고, 사람들은 이러한 부정적 정서를 해소하는 방향으로 동기화된다. 다시 말해 손상된 자존심을 회복하려고 한다. 그러나 고맥락 관계주의 문화에서 살아가는 한국인들은 어떠한 행동을 하기 전에 자신이 처한 상황과 상호작용하는 상대방과의 관계를 고려해야만 한다. 자존심이 상한 사람은 치밀어 오르는 부정적 감정에도 불구하고 현재 상황이 자신의 감정을 표출하기에 적당한지 아닌지를 판단하고, 상황 및 상대방과의 관계에 근거하여 감정 표현의 수위를 어떻게 조절해야 하는지, 자존심 회복을 위해 어떠한 행동을 취해야 할지 등을 결정해야 한다.

③ 전략 선택 단계

상황 파악이 끝나면 감정 표현의 수위와 취할 행동의 종류를 선택한다. 감정의 표현이 자유로운 상황일수록, 상대방과의 관계가 그리 중요하지 않을수록 격렬한 감정 표현과 적극적 행동이 나타날 가능성이 크다. 그러나 일상적 맥락에서 개인의 감정 표현의 범위는 제한된 경우가 많다. 따라서 감정 표현 및 자존심 회복과 관련된 행동들은 상황의 종류와 상대방의 특성 및 관계에 따라 상당 부분 달라지게 된다. 예를 들면, 자존심 상한 감정의 표현과 자존심 회복의 노력이 전혀 무의미하다고 느껴지는 상황에서 감정 표현 및 행동은 극도로 억제된다. 특히 상대방과의 관계가 밀접하고 중요도가 큰 경우일수록 그런 경향이 크다. 하지만 현재 상황과 관계의 중요성에도 불구하고 자존심의 상한 정도가 너무 크다든가 자존심 회복의 동기가 더 크게 작용한다면 강한 감정 표현과 적극적인 문제해결 행동이 나타날 수도 있다.

④ 상호작용 단계

자존심 상한 이가 취한 행동 전략이 상황 및 상대방의 특성과 상호작용하여 일련의 결과로 이어지는 단계이다. 중요하지 않거나 소원한 관계에 있는 상대방이 자존심을 상하게 했다면 화를 내고 사과를 요구하며 자존심을 회복하려고 한다. 상대와의 관계는 단절되는 경우가 많다. 그러나 중요한, 그리고 쉽게 끊을 수 없는 관계에 있는 사람이 자존심을 상하게 한 경우에는 다른 결과로 이어질 가능성이 크다. 상대방이 덜 권위주의적이고 친밀한 관계라면 자존심 상한 이의 감정 토로와 자존심 회복 노력이 발생할 것이다. 이 경우의 감정 표현과 행동 전략은 전자의 경우(덜 중요한 관계)보다는 덜 직접적이고 타협적이다. 만약 상대방이 권위주의적이고 소통이 어려운 사람이라면 상대방과의 관계를 회피하거나 관계 유지를 위한 사회적 행위 양식이 나타난다. 그리고 자존심이 회복될 수 없는 상황에 대처하기 위한 개인적 노력들(마음 수양, 인지 변화 등)이 뒤따른다. 이러한 단계들은 매우 빠르게, 때로는 반사적으로 진행되기도 한다. 또한 이 과정에는 개인의 성격이나 습관 등도 영향을 미칠 가능성이 있다.

이 중 주로 상황 파악 단계에서 눈치가 작용한다. 자존심이 상하는 매우 견디기 힘든 상황에서조차도 한국인들은 눈치를 통해 최대한 그 상황과 상대방과의 관계에 적합한 해결 방안을 모색하는 것이다. 눈치의 결과 상한 자존심에 대처하는 방식이 각각 다르게 유형화된다.

(2) 자존심 상함에 대한 대처 유형

자존심 상함에 대처하는 방식에 따라 유형이 구분되는데, 여기에는 상대방과의 관계와 자기가치 회복의 동기가 크게 작용하는 것으로 보인다. 각각의 유형은 다음과 같다.

첫째, 자존심 상한 경험에서 상대방과의 관계와 무관하게 자기가치 회복 동기가 더 강한 경우를 적대적 회복형으로 명명한다. 이 유형은 공격적 감정 표현과 적극적 문제해결 전략, 그리고 상대방과의 관계 유지에 관심을 두지 않는 것 등이 특징이며, 직설적인 표현으로 자존심은 회복되었으나 상대방과의 관계에서는 해결되지 않은 감정이 남아 있는 복합적 감정을 갖게 된다. 다시 말해 상황이나 상대방의 눈치를 보지 않고 자신의 자존심을 회복하려는 유형이다.

둘째, 상황 및 상대방과의 관계 때문에 직접적인 표현을 피하거나 억제하는 회피형이 있다. 이 유형의 가장 큰 특징은 손상된 자존심이 회복되지 않는다는 점이다. 자존심 손상을 초래한 상대방과는 명목상의 관계만을 유지하고 자존심 회복과 관계된 직접적인 표현은 최대한 삼간다. 손상된 채로 남아 있는 자존심 및 해결되지 않은 감정들에 대처하기 위해 다양한 인지적 노력을 기울이기도 하고, 다른 면에서 보상을 얻으려고 하기도 한다. 이 유형은 상황과 상대방의 관계에 대한 고려를 가장 많이 하고 결국 그 상황에 순응하는 방식을 뜻한다.

셋째는 타협적 회복형이다. 이 유형은 상대방과의 관계도 좋게 유지하고 상처 입은 자존심도

표 13-3 자존심 상함에 대한 대처 유형

	적대적 회복형	회피형	타협적 회복형
인과 조건	자기가치의 손상	자기가치의 손상	자기가치의 손상
맥락 조건	상대방과의 관계	상대방과의 관계	상대방과의 관계
현상	자존심 상함	자존심 상함	자존심 상함
중재 조건	자기가치 회복 동기	상황 및 관계 고려	상황 및 관계 고려 자기가치 회복 동기
작용/상호작용 전략	감정의 표현(공격적)	간접적 표현(대치) 삭임, 사회적 표현	감정의 표현(타협적)
결과	자존심의 회복 관계 단절 혹은 유지 복합적 감정	자존심 미회복 명목상의 관계 유지 개인적 노력 미해결된 감정	자존심의 회복 관계를 유지함 개인적 노력 자기향상적 감정
특징	상황이나 상대방과의 관계보다 자존심 회복 동기가 더 강함	상황이나 상대방과의 관계 때문에 자존심 회복이 불가능	상황이나 상대방과의 관계를 유지하는 전제에서 자존심 회복

출처: 한민 외(2013).

해결하려는 타협적 전략을 특징으로 한다. 강렬하고 적대적인 표현을 자제하고 온건한 감정 표현과 우회적 · 간접적인 행동 전략으로 상호 존중과 이해에 근거하여 문제를 해결하려고 한다. 그 과정에서 눈치의 추가적인 역할이 가장 많이 요구되는 유형이라고 할 수 있다. 여기에는 적지 않은 수준의 개인적 노력이 필요하며, 이러한 노력을 들이게 되는 이유로는 자신에 대한 긍정적 인식과 관계 유지에 대한 당위성, 상위가치의 추구 등이 있을 수 있다.

자존심 관련 경험은 관계 속에서 이루어진다. 관계주의 문화권에 속하는 한국의 경우에는 타인 인식 및 타인과의 관계에 대한 인식은 자기인식보다 더 중요하게 우리의 일상생활에 영향을 미친다. 한국인의 자기개념은 개인주의 사회의 독립적 자기와 같이 독자적인 자기인식을 토대로 형성되기보다는 내가 속해 있는 상황과 그 맥락 안에서의 개인의 역할이나 위치에 의해 정해진다(최상진, 김기범, 1999). 이렇듯 한국인의 자기개념 속에는 이미 자기와 외부 세계의 관계가 전제되어 있기 때문에 한국인의 자기는 서구 문화처럼 고정되어 있지 않고 상황적인 맥락과 관계의 특성에 따라 변화하는 유동성을 지닌다. 이러한 관계주의적인 자기는 기존의 상호의존적 자기와 유사한 듯 보이지만, 자기 구성의 핵심 요소가 관계 내에서의 자기 역할 및 기능에 의해 규정된다는 점에서 차별성이 있다. 즉, 관계주의적인 자기는 타인과의 관계에서 자신이 누구인지를 발견하고 이를 확인받는 것으로, 개인이 맺고 있는 관계의 특성에 따라 자기상 또는 자기개념이 달라질 수 있다.

관계주의 문화에서 개인은 자신이 지닌 사회적 위치에 해당하는 복합적인 정체성을 지니며, 각 사회적 위치나 역할에 부여된 문화적 의미가 자기평가에 중요한 요인이 된다. 따라서 개인은 스스로가 인식하고 있는 자기상의 모습대로 타인이 자신을 알아주고 이해해 주기를 바라는 자기검증의 동기를 지니고 있는데, 성공적인 자기검증의 경험은 사회적 상황과 자신의 정체성이 일치될 때 발생한다. 그런데 본 연구에서 드러난 바와 같이, 상대방의 권위나 지위에 의해 자기의 사회적 위치에 맞게 형성한 자기정체감과 일치되는 자기검증에 문제가 생기게 되면 개인은 자신이 유능하지 못하거나 집단 안에 수용되지 못하고 있다고 느끼게 된다. 이로 인해 발생하는 부정적인 감정 경험이 '자존심 상함'이다. 따라서 자존심은 자존감처럼 개인의 심리내적인 성향처럼 안정적이기보다는 개인이 처한 사회적 위치나 상황, 관계적 맥락에 따라 변화하는 유동적인 개념이 된다.

이와 관련하여 자존심 관련 경험에는 상황 및 관계에 대한 고려가 매우 중요한 비중을 가진다. 관계주의 문화의 보편적 특성들 외에도 한국의 경우에는 대인관계적 윤리를 지키는 것을 중요한 사회적 가치로 여겨지기 때문에 이와 관련된 행동의 평가는 다른 영역보다 엄격할 것이라 예상된다(조자의, 한성열, 2008). 이러한 경향은 상한 자존심에 대한 대처 전략에도 영향을 미친다. 한국의 문화는 외부적 충격을 외향적으로 발산하거나 처리하는 것을 도덕적으로 낮게 평가하기 때문에 그 충격을 내향적으로 처리하기 위한 방법들을 발달시켜 왔다(이규태, 1983).

따라서 한국인들은 관계적으로 문제가 생겼을 때, 그것을 표출하는 것보다는 속으로 삭이거나 우회적으로 표현하는 전략을 많이 사용한다. 그러나 상대방과의 관계의 중요성이 낮다고 생각되거나 자신의 자기가치 회복 동기가 더 큰 경우에는 삭임이나 사회적 표현이 아닌 적대적 방식의 표현 행위가 나타나기도 한다. 눈치는 이러한 경우에 상황과 상대방과의 관계에서 가장 적합한 행위 양식들을 결정하기 위한 정보 탐색의 기능을 한다.

4. 한국인의 사회적 행동

1) 권위주의

동서양의 학자들은 한국 사회를 오래전부터 권위주의 사회로 규정하고 있다(Hofestede, 1991; 최재석, 1994; 김경동, 1992). 권위주의 사회란 지위의 고저, 신분의 귀천 등에 따라 사회가 조직화되고, 이러한 서열에 따른 특권 및 차별을 당연시하거나 수용하는 정도가 높은 사회를 뜻한다.

Adorno와 동료들(1950)에 의하면, 이러한 사회 분위기는 권위주의적 성격을 가진 개인을 양산한다. 이런 사람들은 권력과 권위를 지닌 위치의 사람들에 대한 복종의 태도를 가지며, 더불어 상대적으로 지위가 낮은 집단에 대해서는 적대적 감정을 드러낸다.

한국의 권위주의 문화는 무엇보다도 가족에서의 권위적 관계 경험에 뿌리를 내리고 있다(이선미, 천우영, 2013). 유교적 관습에서 비롯된 가부장적 질서는 가정 내의 역할관계에서만 머물지 않고, 사회의 전반으로 확대 및 재생산되고 있다. 한중일의 유교 문화를 비교한 연구에 따르면, 한국의 권위주의는 '집단주의적 서열주의' 양상을 띤다. '개인주의적 서열주의'인 일본이나 '집단주의적 평등주의'에 가까운 중국과는 다른 양상으로, 이러한 문화에서는 구성원들 사이에 상당히 수직적인 관계가 이루어진다(정하영, 2011). 때문에 한국인들의 사회적 교류 양상은 서열적 양상을 보이며, 한국인들은 사회적으로 인정되는 서열에 맞지 않는 행위를 지각할 경우에 스트레스를 경험한다(문찬기, 한규석, 2013).

이러한 관계는 공적 관계에서나 사적 관계에서나 모두 나타나는데, 이러한 양상은 '갑을관계'로 요약할 수 있다. 대부분의 '갑'은 '을'보다 우월한 지위와 권위를 보장받으며, 그러한 지위와 권위를 근거로 '을'의 복종을 요구한다. '을'은 '갑'의 요구에 따라야 하며, 때로는 그것이 부당하고 불합리한 경우까지도 감수해야 한다(강준만, 2013).

권위주의와 관련된 한국의 문화적 행위 양식으로 체면을 들 수 있다. 특히 체면 차리기 및 체면 세우기에서 권위주의적 특성이 잘 드러난다. 일단 권위를 세울 수 있는 지위를 얻게 되면 그 지위에 걸맞은 행위를 하려는 욕구가 발생하게 되는데, 이와 관련된 행위 양식들을 '체면을 지킨다'로 요약할 수 있다. 또한 자신이 획득한 권력, 지위, 능력 등을 다른 사람들에게 과시하고자 하는 동기는 체면을 지키는 수준이 아니라 체면을 '세우는' 보다 적극적인 형태가 된다. 체면 지키기 및 체면 세우기와 관련된 행위 양식이 잘 구축되어 있다는 것은 한국 문화가 그만큼 권위주의적으로 작동한다는 증거가 된다.

한편, 한국인들은 권위에 대해 상당히 저항적인 태도 역시 갖고 있다. 최준식(2000)은 한국인들이 주어진 틀을 거부하고 자유로움을 추구하는 것을 일종의 천성으로 보고 있다. 부당한 권위와 불필요한 격식에 대한 풍자와 해학은 한국 문화의 중요한 키워드이기도 하다. 풍자와 해학은 상대방의 권위로 인해 직접적으로 불만을 표출할 수 없을 때 웃음을 빙자하여 이루어지는 간접적인 저항이다. 무엇보다도 권위주의적 문화의 폐해를 고발하는 목소리가 큰 것 역시 한국인들이 권위에 대해 저항적이라는 반증일 수 있다.

만약 그렇다면 한국인들에게 권위를 거부하려는 천성이 있음에도 불구하고 한국 사회에서 강한 권위주의적 행위 양식들이 여전히 기능하는 이유 또한 문화심리학이 밝혀야 할 과제일 것이다.

2) 신뢰와 불신

한국 문화에서 신뢰란 친밀한 인간관계에서 빠질 수 없는 것이다(최상진 외, 2003). 한국적인 특수-친밀 인간관계에서 신뢰(의리)는 자연스럽게 수반되는 것이기 때문이다(김기범 외, 2002). 신뢰에 대해서는 다양한 정의가 있지만 그것들 중 대부분은 서양인들이 가지고 있는 신뢰에 대한 개념을 바탕으로 내려진 것이다. 김우택, 김지회(2002)는 다양한 분야의 연구에서 사용된 신뢰의 개념을 종합하여 그 공통요인으로 '상호의존성' '위험성' '취약성' '명예'를 제시하였지만, 한국인의 신뢰를 이 네 요인으로 이해하기에는 부족해 보인다.

최상진과 동료들(2005)의 연구에 따르면, 한국인들이 상대방을 신뢰하는 이유는 상대방의 성품, 친밀감과 함께 오랜 시간 공유한 역사성이 나타났으며, 상대방을 신뢰하게 된 계기 역시 오랜 시간이 지나면서 신뢰하게 되었다는 응답이 많았다. 이는 한국인의 신뢰는 오랜 시간을 함께 보내면서 자연스레 형성되는 정(情)이나 우리성을 근간으로 하고 있음을 보여 준다.

이렇듯 한국인이 가지고 있는 신뢰의 정의는 서양인의 그것과는 다르다. 그러한 차이는 서양과 한국에서 각각 신뢰가 형성되는 과정이 같지 않다는 데에서 기인한다. 상업 문화가 발달한 서양의 경우, 신뢰는 시장을 기반으로 형성되었다고 할 수 있다. 시장은 협상과 계약을 통한 거래가 그 기본이 된다. 신뢰할 수 있는 사람은 협상에 의해 체결된 계약을 잘 지키는 사람이다. 만일 계약을 어긴다면 관계는 단절된다. 반면에 한국의 신뢰는 가족을 기반으로 형성되었다고 할 수 있다. 한국의 가족관계에서 신뢰는 당연한 것으로 계약과는 무관하다. 내 아버지이기 때문에, 내 아들이기 때문에 서로 신뢰하는 것은 당연하다. 부자간의 신뢰는 자연스럽게 사제간의 신뢰와 군신 간의 신뢰로 확대되어 간다(한성열, 2005).

물론 서양에도 가족이 있고, 가족 간의 신뢰는 존재한다. 하지만 서양과 한국의 가족구조에는 근본적 차이가 있다(Hsu, 1972). 요약하자면 서양의 가족은 부부가 중심축이 되고, 한국을 비롯한 동양(특히 유교 문화권)은 부자관계가 중심이 된다는 것이다. 서양의 경우, 가족은 아무 관련이 없는 두 남녀가 만나 이루어진다. 이 관계의 본질은 남편은 남편으로서의 역할을, 부인은 부인으로서의 역할을 성실히 해낼 것을 약속한 일종의 계약관계라고 할 수 있다. 서로가 자신의 역할을 제대로 수행한다면 상호신뢰가 구축되고 관계는 유지될 것이다. 하지만 계약이 지켜지지 않는다면 관계는 단절되고 신뢰도 사라져 버린다.

이와는 달리 부자 중심의 가족에서 중요한 점은 아버지에서 아들로, 다시 그 아들로 이어지는 연속성이다. 부부관계는 끊어질 수 있지만 부자관계는 끊어질 수 없고, 또 끊어져서도 안 되는 관계이다. 또한 부자관계는 당사자 간에 임의로 혹은 계약으로 맺어진 것이 아니라 운명적으로 맺어진 관계이다. 따라서 부자간의 신뢰에는 혈연이라는 사실 외의 다른 이유가 존재하지 않는다.

신뢰에 대한 서양과 한국의 개념 차이는 보다 확대된 관계에서도 그대로 나타난다. 조직 장면의 예를 들어보자. 서양의 경우에는 개인이 자신의 능력을 바탕으로 기업과 계약을 맺고 자신이 맡은 업무를 수행하게 된다. 자신에 대한 대우가 마음에 들지 않는다면 개인은 얼마든지 더 나은 조건을 찾아갈 수 있다. 이러한 경우에 개인의 입장에서 신뢰는 기업이 약속한 급여를 정확히 지급하는 것을 의미하고, 기업의 입장에서는 개인이 계약한 역할을 제대로 수행해 내는 것을 뜻한다.

반면, 한국 기업에서의 신뢰는 이와 다르다. 기업의 구성원들을 '○○ 가족'이라고 표현하는 관행은 한국 문화에서의 기업과 개인의 관계를 잘 나타낸다. 기업에 입사함과 동시에 개인은 그 기업의 가족이 된다. 단순한 고용주와 피고용인의 관계를 넘어서는 신뢰관계가 형성되는 것이다. 기업 전체로 보면 모기업은 여러 자회사를 소유하게 되며, 회장은 자신의 직계가족에게 기업을 대물림한다. 이것이 가족 중심의 신뢰를 바탕으로 만들어진 한국의 독특한 경영 구조인 재벌이다.

산업화, 근대화 이전의 한국 사회에서 이러한 신뢰관계는 한국 사회 내의 공동체를 유지시키는 데 대단히 중요한 기능을 담당하였다. 그러나 한국 사회는 정치, 경제, 문화적으로 급속히 변해 왔다. 이제 더 이상 우리의 관계는 가족 수준에서 머물지 않는다. 이미 대가족제도는 구시대의 유물로 여겨지고 있고, 지역을 기반으로 하는 공동체 역시 거의 와해되어 가고 있다. 또한 급속한 세계화 및 다문화화로 인해 한국인이 맺고 살아가는 관계의 양상은 과거와는 크게 달라지게 되었다. 이러한 상황에서 가족 중심의 신뢰는 혈연, 지연 등의 연고주의로 이어지며 다양한 문제를 초래하고 있다.

허용회, 박선웅, 허태균(2017)은 한국 사회의 신뢰에 영향을 미치는 가족확장성의 역할을 논의한 바 있다. 즉, 가족확장성을 기반으로 관계를 맺는 한국인들의 인간관계에서 신뢰에 대한 기준이 높을 수밖에 없고, 신뢰에 대한 높은 기준이 사회제도와 시스템을 믿을 수 없다고 생각하는 경향으로 이어진다는 것이다.

3) 부러움

우리말 '부러움'은 남의 좋은 일이나 물건을 보고 자기도 그런 일을 이루거나 그런 물건을 가졌으면 하고 바라는 마음이다. 부러움은 근본적으로 다른 사람과 나의 상황을 비교함으로써 발생하는 사회비교의 정서이며, 그중에서도 특히 상향비교적인 상황에서 경험되는 것이다.

한국 문화에서 '부러움'은 일상적으로 나타나는 문화적 정서이다. 어떤 사람, 조직, 기업, 국가에 이르기까지 자신(우리)이 갖지 못한 것을 가졌거나 성취하지 못한 것을 성취한 대상에 대한 부러움을 표현하는 것이 자연스럽고 매우 당연하다는 의미이다.

부러움은 영어로 envy로 번역되는데, 서양 문화에서 envy는 부러워하다는 뜻보다는 시기하다, 질투하다라는 의미가 더 강하다. 그러나 한국 문화의 '부러움'은 시기나 질투가 내포하고 있는 다른 사람에 대한 적개심이나 악의를 포함하지 않는다. 대부분의 서구 문화권에서는 보통의 악의적 선망(envy)과 부러움(무해한 선망)을 구분하는 별개의 개념이 존재하지 않는다. 한국 문화에서는 부러움을 시기, 질투, 시샘 등과 구분하고 있으며, 이것들과는 달리 상대적으로 사회적으로 용인되는 감정이다. 특히 많은 경우에 상대방에게 부러움을 표시하는 것이 허용되고(때로는 찬사의 역할을 한다), 또 상당히 적극적인 의미로 부러움을 드러낸다. 다시 말해 부러움을 표하면서 자신의 욕구를 드러내는 것이다. 한국 문화에 무해한 선망에 해당하는 정서 용어가 존재하며, 한국인의 정서적 삶에 부러움이 뚜렷이 반영되어 있다는 사실은 한국 문화에서 이 정서가 수행하는 독특한 사회적 기능이 있기 때문일 것이라는 추측을 가능하게 한다(차운아, 2009).

차운아(2009)는 부러움의 사회적 기능을 다음과 같이 추론하였다. 집단주의 문화에서 구성원들은 사회의 합의된 기준에 자신을 맞추고 집단의 가치에 부응해야 하며, 이러한 문화적 압력에서 사회비교는 상향 비교가 될 가능성이 크다. 이러한 빈번한 상향비교 경험은 내부적으로 부정적 자기상을 부각시켜 자존감에 손상을 주기도 하지만, 더 큰 문제는 자신이 가지지 못한 것을 가진 사람에 대한 적대감을 증진시켜 구성원 간의 화합을 해칠 수 있다는 점이다.

결국 상향비교의 경향은 사회적 관계와 집단 내 조화가 중시되는 문화의 요구에 의해 나타나지만, 이로 인해 사회적 관계와 집단 내 조화가 위협받는 상황이 발생한다. 이러한 이유로 집단주의 문화에서는 상향비교가 초래할 수 있는 사회적 관계에서의 부정적 효과를 완화할 필요가 있는데, '부러움'이 바로 그러한 기능을 수행한다는 것이다.

부러움과 시기 모두 자신이 가지지 못한 긍정적인 사건을 경험하거나 나보다 뛰어나다고 인정되는 사람에게서 느끼는 정서이다. 시기가 대상에 대해 적개심을 표출하여 상향비교의 대상과 자신을 분리하는 데 반해, 부러움은 상향비교의 대상과 자신을 동일시하여 그 사람처럼 '되고 싶다'는 소망으로 대상과의 관계를 포장함으로써 조화로운 관계를 유지하고 사회적 유대를 강화하는 역할을 한다. 따라서 부러움은 내게 가깝거나 가깝게 지내고 싶은 상향비교의 대상에 대해 느끼는 '연합'과 가깝게 지내야 할 필요가 있는 사람에게 다가가려고 하는 '접근'이라는 목적을 지닌 의사소통 전략(차운아, 2010)으로서의 기능을 수행한다.

부러움이 상대방과 자신에 대한 부정적인 정서 대신에 무해한 선망으로 기능할 수 있는 또 다른 근거는 한국인의 자기인식에서 찾을 수 있다. 집단주의 문화에서의 사회비교가 부정적인 정서를 유발하는 이유는 상호협조적 자기인식에서 기인한 향상 동기 때문으로 추측된다. 그러나 향상 동기로 인한 모든 사회비교가 부정적인 정서를 유발하는 것은 아니다. 사회비교의 자기조절 과정이론(한덕웅, 1999; 한덕웅, 장은영, 2003)에 따르면, 사회적 맥락에서 사람들은 의도적으로 사회비교의 목표를 설정할 수 있으며, 이 목표에 의해서 사회비교의 결과는 달라지게 된다. 즉, 개인은 자신이 추구하는 자기상에 근거를 두고 의도적으로 사회비교의 목표를 설정한다는 것이다.

Taylor와 Lobel(1989)은 자존감에 위협을 받는 경우에 사람들은 자기고양을 위해 자신보다 못한 이들과 비교하려고 하지만, 자신을 향상시키려는 목적이 강하면 상향비교를 해도 긍정적 영향을 받으며 상향비교의 대상으로부터 교훈이나 정보를 얻으려고 할 수도 있다(Helgeson & Taylor, 1993; Molleman et al., 1986)고 주장하였다. 이러한 결과들은 같은 상향 동기에서 행한 사회비교도 경우에 따라 긍정적인 영향을 초래할 수 있다는 것을 뜻한다.

한국인들은 현재의 자신의 모습을 고정적이고 불변하는 것으로 받아들이지 않고 더 나은 사람이 되고자 하는 동기가 특히 강하다. 한국인들은 자신을 객관적인 사실보다 더 가치있는 존재로 평가하는 '자기가치감'이 높은 것으로 알려져 있다(한민, 한성열, 2007). 한국인들은 자기가치감에 손상을 입는 것에 크게 민감한데(억울함, 자존심 상함 등), 이러한 경험은 한국의 문화적 정서인 '한(恨, 최상진, 1991)'으로 형상화될 정도로 한국인의 심리에서 큰 비중을 차지한다. 문학이나 예술적 정조로서가 아닌 일상 경험의 수준에서의 한은 극복의 대상으로 표상될 수 있는데, 한을 극복하려는 의지는 한국인의 성격을 규정하는 중요한 특성(가세, 1988)으로 향상 동기의 대표적인 예로 꼽을 수 있다.

또한 한국 문화는 유교적 배경에서 자기 자신을 사회적 이상(예, 군자, 대인)의 수준으로 끌어올려서 수양하는 것을 사회적 가치로 수용하고 이를 구성원들에게 권장하고 있다. 이러한 가치와 관련하여 한국인들은 개인의 마음을 사회의 질서나 목표에 합일화시켜야 한다는 '사회지향적 자기관'을 발달시켰다. 따라서 한국인들은 성숙한 사람일수록 사인(私人, private person)이 아닌 공인(公人, public or social person)의 마음을 가져야 한다고 믿는다. 이 때문에 한국인에게는 '남과 다른 나'를 구축하는 것보다 '남보다 나은 나'를 구축하는 것이 중요하다고 믿는다(최상진, 김기범, 1999). 이러한 측면은 한국인들에게 있어 사회비교에서의 향상 동기가 항상 부정적 정서를 경험하게 하지는 않을 것이라는 점을 추측할 수 있게 한다.

4) 갈등 해결 전략

한국 사회에서 갈등은 중요한 이슈이다. 언론에는 이념, 계층, 지역, 성별, 세대 간 갈등에 대한 기사가 끊일 날이 없지만 각각의 갈등들은 순조로운 타협이나 화해로 마무리되기보다는 소통의 부재와 갈등의 심화라는 국면으로 이어지는 경향이 크다. 따라서 한국인들의 주된 갈등 해결 전략은 무엇이며, 그것이 한국인의 사회적 행동 방식의 어떠한 특성 때문에 기인하는지 살펴볼 필요가 있다.

Rahim(Rahim, 1983; Rahim, 1985), Rahim과 Bonoma(1979)는 갈등 해결의 차원을 자신에 대한 관심과 타인에 대한 관심으로 구분하였다. 첫 번째 차원은 개인이 갈등 해결 상황에서 자신의 기대와 욕구를 충족하기 위해 노력하는 정도이고, 두 번째 차원은 상대방의 기대와 욕구를 충족하기 위해 노력하는 정도를 의미한다. Rahim(1983)은 이를 바탕으로 회피, 지배, 양보, 타협, 통합의 5개의 갈등 해결 전략을 제안하였다.

먼저 회피(avoiding)는 갈등 상황에서 문제를 직면하지 않고 상대방의 기대는 물론이고 자신의 주장도 관철하지 않으려는 전략이다. 이 전략은 갈등 자체를 최소화하였을 때 보다 유리한 경우나 상대방과의 만족스러운 합의가 어려울 것으로 예상될 때 주로 이용된다(Cai & Fink, 2002). 둘째, 지배(dominating)는 상대방에 대한 배려보다는 자신의 주장이 관철되도록 상대방에게 강요하는 경우이다. 셋째, 양보(obliging)는 지배와는 반대 성격으로, 자신의 주장보다는 상대방의 욕구에 순응하여 상대방과의 관계를 유지하고자 한다. 넷째, 타협(compromising)은 상대방의 요구와 자신의 요구를 조정하여 서로 만족할 수 있는 차선책을 모색하는 것이다. 마지막으로, 통합(integrating)은 상대방의 요구를 충족시키면서도 자신의 만족을 극대화하기 위해 개방적으로 정보를 교환하고 협동하여 문제해결을 이루려는 전략이다.

갈등 해결 전략과 문화에 대해서는 주로 개인주의 대 집단주의라는 문화 구분과 자신의 관심사 대 상대방의 관심사라는 갈등 해결의 차원이 유사하다는 점에서 갈등 해결의 문화 차이를 짐작할 수 있다. Triandis(2001)의 언급처럼 자기중심성(idiocentric)과 타인 중심성(allocentric)이 개인주의 문화와 집단주의 문화의 핵심 개념이기 때문이다. 이러한 전제에서 개인주의 문화에서는 자신의 관심사에 집중한 문제해결 방식, 즉 회피나 지배 전략이, 집단주의 문화에서는 타인의 관심사에 집중한 양보나 통합이 보다 일반적일 것이라는 예측이 가능하다.

실제로 미국과 일본을 비교한 연구에서 일본인은 갈등 상황에서 미국인보다 더 회피적인 대처 방식을 선호하였으며(Triandis et al., 1988), 중국인들은 갈등이 예상되는 상황에서 미국인들보다 타인의 영향을 더 많이 받는 것으로 나타났다(Liu et al., 2005). 그러나 개인주의 대 집단주의의 구분으로는 한 문화권 내에서 갈등 해결 전략의 양상이 어떻게 나타날 것인지에 대한 예측을 하기가 어렵다.

장수지(2010)는 이러한 점에 주목하여 한국과 일본, 미국의 갈등 해결 전략을 살펴보았다. 그 결과, 가장 두드러지는 한국인들의 갈등 해결 전략은 '지배'인 것으로 나타났다(한국>미국, 한국 > 일본). 이는 개인주의 문화에서는 회피나 지배 전략이, 집단주의 문화에서는 타협이나 통합이 선호될 것이라는 예측을 벗어나는 결과이다. 그 외에도 한국인들은 양보 전략을 미국인들보다 더 사용하는 것으로 나타났다. 즉, 한국인들은 타협과 통합 같은 쌍방 이익을 추구하는 전략보다는 '이기거나 혹은 굴복하거나'로 요약할 수 있는 양극화된 해결 전략을 채택하고 있다는 것이다.

지배 전략에 대한 선호는 한국인의 우세한 주체성 자기에서 기인한 것으로 추정된다. 갈등 상황에서 상대를 억누르려고 하는 지배는 타인에게 자신의 영향력을 미치려고 하는 주체성 자기의 성격과 일치한다. 양보는 집단주의 문화의 전형적인 갈등 해결 전략이라고 볼 수 있지만, 권위주의적인 한국 문화에서 양보란 타인의 지향을 존중하는 의미에서의 양보라기보다는 상대방의 우위에 대한 인정이라는 의미가 강할 것이라 생각된다.

한편, 갈등 해결 전략들은 문화에 따라 각기 다른 것을 의미할 수 있다. 각 전략들 사이의 상관에서 국가에 따른 차이가 나타났다. 한국의 경우에는 회피와 지배, 양보와 지배 사이에 부적 상관이 있었으며, 일본은 회피와 양보 간에 정적 상관이 나타났다. 이는 회피 전략이 한국에서는 상대방에게 자신의 의견을 강요하지 않는다는 의미가 크고, 일본에서는 상대방에 대한 암묵적 순응의 의미가 보다 크다는 것을 보여 준다.

또한 미국의 경우에는 회피와 지배 간 상관이 한국과 일본의 경우에는 부적 상관을 보였던 것과는 달리 유의미한 관계가 나타나지 않았으며, 양보와 회피도 매우 약한 상관을 보였다. 이는 미국에서의 회피 전략은 Rahim이 제안한 본래 의미, 즉 자신에 대한 관심과 타인에 대한 관심이 동시에 낮은 상태를 의미한다는 것을 보여 준다. 다시 말해 회피 전략의 개념 자체가 문화에 따라 다르게 구성되어 있음을 뜻한다.

한편, 일본은 지배와 타협 사이에서 한국, 미국과는 달리 높은 정적 상관이 나타났으며, 양보와 타협 혹은 통합과의 관계는 거의 나타나지 않았다. 그에 비해 한국은 타협이 지배보다 오히려 양보와 더 높은 정적 상관을 보였는데, 이러한 결과는 일본에서는 갈등 상황에서 상대방과의 타협점을 찾기 위해 자신의 의견을 주장하는 것 자체가 상대방을 지배하려는 의도로 해석될 수 있음을 뜻한다. 반면에 한국은 타협을 위해서는 한발 물러서는(양보) 것이 필요하다는 것으로 타협에 대한 개념에서의 한국과 일본의 차이를 짐작할 수 있다(장수지, 2010).

5) 참견

한국인들은 남의 일에 참견하는 것을 좋아한다. 그러나 남이라고 아예 모르는 남이어서는 안 된다. 그랬다가는 '네가 뭔데 남의 일에 참견이야?'라는 말을 들을 수 있다. 배재창 등(2011)의 연구에 따르면, 참견은 모르는 관계보다는 아는 관계에서 더 많이 나타나고 허용되는 것임을 확인할 수 있다.

모르는 관계에서 가능한 참견은 상대방의 능력이나 지식이 자신보다 부족하다고 여길 때이다. 이 경우에는 상대방의 서열을 크게 중요하게 여기지 않는다. 반면에 아는 관계에서는 서열 정보가 중요하다. 자신보다 윗사람에게 참견하는 경우는 거의 없었고, 상대방과 친근하게 지낸다면 능력이나 지식과 상관없이 참견하였다(배재창 외, 2011).

참견이 아는 관계(특히 친근한 관계)에서 많이 나타난다는 것은 수용자의 입장에서 당시에는 불쾌하겠지만, 장기적으로는 참견을 상대방을 아끼는 마음의 외적 표현으로 여길 수 있기 때문이다. 실제로 상대방에게 짜증이나 분노를 느끼지 않는 상황에서 대부분의 사람은 이타적인 동기로 참견하였다고 밝혔다. 또한 선행연구에서도 아는 사람에게 참견을 받은 사람들은 상대방이 자신을 아끼는 마음에서 참견하였음을 알기에 긍정적으로 수용하고 있었다. 다시 말해 참견은 상대방에 대한 나의 마음의 표현이다. 즉, 내가 이만큼 너를 생각하고 있음을 드러내는 것이다.

사람들은 타인의 개입이 즉각적인 혜택이 되면 도움으로, 혜택을 바로 확인할 수 없는 경우에는 참견으로 인식하였다. 개입의 동기에서도 이타적인 동기일 경우에는 도움, 이기적인 동기일 경우에는 참견으로 인식하는 것으로 나타났다(배재창, 2017).

관계에서의 이타적 동기 외에 또 다른 참견 동기로 '우쭐하고 싶은' 동기를 들 수 있다. 연장자로서, 선배로서, 높은 지위에 있는 사람으로서, 아는 것이 많은 사람으로서 자신의 우위를 드러내거나 과시하고자 하는 마음이 참견으로 드러날 수 있다. 이때 참견은 우쭐거림이 되며, 참견을 받은 사람은 '의례적으로' 상대방의 참견을 받아들임으로서 상대방의 체면을 세워 준다. 물론 이러한 경우에도 참견하는 이와 참견을 받은 이의 친밀한 관계는 전제되어야 한다. 나에게 참견할 만한 관계나 지위에 있지 않은 사람이 참견하는 것은 용인하기 어려운 상황으로 참견을 받은 사람의 거센 불만을 초래할 수 있다.

이처럼 한국인들에게는 다른 이들로부터 참견을 받는 것을 싫어하는 심리도 존재한다. 이는 기본적으로 참견에 대한 문화적 표상이 존재하기 때문에 가능하다. 내 일에 참견하는 상대방의 나에 대한 관심이나 사회적으로 인정되는 상대방의 우위는 인정할 수 있으나 그것이 지나칠 때는 자신의 가치나 자존심에 대한 침해로 해석될 수 있다. 이처럼 참견 및 참견 관련 행동들에는 전형적인 한국인의 마음 경험 방식과 표현 방식이 나타나 있다.

제 14 장

한국인의 마음건강

마음의 건강은 무엇을 건강한 상태로 보느냐에 따라 결정된다. 그리고 그 기준은 시대와 사회적 맥락에 따라 달라진다. 예를 들어, 동성애는 고대 그리스에서 일반적으로 받아들여졌다. 중세시대의 엄격한 종교적 전통에서 동성애는 금기시되었으나 현대 일부 사회에서는 개인적인 취향으로 인정되고 있다.

문화는 마음건강의 준거를 제공한다. 어떤 사회에서는 심각한 병으로 받아들이는 것이 다른 문화에서는 사소하게 취급되기도 한다. 서구 사회에서 개발된 알코올중독 척도로 한국인들을 검사하면 적지 않은 사람들이 알코올중독으로 분류된다. 한국 문화에서의 음주의 횟수와 정도가 다른 문화보다 잦고 강하기 때문이다. 그렇다고 그들 모두가 중독치료가 필요한 것은 아니다. 한국인들이 술을 많이 마시는 이유는 한국 문화에서는 술이 사회생활에서 중요한 역할을 하기 때문이다. 따라서 대인관계에서 술이 갖는 순기능 역시 무시할 수 없으며, 음주의 심각성에 대한 기준 역시 서구와는 다르다.

또한 문화는 고유한 정신병증을 만들어 내기도 한다. 한국의 대표적인 문화 관련 정신질환

은 화병(hwa-byung)이다. 임상심리학의 진단분류체계의 DSM에 올라 있는 이 증후군은 글자 뜻 그대로 영어로는 'anger syndrome'으로 번역되며, 분노의 억제로 인해서 발생하는 것이다. 증상으로는 불면, 피로, 공황, 임박한 죽음에 대한 두려움, 우울한 정동, 소화불량, 식욕부진, 호흡곤란, 빈맥, 전신 동통 및 상복부에 덩어리가 있는 듯한 느낌 등이다(DSM-Ⅳ; APA, 1994).

화병이 한국인에게 현저하게 나타나는 정신질환이라는 사실은 화병에는 한국의 문화와 한국인의 고유한 심리적 특성이 담겨 있다는 뜻이다. 문화는 구성원들에게 좋고 나쁨, 바람직함, 의무, 금기 등의 가치체계를 제공하며, 그에 따른 행동 양식 역시 규정한다(Hofstede, 1994). 문화에 따르는 정신질환은 이러한 가치체계와 행동 양식, 구성원 개인의 욕구가 갈등을 빚을 때 발생할 것이라 생각된다. 그 외에도 문화는 구성원들이 취하고 만들어 내는 다양한 행위의 준거를 제공한다. 따라서 어떤 이들의 정신건강을 이해하기 위해서는 그들의 문화를 먼저 이해할 필요가 있다.

1. 한국 문화와 마음건강

한 문화에서의 정신건강은 그 문화의 구성원들이 추구하는 욕구 혹은 동기의 충족과 관계가 있다. 문화는 구성원들의 욕구와 동기를 만들어 내고 조절하는데, 사람들은 문화 내에서 그러한 욕구 및 동기들을 충족하고 해소하기 위한 체계를 발달시켜 왔다.

이 장에서 한국 문화에서의 마음건강과 관련하여 주목하고자 하는 부분은 한국인들의 문화적 자기관이다. 자기관은 단순히 자기 자신에 대한 이해뿐 아니라 사회적 맥락에서의 방향성을 제공하며, 대인관계의 질과 나아가서는 문화적 행동 양식을 결정지을 수 있다는 점에서 정신건강과도 밀접한 관련이 있으리라 예상된다.

앞선 장에서 살펴보았듯이, 한국인의 자기관은 높은 자기가치감과 우세한 주체성 자기로 요약할 수 있다. 이러한 자기관은 자신이 경험한 일에 대한 주관적이고, 자기중심적인 해석을 낳는다(제12장 '한국인의 자기관' 참조). 경험의 해석에 있어서 이러한 경향성은 심리 경험의 질(제11장 '한국인의 마음' 참조), 특히 정신건강과 관련한 경험들에 중대한 영향을 미칠 것으로 추정된다. 예를 들면, 우선 지나친 주관적 · 자기중심적 해석으로 나타날 수 있는 피해망상적 사고나 과도한 통제감, 상대와의 의사소통에서 나타날 수 있는 오해 및 곡해 등이 정신건강에 직접적인 영향을 미칠 만한 것들이다.

이러한 추정은 한국보건사회연구원(2016)에서 발표한 '한국 국민의 건강행태와 정신적 습관의 현황과 정책대응' 보고서에서 사실로 확인되었다. 만 12세 이상 국민 1만 명을 대상으로 조사한 결과, 국민의 90.1%가 인지적 오류를 갖고 있었다. 인지적 오류란 사고 과정 및 결과의 오류로, '객관적 사실보다 자신의 생각이 더 옳다고 믿는 것(임의적 추론)' '하나를 보면 열을 안다고 생각하는 것(선택적 추상화)' '세상 모든 일은 옳고 그름으로 나뉜다고 생각하는 것(이분법적 사고)' '최악의 상황을 먼저 생각하는 것(파국화)' 등이 있다.

국민의 90%가 인지적 오류를 보인다는 결과는 한국인들의 기본적 인지 양식이 사실관계의 판단이나 경험의 해석에 있어서 오류를 초래할 확률이 크다는 것을 의미한다. 인지적 오류들의 특징은 모두 자기중심적인 해석이 강하다는 것인데, 자기중심적 해석이 강하면 자신에게 일어난 부정적 경험을 실제보다 더 크고 심각하며 자신에게만 일어난 것으로 확대 해석할 가능성이 크며, 자신의 주관적 느낌과 판단을 과신함으로써 주변에 대한 과도한 통제 욕구를 갖게 되고, 일이 뜻대로 되지 않을 때는 심각한 좌절감을 경험할 수 있다.

최근 한 연구소의 조사에 따르면, 한국 중산층의 79.1%가 스스로를 빈곤층이라고 생각하는 것으로 나타났다. 심지어 고소득층의 49.1%도 자신들이 빈곤층이라고 생각했다. 고소득층의

47.0%는 자신들이 중산층이라고 생각했으며, 스스로를 고소득층이라고 생각하는 비율은 3.9%에 불과했다(백세시대연구소, 2022). 월수입이나 보유 자산 등 객관적인 지표와는 별개로 스스로 지각하는 바가 이러하다는 것이다. 한국인들의 낮은 행복도는 이러한 마음의 습관과 관련이 깊어 보인다.

또한 대인관계나 사회적 맥락에서 지나칠 정도로 남들에게 인정받으려고 하며, 상대방이 자신을 인정하지 않으면 '무시당했다'고 받아들이게 되고, 의사소통 과정에서 상대방의 반응을 왜곡하거나 확대 해석하여 갈등을 야기하기도 한다. 한국인들이 토로하는 부정적 감정들인 '무시당함', '억울함', '섭섭함' 등은 대개 이러한 맥락들에서 비롯되는 것들이다.

이러한 경험들과 감정들은 한국인들이 전통적으로 한(恨)이라고 불러 왔던 경험과 관계가 깊다. 그러나 한에는 부정적인 측면만 있는 것은 아니다. 한을 삭이고 인고하는 과정에서 내면적 성숙이 기대되기도 하고, 한을 극복하려는 의지는 한국인 특유의 강한 정신력의 원천이 되기도 한다. 특히 한국인들은 한과 반대되는 개념으로 신명을 표상하고 있는데, 신명을 경험하고 신명에 도달하려는 동기는 한국의 여러 가지 사회, 문화적 현상을 설명하는 키워드가 될 수 있다. 여기서는 한국인들의 정신건강을 이해하기 위해 문화적 동기체계로서의 한과 신명의 관계를 살펴보도록 하겠다.

2. 한과 신명

한국 문화에서 한(恨)과 신명은 단순한 정서 이상의 의미를 갖는다. 한과 신명에는 한국인들의 문화적 동기와 추구하는 가치, 그러한 동기가 충족되지 못했을 때와 충족되었을 때의 감정과 행위 양식 등 총체적인 심리 경험의 질이 담겨 있다. 요약하자면 한국인들은 자신에게 일어난 부정적인 경험들을 '한'으로 통칭하여 개념화하고 자신이 경험한 가장 긍정적인 사건들을 '신명'으로 이해해 왔다는 것이다. 따라서 한과 신명에 대한 이해는 한국인의 정신건강에 대한 가장 근본적인 이해를 제공해 줄 수 있을 것이다.

1) 문화적 동기체계로서의 한과 신명

한은 일반적으로 '욕구 충족이 안 된 상태의 노여움 혹은 본능에 근거한 것(이부영, 1980)', '영구적인 절망이 낳은 체념과 비애의 정서(최길성, 1991)', 혹은 '불가항력적인 좌절 상황에 순응한 감정(안신호, 1997)' 등 병리적이거나 수동적이고 순응적인 측면에서 이해되고 있다. 하지만 한의 부정적인 면 이외의 특성에 초점을 둔 견해들이 없었던 것은 아니다.

이어령(1982)은 한이란 무엇인가를 간절히 바라고 성취하려는 욕망 없이는 나타날 수 없는 감정으로 보고, 이러한 욕망이 결여된 한은 단순한 절망 혹은 복수심으로 연결된다고 주장하였다. 또한 문순태(1991)도 한국 문학에서 나타나는 한은 인간의 근원적인 비극으로 해석되기도 하지만, 거기에서 멈추는 것이 아니라 해한(解恨), 즉 한풀이의 의지로 다시 작용할 수 있다고 주장한 바 있으며, 한국인의 한에는 삭임과 승화의 기능이 있기 때문에 인내와 극기로써 한을 초극하여 간절한 성취 동기를 유발하며, 한을 유발한 원인 및 대상에 대해 관용의 자세(정)를 정립해 가게 된다는 견해도 있다(천이두, 1993).

최근에 이러한 한의 긍정적 측면들이 재조명되고 있는데, 양옥경과 최명민(2001)은 긍정심리학의 주제 중 하나인 탄력성(resilience)과 한의 관계를 다루었으며, 고영건과 김진영(2005)은 한을 삭이는 과정이 성숙한 삶의 지혜로 작용할 수 있음을 강조하였다. 이들의 접근은 한에 대한 이제까지의 병리적이고 부정적인 시각에서 벗어나 한의 긍정적 측면을 조명했다는 점에서 가치가 있다.

그럼에도 불구하고 이들의 기본적인 가정은 한이 불변하는 한국의 대표적 정서이며, 그것을 극복하려는 능동적 의지보다는 한의 유발자를 인정하고 한의 감정을 삭이는 수동적인 과정을 강조하고 있다는 제한점을 가진다. 한에 대한 논의에 있어서의 긍정적 접근은 사람들이 한을 받아들이고 삭이는 과정에서 삶의 지혜를 터득하고 성숙해 간다는 것 외에도 또 다른 문화적인 경로가 있을 수 있으며, 그 대표적인 것으로 신명을 들 수 있다.

신명은 오래전부터 한과 관련해서 논의되어 왔다(김열규, 1982; 이어령, 1978, 1982; 이규태, 1991 등). 이러한 논의들을 요약하자면 사람이 살아가면서 겪는 괴로움과 고통들이 맺혀서 한이 되고 그 한이 풀릴 때 신명이 난다는 것이다. 그러나 거기서 한과 신명의 관계는 명확하지 않다. 한이라는 말이 구체적인 맥락과 내용을 가지고 있는 쉽게 해소될 수 없는 감정의 응어리를 뜻한다면, 한이 풀릴 때 나타나는 신명은 좀처럼 경험하기 어려운 일일 것이다.

(1) 한과 신명의 경험 원리: 맺힘과 풀림

신명은 한국 문화를 연구하는 학자들에 의해서 빈번하게 거론되어 왔던 것으로 많은 경우에 한(恨)과 함께 언급되어 왔다. 이들의 견해에 따르면, 신명은 한(恨)의 대척점에 서 있는 개념이라고 할 수 있다(김열규, 1982; 이어령, 1978, 2003; 이규태, 1991; 조동일, 1997 등). 즉, 신명은 한이 풀림에 의해서 발생한다는 것이다. 조동일(1997)은 진정한 신명이란 한을 극복하는 동기에서 나온다고 보았는데, 즉 한은 그 상태에서 정지된 것이 아니라 '풀어야 하는 것'이고 한이 풀리면 신명이 생겨난다는 것이다. 그에 따르면, 한풀이의 요구에서 출발하지 않은 일상적인 맥락에서의 '신남'은 진정한 신명이라고 할 수 없다. 이와 같이 '풀어야 하는 것'이 한이고, '풀린 상태'가 신명이라는 생각은 신명에 대한 연구를 수행해 왔던 사람들의 일반적인 인식으로 보인다.

이러한 인식은 전통예술 분야에서도 동일하게 나타난다. 조향(1988)은 무속에 근간을 둔 전통춤 살풀이의 춤사위를 분석하여 춤 동작에서의 한과 신명의 구조를 언급하였으며, 나윤선(1991)은 살풀이, 무속춤, 탈춤 등을 예로 들면서 그 형식과 내용에 있어서 한과 신명이 어떻게 표현되는가를 분석한 바 있다. 또한 활자나 영상매체 등을 통해 자주 접하게 되는 여러 전통 예술인이나 연구자의 구술 등을 통해서도 한과 신명에 대한 공통적인 인식이 있음을 확인할 수 있다. 이러한 사실에서 한과 신명의 관계가 단지 몇몇 학자의 통찰에 근거한 주장에 그치는 것이 아니라 한국인들이 공통적으로 갖고 있는 문화적인 인식이라는 사실을 유추할 수 있다.

2) 한(恨)의 의미

그렇다면 논의를 보다 발전시키기 위해 한(恨)의 개념을 보다 명확히 할 필요가 있다. 한이 풀리면 신명이 난다는 것을 전제로 할 때, 한이 무엇이고 어떻게 발생하는(맺히는) 것인지를 알아야 그것이 해소되는(풀리는) 데에서 나타나는 신명의 정체를 알 수 있을 것이기 때문이다.

기존의 문헌들에서 나타난 한과 신명의 관계는 모호한 측면이 있다. 그것은 한과 신명이 구체적인 개념 정의와 체계화 없이도 문화적으로 받아들여질 수 있는 개념이라는 의미일 것이다. 그러나 이러한 문화적 개념들이 보다 과학적인 의미로 재생산되려면 각 개념들이 갖는 심리적인 속성과 과정들을 이해하는 것이 선행되어야 한다.

한은 다른 어떤 것보다도 가장 한국적인 심성 특질로 생각되어 왔다. 그러나 문학이나 민속학 분야에서 이루어진 한에 대한 논의들은 일반인들의 한 정서와 순화되고 정련된 예술 장르 속에서의 한 정서 및 성격적 측면에서의 한을 구분하지 않고 혼용하고 있으며, 나아가 한의 심리적 과정보다는 그 문화적 의미에 초점이 맞추어져 있기 때문에 한의 발생 및 과정에 대한 구조적인 분석도 충분하지 못하였다. 그러나 최근 한의 차원과 심리학적 과정 등을 분석하여 한의 개념을 체계화한 최상진(1991)의 연구는 이러한 점에 대한 설득력 있는 설명을 제시하고 있다.

(1) 한의 차원과 발생

최상진(1991)은 한을 크게 정동(emotion)과 같은 감정 수준의 한, 세련된 정서체계를 갖춘 정조(sentiment)로서의 한, 성격 특질(trait)로서의 한이라는 세 개의 차원으로 구분하였다. 정동 수준의 한은 억울함, 분함, 울화 등의 정서를 강하게 경험하는 상태라고 할 수 있으며, 정조로서의 한은 문학이나 예술에서 표현되는 바와 같이, 외로움, 쓸쓸함, 자책감 등의 정동 수준의 한이 순화된 감정을 의미한다. 마지막으로 성격 수준의 한은 정동 수준 혹은 정조로서의 한이 사람의 내면에 스며들어 인생무상, 체념, 현실 초월 등 세상을 대하는 방식으로 나타나는 것을 뜻한다고 이해할 수 있다. 그런데 우리가 일상생활에서 접하고 사용하는 한의 개념은 이 세 가지 차원의 의미가 혼용되어 있다. 따라서 한의 개념에 대한 논의를 할 때는 현재 다루고자 하는 한이 이 중에 어느 차원에 속하는지 미리 정리를 해 둘 필요가 있다.

표 14-1 원(怨)과 한(恨)의 특징 비교

	원(怨)	한(恨)
욕구 좌절 또는 불행의 원인	• 욕구 좌절의 원천이 분명 • 욕구 좌절 제공원은 사람 혹은 집단	• 욕구 좌절의 원천이 분명할 수도 있으며, 불분명할 수도 있음 • 차별 및 업신여김 당함의 경우: 욕구 좌절자가 분명한 사람이나 집단 • 불행성 결핍의 경우: 불행의 원천이 제삼자가 아니며 불분명 • 취소 불능성 자기 실수의 경우: 욕구 좌절의 원천이 제삼자가 아닌 자기 자신
불행에 대한 인지적 해석 및 귀인	• 자신의 불행을 제삼자(개인 또는 집단)에 귀인	• 초기: 제삼자 및 통제 불능 외적 요인 • 후기: 자기 책임 귀인, 제삼자적 관조
감정 상태	• 상대에 의한 부당한 피해에 대한 억울함 • 피해 작위자에 대한 적대감	• 부당한 차별 및 업신여김 당하는 한: 초기에는 원의 상태와 유사 • 불행성 결핍의 한: 특정한 불행 작위자가 없으므로 상황에 대한 원망의 감정만이 존재 • 취소 불능성 자기 실수의 한: 초기에 자신에 대한 원망과 증오 ※ 한의 경우 시간의 경과와 더불어 원망과 억울함, 적개심의 감정은 순화되어 결과적으로 정조적 한 형태의 정서체계를 이룸
표출 행동	• 보복이나 앙갚음의 적개심이 지속 • 적대적 행동으로 표출될 가능성	• 초기: 자신의 한을 풀려는 행위 의도가 강함 • 후기: 행위 의도가 약화, 그 대신 전위 공격 형태의 간접적 한 카타르시스 행동이나 심리적 대리 공격과 같은 전위적 원망, 성취 행동 형태로 나타날 수 있음
결과되는 산물	• 보복이 가능할 경우, 상대에게 자신의 피해에 상응하는 피해를 입힘	• 놀이나 해학과 같은 공격 허용 상황에 욕구 좌절을 간접적으로 표출 • 음악이나 문학 속에서 한 정서를 승화 예: 한풀이 굿, 한 문학, 유행가 등

출처: 최상진(2000).

문화심리학에서 언급하는 한은 사람들이 실제로 경험하는 차원에서의 한이므로 문학이나 예술작품에 나타나는 정조로서의 한이나 순화되고 내면화된 성격 특질로서의 한이 아니라 정동 수준의 한에 해당한다고 볼 수 있다. 이러한 한은 구체적으로 어떤 조건에서 발생하는 것인가?

최상진(1991)은 한의 발생 상황을 다음과 같이 세 가지로 정리하였다.

첫째, 부당한 차별을 받을 때 한이 될 수 있다. 예를 들면, 국가나 기관으로부터 부당한 핍박을 당하거나 못 가진 사람이 잘 사는 사람으로부터 부당하게 피해를 당하거나 무시당할 때 한이 발생한다는 사례는 가장 쉽게 접할 수 있는 한의 경우일 것이다.

둘째, 자신에게 필요한 것이 심각하게 결핍되거나, 타인과 비교해서 상대적으로 결핍(relative deprivation)되었을 때 한이 생길 수 있다. 전자의 경우가 비교적 분명한 가해자가 존재하는 데 반해, 이러한 경우에는 뚜렷한 가해자가 존재하지 않는다. 이 경우에는 주로 다른 이들과의 비교에 의해 나타나며, 어떠한 상황이나 조건이 '남 보기에 부끄러운' 상황에서 발생하는 한이라고 할 수 있다.

셋째는 자기 자신의 지울 수 없는 실수에 의한 좌절 혹은 불행에 의해 한이 발생할 수 있다. 앞의 상황들이 통제가 불가능한 외적 요인에 의한 좌절 상황이라면, 이 경우에는 자기 자신에게 그 원인이 있는 경우이다. 예를 들어, 부모님 생전에는 불효하던 자식이 부모가 돌아가시고 후회하는 것이 일례라고 할 수 있다. 이렇게 발생한 한의 초기 감정 상태는 '원(怨)'으로, 원은 다음과 같은 과정을 통해 '한'으로 정착하게 된다(최상진, 2000). 원과 한의 성격은 〈표 14-1〉과 같이 나타낼 수 있다.

(2) 한의 형성 과정

〈표 14-1〉을 바탕으로 한의 형성 과정을 이해해 보자. 초기의 감정(원)이 한으로 정착하는 첫 번째 단계는 욕구 좌절로 인한 분노 및 적개심, 억울함 같은 강렬한 감정 경험을 하게 되는 시기이다. 원에서 가장 중요한 부분은 부정적 감정의 대상이 명확하게 존재한다는 점이다. 그러나 그러한 대상에 대한 부정적 감정의 직접적인 표출은 여러 사회적 여건에 의해 불가능한 경우가 많기 때문에(예, 대상이 부모, 권력자) 원을 경험하고 있는 사람은 자신의 감정을 억제해야 한다. 두 번째 단계에서는 자신이 겪은 불행의 책임을 외부적인 것에서 자기 자신에게로 전가시키는 책임 전환이 이루어지며, 그에 따라 분노의 감정이 희석되는 심리 내적 적응 과정이 일어난다. 예컨대, 자신의 불행을 팔자나 운명, 자기 탓으로 돌리는 자기책임적 귀인 재조정을 하거나 '세상은 원래 그런 것' 등의 제3자적 관조를 통해 자신의 불행과 고통을 소화하는 것이다. 이 과정을 통해 사람들은 '한이 맺힌다'고 지각하게 된다.

세 번째 단계는 두 번째 단계를 통해 가라앉힌 분노의 감정과 자신의 신세를 다시 떠올리는 과정을 반복하면서 시간의 흐름과 함께 안정된 감정으로 침전되는 단계이다. 이러한 상태의 한은 적절한 사회적 통로를 통해 표출되기도 하며, 예술과 같은 승화된 형태의 감정으로 전환되기도 한다. 마지막 네 번째 단계의 한은 자신의 감정적 관여로부터 분리되어 객관화된 상태의 한이라고 볼 수 있다. 이 단계의 감정은 평온하며, 조용하고, 쓸쓸한 상태이며, 어떤 면에서는 현실을 초월한 것 같은 초연성을 나타내기도 한다. 이러한 한은 강렬한 초기의 감정이 옅어지고 삭여진 상태를 의미하며, 이러한 특성 때문에 한은 한국 문화에서의 정서적 지혜로 이해되기도 한다(고영건, 김진영, 2005).

그러나 이렇듯 자기책임적 귀인 혹은 제3자적 관조를 통한 인지적 · 감정적 재구성 과정 및 안정화의 단계를 거쳐 가라앉은 감정이 한이라고 한다면, 현재의 한국인들을 이해하는 데 오해가 발생할 소지가 있다. 즉, 그 같은 순화되고 정화된 한의 감정을 현재의 한국인들에게서 그다지 발견할 수 없다는 점이다. 특히 최근의 젊은 세대들은 한이 한국의 대표적인 정서라는 주장마저도 쉽게 받아들이지 않을 만큼 전통적인 한의 정서와는 분리된 경향이 있다.

물론 그러한 현상은 젊은 세대들이 아직까지는 한을 유발할 만한 사건을 경험하지 못했기 때문일 수도 있다. 또한 그렇기 때문에 앞으로 한을 유발할 만한 사건들을 이전보다 더 많이 겪게 된다면 그들도 과거 세대들이 그랬던 것처럼 한을 삭여 가라앉히는 지혜를 발휘할 지도 모른다.

그러나 최근의 한국인들이 예전과 같은 방식으로 한을 경험하지 않는다는 사실은 다른 시각에서 고려해 볼 여지가 있다. 즉, 한을 경험하는 방식이 과거 세대들이 한을 경험하던 방식과 달라졌을 수 있다는 것이다. 이러한 입장은 한이 불변하는 한국인의 민족 정서가 아니라, 변화하는 사회적 환경에 따라 함께 변화하는 유동적인 성격을 갖고 있다는 가정에서 출발한다.

3) 한의 현재적 의미

최근의 젊은 세대를 대표로 하는 오늘날의 한국인들에게 한이라고 할 수 있는 감정이 많이 발견되지 않는 것은 첫째, 대부분의 사람들이 한의 개념을 정조적(sentiment) 차원, 즉 앞에서 언급한 세 번째 단계의 한으로 사용하고 있기 때문이다. 즉, 인지적 · 감정적 재구성 과정을 거쳐 침전된 감정, 허무하고 쓸쓸하며 영화 〈서편제〉와 같은 예술 장르에서 접하게 되는 한은 보통의 한국인들이라면 그러한 한의 감정을 문화적으로 학습해 왔고 알고 있을 테지만 현실적으로 자주 경험하게 되는 감정이라고 말하기는 곤란하다. 즉, 정조로서의 한이나 한 많은 사람으로 표상되는 이들이 가진 성격 수준의 한 등을 문화적으로 이해할 수는 있지만, 실제 현실에서 자신이 경험하는 것과는 거리가 있다는 것이다. 실제로 사람들은 억울하고 분하다는 말은 자주하지만 한스럽다거나 한이 맺혔다는 표현은 과거보다 훨씬 덜 사용한다.

또 하나의 이유는 한의 표출 양식이 과거와는 달라졌을 수 있다는 점이다. 이러한 경향은 사회의 변화와도 많은 관련이 있을 것으로 생각된다. 과거의 한국인들에게서 억울함이나 분노로서의 한뿐만 아니라 내재화된 자탄이나 자책조의 한이 많이 나타났던 것은 자신이 겪은 억울하고 화나는 경험의 원인을 내부귀인(internal attribution)할 수밖에 없었던 당시의 사회 현실 때문이었으리라 생각된다.

과거 한국 사회는 신분의 질서가 명확하고 유교사상에 바탕을 둔 가부장적 질서가 커다란 힘을 행사하던 사회였다. 그러한 현실에서 개인이 겪게 되는 억울한 경험은 개개인의 힘으로 해결하거나 변화시킬 만한 성질의 것이 아니었으므로 이 과정에서 사람들은 억울함과 분함의 원인을 어떻게 해도 바꿀 수 없는 외부적인 것들에게 돌리기보다는 자기 자신에게 돌리게 되었다.

따라서 과거의 한 경험에 있어서 초기의 억울하고 분한 감정은 팔자타령과 같은 내부귀인의 과정을 거쳐서 순화되고 가라앉아 정조적, 혹은 성격적 측면까지 내재화되는 과정을 거쳤을 것이다(김기범 외, 2002; 김지영, 김기범, 2005). 그러나 오늘날의 한국인들은 이러한 한의 내재화 과정을 쉽게 받아들이려고 하지 않는 것 같다. 과거에 비해 사회적 억압이 줄어들고, 자신의 표출이 자유로워진 현대를 살아가는 한국인들은 자기가 경험하는 억울하고 화나는 일들의 원인을 더 이상 자신에게 돌리려고 하지 않는다. 나아가 자신의 불행의 원인이라 생각되는 대상 또는 집단에 대한 강렬한 적대감과 적대적 행동이 출현하기도 한다. 따라서 현재 한국인들이 경험하는 '한'의 심리는 한의 정동적 정서 혹은 한의 초기 심리 상태인 원에 가깝다고 할 수 있다.

그러나 이 역시 한이다. 한에는 여러 차원이 있다. 가장 일반적으로 인식되는 의미의 한(정조로서의 한)이 일반인들에게 직접적으로 나타나지 않는다고 해서 현재의 한국인들이 한을 경험하지 않는다고 말하기는 어렵다. 한국 사회의 유별난 평등주의(송호근, 2006; 강준만, 2006)나 여러 기관의 조사에서 반복적으로 보고되는 낮은 행복지수 등은 현재의 한국인들도 여전히 '차별 및 업신여김'에 의한, 또는 '불행성 결핍'의 한을 경험하고 있다는 또 다른 증거이다.

다만 한의 표출 양상이 과거에 비해 달라졌을 뿐이다. 즉, 과거의 어느 시점에서는 한이 억울함, 분함의 정동단계에서 자탄, 자책, 관조 등의 과정을 거쳐 정서체계로 스며들고, 체념적 · 무상적 성격 수준으로까지 내재화되었다면, 현대사회의 한은 억울함과 분함을 외부로 표출하는 양상이 두드러진다고 할 수 있다. 근현대의 사회 변화 등으로 인해 사람들이 자신의 불행의 원인을 과거처럼 자신에게 내부귀인할 가능성이 적어졌다는 점에서 현재에는 한이 삭여지는 과정보다는 그 이전의 가라앉지 않은 감정이 강조되고 있다고 생각할 수 있다.

4) 한의 문화심리학적 의미

앞의 논의에서는 한이 어떠한 속성을 가지며 어떻게 형성되었고, 또 현재 한국 사회에서 어떤 모습으로 나타나는가를 살펴보았다. 그렇다면 한국에서 한이 갖는 문화심리학적인 의미는 무엇인가? 이 질문에 대한 해답은 한국인들이 과연 어떤 경우에 한을 경험하게 되는가를 고찰함으로써 유추할 수 있다.

한이 발생하는 경우는 세 가지 경우로 요약할 수 있다. 즉, 부당한 차별 및 업신여김에 의한 한과 불행성 결핍으로 인한 한, 그리고 취소불능성 자기 실수로 인한 한이 그것이다. 이 세 가지 유형의 한의 공통점은 모두 자기 통제가 불가능하다는 점이다. 즉, 자신의 힘으로는 어쩔 수 없는 경우에 느끼게 되는 것이 한의 감정이다.

Langer(1975)는 다양한 관찰과 실험을 통해 사람들에게 통제감의 욕구(need for control)가 강하게 있음을 주장하였다. 통제감의 욕구는 실제로 자신의 통제력이 미치지 않는 범위까지 확대되는 경향이 있으나 적절히 통제감을 유지하는 것은 정신건강에 이롭다(Langer & Rodin, 1976). 어떤 사람이 자신에게 일어나는 일들에 대한 통제감을 갖지 못하게 될 때는 스트레스 등의 부정적 정서 및 무력감을 경험하게 되며(Pittman & Pittman, 1979), 부정적인 자기관, 자존감 및 자신감의 상실, 자기효능감의 하락 등과 같은 결과를 초래할 가능성이 커진다(Anderson, 1977). 한국인들은 같은 집단주의 문화인 일본인들에 비해 높은 통제감 수준을 보인다(이누미야 외, 1999; Heine & Lehman, 1995).

또한 사람에게는 긍정적인 자기가치감을 유지하고자 하는 경향이 있다(Edwards, 1957; Kendall et al., 1989). 어떠한 이유에서든지 개인의 자기가치감이 하락하게 되거나, 그 상태가 오래 지속되면 정신건강에 부정적 영향을 미칠 수 있다. 긍정적 자기가치감을 유지하기 위해서 사람들은 현실을 자신에게 유리하게 왜곡시키려 하기도 한다(Taylor & Brown, 1988).

한이 발생하는 상황은 통제감 상실을 의미하며, 통제감의 상실은 자기가치감의 손상 및 그에 따르는 부정적인 결과들로 이어진다. 따라서 한을 경험하게 되면 상실한 통제감 및 자기가치감을 회복하려는 동기를 갖게 된다. 한을 부정적이고 퇴영적인 정조로만 고려해서는 안 되는 근거가 여기에 있다. 한에는 잃어버린 것, 실현되지 않은 것에 대한 원통함이 있다. 하지만 그 원통함은 항상 극복될 대상으로 받아들여진다. 한은 자기가 처한 상황에 만족하지 않고 그 상황을 타개하고자 하는 동기 및 행동 체계와 연결된다.

한국인들은 한에 민감한 문화를 지니고 있다. 의미의 차이는 다소 변화했지만 현대의 한국인들이 한에 민감하다는 것은 분명하다. 그 증거로 한국인들이 차별에 민감하다는 것을 들 수 있다. 한국인들이 가장 견디기 힘들어하는 것은 자신을 무시하거나 부당하게 차별당하는 것이며,

이러한 경향은 최근 들어 더욱 두드러지게 나타나고 있다.

당신에게 일어날 수 있는 가장 나쁜 일이 무엇이냐고 물었을 때, 한국인들이 가장 많이 하는 대답은 '업신여김을 받는 것(무시당하는 것)'이다(Alford, 2000). 한국인들은 남에게서 업신여김을 받는 것을 '존재의 가치를 잃는 일'로 받아들인다. 한국인들이 무시당하거나 차별당하는 것을 싫어한다는 것은 자신의 가치가 남들보다 낮게 평가되는 것을 인정하려고 하지 않는다는 의미이며, 이는 한국인들이 객관적 조건 등과는 관계없이 자신의 존재 가치를 상당히 높게 평가하고 있다는 것을 뜻한다.

앞서 살펴본 바와 같이, 한국인들의 자기관은 주체성 자기가 우세하고 높은 자기가치감을 가지며 경험의 해석에 있어서 자기중심적 경향이 강한 특성을 갖는다. 따라서 한을 경험하게 되는 조건, 즉 자신의 지향이 무시되고, 이상적 자기상이 손상을 당하며, 자신의 주도적 영향력을 발휘할 수 없는 상황은 한국인들에게 심각한 자기가치에 대한 부정으로 받아들여진다. 또한 경험에 대한 주관적이고 자기중심적인 해석은 그러한 부정적 경험을 한층 확대 해석케 할 가능성이 크다. 즉, 한국인들에게 있어서 한이란 단지 통제 불가능한 상황에서의 욕구 좌절 정도의 의미가 아니라 이상적 자기에 근거한 자신의 높은 자기가치감에 대한 심각한 타격을 의미하는 것이다. 이렇게 한은 한국인들이 자기 자신에 대해 갖고 있는 자기관과 관련해서 이해할 수 있다.

자기가치가 부정되는 경험은 주위 사람들의 존재와 그들과의 비교 과정을 통해 더욱 확대 및 심화되며, 그에 따르는 부정적 감정이 너무나 크고 견디기 어렵기 때문에 한국인들은 그 감정의 원인을 자기 스스로에게 돌림으로써(자기 탓, 팔자귀인) 상실된 통제력을 확보함과 동시에 부정적 감정을 경감시킨다. 이것이 한국인들이 자신에게 일어난 부정적 사건을 경험하는 방식이다.

그러나 한은 단지 부정적 감정과 그 경험 방식에 그치지 않는다. 이어령(1982)은 한이란 무엇인가를 간절히 바라고 성취하려는 욕망 없이는 나타날 수 없는 감정으로 보고, 이러한 욕망이 결여된 한은 단순한 절망 혹은 복수심으로 연결된다고 주장하였다. 또한 문순태(1991)도 한국문학에서 나타나는 한은 인간의 근원적인 비극으로 해석되기도 하지만, 거기에서 멈추는 것이 아니라 해한(解恨), 즉 한풀이의 의지로 다시 작용할 수 있다고 주장한 바 있다. 여기서 한은 한으로 그치지 않고 신명으로 향한다.

5) 한과 신명의 관계

(1) 직접적 한의 해소

그렇다면 신명의 의미 역시 짐작할 수 있다. 한국인들에게 있어서 한이 자기가치의 손상을 의미한다면, 신명은 손상을 입은 자기가치가 회복되는 상황과 관련될 것이다. 일차적으로 신명은 외부로부터의 억눌림이 사라지거나 부당하게 당했다는 억울함의 감정들이 해소되었을 때 발생한다. 이를테면 오랜 일제의 지배를 벗어나 광복을 맞이한 사람들의 마음 상태나 마침내 이도령을 상봉한 춘향이의 심정이 신명이라고 할 수 있을 것이다. 즉, 오랫동안 자신을 괴롭혀 온 억울함과 부당함을 일거에 해소해 줄 수 있는 전환적 사건이 발생하는 경우가 한과 관련된 신명의 대표적인 경우라고 할 수 있다. 이때는 자기 자신의 절박하고 불행한 상황에 대한 자기 인식이 전제된다. 바꾸기 어려운 불행한 상황이 전환적 사건을 만나 일시에 역전되었을 때 경험되는 환희의 감정이 바로 신명이다. 이러한 감정은 전환적 사건 자체가 주는 일차적 기쁨과 그러한 기쁨의 감정이 과거 불행했던 시절의 자신의 모습과 겹쳐지며 자기의 입장에서 재조망되는 이차적 감정(예, 뿌듯함)이 혼재되어 있다. 이러한 전환적 사건의 예로는 부당한 피해의 원인 제공자의 소멸(광복, 소송에서의 승소 등)이나 오랫동안 염원하던 소원의 성취(시험 합격, 승진 등) 등이 있을 수 있다.

이와 같은 상황 및 맥락에서 경험되는 신명의 경우에 있어서 '한의 해소 → 신명'이라는 도식은 쉽게 이해될 수 있다. 그러나 이러한 도식이 모든 경우에 적용될 수 있는 것은 아니다. 개개인이 가지고 있는 한이라고 말할 수 있는 부당한 피해의 기억과 억울함을 일거해 해소시켜 줄 전환적 사건이 발생할 확률은 사실상 극히 적으며, 일상적으로 쉽게 또 자주 경험할 수 있는 성질이 아니다. 하지만 역사적 · 문화적 맥락 혹은 한국의 전통적 언어 관습에 비추어 볼 때, 신명은 반드시 전환적 사건이 전제되지 않는 상황에서도 자주 경험되는 것처럼 보인다.

대표적으로 전통적인 축제(마을굿)에서의 신명이 그 예이다. 많은 학자에 의하여 마을굿은 전통적으로 신명을 언급하는 중요한 상황으로 묘사된다(채희완, 1983; 김원호, 1999 등). 그러나 마을굿에서 신명을 경험하는 사람들이 모두 자신의 한이 해소되었기 때문에 신명을 느끼지는 않을 것이다. 그렇다면 전환적 사건의 발생을 통한 한의 해소 이외에도 신명이 발현될 수 있는 경로가 존재한다는 가정이 가능하다.

(2) 간접적 한의 해소

한의 직접적인 해소에서 기인하지 않는 또 다른 유형의 신명은 우리의식, 공동체의식에서 비롯된다. 한국인들에게 있어서 '우리'는 나와 타인의 경계가 약화되는 탈자기적인 의미가 강하다(최상진, 최수향, 1990; 조윤경, 2002). 즉, 저마다 독특한 개성을 지닌 개인들의 집합으로 이해되는 서구의 우리나 집단에 귀속되어 개인의 개성이 약화되는 일본의 우리와는 달리, 한국인의 우리의식은 정과 일체감을 기본으로 한 인간관계성 우리라고 할 수 있다(최상진, 1993).

한국 문화에서 신명의 예로 자주 인용되는 명절 등에 흔히 접할 수 있는 한국의 전통놀이나 전통예술은 바로 이러한 우리의식과 관련된다. 어떠한 집단에 속했다는 소극적 안도감과 성원들의 처지와 상황을 공감하는 데에서 오는 동병상련(同病相憐)의 감정, 우리는 하나라는 일체감에서 오는 기쁨 등은 신명을 위한 전제조건이라고 할 수 있다.

하지만 이러한 우리의식이 바로 신명으로 이어진다고 보기는 어렵다. 이 경우에는 어떠한 계기가 필요하다고 생각된다. 물론 우리의식을 가진 이들에게 공통되는 전환적 사건과 같은 계기가 있다면 신명이 나는 것은 당연하겠지만, 특별히 불행의 원인 자체가 제거되는 전환적 사건이 일어나지 않아도 어떠한 계기(명절이나 절기)에 의해서 '우리'라는 정체성을 확인하게 될 때 신명이 발생한다. 이러한 경우에 개개인 혹은 집단적으로 가지고 있을 한의 원인은 직접적으로 해결되지 않지만, 대신에 마을굿이나 가무, 놀이와 같은 간접적인 방식으로 한의 감정을 정화하는 과정이 뒤따른다.

이때 사람들은 주위 사람들과의 동질감과 소속감 및 그들과 함께 한다는 기쁨 등을 표출하게 된다. 보통 우리의식을 재확인하기 위한 계기는 일상적인 날이 아닌 명절이나 잔치 등의 특별한 날이 되기 쉽다. 그런 날에는 상대적으로 감정과 행동의 표현이 자유롭다. 사람들은 그러한 계기를 통해 평소에 쌓여온 자신의 감정 역시 해소하게 된다. 이렇게 자신의 감정을 표출하는 데 신명의 기능이 있다. 앞서 논의한 전환적 사건의 발생에 의한 신명의 경우에서도 억눌려 온 감정(한)의 해소는 중요한 의미를 갖는다.

조동일(1996, 1997)은 이러한 신명의 특징을 '신명풀이'라고 이름하고 한국의 전통예술, 특히 탈춤에서 나타나는 신명풀이의 원리를 카타르시스와 비교하였다. 카타르시스는 문학이나 극(비극)에서 주로 언급되는 개념으로, 관객의 마음에 쌓인 부정적 감정들을 배설하여 정화시키는 것을 의미한다. 그의 주장에 따르면, 감정의 배출에 따른 해소 혹은 정화라는 측면에서 카타르시스와 신명의 공통점을 발견할 수 있다. 또한 마광수(1984, 1988) 역시 문학이나 연극에 국한된 의미에서가 아닌 '스트레스를 푼다' 등 일상적 맥락에서 사용되는 카타르시스의 실제적인 기능, 즉 축적되고 억압된 정서의 대리적 배설이 갖는 신체적 · 정신의학적 효용을 주장한 바 있다.

그렇다면 신명에 대한 논의에서 공통적으로 언급되는 한은 신명을 통해 분출되는 억압되고 축적된 부정적 정서를 의미한다고 생각할 수 있다. 다만 그것이 직접적인 사건의 발생을 통해 표출되는가, 아니면 또 다른 과정(우리의식을 통한 특정한 계기의 조성)에 의해 표출되는가 하는 차이가 있을 뿐이다.

6) 신명 경험의 과정과 의미

한민과 한성열(2008)은 일반인들의 신명 경험을 근거이론(Strauss & Corbin, 1998)의 방법으로

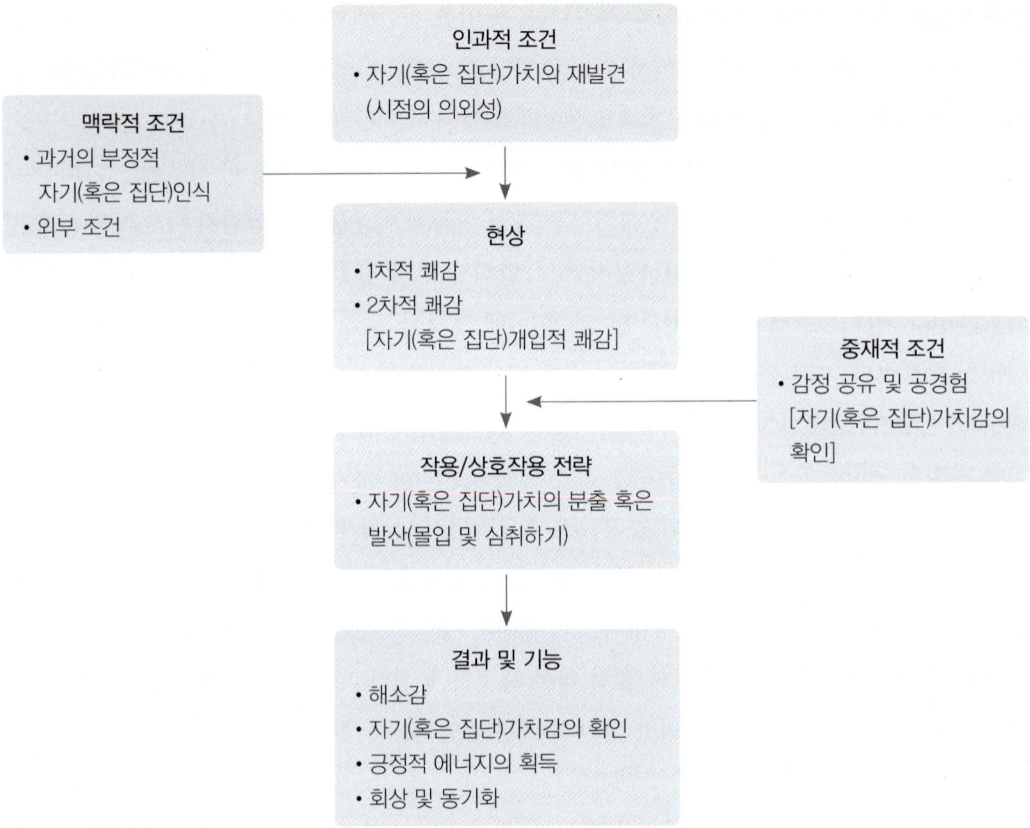

[그림 14-1] 신명 경험의 패러다임 모형

출처: 한민, 한성열(2007).

분석하여 신명 경험의 과정과 의미를 추출하였다. 그 결과를 요약하면 [그림 14-1]과 같다.

(1) 신명의 문화심리학적 의미

신명 경험의 전 과정에서 가장 중요한 의미를 갖는 것은 '자기(혹은 집단)가치의 재발견'이라는 결론에 도달하였다. 이것은 전환적 사건에 의한 신명에서 전환적 사건의 발생을 기점으로 손상된 상태였던 자신(혹은 집단)의 가치감이 회복되는 것을 의미하는 '자기(집단)가치감의 회복'과 우리의식에 의한 신명에서는 어떠한 계기에 의해 한 자리에 모인 사람들이 '우리'라는 집단의 존재와 소중함을 다시금 깨닫는 '우리의식의 재확인', 마지막으로 자기표현에 의한 신명에서 표현 행위 중 자신(혹은 집단)의 가치를 새롭게 발견하는 '자기표현의 인정 및 자각'의 의미를 포괄적으로 드러낸 것이다.

요약하자면 사람들은 자신을 둘러싼 상황이 부정적인 국면에서 긍정적인 국면으로 전환할 때 신명을 경험하며, 그러한 전환은 자기(혹은 집단)가치감과 밀접한 관련이 있다는 것이다. 즉, 자신이나 자신이 속한 집단이 부정적이거나 최소한 긍정적이지 않은 상황에 처해 있을 때 사람들은 심리적인 불편감을 느낀다. 자기가치감의 손상을 의미하는 한(恨)은 그 대표적인 부정적 정서이다.

그러다가 어떠한 원인에 의해 그러한 상황이 긍정적인 방향으로 변화하면 부정적 상태에 있던 자기(혹은 집단)가치감이 회복되거나 재확인되면서 강렬한 쾌감이 발생하는데 그것이 바로 신명이며, 이때 부정적인 상황에서 긍정적인 상황으로 전환하게 되는 몇 가지의 경우가 신명의 유형에 해당한다고 볼 수 있다.

이론연구로부터 도출된 신명의 유형 세 가지는 '전환적 사건에 의한 신명'과 '우리의식에 의한 신명', 그리고 '자기표현에 의한 신명'이며, 이들 각각은 자기(혹은 집단)가치감이 회복되거나 자신 혹은 타인들에 의해 확인되는 경우를 의미한다.

(2) 신명 경험의 내러티브

총체적인 신명 경험의 과정을 이해하기 위해서 신명 경험의 전체적인 내러티브를 서술해 보면 다음과 같다.

신명 경험 이전의 상황은 전반적으로 고통스럽고 힘든 나날 혹은 지루한 일상으로 묘사된다(맥락적 조건). 오랫동안 자신을 괴롭혀 왔던 문제나 다람쥐 쳇바퀴 돌듯 단조로운 일상, 삶의 무게 등으로 힘든 상황을 의미한다. 개인적으로 겪게 되는 스트레스나 괴로움 등이 누적되어 왔을 수도 있고, 어떤 집단은 집단 자체의 문제를 갖고 있을 수 있으며, 구성원들 사이의 갈등으로 인해 서로 간의 관계가 소원해져 있을 수도 있다. 이러한 부정적 상황이 오래 지속될수록 사람들은 자기 자신이나 자신이 속한 집단에 대한 자기(혹은 집단)가치감에 부정적인 영향을 받게 된다.

그러한 부정적 상태가 계속되던 중에 신명을 유발하는 사건이 발생한다(인과적 조건). 그것은 부정적인 자기(집단)가치감을 일거에 회복시키거나, 자기(혹은 집단)가치감을 긍정적으로 확인해 줄 수 있는 사건들이다. 그러한 사건으로 인해 유쾌함과 즐거움의 감정인 신명의 쾌감이 발생하게 된다(현상). 이전의 상태가 부정적이었을수록 이때 느끼는 쾌감은 크며, 경우에 따라서는 외부적인 조건(맥락적 조건)의 작용에 따라 그러한 쾌감이 강화될 수도 있다.

신명이 발생하게 되면 사람들은 우선 기쁨, 즐거움, 신남, 유쾌함 등의 1차적 쾌감을 경험하게 된다. 그리고 어렵고 힘들었던 과거를 회상하거나, 자신 혹은 집단의 의미와 가치를 반복해서 재확인(중재적 조건)하면서 자랑스러움, 뿌듯함 등의 2차적인 쾌감을 느낀다. 이러한 쾌감은 특히 주변에 있는 사람들과 공유의 과정(중재적 조건)을 통해서 증폭 및 극대화되는데, 이러한 상황은 감정이나 행동의 표현(작용/상호작용 전략)을 자유롭게 한다.

감정 공유의 과정을 통해 감정과 행동의 표현이 자유로워진 상황에서 사람들은 자신의 극대화된 감정들을 표출하기 위해 고함, 춤, 노래, 도약, 표현 행동 등의 분출 행동(작용/상호작용 전략)을 하게 된다. 또한 신명의 쾌감을 보다 강화하고 지속시키기 위해서 사람들은 최대한 그 상황에 몰입 및 심취하며, 이러한 감정 분출의 결과는 다시금 신명의 쾌감을 강화할 것이라고 생각된다.

이러한 분출 혹은 발산의 과정은 신명을 경험에게 되는 원인 및 기타 조건에 따라 명확하게 나타날 수도 있고, 잘 드러나지 않을 수도 있다. 보통 신명을 경험하는 주체가 개인이 아닌 집단인 경우에, 그리고 남들의 시선에 신경 쓰지 않아도 되는 일탈적 조건이 확보되는 경우에 보다 명확히 드러나며, 특히 축제나 놀이 등 일탈적인 상황을 마련하게 되는 우리의식에 의한 신명일 때는 이 단계는 보다 중요한 의미를 갖는다. 한편, 자기표현에 의한 신명의 경우에는 이러한 분출 행동은 표현 행위에서 허용하는 범위를 벗어나지 않는 선에서 절제된 형태로 나타난다.

앞서 언급한 여러 조건의 상호작용의 결과(결과)로 사람들은 부정적 감정의 배설로 인한 해소감 외에도 자기(집단)가치감의 회복 및 확인으로 인한 긍정적 자기가치감 및 또 다른 나날을 살아갈 활력과 삶에 대한 적극적인 태도 등의 긍정적 효과를 얻는다. 이러한 긍정적인 효과들은 신명 상황에서 거의 동시적으로 경험되는 것처럼 보이는데, 다만 회상 및 동기화의 과정은 신명 경험의 사후에 일어난다. 신명 경험 이후의 어느 시점에서 과거에 경험한 신명에 대해 회상하는 것은 그 사람의 삶에 다시 활력과 긍정적인 영향을 줄 수 있고, 또한 사람들은 그러한 긍정적 영향을 주었던 신명을 다시 경험하기 위해서 여러 가지의 노력을 기울일 것이다.

(3) 신명 경험과 심리적 지표 간의 관계

한민과 한성열(2008)은 신명 경험을 척도화하여 삶의 만족 및 적응과 관련한 심리학적 개념과의 관계를 기술하였다.

〈표 14-2〉의 점선 부분에 따르면, 개인이 신명을 얼마나 강하게 경험하는가를 의미하는 '신명 감정+행동'은 자기존중감과 .424($p<.001$)의 정적 상관을 보였고, 주관적 안녕감($r=.355$, $p<.001$) 및 삶의 만족도($r=.255$, $p<.001$)와도 정적인 상관을 나타냈다. 또한 자아탄력성과는 .504($p<.001$)의 비교적 강한 정적 상관을 보였고, 창의성에 대한 자기지각 사이에서도 .377 ($p<.001$)의 정적 상관이 나타났다.

한편, 신명을 얼마나 자주 경험하는가를 의미하는 '신명 경험 빈도' 역시 이들 변인 모두와 정적인 상관을 보였는데, 그 결과는 자기존중감과 .251($p<.001$), 주관적 안녕감과 .302 ($p<.001$), 삶의 만족도와 .270($p<.001$)이었으며, 자아탄력성과는 .311($p<.001$), 창의성에 대

표 14-2 신명 경험과 기타 긍정 변인 사이의 관계

	1	2	3	4	5	6
1. 신명 감정+행동	1.000					
2. 신명 경험 빈도	.243***	1.000				
3. 자기존중감	.424***	.251***	1.000			
4. 자아탄력성	.504***	.311***	.565***	1.000		
5. 주관적 안녕감	.355***	.302***	.508***	.501***	1.000	
6. 삶의 만족도	.255***	.270***	.431***	.406***	.678***	
7. 주관적 창의성	.377***	.267***	.528***	.622***	.399***	.378***

*** $p<.001$

출처: 한민, 한성열(2007).

한 자기지각과는 .267($p<.001$)이었다.

이와 같은 결과는 신명을 자주 경험하는 사람이 높은 자기존중감 및 자아탄력성 수준을 가지고 있을 뿐 아니라, 주관적 안녕감과 삶의 만족도 등에서 알 수 있듯이 일상생활에서도 보다 긍정적인 상태를 유지하며, 자신을 보다 창의적이라고 지각한다는 것을 의미한다. 뿐만 아니라 신명을 더욱 강하게 경험할수록 그러한 경향이 증가하는 것을 알 수 있다. 즉, 신명을 자주 경험하고, 또 강하게 경험하는 사람은 긍정적인 자기관을 가지고 있고, 스트레스 등에 대처하는 능력이 크며, 전반적으로 만족스러운 삶을 영위해 나간다고 할 수 있다.

3. 한국 문화와 마음의 병

한국 문화의 특성 혹은 한국인들의 심리적 특질과 관련하여 한국인들에게 보다 현저하게 나타나거나 중요한 의미를 갖는 심리적 문제가 존재할 수 있다. 여기서는 문화심리학적으로 논의할 가치가 있는 몇 가지를 선정하여 살펴보고자 한다.

1) 중독

중독이란 '조절하고 싶은데도 불구하고 조절하기 어렵고, 그 결과로 개인적이거나 사회적 폐해를 유발하는 생활의 균형이 깨진 상태'로 정의된다(김교헌, 2002). 중독을 유발하는 기제는 매우 다양하며, 한국인들이 다른 나라 사람들보다 더 중독에 취약하거나 그 정도가 심하다는 확고한 증거를 보고하는 연구들은 찾기 어렵다.

다만 심각한 사회문제로 대두되고 있는 도박중독이나 청소년들의 게임중독을 비롯하여 투기, 종교, 다단계 등에 과도하게 빠져 있는 이들의 사례가 적지 않음을 고려해 보면 한국인들이 어딘가에 상당히 잘 몰입하는 경향이 있음은 부정할 수 없다. 한국 문화에 익숙해 있는 한국인들은 이를 눈치채기 어려울 수 있으나 다른 문화를 가진 외국인들의 시선에서는 이러한 경향이 두드러질 수 있다.

일례로 구한말 이탈리아 총영사를 지낸 Carlo Rossetti는 그의 저서 『꼬레아 꼬레아니』에서 "한국인은 선천적인 도박사"라고 기술하였는데, "도박에 대한 열정은 한국인들이 천부적으로 간직하고 있는 유일한 것"이라는 표현까지 쓰고 있을 정도로 도박에 빠져 있는 한국인들을 묘사하였다(Rossetti, 1996). 100여 년 이전의 일이지만 현재 한국의 모습과 대비해도 크게 어색함이 없다.

한민과 한성열(2008)은 한국인들의 이러한 몰입경향성을 신명 경험의 방식과 관련하여 설명하였다. 신명은 한국인 최고의 긍정 경험이자 그 경험을 하기 위한 행위 양식을 포괄하는 개념이다. 한국인들은 어떠한 경로로든 긍정적 경험을 하게 되면 그것을 신명으로 만들기 위해 동기화되는데, 이 과정에서 몰입이 상당히 중요한 역할을 한다. 즉, 자신이 경험하는 긍정적 정서를 극대화하기 위해 그 행위에 몰입함으로써 그 경험을 결국에는 신명으로 만들려고 한다는 것이다.

또한 한국인들의 자기관에서 비롯되는 주관적·자기중심적 해석 또한 중독을 강화하는 요인이 될 것으로 추정된다. 이를테면 사람들을 도박에서 빠져나오지 못하게 하는 이른바 '도박꾼의 오류'는 '이제까지는 잃었지만 다음 판에는 꼭 따겠지'와 같은 인지적 오류에서 비롯된다. 매회의 도박은 독립 사건임에도 불구하고, 이전의 결과가 이후의 결과에 영향을 미칠 것이라고 생각하는 주관적 해석이다. 경험에 대한 한국인들의 주관적 해석 경향은 이러한 오류를 확대 및 강화할 것이다.

2) 과시욕

과시적 소비는 한국의 주요 사회현상 중 하나로 꼽힌다. 한국인들은 부(富)를 존경과 인정의 수단으로 간주하며, 부를 얻었을 경우에 이를 과시하여 자신의 존재를 타인에게 드러내고 인정받으려고 노력한다. 한국인들의 과소비 유형은 체면소비, 허세소비, 동조소비 등으로 나눌 수 있다(성영신, 1994). 여기서는 과시적 소비의 유형과 기제에 대해 살펴보도록 하겠다.

우선, 체면소비는 체면 때문에 과소비를 하게 되는 경우를 뜻한다. 체면은 '표출된 자기'로서 사회적 자존심에 해당된다. 사회적 지위가 상위에 속하는 사람들에게 특히 중요하며, 사회 규범 혹은 행동 양식으로 나타나기 때문에 '치레'적인 성격이 강하다(최상진, 1992). 사람들은 체면 유지를 위해, 즉 자신의 사회적 신분에 맞는 모습을 갖추기 위해 소비하며 그것을 위해 필요한 수준의 경제력이 따르지 않는 경우에는 무리를 해서라도 신분에 맞는 소비 행동을 하려는 경향을 보인다. 다음으로 허세소비는 자신의 모습을 실제 이상으로 과대 포장하여 남에게 보이려고 하는 소비 양식을 의미한다. 허세소비는 체면소비와 달리, 자신의 실제 형편은 풍족하지 않지만 남들에게 무시당하기 싫거나 남들에게 있는 그대로의 자기보다 더 나은 모습을 보여 주고자 하는 소비를 의미한다. 마지막으로 동조소비는 다른 이들의 소비 행태를 따라가는 양상의 과소비이다. 사람들에게는 자신을 다른 사람과 비교하는 경향(social comparision)이 있다(Festinger, 1954). 특히 집단주의 문화에서 사회비교의 경향이 높다고 알려져 있는데, 한국 문화에서 발달한 눈치와 체면은 이러한 사회비교를 더욱 촉진할 것으로 예상할 수 있다.

다양한 과소비의 유형이 있지만 그 근본적인 기제는 한국인들의 자기관과 관련이 있을 것으로 추측된다. 자신이 타인에게 미치는 영향력을 중시하는 주체성 자기가 발달한 한국인들은 사회적 맥락에서 자신을 드러내고자 하는 자기현시적 행동을 보일 것이다. 또한 현실적인 부분(actual self)보다 이상적인(ideal self) 부분에 초점이 맞추어진 자기인식은 과도한 체면소비나 허세소비로 연결되기 쉽다. 또한 이같은 자기관의 특성상 사회비교의 방향은 자기보다 많이 가진 이들과 비교하는 상향적 비교가 되기 쉬운데, 이러한 맥락에서 한국인들은 상대적 박탈감을 많이 경험한다.

상대적 박탈감은 한을 경험하는 경로 중 하나이기도 하다(최상진, 1991). 언론이나 신문지 상에 많이 등장하는 위화감이라는 말도 같은 맥락에서 이해할 수 있다. 위화감(違和感)이란 조화롭지 못한 어색한 느낌이라는 뜻인데, 예를 들면 어떤 연예인이 궁궐같은 집에 산다든가, 일부 계층이 과소비를 한다든가 하는 경우에 사람들은 위화감을 느낀다는 표현을 쓴다. 위화감이란 저들의 행태가 '나와 같지 않다'는 느낌으로 일부의 지나친 행태가 사회통념상 받아들이기 어렵다는 뜻으로 사용되지만, 그 기제는 '내가 갖지 못한 것을 누군가는 가졌다'는 인식에서 비롯되는 상대적 박탈감과 유사하다.

3) 신체 증상 장애

신체 증상 장애는 실제로 신체 질병이 없는데도 여러 가지 신체 증상을 호소하는 심리장애이다(Kellner, 1991; Lipowski, 1988). 신체감각에 선택적으로 주의하고 과장되게 지각하며 이를 부정적인 방식으로 해석함으로써 건강 염려나 신체 증상 장애가 유발되고 지속된다(Warwick &

Salkovskis, 1987, 1990). 이로 인해 타인을 조종하거나, 책임이나 의무를 면제당하거나, 경제적인 보상을 받거나, 타인의 동정이나 관심을 받는 등의 이차적 이득이 뒤따를 때 더욱 강화된다(Ford, 1986).

신체 증상 장애에는 문화 차가 존재하는데, 서양보다는 아시아 국가들에서 신체 증상 장애가 더 나타나는 것으로 알려져 있다(Yoshmita et al., 1971; Tseng, 1975; Chaplin, 1997). 이는 신체적 호소는 정당한 것으로 받아들여지는 반면, 심리적 호소는 수치스러운 것으로 금기시되는 동양 문화와 관계가 깊을 것으로 추정된다.

그런데 한국에서 이러한 신체 증상 장애가 많다는 보고가 있다(최신정신의학 제5판; Kim et al., 1997). 한국 특유의 문화적 증후군이자 불면, 피로, 소화불량 및 이물감 등의 증상을 동반하는 화병은 신체화의 대표적 예이다. 문화심리학적으로 화병은 여러 가지 이유로 자신의 마음(생각, 의견, 기분 등)을 표현하지 못할 때 발병하는 것으로 여겨진다. Pang(1990)은 한국 문화에서는 분노를 표출하는 것이 사회적으로 용납되지 않았기 때문에 억제되고 내면화되어 신체 증상을 통해 표출된다고 보았다.

주체성 자기가 우세하고 자기가치감을 높게 지각하는 한국인들은 자기를 표현하고 남들에게 자신이 인정 및 공감받는 것을 중요하게 생각한다. 그러나 유교적 질서가 지배하던 한국의 문화적 전통에서 사람들, 특히 하층민들이나 손아랫사람, 여성 등의 자기표현은 제한될 수밖에 없었다(구병수, 김동일, 1997). 또한 상대적으로 상위 위계에 속하는 이들 역시 체면 등을 이유로 자신의 감정이나 의견 등을 마음대로 표현하기가 어려웠다.

신체 증상은 직접적인 마음 상태의 표현(심리적 호소)보다 우회적이고 간접적이기 때문에 상대적으로 표현이 자유롭다. 이와 같은 사회문화적 분위기에서 자신의 마음 상태, 특히 부정적인 마음 상태를 신체 증상으로 돌려서 표현하는 방식이 발달했다고 볼 수 있다.

4) 무병

신병(神病; Shin-byung)이라고도 한다. 화병과 함께 DSM에 올라 있는 한국의 문화적 증후군이다. 초기에 불안과 신체적 호소(전신의 허약감, 어지러움, 공포, 식욕부진, 불면, 소화기계의 문제)를 특징으로 하고, 뒤따르는 해리 현상과 조상의 영혼에 의해 사로잡히는 등의 경험을 수반한다. 여기서 주목할 부분은 해리이다. 해리(Dissociation)는 연속적이고 통합적이어야 할 의식 경험이 단절되거나 분리되는 현상을 말하는데, 신병을 앓는 이들, 그리고 신병의 결과로 무당이 된 이들이 경험하는 접신 경험은 해리로 설명이 가능하다.

해리는 방어기제의 하나이다. 자아는 스스로가 인정할 수 없는, 혹은 사회적으로 인정받을 수 없는, 그리하여 통합될 수 없는 의식(무의식)의 일부분을 해리하여 스스로를 보호하는데, 한국 문화에서는 이를 귀신이라는 초자연적 존재로 설명하고 있다는 것이다.

황성훈(2010)은 해리를 경험하는 이들의 개인적 특성으로 높은 자기복잡성을 꼽았다. 특히 높은 자기복잡성 수준에 비해 그 통합의 정도가 낮을 때 해리를 더 경험하는 것으로 나타났다. 신병이 한국의 문화적 증후군이라는 것은 기본적으로 한국인들의 자기복합성 수준이 높다는 것과 관계가 있다. 고맥락의 사회 내에서 자신에게 기대되는 다양한 역할을 수행해야 하는 한국인들은 높은 자기복합성 수준을 유지해야만 한다. 그러나 자아가 감당하기 어려운 외상적 경험이 닥쳤을 때 통합된 자아가 분화된 자기들을 통제하지 못하면 개인적으로 취약한 자아의 일부분이 해리되는 것이라고 이해할 수 있다. 신병을 앓고 무당이 된 이들 중에 통합된 자아를 갖고 그 역할을 훈련하기 어려웠을 전통적 사회적 약자(여성, 저학력자)들이 많다는 것은 이를 방증한다고 하겠다.

5) 우울, 자살

우울 증세를 보이는 이들에게는 자신에게 닥친 부정적 사건을 확대 해석하고 그 사건의 원인을 내부귀인하는 등의 인지적 왜곡이 나타난다(Beck, 1983). 인지치료는 바로 이렇게 왜곡된 인지적 경향을 바로잡기 위한 것이다. 높은 자기가치감에 초점이 맞춰진 한국인들의 자기인식과 경험에 대한 주관적 · 자기중심적 해석은 현실에 대한 인지적 왜곡을 가져올 수 있다는 점에서 우울에 부정적인 영향을 줄 수 있다.

한국의 문화적 증후군으로 알려진 화병 또한 현재(DSM-5)는 우울장애의 문화적 형태로 분류되고 있다. 우울장애로 진단되는 증상에는 문화적 특수성이 존재할 수 있으며(채정민 외, 2015), 화병으로 진단된 환자의 약 70%가 우울증 진단기준을 충족한다(권호인 외, 2008).

또한 최근 급격히 사회문제로 대두되고 있는 자살도 한국 문화와 한국인들의 심리 특성과 밀접한 관련이 있을 것으로 추정된다. 앞서 언급한 우울 또한 자살을 예언하는 주요 요인으로 꼽힌다(Teuting et al., 1981). Vrendenburg, O'Brien과 Krames(1988)의 연구에 따르면, 우울한 사람 중 거의 절반이 자살을 계획한 적이 있는 것으로 드러났다.

또한 한국인들의 인지적 경향성(한국보건사회연구원, 2016)의 영향이 있을 것이다. Baumeister (2003)가 제안한 자살의 인지과정에 따르면, 첫째, 개인이 이루고자 하는 기대 수준은 높은 데 비해 현실적인 상태는 그에 미치지 못할 때 기대와 현실의 괴리가 발생하고, 둘째, 그러한 괴리가 생긴 이유를 자신의 탓으로 돌려서 자기비난과 부정적인 자기평가를 하게 되고, 셋째, 주위의 초점이 자기에게 돌려지면서 고통스런 자기지각이 더욱 첨예화되고 그로 인해 자신을 더욱 부정적으로 평가하며, 넷째, 자신에 대한 부정적인 정서 상태를 초래하고, 다섯째, 이러한 고통스런 생각과 감정을 없애줄 수 있는 강력한 수단을 갈구하다가 '인지적 몰락'에 이르게 되며, 여섯째, 몰락된 정신 상태는 자살을 못하게 하는 심리 기제를 제거하여 결국 자살에 이르게 된다. 한국인 심리의 특성인 자기중심적인 해석과 인지적 오류적 속성은 이러한 심리적 과정을 강화 및 촉진할 가능성이 크다.

그 외의 문화적 특징으로는, 첫째, 동반자살 중 가족 동반 자살의 비율이 높고. 둘째, 자살 촉발 사건에서 개인적 문제가 아닌 관계적 문제로 인한 자살이 많으며, 셋째, 취약성 요인에서 음주문제가 높게 나타난다는 것이다(김효창, 2010).

자살을 유발하는 부정적 정서는 서양은 불안과 우울인 반면, 한국 문화에서는 화로 여겨진다. 개인주의 사회인 서구에서는 독립, 자유, 자기결정성, 일관성 등이 바람직한 가치이며 독립적인 개인으로서 사회에서 올바로 기능하지 못할 때 우울하고 불안해진다. 반면에 관계문화적 특성이 강한 한국 문화는 상대방과 마음과 마음이 서로 통하는 이심전심의 관계를 이상적인 관계로 여긴다. 따라서 대인관계에서 나의 마음을 상대방이 알아주지 못하면 상대방에 대해 섭섭함을 느끼고 억울하고 화가 나는 감정을 경험하게 된다(한국자살예방협회, 2009).

특히 화를 제대로 표현할 수 없는 상황에서 이를 참아야 하는 문화적 표현 방식이 자살과 밀접한 관련이 있을 것으로 예상된다. 최근 삼성서울병원 정신건강의학과 전홍진 교수팀은 최근 하버드의대 정신건강의학과 Maurizio Fava 교수팀과 함께 한국 삼성서울병원 등 14개 대학병원에서 1,592명의 환자와 미국 하버드대학교 부속 매사추세츠 종합병원 등 14개 주요 대학병원과 41개의 클리닉을 방문한 환자 3,744명을 대상으로 우울증 연구를 진행했다(파이낸셜 뉴스, 2014. 8. 12.).

연구팀에 따르면, 우울증이 자살과 같이 최악의 상황에 이르는 경우는 한국이 많았다. 자살을 심각하게 고려하고 있는 중이거나 최근 시도를 한 적이 있다고 답한 비율이 우리나라 환자에게서는 6.9%로, 미국인(3.8%)의 2배 가까이나 됐다. 이 같은 결과는 국가통계로도 확인된다. 미국이 지난 2012년에 발표한 2010년 기준 자살자 수를 보면, 인구 10만 명당 12.4명으로 집계됐다. 같은 기간 우리나라 통계청이 발표한 자살자 수는 31.2명으로 미국의 약 2.5배 수준이었다.

연구팀은 한국인들의 경우에 우울증이 자살로 이어지는 가장 큰 이유로 한국인들의 억압적 감정 표현 방식을 들었다. 연구에 참여한 우리나라 환자들이 우울한 기분을 말이나 표정으로 표현하는 정도는 미국 환자보다 낮았고, 반면에 불면증, 식욕저하, 불안, 체중 감소, 건강염려증 등의 신체 증상을 더 많이 호소했다.

6) 관계에서 비롯된 외상

한국인들은 친구, 가족과 같이 가까운 사람에게서 상처를 가장 많이 받는다(오영희, 2006). 한국인을 대상으로 경험한 외상의 종류를 조사한 결과, 기존의 외상 관련 척도(tranmatic life events questionhaire)에 포함되어 있지 않던 26개의 사건들이 보고되었는데 이는 전체 외상 사건의 44.7%에 해당하는 비율이었다(서영석 외, 2012). 이 중 응답자들이 가장 많이 보고한 사건은 관계(가족 이외)에서의 실패, 심각한 거절(또는 그러한 사건의 목격) 등이었다.

관계에서의 거절이나 이별, 배신 등이 외상 사건으로 인식된다는 사실, 그리고 가까운 관계에 있는 사람이 그러한 종류의 사건을 경험하는 것을 목격하는 것 역시 외상으로 받아들여진다는 사실은 특히 관계지향적 가치를 중시하는 한국 문화의 특성이 반영된 것으로 이해할 수 있다. 관계에서의 실패 또는 거절은 한국과 같이 집단주의 문화로 분류되는 일본 문화에서도 중요한 외상 사건으로 보고된 바 있으나(Taku et al., 2007), 서구 문화에서는 이러한 종류의 사건들은 외상으로 분류되지 않는다.

이는 한국인들의 '우리'에 대한 생각, 즉 우리성과 관련이 있을 것으로 추정된다. 우리성, 개별성 점화 후 보상의 분배에 대한 연구에 따르면, 배려 없는 차등 분배 이후의 우리성 관계에서 자존감이 크게 손상되었으며 거리감도 크게 증가하였다(배재창, 한규석, 2016). 같은 사건이어도 우리성 관계에서는 심리적 충격이 더 크게 느껴지는 것이다.

7) 고립과 외로움

외로움은 신체적 · 심리적 문제의 근원이다. 바바라 사하키안 교수 연구팀은 2025년『네이처(Nature)』에 외로움과 사회적 고립이 만병의 근원인 "악성 단백질 수치를 높일 수 있다."라는 연구 결과를 발표했다(Shen et al., 2025). 한국의 1인가구는 2022년 기준 750만 2천 가구로 2021년보다 4.7% 늘었다. 개인화되고 정서적 지지를 얻기 어려운 현대인들의 삶은 외로움에 노출되기 쉽다. 인터넷과 스마트폰 등 통신기기와 네트워킹 기술의 발달은 이러한 추세를 가속화시켰고, 더욱이 최근 세계를 휩쓸었던 코로나19 팬데믹까지 겹치면서 외로움은 정신건강을 위협하는 가장 큰 요인으로 떠올랐다.

안수정, 고세인, 김수림, 서영석(2023)은 한국인들이 경험하는 외로움을 개념화하였다. 성인 38명을 대상으로 심층 면접을 실시한 결과, 연구참여자들은 '관계 부재로 인한 외로움' '관계에서의 외로움' '실존적 외로움'을 경험하고 있는 것으로 나타났으며, '집단에서의 외로움' '타인지향적 외로움' '융합에서의 외로움[서로가 적절하게 분리되지 못한 채 밀착되어 상대방의 가치나 소망을 따라갈 때 발생하는 외로움(fusional loneliness)]' 등 문화특수적인 부분도 확인되었다.

이 중에는 '근원적 독존(어차피 혼자 사는 인생)으로서의 외로움'과 '자기소외에서 오는 외로움(self-immolation)' 등 문화보편적이고 실존적인 외로움으로 분류할 수 있는 종류도 있지만, '타인지향적 외로움'과 '융합에서의 외로움'처럼 한국의 문화에서 비롯된 부분이 존재한다.

이를테면 한국인들은 '우리' 안에서의 경험을 중시한다. 한국인들은 우리를 자기가 확장된 집단(확장적 자기)으로 이해하는데, 이러한 우리에서 떨어져 있거나 융합되지 못하면 더 큰 외로움을 느낄 수 있다. 더욱이 타인에게 영향을 미치고자 하는 주체성 자기가 우세한 한국인들은 우리 안에서 자기가 중심을 잡지 못할 때 '우리'는 순식간에 사라지고 '나'만 남은 것 같은 외로움을 경험할 수 있다.

또한 한국인들은 외로움을 상당히 복합적인 정서로서 경험한다. 참여자들은 외로움과 연관된 감정, 또는 외로움을 느끼는 조건으로 쓸쓸함, 거리감, 분리감, 단절감, 고통, 불확실함, 무력감, 허망함, 헛헛함, 무가치함, 가벼움, 그리움, 애잔함, 공허함 등을 꼽았다(안수정 외, 2023).

한국인의 지루함에 대한 최근 연구에 따르면, 한국인이 경험하는 지루함에는 외로움이 포함되며 심지어 외로움을 느끼는 데 가장 영향이 큰 변인으로 확인되었다. 즉, 스트레스나 외로움을 지각할 때는 더 심한 지루함을 경험하였다(김가람 외, 2023).

8) 속담을 통해 본 한국인의 정신건강

한국인의 마음건강의 동기와 양상은 박영숙(1993)의 연구 '속담으로 본 한국인의 방어기제'에서 확인할 수 있다. 속담에는 신화나 전설, 동화와 같이 해당 민족의 무의식적 욕구와 이에 대한 해결 방법 및 자아방어 방식이 제시되어 있다(Brenner, 1973)는 점을 고려할 때, 한국인들이 많이 사용해 온 속담을 분석하여 한국인들의 마음건강을 유추하는 것은 타당하다.

연구자는 8,000개의 속담 중 내용이 방어기제와 관련된 속담 800개를 일차적으로 추출하여 심리학자 2인과 정신과전문의 4인의 평가를 거쳐 최종적으로 587개의 속담을 추출하였다. 587개의 속담은 18개의 방어기제로 분류되었는데, 이를 빈도에 따라 열 가지 방어기제, 총 531개의 속담으로 정리하였다.

연구자는 특히 가장 많은 빈도를 보인 반동형성과 동일시, 수동-공격이 한국인들의 주요한 방어기제일 것이라는 주장을 펼쳤다. 가장 많이 나타난 방어기제는 반동형성으로, 전체 속담 가운데 34.6%를 차지하였다. 여기에 속하는 속담들은 다음과 같다.

- 빈 수레가 요란하다.

표 14-3 방어기제에 따른 속담의 빈도

순위	자아 방어기제	빈도(%)
1	반동형성	183(34.6)
2	동일시	67(12.6)
3	수동-공격	63(11.8)
4	투사	41(7.7)
5	전치	32(6.0)
6	부정	32(6.0)
7	통제	31(5.8)
8	억제	29(5.4)
9	왜곡	27(5.0)
10	예견	26(4.8)

출처: 박영숙(1993).

- 냉수 먹고 갈비 트림한다.
- 가난할수록 기와집 짓는다.
- 서푼짜리 집에 천냥짜리 문

이것들을 세부적으로 분류해 본 결과, 잘난 척이나 허세에 해당하는 것들이 무려 55.2%에 달했으며, 표리부동, 즉 겉과 속이 다른 것들이 25.6%였다. 이 중 허세는 개인이 느끼는 열등감이나 상대적 박탈감을 메꾸기 위한 보상적 시도라고 볼 수 있다. 이러한 허세와 관련된 속담들은 지나친 자기과시나 외양 중시, 실속 없음을 드러내고 있기 때문에 내적인 상태에 대한 반동형성으로서의 허세 행동들이 반영되어 있다고 할 수 있다. 이는 '우쭐'이나 '과시형 체면'과 같은 한국인의 문화적 행위 양식과 같은 맥락에서 이해될 수 있다. 한편, 표리부동성은 겉과 속이 다르고 실제로 느끼는 감정과 표현이 반대라는 것을 뜻하며, 이는 관계주의 문화에서의 행위 규범과 언어표현 외에 다양한 단서가 사용되는 심정 교류의 특성이 반영된 것으로 이해할 수 있다.

두 번째로 많았던 종류는 동일시와 관련된 것들(12.6%)로 그 예는 다음과 같다.

- 친구 따라 강남 간다.
- 남이 장 간다고 하니 거름지고 나선다.
- 며느리 늙어 시어미 된다.

• 가재는 게 편이다.

동일시는 대상 혹은 대상으로부터의 애정 상실, 대상에 대한 공격적이나 양가적인 정서로 인한 불안이나 우울을 방어하기 위해 발현되는 방어기제로서 대상에 대한 공격적 정서를 줄여줌으로써 응집력 있는 집단 형성과 유지에 중요한 역할을 하며(Compton, 1985), 대상으로부터의 독립과 퇴행 사이의 갈등을 완화시켜 준다는 기능을 갖는다(Silverman, 1986). 이로 미루어 관계의 유지가 우선시되는 문화에서 관계의 유지와 부정적 정서의 해소를 위한 방어기제로서 동일시의 역할을 짐작할 수 있다.

세 번째로 많았던 것은 수동-공격(11.8%)으로 그 예는 다음과 같다.

• 길로 가라니까 메로 간다.
• 먹기 싫은 밥에 재 뿌리기
• 자는 입에 콩가루 털어 넣기
• 오기로 쥐 잡는다.

수동-공격은 타인의 관심을 끌거나 경쟁적인 관계를 회피하기 위한 방어기제로서 대상관계를 유지시키기는 하지만 현실 적응이나 개인의 욕구 충족은 희생된다는 특징을 갖는다(Vaillant, 1971). 또한 수동적으로나 간접적으로 공격 행동을 가함으로써 대상에게 고통스러운 영향을 미친다는 특징도 있다. 일반적으로 이러한 행동들은 지나치게 압도적이고 두려운 대상에 대한 공

표 14-4 기타 방어기제의 종류와 예

분류	내용	빈도(%)
투사	안 되면 산소 탓	41(7.7)
	선 무당이 장고 탓한다.	
	숯이 검정 나무란다.	
전치	종로에서 뺨 맞고 한강에서 눈 흘긴다.	32(6.0)
	시어미 역정에 개밥 구유 찬다.	
	다리 아래서 원 꾸짖는다.	
부정	눈 가리고 아웅	32(6.0)
	닭 잡아먹고 오리발 내민다.	
	모르면 약이요, 아는 게 병이다.	

출처: 박영숙(1993).

격적 정서를 발산하는 방식으로, 앞서 제시된 동일시와 관련하여 한국인들의 대인관계 양상이나 대상 지각의 특성을 암시한다.

그 외에도 투사는 한국인의 독특한 행위 양식으로 꼽히는 핑계와 전치와 부정은 관계주의 문화 및 우리성에서 오는 행위 양식들과 밀접한 관계가 있을 것으로 추정된다.

4. 한국의 문화와 행복

1) 행복 연구에서의 문제점: 행복의 문화적 의미

심리학에서 행복은 특히 주관적 안녕감이라는 개념으로서 많이 연구되고 있다. 주관적 안녕감은 경제 수준 등과 같은 사회적 지표가 아니라 긍정적·부정적인 정서와 주관적 만족감이라는 개인이 느끼는 행복에 초점을 맞추고 있는 개념이다(Diener et al., 1999). 그런데 한국에서 이러한 개념으로 행복을 연구할 때는 몇 가지의 문제가 파생할 수 있다. 첫째는 보다 근본적인 문제로서 행복이라는 것을 인식하기 위한 구성개념이 문화적으로 다를 수 있다는 점이다. 심리학에서 개인의 행복한 상태를 평가하기 위해 주로 사용하는 개념은 주관적 안녕감이다. 여기서 중요한 것은 이 개념이 주관적 판단에 근거한 것이라는 점이며, 개인의 주관적 판단은 그 개인이 속한 문화의 영향을 받을 수밖에 없다는 점이다.

문화는 인간의 심리와 분리해서 고려할 수 없는 것으로, 문화는 인간의 심리를 구성하며 그렇게 구성된 심리는 다시 문화에 영향을 미친다(Bruner, 1993; Jahoda, 1992)는 문화심리학적 관점에서 한 개인의 삶에 대한 주관적인 만족은 '삶'과 '만족'의 정의와 기준에 대한 문화적 가치를 고려하지 않고서는 생각할 수 없다.

그런데 현재 행복에 관한 연구들에서 널리 통용되고 있는 주관적 안녕감 혹은 주관적 삶의 질이란 개념은 미국을 중심으로 하는 서구의 문화에서 기인한 것이다. 주관적 안녕감은 정적·부적인 정서요소(Diener & Emmons, 1984)와 삶에 대한 만족이라는 인지요소(Andrew & Withey, 1976)로 이루어져 있는데, 이 중에서 정서요소에 대한 부분은 한국 문화에서의 정서 경험 방식을 고려할 때 측정상의 문제를 야기할 수 있다.

Diener와 동료들(1999)의 주관적 안녕감 척도에서는 정적 정서(기쁨, 의기양양, 만족, 자부심, 애정, 행복, 황홀경)와 부적 정서(죄책감, 수치심, 슬픔, 불안, 근심, 분노, 스트레스, 우울, 시기심)를 독립적으로 구분하였다. 정적 정서와 부적 정서의 예로 든 감정들이 한국 사람에게도 동일하게 기능할 것인가라는 문제는 논외로 하고서라도, 한국 사람들이 긍정 정서와 부정 정서를 독립적으로 경험할 것인가는 중요한 문제이다.

한국 사람들은 상대방에 대한 좋은 감정과 나쁜 감정이 혼재된 '애증(愛憎)'이나 '미운 정 고운 정', 눈물과 환희가 공존하는 '한과 신명' 등 어떠한 감정을 경험함에 있어서 긍정과 부정을 명확하게 구분 짓지 않는다. 지겹고 짜증나는 사람일지라도 막상 가 버리고 없으면 섭섭한 감정을 표현하는 '시원섭섭하다'는 말은 그 단적인 예이다.

이와 같이 감정의 경험 방식이 다를 것으로 생각되는 한국 사람들에게 있어서 정적 정서와 부적 정서를 명확하게 구분하고 응답을 한다는 것은 쉽지 않거나 혹은 척도에서 유도하는 방식의 응답 이상을 하기가 어렵다. 이는 한국어로 번안되어 많이 사용되고 있는 Campbell(1981)의 척도에서 보다 현저하게 나타나는 문제이다. Campbell의 척도에서 사람들은 '재미있는–지루한' '즐거운–비참한' '가치 있는–쓸모 없는' 등의 형용사 사이의 적당한 지점을 선택해야만 한다. 이러한 느낌들에 대한 양가적인 감정은 표현할 방법이 없게 되는 것이다.

또한 주관적 안녕감의 인지요소를 측정하기 위한 삶의 만족도 척도(Diener et al., 1985)는 구체적인 삶의 영역이 아닌 '전반적 삶에서의 만족감'을 측정하는 문항들로 구성되어 있다. 이는 개인에 따라 중요시하는 삶의 영역이 다를 수 있고, 또한 그에 따른 기준 역시 다를 수 있기 때문에 선택된 기준이다(Diener et al., 1985). 하지만 문화심리학적인 관점에서 볼 때 이러한 삶의 만족도의 정의에서 파생될 수 있는 문제가 역시 존재한다.

즉, 분명 '행복'과는 서로 다른 개념임이 분명한 삶의 만족도를 이용한 연구들의 결과가 '행복에 관한 연구'로 해석된다는 사실이다. Deiner와 동료들이 밝혔듯이, 삶의 만족도는 전반적 삶에 대한 주관적인 만족감이지 결코 행복 그 자체는 아니다. 그리고 행복의 의미와 행복에 대한 기준은 개개인에게 있어서는 물론이고 문화에 따라서도 다양하다. 즉, 행복과는 의미적으로 다른 '주관적 안녕감'을 측정하고 누군가의 '행복도'는 어떠어떠하다는 결과의 해석은 많은 오해를 낳을 수 있다.

예를 들면, 한국과 같은 집단주의 문화권의 주관적 안녕감은 미국과 같은 개인주의 문화권보다 낮게 보고되는 경향이 있는데(차경호, 2004), 이러한 차이가 실제로 한국 사람들이 미국 사람들보다 더 불행하다고 해석하는 것은 무리가 있다. 즉, 나의 만족을 평가하는 기준이 자신의 현재 기분이나 상태와 같은 개인적인 것들인 서구의 개인주의 문화와는 달리, 나의 만족을 평가하기 위해서 다른 이들이 비교의 준거가 되는 집단주의 문화에서는 나보다 나은 상태에 있는 타인들이 존재하는 한 삶에 대한 주관적 만족은 개인주의 문화와 비교해서 상대적으로 낮을 수 밖에 없는 것으로, 두 집단의 통계적인 차이가 곧 그들의 행복의 정도를 나타낸다고 보기 어려운 이유이다.

또한 주관적 안녕감은 어떤 문화에서 중요하게 생각하는 가치와 보다 밀접하게 관련되어 있다. 즉, 개인주의 문화권 사람들의 주관적 안녕감(삶의 만족도)은 집단주의 문화권 사람들에 비해 자기존중감과의 상관이 높거나(Diener & Diener, 1995), 개인주의 문화권 사람들의 주관적 안녕감이 자기존중감과 높은 상관을 보이는 데 반해 집단주의 문화권 사람들의 주관적 안녕감은 관계조화성(relation ship harmony)과 높은 상관을 보이는 등(Kwan et al., 1997) 주관적 안녕감의 구성개념 자체가 문화적으로 서로 다를 수 있다는 여러 증거가 있다.

유나영, 정여진, 김비아, 정영숙, 신현정(2015)의 연구에 따르면, 한국인들은 미국인들과는 달리 가족관계 요인과 사회경제적 요인들(경제력, 종교, 외모, 건강, 여가)이 행복감에 영향을 미쳤으며, 신승배(2015)의 연구에서는 주관적 계층의식이 중요한 요인으로 나타났다.

또한 김의철, 박영신(2006)은 한국 사람들의 삶의 질을 구성하는 요인으로, ① 경제력, ② 원만한 인간관계, ③ 정서적 지원, ④ 자기효능감과 자기조절, ⑤ 학업성취를 통한 삶의 질 향상에 대한 기대, ⑥ 신체적 건강 및 기타 요인 등을 꼽았으며, 그중에서도 특히 인간관계로부터 받는 정서적 지원이 한국 사람들의 삶의 질에 핵심적인 역할을 하고 있음을 밝혔다.

2) 한국 문화에서의 행복

따라서 한국에서 행복 연구가 제대로 이루어지기 위해서는 한국 문화에서의 행복에 대한 보다 면밀한 준비가 행해져야 할 것이다. 한국 문화에서의 행복은 어떠한 의미를 갖는가? 행복(幸福)의 사전적 의미는 편안하고 만족한 상태와 그에 따른 기쁨, 좋은 운수 등으로 나타낼 수 있다. 즉, 행복이란 일시적인 행운(luck)을 의미하는 행(幸)과 현실에서 타고나서 누릴 수 있는 모든 복(福)[1]이 함께한다는 뜻으로, 행복의 문화적 의미가 이러한 문자적 의미와 유사하다고 했을 때 누군가가 행복하기 위해서는 상당히 많은 전제조건이 필요하다.

또한 한국 사람들에게 있어서의 행복은 어떤 일시적인 상태를 나타내는 용어라고 보기 어렵다. 새옹지마(塞翁之馬)의 고사와 '화무십일홍(花無十日紅)' '권불십년(權不十年)' 등의 성어, '오르막이 있으면 내리막이 있다' 나 '쥐구멍에도 볕들 날 있다' 등의 속담에서 나타나듯이, 한국 사람들은 일시적인 상태로 개인의 행복을 평가하지 않는 문화적인 관습이 있다. 따라서 한국 사람들에게 복 받았다, 행복하다는 말은 어떤 일시적인 상태를 평가하는 개념이 아니라 그 사람의 인생 전체를 평가하는 광범위하고 고맥락적인 의미에 가깝다고 할 수 있다.

1) 전통적으로 복(福)은 타고나는 것으로 주로 오복(五福), 즉 수(壽), 귀(貴), 부(富), 강녕(康寧), 자손중다(子孫衆多)를 의미한다. 한국인들의 복에 대한 이러한 개념은 이지선, 김민영, 서은국(2004)의 연구에서도 확인되었다.

표 14-5 신명 경험의 유형과 빈도

유형	빈도(%)	대표 사례
전환적 사건에 의한 신명	71(32.7)	한국의 월드컵 4강 진출, 운동 경기에서의 역전승, 복권 당첨, 대학 합격, 승진, 2세의 탄생, 대회에서의 입상, 취업, 자격 시험 합격, 자녀의 합격/취업/승진 등
우리의식에 의한 신명	73(33.1)	월드컵 거리 응원, 운동 경기 응원, 대학 축제, 마을 잔치, 풍물 놀이, 가정의 좋은 일, 공동 노동, 친구들과의 파티, 친구 혹은 가족과의 여행, 동창회 등
자기표현에 의한 신명	43(19.5)	작품 전시회, 연극 공연, 악기 연주할 때, 혼자 한 여행, 춤출 때, 연등 행사 참여, 등산, 마라톤 풀코스 완주, 행사 사회를 볼 때, 자신이 기획한 프로젝트가 잘 진행될 때 등

출처: 한민, 한성열(2007).

즉, '행복하다'는 표현은 한국 문화에서 쉽게 사용할 수 있는 표현이 아니다. 그러나 한국인들이 그토록 어려운 행복의 선결조건을 갖고 있다면 한국인들은 절대 행복할 수 없는 것일까? 그렇지는 않을 것이다. 그 증거로 한국 문화에서도 개인이 자신의 삶에 대한 만족을 표현하는 어휘가 존재한다. '살 맛 난다'가 바로 그것이다.

표 14-6 신명 경험의 유형에 따른 상위 범주와 하위 범주

	전환적 사건에 의한 신명	우리의식에 의한 신명	자기표현에 의한 신명
신명 경험의 원인	• 전환적 사건의 발생 (의외성)	• 계기적 사건의 발생 • 사건이 주는 일탈감 • 외부 조건	• 자기표현을 인정받는 사건 • 자기표현의 인정 혹은 자각 (의외성) • 외부 조건
신명 상태의 감정 및 정서	• 1차적 쾌감 • 자기개입적 쾌감	• 1차적 쾌감 • 우리개입적 쾌감	• 1차적 쾌감 • 자기개입적 쾌감
신명 상태의 행동	• 자기가치감 확인하기 • 남들에게 인정받기 • 자기(혹은 집단)가치감의 분출 및 몰입	• 집단가치감 확인하기 • 감정의 분출 • 몰입 및 심취하기	• 감정 공유하기 • 자기표현 극대화 • 자기표현 조절하기 • 몰입 및 심취하기
신명 경험의 기능 및 결과	• 해소 • 자기가치감의 회복 • 활력 및 긍정 에너지 • 회상 및 동기화	• 해소 • 집단에 대한 애착 형성 • 활력 및 긍정 에너지 • 회상 및 동기화	• 해소 • 자기가치감의 확인 • 활력 및 긍정 에너지 • 회상 및 동기화

출처: 한민, 한성열(2007).

그렇다면 한국인들은 언제 살맛이 나는가? 연구자는 서울 지역의 30~50대 직장인 26명을 대상으로 자신의 삶에서 살맛이 난다고 느꼈던 경우에 대한 개방형 설문을 실시하였다. 개방형 설문의 방식과 질문은 한민, 한성열(2007)이 신명의 구조화 연구에서 사용한 것과 같다.

'살맛 나는 경험'에 대한 개방형 설문의 응답을 분석한 결과, 놀랍게도 신명에 대한 것과 거의 일치하였다. 우선 응답자들이 꼽은 자신의 '살맛 났던 경험'들은 '합격' '수상' '집 장만' '2세의 출생' '마음 맞는 이들과의 여행' '마음 맞는 이들과의 모임' '자신이 주도한 일을 잘 처리했을 때' '하고 싶은 일을 할 때' 등으로 신명을 느끼는 경우와 동일한 양상을 보였다.

또한 '살맛 난다'고 느꼈던 당시의 구체적인 감정들 역시 신명 경험과 유사하였다. 특히 '가슴 벅참' '자부심' '뿌듯함' 등 신명 감정의 주된 특징이라고 할 수 있는 '자기개입적 감정'이 그대로 나타났다. '살맛 난다'고 느꼈던 당시의 구체적인 행동들 또한 '공감의 노력' '기쁨을 나눔' '적극적 표현' 등으로 신명 행동의 특징들과 일치하였고, '살맛 나는' 나날들이 삶에 미쳤던 영향들도 '자신감 고취' '열정적 태도' '삶의 활력소' 등으로 신명 경험의 영향과 유사하였다.

이와 같은 결과로 추정해 보면, 한국 사람들에게 있어서 삶의 만족을 의미하는 '살맛 난다'는 느낌은 신명을 뜻한다는 것을 알 수 있다. 신명은 한국에서 가장 긍정적인 감정을 일컫는 말이다. 역사적으로, 문화적으로 한국인들은 '신바람 나는' '신명 나는' 삶을 가장 이상적인 삶으로 평가해 왔다. 신명은 한국인들의 최고 경험이자 그것을 경험하는 방식이며, 또한 팍팍한 삶을 기름지게 하고 내일에 대한 희망을 불러일으키는 동기를 제공하는 것이다.

따라서 한국인들이 생각하는 행복은 심리학에서 연구되고 있는 주관적 안녕감과는 다른 것을 의미할 수 있다는 것을 이해할 필요가 있다. 한국인들은 미래의 신명을 위해 현재의 즐거움을 유예하는 것을 불행하다고 생각하지 않을 수도 있고, 일시적인 즐거움을 행복이라고 단언하지 않을 수도 있다. 김정호 등(2009)은 현재의 삶에 대한 주관적 만족뿐만 아니라 미래의 삶에 대한 기대 또한 주관적 안녕감의 개념에 포함되어야 한다고 주장하였다. 김정호(2007)의 연구에 따르면, 삶의 만족이 낮은 경우에도 미래의 삶에 대한 기대가 높다면 그것이 스트레스나 주관적 안녕감의 저하로 이어지지는 않는다.

한국인들의 한은 자신이 지각하는 자기가치에서 입은 상처에서 비롯된다. 하지만 한 관련 경험이 진행되어 가는 경로 중에는 부정적이고 퇴영적인 것만 있는 것이 아니라 한을 극복하기 위해 강렬하게 동기화되는 경우도 발견된다. 이 경우에 한은 어떠한 목표를 반드시 이루고자 하는 미래지향적 동기로 해석될 수 있다(이어령, 2003; 문순태, 1991; 한민, 한성열, 2008; 吉川, 2001; 平井, 2012). 한을 풀어내고 신명에 도달하려는 문화적 동기가 존재한다면 현 시점의 주관적 만족감과 즐거움을 행복의 지표로 삼는 심리학 연구들은 한국인들의 행복을 제대로 반영하지 못할 가능성이 크다.

제 15 장

유교심리학

서양인의 눈으로 한국인의 일상생활을 들여다보면 이해하기 힘든 문화특수적(culture-specific) 현상을 종종 발견할 수 있다. 달력을 보면 음력과 양력이 함께 적혀 있다. 결혼식에 가면 신랑과 신부의 부모인 어머니는 한복을, 아버지는 양복을 입고 하객을 맞이한다. 이처럼 한국 사회에서는 전통적인 것과 현대적인 것, 한국식과 서양식 등 서로 다른 가치체계가 충돌하기보다는 오히려 공존한다(신수진, 최준식, 2002). 그렇다면 한국인의 마음은 어떠한가? '생각 따로 표현 따로'라는 말처럼 자신의 마음에도 없는 말이나 행동을 하면서 체면을 차리고 눈치를 보는 경우가 많다. 이러한 현상에 대해 학자들은 '속마음과 실제 표현 사이의 불일치'(최재석, 1989)가 나타나는 한국인의 특성이라고 지적한다. 그런데 가치체계의 공존이나 불일치의 원인을 의사소통의 과정에서 신뢰성이 낮은 것으로 지적하거나, 집단주의 문화권의 특징인 고맥락 의사소통의 문제로만 보는 시각은 다소 표면적인 분석이다(Hall, 1976; Hofstede, 1990). 왜냐하면 서구 문화로는 이해되지 않는 한국인의 마음과 행동의 대부분은

사실상 일상생활 속에 스며들어 있기 때문에 오히려 의식되지 않는 유교 또는 유교 가치관의 영향일 가능성이 높기 때문이다(함재봉, 2000; Bell & Hahm, 2003). 따라서 이 장에서는 먼저, 유교에 관한 심리학계의 연구를 하향식의 인문학적 접근과 상향식의 문화 및 사회심리학적 접근으로 구분하여 개관하고, 다음으로 유교 가치관에 관한 심리학계의 연구를 살펴보고자 한다.

1. 유교와 한국의 심리학

유교는 수천 년 전부터 동아시아 사회가 공유하는 가치관의 하나로서 무교, 불교와 더불어 한국의 전통문화를 대표한다. 이 중에서 조선시대 이후의 한국인의 일상생활을 지배하는 중심적인 가치관은 유교였다(Bond, 2008; Hofstede, 1990; Nisbett, 2004). 유교는 무려 500여 년간 개인수양, 가족관계와 대인관계의 윤리규범, 그리고 교육제도 및 정치제도에 이르기까지 강력한 힘을 발휘해 왔다(류승국, 1976; 한국철학사상연구회, 2005; Keum, 2000).

그 힘은 조선시대의 유교가 종교적 기능과 학문적 기능을 동시에 담당하였기 때문에 가능하였다고 볼 수 있다. 유교는 제례와 같은 조상 숭배 측면에서는 종교적인 기능을, 생활 규범이나 이데올로기의 측면에서는 학문적 교양의 토대가 되었다(한국공자학회, 2006; Wei-Ming, 1985). 이 과정에서 형성된 유교 가치관은 한국인의 사고방식과 행동 특성을 규정하였다. 이것은 효와 충을 강조하는 생활 규범과 상장례, 제례 등 유교 관습으로 나타났다(조긍호, 1998b, 2007; 차재호, 1994a; Park & Kim, 2006). 오늘날 유교를 종교로 믿는 사람은 급격히 줄었지만, 사실상 종교가 없다고 생각하는 한국인들 중 많은 수가 제사나 조상 숭배 등 유교 관습을 실행하고 있다(한국갤럽조사연구소, 2004; Koh, 1996).

특히 조선의 유교에는 심성론에 관한 연구가 중시된 심리학적 전통이 깊다(유권종, 최상진, 2003; 한덕웅, 2003a; Choi & Han, 2000). 철학계에서도 현상윤(1949, 2008)은 유교이론 중 '심성정(心性情, 본래는 心統性情이다. 마음이 인간의 본성과 감정을 통제한다는 논리), 인심도심(道心人心, 도덕적인 마음과 비도덕적인 마음의 논쟁), 인물성동이(人物性同異, 인간의 본성과 사물의 본성의 차별성에 대한 논쟁)이론 등은 한국인의 심리 현상을 연구한 것'이라고 지적하였다. 또한 류승국(1976)은 조선의 유교가 인간의 도덕적 마음과 행동에 관한 심리학을 제안한 비중이 중국과 비교해서 매우 크다고 강조했다. 그중 대표적인 것이 사단칠정논쟁(四端七情論爭)인데, 이러한 점은 심리학자들도 깨닫고 있었다. 정양은(1970)은 사단을 타인지향적인 사회적 정서로 주목하고 연구하였는데, 이것이 사단칠정논쟁에 대한 심리학계의 최초의 연구라고 할 수 있다. 이후 사단칠정론은 감정 이론(이수원, 1995)이자, 인간 정서에 관한 논쟁(한덕웅, 2001a)으로서 조선 유교의 핵심이 되는 정서이론으로 연구되었다.

이처럼 유교는 한국인의 마음과 행동의 내면에 뿌리 깊게 자리 잡고 있기 때문에 지금도 가정 및 사회 생활 과정에서 경험하고 부딪힐 수밖에 없는 구체적인 현실이라고 할 수 있다(함재봉, 2000; Koh, 1991; Koh, 1996).

유교에 관한 연구는 한국 심리학회의 출범과 함께 세 가지 방향으로 전개되었다. 첫째, 유교

문화권의 심리적 특성을 규명한 연구, 둘째, 유학 사상에 대한 심리학적인 재해석 작업을 추진한 연구, 셋째, 유교 가치관을 연구 대상으로 삼거나, 한국인이 가지고 있는 공통적인 가치관을 추출하여 그 변화 양상을 분석한 연구 등이 그것이다.

우선, 심리적 특성을 찾으려는 선구적인 연구로 동서양의 사회적 감정에 대한 비교(정양은, 1970, 1976), 성숙 인격과 퇴계의 경사상(김성태, 1976; 임능빈, 1995), 한국인의 고유한 정서 경험으로서 사단칠정(한덕웅, 2000)에 관한 연구를 들 수 있다. 다음으로 심리학적인 재해석 작업은 중용사상에 대한 사회심리학적 분석(이수원, 1997), 맹자와 순자 사상에 근거한 유교심리학의 모색(조긍호, 1990, 1997), 퇴계의 경사상에 기초한 한국유학심리학 구성(한덕웅, 1994)에 관한 연구가 진행되었다. 끝으로 유교 가치관에 대한 연구로는『소학』에 등장하는 덕목을 중심으로 유교 가치관을 살펴본 연구(김경동, 1964, 2004)와 유교 가치관 척도 개발 및 타당화에 관한 연구(심경섭 외, 2012; 심경섭, 2014), 한국의 전통적 가족주의를 연구하기 위한 일환으로 유교 가치관을 조사한 연구(신수진, 1998; 한규석, 신수진, 1999)가 있다. 그리고 한국인의 가치관과 세대차의 변화를 종단적으로 추적해 가는 연구(나은영, 차재호, 1999; 나은영, 차유리, 2010)가 계속 진행되고 있다.

한편, 국외에서 이루어진 유교 연구는 Hofstede와 Bond의 연구가 유명하다. Hofstede(1990, 2000)는 다국적 기업인 IBM에 근무하는 직원들 간의 국가 가치체계를 비교연구하였다. 그 후 자신의 이론을 보완하는 과정에서 유교를 '장기-단기 지향성'이라는 차원으로 추가하였다. 그러나 유교 가치관에 관한 가장 대표적인 연구는 Bond(1988)가 개발한 CVS를 들 수 있다. 그는 설문과 문헌연구 방법을 통하여 중국의 유교 가치관을 망라하는 40개의 가치항목을 선정하였다. 연구 과정에서 그는 우선 홍콩과 대만 출신의 사회과학자들에게 중국인에게 기본적이라고 생각하는 가치를 10개 이상씩 적도록 한 다음에 이를 취합하여 목록을 작성하였다. 다음으로 이 목록에서 중복되는 것은 삭제하고, 중국의 학자들이 저술한 책에서 몇 개의 가치를 추가하는 방법을 사용하였다. Hofstede나 Bond의 연구는 많은 국가에서 반복적으로 수행되면서 동서양 사람들의 문화적 차이를 확인하는 중요한 역할을 해 왔다. 특히 CVS에서는 동아시아에서 공통적으로 통용되는 유교 가치관의 내용을 파악하는 것만이 아니라, 동아시아인들의 일상생활에 유교 가치관이 지속적인 영향을 주고 있음을 확인하는 기회가 되었다.

한국인의 마음과 행동 특성을 유교의 영향으로 설명하려는 시도는 1970년대 전후부터 시작되었다. 이 연구는 심리학계의 1세대라고 할 수 있는 윤태림, 정양은, 김성태에 의해 시작되었다. 1990년대에 들어와서는 '동양심리학' 내지는 '한국적 심리학'의 이름으로 보다 체계적으로 연구되었다.

여기서는 기존 심리학계의 연구를 두 가지로 나누어 유교 경전을 중시한 '하향식의 인문학적 접근'과 한국인의 일상생활에 주목한 '상향식의 문화 및 사회심리학적 접근'으로 구분하였다(최상진 외, 2001). 하향식 접근에서는 사단칠정론과 경(敬) 사상에 관한 논의를 다루고, 상향식 접근에서는 한국인의 성격 형성이나 체면, 눈치, 교육열 등 한국인의 심리학적 특성과 관련된 유교의 영향에 대해 언급하고자 한다.

참고 유교는 종교일까? 가르침일까?

유교라고 했을 때 이를 불교나 기독교와 똑같은 종교로 볼 것인가 하는 문제에 대해서는 여러 견해가 엇갈리고 있다(한국철학사상사연구회 편, 2005). 왜냐하면 유교가 종교인지 아닌지에 대한 대답은 유교를 어떻게 보는가 하는 관점에 따라 달라지며, 또한 종교의 개념과 범주를 보는 입장에 따라 달라지기 때문이다. 따라서 어느 쪽이 옳다고 간단하게 결정할 수가 있는 문제가 아니다(금장태, 1994; 任繼愈, 2012).

유교를 종교성이 없는 학문체계로서 인정한다면 유교는 효와 충과 같은 다양한 윤리 규범을 강조하는 철학사상으로 정의할 수 있다. 그렇다면 유교는 요, 순으로부터 주공과 같은 중국의 고대 성인을 이상적인 인격체로 삼고, 인의예지를 근본 개념으로 하여 삼강오륜이라는 덕목과 거경궁리(居敬窮理)와 수기치인(修己治人)의 교육방법을 중심 과제로 하는 하나의 학문체계가 된다.

이와는 달리 유교의 종교성을 주장하는 관점은 유학을 종교적인 관점에서 보려는 것이다. 이와 관련하여 중국계 여성 신학자인 Ching(1994)은 비록 유교의 자기수양, 즉 거경궁리와 수기치인의 교육방법이 서구의 종교처럼 기도나 참회의 요소는 없지만, 내적인 경건함과 외적인 행동의 일치를 중시한다는 점에서 유교를 하나의 세속적 종교로 보았다. 유교의 종교성 여부를 놓고 폭넓게 논의를 전개한 종교학자 김승혜(1999)에 따르면, 종교의 기준을 신 개념, 초월적인 구원, 종교 조직의 유무 등의 종교로 한정지어 본다면 유교는 종교가 아니라고 하였다. 그러나 '종교의 핵심을 이 세상에서 인간다운 사람이 되고 서로 배려하는 공동체를 이룸으로써 하늘의 뜻을 이루는 것'(김승혜, 2001b)에 둔다면 유교의 종교성은 충분한 것으로 본다. 왜냐하면 가르친다는 의미를 받아드린다면 종교란 으뜸이 되는 가르침이기 때문이다.

참고 '유교(儒教)' '유학(儒學)' '유가(儒家)', 그리고 '성리학(性理學)'

고려 충렬왕 때 안향에 의해 수입된 유교는 조선시대를 거치면서 한국인의 세계관과 인간관, 사회관의 뿌리가 되어 우리의 마음과 행동을 지배하는 유교 가치관을 형성하였다. 그런데 전통적 가치관에 관심을 두었던 기존의 연구자들도 '유교 가치관' 또는 '유학심리학'이라는 말처럼 '유교' '유학'이란 용어를 거의 구별하지 않고 사용하였다. 때에 따라서는 '유가' '원시유학' '성리학' 등 여러 개념이 함께 사용되었다.

먼저 모든 개념에 공통되는 '유'란 개념은 무엇인가? 중국사회과학원 세계종교연구소장이었던 任繼愈(2012)에 따르면, '유'라는 명칭은 공자가 활약했던 춘추시대 이전에도 존재하였다고 한다. '유'는 주로 귀족을 도와 장례식이나 제사와 관련된 일로 생계를 도모하는 직업의 명칭이었다. 공자 역시 처음에는 '유' 집단에 의지하였으나 이후 '유'를 벗어나 학문과 정치 참여를 지향한 유가를 창시하였다. 그러므로 '유가'란 용어는 공자의 가르침을 따르는 학술 집단 내지는 정치단체로 춘추전국시대에 활약했던 제자백가의 하나를 의미한다. 공자, 맹자 및 순자까지 여기에 포함되는데, 이들의 학문을 '원시유학' 또는 '선진유학'이라고 불렀다. 이것이 유교로 통일된 것은 한나라의 동중서가 유교를 국교로 정한 이후이다. 그는 오경박사를 두고 대학을 설립하여 관료를 지망하는 자는 오로지 유교를 배우도록 하였다. 유교의 정체성은 시대 상황에 따라 한나라 때는 '훈고학', 송나라 때는 '성리학', 명나라 때는 '심학', 청나라 때는 '실학'으로 변천했다(姜在彦, 2003; 윤사순, 2006; 馮友蘭, 1977). 특히 성리학은 불교에 대항하여 유교의 이론을 집대성한 주희의 이름을 따서 '주자학'(朱子學)이라고도 하고, 송나라 시대 이전의 유학의 가르침을 새롭게 집대성한 새로운 기풍의 유학이라는 뜻에서 '신유학' '이학' '도학'이라고도 한다. 요컨대 한나라 이후에 국교화된 유교는 중국 사회를 유지하는 핵심 가치로 군림하였으며, 한국, 일본, 그리고 베트남으로 유교 문화권은 확대되었다(勞思光, 1986; 白川, 1995; 陈伟平, 2005; Creel, 2003).

결론적으로 여러 개념 중에서 유교가 가장 본질적인 의미를 담고 있다고 할 수 있다. 왜냐하면 공자의 가르침을 모은 이론 체계를 '유교'라 한다면, '유학'이란 '유교'를 받아들여서 배운다는 의미이며, 그러한 공자의 가르침을 전승시키는 학파가 '유가'가 되기 때문이다(김승혜, 1990, 2001a; 戸川, 蜂屋, 溝口, 1987). 그러므로 이 장에서는 유교로 용어를 통일하고자 한다. 그 이유는 이 장의 중심 주제는 유학이나 유가 이론과 관련된 지식이 아니라, 유교로 인해 형성된 한국인의 가치관이기 때문이다.

2. 하향식의 인문학적 접근

하향식(top down)의 인문학적 접근(humanistic approach)은 조선시대의 유교 이론을 토대로 연구를 진행하였다. 이 접근은 '유학의 심리학설'(한덕웅, 2001b)을 현대 심리학의 범주 안으로 가져와서 심리학적 시사점을 모색했기 때문에 이론에서 출발하여 현실을 지향한 '위에서부터 아래로의 접근'이라고 할 수 있다(최상진, 2000b). 이 접근 방법의 특징은 다음과 같다. 먼저 대표적인 유교 경전인 사서와 이황, 이이, 정약용 등 조선시대 학자들의 이론을 출발점으로 삼았다. 다음으로 유교 경전에 나타난 사단칠정론과 경의 사상을 심리학적 관점에서 재해석하였다. 끝으로 새롭게 조명한 유교 이론을 현대 심리학 이론과 비교하거나 한국인의 현실에 연결하여 응용하고자 하였다(한덕웅, 1997, 2003a; 조긍호, 1998b).

하향식의 인문학적 접근은 학문적 관심에 따라 네 가지 방향으로 전개되었다.

첫째, 비교심리학의 관점에서 유교 이론에 대한 심리학적 이해를 도모한 초기 연구이다. 감정론의 동서비교를 통해 사단칠정론에 대한 심리학적 해석을 시도한 정양은(1970, 1976), 성숙인격과 이황의 경 사상을 연결하려고 한 김성태(1976)가 여기에 해당한다. 둘째, 유교 이론을 도구로 한국적인 성격 심리나 상담심리 이론을 모색한 임능빈(1995)이 대표적이다. 그는 유교의 성(誠)과 경에 대한 이론이 결국은 인간의 마음을 조절하여 개인, 가정, 사회에서 조화로운 행동을 추구하는 논의가 많다는 점에 주목하였다. 그리고 그러한 논의를 이황과 이이의 사상에서 찾아 한국적인 개인 및 가족 상담의 기초를 만들고자 하였다(임능빈, 1981a, 1981b). 셋째, 『맹자』와 『순자』 등 초기 유학의 고전 자료에 관심을 둔 연구이다. 중국 선진시대의 고전 자료에서 유학의 함의를 끌어내어 현대 심리학 연구로 가져오려고 한 조긍호(1998)가 여기에 해당한다. 마지막으로 한국 유교의 최고봉에 해당하는 이황의 심학(心學) 중에서 성학십도와 사단칠정론을 한국인의 고유한 정서 이론으로 규정하고 이에 대한 실증적인 분석을 시도한 한덕웅(2001a)의 연구이다. 여기서는 네 가지 흐름 중 사단칠정론(정양은과 한덕웅), 경 사상(김성태), 원시 유학(조긍호)에 관한 논의를 살펴보자. 그러나 하향식 접근에 관한 논의를 하기 전에 먼저 현상윤(1949, 2008)의 유교 연구에 대하여 언급을 하고자 한다. 왜냐하면 비록 심리학적인 연구는 아니지만 그가 저술한 『조선유학사』가 해방 이후 유교에 관한 최초의 연구이자, 기념비적 업적이기 때문이다.

1) 유교의 긍정 요인

유교 연구는 조선의 멸망 이유를 유교에서 찾은 일본의 식민사관과 이를 비판한 한국 민족사관의 대응으로 출발하였다(김승혜, 1999). 경성제국대학에서 교수를 지낸 다카하시 도루(高橋亨)는 조선 유교의 특징으로 당쟁, 고착성 및 비창조성을 들었다. 그의 결론은 조선은 중국을 모방하고 있을 뿐 독창성과 자율성이 없다는 것이다(高橋, 2001). 이에 대한 비판은 현상윤으로부터 시작되었다. 그는 1949년에 『조선유학사』를 출간함으로써 불모지와도 같았던 전통 사상 연구에 선구자적인 업적을 이루었다.

현상윤은 『조선유학사』 서론에서 유교가 조선 민족 전체의 사상과 생활에 준 공헌점이 막대하지만 죄에 해당하는 해독도 있다고 객관적인 평가를 내렸다. 현상윤이 열거한 유교의 공헌점은 다음과 같다. ① 군자학의 장려[몸과 마음을 바르게 하고 뜻을 정성스럽게 하는 자기수양을 인생의 목표로 삶는 위기지학(爲己之學)에 힘쓰게 한 점], ② 인륜도덕의 숭상(효와 충, 공경과 신의를 중시하게 한 점), ③ 청렴절의의 존중(청렴과 절의의 가치를 존중한 점) 등이다.

한편, 그가 지적한 유교의 부정적 요인들은 다음과 같다. ① 모화사상(慕華思想, 유교사상을 존중한 나머지 중국을 높이 보는 사대주의), ② 당쟁, ③ 가족주의의 폐해, ④ 계급사상(양반과 평민을 구분하는 신분 차별), ⑤ 문약(文弱, 학문을 숭상하고 무를 천시한 점), ⑥ 산업 능력의 저하(상업이나 공업 등의 경시), ⑦ 상명주의(尙名主義, 입신양명을 존중한 나머지 허명을 숭상하는 관습), ⑧ 복고사상(생각과 행동의 표준을 과거에 두는 점) 등이다(현상윤, 1949, 2008).

현상윤은 유교에 대한 부정적인 통념이 지배적이었던 당시에 유교의 긍정적인 요인까지 균형 있게 보고자 노력하였다. 한걸음 더 나아가 그는 조선 유교에 대해서 매우 긍정적인 결론을 내렸다. 즉, 유교가 국내적으로 본다면 공도 있고 죄도 있지만, 국제적으로 보면 두 가지 점에서 높게 평가해야 한다는 것이다. 그 두 가지는 첫째, 조선 유교의 거대한 실천력과 둘째, 조선 유교가 중국의 성리학을 양적, 질적으로 더 발전시킨 독특한 역량 발휘인데, 대표적으로 이황이 일본 주자학파에 준 영향을 참고해야 한다고 주장하였다. 그는 『조선유학사』의 결론에서 한국인의 생각과 행동만이 아니라, 사회생활 양식과 풍습이 모두 유교를 토대로 한 것이라고 주장하였다(현상윤, 1948, 2008) 더 나아가 현상윤은 조선 유교가 중국 유학을 해석한 것만이 아니라고 주장하였다. 인륜 도덕의 측면에서는 오륜의 실천을 중시했고, 철학 사상에서는 대표적으로 사단칠정론 등 조선 유교가 중국의 유학을 양적, 질적으로 더 발전시켰다고 역설하였다.

마지막 결론에서는 '조선 유교의 말폐가 과연 유교 자체의 잘못인가? 아니면 (유교를 잘못 사용한) 조선 사람의 잘못인가?'라는 문제를 다시 제기하였다. 요컨대 현상윤은 한글로 집필된 최초의 유교사인 『조선유학사』를 통해 유교의 긍정적 요인을 살리려는 강한 의지를 보였다고 평가할 수 있다.

2) 사단칠정론

사단이란 맹자가 인간의 본성이 선하다는 근거로 제시한 유교적 인간관의 핵심 개념이다. 맹자는 측은지심(惻隱之心), 수오지심(羞惡之心), 사양지심(辭讓之心), 시비지심(是非之心)을 각각 인의예지(仁義禮智)의 단서라고 설명했다. 그리고 이 네 가지 단서가 있는 것은 마치 인간에게 두 팔과 두 다리가 있는 것과 같다고 비유하면서 성선설을 입증하려고 하였다(『맹자』,「공손추상」). 그러므로 논리상 성선설의 근거로 제시된 사단은 절대적으로 순수하게 선한 것이 된다.

한편, 칠정은 '사람의 정이란 무엇인가? 희(喜, 기뻐함), 노(怒, 성남), 애(哀, 슬퍼함), 구(懼, 두려워함), 애(愛, 사랑함), 오(惡, 미워함), 욕(欲, 탐냄)이니 이 일곱 가지는 배우지 않아도 할 줄 아는 것'(『예기』,「예운 편 301」)이라고 정의하였다. 따라서 칠정은 선한 것일 수도 있고, 악한 것이 될 수도 있다. 그러므로 인간의 감정 중에서 사단이란 순수하게 올바른 도덕적인 감정을, 칠정은 사회적 학습 이전에 자연스럽게 구비된 인간의 일반적인 감정 전체를 의미한다(전호근, 1995; 유영희, 2006; Wei-Ming, 1978). 그런데 문제는 '인간의 마음속에 있는 사단과 칠정이 어떠한 작용을 하는가?'에 대한 의견이 다르다는 점에 있다. 이 지점에서 이황과 기대승 사이에 수년간 전개된 사단칠정 논쟁이 시작된다.

(1) 사단칠정론의 도입

정양은은 사단칠정 개념의 성격을 규명하고자 시도하였다(한덕웅, 1994). 그의 연구내용은 다음과 같이 세 가지로 정리할 수 있다.

첫째, 동양과 서양의 감정 개념에 대한 정의가 다르다는 것이다. 그는 동양의 '심'(心)과 서양의 '마인드'(mind)가 문화와 사상적 전통에 따라 차이가 있다는 데에서 논의를 출발하였다(정양은, 1970). 즉, 서양은 '마인드'의 구성요소에, 동양은 '심'의 작용에 관심을 두었다는 것이다. 그렇기 때문에 서양 사상의 분석적인 경향은 '마인드'를 하나의 실체로 보고 개념화하려고 하였고, 그것을 구성하는 단위가 무엇인가에 관심을 보였다. 반면에 유교 사상은 '심'을 실체로 파악하지 않은 채 '심' 자체가 존재한다는 연역적 전제에서 출발하여 '심'의 기능 또는 작용은 어떠한가를 파악하는 데 더 많은 노력을 경주하였다는 것이다(정양은, 1970).

둘째, 감정 체험을 이해하는 방식에 있어서 동서양의 입장이 다르다는 것이다. 서양 사상에서 말하는 감정 체험, 즉 인간의 '정'(affection)이란 경험적 사실 중에서 쾌, 불쾌의 의식을 수반하는 경험을 가리키는 반면에 유교 사상에서는 '심'의 지각에 대한 '성'(性)의 반응 전체를 '정'이라 하여 그것을 사단과 칠정으로 나누었다는 것이다(정양은, 1970). 이러한 정양은의 통찰은 유교에서 말하는 '정'이란 결국 경험 자극에 대한 반응으로 볼 수 있다는 것이다.

셋째, 기본적으로 사단이란 인간관계에서 일어나는 '정'으로서 사회적인 정이며, 칠정이란 물리적 자극에 대한 '심'의 반응 내용으로서 비사회적인 정이라고 분류하였다. 그러나 곧바로 구체적인 인간관계에서는 그 어떤 경우에서도 이 사단과 칠정이 동시에 작용하기 때문에 인간이 일상생활에서 체험하는 정은 순수한 사단이나 칠정이 아니라 이것들의 복합으로 형성되는 정이라고 보다 확대 해석하였다(정양은, 1970). 즉, 칠정 역시 물리적 자극에만 반응하는 것이 아니라 인간적 자극에도 반응하는 감정이므로 인간관계에서 일어나는 정이라는 것이다. 그러므로 인간관계에서 때로 억제할 틈도 없이 발동할 수 있는 것이 칠정이라면 칠정의 작용을 억제하는 것이 사단의 중요한 역할이라고 주장했다. 이처럼 정양은이 사회적인 정으로서 사단에 주목한 것은 사단이 지니는 타인지향적 정서의 측면을 강조한 것으로 해석할 수 있다(조긍호, 1998b). 다만 '4단이 확충될 때 어떤 심리나 행동 과정이 나타나는지'(한덕웅, 2003)에 대한 실증적인 연구가 더 진행되지 못한 점은 매우 아쉬운 부분이라 하겠다. 그럼에도 불구하고 사단칠정에 대한 정양은의 심리학적 해석은 유교의 정서이론에 대한 심리학계의 최초의 반응으로서 새로운 동양심리학의 가능성을 모색한 작업(조긍호, 1998b)이라는 점에 그 의의가 있다고 하겠다.

(2) 사단칠정론의 심리학적 개념화

한덕웅(1994)의 연구는 퇴계 이황의 심학을 현대적인 성격 및 사회심리학적 관점에서 재해석하여 동양심리학 분야의 하나로 발전시키려는 것이다. 이를 위하여 먼저 이황의 『성학십도』와 사단칠정론을 근거 자료로 출발하였다. 다음으로 다른 하나는 현대 심리학적 관점에서 한국 유학의 심리학설에 대한 실증연구를 진행하였다(한덕웅, 2003a).

첫째, 한덕웅은 퇴계 심학의 특징을 인간의 타고난 선한 마음과 행동의 실현 과정에 대한 이론이라고 보고, 퇴계의 심학을 대표적인 한국 고유의 성격 및 사회심리학으로 인정하였다. 그 배경은 두 가지이다. 우선 심리학을 인간의 고등 정신 과정과 행동을 연구하는 과학이라고 정의할 때 퇴계 심학만큼 앞의 정의에 부합하는 동양 심리학이 없다고 보았기 때문이다. 다음으로 그는 '유교심리학의 한 전형인 퇴계의 심학을 성격 및 사회심리학으로 해석하는 일은 서구 심리학에 치우쳐 있는 한국 심리학계로서는 시급한 과제'(한덕웅, 1994)라고 보았기 때문이다.

둘째, 그는 퇴계의 심학에서 성격 및 사회심리학 이론으로 볼 수 있는 개념들의 내용, 구조와의 상호관계를 설명하기 위하여 일곱 가지 핵심 개념을 제시하였다. [그림 15-1]은 성(性)·심(心)·정(情), 존양(存養)과 거경(居敬), 인심(人心)과 도심(道心), 사회적 자극의 처리, 정서 경험, 사회적 행동, 성찰 등을 하나의 개괄적 모형으로 제시한 도표이다. 이처럼 한덕웅은 일곱 가지

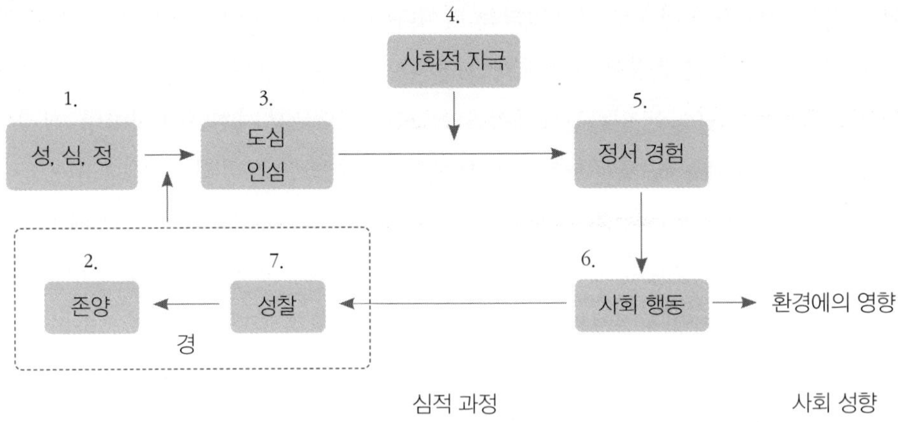

[그림 15-1] 퇴계 사상의 성격 및 사회심리 과정 요약도

출처: 한덕웅(1994).

핵심 개념의 연결을 통해 퇴계 심학을 한국인의 성격 및 사회심리학적으로 복원하고자 하였다.

셋째, 한덕웅은 퇴계 심학 가운데 성격 및 사회심리이론으로 볼 수 있는 심적 및 사회적 행동의 과정을 심적 자기 조절론, 정서 과정론, 유학 문화 설계론 등 세 가지로 나누어 제시하였다. 먼저 심적 자기 조절론에서는 자기조절 과정을 중심으로 퇴계의 심학 이론을 정리하였다(한덕웅, 1993, 1994). 이것은 다음에 설명하는 퇴계의 경 사상에 대한 심리학적 개념화 작업과도 연결된다.

다음으로 정서 과정론에서는 퇴계의 사단칠정론을 한국 전통의 정서 과정이론으로 평가하였다. 한덕웅에 의하면, 기쁨, 슬픔, 화, 공포 등은 동서양 이론이 모두 인정하는 인간의 기본 정서이나, 퇴계 이론에서는 도덕적 색채를 강조한 선-악의 차원이, 서구의 정서이론들은 개인적 색채가 강조된 쾌-불쾌의 차원이 강조된다고 하였다. 더 나아가 한덕웅은 사단과 칠정이 단순한 주관적인 정서 경험체계가 아니라 정서 유발의 선행 과정, 정서의 주관적 경험 및 정서의 행동적 표출 등 위계적 과정으로 모두 개입하는 것으로 파악하였다. 그래서 사단은, ① 타인과의 상호작용이 이루어지는 대인관계 상황에서 나타나는 대표적인 선한 정서이자, ② 측은, 수오, 사양, 시비라는 제1위계 수준의 정서가 되며, ③ 구체화된 행동 표출에 관여하는 것이 아니라 높은 추상적 수준의 복합 정서로 정의된다. 이에 비에 칠정은, ① 대인관계만이 아니라 개인의 생리적 과정과 직접 관련되어 기본적으로 선악을 구분할 수 없는 정서이자, ② 희, 노, 애, 구, 애, 오, 욕과 같은 제2위계 수준의 정서로서, ③ 구체화된 행동 표출과 직접 관련된 단일 정서로 정의된다. 이러한 논의는 정양은이 사단과 칠정을 타인지향적인 사회적 정서와 개인지향적인 비사회적 정서로 대비해서 이해한 사단칠정론에 대한 보다 심화된 심리학적 개념화 작업이라고 할 수 있다.

끝으로 유학의 문화적 영향과 문화 설계에서는 칠정보다는 사단 정서에 의해 사고와 행동이 조절되는 사람이 더 잘 적응할 수 있다는 가설을 제안하였다. 즉, 사단 정서에서 나온 사덕(四德, 즉 인의예지)의 가치관이 지닌 친사회적이면서 공동체 지향적인 특성을 유교 문화권의 중요한 강점으로 규정하고, 이를 건강, 성취 동기, 가치관, 리더십, 조직문화 등과 관련지어 새로운 문화 설계의 논의를 진행한 것이다.

이처럼 한덕웅은 퇴계의 이론이 한국 문화와 한국인의 심리적 특성을 이해하는 데 기여할 수 있는 여지가 크다고 보았다. 이후 그는 이 점을 입증하기 위하여 사단 칠정 정서 경험의 사회심리학적 기능에 대한 실증연구(한덕웅, 1997, 2000, 2001a)와 사단 칠정 정서가 도움 행동 의도에 미치는 영향 등 유교심리학 연구 분야의 다양화를 위한 노력을 계속하였다. 한덕웅의 연구는 유교 안에서 개인내적 심리학의 요소만이 아니라, 사회적 수준에서 지향해야 할 사회심리학적 요소를 추출하려고 한 것이다. 그리고 문화 설계의 관점에서 볼 때에도 사회공동체의 이념과 행동 규범을 마련하는 데 활용할 수 있는 유교의 이론에 주목한 것은 매우 타당한 방향 설정으로서 주목할 필요가 있다.

3) 경 사상

경 개념을 처음 다루기 시작한 것은 14세기 초반 권근이 시초이다. 그는 39세 때인 유배 시절에 지은 『입학도설』(1390)의 '천인심성합일지도'(天人心性合一之圖)에서 경 개념을 해설하였다(이병도, 1989; 장숙필, 2003). [그림 15-2]를 보면, 권근은 인체의 형상에 따라 둥근 윗부분에 하늘 천(天)자를 넣고, 중간에는 마음 심(心)자를 그려 사단, 칠정, 이기(理氣), 성정(性情), 심의(心意)의 상관성을 설명하였다. 그리고 사단 아래에는 성(誠)자를, 칠정 아래에는 경(敬)자를, 악(惡)자 아래에 욕(欲)자를 배치하여 유교의 중요 개념을 그림을 통해 쉽게 이해하도록 만들었다. 여기서 경이란 존양하고 성찰하는 태도로, 군자의 인격 수양 원리로 제시되었다. 즉, 그에 의하면 왼쪽 아래의 중인도 경을 통하여 군자가 될 수 있고, 군자도 경으로서 존양, 성찰하는 노력을 한다면 성인의 경지에 도달할 수 있다는 것이다(이병도, 1989).

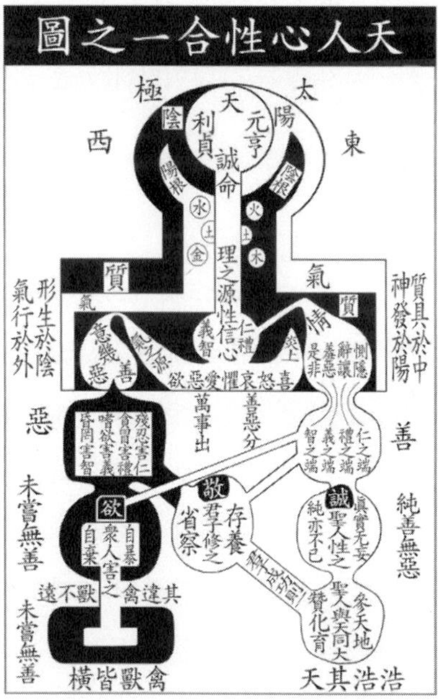

[그림 15-2] 권근의 천인심성합일지도

[그림 15-3] 이황의 '경재잠도'

경 사상은 김굉필과 조광조를 거쳐 이황에 와서 유교의 수양론으로 집대성되었다. 68세의 이황이 어린 선조에게 10장의 그림과 그에 대한 설명을 넣은『성학십도』를 올렸다. 도설의 서문에서 이황은 그림의 내용이 모두 경을 주축으로 하고 있으며, '경은 입도의 관문이자 적덕(積德)의 기틀이 된다'고 강조할 정도로 이 10개의 그림은 모두 경의 정신에 기초하고 있다(금장태, 1990, 조남국, 조남욱, 1982; 한덕웅, 1994; Kalton, 1988).

[그림 15-3]은 이황의『성학십도』의 제9도 '경재잠도'(敬齋箴圖)이다. 이황은 [그림 15-3]의 제9도와 제10도 '숙흥야매잠도'(夙興夜寐箴圖)에서 경 사상을 보다 자세하게 설명했다. 여기서 이황은 경의 의미를 옷 입는 모습, 말하고 사람을 대하는 태도에서 새벽부터 밤 늦게까지 공부하는 자세 등 일상생활의 하루 일과와 연관지어 설명했다(신창호, 2010; 윤사순, 2003; Kalton, 1988). 이처럼 경이란 의식의 통일이나 집중을 의미하는 것이 전부가 아니다(유권종 외, 2009). 그보다는 첫째, 유교 의례를 지속적으로 실천해서 얻는 태도이며, 둘째, 유교 의례가 몸과 마음에 스며들어 일상생활 속에 선한 마음가짐과 몸가짐을 잃지 않는 상태이다(유권종, 2001). 이것을 경 상태를 유지한다는 의미의 거경(居敬)이라고 한다.

(1) 경 사상의 도입

김성태(1976)는 이러한 경 사상에 기초한 성격심리학을 개척하고자 하였다. 그는 한국적인 성숙 인격의 특질을 찾기 위해서, 첫째, 조선 유교에서 강조하는 거경이 성숙 인격의 바탕이 된다고 보고 경 사상을 심리학으로 가져왔으며, 둘째, 경 사상의 특징을 서양의 주의과정이론과 비교하여 유교적인 성숙인격론의 모형을 만들려는 연구를 하였다(김성태, 1989).

그는 서구 심리학에서 말하는 성숙 인격의 특질과 조선 시대 유학자들(서경덕, 이언적, 이황, 이이)의 유교적 성인관을 비교하였다. 여기서 얻은 결론은 두 가지이다. 첫째, 성인의 인격에서는 마음의 '안정성', 일에 몰두하는 '문제 중심성', 사태 파악이나 대인관계 및 자기인식에 있어서 '현실성'과 '객관성' 등이 보인다는 것이다. 둘째, 거경(경 상태를 유지하는 것: 내적인 수양 방법)과 궁리(窮理, 사물의 이치를 연구하여 정확한 지식을 얻는 것: 외적인 수양 방법)의 태도를 기른다면 누구나 성인의 인격을 학습할 수 있다는 것이다. 이러한 결론을 바탕으로 그는 이순신 장군과 이상재 선생의 가족관계와 성장 과정, 그들이 남긴 일기, 일화 및 활동 자료에서 어떠한 인격적 성숙 요소가 있는가를 기술하였다(김성태, 1976). 이는 비록 사례연구법에 의한 가설탐색적 작업이라는 한계점이 있다고 하더라도, 사실상 김성태를 독창적인 한국인 성격심리학자의 한 사람으로 평가하기에 충분한 연구로 인정받고 있다(민경환, 1997).

(2) 경 사상과 한국적 성숙인격론

그렇다면 김성태가 한국적 성숙인격론의 핵심으로서 경 사상에 주목한 것은 무슨 이유에서일까? 그것은 경 사상이 바로 유교의 대표적인 수양론이기 때문이다(손병욱, 2006; 신창호, 2010). 즉, 일상생활에서 경의 자세를 실천함으로써 성(誠)의 상태에 도달하는 것을 목표로 하는 유교의 경 사상은 사단칠정론과 더불어 조선 유교의 가장 중요한 특징이자 한국 철학의 최고 경지였던 것이다(윤사순, 1986).

성숙 인격의 수양법으로서 경 사상에 주목한 김성태는 경 상태에 대한 정의와 그 구성요소는 무엇인지 탐색했다. 먼저 그는 경 개념을 유교에서 말하는 '정일집중(精一執中)'하기 위한 실천 방법으로 파악했다. 본래 중국 선진시대의 유교에서부터 전해오는 수양법의 핵심을 16 글자로 정리한 글이 있다. 『서경』 '대우모'편에 나오는 '인심유위(人心有危) 도심유미(道心有微) 유정유일(有精有一) 윤집궐중(允執厥中)'이 그것이다. 성현을 본받기 위한 방법으로 전해지는 이 16 글자를 '요순우상전지심법'(堯舜禹相傳之心法) 또는 '십육자심법'(十六字心法)이라고 한다. 그 뜻은 "인간의 비도덕적인 마음(人心)은 위태롭고, 도덕적인 마음(道心)은 (밝히기 어렵고) 은미하므로 오로지 정일함으로써 그 가운데를 잡아야 한다."로, 더 압축하면 '정일집중(精一執中)'이 된다(안병주, 1980). 김성태는 "경이란 성숙인격자인 성현(聖賢)을 본받아 정일집중하기 위한 구체적인 기법으로서 마음이 안정되고 맑으며 분열이 없고 간사(邪)하지 않게 하여 해야 할 과제가 있으면 이에 주의를 집중시켜서 일 처리에 노력을 경주하는 경향"(김성태, 1989)이라고 하면서 '정일집중'하기 위한 구체적인 실천 방법이 바로 경 상태라고 심리학적 해석을 내렸다. 그 구성요소에 '안정성과 객관성을 잃지 않고 인지와 일 처리에 집중할 수 있는 천성의 심적 태도'가 들어가는 것으로 파악하였다(김성태, 1989). 여기서 일 처리에 집중할 수 있는 심적 태도란 앞서 말한 문제중심성 또는 중심성의 의미이다.

다음으로 김성태는 경 상태의 구성요소를 서구 인지심리학의 주의과정이론과 비교했다. 다시 말해서 안정성-객관성-주의집중성이라는 경 상태의 요소와 발분(發憤, arousal)-활성화-노력의 세 차원을 지닌 주의과정이론의 유사성을 비교한 것이다.

필자는 경 사상의 입장에서 성숙 인격의 모형을 꾸미는 시도를 해 보았다. 경을 주의 과정으로

> 본다면 발분 차원에서는 늘 중간 정도의 긴장도를 지니며, 활성화 차원에서는 경계 감소 현상이 나타나지 않을 정도로 주의집중이 지속화되어 있고, 노력 차원에서는 훈련이 거듭되어서 인지나 일 처리가 거의 자동화되어 있는 그러한 주의 과정의 일종이라고 생각해 보았다. 그러므로 이러한 주의 과정이 몸에 배어 인격의 핵을 이루면서 살아가는 자가 성숙 인격이 아니겠는가 결론지어 보았다(김성태, 1989, p.248).

즉, 그는 이를 심리학적으로 말하면 안정성과 객관성을 잃지 않는 적절한 발분 상태에서 경계 감소가 나타나지 않게 주의집중이 자동화되고, 노력으로 훈련을 거듭하여 결국은 자동적으로 일정 자극에 알맞게 일정 반응이 나타나 인지와 일 처리가 타당하고 정확하게 이루어지는 주의태세를 갖춘 인격의 모습으로 본 것이다(김성태, 1989). 그는 성리학 용어와 심리학 용어가 동일 차원에서 동질적인 것으로 볼 수 없다는 한계는 인정했다. 그러면서도 유교의 경 사상을 심리학의 주의과정이론으로 해석하려고 한 김성태의 시도는 성숙 인격의 특질에 관한 유교심리학적 접근의 가능성의 길을 열어 놓았다는 데 그 의의가 있다. 한덕웅(2001a)은 김성태가 주장한 경 사상의 이론과 그 실천 기법을 마음을 다스리고 행동을 조절하는 이론으로 보고 건강심리학적 관점에서 좋은 사례라고 보았다.

4) 선진 유학 사상

(1) 선진 유학 사상의 도입

조긍호는 『맹자』와 『순자』 등 선진시대의 초기 고전에 대한 심리학적 독해 작업을 통해 한국인의 심리학을 구성하고자 하였다. 심리학자로서 그가 선진시대 고전의 해석 작업에 몰두하게 된 이유는 세 가지이다. 우선 그는 동아시아인들의 삶에 지대한 영향을 미친 '마음의 유교적 습성'의 생성 근거를 선진시대의 초기 고전들에서 찾을 수 있다고 생각했다. 다음으로 선진시대 유학을 '가장 순수하고 원형적인 유학 사상의 정수'라고 보았다. 끝으로 공자가 비록 선진시대 유학의 창시자이지만 그 사상적 완성은 맹자와 순자에 의해 이루어졌다고 볼 수 있기 때문이다. 실제로 동양철학계에서는 『맹자』에서 볼 수 있는 심성론과 인간관이 한국 유교 전통의 형성에 지대한 영향을 준 것으로 파악하고 있다(안병주, 1987). 따라서 논자가 볼 때 조긍호는 한국 유교의 핵심에 다가가는 방법의 하나로 『맹자』와 『순자』라는 고전에 대한 사회심리학적 접근을 한 것이며, 여기서 얻은 심리학적 연구문제와 사색의 내용을 서구에서 발달된 현대 심리학의 연구와 접목시키려고 한 것이다.

(2) 선진 유학 사상과 한국 심리학의 구성

그렇다면 조긍호가 '고전에 대한 심리학적 독해'라고 정의한 구체적인 독해방법론이란 무엇일까? 이에 대하여 그는 열거적 연결형, 대조적 첨가형, 연역적 구성형 등의 세 가지를 제시하였다.

첫째, 열거적 연결형 독서 방법이란 현대 심리학에서 찾은 원리나 현상 중 유사한 것을 동양 고전에서 찾아 연결 짓는 방법이다. 즉, 이는 '동서양의 심리학이 얼마나 같은가?'라는 측면에 초점을 맞추는 독서방법이다. 예를 들어, 『대학』에 나오는 '혈구지도'(絜矩之道)는 서양 심리학에서 말하는 '공감'(共感, empathy)과 같다는 식으로 두 개념의 공통점을 찾아 연결해 보려는 방법이다. 이것은 문화 연구의 초기 단계에서 찾아볼 수 있는 독서 방법인데, 유사한 심리적 실체의 존재를 인정하고 궁극적으로는 보편적인 심리학을 지향하는 방법론이라 하겠다.

둘째, 대조적 첨가형의 독서 방법이란 현대 심리학에서 찾은 원리나 현상 중 유사한 것을 동양 고전에서 찾아 그 차이를 부각시키고 이에 동양적인 새로운 변인을 첨가하는 방법이다. 조긍호에 따르면, 이 방법은 기본적으로 '동서양은 얼마나 다른가?'라는 측면에 초점을 맞추는 독서 방법이다. 예를 들어, 서양 심리학에서 이상적 인간형이 개체로서의 자기실현 또는 자기완성에 무게를 둔다면, 동양적 성숙 인격은 성지청(聖之淸, 자기완성)만이 아니라 성지화(聖之和, 관계의 완성) 및 성지임(聖之任, 사회의 완성) 등 인간의 사회성을 강조하는 차이가 있음을 보여주는 방식이다. 이 방법은 동서양의 차이를 부각시키고 동양 고전에서 찾게 되는 새로운 변인을 첨가함으로써 심리학적 관심사의 연구 지평을 넓힐 수 있는 방법이다.

셋째, 연역적 구성형의 독서 방법이란 동양 고전 속에 드러난 인간 이해의 틀을 찾아내고, 이를 통해 현대 심리학을 조감해 봄으로써 새로운 연구문제를 도출해 내는 방법이다. 조긍호에 의하면, 이는 심리학에서 무엇을 다룰 것인가에 대한 동서양의 같은 점과 다른 점을 들추어 냄으로써 새로운 동양 심리학의 체계를 구축해 보려는 작업이다. 그는 이 방법을 예를 들어 '만약 맹자나 순자가 현대에 태어나서 심리학을 연구한다면 그들은 어떤 심리학을 구성할 것인가?' 하는 관점에서 동양 고전을 읽는 작업이라고 설명했다(조긍호, 1998b).

그는 『맹자』에 나타난 인성론(1990), 교육론과 도덕실천론(1991)의 내용을 중심으로 『순자』에서는 천인관계론(1994), 인성론(1995), 예론(1997), 수양론(1998)을 분석하였다. 독해 결과, 조긍호가 선진시대 초기 유학에서 도출된 심리학의 문제는 인성론과 심리구성체론, 성인론과 이상적 인간형론, 도덕실천론 · 예론과 사회관계론, 수양론과 자기통제론의 분야이다. 그는 『맹자』와 『순자』의 사상에서 심리학적으로 관련이 깊은 내용을 다음의 네 가지로 요약하였다. 첫째, 『맹자』와 『순자』의 인성론에서는 서양과는 다른 인간 존재의 특성을 정리하면서 심리구성체론의 문제를 도출하였다. 둘째, 『맹자』의 성인론과 『순자』의 군자론에서는 동양의 이상적 인간형론의 문제를 제기하였다. 셋째,『맹자』의 도덕실천론과 『순자』의 예론을 통해서 사회적 존재인 인간들 사이의 바람직한 관계란 어떤 것인가를 논하는 사회관계론의 문제를 언급하였다. 넷째, 인간의 이상적 상태를 완성하기 위해서 개인적으로, 사회적으로 무엇을 해야 하는가라는 물음에서는 자기통제론 및 자기조절론의 문제를 도출하였다(최상진 외, 2001).

이 네 가지 분야에 대한 논의를 통해서 조긍호는 서구 중심의 전통 심리학에 관한 하나의 대안으로서 새로운 한국적 심리학의 틀을 모색한 이후에 『이상적 인간형론의 동 · 서 비교』(2006)와 『동아시아 집단주의의 유학 사상적 배경』(2007)으로 그 관심을 확장해 갔다. 결론적으로 조긍호는 이러한 작업들을 통해 문화적 배경에 따른 인간 이해 양식의 차이와 심성 및 행동의 차이를 종합적으로 탐구하는 새로운 문화심리학의 모태를 만들고자 한 것이다.

앞의 인문학적 접근은 유교 경전을 기반으로 유교적 사고의 근원을 천착하여 한국인의 심리를 탐색하고자 하였다(한덕웅, 2001b). 이것은 학문의 종속성을 극복하기 위한 하나의 주체적인 학문관을 보여 주는 좋은 모범이다. 왜냐하면 문화적 차이를 도외시한 채 경험적이고 통계적인 방법만을 신봉하는 서구 심리학 이론의 보편성과 객관성에 대한 문제 제기이기 때문이다(김정운, 한성열, 1998; 최상진, 한규석, 1998). 그러나 여기에 문제가 없는 것은 아니다.

문제점은 두 가지로 요약할 수 있다. 우선 하향식의 인문학적 접근에서는 기존의 동양 또는 한국 철학의 전문용어가 현대 심리학의 용어로 단순 대치되는 심각한 오류가 보인다(신정근, 1999). 예를 들어, 순자의 욕(欲), 지(知), 정(情) 개념이 현대 심리학의 생리적 욕구, 인식 능력, 도덕적 행위 능력으로 대치되는 것이 그 예가 된다. 이것이 창의적인 발상이 될지 오독으로 비판받을지는 좀 더 시간이 지나야 할 것이다. 다음으로 보다 근본적으로는 이황의 이론을 경험적 사실로 증명하지 못한다면 결국 독단이 될 수도 있다고 생각한다(한덕웅, 1996, 1997).

3. 상향식의 문화 및 사회심리학적 접근

상향식(bottom up)의 문화심리학적 접근(cultural & social psychology approach)은 유교 경전보다는 구체적 현실로부터 출발하였다. 즉, 일상 현실 속에서 이루어지는 한국인의 미시적인 활동(activity)과 거시적인 문화(culture) 사이에 일어나는 상호작용을 객관적으로 검증하고자 하였다. 우선 상향식의 접근은 인정, 체면, 눈치, 교육열 및 가족관계 등 한국인과 한국 문화에서 보다 선명하게 나타나는 문화특수적인 요소에 주목하였다. 다음으로 일상 경험 속에서 관찰되는 심리 현상을 분석하고 개념화하여 한국인의 심리이론으로 체계화하려고 했기 때문에 '아래에서부터 위로의 접근'이라고 할 수 있다(최상진, 2000b; 한규석, 1991, 2002). 윤태림(1964, 1970)으로부터 시작된 상향식의 문화 및 사회심리학적 접근은 이후 한국인의 문화 설계와 가치관 연구의 차재호(1994a), 인정과『중용』사상에 주목한 이수원(1995), 심정, 의례성, 체면과 눈치 등을 개념화한 최상진(1999, 2000a), 가족관계와 교육열에 관심을 둔 한성열(1993, 1994, 2008) 등의 심리학자들로 그 흐름이 이어졌다.

1) 유교와 한국인의 성격 형성

윤태림은 1964년에 서구의 성격심리학과 문화인류학에 기반을 두고 한국인의 성격을 분석한『한국인의 성격』을 출판하였다. '한국인 성격 형성에 영향을 준 요인에 관한 연구 서설'이라는 부제를 단 이 책에서 그는 한국인의 성격을 결정지은 아홉 가지 요인 중 다섯 번째로 유교를 지목하였다. 그에 따르면 근대 우리나라를 지배한 사상은 유교이며, 중국의 고전을 암송하고 이를 실천하는 것이 최고의 덕이요, 정치의 이상이요, 실천도덕의 최종 목표였지만, 바로 이 유교가 자아를 말살하고 가족 중심주의에 빠지게 한 원인이라고 규정하였다(윤태림, 1964). 더 나아가 유교 가치관이 연고주의와 파벌주의로 발전되어 우리 사회의 발전을 저해한 것으로 보는 등 유교 유산을 매우 부정적인 것으로 묘사하였다. 심지어 중국 자체에서도 권위를 상실한 유교사상이 우리나라에서 발전할 이유도 없고, 개인의 자아를 멸시하는 이런 사상은 역사적 심판을 받아야 할 것이라고 강하게 비판했다(윤태림, 1970).

또한 그는 한국인의 사유 방식의 특징을 지나친 감수성, 과거에의 집착, 권위주의, 체면, 공리심(功利心) 등 다섯 가지로 요약하면서 그로 인한 문제점을 다음과 같이 기술하였다. 첫째, 지나친 감수성은 이성적 판단을 흐리게 하고, 자기 의견과는 다른 타인의 의견에 대한 비관용, 비타협적 태도를 형성하였다. 둘째, 과거에의 집착은 보수성을 형성하였고, 조상 봉사, 족보 존중, 가계 계승, 서열 존중의 문화 양식을 낳았다. 셋째, 권위주의는 열등의식을, 넷째, 체면에 대한 지나친 존중은 형식주의를, 다섯째, 공리심은 현세주의적 생활 태도를 낳았다는 것이다(윤태림, 1964, 1970). 이처럼 윤태림에 따르면, 유교는 개인의 자유보다는 권위를 앞세운 사상이기 때문에 개인을 하나의 독립된 인격체로 보는 평등한 인간관이 아니라 종적 관계에서 본 불평등한 차별적 인간관계에 기초하고 있다는 것이다. 그러므로 그는 '자아 말살의 하나의 도구였던 유교의 권위주의, 억압, 형식주의, 체면 존중의 사고를 벗어 버려야'(윤태림, 1964, p. 313)한다고 결론을 내리고, 자아를 성장시킬 수 있는 개인주의 문화를 발달시켜야 한다는 대안을 제시하였다.

이와 같은 윤태림의 연구는 정신분석학과 인류학 등 서구 이론에 의지하여 한국인의 성격을 들여다본 것이라고 할 수 있다. 그러나 유교의 공과 과를 균형 있게 바라본 현상윤과 달리 윤태림의 관점은 유교의 부정적인 측면만을 부각시켰다고 볼 수 있다(조긍호, 2003). 왜냐하면 유교는 개인의 독립성보다는 개인과 개인 사이의 관계성이 핵심이기 때문에 나와 타인의 존재가 동시에 상정되고 그 사이의 관계가 근본적인 전제가 되기 때문이다(김석근, 1998). 이것을 서구 문화에서 우세한 독립적인 자기관(independent self)의 입장에 서서 유교를 일방적으로 자아말살적이며, 시대착오적인 것으로 보는 것은 매우 편파적인 주장이라고 할 수 있다. 왜냐하면 윤태림의 주장은 개인주의 관점에 근거하여 동아시아 집단주의 문화를 비판한 서구 학자들의 주장을 무비판적으로 수용한 것이기 때문이다(최봉영, 2002). 그러므로 윤태림의 연구는 '경험적 연구가 아니라 인문학적 통찰의 결과'(민경환, 1997. p. 228)에 의존한 것이라는 한계점만 지적되는 것이 아니다. 보다 근본적인 문제는 한국인의 성격 연구에 새로운 심리학적 개념을 도출하였으나, 결국은 서구 중심의 비교문화심리학적 관점에서 벗어나지 못하였다는 데 있다고 하겠다(한규석, 2002).

2) 유교를 통한 새로운 문화 설계

윤태림과는 달리 차재호(1994)는 유교가 지닌 문화적 힘을 인정하고 한국인의 행동에 막대한 영향을 주고 있다고 진단하였다. 그는 유교를 단순히 한국인을 이해하기 위한 사상의 원천으로 보지 않았다. 오히려 새롭게 한국 문화를 설계할 수 있는 바탕으로 보았다. 즉, 유교를 통해 한국인의 국민성을 활성화하고 바람직한 문화를 설계하기 위한 방법을 고민한 것이다. 이러한 그의 유교관은 객관적이면서도 미래지향적이라고 할 수 있다.

차재호는 구한말에서 해방 후까지 지난 100여 년간 외국인의 관찰 자료에 나타난 한국인의 의식과 성격 특성을 수집해서 분석하였다. 이 중 변하지 않고 지속된 의식 및 성격 특성을 행동 항목으로 60개, 신념 · 태도 항목으로 18개, 가치 항목으로 13개를 추출하였다. 흥미로운 점은 각 구분(행동 항목, 신념 · 태도 항목, 가치 항목)마다 유교와의 관련성을 인정할 수 있는 것과 없는 것으로 따로 나누어 제시하였는데, 그 내용은 〈표 15-1〉과 같다(차재호, 1980, 1994b).

그는 문화 설계라는 관점에서 유교의 장단점을 다섯 가지로 정리하였다. 첫째, 통제에 대한 관심으로, 수신 및 수기치인(修己治人)이란 개념에서 추출할 수 있는 자기통제와 타인통제를 가리킨다. 둘째, 질서에 대한 관심으로 극기복례(克己復禮)란 개념과 관련된 사회의 질서와 안정에 대한 관심이다. 셋째, 복종을 강요하는 권위주의적 관심으로 삼강오륜(三綱五倫) 및 효제충열(孝悌忠烈)과 관련된 가족이나 상하 간, 엄격한 신분 간의 복종에 대한 관심이다. 넷째, 타인의 선에 대한 관심으로 알인욕존천리(遏人欲存天理, 인간의 욕구를 막고 천리를 보존한다) 개념은 다분히 개인적 욕구보다는 타인에 대한 의무를 강조하는 것으로 해석할 수 있다. 이처럼 유교는 자기의 선보다는 타인을 위한 선에 대한 관심이 크다. 다섯째, 친애 감정을 토대로 한 인간관

표 15-1 한국인의 의식과 성격 특성

구분	유교와 관련 있는 특성	유교와 관련이 분명치 않은 특성
행동	눈치 보다 의존심 명분의 존중 상하의 구별 감정과 의욕의 억제 추리력, 창조성의 결여 향학심이 높다	정겨움 사생활의 침범 손님 접대에 후하다 공사의 혼동 버릇 없다 장기적 결심을 못한다 비합리적 사고 감시하지 않으면 법을 안 지킨다 종교심이 강하다 사치를 좋아한다 단정하다 용감하다
신념 태도	상하 의식: 위계 · 직위 존중 의식 경로사상: 어른 앞에서 예의를 지키는 것 존사(尊師) 사상 조상 숭배 기술 천시 충효 사상 질투나 잔인에 대한 부정	폐쇄적인 '우리'관 현세주의 한국적인 것의 과대 숭상
가치	효 학문 아들과 자손 번창 조상	자연 장생, 장수 돈과 부 평화 인정, 명예 대식, 대음 무사안일 인간관계, 정(情)

출처: 차재호(1994a).

계에의 치중으로 효제 및 인(仁)의 감정을 모든 인간관계의 기본으로 파악하는 관심이다. 차재호(1994)는 이 중에서 한국인의 문화 설계와 관련하여 '개인의 선과 타인의 선을 조화'(p. 149)시키는 과제에 관심을 두면서 극기복례(克己復禮)가 아니라 복기이복례(復己而復禮)를 주장했다. 결국 차재호는 개인주의에 흐르지 않는 선에서 억압되어 왔던 개인의 선을 복권시켜 개인을 희생하지 않는 것이 국민성 활성의 한 방향이라고 본 것이다.

3) 중용 개념을 적용한 인정과 공정의 조화

이수원(1997)은 우리 문화와 전통 이론에 높은 관심을 가지고 이식심리학과 토착심리학의 접목에 대해 고민하였다. 그는 먼저 한국인의 특성으로 인정에 대한 연구를 시작으로 나중에는 갈등 해결의 이상적 모형으로 알려진 유교의 중용 개념에 대한 새로운 해석을 시도하였다(이수원, 이헌남, 1993; 이수원, 1995, 1997). 이수원(1995)은 '한국인의 인간관에는 정으로 표현되는 공간이 있다. 이 공간은 나도 아니고 너도 아닌 우리가 우선하는 공간'이라고 언급하면서 이러한 공간이 나타나는 이유를 유교에서 찾았다.

> 한국인의 인간관계에서 이런 공간이 나타나게 된 것은 한국 사회의 지배적 가치였던 유교와 무관하지 않다. 유교적 인간관계의 이상은 가족적 인간 관계에서 사회적 인간관계의 기본모형을 도출하는 것이다. 맹자의 '친친이인민 인민이애물'(親親而仁民 仁民而愛物)이라는 말은 친친과 애물이 같다는 것으로, 육친 간에 우러나오는 정이 모든 인간관계뿐만 아니라 사물과의 관계에까지 투영된다는 것이다. 이렇게 볼 때 유교에서는 가족적 인간관계를 이상적 인간관계의 한 모형으로 보고 이를 가족 밖의 사회적 인간관계에까지 확대시켰다고 볼 수 있다(이수원, 1995).

그러면서 이수원(1995)은 왜 집단주의 문화에서는 인정을, 개인주의 문화에서는 공정을 덕목화했는지를 탐색하면서 인정과 공정의 조화에 관심을 두었다. 계속해서 그는 인간관계의 갈등 상황까지 중용 사상의 관점에서 해결책을 모색하는 연구를 진행하였다. 본래『중용』은『사서』의 한 권으로, 가장 체계적인 유교이론을 보여 주는 교과서라고 할 수 있다. 따라서 사물을 서로 대립하는 양극단으로 파악하는 것이 아니라, 다차원적인 이원적 구조로 보고 쌍방을 만족시키려는 발상의 획기적인 전환이 가능했던 것은 그가 중용 사상에 관심을 두었기 때문이다.

4) 한국인의 사회심리학적 특성들

최상진은 한국인의 사회심리학적 특성으로 '심정과 한'(최상진, 1993; 최상진, 김기범, 1999, Choi & Kim, 1999), '의례성'(유승엽, 최상진, 1995; 최상진, 유승엽, 1994), '체면'(최상진, 유승엽, 1992; 최상진, 김기범, 2000)과 '눈치'(최상진, 최연희, 1989) 등에 깊은 관심을 보였다. 그는 일상적인 용어의 심리학적 개념화에 힘을 기울여 한국인의 자기 개념을 새롭게 구성하고 한국인 심리학의 체계를 세우는 데 커다란 공헌을 하였다. 그런데 유교의 관점에서 볼 때 방대한 최상진의 연구 중 가장 중요한 분야는 '의례성'에 관한 연구이다(최상진, 2000b). 왜냐하면 체면, 눈치, 핑계 등 한국인의 사회심리학적 특성을 포괄할 수 있는 하나의 상위 개념이 의례성이며, 이 의례성의 뿌리를 거슬러 올라가다 보면 유교의 예의, 염치와 겸손 개념을 만날 수 있기 때문이다(최상진, 2000b). 이와 관련하여 최상진은 다음과 같이 말했다.

> 한국인에게 있어 눈치, 체면, 핑계, 겸손 등은 한국인의 사회적 상호작용에서 흔히 개입되는 중추적 사회심리 개념이라고 판단되었다. 그렇다면 이들 개념들은 서로 어떤 형태로든 관계성을 가질 가능성이 크며, 이들 개념들을 연계시키거나 또는 상위 차원에서 포괄하는 공통분모가 되는 개념은 무엇인가에 대한 관심은 자연스럽게 발생할 수 있다. 이러한 관심에서 찾아낸 한 가지 개념이 의례성이다. 의례성의 한 요소가 마음에 없는 또는 마음과 다른 언행이라면 의례성이 작동되는 상황에서 눈치는 관여 당사자 양쪽에서 필수적으로 선행되고 요구되는 심리적 기제이다(최상진, 2000b).

계속해서 그는 의례성 관련 문헌고찰의 공통적 요소를 다섯 가지로 요약했다. 첫째, 이들 개념들이 한국인의 의식구조적 특징이라는 것이다. 둘째, 이러한 의식구조는 유교문화 전통에서 기인했다는 것이다. 셋째, 유교문화에서 예의 중시, 신분 서열 강조, 권위주의, 당위와 명분 중시 의식이 강조되었다는 것이다. 넷째, 여기서 한국인의 의식 속에 형식주의가 발달하게 되었으며, 이러한 형식주의의 속성으로 본심, 실질과 괴리된 허식, 허례, 체면, 자기 억제 및 은폐 등의 현상이 보편화되었다는 것이다. 다섯째, 그 결과로 나타나는 것들이 표리부동, 이중성, 거짓말 등이라는 것이다(최상진, 2000b). 그런데 안타깝게도 의례성이 한국인의 특성이며, 이것이 통념상 유교문화와 관련이 있을 것이라고 추론하였으나 보다 구체적이며 실증적으로 유교문화와의 연결을 보여 주지는 못했다.

5) 한국의 가족제도와 교육 현실

한성열(1993, 1994)은 한국 문화 및 한국인의 성격에 관한 기존 연구결과를 정리하면서 강한 유교 전통을 인정하였다. 그는 오랫동안 지속된 유교 전통에서 부자관계를 중시하는 한국인의 가족제도가 정립되고, 이것이 입신양명을 강조하는 한국인 특유의 교육열과 연결된다는 심리학적 분석을 제시하였다. 다시 말해서 유교 전통과 한국인의 가족 중심적 사고의 영향으로 부모는 자녀의 학업성취를 통해 자신의 욕구를 대신 해결하는 경향이 보인다는 것이다(한성열, 2008). 그리고 이에 관한 대안으로 한풀이를 위한 교육 현실에서 벗어나 신명 나는 교육현장으로 가야한다는 문화심리학적 제언을 했다(한성열, 2008). 그런데 한성열(1993)은 보다 거시적 관점에서 한국 사회와 문화의 제반 현상을 제대로 이해하기 위해서 어느 한쪽으로 치우치지 않는 객관적인 균형 감각의 필요성을 역설하였다. 즉, 전통적인 문화를 고수하고 찬양하는 국수주의도 배격해야 할 뿐 아니라, 서구적인 문화를 맹목적으로 수용하기에 급급한 보편주의도 경계해야 한다는 것이다. 이를 위해 익숙한 것을 낯설게 보는 '방법론적 상대주의'로서 문화심리학적 방법을 제안했다(김정운, 한성열, 1998).

> 서구의 심리학 이론이란 그들의 일상적인 삶을 지배하는 집단적 표상의 개념화에 지나지 않듯이, 문화심리학을 어떻게 할 것인가라는 물음은 일상을 낯설게 하여 반복적으로 재생산되며, 변화하면서 기능하는 삶 속의 상징들을 개념화하고 그 개념들의 관계성을 해석학적 틀로 삼는 것이라고 대답할 수 있다. 이때 그 출발점은 현재의 심리학을 통해 아주 은밀하고도 치밀하게 실천되고 있는 서구 중심주의의 해체이다(김정운, 한성열, 1998).

그가 제안한 문화심리학적 접근은 두 가지로 요약할 수 있다. 첫째, 현재 심리학 이론들의 암묵적 전제가 되는 서구 중심주의를 해체하고, 둘째, 실증주의적 과학관을 기초로 하는 자연과학적 심리학의 한계를 극복하기 위한 질적 연구 방법의 적용이 그것이다(한성열, 2005). 이러한 논의는 이후 토착심리학 내지는 문화심리학 연구자들에게 연구 방법의 측면에서 통찰력 있는 시사점을 주고 있다(김은미, 2007; 한규석, 2002).

지금까지 유교에 대한 상향식 접근의 연구 흐름을 정리해 보았다. 그 주된 내용은 한국인의 성격 연구(윤태림), 유교의 장점을 살린 문화 설계(차재호), 중용 개념을 통한 갈등 해결 모형 탐색(이수원), 한국 문화의 토착적인 사회심리학적 현상에 대한 개념화(최상진), 한국인의 가족제도와 교육 현실에 대한 심리학적 분석(한성열) 등이다. 한국 심리학계의 문화 및 사회심리학적 접근은 대중화된 문화로서의 유교를 이해하고 설명하려는 공통점을 지니고 있다(유권종, 최상진, 2003). 이와 관련하여 특히 조긍호는 이러한 상향식 접근에 대해 한국 문화에서의 독특한 행동 또는 특성을 찾아 이를 현대 심리학적 방법론으로 분석하는 토착심리학적 연구라고 평가한 바 있다(조긍호, 1998b).

4. 유교 가치관 연구

1) Hofstede의 장기-단기 지향성과 Bond의 유교적 노동 역동성

동서양 사람들의 문화적 차이를 확인하기 위한 가치관 연구로는 다국적 기업 IBM에 근무하는 직원들 간의 국가 가치체계를 비교연구한 Hofstede의 연구가 유명하다. Hofstede는 그의 저서 『경영문화의 국제비교(Cultures consequences: Comparing values, behaviors, institutions, and organizations across nations)』에서 가치의 배열 형상에 대한 분석을 통해 여러 나라의 문화 차이를 설명할 수 있는 네 가지 차원을 찾았다. 사회의 불평등성을 참아 내는 정도를 측정하는 권력거리, 불확실한 상황이나 미지의 상황으로 인해 위협을 느끼는 정도를 측정하는 불확실성 회피, 개인주의 지표의 정도를 측정하는 개인주의, 그리고 자기주장 대 겸손과 같이 사회의 남성화 혹은 여성화 정도를 보려는 남성성과 여성성이 그것이다(Hofstede, 1990). 그런데 Hofstede의 네 차원은 서구적 사고방식에 따라 척도를 제작했다는 지적을 받았다. 즉, 서양 응답자만이 아니라 동양 응답자도 서양식 질문을 받았고, 어떤 질문은 전혀 자신에게 중요하지 않더라도 그냥 응답하도록 되어 있었기 때문에 중국 문화권에 속한 사람들의 가치가 제대로 표현되지 못했다는 것이다.

이러한 서양식 편향문제를 해결한 사람은 캐나다 출신으로서 오랫동안 홍콩의 대학에서 근무한 Bond였다. 그는 서양과는 다른 중국인들의 유교적 가치를 추출하기 위해 의도적으로 중국식 편파가 들어간 설문지를 제작하여 Hofstede의 방식으로 사용하였다. 그는 홍콩과 대만 출신의 사회과학자들에게 중국인에게 기본적이라고 생각하는 가치를 10개씩 적도록 하여 목록을 작성한 다음, 중국의 학자들이 저술한 문헌에서 일부 가치를 추가하여 중국인의 유교 가치관을 망라한 40개의 가치 항목을 〈표 15-2〉와 같이 선정하였다.

표 15-2 중국적 가치 조사

1. 부모나 조상에 대한 효도(孝): 服從父母 · 尊敬父母 · 尊崇祖仙 · 贍養父母: filial piety(obedience to parents, respect for parents, honoring of ancestors, financial support of parents)
2. 근로(勤勞): industry(working hard)
3. 타인에 대한 포용성(사상적 개방성, 容忍): tolerance of others
4. 인화(隨和): harmony with others
5. 겸손(謙虛): humbleness
6. 윗사람에 대한 충성(忠於上司): loyalty to superiors
7. 각종 의식(결혼 등)과 사회적 의례 지킴(禮儀): observation of rites and social rituals
8. 인사치레(문안, 선물 등; 禮尙往來): reciprocation of greetings, favours, and gifts
9. 너그러운 마음씨(仁愛, 恕, 人情): kindness(forgiveness, compassion)
10. 지식(교육)[學識(教育)]: knowledge(education)
11. 남과의 유대(團結): solidarity with others
12. 중용(가운데 길을 따르는 것; 中庸之道): moderation, following the middle way

13. 자기계발(교양, 修養): self-cultivation
14. 위계질서 존중(尊卑有序): ordering relationships by status and observing this order
15. 정의감(正義感): sense of righteousness
16. 선의의 권위(恩威幷施): benevolent authority
17. 경쟁이 없는 것(不重競爭): non-competitiveness
18. 너그러운 마음씨(隱重): personal steadiness and stability
19. 부패에 대한 투쟁(廉潔): resistance to corruption
20. 애국심(愛國): patriotism
21. 성실성(誠懇): sincerity
22. 초연하고 순순한 몸가짐을 하는 것(淸高): keeping oneself disinterested and pure
23. 근검절약(儉): thrift
24. 끈기(耐力, 毅力): persistence
25. 인내(참는 것; 耐心): patience
26. 남이 내게 끼친 은혜와 해를 갚는 것(報恩與報仇): repayment of both the good or the evil that another person has caused you
27. 문화적 우월감(文化優越感): a sense of cultural superiority
28. 적응성(適應環境): adaptability
29. 조심성[小心(愼)]: prudence(carefulness)
30. 신뢰성(信用): trustworthiness
31. 수치를 아는 것(知恥): having a sense of shame
32. 예의범절(有禮貌): courtesy
33. 생에서의 자신의 위치에 만족하는 것(安分守己): contentedness with one's position in life
34. 보수적인 태도를 지니는 것(保守): being conservative
35. 체면을 살리는 것(要面子): protecting your 'face'
36. 허물없이 가까운 친구를 하나 두는 것(知己之交): a close, intimate friend
37. 여자의 정조(貞潔): chastity in women
38. 물욕을 초월하는 것(욕심이 없는 것; 寡欲): having few desires
39. 전통의 존중(尊敬傳統): respect for tradition
40. 부(財富): wealth

출처: The Chinese Culture Connection (1987).

Bond는 총 22개국의 대학생들로부터 데이터를 수합하여 40개의 가치 항목에 대한 평가의 평균치를 개별 국가의 가치 평가로 인정하는 생태적 요인분석 방식을 적용하였다. 분석 결과, CVS 1요인 인화(integration), 2요인 유교적 노농 역동성(confucian work dynamism), 3요인 인정(human-heartedness), 그리고 4요인 도덕적 규율(moral discipline) 등 네 차원이 도출되었다.

Bond의 네 차원 중 세 차원은 Hofstede가 처음 주장한 네 차원과 유사하다. 즉, 인화는 개인주의와 .65, 권력거리와 −.58의 상관을, 인정은 남성성과 .67의 상관을, 도덕적 규율은 권력거리와 .55, 개인주의와 −.54의 상관을 보였다(The Chinese Culture Connection, 1987). 그러나 Bond는 CVS 2요인 유교적 노동 역동성은 서구적 가치와는 전혀 다른 동양적인 가치 차원이라고 지적하였다. 후에 Hofstede는 자신을 포함한 많은 연구자의 의식 속에 서구적인 사고방식이라는 문화적 편파를 지녔기 때문에 이 차원을 좀 더 일찍 찾아내지 못했다고 자평하였다. 그 후『세계의 문화와 조직(Cultures and organizations: Software of the mind)』에서 그는 유교적인 노동 역동성 차원을 실용적인 생활 규칙을 중시한 '공자의 가르침'으로 해석하고, 인생 태도의 측면에서 장기−단기 지향성(Long-Versus Short-term Orientation)으로 명명하였다(Hofstede, 1990).

Hofstede는 이 장기−단기 지향성의 인생 태도가 형성되는 데 미친 유교의 영향을 다음과 같이 네 가지로 설명했다(Hofstede, 1990).

> 첫째, 공자가 말한 사회의 안정이란 인간 사이의 불평등한 관계를 전제로 한다는 것이다. 오륜, 즉 다섯 가지 기본적인 인간관계는 쌍방적인 의무와 상호보완적인 의무에 기초를 두고 있으며 상하가 서로 복종 혹은 돌봄으로 맺어져 있다.
>
> 둘째, 가족은 모든 사회조직의 원형이다. 사람은 일차적으로 한 가족의 구성원이다. 아이들은 개인주의가 용납되지 않는 가족 안에서 조화를 위해 자제하는 법을 배워야 한다. 조화는 모든 사람이 체면을 유지하는 데에서 찾을 수 있다. 체면이 집합주의 가족과 사회에서 지니는 중요성은 제3장에서 설명하였다. 중국의 전통에서 품위를 잃는 것은 곧 자신의 눈, 코, 입을 잃는 것과 마찬가지이다. 모든 사람의 체면을 유지하는 방향으로 사회적 관계들이 실행되어야 한다. 어떤 사람을 존경하는 것은 '체면을 살려 주는 것'이라고 말한다.
>
> 셋째, 타인에 대한 덕이 있는 행동이란 남이 나에게 하지 않았으면 하고 바라는 것을 자신도 다른 사람에게 하지 않는 것을 의미한다(중국의 황금률은 부정적 구문으로 되어 있다).
>
> 넷째, 인생에서 자기의 일에 관한 가치는 공부하고, 열심히 일하고, 낭비하지 않고, 참고, 끈질기게 노력하는 것이다. 아울러 일을 함에 있어서는 중용을 지키려고 노력해야 한다.

그러므로 Hofstede가 말하는 인생 태도에서 장기 지향이란 Bond의 차원과 비교한다면 끈기, 지위에 의한 인간관계의 서열성과 이 질서의 존중, 절약, 수치를 아는 것 등의 가치를 의미한다. 또한 단기 지향이란 안정성 있는 성격, 체면 유지, 전통 존중, 그리고 남이 내게 끼친 은혜와 해를 갚는 것 등의 가치를 말한다. 장기 지향이든, 단기 지향이든 이 차원의 양극단에 해당하는 가치가 거의 모두 유교 가치를 포함하고 있어서 다소 모호한 점이 있으나, 장기 지향 지수가 가장 높은 다섯 나라가 중국, 홍콩, 대만, 일본, 한국이며, 이들 나라는 모두 유교 문화권에 속하는 나라들임은 분명하다(Hofstede, 1990).

앞서 살펴본 바와 같이, Hofstede가 장기-단기 지향성이라는 새로운 차원으로 추가하게 된 이유는 Bond가 중심이 되어 개발한 CVS 때문이었다. 이처럼 Bond의 CVS는 동서양 사람들의 문화적 차이를 확인하는 계기이자, 동아시아인들의 일상생활에 유교 가치관이 지속적인 영향을 주고 있음을 확인하는 기회가 되었다(Hofstede & Bond, 1988). 그러나 Bond의 유교적 역동성은 노동과 근로의 측면에서 근면성을 의미한다. 즉, 그것은 유교 문화권에 속하는 일부 아시아 국가의 경제발전을 설명하기 위한 개념이지 유교 가치관에 영향을 받은 사람들의 마음과 행동 특성, 즉 예를 들어 정서 조절(억압)이나 체면에 대해서는 설명하지 못하고 있다.

2) 한국 대학생들의 유교적 가치

한편, 중국 문화 연결조직(The Chinese Culture Connection, 1987)의 한국 측 참여자였던 차재호는 40개의 유교적 가치 항목을 한국어로 번역하여 한국 대학생 120명에게 조사를 실시하였다(차재호, 장영수, 1992). 〈표 15-3〉은 한국 대학생의 평가결과를 평균치를 기준으로 순위대로 정리한 것이다.

표 15-3 한국 대학생의 유교적 가치 항목별 중요도 평정치 평가결과

중요도 순위	가치 항목(괄호에 항목 번호)	평균	표준편차
1	허물없이 가까운 친구를 하나 두는 것(#36)	8.1	1.65
2	자기계발(교양)(#13)	7.7	1.59
3	성실성(#21)	7.7	1.69
4	신뢰성(#30)	7.6	1.53
5	타인에 대한 포용성(사상적 개방성)(#3)	7.5	2.20
6	부모나 조상에 대한 효도(#1)	7.5	1.68
7	끈기(#24)	7.4	1.55
8	남과의 유대(#11)	7.4	1.83
9	인화(남과 조화를 유지하는 것)(#4)	7.3	1.81
10	인내(참는 것)(#25)	7.2	1.99
11	근면(#2)	7.2	1.64
12	지식(교육)(#10)	7.2	1.65
13	부패에 대한 투쟁(#19)	7.1	1.59
14	정의감(#15)	7.0	1.69

15	적응성(#28)	6.9	1.53
16	여자의 정조(#37)	6.9	2.20
17	초연하고 순수한 몸가짐을 하는 것(#22)	6.8	1.68
18	너그러운 마음씨(#9)	6.8	1.55
19	애국심(#20)	6.8	1.83
20	안정성 있는 성격(#18)	6.4	1.81
21	선의의 권위(#16)	6.4	1.99
22	예의범절(#32)	6.3	1.70
23	겸손(#5)	6.3	1.71
24	수치를 아는 것(#31)	6.2	1.78
25	근검절약(#23)	6.1	1.84
26	남이 내게 끼친 은혜와 해를 갚는 것(#26)	6.0	1.84
27	중용(가운데 길을 따르는 것)(#12)	6.0	1.97
28	생에서의 자신의 위치에 만족하는 것(#33)	5.9	2.34
29	조심성(#29)	5.9	1.62
30	물욕을 초월하는 것(욕심이 없는 것)(#38)	5.7	2.00
31	전통의 존중(#39)	5.5	1.96
32	부(#40)	5.4	2.15
33	문화적 우월감(#27)	5.0	2.32
34	위계질서 존중(#14)	4.5	2.16
35	윗사람에의 충성(#6)	4.3	2.03
36	각종 의식(결혼 등)과 사회적 의례 지킴(#7)	4.1	1.84
37	체면을 살리는 것(#35)	4.0	1.92
38	인사치레(문안, 선물 등)(#8)	3.9	1.93
39	보수주의적 태도를 지니는 것(#34)	3.8	1.99
40	경쟁이 없는 것(#17)	3.2	1.91

출처: 차재호, 장영수(1992).

이후 차재호의 연구는 거시적 입장에서 한국인의 가치관과 세대차의 변화를 종단적으로 추적해 가는 후속연구로 발전하여 최근까지 진행되고 있다(나은영, 차재호, 1999; 나은영, 차유리, 2010). 본 논문과 관련된 유교 가치관 연구만 한정하여 보아도 실제로 1964년에 이루어진 사회학계의 김경동의 연구를 제외하고는 거의 모든 연구가 차재호가 번역한 40개의 유교 가치 항목에 근거하여 연구를 진행하였다. 경영학(이정훈, 1993; 류수영, 2007), 사회학(박민아, 송정기, 2000), 및 가족학(신수진, 최준식, 2002) 분야에서 이루어진 유교 가치관 연구가 대표적인 사례이다. 그러나 Bond의 CVS나 이를 번안하여 사용한 차재호의 연구와는 달리 심리학계에서 유교 가치관 척도 개발을 직접적으로 다룬 연구는 심경섭, 이누미야 요시유키, 윤상연, 서신화, 장양,

한성열(2012)의 연구가 최초라고 할 수 있다.

3) 유교 가치관 척도 개발 연구

2012년에 개발된 심경섭, 이누미야 요시유키, 윤상연, 서신화, 장양, 한성열(2012)의 유교 가치관 척도 연구는 유교 경전인『사서』에 근거하여 하향식 연구 전통을 따르고자 하였다. 우선 이 연구에서는 유교 가치관의 구조를 세계관, 인간관, 사회관의 세 가지 개념으로 구분하였다. 다음으로 세계관, 인간관, 사회관과 관련된 하위 요인을 10개로 정리하고, 20개의 핵심적인 유

표 15-4 유교 가치관 척도의 구성개념과 하위 요인 및 유교 가치

<table>
<tr><th>개념(3)</th><th colspan="2">하위 요인(10)</th><th>유교 가치(20)</th></tr>
<tr><td rowspan="6">세계관(世界觀)</td><td colspan="2" rowspan="2">천명론(天命論)</td><td>천인합일(天人合一)</td></tr>
<tr><td>성선설(性善說)</td></tr>
<tr><td colspan="2" rowspan="2">이기론(理氣論)</td><td>이일분수(理一分殊)</td></tr>
<tr><td>상하귀천(上下貴賤)</td></tr>
<tr><td colspan="2" rowspan="2">조상숭배(祖上崇拜)</td><td>제사(祭祀)</td></tr>
<tr><td>내세관(來世觀)</td></tr>
<tr><td rowspan="9">인간관(人間觀)</td><td colspan="2" rowspan="5">인격 수양(人格修養)</td><td>겸손(謙遜)</td></tr>
<tr><td>수기치인(修己治人)</td></tr>
<tr><td>반구저기(反求諸己)</td></tr>
<tr><td>충서(忠恕)</td></tr>
<tr><td>혈구지도(絜矩之道)</td></tr>
<tr><td colspan="2" rowspan="4">인의예지(仁義禮智)</td><td>측은지심(惻隱之心)</td></tr>
<tr><td>수오지심(羞惡之心)</td></tr>
<tr><td>사양지심(辭讓之心)</td></tr>
<tr><td>시비지심(是非之心)</td></tr>
<tr><td rowspan="5">사회관(社會觀)</td><td rowspan="5">오륜(五倫)</td><td>부자관(父子觀)</td><td>부자유친(父子有親)</td></tr>
<tr><td>부부관(夫婦觀)</td><td>부부유별(夫婦有別)</td></tr>
<tr><td>붕우관(朋友觀)</td><td>붕우유신(朋友有信)</td></tr>
<tr><td>장유관(長幼觀)</td><td>장유유서(長幼有序)</td></tr>
<tr><td>군신관(君臣觀)</td><td>군신유의(君臣有義)</td></tr>
</table>

출처: 심경섭(2014).

교가치를 선정하였다. 이처럼 유교 가치관 척도의 구성개념을 세계관, 인간관, 사회관으로 구분하고, 천명론에서 오륜에 이르는 10개 하위 요인을 선정한 것은 기존 선행연구를 토대로 유교가치의 내용을 재구성한 것이다(김재은, 1987; 신수진, 최준식, 2002). 〈표 15-4〉에는 유교 가치관 척도의 구성개념에 따른 하위 요인과 핵심적인 유교 가치가 나타나 있다.

참고 용어 해설

• 반구저기(反求諸己)

'잘못을 자기 자신에게서 찾는다'는 뜻이다. 어떤 일이 잘못되었을 때 다른 사람을 탓하지 않고, 잘못된 원인을 자기 자신에게서 찾아 고쳐 나간다는 의미를 담고 있다. 『맹자』의 '이루 상'편에도 "행하여도 얻지 못하거든 자기 자신에게서 잘못을 구할 것이니(行有不得者皆反求諸己), 자신의 몸이 바르면 천하가 돌아올 것이다(其身正而天下歸之)"라는 구절이 있다. 반구저기와 유사한 표현으로, 『논어』의 '위령공'편에 "군자는 허물을 자신에게서 구하고, 소인은 허물을 남에게서 구한다(君子求諸己, 小人求諸人)"라는 구절이 있다.

• 혈구지도(絜矩之道)

혈구지도는 '곱자를 가지고 재는 방법'이라는 뜻이다. 곱자는 나무나 쇠를 이용하여 90도 각도로 만든 'ㄱ'자 모양의 자를 말한다. 여기서 유래하여 혈구지도는 목수들이 집을 지을 때 곱자를 가지고 정확한 치수를 재듯이 남의 처지를 헤아리는 것을 비유하는 고사성어로 사용된다. 『대학』의 마지막 장인 제10장의 첫머리는 이렇게 시작된다. "이른바 천하를 화평하게 만드는 일은 그 나라를 다스리는 데 달려 있다." 윗사람이 노인을 노인으로 대접하면 백성들 사이에 효가 흥할 것이고, 윗사람이 연장자를 연장자로 대접하면 백성들이 이를 따라 할 것이며, 윗사람이 고아를 긍휼히 여기면 백성들이 배반하지 않을 것이니, 이런 까닭에 군자는 혈구지도를 지켜야 하는 것이다.

본래 세계관이란 용어는 철학에서 사용하는 개념이지만 오늘날 점차 일반적인 용어로 사용되고 있다. 세계관이란 인간이 자신을 둘러싼 환경에 대해서 인지와 행동을 구성하는 하나의 배경이 된다. 따라서 세계관은 한 개인의 성격 형성에도 커다란 자극을 주고 그 개인이 속한 문화에도 지속적인 영향을 미치게 된다. 왜냐하면 인간은 사회적 환경 속에서 성장하면서 가족을 비롯한 주변 사람들의 태도, 신념, 가치관을 내재화하기 때문이다. 이 과정에서 인간은 자신이 경험하거나 학습한 것을 진리로 받아들여서 하나의 세계관을 형성하게 된다(Langness, 1982).

이렇게 볼 때 유교는 2,500년 전부터 한국, 중국, 일본 등 동아시아 사람들이 진리로 받아들인 세계관이라고 할 수 있다.

이 연구에서는 먼저 유교의 세계관을 표현하는 개념으로 '천명론' '이기론' '조상숭배' 등의 3개의 하위 요인과 6개의 유교 가치를 선정하였다.

첫째, '천명론'에는 자연과 인간 등 모든 존재가 내적 본성에 따라 일어나는 자연적인 협동 작업에 의해 발생하는 것이라는 의미가 들어 있다(Needham, 1988). 예로부터 동아시아인들은 '하늘'(天)을 우주 만물의 근원이 되는 절재적인 존재라고 믿었다. 그리고 '천명'이란 하늘이 명령을 내린다는 것이 아니라, '하늘'이 자연과 인간에게 영향을 미치는 절대적인 구속력을 가리키는 존재임을 의미하는 상징적인 용어라고 할 수 있다. 따라서 천명론은 우주의 법칙이 스스로의 본성에 의해 저절로 움직인다고 생각한 동아시아인들의 세계관을 잘 나타낸다고 할 수 있다. 여기서 자연이 따라야 하는 천도(天道)와 인간이 따라야 하는 인도(人道)가 모두 하나의 법칙 아래 놓여 있다는 '천인합일'과 인간의 본성은 하늘의 절대적인 영향을 받아서 나온 성품이기 때문에 본래 선하다는 '성선설'이 도출된다. 연구자는 자신을 커다란 전체의 한 부분으로 생각하거나, 이 세계의 모든 현상은 서로 관련되어 있다는 종합적인 사고의 바탕에는 천명론에 근거를 둔 천인합일의 세계관이 존재한다고 생각한다.

둘째, 본래 이와 기의 개념으로 이기론적 세계관의 이론적 기초를 구축한 사람은 중국 송나라의 주희이다. 주희에 의해 체계화된 주자학은 근 700여 년간 동아시아 문화권을 지배한 강력한 패러다임이었다(島田, 1986; 山田, 1991). 주희의 방대한 '이기론'을 간략하게 설명할 수는 없지만, 핵심적인 논리는 다음과 같다. 그는 "우주에는 이도 있고, 기도 있다. 이는 형이상의 도이며, 만물을 생성하는 근본이다. 기는 형이하의 도구이며, 만물을 생성하게 만드는 재료이다. 그러므로 인간과 사물은 생성될 때 반드시 이 이를 받은 다음에 본성을 가지며, 이 기를 받은 다음에 형태를 가진다."(『주자대전』, 권58)라고 하였다. 이러한 주희의 논리에 따른다면 이기론의 주요 주장은, ① 자연의 모든 사물과 인간사의 현상은 모두 이와 기의 상호작용에 의해 생겨나며, ② 이와 기의 결합 방식에 따라 자연과 인간은 서로 다양한 모습을 갖는 이일분수의 관계에 있다는 두 가지로 정리된다. 이러한 이기론적 세계관에 기초하여 동아시아인들은 자신의 학문 분야를 발전시켜 나갔다. 이때 출발점이 되는 개념이 '태극'(太極)이다. '태극'이란 자연의 근원을 상징하는 이기론적 세계관의 중심 개념이다. 동아시아인들은 '태극'에서 음양오행이 생성되고, 음양오행의 다양한 작용에 따라 사물과 동물, 인간이 각각 다른 형태와 수준으로 생성되었다는 차등적인 논리를 만들었다(한국사상사연구회, 2006). 이 연구에서는 이러한 논리를 바탕으로 만물이 하나의 이를 부여받았으나 서로 다른 기의 성분에 따라 차이가 난다는 '이일분수'와 '사람의 성격이 다른 것은 하늘로부터 각기 다른 기운을 받았기 때문이다'라는 의미를 지닌 '상하귀천'의 유교 가치를 도출하였다.

셋째, 조상숭배의 관념은 돌아가신 조상과 살아 있는 후손이 연결되어 있으며, 조상의 영혼이 후손을 돕는다는 생각을 전제로 한다. 그러므로 동아시아인들에게 조상이란 죽어 없어진 존재가 아니라 살아 있는 영혼이 되는 것이다(정진홍, 1986). 이 조상숭배의 관념은 상장례, 제례를 실천하는 유교 관습으로서 오늘날까지 지속되고 있다. 이처럼 강력하게 지속되는 유교 관습의 배후에 조상숭배 의식과 내세관이 있기 때문에 제사와 내세관의 유교 가치를 구성하였다.

다음으로 유교의 인간관을 표현하는 것으로서 인격 수양과 인의예지의 2개 하위요인과 9개의 유교 가치를 선정하였다. 서구의 보편적 이성과 합리주의에 대한 굳은 신념은 개인의 자율성을 강조하였고, 타자로부터 독립적인 자기개념(independent self-concept)이 등장하는 기초가 되었다(권수영, 2007). 이와는 달리 천명을 강조하는 동아시아의 유교 문화권에서 성장한 사람이라면 자연의 법칙인 천도에 순응하며 인간이 따라야 하는 인도에 맞게 살아가야 한다는 관념을 진리로 받아들일 가능성이 높다. 이로 인해서 동아시아에서는 타자와 조화롭게 살아가야 한다는 상호협조적인 자기개념(interdependent self-concept)이 익숙할 뿐만 아니라 보다 더 가치 있다고 여기게 된다. 이처럼 상호협조적이고 관계 중심적인 대인관계를 중시하는 동아시아의 유교 문화는 자기의 감정과 생각을 앞세우기보다는 타자의 감정과 생각을 먼저 고려하는 경향성을 지니고 있다. 그리고 이러한 경향성은 '인격 수양'과 '인의예지'를 중시하는 인간관으로 구체화하였다. 이것을 근거로 겸손, 수기치인, 반구저기, 충서, 혈구지도를 내용으로 하는 '인격 수양'과 측은지심, 사양지심, 수오지심, 시비지심의 '인의예지'의 유교 가치를 선정하였다.

끝으로 사회관에서도 동아시아인들은 집단주의적 특성을 보인다(조긍호, 2007; Markus & Kitayama, 1991). 앞서 언급한 바와 같이 동아시아에서 인간이란, 첫째, 타자와의 관계를 전제로 한 이후에 자기의 존재가 성립하고, 둘째, 개인의 고유한 역할보다는 가정과 사회라는 집단 안에서의 역할이 보다 중시되는 관계적 존재이다(김충열, 1984, 1991; Nisbett, 2004). 즉, 무엇보다도 타자와의 조화로운 관계가 사회생활에서 가장 중요한 기준이 된다. 이것을 압축적으로 요약한 것이 바로 '오륜'이기 때문에 이 연구에서는 사회관에 해당하는 하위 요인으로 '오륜'을 선정하였다.

원래 '오륜'이란 가족과 같은 친밀한 사람들에서부터 일반인에 이르기까지 두 사람 이상이 서로 관계를 맺어 가는 대인관계 방식에 대한 구체적인 규범을 말한다. 즉, 한국, 중국, 일본 등 동아시아 사회에서는 부모와 자녀, 남편과 아내, 임금과 신하, 연장자와 연소자, 그리고 친구 사이 등 대인관계에서 친밀함(親), 역할 구분(別), 정의로움(義), 위계질서(序), 신뢰(信) 등 다섯 가지의 관계 윤리가 황금률처럼 강조된 것이다(금장태, 2007).

참고 유교 가치에 관한 개념 정의

유교 가치(20)	개념 정의
천인합일 (天人合一)	하늘과 인간은 서로 통하기 때문에 자연의 법칙과 인간 행위의 규범은 떨어질 수 없다. 유가사상의 핵심 중 하나이다. 하늘의 근본적인 덕성이 인간의 심성 속에 내재되어 있다는 인식 구조로, 천도와 인도는 일관되어 있으며 우주의 근본은 인륜 도덕의 근원이고 인륜 도덕은 우주의 근본이 유행하여 발현된 것으로 파악한다.
성선설 (性善說)	인간의 본성은 선하다는 맹자의 학설. 인간 고유의 본질로서 성은 선천적으로 선하며 누구에게나 구비되어 있다.
이일분수 (理一分殊)	세계를 관철하는 절대적 원리 · 법칙과 구체적이고 개별적인 사물이나 현상 속에 내재하는 각각의 특수 원리 · 법칙의 일치성을 설명하는 주희의 이론이다. 이 설은 세계와 인간을 해명함에 있어 보편적인 것과 구체적인 것, 본원적인 것과 파생적인 것, 동일적인 것과 차별적인 것의 제 관계를 해명하는 근본적인 원칙으로 사용됨으로써 주희 철학체계의 극히 중요한 의미를 지닌다.
상하귀천 (上下貴賤)	신분의 귀함과 천함, 높고 낮음을 구분하는 차등적 가치관을 의미한다.
제사(祭祀)	조상을 받들어 추모하는 의식, 또는 신령에게 음식을 바치며 기원을 드리는 행사를 말한다.
내세관(來世觀)	내세관과 유사한 유가사상의 개념은 사생관이다. 공자의 견해에서 비롯된 유가의 사생관에서는 일차원적인 사생관이 정신의 영원한 생명성을 기초로 한 도덕적 감정으로서의 안심입명(安心立命)의 관점으로 변화된다. 육체적 생명의 소멸을 자연적 질서의 한 부분으로서 그대로 수용하여 사생요수(死生夭壽)를 모두 천명에 해당하는 것으로 생각한다.
겸손(謙遜)	겸손에 관련된 구절은 『논어』 『맹자』에서 찾아볼 수 있으나, 철학적으로 다루는 주제는 아니다. 여기서 말하는 겸손이란 일반적인 처세로서 겸손의 범위를 벗어나지 않는다. 유가에서 겸손 사상은 『순자』에 이르러서야 비로소 정착되었다(이승률, 2002).
수기치인 (修己治人)	훌륭한 인격자나 리더가 되기 위해서는 자기 자신을 수양하는 것이 먼저이고, 그 바탕 위에서 타인을 감화시키거나 지도할 수 있다는 관점이다.
반구저기 (反求諸己)	인식과 수양에 있어서 주체의 내적 반성을 강조한 말이다. 즉, 성선설에 입각하여 행위의 기준과 근거를 모두 주체의 내부에서 찾는 것이다.
충서(忠恕)	스스로 충실히 수양하며(忠), 이로서 배양된 인성을 바탕으로 다른 사람과 교류함(恕)을 의미한다.

혈구지도 (絜矩之道)		자신의 처지나 행동을 기준으로 삼아 타인을 이해하고 공감하며, 올바른 길로 나아가는 도덕적 원칙을 말한다. 공감 능력과 윤리적 판단을 바탕으로 한 삶의 태도를 의미한다.
사단 (四端)	측은지심 (惻隱之心)	남의 불행을 슬피 여기는 마음을 말한다.
	수오지심 (羞惡之心)	나쁜 일을 수치로 여기는 마음을 말한다.
	사양지심 (辭讓之心)	사양하고 양보하는 마음을 말한다.
	시비지심 (是非之心)	시비선악을 판별해 내는 마음을 말한다.
오륜 (五倫)	부자유친 (父子有親)	부모와 자식 사이에는 친밀함이 있어야 한다는 혈연적인 긴밀성을 기초로 제시된 윤리 규범이다. 부모의 사랑은 그 실천이 본능적으로 확보되어 있으나 자식의 효도는 그렇지 못한 것이 일반적이다. 때문에 부모의 사랑보다는 자식의 효가 더욱 강조된다.
	부부유별 (夫婦有別)	남편과 아내 사이에는 구별이 있어야 한다는 의미이다. 이 구별은 직능적 · 윤리적 한계로서의 구별 두 가지 의미를 포함한다. 즉, 서로의 역할에 구분을 두어 그것을 침범하지 않으며, 서로 존중해야 한다는 뜻이다.
	붕우유신 (朋友有信)	친구 사이에는 믿음이 있어야 한다는 뜻이다. 횡적인 인간관계를 형성하고 있는 친구 사이의 인격적 유대를 공고히 하기 위한 것이다.
	장유유서 (長幼有序)	어른과 어린 사람 사이에는 순서가 있다는 의미이다. 연령에 따른 질서를 확립하려는 윤리 규범으로, 이는 본래 형제간의 윤리에서 출발한다. 형은 사랑하고 아우는 공손해야 하는 것이다. 이것이 발전하여 사회 윤리로 확립되었다.
	군신유의 (君臣有義)	군주와 신하 사이에는 의가 있어야 한다는 뜻으로, 혈연관계가 아닌 인위적 결합에 기초해 제시된 윤리 규범이다. 본래 임금은 의, 신하는 충의 덕목으로 표현되나, 봉건국가에 있어서 임금의 권위가 절대시됨으로써 임금의 의보다는 신하의 충이 강조된다.

지금까지 유교 및 유교 가치관에 관한 연구들을 살펴보았다. 이 중에서 특히 한국 심리학계의 선행연구의 의의는 다음과 같다.

첫째, 유교 및 유교 가치관을 한국적인 심리학의 한 분야로 다루기 위한 선구적인 작업으로서 높이 평가할 수 있다(최상진, 한규석, 1998; 한규석, 2002). 유교에 관한 한국 심리학계의 선구적인 연구들은 두 가지 측면에서 매우 중요한 의의를 지닌다고 할 수 있다. 우선 이것은 서구 중심주의의 해체 내지는 극복을 시도한 문화심리학적 연구이다(김정운, 한성열, 1998), 다음으로 한국의 사회문화적 현상을 근거로 한국적 심리학을 정립해 가려는 작업으로서 높이 평가할 수 있다. 이와 관련하여 한덕웅(1997)은 유교에 관한 연구가 개인 과정이나 대인 과정을 설명하는 데 기여할 뿐만 아니라 사회적 수준에서 지향해야 할 사회공동체의 이념과 행동 규범을 마련하는 데 활용할 수 있는 이론을 탐구한 것이며, 객체화된 심리학 이론이나 지식을 추구하는 서양 사회심리학의 한계를 벗어나서 새로운 심리학을 모색하는 데 중요한 시사점을 제공하였다고 언급한 바 있다.

둘째, 유교라는 토착심리학에서 출발하여 객체화된 지식만을 추구하는 서구 심리학의 한계를 극복하려고한 의미 있는 시도로 볼 수 있다(한덕웅, 1997). 유교 및 유교 가치관은 지금도 친밀한 가족관계를 유지하고 사회적 대인관계를 형성해 가는 데 끊임없이 영향을 주고 있다. 또한 결혼식과 장례식, 그리고 제사와 같은 생활관습의 측면에서는 더욱 강력하게 한국인의 일상생활과 밀착되어 있다. 따라서 일부의 주장처럼 유교와 유교 가치관은 전근대적인 사상이기 때문에 반드시 폐기해야 한다는 주장이 제기된다고 해서 쉽게 사라지는 것은 아니다. 다시 말해서 유교가 한국인의 삶에 부정적인 영향을 가져다준 것은 사실이지만 유교는 부정할 수 없는 우리의 소중한 문화적 뿌리라는 것은 엄연한 사실이다(최준식, 2000).

한편, 기존 유교연구의 한계점으로 많은 연구자는 실증적 연구의 필요성을 역설하고 있다. 다시 말해서 유교 가치관의 종류나 내용에 대해 설명하고 이론화하는 연구보다 이것을 실증적이며 경험적 사실로 증명해 가는 연구로 연결시켜야 심리학적으로 보다 더 의미가 있다는 것이다(김의철, 2000, 2006; 한덕웅, 2001a, 2004a). 따라서 유교가 현재 한국인의 일상생활에 어떤 영향을 미치는가를 살펴보기 위해서는 사람들 사이에서 어떤 가치가 지속적으로 통용되고 그들에게 영향을 주고 있는가를 경험적인 연구 방법을 통하여 분석해야 할 필요성이 제기된다(Bell, 2000). 왜냐하면 유교 가치관은 오늘날 보편화되어 있는 서구적 가치관으로는 거리감이 느껴지는 전통적인 사상들을 포함하고 있기도 하지만, 여전히 대인관계 태도나 결혼, 제사와 같은 생활관습 등의 형태로 한국인의 생활에 강하게 밀착되어 있기 때문이다. 앞으로 한국인의 인지 및 행동 방식과 한국 문화의 어떤 요소가 유교적 속성에 해당하는가를 검증하는 실증적 연구가 계속 이어지기를 기대한다.

4) 유교 가치관과 현대 한국인

Makrus와 Kitayama(1991)는 동일한 문화권의 구성원들은 유사한 정서 및 행동 경향을 공유하며, 집단주의 문화권에서는 존경, 배려나 수치심과 같은 타인 중심적 정서(other-focused emotions)가, 개인주의 문화권에서는 개인의 자부심이나 죄의식 같은 자기중심적 정서(ego-focused emotions)가 1차적인 정서라고 주장하였다. 이러한 차이는 개인이 정서를 경험하는 데 있어서 누구를 더 의식하느냐에 따라 다르게 나타난다.

실제로 집단주의 문화권에 속하는 일본인의 경우에는 존경심과 같이 대인관계적인 맥락과 관련된 정서를 많이 경험하는 것이 일반적으로 개인의 긍정 정서를 높이는 요인으로 나타났다. 이는 일본인의 경우에는 다른 사람과 관계되어 있는 정서 경험에 초점을 두는 것을 의미한다. 반면에 개인주의 문화권에 속하는 미국인의 경우에는 자부심과 같이 대인관계적인 맥락과 관련되어 있지 않은 정서가 개인의 긍정 정서를 높이는 것으로 나타나 일본인과는 다르게 다른 사람들로부터 구별되는 정서 경험이 긍정 정서를 느끼게 하는 것으로 나타났다(Kitayama et al., 2000, 2006).

개인이 느끼는 기쁨과 슬픔, 두려움, 행복과 같은 심리내적인 차원의 정서는 문화권을 떠나 인간으로서 보편적인 공통성을 지닌다. 하지만 정서는 본래 주변 상황에 대한 해석을 통해 경험되기 때문에 개인이 특정한 정서를 경험하는 맥락은 문화권마다 독특한 이데올로기나 관습, 역사적 요인, 환경적 요인에 의해 다르게 나타날 수 있다. 또한 정서는 처음부터 결정되는 것이 아니라 타인과 서로 정서를 주고받는 상호작용을 거쳐 정서의 질과 양을 조절해 가는 정서 조율의 과정을 거치기 때문에 개인의 정서를 제대로 이해하기 위해서는 정서가 발생되는 상황적 요인과 문화의 영향력을 고려하여 정서를 심리내적인 차원으로만이 아니라 문화적인 차원에서도 살펴보아야 한다(김정운, 2001; Stern, 1993).

더불어 문화는 정서뿐만 아니라 개인의 행동 경향에도 영향을 미치는데, 개인주의 문화권에서는 솔직하고, 자립심이 강하며, 자기주장이 강한 사람을 긍정적으로 평가하는 반면에 집단주의 문화권에서는 겸손하고, 집단의 목표 달성에 협조하며, 원만한 인간관계를 맺을 줄 아는 사람을 더 높게 평가한다(Bond & Forgas, 1984; Triandis, 1989). 이러한 차이가 나타나는 이유는 각 문화마다 중시하는 가치들이 다르며, 그 가치에 부합하는 사람을 보편적으로 더 긍정적으로 평가하기 때문이다. 실제로 자기고양에 관한 연구들을 보면 문화권에 따라 자기의 긍정성을 고양시키는 동기에 차이가 있는 것으로 나타났다. 개인주의 문화권의 사람들은 자신의 능력이나 개성을 드러냄으로써 자기를 고양하는 반면, 집단주의 문화권의 사람들은 대인관계나 집단의 조화를 중시하기 때문에 자신의 능력이나 개성을 드러내기보다는 자신을 낮추고 타인을 배려하는 자기겸양을 통해 자기의 긍정성을 고양한다(고재홍, 전병우, 2003; 한규석, 2010).

이처럼 문화권마다 다른 가치관은 개인의 정서 체험 양식 및 행동을 결정짓는 중요한 기준으로 작용한다. 따라서 이 장에서는 개인의 정서 및 행동 경향에 미치는 문화의 영향력을 고려하여 유교 가치관과 한국인의 정서 조절 및 체면 민감성 간의 관계를 알아보고자 한다.

(1) 정서 조절(억제)

유교의 인간관과 사회관에 영향을 받은 한국인은 타인을 배려하는 예절을 갖추기 위해 '상대방의 심정에 맞추어 자신이 생각하는 것과 상반되는 언행'(최상진, 유승엽, 1994)을 한다. 이러한 언행에 대해 유승엽과 최상진(1995)은 한국인들이 상호작용 상황에서 '의례적인 언행'을 하는 것에 대해 '의례성'이라는 용어를 사용하여 개념화를 시도하였다. 그러나 '의례적'(儀禮的)이란 개념의 의미에 '의례에 맞는 또는 형식이나 격식만을 갖춘 것'(이희승, 2013)이라는 사전적 정의가 들어간다고 해도 실제적인 의례는 아니다. 따라서 타인을 배려하기 위해서 예절을 갖추는 언행을 의례적인 언행이라고 정의하는 것은 매우 포괄적이며 모호한 정의라고 하겠다. 이보다는 대인관계에서의 '타인지향적인 태도'(interpersonal other-focused attitude)라는 의미가 보다 더 정확한 용어이다. 즉, '타인지향적인 태도'라는 개념 안에는 진실 여부와 상관없이 상대방에 대한 배려와 상황에 적합한 행동을 함으로써 관계를 원만히 유지하고자 하는 유교 가치관이 포함되어 있다고 하겠다.

또한 한국인은 '간접적인 화법을 중시하는 경향을 지니며, 의사소통을 할 때 주로 애매한 언술(equivocation)'(김정탁, 2004; 김은정, 범기수, 2011)을 사용한다. 애매한 언술은 말하는 사람이 자신의 생각을 의도적으로 불명확하게 전달하거나 완곡한 표현을 사용하여 간접적으로 메시지를 전달하는 의사소통 방식을 말한다. 이러한 의사소통 방식이 습관화된 이유는 유교 가치관과 밀접한 관련이 있다. 즉, 인의예지의 하위요인인 사양지심(다른 사람을 대할 때 예의바르고 깍듯하게 행동해야 한다)과 인격 수양의 하위요인인 겸손의 영향이라고 할 수 있다. 따라서 한국인들은 타인을 배려하고 존중하라는 유교 가치관이 어려서부터 내재화되었기 때문에 직접적으로 자신의 감정이나 의견을 표현하는 것을 예의에 어긋난다고 생각하고 자신의 정서나 생각을 억제하는 데 익숙하다고 하겠다. 특히 관계를 맺고 있지 않은 일반적인 타인보다는 오히려 가깝고 친밀한 사람들과의 관계에서 이러한 성향이 두드러진다.

한국인의 감정 표현 억제 성향은 정서 반응 양식에 대해 성과 세대 간의 차이를 살펴본 민경환과 동료들(1998)의 연구에서도 확인되었다. 연구결과, 전반적으로 자녀(대학생) 세대가 부모 세대보다 정서적 각성을 더 크게 경험했고, 이러한 차이는 여학생과 어머니 집단보다는 남학생과 아버지 집단에서 뚜렷했다. 아버지들이 체험하는 정서적 각성 정도는 어머니, 여학생, 남학생 집단과 비교하여 전반적으로 낮았으며, 동성인 남학생들과도 유의미한 차이를 보였다. 그러나 어머니들은 여학생과 비교하여 유의미한 차이를 보이지 않았다. 다시 말해 여성들은 나이에 따라 정서적 각성과 관련된 생리적 반응에서 차이가 없었지만, 남성들의 경우에는 나이가 들면서 정서적 각성에 대한 생리적 반응이 약화되었다. 연구자들은 이러한 정서적 각성 약화 현상과 세대차의 원인을 한국 사회의 문화적 특성을 들어 논의하고 있다. 한국 문화에서는 성숙한 어른은 자신의 정서를 조절할 줄 알아야 한다는 기대와 여성이 남성보다 정서적이라는 사회적 통념이 존재한다. 이러한 통념은 부자 중심의 유교 문화권인 우리나라에서 특히 강조되어 온 가치로, 부모 세대 중에서도 남성인 아버지들에게 더 큰 영향을 미친다. 반면에 부모 세대에 비해 유교 가치에 큰 영향을 받지 않은 젊은 세대들은 정서를 느끼고 표현하는 것이 부모 세대에 비해 그 정도가 크다.

이것은 개인의 정서 체험에 미치는 문화적 가치관의 영향력을 보여 주는 결과로, 동서양 비교문화 연구에서도 이를 확인할 수 있다. Tsai와 동료들(2006)은 동아시아인들은 차분함(calm), 평화로움(peaceful)과 같이 낮은 각성 상태의 정서를 긍정적으로 인식하는 반면, 미국인은 흥분됨(excitement), 의기양양함(elation)과 같이 높은 각성 상태의 정서를 긍정적으로 인식함을 보여 주었다.

더불어 한국 문화에서는 연장자 또는 높은 지위의 상대일 경우에는 직접적으로 정서나 의사를 표현하는 것은 상대방의 감정, 권위나 체면 등을 상하게 할 수 있기에 표현에 더욱 주의를 기울인다. 따라서 한국인은 관계와 상황 맥락을 파악하여 적절하게 타인지향적인 행동을 취하고자 하기 때문에 자신의 정서나 생각을 직접적으로 표현하는 것을 꺼려 감정 표현을 억제하게 되고, 사회적 체면을 위해 우회적이고 애매한 언술을 사용하게 된다. 이때 간접적인 표현과 애매한 언술은 상대방에 대한 공손, 예의와 존중을 표현하고 체면을 보호한다는 의미를 지닌다.

(2) 체면 민감성

한국인의 타인지향적인 태도와 관련된 행동으로 문화 및 사회 심리학에서 자주 언급되어 온 체면이 중추적 개념으로 들어가며(최상진, 최연희, 1989; 최상진, 2000a), 체면은 한국인의 인간관계 및 사회적 행동에 선행적으로 요구되는 심리 기제라고 할 수 있다(최연희, 1990). 사실 체면은 한국 문화에만 존재하는 독특한 개념이 아니라 타문화에도 존재하는 보편적인 심리적 개념이다.

Ho(1976)는 체면을 타인이 부여하는 사회적인 가치로 정의하고, 개인의 사회적 위치가 높아질수록 그에 상응하는 사회적인 가치도 증가하기 때문에 체면도 높아지게 된다고 하였다. 따라서 지위가 낮은 사람보다는 높은 사람, 강한 권력을 지닌 사람, 종교적 의식을 주관하는 사람 등에게서 체면은 더 중요시된다(최상진, 유승엽, 1992; Ho, 1976). 즉, 체면은 사회적으로 바람직하다고 여기는 이미지를 얻음으로써 자신의 긍정성을 다른 사람들에게 공적으로 인식시키는 것으로(Goffman, 1967), 자신이 사회적으로 얼마나 바람직하고, 타인으로부터 존중받을 만한 사람인지를 반영하게 된다(Hu, 1944). 따라서 체면은 개인주의 문화인 서양보다는 위계적이고 집단적인 문화인 동아시아에서 더 큰 중요성을 지니는데(Ho, 1976), 집단주의 문화권에서는 스스로가 자신을 얼마나 긍정적으로 생각하는지보다는 타인이 자신을 얼마나 긍정적으로 생각하는지가 더 중요한 가치이기 때문이다.

각 문화권에서 중요시하는 문화적 가치와 규범에 영향을 받는 체면은 문화권에 따라 타인에게 인정받고자 하는 바람직한 이미지에 대한 차이가 존재하기 때문에 문화권마다 추구하는 체면의 양상에는 차이가 있다. 개인주의적이고 자기지향적이며, 평등을 중시하는 문화적 가치를 지니고 있는 서양인의 경우에는 자신의 의사에 따라 자율적으로 결정하고 행동하는 독립성과 자신의 개성과 능력에 대한 인정을 추구하는 자기완성적 측면의 체면이 강하다(Goffman, 1967).

반면에 집단의 조화를 중요시하며, 타인을 의식하고, 위계와 서열을 중시하는 문화적 가치를 지닌 한국인의 경우에는 타인의 기대 또는 규칙에 부응하는 규범성과 사회적인 지위나 신분이 함축하는 개인의 능력 또는 인격적 우월성에 대한 인정을 추구하는 사회적 측면의 체면이 강하다(최상진, 2000a). 한국인은 체면을 통해 개인의 인격적 성숙에 대한 인정을 얻기 때문에 체면은 개인의 인성 발달과 사회성 발달에서 매우 중요한 영향력을 지닌다(최상진, 김기범, 2000). 요컨대 한국인은 사회적인 지위와 신분에 맞은 도덕적 인격과 능력을 기대하며, 지위와 신분이 높은 사람은 곧 도덕적 인격과 능력이 우월할 것이라고 인식한다.

따라서 한국인의 체면은 사회문화적인 맥락에서 공유되는 신분과 지위에 결부되는 속성을 지니며, 상황에 따르는 대처 행동으로서의 성격이 짙고, 자기과시성과 권위주의적인 요소가 강하다. 특히 한국인의 체면은 대인관계에서 중요한 역할과 기능을 하며, 공적인 상황에서 발현될 가능성이 크다(유승엽, 2007). 윤태림(1986)은 한국인의 체면을 형식주의로 규정하고 겉치레적인 행동으로 파악하였는데, 이와 같은 치레체면은 자신이 체면을 차리지 않거나 상대방의 체면을 세워 주지 않으면 자신 또는 상대방의 체면이 훼손될 수 있다고 판단되는 상황에서 발생한다. 이때 한국인은 상대방과의 기존 관계와 상황 맥락을 고려하여 본심과는 괴리되더라도, 최소한의 예의를 갖추는 형식적인 체면 행동을 한다. 이처럼 치레체면은 예의성과 대인 간의 관계가 중시되는 유교 문화권에서 보편적으로 나타나는 체면의 형태로서 타인지향적 행동과 연관성이 높다(최상진, 2000a).

요컨대 유교 가치관의 영향은 한국인들이 가지고 있는 정서 조절(억제), 체면 민감성과 같은 타인지향적 태도 특성에서 확인할 수 있다. 유교 가치관 중 특히 인간관이 타인지향적 태도 형성에 가장 크게 영향을 미치고 있다. 좀 더 자세히 설명한다면 정서 조절(억제)과 체면 민감성의 뿌리는 인간관의 두 가지 하위 요인인 인격 수양(겸손, 수기치인, 반구저기, 충서, 혈구지도의 가치)과 인의예지(측은지심, 수오지심, 사양지심, 시비지심의 가치)에서 출발한다. 인격 수양과 인의예지의 유교 가치관은 사실상 모두 자기 자신으로부터 타인을 향하는 내면적인 규율로서 정서 조절

(억제)과 체면 민감성이라는 한국인의 타인지향적 태도를 형성한 것이다. 결국 한국인들이 타인과의 관계를 고려하여 자신의 심리적 상태를 감추고 본심을 숨기는 언행을 하는 바탕에는 유교 가치관이 존재한다(심경섭, 2014).

즉, 인격 수양과 인의예지를 하위 요인으로 하는 유교의 인간관은 개인으로부터 타인에 이르는 가치지향성을 지니는데, 바로 이것이 한국인 특유의 행동 방식을 만들어 낸 것으로 볼 수 있다. 이러한 결과는 유교 가치관의 영향이 비단 오륜으로 표현되는 사회관에만 국한되는 것이 아니라, 인간관 역시 한국인의 특성을 형성하는 데 중요한 역할을 했다는 것을 보여 준다. 다시 말해서 유교 가치관이 타인지향성이나 오륜에 국한되지 않고 한국인의 행동 특성에 다방면으로 커다란 영향을 준 것이다(심경섭, 2014).

기존의 사회과학 연구들에서는 유교 가치관을 연구할 때 정치철학으로서의 유교나 실생활에서 드러나는 사회관 중심의 연구가 대부분이었다. 이러한 측면에서 주로 유교의 수직적이고 불평등한 특성이 유교 가치관의 본질처럼 인식되기도 하였다(윤태림, 1964). 하지만 유교 가치관의 세계관이나 인간관은 수직적이고 불평등한 관계를 규정하고 있기보다는 자기와 타자를 동일한 인식선상에 놓고 보는 관점들을 포함한다. 그렇다고 해서 유교 가치관을 낡은 구시대의 유물로 비판하면서 유교 가치관의 폐기처분을 논의하는 오류를 범해서는 안 된다고 생각한다. 그보다는 오늘날 한국의 다양한 문화 및 사회심리학적 문제의 해결 방안으로서 유교적인 세계관이나 인간관 및 사회관의 하위 요인과 유교 가치를 활용하여 문제를 해결해 나가는 것이 훨씬 심리적인 저항도 적고, 내적으로도 일관성이 있으며, 유교 가치관의 긍정적인 측면들을 잘 살릴 수 있는 방법이 될 것이다.

이런 관점에서 유교의 재해석에 대한 논의에 주목할 필요가 있다. 사회 일각에서 유교를 버려야 할 과거의 유산으로 보는 것만은 아니다. 오히려 유교를 '동아시아의 브랜드'로 보는 주장이 새롭게 제기되고 있다. 그 사례로 중국은 베이징 올림픽의 개막식 퍼레이드를 통해 유교가 중국의 기초를 이루는 가르침이자 가치임을 세계에 공표하였다. 또한 우리나라 언론에서도 유교가 가진 저력을 재평가하자는 새로운 관점을 제안한 바 있다(KBS인사이트아시아 유교 제작팀, 2007). 이처럼 유교는 '사회공동체 이념과 행동 규범'이 되는 미래지향적인 가치관으로 볼 수 있으므로(한덕웅, 1997) '개인의 선과 타인의 선을 조화'(차재호, 1994a)시키는 방향으로 새로운 한국적 문화 설계가 가능하다는 주장도 설득력이 크다고 하겠다. 결론적으로 동아시아인들에게 유교 가치관은 끊임없이 재해석되어야 하는 근본적인 가치라고 할 수 있다.

제16장

한국의 범죄 현상

각 국가는 고유한 범죄 현상을 가지고 있으며, 이런 현상에는 문화의 영향이 크다는 점을 앞선 제10장에서 밝힌 바 있다. 한국 역시 주요 범죄 발생 유형 및 형태 등에 있어 다른 국가들과는 다른 특색을 보이며, 여기에는 다양한 문화적인 속성이 녹아 있다.

그러나 한국의 범죄 현상을 문화적인 관점에서 이해하는 것은 쉬운 일이 아니다. 특히 범죄 현상이 급격히 변화하고 있는 최근의 상황을 고려하면 비판받을 수 있는 접근방식이다. 범죄가 문화의 결과라고 한다면 문화가 지속되는 한 범죄 현상 역시 유사하게 유지될 것으로 기대할 수 있지만 국내 범죄는 비교적 짧은 기간 동안에 급격한 변화를 보이고 있다.

우선, 대중의 인식과는 달리 국내 범죄는 전반적으로 감소 추세에 있다. 살인, 강도, 성범죄, 절도, 폭력 등 주요 범죄들이 꾸준히 감소하는 등 양적인 변화를 보이고 있으며, 질적인 변화도 동시에 발생하고 있다. 급격한 문화와 기술의 변화 속에서 이상동기 범죄, 대규모 온라인 사기, 디지털 성범죄 등 새로운 유형의 범죄들이 증가하는가 하면, 가정폭력, 아동학

대, 교제 폭력, 스토킹 등 친밀한 관계에서의 범죄가 새롭게 주목받고 있다.

범죄 발생 추세는 지속적으로 변하기 때문에 한 시점의 실태를 가지고 특정 문화의 결과라는 결론을 내리기는 힘들다. 그러나 이러한 특징은 오히려 문화의 특징을 많이 닮아 있으며, 비슷한 현상을 자연에서도 발견할 수 있다. 외래종이 국내에 침입한 이후 급격히 확산되다가 어느 시점에 사라지거나 세력이 약화되듯이, 범죄 현상도 마찬가지로 특정 지역에서의 전파 또는 발생 과정에서 특별한 적응 과정을 거친다. 문화 일반은 물론 범죄 현상도 그 지역의 특수한 환경적 특성과 잘 맞아떨어져야 적응력을 가지고 지속될 수 있기 때문이다.

이번 장에서는 먼저 한국의 범죄 발생 실태를 분석하여 외국과 비교한 국내 범죄의 상대적인 특성을 확인할 것이다. 또한 국내 범죄 발생의 시간적인 변화 양상을 분석함으로써 문화(의 변화)가 범죄의 변화에 어떤 영향을 미치는지 확인하고자 한다.

1. 한국의 범죄 실태

1) 범죄통계의 의의

한국의 범죄 현상과 심리적 특성을 연구하기 위해서는 공식적으로 집계된 범죄통계를 확인하는 것이 중요한 출발점이 된다. 앞서 제10장에서 밝힌 바와 같이, 문화는 이미 공식적인 범죄 대응에 중요한 영향을 미치기 때문에 일차적으로 범죄의 규정과 분류에 있어서 중요한 의미를 가진다. 따라서 범죄통계 자체는 이미 문화적인 인식이 반영되어 있어 범죄 현상을 확인할 수 있는 중요한 자료다. 그러나 같은 이유로 공식 범죄 통계는 실제 발생 범죄가 모두 집계되지 않는 오류가 있을 수 있다.[1)]

더욱이 범죄 실태의 관점에서 범죄통계는 개별 범죄 행위(사건)의 의미 파악을 위한 단서가 된다. 즉, 범죄 심리학자들에게 범죄의 발생률, 발생 원인 및 영향 요인 등에 대한 이해는 매우 중요한 의미(Bartol & Bartol, 2018)를 가지는데, 범죄 현상의 전체적인 정보를 바탕으로 특정 사건이 가지는 의미(예, 특수성)를 파악함으로써 범죄에 대해 평가를 하는 기준이 될 수 있다.

또한 범죄통계를 바탕으로 범죄 현상의 경중을 파악하고 형사정책적 초점을 두기 위한 판단 자료로 삼을 수 있다. 특정 국가나 지역의 범죄 발생 수준, 유형 등을 파악하는 것은 문화와의 관련성을 확인하는 데 있어서도 중요한 의미를 가질 수 있다. 따라서 국내 범죄 현상을 이해하기 위해서는 공식적인 범죄 통계를 잘 활용할 필요가 있다.

하지만 범죄 발생 수준은 시간과 장소에 따라 변동할 수 있기 때문에 항상 최신 통계와 데이터를 참고하는 것이 중요하다. 범죄 발생 수준은 경제 상황, 사회적 요인, 법 집행 등 여러 가지 요인에 영향을 받을 수 있다.

다만, 통계 자체가 가진 함정에 주의할 필요도 있다. 범죄는 정확한 발생량을 파악하기 힘든 대표적인 분야이고, 발생과 무관한 요인의 영향을 받기도 한다. 즉, 일반인의 범죄에 대한 인식, 최신 사건의 영향 등에 따라 관련자들의 신고율은 차이를 보인다. 이러한 인식과 태도의 차이는 결국 공식적인 범죄통계에도 영향을 미친다. 이러한 요소들은 통계에서 논의되는 비표본 오류 중 조사현장 오류에 해당하는 것으로 범죄통계에서 중요한 부분이며, 문화적인 요인이 작용하는 부분이라는 점에서도 중요하게 고려될 필요가 있다. 예를 들어, 한국의 범죄 신고 비

1) 범죄학에서는 수사기관에서 인지하지 못하는 것 등의 이유로 집계되지 않은 범죄를 암수(暗數)범죄라고 한다.

율은 매우 낮은 것으로 추정된다. 2008년을 기준으로 한 연구에서는 실제 사건에 대해 침입절도범죄 8.6%, 침입강도 9.7%, 대인절도 1.3%, 대인강도 2.4%, 성폭력범죄 12.5%, 심각한 상해 28.0%에 불과한 것으로 추정되기도 했다(황지태, 2010). 형사사법기관에 인지되지 않은 암수범죄의 비율이 매우 높은 것으로 평가된다.

2) 국내 범죄의 양적 수준

한국의 범죄 발생 수준은 범죄 유형에 따라 다른 나라와는 차이가 있다. 그러나 일반적으로 한국은 비교적 안전한 나라로 여겨지며, 범죄 발생률도 다른 국가와 비교해 낮은 편에 속한다. 예를 들어, 경제 협력 개발 기구(OECD)의 데이터에 따르면 2019년 기준 한국의 경범죄 발생률은 10만 명당 약 1,517건으로 보고되었다. 이는 OECD 평균인 3,362건보다 낮은 수치이다.

(1) 국내 범죄 발생 추이

국내 범죄는 시대별로 변화를 겪어 왔지만, 1970년대 이후부터 범죄 발생률을 보면 점진적인 변화를 겪어왔음을 알 수 있다. 국내 범죄 발생 추세에 큰 변곡점이 된 시기가 2000년대 초반, 특히 2002년에 큰 변화(형법 범죄가 2001년 인구 10만 명당 1,000건 수준에서 2002년 1,500건 이상으로 급증)가 있은 이후 일정한 수준을 유지하고 있으며, 2015년에 최대 발생 건수를 보인 이후에 전반적으로 감소 추세를 지속하고 있다.

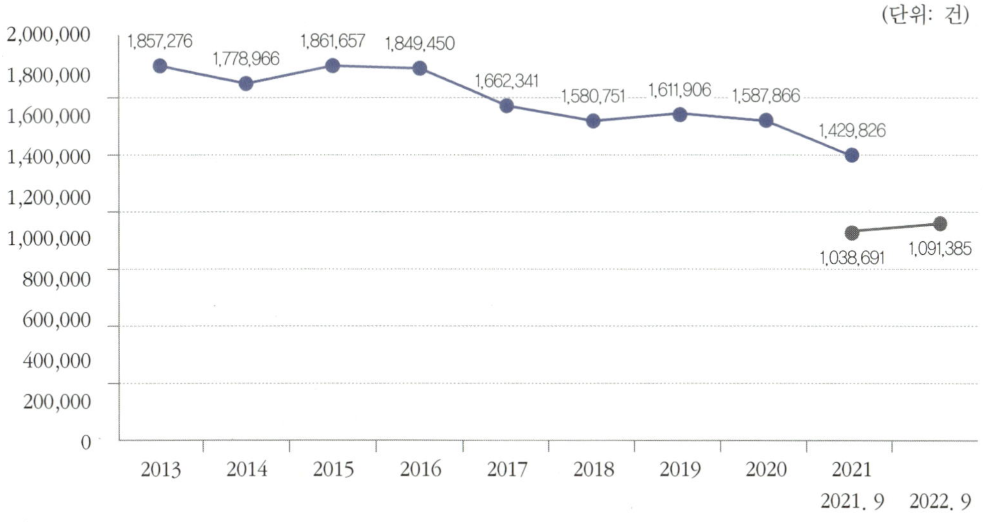

[그림 16-1] 최근 10년 간 전체 범죄 발생 건수

출처: 경찰청(2022).

그러나 국내 범죄 발생량의 감소에 있어서 중요하게 다루어야 할 부분이 있다. 전체적인 범죄 발생량이 감소 추세에 있지만, 이러한 결과는 교통범죄라고 불리는 범죄 유형의 감소에 힘입은 바가 크다. 그런데 교통범죄는 교통사고, 음주운전 등을 대거 포함하는 유형으로, 직관적인 의미(고의적이고 침해적인 행위)의 범죄와는 차이가 있어서 교통범죄의 감소는 범죄 현상의 감소로 평가되기 힘든 측면이 있다.

그렇다면 한국의 범죄 유형별 발생 실태는 어떨까? 주요 범죄로 평가되는 5대 범죄에 있어서 뚜렷한 감소세를 보이고 있다. 특히 범죄 실태를 가늠하는 기준이 되는 살인, 강도, 강간 · 강제추행, 절도, 폭행 등의 지표범죄 또는 5대 범죄라고 불리는 범죄 유형이 감소하고 있는 것은 치안 수준의 평가에 있어서 중요한 의미가 있다. 주요 범죄들에 대한 대응 시스템이 잘 작동하고 있는 것으로 해석이 가능하다.

그러나 간과해서는 안 될 것은 주요 범죄가 감소한 만큼 새로운 범죄가 증가하고 있다는 것이다. 전통적인 재산범죄인 절도범죄가 감소한 대신에 사기범죄가 비정상적으로 증가하였다. 이외에도 국내에서 발생하는 특징적인 범죄 현상들에 대해서 살펴볼 필요가 있다. 이는 한국의 문화를 이해하는 한 가지 방법이 될 것이다.

표 16-1 범죄 유형별 발생 건수 변화

(단위: 건)

유형	2013	2014	2015	2016	2017	2018	2019	2020	2021	2021.9	2022.9
계	1,857,276	1,778,966	1,861,657	1,849,450	1.662,341	1,580,751	1,611,906	1,587,866	1,429,826	1,038,691	1,091,385
강력범죄	26,962	25,277	25,334	25,765	27,274	26,787	26,476	24,332	22,476	16,045	18,608
절도범죄	288,343	266,222	245,853	203,037	183,757	176,809	186,957	179,517	166,409	120,287	131,312
폭력범죄	294,187	290,073	305,947	309.394	293,086	287,611	287,913	265,768	232,661	169,562	181,858
지능범죄	329,439	298,652	316,121	312.577	302,466	344,698	381,533	424,642	361.107	258,664	305,090
풍속범죄	27.474	25,070	24,491	26,165	22,501	20,162	21,153	22,632	23,360	15,096	20,034
특경범죄	71,019	72,908	86,329	65,025	53,356	53,994	51,400	47,826	40,708	28,890	35,211
마약범죄	4,598	4,825	6,411	7,329	7,501	6,513	8,038	9.186	8,088	6,484	8,159
보건범죄	20,383	14,657	14,602	14,662	12,561	11,033	12,570	14,595	16,936	11,527	14,917
환경범죄	4,135	2,536	2,955	4,349	4,879	4,791	3,877	3,568	3,656	2,752	2,609
교통범죄	573,453	573,493	596,665	600,401	501.162	408,371	377,354	348,725	308,634	237.265	177.822
노동범죄	1,721	1,308	1,145	2.457	2,862	1.883	975	356	406	282	643
안보범죄	135	84	121	81	98	69	169	216	206	151	164
선거범죄	398	1,874	760	1,018	640	1,897	611	829	274	213	2,504
병역범죄	26,173	21,549	18,726	16,651	15,327	14,271	12,712	3,845	1,823	1,486	2,186
기타 범죄	188,855	180.437	216,197	260.539	234.871	221,862	240,168	241.829	243,082	169,708	190,268

출처: 경찰청(2022).

3) 국내 범죄의 질적 변화: 유형 변화를 중심으로

한국의 범죄 현상은 다양한 변화를 겪었다. 다행히 최근에 한국의 범죄 발생률은 전반적으로 감소하는 경향을 보이고 있다. 특히 심각한 범죄의 발생률이 줄어들고 있어 긍정적인 현상으로 해석된다.

이는 범죄 현상을 간접적으로 파악할 수 있는 언론기사의 분석을 통해서도 확인할 수 있다. 국내 언론기사를 빅데이터 기법으로 분석하는 플랫폼인 빅카인즈(BIG KINDS)를 통해 시대에 따른 범죄 기사 내용의 변화를 검토해 보면 짧은 기간 동안에 국내 범죄 발생 동향이 큰 변화를 보이고 있음을 알 수 있다. 2010년대 초반까지만 하더라도 2000년대 초반부터 발생하던 범죄 현상의 영향이 이어져서 연쇄살인범, 엽기 살인마, 성폭행 등의 극단적인 범죄 유형들이 주된 기사 내용으로 다루어졌지만, 2020년 무렵에는 주요 키워드들이 성폭력, 피해자, 양형 기준 등으로 변화하였다. 상대적으로 범죄의 심각성은 감소하였고, 가해자 중심에서 피해자 중심으로 관심이 옮겨 갔으며, 성폭력 범죄를 둘러싼 양형 이슈가 관심을 받았다.

또한 성범죄, 아동 · 청소년 관련 범죄(가해자, 피해자) 사건에 대한 관심이 커지고 있다. 이는 성폭력, 가정폭력, 아동학대 등의 범죄에서 드러나는 사회적 약자에 대한 관심의 증가와 관련이 있으며, 여성들의 안전과 성범죄 예방에 대한 논의와 노력이 증가하고 있음을 알 수 있다.

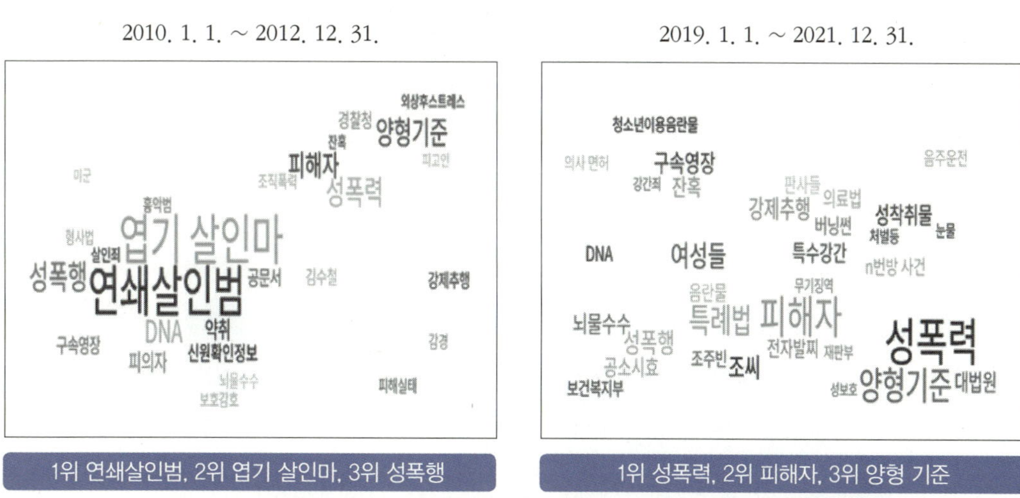

[그림 16-2] '빅카인즈' 분석을 통한 시기별 범죄 관련 언론기사 키워드 분석[2)]

2) 분석 설정: 언론사(중앙지), 통합 분류(사회), 사건사고 분류(범죄), 상세 검색(뉴스/범죄)

아동학대와 학교폭력 등 아동을 대상으로 하는 범죄가 큰 주목을 받는 가운데 청소년의 가해자로서의 특성들도 주목을 받고 있다. 학교폭력, 그 이외의 청소년 간의 갈등, 스마트폰 중독 등 문제들이 늘어나고 있으며, 소년범죄의 조기화와 관련된 촉법소년 논쟁이 형사사법정책에서 중요한 이슈로 다루어지고 있다(박소현, 2023).

이외에도 최근 중요한 사회문제가 되고 있는 범죄 유형들이 있어 주의가 요구되고 있다. 특히 디지털 성범죄나 이상동기 범죄(묻지마 범죄)는 변화한 한국의 사회적 환경에 따른 결과로 평가되고 있어 이들 범죄에 대한 구체적인 설명이 요구된다.

(1) 디지털 성범죄

인터넷과 정보 기술의 발전으로 디지털 범죄도 늘어나고 있다. 사이버 범죄, 온라인 사기, 개인정보 유출 등과 관련된 범죄가 증가하고 있다. 디지털 성범죄는 카메라 등의 매체를 이용하여 상대방의 동의 없이 신체를 촬영한 후 유포, 협박, 저장, 전시하거나 사이버공간, 미디어, SNS 등에서 자행하는 성적 괴롭힘(시사상식사전)으로 정의된다. 김한균(2017)은 현실 공간의 물리적 접촉 없이도 피해자에게 성적 수치심을 주는 신체적 · 정신적 폭력으로 정의되는 '사이버 성범죄'라는 용어를 사용하기도 하였다.

디지털 성범죄 유형은 성적 촬영물 비동의 유포, 공공장소 불법 촬영 후 게시, 사진 성적 합성 후 게시 등 이외에도 넓은 의미에서 사이버공간 내 성적 괴롭힘과 온라인 그루밍 등 다양한 행위 유형을 포함한다(한국사이버폭력대응센터, 2018).

디지털 성범죄는 주로 사이버공간을 매개로 이뤄지는데, 익명성, 간접성 등으로 인해, ① 행위가 잔혹해지고, ② 통제가 어렵고, ③ 피해가 장기화되고, ④ 처벌이 어려운(법규 미비) 문제

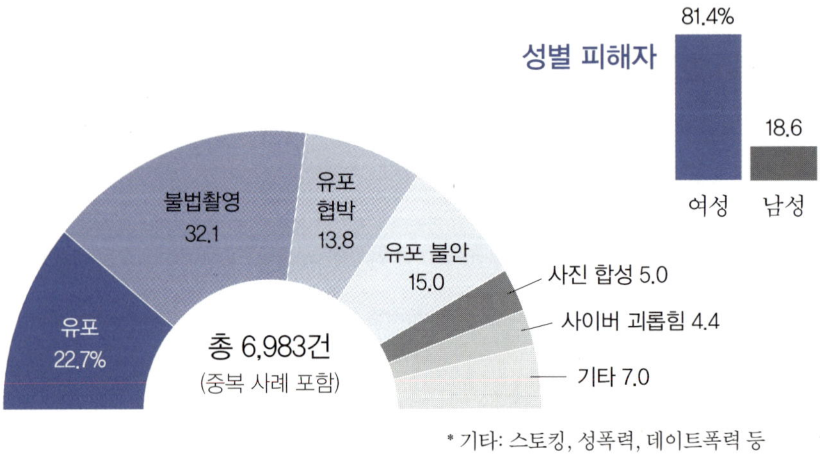

[그림 16-3] 디지털 성범죄 피해 현황(2020년 기준)

등의 위험성을 안고 있다. 또한 프라이버시 보호의 역설로 디지털 성범죄가 더욱 기승을 부리고 있다. 즉, 디지털 성범죄의 확산에는 온라인 플랫폼들이 중요한 역할을 하고 있는데, 각종 대형 콘텐츠 유통 플랫폼에서 주요 콘텐츠로 음란물을 유통시키고, 은밀함을 강조하는 SNS에서는 사적인 불법 콘텐츠 공유 환경을 방관 및 조장하고 있는 실정이다.

국내에서는 2020년에 소위 'n번방 사건'으로 불린 조직적인 성착취가 가장 대표적인 사건으로 인식되고 있으나 그 이전에도 이미 여러 사건을 통해서 디지털 성범죄의 위험성에 대한 경고음을 내왔다. 가령, 2015년의 '소라넷 사건'에서는 그루밍 방식의 아동 성착취를 포함한 불법 성착취물을 대규모로 유통하는 사건이 드러났으며, 2017년의 리벤지 포르노 사건들에서는 헤어진 연인 등에 대한 보복 심리로 성적 촬영물을 인터넷 공간에 유포하는 일련의 불법 영상물 유포 행위가 수면 위로 드러났다.

2018년에는 웹하드카르텔로 불리는 대형 콘텐츠 유통 플랫폼들이 음란물 거래 조장을 통

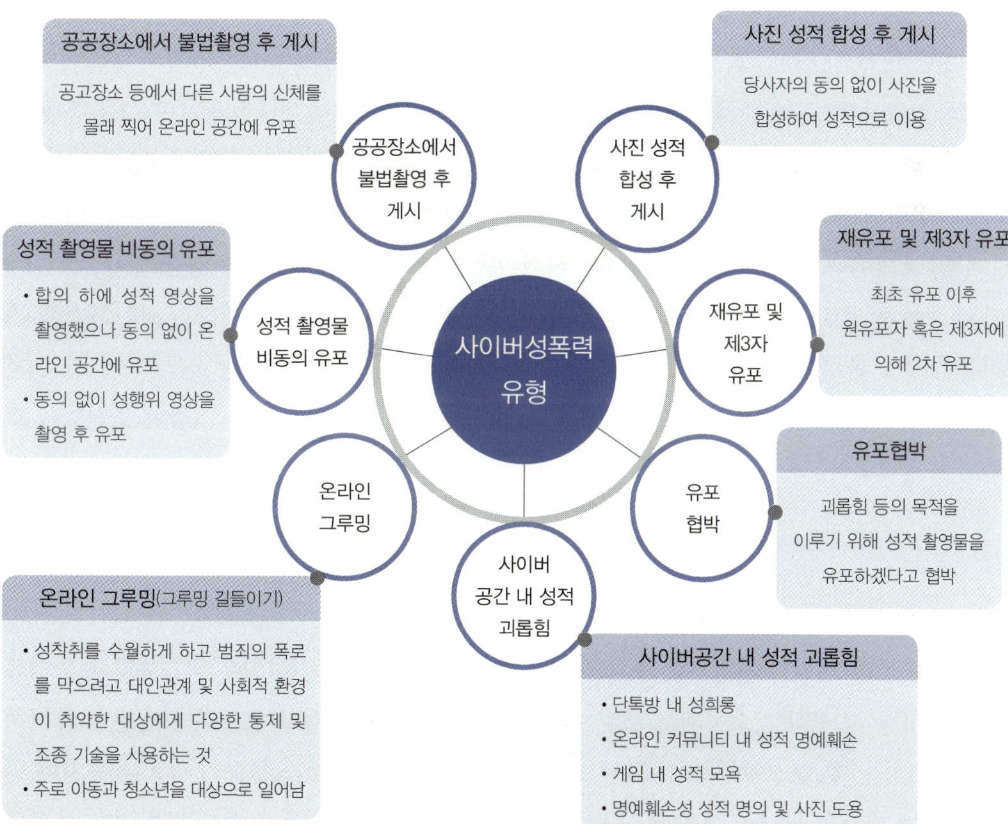

[그림 16-4] 사이버폭력의 유형

출처: 한국사이버폭력대응센터(2018. 8. 31.).

해 수익을 창출해 온 정황이 포착되어 사회적인 물의를 일으켰고, 같은 해의 '웰컴투비디오(Welcome to Video)' 사건에서는 국내 운영자가 다크웹 상에서 전 세계 이용자를 대상으로 가상화폐로 대가를 받으며 아동 성착취물을 유통하는 불법 행위를 한 끝에 FBI와 국내 경찰의 공조수사에 체포되기도 했다.

하지만 이러한 사건들은 n번방 사건의 전주곡에 불과했다. 보안성이 높은 것으로 알려진 SNS(텔레그램)를 기반으로 가해자들은 n번방, 그리고 박사방이라는 성착취를 위한 온라인 공간을 개설하였으며, 개인정보 보호의 장막 속에서 수없이 많은 피해자가 발생하였다. 문 씨(대화명 갓갓) 외의 운영진 다수가 성착취물 구매자가 공범이 된 n번방에서는 중학생 등 미성년자를 포함하여 피해자만 50~60명에 이르고, 자체 제작된 아동 성착취물이 3,500여 개에 이르는 것으로 밝혀졌으며, 조 씨(대화명 박사) 외의 다수의 운영진, 유무료 회원이 공범이 된 박사방에서는 미성년자를 포함하여 345명을 대상으로 하여 성착취물을 제작 및 유포하였다(치안정책연구소, 2020).

조직적인 디지털 성범죄가 다수의 피해자를 양산할 수 있었던 이유는 크게 세 가지 측면에서 살펴볼 수 있다. 첫째, 역할 분담(피해자 유인책, 개인정보 조회책, 관리책, 홍보책, 유료회원 모집책, 수익금 전달책, 수익금 수거책, 피해자 대면자 등) 및 등급화(회원 등급에 따라서 이용 가능한 콘텐츠, 역할 등이 차별화되도록 운영. 회원들을 공범으로 끌어들여 비밀 유지 및 경쟁적 참여 유도)를 통한 조직화된 가해자가 있었다. 둘째, 채팅앱을 이용하는 과정에서 나체사진, 신상정보를 불법 취득당해, 힘의 불균형 상태에 놓이고, 피해가 커질수록 종속성이 강화되는 취약한 피해자가 있었다. 셋째, 텔레그램 등 보안성을 강조하는 해외 메신저를 통해 공유방을 운영함으로써 노출과 보안 수준을 임의로 조절하는 것이 가능하여 장기간 유지되면서 대규모 피해를 양산하게 되는 최적화된 공유 환경이 있었다.

이러한 세 가지 조건이 오늘날 보편화된 온라인 환경에서 얼마든지 창출 가능한 조건임을 고려하면 조직적인 디지털 성범죄는 얼마든지 재발할 수 있으며, 지금도 어딘가에서 벌어지고 있는 현실로 추측된다.

(2) 이상동기 범죄(묻지마 범죄)

오늘날 한국은 개인화되어 가는 추세에 있으며, 이러한 개인화의 원인은 핵가족화와 도시화 등에서 찾아볼 수 있다(김수영 외, 2022). 또한 우리나라는 선진국화와 서구화의 진행이 급격히 이루어지고 있는데, 한국보다 개인화 정도가 더 심한 선진국들에서는 무동기 범죄나 묻지마 범죄로 불리는 새로운 범죄 유형이 많이 발생하고 있으며, 이러한 이유로 묻지마 범죄는 선진국형 범죄로도 불리고 있다.

개인화는 타인과의 접촉 기회를 줄이고, 타인들과의 원만한 관계 맺음 방식을 약화시킴으로써 내성적인 성격을 유발할 수 있다. 그리고 이러한 부적응적인 대인관계 방식이 불특정 다수에 대한 범죄 행위를 유발하는 것으로 보인다.

4) 범죄 발생 동향의 변화요인

(1) 범죄 수단의 변화

이외에도 국내 범죄는 범죄 발생 방식과 관련하여 최근 새로운 국면을 맞고 있으며, 이러한 변화의 중심은 사회적 변화에 있다. 범죄 발생의 조건을 제안하는 일상활동이론(routine activity theory)[3]을 참고한다면 가해자와 피해자의 접촉 방식이 크게 변화했기 때문으로 풀이할 수 있는데, 일정한 물리적 거리를 중심으로 범죄가 발생할 수밖에 없었던 과거에 비해 온라인 활동의 확대, 국제적인 이동 등이 용이해져서 실제로 국경을 초월한 범죄들이 많이 발생하고 있다.

이에 따라 인터넷에서만 발생 가능한(internet-specific) 범죄와 인터넷에서도 발생 가능한(internet-enabled) 범죄 모두 증가하는 추세에 있다. 사이버범죄 증가 초기에는 경찰에서도 전담 조직이 이를 담당하였으나, 현재는 모든 수사 부서에서 사이버범죄 구분 없이 사건을 담당하고 있는 실정이다. 이는 온라인 범죄가 일반화된 현실을 반영하는 것이다.

특히 온라인을 이용한 불법 콘텐츠의 제작 · 유통 · 소지 행위 및 불법 촬영 등 온라인 성범죄가 기승을 부리고 있다(오세진, 2022. 12. 29.). 전체 성폭력 범죄 가운데 아동 · 청소년 대상의 성착취물 제작 및 배포, 불법 촬영(카메라 등 이용한 촬영 및 배포)과 같은 디지털 성폭력 범죄가 차지하는 비율이 크게 증가하였다. 디지털 성폭력의 비율은 2017년 20.2%, 2018년 20.4%, 2019년 20.2%, 2020년 25.1%에서 2021년 33.0%로 증가한 것으로 확인되었다(여성가족부, 2022). 이 과정에서 암호화 화폐는 범죄의 수단으로 이용되거나, 해킹 등 범죄의 대상이 되기도 한다. 또한 공개된 온라인 공간에 비해 접근이 어려운 다크웹을 이용한 각종 불법 행위는 그 실태조차 확인되지 않고 있다.

(2) 사회적 변화

범죄의 발생에서 중요한 의미를 가지는 중요한 타자와의 관계 및 대인관계 양상의 변화는 커

3) Cohen과 Felson(1979, 2010)의 일상활동이론에서는 장소를 중심으로 범죄의 기회요인에 초점을 두었으며, 동기화된 가해자(motivated offender), 적절한 목표(suitable target), 보호 능력의 부재(absence of capable guardianship)라는 조건하에서 범죄가 발생한다고 주장하였다. 범죄 발생의 기본 조건을 설명하는 이론이기 때문에 다양한 범죄 현상을 설명할 수 있다.

다란 범죄 환경적 변화를 초래한 것으로 보인다. 한국의 가족제도 및 가구 형태 변화는 가족에 대한 커다란 관념의 변화를 유발하였다. 한국의 독특한 가족관계를 대변하는 가족의 형태는 대가족 제도였다. 그러나 대가족이 핵가족으로 변화하더니 현재는 개별화된 나노가족이라는 표현까지 등장하였다. 2022년을 기준으로 전국 평균 1인가구 비율은 무려 34.5%에 달한다.[4)]

1인가구가 범죄와 관련하여 가지는 사회적 함의는 크다. 범죄의 가해와 피해 두 측면 모두에서 1인가구는 위험성이 크다. 동거 가족이 가지는 범죄 억지력을 기대하기 힘들다. 혼자 사는 사람은 각종 일탈이나 범죄 행위에 대한 감시로부터 자유로우며, 혼자 사는 사람의 경우에는 각종 침입범죄의 표적이 되기도 한다(송현주, 2024. 10. 2.).

가구 형태의 변화는 가족을 포함하여 타인에게 영향력을 행사하는 밀접한 관계의 약화를 초래하였다. 이러한 변화는 사회적 억제력을 약화시켰지만 사람들은 대인관계의 욕구를 가지고 있기 때문에 대안적으로 온라인을 통한 약한 연결망의 증가를 동시에 초래하였다. 물리적으로 가까운 거리에 있는 사람과의 관계가 아닌 온라인망을 통해 연결된 대상들과 실질적인 관계를 형성하고 있다. 온라인을 통한 각종 관계망의 형성은 대인관계에서 나타나는 각종 욕구를 충족시켜 줌으로써 범죄 감소에 기여하는 바도 있겠지만, 범죄와 관련된 각종 정보(범죄 수법 등)의 제공을 통해서 범죄 유발의 중요한 통로가 되고 있다.

그 결과로 각종 사기범죄, 학교폭력 등 관계를 이용한 범죄들이 주로 온라인 범죄의 주요 유형으로 나타나고 있다.

(3) 범죄 발생 영향 요인의 다양화

범죄와 관련된 정보 출처가 다양화되고, 자극적 자료가 증가함에 따라 시민들의 불안감이 심화되고 있다. TV는 온갖 종류의 범죄 시사프로그램으로 가득하다. 두려움의 대상이 되는 범죄에 대해 사람들의 관심이 집중되는 이유는 무엇일까? 범죄는 기본적으로 사람의 주의를 끄는 특성을 가지고 있다.

일반인의 관점에서 범죄에 대한 관심은 범죄에 대한 두려움과도 관련되어 있다. 사람들은 범죄에 대한 불안을 겪는 것과 동시에 이를 통제하기 위해서 다양한 인지적 편향을 사용하게 된다. 과거에는 언론보도로 인해 각종 강력범죄 사건을 접하더라도, 적어도 범죄 가해자와 피해

4) 1인가구의 증가는 혼인율 감소와 초혼 연령 지체에 따른 미혼 독신가구의 증가, 이혼이나 별거에 따른 단독가구의 증가, 그리고 고령화에 따른 노인 단독가구의 증가 등에 기인한다. 1인가구는 2000년대에 들어 크게 늘어났다. 1인가구의 비율은 2000년 15.5%에서 2022년 34.5%로 증가하였다. 같은 기간 4인가구의 비율이 31.1%에서 13.8%로 감소한 것과 대비된다(https://www.index.go.kr/unify/idx-info.do?idxCd=5065).

자에 대한 고정관념을 통해 범죄에 대한 심리적 안정을 얻었다. 그러나 이상동기 범죄(묻지마 범죄)가 잇따라 발생하는 최근의 범죄 추세하에서는 좀처럼 범죄를 일반화하기 어렵고, 따라서 주관적인 범죄 공식을 통해서 심리적 안정감을 얻기가 힘들다. 즉, 예전에는 "내가 잘못하지 않는 한 피해자가 될 일은 없다."는 심리적 보호기제(불안으로부터 자기방어)를 사용할 수 있었지만, 지금은 효과적인 방어기제를 사용하기가 쉽지 않은 환경이 되어 가고 있다.

범죄와 관련된 불확실성이 증가하는 환경하에서는 개인의 조절 능력 역시 중요해지고 있지만, 현실은 반대의 결과를 보여 주고 있다. 즉, 개인의 조절 능력은 갈수록 감소하고 있는 것으로 보고되고 있으며, 이는 물질 · 행위 중독 증가라는 결과로도 나타나고 있다(최아라, 2021).

이처럼 환경적 위험과 불확실성이 증가하는 환경에서는 예측 가능성뿐 아니라 실제 범죄 발생의 위험성이 커진다. 따라서 범죄에 대한 효율적인 대응이 필요한데, 이를 위해서는 초기 평가 및 진단의 중요성이 크다. 관련 기관은 수동적으로 신고, 고소 등에 대응하기보다는 능동적으로 범죄를 예측하여 예방하거나 범행 가능성이 드러난 초기에 범행의 악화를 차단할 필요가 있다. 한국의 범죄 현상은 큰 변화를 겪고 있으며, 이에 따른 대응 방식 역시 변화가 필요하다.

(4) 범죄 대응 방식의 변화

범죄 발생의 변화에 발맞추어 범죄에 대한 대응 방식 역시 큰 변화를 겪고 있다. 먼저 범죄에 대한 사후적인 조치 중심에서 사전적인 범죄 예방 노력이 증가하고 있으며, 정부와 사회단체들이 범죄 예방을 강화하기 위한 다양한 노력을 기울이고 있다. 특히 CCTV 설치, 사회프로그램 및 교육 등을 통해 범죄 예방에 주력하고 있다. 또한 범죄 발생의 국제화 추세에 발맞추어 국제

표 16-2 과거와 현재의 범죄 발생 및 범죄 대응 실태 변화

구분	과거	현재	비고
범죄 발생량	높음 (2013~2014)	낮음	범죄 발생량 감소
주요 범죄 유형	살인, 강도, 방화	성폭력, 가정폭력, 아동학대, 스토킹	범죄자(범죄) 중심에서 피해자 중심으로 변화
범행 방식	접촉	비접촉	범죄의 접근성 증가 (수법, 수단, 대상)
범죄 대응	수사 (사후)	예방 및 예측 (사전)	데이터 활용, 사전 예방 중심
법적 판단 기준	법적 판단 중시	전문가 판단 중시	평가 · 진단 중시
법적 판단의 성격	객관적 요소 중시	주관적 요소 중시	양형 판단의 중요성 부각

적인 협력도 강화되고 있으며, 국제 범죄, 특히 마약 및 사이버 범죄와의 전쟁에서 협력이 확대되고 있다. 다국적인 경찰의 협력과 범죄에 대한 정보교환 등이 중요한 이슈로 부각되고 있다.

5) 범죄심리학적 관점에서 한국의 문화적 특성의 요약

(1) 권위주의(권위주의 성격)

직접적인 범죄 원인으로 지목되는 경우는 많지 않지만, 한국 사회의 범죄 현상을 이해하는 데 권위주의는 중요한 의미를 가진다. 개인적 차원에서의 권위주의 성격은 성폭력, 가정폭력, 아동학대 등 수직적 관계에서의 범죄 현상의 중요한 기초가 될 뿐만 아니라 집단적 수준의 권위주의는 수직적 관계를 공고히 하고 이에 대한 문제의식을 약화시키는 한계를 유발한다. 이처럼 중요한 영향을 미치는 권위주의 성격은 지배와 복종관계, 즉 상위자에 대한 무비판적인 복종과 하위자에 대한 강압적인 지배를 요구하는 성향(Adorno, 2019; Adorno et al., 1950)을 말한다.

국내에서 확인된 연구결과에 따르면, 권위주의 성격을 가진 사람은 인간을 고유한 개인이나 보편적 대상으로 인식하기 보다 사회통념적 집단 구분에 의한 집단 구성원으로서 파악하는 경향이 강하다(김현옥, 2002; 민경환, 1989; 신수진, 최준식, 2002; 임희섭, 2003). 그리고 강자–약자, 지배–복종, 지도자–추종자 등과 같은 이분법적 관계의식, 고정관념과 편견에 의존하는 사고, 강자에 대한 복종과 약자에 대한 공격성 등(김경동, 1993)의 인지적 · 성격적 특성을 가지고 있다.

Adorno와 동료들(1950)에 따르면 권위주의 성격이 강한 사람들은 주로 처벌과 위협에 의존하는 양육태도를 지닌 부모 밑에서 자랐으며, 권위주의적인 부모 밑에서 자라는 자녀의 경우에는 약한 친구들을 괴롭히는 행동을 더 많이 한다고 주장하였다(Knafo, 2003). 학교폭력에 관한 국내 연구에서도 권위주의 성격이 가해, 방관, 피해 등 학교폭력의 발생에서 다양한 역할을 한다는 것이 확인되었다(이종원 외, 2014).

(2) 신뢰

신뢰는 대인관계에서 매우 중요한 요인으로, 대인 간 상호작용을 형성하는 긍정적인 역할을 한다. 이 신뢰를 바탕으로 경제를 지탱하는 화폐 체계가 구축되고, 개인은 현대사회의 중요한 자원인 금전 사용이 가능하게 되므로 신뢰는 자본주의 사회의 중요한 동력이라고 할 수 있다. 신뢰의 사회적 의미가 큰 만큼 다양한 학문 분야에서 신뢰를 연구하였는데, 심리학에서는 신뢰하는 사람과 신뢰를 받는 사람의 특성을 밝히는 데 관심을 가진다. 따라서 개인 내부의 지각과 인지 과정 및 정서에 초점을 두는 경향이 있고(Mayer & Davis, 1999; Rotter, 1971), 행동경제학이나 의사결정심리학에서는 불확실한 상황에서 타인에 대한 긍정적인 기대에 근거한 위험 감수

행동에 연구의 초점을 두고 있다(Kramer, 1999).

심리학에서는 신뢰 당사자들의 심리적인 특성이 신뢰의 수준을 결정하는 것으로 보고 있으며(Rotter, 1980), 신뢰 주체의 측면에서 보면 유아기에 경험하는 어머니와의 관계에 의해 기본적인 신뢰 또는 불신감이 생기게 되고, 이런 신뢰감이 성인기의 신뢰관계 형성에도 이어지게 된다(Erikson, 1950). 반대로 신뢰 대상의 측면에서는 그 대상이 가진 능력(ability), 호의(benevolence), 정직성(integrity)이 신뢰를 형성하는 주된 요인이 되는 것으로 알려져 있다(Mayer et al., 1995).

국가적 차원에서는 경제수준과 국민의 일반적 신뢰는 정적 상관을 보였다(Inglehart, 2000). 반대로 위계적인 종교신자의 비율(Inglehart, 1999), 부패 수준(김재한, 2009)은 국민의 신뢰 수준과 높은 부적 상관을 보이는 것으로 나타났다. 사회적 자본(social capital) 개념으로 유명한 Putnam(1993)에 의하면 한 국가의 시민활동 수준과 그 신뢰 수준이 관련되어 있다.

동양과 서양의 관점에서 신뢰의 특성을 비교해 보면, 먼저 한국을 포함한 동양권에서는 가족주의(Fukuyama, 1995; Yamagishi, 2001), 집단주의(김재한, 2009), 의리(義理) 등을 강조해 왔기 때문에 내집단 등 구체적인 대인관계와 일반적인 대인관계의 신뢰 특성 간에 괴리가 큰 것으로 파악되고 있다. 반면에 서양권에서는 구체적인 대인관계와 일반적인 대인관계에서의 신뢰는 차이가 크지 않은 것으로 인식된다.

한국 사회에서 신뢰의 문제는 특히 사기범죄의 발생과 밀접한 관련을 맺는 것으로 보인다. 최근 사기범죄의 기승은 갑작스런 상황으로 보기보다는 한국 사회에 내재한 다양한 사기범죄의 동기화 요인들이 작용하기 때문으로 추정된다. 첫째, 문화적 요인으로 사기공화국으로 불릴 만큼 실제 사기범죄의 발생율이 높은 현실을 들 수 있다. 둘째, 사회적 요인인 동시에 개인적 위험요인으로 경제적 어려움이 지속되고 있어 잠재적 범죄자의 사기 행위 유발 가능성이 커진 동시에 일반인들이 금전적 유혹에 빠질 가능성이 큰 상황이다. 셋째, 가치적 요인으로 부의 축적이 최고의 성공이라는 자본주의나 배금주의의 풍토 속에서 위험 감수 행위가 증가하는 것도 사기범죄 증가의 중요한 원인이라고 할 수 있다.

2. 한국의 특징적 범죄

1) 갑질

한때 갑질이 큰 사회문제가 된 적이 있다. 주로 재벌일가 등(대한항공 3남매, 웹하드 카르텔, 교촌 등)이 직원에게 폭언과 폭행을 휘두름으로써 사회적 물의를 일으켰다(유병돈, 2018. 11. 19.).

갑질은 "권력의 우위에 있는 자(甲)가 권리관계에서 약자인 자(乙)에게 하는 부당 행위"를 통칭(네이버 트렌드 지식사전)하는 것으로, (최소한의) 권리관계(예, 직장상사-부하) 및 권리·권한의 범위를 넘어선 부당 행위가 있을 때 갑질이라는 용어를 사용한다.

갑질이 발생하는 데에는 위계적 관계(권력관계)가 필요한 경우가 많고, '갑을관계'는 위계적 관계와 유사한 양상을 보인다. 그러나 갑질에서의 흥미로운 측면은 동일한 행위에 대해 양자의 입장이 서로 다르다는 것이다. 즉, 갑은 갑질을 권리행사라고 생각하는 경향이 있고, 을은 동일한 행위를 인권침해로 받아들이는 경향이 있다는 것이다.

갑질의 기초가 되는 갑을관계는 한국에서 특수한 관계 양상을 보인다. 갑은 자신의 권리와 권한을 최대한으로 사용하는 반면에 의무나 책임은 을에게 전가하고, 을은 갑의 부당한 요구에 의해 무제한의 의무와 책임을 지지만 권리는 보장받지 못하는 일방적인 권한-책임 구조를 가진다(윤상연, 2016). 이러한 불균형적인 관계는 분노 표출에 있어서도 마찬가지이다. 아시아 문화권에서는 분노 표출이 제한적이지만 사회적 지위를 가진 경우에는 분노를 표출할 일종의 권한을 가지는 것으로 확인되었다. 이러한 권한을 문화심리학자들은 분노 특권(anger privilege)으로 불렀으며, 분노 표출은 권력자의 지배력을 확인시키는 하나의 수단으로 평가하였다(Park et al., 2013).

고려대학교 불평등과 민주주의연구센터가 한국리서치와 함께 성인 남녀 1,000명을 대상으

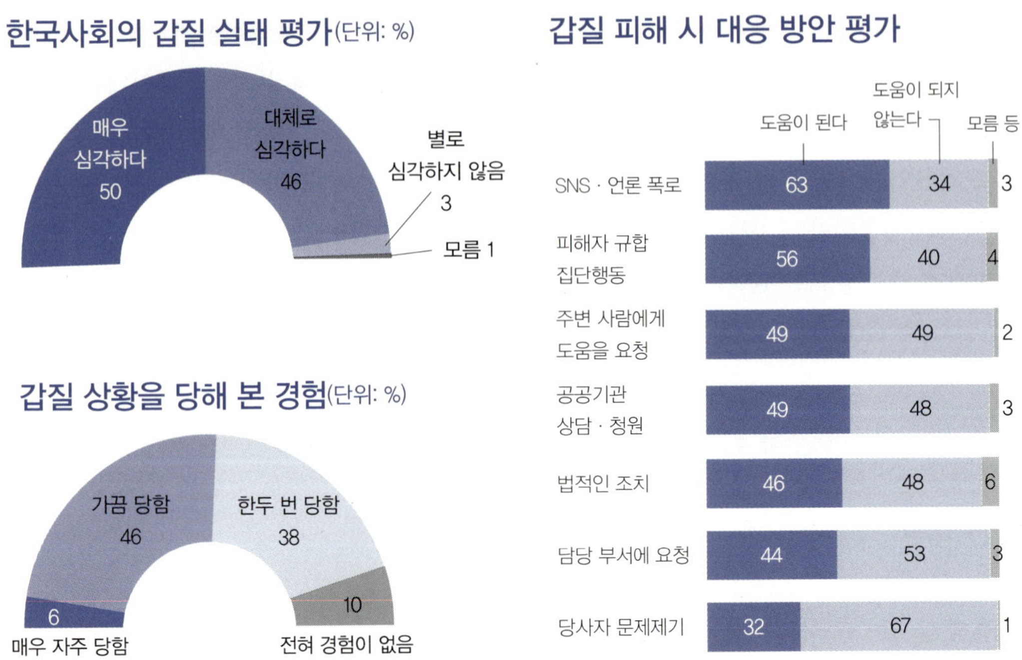

[그림 16-5] 갑질 실태 인식 및 피해 경험, 대응 방안에 대한 평가

로 실시한 '갑질 및 갑을관계에 대한 인식조사' 결과 전체 응답자 중 96%가 한국의 갑질 문화에 대해 매우 심각하다거나 대체로 심각하다고 답했다. '살면서 단 한 번도 갑질을 당한 적이 없다'고 답한 응답자는 10명 중 1명(10%)에 불과할 정도로 갑질이 일상 속에 뿌리 깊이 박혀 있다는 것을 확인할 수 있다(세계일보, 2019. 9. 7.).

위계적 관계(권력관계)가 성립되는 경우에 권력자와 비권력자 간에 지배와 복종의 관계가 성립하며, 권력자와 비권력자의 지위를 부여하여 비교해 보면 권력자는 '거울뉴런'(mirror neuron)의 비활성화로 공감 능력이 저하되며, 테스토스테론과 도파민의 증가로 가혹한 행위를 감행하는 것으로 평가된다. 폭력, 욕설(언어폭력), 부당한 행위를 강요하기도 한다(Robertson, 2013).

반대로 갑질로 인한 을의 피해는 심각하다. 갑질의 발생 빈도가 높다면 그만큼 광범위하게 발생한다는 것을 의미하기도 한다. 국내 성인들 중 다수가 갑질로 인한 스트레스로 질병을 겪은 경험이 있으며, 질병 중 1위는 '소화불량 등 위장장애'(62.4%, 복수응답)였다. 이어 '두통'(56.2%), '불면증'(37.3%), '피부 트러블'(30.6%) 등의 신체적 · 정신적 고통을 호소하였다. 부당한 대우를 받아도 응답자의 42.8%는 이의를 제기하지 않았는데, 그 이유로는 '어차피 해결이 안 될 것 같아서'(66.7%, 복수응답)를 첫 번째로 꼽았다. 이는 '학습된 무기력'으로 볼 수 있으며, 갑질이 장기화되더라도 저항하지 못하는 것으로 나타났다(박지혜, 2016. 4. 19.).

갑질에 대해서는 형사처벌을 하는 것이 좀처럼 쉽지 않다. 갑질에 대한 형사처벌은 미흡할 수밖에 없으며, 결과로서의 특정 법익침해가 발생하는 경우에는 처벌이 가능하지만, 갑질 행위 자체만으로 처벌하는 경우는 거의 없는 것으로 보인다. 그러나 심각한 갑질의 경우에는 업무상 위력에 의한 간음 · 추행, (상습적인) 폭행, 체포 · 감금 · 협박, 약취 · 유인, 직권남용 등으로 처벌하는 것이 가능하다.

2) 가정폭력, 아동학대

최근 국내외적으로 가정폭력 문제가 큰 주목을 받은 계기가 있다. 코로나19 발생 이후 외국 언론에서는 앞다투어 가정폭력에 관한 우려를 보도했다. New York Times는 2020년 4월 6일자 기사에 전 세계적으로 가정에서의 폭력이 증가하고 있으며, 이를 코로나19로 인한 또 다른 위기로 보도했다(Taub, 2020. 4. 6.). 기자는 중국의 한 가정을 사례로 들며 지역 봉쇄는 가족, 연인 등 '친밀관계에서의 테러'로 불리는 가정폭력을 유발했고, 피해자는 탈출구도 없는 고립 상태에 놓여 있으며, 법원 등 가정폭력에 대한 대응 자원은 제 기능을 하지 못하고 있다고 폭로했다. 그리고 이러한 위기는 비단 중국만의 문제가 아니며 다수 국가가 가정폭력의 위기로 몸살을 앓고 있다고 보고했다.

외국의 가정폭력에 관한 연구결과들도 대부분 일관성 있게 가정폭력의 증가 현상을 보고하였다. 미국, 이탈리아 등 강력한 이동 금지 조치를 시행했던 국가들은 시민들이 판이하게 달라진 생활 속에서 엄청난 스트레스를 겪게 되었고, 이를 해소할 곳 없는 사람들은 그 스트레스를 가정에서 해소하는 것으로 분석했다. 사회적 자원이 부족한 개발도상국가들에서는 코로나19로 인한 피해로 가정폭력에 더 취약할 수밖에 없다(방글라데시: Sifat, 2020; 아르헨티나: Perez-Vincent et al., 2020). 가정에서 발생하는 폭력의 피해자가 대부분 여성이나 아동이라는 점은 가정폭력의 심각성을 일깨우는 부분이다(Malathesh et al., 2020). 코로나19로 인한 불편과 고통 속에서 이들은 가정폭력으로 인한 트라우마를 겪는 이중고를 겪었다.

문화적인 특성과 관련하여 가정폭력의 발생에 영향을 미치는 것은 가정 내에서 가족 간의 충돌이다. 여러 가지 부정적인 감정이 증가한 상태에서 재택근무와 실업, 가정학습 등의 이유로 가족과 함께 가정에 있는 상황에서 가족 간의 충돌은 더 빈번해질 수밖에 없다. 그러나 전통적인 가정에서의 가족관계와 달리 최근 국내 가정에서의 가족 간 상호작용은 많지 않다. 1인가구의 비율도 증가하였고, 성인 또는 개별 행동이 가능한 구성원들은 각자의 공간에서 인터넷을 통해 세상과 소통하며 시간을 보낸다. 따라서 성인의 경우에는 의외로 가정에 머무는 시간이 증가하였더라도 상호 충돌하며 폭력으로 이어지는 상황은 많지 않을 수 있다.

특히 최근 우리나라는 과거에 비해 성범죄나 가정폭력 등에 대한 인식이 많이 변화하여 부부, 연인 등 친밀한 관계에서의 폭력에 대한 경각심이 높아졌을 뿐만 아니라 폭력이 발생한 경우에 신고하는 비율이 높아진 것으로 확인되고 있다. 가정폭력의 형태가 대부분 남편이 아내를 폭행하는 경우라는 점을 고려하면(아동에 대한 폭력은 아동학대로 따로 분류됨) 가정에서의 갈등과 충돌, 그리고 이로 인한 공격성이 여성에게로 향하기는 쉽지 않은 사회적 분위기가 형성되고 있다.

따라서 국내에서는 코로나19 이후 개인의 스트레스와 대인 갈등이 가정이라는 공간에서 표출될 때, 그 대상은 부부간이 아니라 아동에게 전이되었을 것으로 추측할 수 있다. 부모의 관리와 개입이 필요한 아동의 경우에는 장기화된 접촉 상황에서 감정적인 반응이 증가할 수밖에 없으며, 개인의 감정 상태와 상황적인 어려움이 아동학대로 이어진 것으로 볼 수 있다.

가부장적 분위기가 이어져 온 한국에서는 과거 가정폭력이 폭넓게 발생했던 것으로 추정된다. 최근 가정폭력이나 아동학대가 증가했다거나 형사처벌이 증가했다는 보고들이 나타나고 있지만 이러한 증가 보고에는 다른 요인들이 작동하고 있음을 고려할 필요가 있다. 범죄 사건의 처리 과정에는 범죄라는 반사회적 행위에 대한 규정, 그리고 행위의 발생, 그리고 범죄로서 인식 및 신고라는 의미 해석과 실행 과정이 뒤따라야 한다. 가정폭력, 교제 폭력 등에 대한 민감성의 증가는 실제 발생 빈도의 증가와는 별개로 범죄 발생량 집계에 영향을 미치고 있다.

3) 주취범죄

한 설문조사에서 술을 마시는 것도 하나의 문화생활이라고 응답한 사람이 전체 응답자의 78.9%에 달할 정도로 한국은 음주에 대해서 관대한 문화를 가지고 있다(엠브레인, 2018). 음주에 관대한 문화답게 음주로 인한 각종 일화들도 많은 것이 현실이다. 각종 속담에서도 술이 등장하는 사례가 많다. 표준국어대사전에는 "술 먹은 개(술에 취해 행동을 멋대로 하는 사람을 비꼬는 말)"라는 부정적인 경우도 있지만, 술은 주로 좋은 음식의 의미로 사용되었다. 즉, "반 잔 술에 눈물 나고 한 잔 술에 웃음 난다(남에게 무엇을 주려거든 이왕 흡족하게 주어야지 그렇지 못하면 도리어 인심을 잃게 된다는 말)"[5] "술 사주고 뺨 맞는다(술을 대접해 주고는 오히려 뺨을 맞는다는 뜻으로, 남을 잘 대접하고 나서 오히려 그에게 해를 입는 경우를 비유적으로 이르는 말)" "술과 안주를 보면 맹세도 잊는다(술을 즐기는 사람은 술을 보면 안 먹고는 못 배긴다는 말)" "싫은 밥은 있어도 싫은 술은 없다(술을 몹시 좋아하는 사람이 술이 최고임을 비유적으로 이르는 말)" 등이다.

그러나 술이 가진 부정적 효과를 경계하고자 하는 속담도 다수 있다. 즉, "처음에는 사람이 술을 마시다가 술이 술을 마시게 되고 나중에는 술이 사람을 마신다(몸에 맞게 술을 먹으라는 말)" "초장 술에 파장 매(첫판에 까불고 덤비다가는 끝판에 가서 낭패를 본다는 말)" "술 취한 사람 사촌 집 사 준다(술 취한 사람이 뒷감당도 못할 호언장담을 함을 비유적으로 이르는 말)" 등이다.

또는 술이 역설적으로 판단과 관련되어 있음을 의미하는 속담도 있다. 즉, "술 취한 사람과 아이는 거짓말을 안 한다(술 취한 사람이 속에 품은 생각을 거짓 없이 말함을 비유적으로 이르는 말)" "외모는 거울로 보고 마음은 술로 본다(술이 들어가면 본심을 털어놓고 이야기함을 이르는 말)", "나쁜 술 먹기는 정승하기보다 어렵다(음식 가운데에 특히 술은 배에 차지 아니하게 알맞게 먹기가 어려움을 비유적으로 이르는 말)" 등이다. 이처럼 술에 관대한 문화를 가지고 있을 뿐 아니라, 술과 관련된 경험이 풍부했음을 알 수 있다.

전통사회에서 주취범죄가 얼마나 빈번했는지 정확히 추정할 수는 없지만, 현재 주요 범죄 중 주취 상태에서 저지른 비중을 살펴보면 2017년을 기준으로 전체 범죄 중 29%가 주취범죄로 확인되고 있으며, 살인범의 45%, 성폭행범의 34%, 공무집행 방해의 74%, 의료방해 행위의 68%가 주취 상태에서 발생하는 것으로 확인되었다(KBS 뉴스, 2018. 8. 6.). 또한 지역사회 치안에 지속적으로 문제를 일으키는 소위 주폭(酒暴)의 경우에도 중요한 골칫거리가 되고 있다. 음주에 대해 관대한 사회적 분위기가 아니라면 주민은 물론이고 경찰에게까지 폭력을 행사하는 주폭

5) 유사한 속담으로 "한 잔 술에 눈물 난다"도 있다.

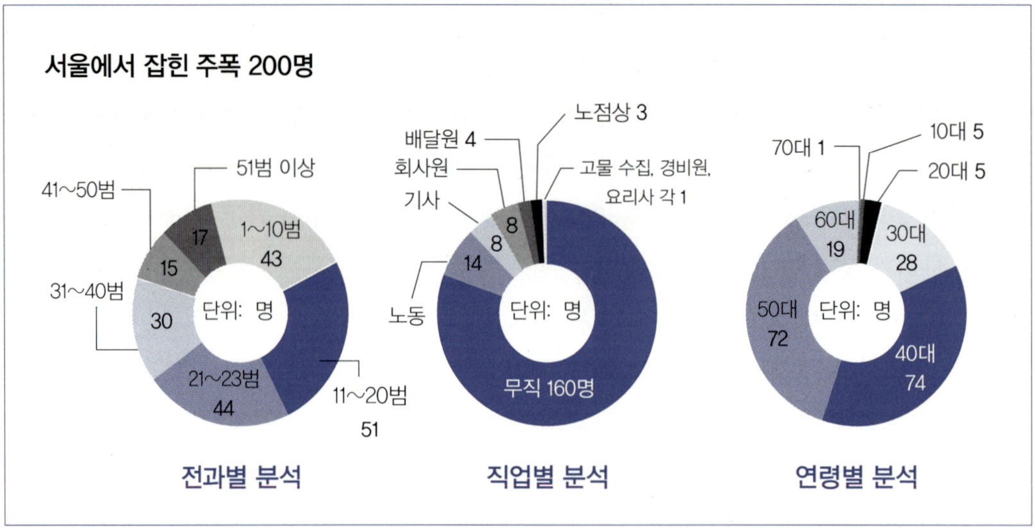

[그림 16-6] 서울 지역 주폭의 특성 분석

은 생각하기 힘들 것이다.

이와 관련하여 사회적 논란이 뜨거운 것이 주취 감경 폐지 논란이다. 특히 8세 여아를 납치한 후 강간하였으나 징역 12년형을 선고받았던 조두순 사건으로 인해 이 논란이 가장 격화된 적이 있으며, 「형법」 제10조 제2항에서는 심신장애 중 심신미약의 경우에 형을 감경할 수 있도록 하고 있다(임의적 감경). 이러한 한국의 법적 특성은 BBC, 로이터 통신 등 외국 언론에서 주목하는 이례적인 상황을 낳았다(한종구, 2021). 2018년에 심신미약 상태의 경우에 반드시 형을 감경하도록 규정했던 방식(필요적 감경)에서 그나마 변경하였으나, 여전히 처벌 강화의 주장이 강하게 제기되고 있다.

제10조(심신장애인) ① 심신장애로 인하여 사물을 변별할 능력이 없거나 의사를 결정할 능력이 없는 자의 행위는 벌하지 아니한다.

② 심신장애로 인하여 전항의 능력이 미약한 자의 행위는 형을 감경할 수 있다.

③ (원인에 있어서 자유로운 행위) 위험의 발생을 예견하고 자의로 심신장애를 야기한 자의 행위에는 전 2항의 규정을 적용하지 아니한다.

외국의 입법 사례들이 국내의 법률과 자주 비교되곤 하는데, 미국의 경우에는 주취가 범죄의 변명이 될 수 없다는 입장에 있고, 영국의 경우에는 만취 범죄에 대해 오히려 가중처벌을 하고 있다. 스위스나 독일의 경우에는 주취로 인한 심신장애 상태에서 범죄를 저지르는 경우에 명정죄로 분류하여 처벌하기는 하지만, 처벌 수위는 높지 않은 것으로 판단된다. 가까운 일본의 경우에도 만취자의 경우에 심신상실이나 심신미약으로 판단하여 감형을 하기도 한다. 다만 법원에서는 한 가지 합리적 조치로서 성범죄의 양형 기준[6)]을 변경하여 음주 또는 약물로 인한 만취 상태에서 성범죄를 범한 경우에 감경 기준을 엄격하게 적용하고 있다.

4) 마약 및 도박 범죄

마약과 도박은 물질 중독과 행위 중독이라는 차이는 있지만, 비교적 발생률이 높고 범죄와 관련성이 높은 대표적인 중독 유형이라는 공통점이 있다. 바로 이 점이 여기서 두 범죄를 함께 다루려는 이유이기도 하다. 자신의 감정과 각성 상태를 인위적으로 조절하려는 것과 관련된 것이기 때문이다. 이는 개인의 자기조절에 곤란을 겪고 있는 우리 사회의 현 실태를 반영하는 것인 동시에 인위적인 조절을 위한 중독의 가능성을 제기하는 것이기도 하다.

현재 한국은 연예인들을 중심으로 마약류 사용과 관련된 사건기사가 끊이지 않고 있다. 마약범죄의 원인이 되는 마약류는 규제 대상 약물의 종류에 따라 마약, 향정, 대마로 구분된다.[7)] 최근 수면제, 식욕억제제 등 정상적인 의약품의 불법 유통으로 인한 향정신성의약품 이용이 증가하면서 마약류 전체가 대폭 증가세를 보였다. 마약류의 사용은 우리 사회 전반에 파고든 상황이며, 합법적인 처방 여부와 관계없이 마약류의 신체 내 작용을 고려하면 마약류의 사용과 조절의 문제는 심각한 상황으로 볼 수 있다. 마약류는 아니지만 한국인들은 아침에는 커피(각성), 저녁에는 알코올(진정)을 소비하며 인위적인 조절을 하고 있다.

마약류 범죄는 스트레스와 우울이라는 심리 상태에 의해 촉발되고, 최근 온라인을 통한 불법유통이 활발해지고 있다. SNS, 다크웹, 가상통화 등 마약 유통을 용이하게 하는 각종 기술적 변

6) 법관이 '법정형'(각 범죄에 대응하여 법률에 규정되어 있는 형벌) 중에서 선고할 형의 종류(예컨대, 징역 또는 벌금형)를 선택하고, 법률에 규정된 바에 따라 형의 가중 혹은 감경을 함으로써 주로 일정한 범위의 형태로 '처단형'이 정하여 지는데, 처단형의 범위 내에서 특정한 선고형을 정하고 형의 집행유예 여부를 결정함에 있어 참조되는 기준이 바로 양형 기준이다.

7) 마약류에는 성분과 규제 법률을 기준으로 마약, 대마, 향정신성의약품이 포함된다. 마약의 효과를 기준으로는 각성제, 진정제, 환각제 등이 있다.

화도 큰 역할을 하고 있다. 문제는 사회적 인식이 잘못된 방향(마약에 대해 수용적으로)으로 변하고 있다는 것이다. 예를 들어 대마초의 유해성에 대한 인식이 감소하는 현상을 보인다는 것이다.[8] 북미 및 태국 등에서 대마초 사용이 합법화되는 등의 법적인 조치 역시 마약류에 대한 경각심을 감소시킬 수 있다. 실제로 마약퇴치본부에서 실시한 마약류 오남용 폐해에 대한 국민 인식 조사결과에 따르면, 전체적인 국민의 인식은 100점 기준 81점으로 '대체로 인식하는 수준'으로 분류되었다. 그러나 다른 인구통계 집단의 차이에 비해 연령대별 차이가 두드러졌는데, 20, 30대는 다른 연령대에 비해 오남용 폐해에 대한 인식이 낮은 것으로 평가되었다(월드리서치 & 컨설팅, 2022). 유통되는 마약류가 다양해지면서 개인의 취향에 맞는 약물과 복용 방식을 찾는 등 젊은층을 중심으로 최근 마약 사용은 점차 다양화되고 있다.

마약과 마찬가지로 도박 역시 중요한 중독문제로 인식되고 있다. 한국 사회에서 도박은 광범위하게 퍼져 있는 행위로 평가된다. 일부 합법적인 경로(사행사업) 이외에 원칙적으로 모든 도박이 금지된 나라이지만 명절의 가족 모임, 친구 모임 등에서 광범위하게 사적 도박이 이루어지고 있으며, 불법도박의 규모가 합법도박의 규모를 아득히 넘어서는 상황이다(김양혁, 2024. 10. 16.).

대부분의 도박꾼은 자신을 짓누르는 고통을 잊고 고독감, 우울, 또는 불안과 같은 부정적인 정서 상태에서 벗어나기 위해서 도박을 시작했다고 보고하였다(도상금, 박현주, 2000). 도박을 하는 것이 개인의 내적인 정서 상태를 변화시키기 위한 시도라는 견해가 주목을 받고 있다. 도박을 하는 것은 신체에 있어서는 매우 중요한 생리적 사건이다. 일반적으로 도박을 하게 되면 심장박동이 변화하고, 이에 따라 말초 교감신경의 활동이 증가하며, 주관적인 흥분 감정이 상승하게 된다. 주관적인 흥분 감정이란, 기분이 좋아져서 흥분되며 피로감이 줄어드는 것으로, 암페타민이나 아편을 복용했을 때 나타나는 효과와 비슷하다.

도박연구에 따르면, 사람들이 도박에 대해서 양가적인 감정을 느낄 때 중독의 정도가 가장 강한 것으로 나타났다. 이런 복합적인 감정은 인지부조화이론에 따르면 다소 설명하기 어려운 것이다. 서구의 몰입이론을 보더라도 긍정적인 감정이 지배적인 경우를 최상의 긍정 상태로 받아들이고 있다. 하지만 회피하기 어려운 대상과 지속적으로 관계를 유지할 수밖에 없을 때 이러한 양가감정이 발생할 수 있다. 한국인의 '미운정 고운정'과 같은 경우이지만, 어떤 대상(특정인과 같이 구체적이든, 도박, 알코올 등과 같이 추상적이든)이 싫으면서도 회피할 수 없을 때 양가감정이 특정한 인지, 정서, 행동상의 차이를 야기하는 것으로 보인다(대립과정이론; Solomon &

8) 유엔마약범죄사무소(2021). 세계마약보고서.

Corbit, 1974).

마약과 도박이 범죄심리학적으로 중요한 의미를 가지는 이유는 이 행위들이 일회적인 것이 아니라 중독의 형태로 반복적으로 영향을 미치고, 다른 범죄에까지 영향을 미치는 행동 양식이기 때문이다. 그동안 마약과 도박은 사회적인 피해에도 불구하고 스스로 피해를 감수하는 행위라는 이유로 심각성을 낮게 인식하는 경향이 있었다. 이는 소위 '피해자 없는 범죄'의 관점이었고, 여기에 더해 비범죄화에 대한 논의가 진행되기도 했다. 그러나 최근의 실상을 고려하면 마약과 도박이 피해자 없는 범죄의 개념과는 맞지 않는 것이 현실이고, 오히려 심각한 추가 범죄를 양산하는 실정이다.

5) 사기

한국은 2014년을 기준으로 사기범죄가 절도범죄보다 많아지는 골든 크로스[9]를 겪었다(사기방지연구회, 2020). 코로나19 등으로 가속화된 '비대면' 사회로 인해 사기범죄 발생 위험성은 계속 증가하는 추세이다(치안정책연구소, 2020). 특히 한때 한국이 이웃나라 일본과 비교하여 높은 수준의 사기 발생율을 보이는 바람에 사기공화국의 오명은 더욱 공고해졌다. 2019년을 기준으로 일본의 경우에 총 748,559건의 형사범 중 71.1%가 절도죄, 기물손괴죄 9.6%, 사기죄 4.3%, 폭행죄 4.0%, 상해죄 2.8%, 횡령죄 2.3%, 주거침입죄 1.7%, 강제추행죄 0.7%, 그 외의 범죄가 3.4%를 차지했다. 절도죄가 압도적으로 많고 사기나 횡령 등의 재산범죄 비율은 높지 않았다. 반면에 같은 해 한국의 경우에 총 1,041,395건의 형사범 중 사기죄 30.1%, 절도죄 18%, 폭행죄 15.5%, 횡령죄 5.8%, 손괴죄 5.6%, 상해죄 3.9%, 성폭력범죄 3.1%, 문서위조죄 1.4%, 공무집행방해죄 1.2%, 「폭력행위 등 처벌에 관한 법률」 위반죄 0.1%, 그 외의 범죄가 15.2%를 차지하는 것으로 집계되었다(강혁, 2022. 2. 21.).

그러나 일본과의 비교에서는 어떨지 몰라도 한국의 사기 발생 비율이 다른 국가들에 비해 월등히 높은 것은 아닌 것으로 파악된다([그림 16-7] 참조). 2020년 기준, 독일이나 스웨덴 등이 한국보다 더 높은 사기 범죄 발생률을 보이고 있다.

다만, 국내에서 사기 사건이 갈수록 증가하는 것은 분명한 것으로 보인다. 특히 기술 변화에 힘입어 수법이 다양해지고 있다.

9) 주식에서 사용하는 용어로, 단기이동평균선이 중장기이동평균선을 아래에서 위로 돌파하여 교차하는, 즉 주가가 상승하는 상황을 일컫는다. 여기서는 사기 발생 건수가 절도 발생 건수를 앞지르는 상황을 의미한다.

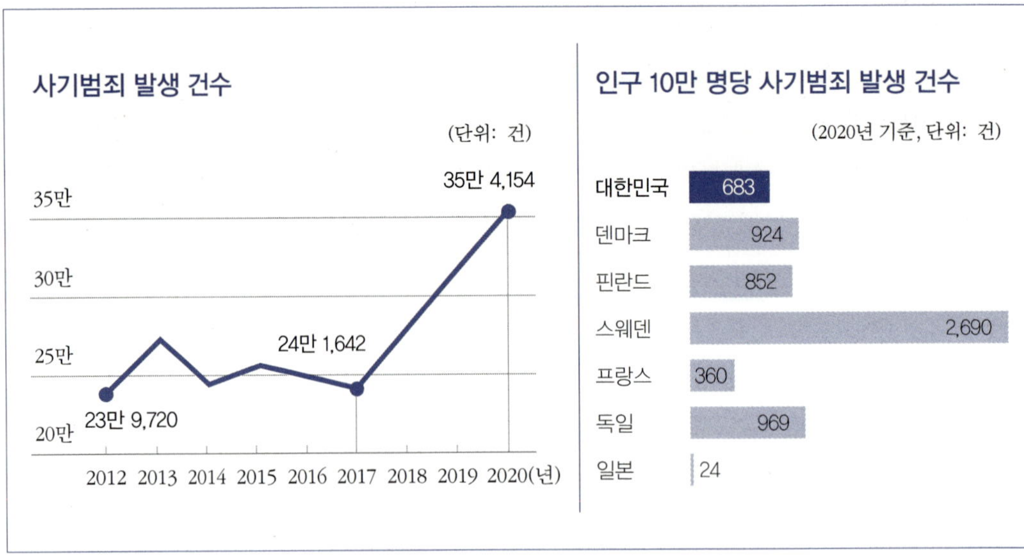

[그림 16-7] 국가별 사기범죄 발생 비율

첫째, 가족 등을 사칭하여 상대방을 속이는 사기범죄이다. 시골에 있는 노인들을 상대로 자식인 양 전화를 해서 급한 일이 생겼다며 송금을 요구하는 사건들이 한때 성행한 적이 있다. 이런 사건 소식을 접하는 사람들은 피해자들의 합리적 판단 부족을 탓한다. 그러나 부모와 자식 간의 강한 유대감 때문에 부모나 자식의 문제에 관해서는 이성적인 판단을 하기가 힘들다. 보이스피싱 일당이 협박하는 그 만일의 가능성을 무시할 수 없기 때문이다. 이는 가족의 안위를 중요하게 생각하는 한국인들의 대인관계 특성이 반영된 현상으로 볼 수 있다. 사기범죄의 많은 부분을 차지하는 사건이 보이스피싱 범죄라는 점을 고려하면 이러한 분석도 중요한 의의가 있다.

둘째, 경제적 어려움 등을 호소함으로써 상대방을 속이는 경우이다. 지인에게 돈을 빌려주는 상황에서 발생하는 사기 사건은 다른 관점에서 이해할 필요가 있다. 이러한 유형의 사기는 한국의 고유한 정(情)의 관점에서 살펴볼 수 있다. 정은 상대방에 대한 깊은 관심 쏟기, 상대방의 어려움을 상대방의 입장에서 이해하고 도와줌, 상대방의 마음 상태에 대한 공감 및 지원 등을 포함한다(최상진, 김기범, 1999). 그 결과로 상대방의 요구를 거절하지 못하거나 합리성과 공정성이 상실되기 쉽다(최상진, 1990).

셋째, 자발적으로 투자를 했다가 사기를 당하는 경우와 같이 투자자들이 판단의 착오를 일으키게 되는 심리적인 기제와 특히 문화적인 변인을 찾을 필요가 있다. 경찰이나 검찰의 강력한 대응에도 불구하고 사기범죄가 기승을 부리는 이유는 여러 가지가 있다. 특히 국내 사기범죄의 성행은 기술과 온라인 환경 외에도 문화 및 심리적 특성 등 다양한 측면이 밀접하게 연관되어 나타나는 것으로 보인다.

① 디지털 환경의 변화

인터넷과 디지털 기술의 발전으로 인해 사기범죄도 온라인으로 확대되었다. 온라인 쇼핑, 금융거래, 소셜미디어 등에서 사기범죄자들이 새로운 방식으로 피해자를 찾기 때문에 사기범죄가 늘어나게 되었다.

② 경제적 어려움

경제적으로 어려운 상황에 처한 사람들이 금전적인 해결책을 찾으려고 하기 때문에 경제적 유혹에 취약해져서 사기에 노출될 가능성이 크다. 사기범죄자들은 이러한 어려움을 이용하여 가짜 투자 기회나 부동산 사기 등으로 피해를 입힐 수 있다. 이미 성공 스토리에 혹한 사람에게는 사기범이 제안하는 투자의 성공 가능성이 실제보다 높게 인식될 수 있다.

③ 문화적 요소

사회적으로 인정받고자 하는 욕망이 강한 한국 문화에서 빠른 부를 얻는 길을 찾는 사람들이 사기에 노출될 수 있다. 특히 성공적인 사업가나 투자자인 척하는 사기꾼들이 피해자를 유혹할 수 있다.

사기 발생의 심리적인 과정은 정보의 비대칭성(asymmetric information)에 기반한다. 사기범들은 합리적 판단을 위해 필요한 가해자의 고의(주관적 정보), 기술적 수단, 투자 기법(객관적 정보) 등에 대한 정보가 피해자에게는 부족한 점을 악용하여 범죄를 저지르게 된다.

그러나 한국의 사기 발생에서는 특이한 점이 하나 있는데, 이는 사기가 처음부터 의도된 것이었는지를 판단하는 것이 어려운 경우가 많다는 것이다. 개념적으로는 사기의 고의를 구분하는 것이 가능하지만 실제로 돈을 떼먹는 것과 같은 사기 사건에서 결과적으로 돈을 갚지 못하는 상황은 피고소인조차도 알지 못하는 경우가 많다. 즉, 투자의 성공이나 대여금의 회수 가능성은 확률적인 문제이며, 그 가능성 판단에 대한 주관적 확신의 문제로 볼 수 있다. 그러나 이러한 불확실한 상황에서 우리가 신뢰라는 심리 기제를 작동시키는 것은 주관적 신념으로서 의미를 가진다. 그리고 금전의 교부와 관련된 불안 또는 기대 감정은 비합리적 판단의 동기로 작용하게 된다([그림 16-8] 참조).

신뢰와 가능성 판단, 투자나 교부 행위라는 일련의 과정은 한국인에게 중요한 심리적 과정이 복잡하게 얽혀 있는 지점이라고 생각된다. 이와 관련하여 사기범죄로 인한 피해자의 심리에

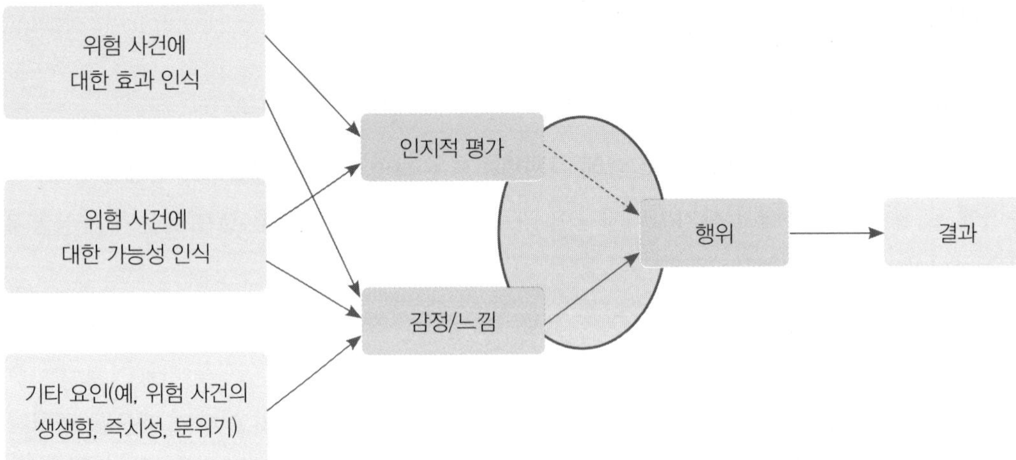

[그림 16-8] 감정으로서의 위험 모델(Risk-as-feelings Model)

출처: Loewenstein et al. (2001).

대해서도 살펴볼 필요가 있다. 사기 피해를 경험한 피해자들은 사회적 신뢰감을 상실(사회불신, 행정장애, 정보의 신뢰성 저하)하는 것은 물론이고, 개인적 통제감을 상실하여 자살에 이르기도 한다.

인간의 신뢰는 타인에 대한 신뢰와 자기에 대한 신뢰로 구성되는데, 자기신뢰는 통제감에서 오고 이것은 사회적 활동을 위한 개인의 자본 역할을 한다. 피해자의 자발적 재산 교부는 법적으로 가해자의 비난 가능성을 감소시키지만, 피해자의 입장에서는 오히려 자존감 상실, 신뢰 상실 등 심각한 피해를 유발하는 등 그 피해가 심각하다. 조직적인 사기범죄의 경우 사기 피해자에 대한 심리적 개입 방안도 국가적 차원에서 다루어질 필요가 있다.

이런 사기사건과 고소 · 고발이 많은 것과 관련해서는 여러 가지 문화적인 특성이 작용하고 있기 때문으로 추정된다. 그중 하나는 개인의 억울함을 관에 호소하여 판단을 받고 억울함을 해결하려고 하는 한국인의 심리이다. 사기의 전제가 되는 약속과 재물 교부 행위는 개인 간의 거래나 계약과 관련된 행위이기 때문에 개인의 책임이 큰 행위이다. 그러나 한국에서는 실패에 대한 결과를 공적 기관이 바로잡아 주기를 호소한다. 이러한 태도는 자신이 타인을 신뢰한 판단과 행위는 사회적인 상규로서 정당한 것이며, 그 결과에 대한 책임은 상대방에게 있다는 문화적 신념에 따른 것이 아닐까?

3. 한국인의 법 감정

1) 한국인의 처벌 욕구와 '관(關)' 의존

한국에서는 강력사건이 발생할 때마다 범죄자에 대한 사회적 반응은 범죄자에 대한 대응으로서 오로지 처벌만을 고려하는 경향을 보인다. 다른 방식들이 고려되지 않는다. 왜 그럴까? 아마도 강력사건이 유발하는 공포에 압도되어 범죄를 유발하는 사회적 영향 요인과 인과관계 등 합리적인 접근이 부족하기 때문으로 보인다. 사회적 무관심이 결국은 나에게 피해를 끼칠 수 있음을 인식하지 못한다. 형사사건에서는 필연적으로 반사회적 행위인 범죄에 대한 처벌 욕구가 작동하고(Feigenson, 2000; Weiner, 1995), 내면화된 도덕적 감정이 개입된다는 점(Goodenough, 2001)을 고려하더라도 처벌 일변도의 범죄 대응 방식이 강하게 나타난다.

또한 사건이 발생하면 이것을 당사자 간의 문제로 이해하기보다는 '관'이라는 권력에 호소하는 경향이 있다. 이런 이유로 민간 영역에서의 전문가 역할이 제한되는 경향도 있다. 예를 들어, 탐정업, 거짓말 탐지, 진술 분석, 지문, 유전자감식 등이 외국에서는 민간 영역에서도 활발하게 사용되고 있다. 이는 공적인 영역의 범위가 확실하기(제한적이기) 때문에 나타나는 결과이다. 그러나 한국인들에게 이런 부분은 공적 기관에서 책임져야 하는 문제라는 인식이 강한 것으로 보인다. 이는 기관의 입장에서도 크게 다르지 않다. 이러한 국민과 기관의 입장은 권위주의적인 의사결정의 경향과도 맞닿아 있는 것으로 보인다.

2) 범죄의 신고, 고소 · 고발

한국에서는 사건의 고소 · 고발 사건이 많은 것으로 알려져 있다. 최근에는 고소 · 고발 남용 사건이 더욱 증가 추세에 있으며, 나아가 특히 민사적 목적에 의한 고소 · 고발이 늘어나서 수사 인력이 낭비되는 문제도 낳고 있다. 2020년 경찰청 감사자료에 따르면, 2019년 고소 · 고발 사건의 기소율은 18.2%, 이를 제외한 나머지 사건의 최근 5년간 기소율이 평균 40.8%의 절반에도 못 미치는 상황이라고 한다(남선모, 2021).

그러나 오늘날 한국 사회의 고질적인 병폐로 인식되는 고소 · 고발의 남용에 대해서 역사적인 원인을 찾는 관점도 있다(문준영, 2007). 고소 · 고발이 남용되는 주요 원인과 관련하여 민사사건에서 유리한 위치에 서기 위한 목적으로 해석하는 관점이 강한데, 이를 '민사사건의 형사사건화'라고 한다. 그리고 서양에서 민사사건과 형사사건을 비교적 엄격히 구분하는 입장과 달리, 한국에서는 근대법에서도 이러한 분화가 충분히 이뤄지지 않았기 때문으로 해석하고 있다. 이러한 현상은 한국의 근대 형사사법 체계에 그 원인이 있으며, 형사사법을 민사와는 엄격히 구분하는 근대 형법을 충분히 계수하지 못한 것으로 분석했다. 보다 정확하게는 민사와 형사를 구분하지 않았던 전통 법제가 근대를 넘어 오늘날까지 영향을 미치고 있다는 것이다.

특히 국내의 고소·고발에는 사기 사건의 비율이 높다. 사기범죄 지능성, 검거와 입증의 곤란으로 인해 과거부터 형사사법기관을 힘들게 한 범죄 유형이다. 그러나 일제강점기의 일본 검찰 실무가들은 사기죄가 풍속범죄나 사상범죄와 같은 조선의 특유한 범죄라기보다는 절도죄나 상해죄와 더불어 일본과 공통된 범죄 현상으로 파악하였다. 문화의 발달과 지식의 진보에 따라 지능화되고 복잡화되는 양상을 띠는 특징을 강조하기도 했다(문준영, 2007).

사기죄에서는 적극적인 고소·고발이 남발되는 것과는 상반되게 범죄 발생에 대한 최소한의 보고 형태인 신고조차 하기를 꺼리는 측면도 나타난다. 대표적으로 신고율이 낮은 범죄로 성범죄를 들 수 있다. 성범죄에 대한 낮은 보고율은 비단 한국만의 문제는 아니며 미국에서도 신고율이 높지 않다(Langton et al., 2012).[10] 피해 사실을 신고하지 않은 피해자의 대다수는 가해자의 보복 및 가해자가 곤경에 처할 것을 염려해 신고하지 않았다고 응답했다.

한국에서는 성범죄 신고율이 이보다 더 낮은 10% 수준인 것으로 알려져 있지만, 또 다른 특이사항은 미신고의 '이유가 알려지는 것이 창피하고 수치스러워서'인 경우가 많다는 것이다(김지만, 2007. 3. 21.). 피해자에게 심각한 고통을 유발하는 성범죄를 겪은 것으로도 모자라서 가해자와 주변인, 심지어 형사사법기관으로부터 2차 피해를 겪는 경우가 많다. 이런 사회적 분위기 속에서 피해자들이 처음부터 신고를 하지 않는 선택을 한 것으로 볼 수 있다.

3) 비범죄화 및 범죄화

비범죄화(decriminalization)는 비난 가능성이 낮은 행위를 범죄에서 제외하는 것을 의미한다. 보통 기존의 형사법 규정을 폐지하는 방식으로 나타난다. 처벌 조항은 존재하지만 실질적으로 처벌하지 않는 경우도 있다. 국내에서 처벌을 폐지한 형사법 규정에 해당하는 범죄들은 대표적으로 간통죄, 혼인빙자간음죄 등이 있고, 논의 중인 범죄로는 낙태죄, 자발적 성매매 등이 있다. 법률의 폐지는 「형법」이 아니라 윤리 영역에서 다루어져야 할 문제라는 인식 변화에 따른

10) 2005~2010년 동안 경찰에 신고된 성폭력 건수는 전국 범죄 피해 조사에서 집계된 성폭력 범죄들 중 1/3에 불과한 것으로 나타났다.

것이고, 윤리적인 비난의 가능성 역시 감소하는 경향이 있다. 이러한 변화는 문화의 변동성을 보여 주는 부분이기도 하다.

반대의 경우는 범죄화(criminalization)라고 하는데, 기존에 처벌되지 않던 행위를 처벌하게 되는 경우, 또는 기존에는 없던 반사회적 행위가 새롭게 발생하여 처벌 규정이 생기는 경우로 볼 수 있다. 특정 행위를 범죄화하는 이유는 그 행위가 사회적 가치에 반함에도 불구하고 상당한 수준으로 발생하여 사회적 가치를 침해하기 때문이다. 가령 불법 촬영 범죄나 아동 성착취 등의 경우에 새롭게 처벌되거나 처벌이 강화된 대표적인 유형이다.

최근 「형법」 범죄로 처벌이 강화된 대표적인 범죄는 스토킹이다. 스토킹은 인간의 역사만큼 오래되었을 것으로 추정되지만, 불법적인 행동으로 인식된 시기는 그리 길지 않다(Beatty et al., 2002). 일찍 스토킹을 불법으로 규정한 나라들을 보더라도 50년 정도의 역사를 가진다. 일반적인 「형법」체계에서 스토킹이 강력범죄의 준비 단계가 아닌 독립적인 범죄로 인정되는 데에는 많은 시간이 소요되었음을 알 수 있다. 우리나라만 보더라도 1999년에 처음 발의된 이후 2021년에 「스토킹범죄의 처벌 등에 관한 법률」(약칭: 「스토킹처벌법」)이 제정되기까지 무려 20년 이상이 걸렸다.

이러한 입법의 과정에서 스토킹 처벌이 「경범죄 처벌법」에 기초해 이뤄지기도 했다. 즉, '상대방의 명시적 의사에 반하여 지속적으로 접근을 시도해서 면회나 교제를 요구하거나 지켜보기, 따라다니기, 잠복해 기다리기 등의 행위를 반복하는 사람'에게는 「경범죄 처벌법」이 적용(제3조 제1항 제41호)됐지만 그에 따른 처분은 10만 원 이하의 벌금, 구류나 과료에 불과했다.

이처럼 스토킹은 범죄로서의 성격을 규정하는 데 어려움을 겪을 만큼 광범위하게 발생하고 있고, 가해자들이 범죄로 인식하지 못하는 경향이 있다. 또한 행위 자체만으로는 가벌성이 크지 않은 경우가 많기 때문에 처벌이 경미하여 처벌의 효과가 크지 않거나 오히려 가해자를 자극하여 보복 행위를 낳는 경우도 있다. 즉, 「스토킹 처벌법」이 제정되었음에도 불구하고 일반적으로 범죄와 처벌의 관계에서 기대되는 효과를 스토킹 범죄에서는 기대하기 힘든 경우가 빈번하게 발생한다.

4) 한국의 피해자

범죄 사건이 사회에 주는 파급효과는 매우 크지만, 범죄를 당한 피해 당사자의 고통이 가장 클 수밖에 없다. 범죄 피해자는 신체적인 상처나 부상을 입을 수 있으며, 이로 인해 신체적인 통증과 불편함을 경험할 수 있다. 또한 범죄로 인한 정서적 충격과 스트레스는 불안, 우울, 불면증과 같은 정신적인 문제를 야기할 수 있다. 일부 범죄 피해자들은 재산 피해를 입을 수 있다. 도난, 사기, 부동산 사기 등으로 인해 재산적 손실을 겪을 수 있으며, 이는 금전적인 어려움을 야기할 수 있다.

그러나 이렇게 명백한 표면적 피해 이외에도 범죄 피해자는 다양한 형태의 심리적 고통을 경험하게 된다(장은진, 2018). 가장 직접적으로 인간의 심리적 안정감을 결정하는 안전과 사생활이 침해되었다는 느낌을 받을 수 있다. 이로 인해 자존감이 저하되거나 심리적 고통을 겪게 된다. 또한 신뢰의 상실로 인해 다른 사람들과의 관계에도 영향을 줄 수 있다. 즉, 사회적으로 고립될 수 있으며, 가해자나 다른 사람들로부터의 차별이나 비난을 받게 된다. 이는 범죄 피해자의 사회적 관계와 복원력에 영향을 미친다.

피해자는 법적 절차에 따른 부담을 많이 느끼며, 범죄를 밝히기 위한 수사 과정이나 법적 절차와 관련하여 스트레스를 받을 수 있다. 따라서 재판 과정이 길어질 경우에 범죄 피해자는 회복에 더 많은 시간과 노력을 투입해야 한다. 범죄 피해자 지원 프로그램과 법률적 보호 등이 중요하며, 피해자의 회복을 강화하는 지원이 필요하다. 과거 한국은 범죄 피해자에게 무관심한 법률과 제도를 가지고 있었다. 범죄 피해자를 보호해야 한다는 「헌법」 규정에도 불구하고 실제로 법률이 제정되기까지 많은 시간이 걸렸고, 법률에도 불구하고 오랜 기간 동안 실질적인 예산 부족으로 범죄 피해자가 국가의 지원을 받지 못했다. 한국에서는 범죄 피해자만 억울할 뿐이라는 인식이 장기간 유지되어 왔다.

그러나 최근에는 범죄 피해자에 대한 지원체계에서 많은 변화가 나타나고 있다. 우선 검찰, 경찰 등 수사기관이 형사 사법 절차에서 인지된 범죄 피해자들을 대상으로 다양한 방식의 지원을 제공하고 있으며, 공공기관뿐 아니라 각종 민간단체에서도 범죄 피해자를 지원하는 다양한 절차를 마련하고 있다.

한 가지 아쉬운 것은 범죄로부터의 개인과 공동체의 회복이다. 외국의 회복적 사법제도(Restorative Justice)를 도입하는 데 어려움을 겪고 있다. 피해 회복의 일환으로 당사자 간의 화해와 합의는 매우 힘든 방식으로 보인다. 이는 한국인에게 뿌리 깊게 이어져 온 범죄에 대한 문화적 인식의 결과물로 보인다. 범죄를 저지른 경우에 범죄 가해자를 철저히 사회에서 배제하고 적어도 심리적으로 복귀를 허용하지 않는 법 감정이 당사자 간의 관계에서도 그대로 나타난다. 그러나 앞으로는 인식의 변화를 통해 범죄 피해자가 범죄로부터 회복할 수 있는 다양한 장치를 마련할 필요가 있다. 그리고 그 변화가 사회적 인식에 의해 지체되고 있다면 반드시 문화적인 변화가 뒷받침되어야 한다는 것을 잊어서는 안 될 것이다.

참고문헌

제1장 문화 이해의 필요성

Benedict, R. (1934). *Patterns of culture*. Houghton Mifflin.

Berry, J. W., Poortinga, Y. H., Segall, M. H., & Darsen, P. R. (1992). *Cross-cultural psychology: Research and application*. Cambridge University Press.

Blaut, J. M. (1993). *The colonizer's model of the world*. The Guilford Press.

Boas, F. (1911). *The mind of primitive man*. The Macmillan Company.

Geertz, C. (1966). *The impact of the concept of culture on the concept of man*. Basic Books.

Goodenough, W. (1971). *Culture, language, and society*. Addison-Wesley.

Herskovits, M. J. (1948). *Man and his works*. Alfred A. Knopf.

Kluckhohn, C. (1949). *Mirror for man*. McGraw-Hill.

Kroeber, A. L., & Kluckhohn, C. (1952). *Culture: A critical review of concepts and definitions*. Harvard University Press.

Lawrence, E. H., & Huntington, S. P. (2000). *Culture matters: How values shape human progress*. Basic Books.

LeVine, R. A. (1984). Properties of culture: An ethnographic view. In R. A. Shweder & R. A. LeVine (Eds.), *Culture theory: Essay on mind, self, and emotion* (pp. 67-87). Cambridge University Press.

LeVine, R. A., & Campbell, D. T. (1972). *Ethnocentrism: Theories of conflict, ethnic attitudes, and group behavior*. Wiley.

Linton, R. (1936). *The study of man: An introduction*. Appleton.

Mead, M. (1937). *Cooperation and competition among primitive peoples*. McGraw-Hill Book Company.

Rohner, R. P. (1984). Toward a conception of culture for cross-cultural psychology. *Journal of Cross-Cultural Psychology, 15*, 111-138.

Said, E. (1977). *Orientalism*. Penguin.

Shweder, R. (1991). *Thinking through cultures*. Harvard University Press.

Spencer, H. (1852). A theory of population deduced from the general law of animal fertility. *Westminster Review, 57*, 468-501.

Spencer, H. (1857). Progress: Its laws and causes. *Westminster Review, 67*, 445-485.

Triandis, H. C. (1989). The self and social behavior in differing cultural contexts. *Psychological Review, 96*, 506-520.

Tylor, E. B. (1871). *Primitive culture*. John Murray.

van de Vliert, E. (2009). *Climate, affluence, and culture*. Cambridge University Press.

Williams, R. (1961). *The long revolution*. Penguin.

제2장 문화심리학의 기원

최상진, 한규석(1998). 심리학에서의 객관성, 보편성 및 사

회성의 오류: 문화심리학의 도전. **한국심리학회지: 일반, 17**(1), 73-96.

Atkinson, R. C., & Shiffrin, R. M. (1968). Human memory: A proposed system and its control processes. In K. W. Spence & J. T. Spence (Eds.), *The psychology of learning and motivation: Advances in research and theory* (pp. 89-195). Academic Press.

Bartlett, F. C. (1932). *Remembering*. Cambridge University Press.

Berry, J. (1999). *Cross-cultural psychology: A symbiosis of cultural and comparative approaches*. The 3rd conference of AAPA.

Berry, J. W. (1976). *Human ecology and cognitive style: Comparative studies in cultural and psychological adaptation*. Sage/Halsted.

Berry, J. W., Poortinga, Y. H., Marshall, H. S., & Darsen, P. E. (1992). *Cross-cultural psychology: Research and applications*. Cambridge University Press.

Bruner, J. S. (1993). Do we "acquire" culture or vice versa?. *Behavioral and Brain Sciences, 16*, 515-516.

Cole, M. (1996). *Cultural psychology: A once and future discipline*. Harvard University Press.

DeVos, G. A., & Hippler, A. E. (1969). Cultural psychology: Comparative studies of human behavior. *The Handbook of Social Psychology* (Vol. 4, p. 323-417). Addison-Wesley.

Enriquez, V. C. (1989). *Indigenous psychology and national consciousness*. Institute for the Study of Language and Cultures of Asia and Africa.

Enriquez, V. C. (1990). *Indigenous psychologies*. Psychology Research and Training House.

Enriquez, V. G. (1993). Developing a Filippino psychology. In U. Kim & J. Berry (Eds.), *Indigenous psychologies: Research and experience in cultural context* (pp. 152-169). Sage.

Gilligan, C. (1984). *In a different voice: Psychological theory and women's development*. Harvard University Press.

Greenfield, P. (1999). *Three approaches to the psychology of culture: Where do they come from? Where can they go?*. Paper presented at the 3rd Conference of the Asian Association of Social Psychology, August 4-8.

Harris, M. (1975). *Cows, pigs, wars and witches: The riddles of culture*. Hutchinson & Co.

Jahoda, G. (1992). Foreword. In J. W. Berry, Y. H. Poortinga, M. H. Segall, & P. R. Dasen (Eds.), *Cross-cultural psychology: Research and applications* (pp. 10-12). Cambridge University Press.

Jahoda. G. (2016). On the rise and decline of 'indigenous psychology'. *Culture & Psychology, 22*(2), 169-181.

Jahoda, G., & Krewer, B. (1997). History of cross-cultural and cultural psychology. In J. W. Berry, Y. H. Poortinga, & J. Pandy (Eds.), *Handbook of cross-cultural psychology: Vol. 1. Theory and method* (2nd ed., pp. 1-42). Allyn & Bacon.

Kim, U. (1990). Indigenous psychology: Science and applications. In R. Brislin (Ed.), *Applied cross-cultural psychology* (pp. 142~160). Sage.

Kim, U., & Berry, J. W. (1993). Introduction. In U. Kim & J. W. Berry (Eds.), *Indigenous psychology: Research and experience in cultural context* (pp. 1~29). Sage.

Kitayama, S., & Park, H. (2007). Cultural shaping of self, emotion, and well-being: How does it work?. *Social and Personality Psychology Compass, 1*, 202-222.

Klineberg, O. (1980). Historical perspectives: Cross-cultural psychology before 1960. In H. C. Triandis & W. W. Lambert (Eds.), *Handbook of cross-cultural psychology* (Vol.1, pp. 1-14). Allyn & Bacon.

Levine, R. A. (1973). *Culture, behavior and personality*. Aldine.

Le'vi-Strauss, C. (1961). *The elementary structures of kinship* (rev ed., J. H. Bell, J. R. von Sturmer, & R. Needham, Trans.). Beacon Press.

Levi-Strauss, C. (1963). *Structural anthropology*. Basic

Books.

Malinowski, B. (1929). *The sexual life of savages in North-Western Melanesia. An ethnographic account of courtship, marriage, and family life among the natives of the Trobriand islands, British New Guinea*. Readers League of America Distributed by Eugenics Publishing Company.

Malinowski, B. (1939). The group and individual in functional analysis. *American Journal of Sociology, 44*, 938-964.

Markus, H. R., & Kitayama, S. (1991). Culture and the self: Implications for cognition, emotion, and motivation. *Psychological Review, 98*, 224-253.

Mauss, M. (1990[1925]). *The gift: The form and reason for exchange in archaic societies*. Routledge.

Mead, M. (1949). *Male and female: The classic study of the sexes*. HarperCollins.

Melford E. S. (1982). *Oedipus in the Trobriands*. The University of Chicago Press.

Merton, R. (1958). *Social theory and social structure*. The Free Press.

Nisbett, R. E. (2003). *The geography of thought: How Asians and Westerners think differently ... and why*. The Free Press.

Nisbett, R. E., Peng, K., Choi, I., & Norenzayan, A. (2001). Culture and systems of thought: Holistic versus analytic cognition. *Psychological Review, 108*, 291-310.

Popper, K. (1972). *Objective knowledge*. Clarendon Press.

Radcliffe-Brown, A. R. (1952). *Structure and function in primitive society*. The Free Press.

Ratner, C. (2008). *Cultural psychology, cross-cultural psychology and indigenous psychology*. Nova Science Publishers.

Segall, M. H., Dasen, P. R., Berry, J. W., & Poortinga, Y. H. (1999). *Human behavior in global perspective: An introduction to cross-cultural psychology* (2nd ed.). Allyn & Bacon.

Shweder, R. A. (1990). Cultural psychology: What is it?. In J. W. Stigler, R. A. Shweder, & G. Herdt (Eds.), *Cultural psychology: Essays on comparative human development*. Cambridge University Press.

Shweder, R. A., & Sullivan, M. A. (1993). Cultural psychology: Who needs it?. *Annual Review of Psychology, 44*, 497-523.

Sinha, J. B. P. (1986). *Psychology in a third world country: The Indian experience*. Sage.

Sinha, J. B. P. (1999). *Towards integrative psychology in India*. The 3rd conference of AASP.

Triandis, H. C. (1988). Collectivism versus individualism: A reconceptualization of a basic concept of cross-cultural psychology. In G. K. Verma & C. Bagley (Eds.), *Cross-cultural studies of personality, attitudes and cognition* (pp. 60-95). McMillan.

Triandis, H. C. (1999). *Dialectics between cultural and cross-cultural psychology*. Paper presented in the 3rd conference of Asian Association of Social Psychology.

Uskul, A. K., Kitayama, S., & Nisbett, R. E. (2008). Ecocultural basis of cognition: Farmers and fishermen are more holistic than herders. Proceedings of the *National Academy of Sciences of the USA, 105*, 8552-8226.

Yang, K. S. (1999). *Monocultural and cross-cultural indigenous approaches: The royal road to the development of a balanced global psychology*. The 3rd conference of AASP.

Yang, K. S. (2012). Indigenous psychology, westernized psychology, and indigenized psychology: A Non-Western psychologist's view. *Chang Gung Journal of Humanities and Social Sciences, 5*(1), 1-32.

제3장 문화심리학의 연구방법론

김의철, 박영신(1998). 한국인의 성공의식과 귀인양식: 토착심리학적 접근. **교육심리연구, 12**(2), 51-84.

김의철, 박영신(2004). 청소년과 부모의 인간관계를 통해 본

신뢰의식: 토착심리학적 접근. **한국심리학회지: 사회문제, 10**(2), 103-137.

박혜경(2011). 문화차는 어디에서 비롯되는가: 생태문화적 연구의 현황과 과제. **한국심리학회지: 일반, 30**(1), 265-291.

오수성, 김정호, 김혜숙, 김희경, 신기숙, 이숙자, 정정화, 채숙희, 한은경, 홍창희(2013). **정신병리학**. 학지사.

장수지(2010). 대인 간 갈등해결전략에 대한 비교문화 연구: 한국, 일본, 미국 대학생을 대상으로. **한국심리학회지: 사회 및 성격, 24**(4), 1-17.

최상진, 유승엽(1993). 서편제 속의 '한' 심리학. '93 사회과학연구소 국제학술세미나. **중앙대학교 사회과학연구소**, 84-93.

최상진, 한규석(1998). 심리학에서의 객관성, 보편성 및 사회성의 오류: 문화심리학의 도전. **한국심리학회지: 일반, 17**(1), 73-96.

최상진, 한규석(2000). 문화심리학적 연구방법론. **한국 심리학회지 사회 및 성격, 14**(2), 123-144.

한규석(2000). 한국인의 공과 사의 영역: 공정과 인정의 갈등. **한국심리학회지: 문화 및 사회문제, 6**(2), 39-63.

한민(2008). **신명의 심리학적 이해**. 한국학술정보.

한민(2022). **선을 넘는 한국인 선을 긋는 일본인**. 부키.

한민, 서신화, 이수현, 한성열(2013). 한국인의 자존심 개념과 특성에 대한 연구. **한국심리학회지: 문화 및 사회문제, 19**(2), 203-234.

한민, 이누미야 요시유키, 김소혜, 장웨이(2009). 새로운 문화-자기관 이론의 국가 간 비교연구: 한국, 중국, 일본 대학생들의 자기관. **한국심리학회지: 일반, 28**(1), 49-66.

한민, 최인철, 김범준, 이훈진, 김진형(2012). 한국인의 마음 지도I: 한국대학생의 정서, 사고방식, 가치관. **한국심리학회지: 일반, 31**(2), 435-464.

한민, 한성열(2008). 신명척도의 개발 및 타당화. **한국심리학회지: 일반, 27**(1), 259-280.

Berry, J. W. (1976). *Human ecology and cognitive style: Comparative studies in cultural and psychological adaptation*. Sage/Halsted/wiley.

Berry, J. W. (1980). Introduction to methodology. In H. C. Triandis & J. Berry (Eds.), *Handbook of cross-cultural psychology* (vol. 2, pp. 1-28). Allyn & Bacon.

Bowers, B. (1990). Grounded theory. In B, Sarter (Ed.), *Paths to knowledge* (pp. 29-33). National League for Nursing Press.

Bruner, J. S. (1990). *Acts of meaning*. Harvard University Press.

Bruner, J. S. (1993). Do we "acquire" culture or vice versa?. *Behavioral and Brain Sciences, 16*, 515-516.

Charmaz, K. (2000). Grounded theory: Objectivist and constructivist methods. In N. K. Denzin & Y. S. Lincoln (Eds.), *Handbook of qualitative research* (pp. 509-534). Sage.

Cohen, D. (2001). Cultural variation: Considerations and implications. *Psychological Buetin, 127*, 451-471.

Cohen, D., Nisbett, R. E., Bowdle, B. F., & Schwarz, N. (1996). Insult, aggression, and the Southern culture of honor: An "experimental ethnography". *Journal of Personality and Social Psychology, 70*, 945-960.

Colaizzi, P. F. (1978). Psychological research as a phenomenologist views it. In Valle, R & King, M. (Eds.). *Existential phenomenological alternatives for psychology*. Oxford University Press.

Cole, M., & Cole, S. (1979). *The making of mind: A personal account of Soviet psychology*. Harvard University Press.

Creswell, J. W., & Miller, D. L. (1997). Validity(verification) in qualitative research: Perspectives, terms, procedures, and methodologies. Unpublished manuscript, Department of Educational Psychology, University of Nebraska-Lincoln.

Creswell, J. W. (2005). **질적 연구방법론: 다섯 가지 전통** (*Qualitative inquiry and research design: Choosing among five traditions*). (조홍식, 정선욱, 김진숙, 권지성 공역). 학지사. (원저는 1998년에 출판).

Denzin, N. K., & Lincoln, Y. S. (1994). *Handbook of qualitative research*. Sage.

Diener, E., & Diener, M. (1995). Cross-cultural correlates of life satisfaction and self-esteem. *Journal of Personality and Social Psychology, 68*, 653-663.

Giorgi, A. (1985). *Phenomenology and psychological research*. Duquesne University press.

Glaser, B. G., & Strauss, A. L. (1967). *The discovery of grounded theory: Strategies for qualitative research*. Aldine.

Greenfield, P. (1999). *Three approaches to the psychology of culture: Where do they come from? Where can they go?*. Paper presented at the 3rd Conference of the Asian Association of Social Psychology, August 4-8.

Hamm, B. M., Park, Y. S., & Kim. U. (2001). *Korean students and adults' self-concept: An indigenous analysis*. Paper presented at the Fourth Conference of the Asian Association of Social Psychology(AASP), "Asian Social Psychology in the 21st Century" p. 134, July 10-13, The University of Melbourne.

Harre, R., & Gillett, G. (1994). *The discursive mind*. Sage.

Heine, S. J. & Lehman, D. R. (1995). Cultural variation in unrealistic optimism: Does the west feel more invulnerable than the east?. *Journal of Personality and Social Psychology, 68*, 595-607.

Jahoda, G. (1992). Foreword. In J. W. Berry, Y. H. Poortinga, M. H. Segall, & P. R. Dasen (Eds.), *Cross-cultural psychology: Research and applications* (pp. 10-12). Cambridge University Press.

Kim, U. (1999). *Indigenous, cultural, and cross-cultural psychology: Theoretical, conceptual and epistemological analysis*. The 3rd conference of AASP.

Kim, U. (2000). Indigenous, cultural, and cross-cultural psychology: A theoretical, conceptual, and epistemological analysis. *Asian Journal of Social Psychology, 3*(3), 265-287.

Kim, U., & Park, Y. S. (2000). *The experience of stress before and during the economic crisis in Korea: An indigenous analysis*. Paper presented at the 15th International Congress of the International Association for Cross-Cultural Psychology (IACCP). July, 16-21. Polish Academy of Science.

Kim, U., & Yamaguchi, S. (1995). Cross-cultural research methodology and approach: Implications for the advancement of Japanese social psychology. *Japanese Journal of Experimental Social Psychology, 10*, 168-179.

Kim, U., Yang, K., & Hwang, K. (2006). *Indigenous and cultural psychology*. Springer.

Kitayama, S., & Park, H. (2007). Cultural shaping of self, emotion, and well-being: How does it work?. *Social and Personality Psychology Compass, 1*, 202-222.

Kitayama, S., Ishii, K., Imada, T., Takemura, K., & Ramaswamy, J. (2006). Voluntary settlement and the spirit of independence: Evidence from Japan's "Northern frontier". *Journal of Personality and Social psychology, 91*(3), 369-384.

Kwan, V. S. Y., Bond, M. H., & Singelis, T. M. (1997). Pancultural explanations for life satisfaction: Adding relationship harmony to self-esteem, *Journal of Personality and Social Psychology, 73*, 1038-1051.

Lincoln, Y., & Guba, E. (1985). *Naturalistic inquiry*. Sage.

Lonner, W. J., & Adamopoulos, J. (1997). Culture as antecedent to behavior. In J. W. Berry, Y. H. Poortinga, & J. Pandey (Eds.), *Handbook of cross-cultural psychology* (2nd Ed., pp. 43-84). Allyn & Bacon.

Luria, A. (1976). *Cognitive development: Its cultural and social foundations*. Harvard University Press.

Markus, H., & Kitayama, S. (1991). Culture and self: Implications for cognition, emotion, and motivation. *Psychological Review, 98*, 224-253.

Masuda, T., & Nisbett, R. E. (2006). Culture and change blindness. *Cognitive Science, 30*, 381-399.

Moscovici, S. (1984). The phenomenon of social representations. In R. M. Farr, & S. Moscovici (Eds.), *Social representations* (pp. 3-69). Cambridge University Press.

Nisbett, R. E. (2003). *The geography of thought: How Asians and Westerners think differently ... and why*. The Free Press.

Nisbett, R. E., Peng, K., Choi, I., & Norenzayan, A. (2001). Culture and systems of thought: Holistic versus analytic cognition. *Psychological Review, 108*, 291-310.

Pe-Pua, R. (2006). From decolonizing psychology to the development of a cross-indigenous perspective in methodology: The philippine experience. In U. Kim, K.-S. Yang, & K.-K. Hwang (Eds.), *Indigenous and cultural psychology: Understanding people in context* (pp. 109-137). Springer Science+Business Media. https://doi.org/10.1007/0-387-28662-4_5

Ratner, C. (1997). *Cultural psychology and qualitative methodology: Theoretical and empirical considerations*. Plenum.

Sabini, J., & Silver, M. (1982). *Moralities and everyday life*. Oxford University Press.

Strauss, A., & Corbin, J. (1998). *Basic of qualitative research*. Sage publications.

Tobin, J. J., Wu, D. Y. H., & Davidson, D. H. (1989). *Preschool in the three cultures: Japan, China, and the United States*. Yale University Press.

Uskul, A. K., Kitayama, S., & Nisbett, R. E. (2008). Ecocultural basis of cognition: Farmers and fishermen are more holistic than herders. *Proceedings of the National Academy of Sciences of the USA, 105(25)* `= , 8552-8556.

Vandello, J. A., & Cohen, D. (1999). Patterns of individualism and collectivism across the United States. *Journal of Personality and Social Psychology, 77*(2), 279-292.

Wittgenstein, L. (1953). *Philosophical investigations*. Macmillan.

제4장 문화와 성격

김태연(2020). 방위산업수출에 영향을 미치는 경제적 요인에 관한 실증 연구: 홉스테드 문화차원의 조절효과를 중심으로. 숭실대학교 대학원 박사학위논문.

北山 忍 (1998). **自己と感情: 文化心理學による問いかけ**. 共立出版株式會社..

北山 忍, 唐澤 眞弓 (1995). 自己: 文化心理學的視座. **實驗社會心理學研究**, 35, 133-163.

伊藤 忠弘 (1999). 社會的比較における自己高揚傾向: 平均以上効果の檢討. **心理學研究**, 70(5), 367-374.

鎌原 雅彦, 樋口 一辰 (1987). Locus of Controlの年齢的變化に關する研究. **教育心理學研究**, 35(2), 177-183.

外山 美樹, 櫻井 茂男 (2001). 日本人のポジティブ.イリュージョン現象. **心理學研究**, 72(4), 329-335.

Baumeister, R. F. (1991). *Meanings of life*. Guilford Press.

Countryeconomy (n. d.). GDP. https://countryeconomy.com/gdp?year=2012

Daun, A. (1991). Individualism and collectivity among Swedes. *Ethnos, 56*, 165-172.

Daun, A. (1992). Modern and modest: Mentality and self-stereotypes among Swedes. In A. Sjoegren & L. Janson (Eds.), *Culture and management* (pp. 101-111). Institution for International Business.

Daun, A. (1996). *Swedish mentality*. Pennsylvania State University Press.

Harding, S., Phillips, D., & Fogarty, M. (1986). *Contrasting values in Western Europe: Unity, diversity and change*. Macmillan.

Heine, S. J., & Hamamura, T. (2007). In search of east Asian self-enhancement. *Personality and Social Psychology Review, 11*, 4-27.

Heine, S. J., & Lehman, D. R. (1995). Cultural variation in unrealistic optimism: Does the west feel more invulnerable than the east?. *Journal of Personality and Social Psychology, 68*, 595-607.

Heine, S. J., & Lehman, D. R. (1997). The cultural construction of self-enhancement: An examination of group-serving biases. *Journal of Personality & Social Psychology, 72*, 1268-1283.

Heine, S. J., Kitayama, S., Lehman, D. R., Takata, T., Ide, E., Leung, C., & Matsumoto, H. (2001). Divergent consequences of success and failure in Japan and North America. An investigation of self-improving motivations and malleable selves. *Journal of Personality and Social Psychology, 81*, 599-615.

Helliwell, J. F., Richard L., & Jeffrey S. (2012). *World happiness report 2012*. UN Sustainable Development Solutions Network.

Hofstede, G. (1980). *Culture's consequences: International differences in work-related values*. Sage.

Hofstede, G. (1983). Dimension of national cultures in fifty countries and three regions. In J. Deregowski, S. Dziurawiec, & R. Annis (Eds.), *Expiscation in cross-cultural psychology*. Swelts & Zeitlinger.

Hofstede, G. (1991). *Cultures and organizations: Software of the mind*. McGraw-Hill.

Hofstede, G., & Bond, M. H. (1988). The confucius connection: From cultural roots to economic growth. *Organization Dynamics, 16*(4), 4-21.

Hofstede, G., Hofstede, G. V., & Minkov, M. (2010) *Cultures and organizations: Software of the mind* (3rd ed.). McGraw Hill.

Kilham, W., & Mann, L. (1974). Level of destructive obedience as a function of transmitter and executant roles in the Milgram obedience paradigm. *Journal of Personality and Social Psychology, 29*, 696-702.

Kuppens, P., Ceulemans, E., Timmerman, M. E., Diener, E., & Kim-Prieto, C. H. U. (2006). Universal intracultural and intercultural dimensions of the recalled frequency of emotional experience. *Journal of Cross-Cultural Psychology, 37*(5), 491-515.

Lackman, M. E. (1986). Locus of control in aging research: A case for multidimensional and domain-specific assessment. *Journal of Psychology and Aging, 1*, 34-40.

Lao, R. C. (1976). Is internal-external control an agerelated variable?. *Journal of Psychology, 92*, 3-7.

Lynn, R. (1971). *Personality and national character*. Pergamon Press.

Markus, H., & Kitayama, S. (1991a). Culture and self: Implications for cognition, emotion, and motivation. *Psychological Review, 98*, 224-253.

Markus, H., & Kitayama, S. (1991b). Cultural variation in the self-concept. In J. Strauss & G. R. Goethals (Eds.), *The self: Interdisciplinary approaches*. Springer-Verlag.

McCrae, R. R. (2002). Cross-cultural research on the five-factor model of personality. *Online Readings in Psychology and Culture, 4*(4), 1.

Milgram, N. A. (1971). Locus of control in negro and white children at four age level. *Psychological Reports, 29*, 459-465.

Milgram, S. (1974). *Obedience to authority: An experimental view*. Harper & Row.

Minkov, M. (2007). *What makes us different and similar: A new interpretation of the world values survey and other cross-cultural data*. Klasika y Still Publishing House.

Minkov, M. (2009). Predictors of differences in subjective well-being across 97 nations. *Cross-Cultural Research: The Journal of Comparative Social Science, 43*(2), 152-179. https://doi.org/10.1177/1069397109332239

Nisbett, R., & Ross, L. (1980). *Human inference-strategies and shortcomings of social judgment*. Prentice-Hall.

Oyserman, D., Coon, H. M., & Kemmelmeier, M. (2002). Rethinking individualism and collectivism: Evaluation of theoretical assumptions and meta-analyses. *Psychological Bulletin, 128*, 3-72.

Pelto, P. J. (1968). The differences between "tight" and "loose" societies. *Transaction, 5*, 37-40.

Penk, W. (1969). Age changes and correlates of internal-external control scale. *Psychological Reports, 25*, 856.

Rotter, J. B. (1966). Generalized expectancies for internal vs. external control of reinforcement. *Psychological*

Monographs, 80(Whole No. 609), 1-28.

Stoetzel, J. (1983). *Les valeurs du temps présent: une enquête européenne*. Presses Universitaires de France.

Taylor, S, E., & Brown, J. D. (1988). Illusion and well-being: A social psychological perspective on mental health. *Psychological Bulletin, 103*, 193-210.

The Chinese Culture Connection. (1987). Chinese values and the search for culture-free dimensions of culture. *Journal of Cross-Cultural Psychology, 18*, 143-164.

Triandis, H. C. (1972). *The analysis of subjective culture*. Wiley Interscience.

Triandis, H. C. (1995). *Individualism and collectivism*. Westview Press.

Triandis, H. C. (2001). Individualism and collectivism: Past, present, and future. In D. Matsumoto (Ed.), *The handbook of culture and psychology* (pp. 35-50). Oxford University Press.

Triandis, H. C., & Vassiliou, V. (1972). A comparative analysis of subjective culture. In H. C. Triandis (Ed.), *The Analysis of Subjective Culture* (PP. 299-335). Wiley.

Vandello, J. A., & Cohen, D. (1999). Patterns of individualism and collectivism across the United States. *Journal of Personality and Social Psychology, 77*, 279-292.

Weinstein, N. D. (1980). Unrealistic optimism about future life events. *Journal of Personality and Social Psychology, 39*, 806-820.

Weinstein, N. D. (1984). Why it won't happen to me: Perceptions of risk factors and susceptibility. *Health Psychology, 3*, 431-457.

Weinstein, N. D. (1987). Unrealistic optimism about susceptibility to health problems: Conclusions from a community-wide sample. *Journal of Behavioral Medicine, 10*, 481-500.

제5장 문화와 인지

Abel, T. M., & Hsu, F. L. K. (1949). Some aspects of personality of Chinese as revealed by the Rorschach test. *Rorschach Research Exchange and Journal of Projective Techniques, 13*, 285-301.

Chiu, L. H. (1972). A cross-cultural comparison of cognitive styles in Chinese and American children. *International Journal of Psychology, 7*, 235-242.

Choi, I., & Nisbett, R. E. (1998). Situational salience and cultural differences in the correspondence bias and in the actor-observer bias. *Personality and Social Psychology Bulletin, 24*, 949-960.

Choi, I., & Nisbett, R. E. (2000). Cultural psychology of surprise: Holistic theories and recognition of contradiction. *Journal of Personality and Social Psychology, 79*, 890-905.

Choi, I., Dalal, R., Kim-Prieto, C., & Park, H. (2003). Culture and judgement of causal relevance. *Journal of Personality and Social Psychology, 84(1)*, 46-59.

Choi, S., & Gopnik, A. (1995). Early acquisition of verbs in Korean: A cross-linguistic study. *Journal of Child Language, 22*, 497-529.

Chua, H. F., Boland, J., & Nisbett, R. E. (2005, January). *Attention to object vs. background: Eye tracking evidence comparing Chinese and Americans*. Poster presented at the Annual Meeting of the Society of Personality and Social Psychology, New Orleans, LA.

Colby, A., & Kohlberg, L. (1987a). *The measurement of moral judgment, Vol. 1: Theoretical foundations and research validation*. Cambridge University Press.

Colby, A., & Kohlberg, L. (1987b). *The measurement of moral judgment, Vol. 2: Standard issue scoring manual*. Cambridge University Press.

Conroy, M., Hess, R. D., Azuma, H., & Kashiwagi, K. (1980). Maternal strategies for regulating children's behavior: Japanese and American families. *Journal of Cross-Cultural Psychology, 11*, 153-172.

Cook, V., Bassetti, B., Kasai, C., Sasaki, M., & Takahashi, J. A. (2006). Do bilinguals have different concepts?

The case of shape and material in Japanese L2 users of English. *International journal of bilingualism, 10*(2), 137-152.

Dien, D. S. (1982). A Chinese perspective on Kohlberg's theory of moral development. *Developmental Review, 2,* 331-341.

Fischhoff, B. (1975). Hindsight ≠ foresight: The effect of outcome knowledge on judgment under uncertainty. *Journal of Experimental Psychology: Human Perception and Performance, 1,* 288-299.

Gentner, D. (1982). Why nouns are learned before verbs: Linguistic relativity versus natural partitioning. In S. A. Kuczaj (Ed.), *Language development: Vol. 2. Language, thought and culture* (pp. 301-334). Lawrence Erlbaum Associates.

Gilligan, C. (1982). *In a different voice: Psychological theory and women's development.* Harvard University Press.

Gopnik, A., & Choi, S. (1990). Do linguistic differences lead to cognitive differences?: A cross-linguistic study of semantic and cognitive development. *First Language, 10,* 199-215.

Hampden-Turner, C., & Trompenaars, A. (1993). *The seven cultures of capitalism: Value systems for creating Wwealth in the United States, Japan, Germany, France, Britain, Sweden and the Netherlands.* Doubleday.

Heine, S. J. (2008). *Cultural psychology.* Norton.

Hong, Y., Chiu, C., & Kung, M. (1997). Bringing culture out in front: Effects of cultural meaning system activation on social cognition. In K. Leung, Y. Kashima, U. Kim, & S. Yamaguchi (Eds.), *Progress in Asian social psychology* (Vol. 1, pp. 139-150). Wiley.

Imai, M., & Gentner, D. (1997). A cross-linguistic study of early word meaning: Universal ontology and linguistic influence. *Cognition, 62,* 169-200.

Ishii, K., Tsukasaki, T., & Kitayama, S. (2009). Culture and visual perception: Does perceptual inference depend on culture?. *Japanese Psychological Research, 51,* 103-109.

Ji, L., Peng, K., & Nisbett, R. E. (2000). Culture, control, and perception of relationships in the environment. *Journal of Personality and Social Psychology, 78,* 943-955.

Ji, L., Su, Y., & Nisbett, R. E. (2001). Culture, change, and prediction. *Psychological Science, 12,* 450-456.

Ji, L., Zhang, Z., & Nisbett, R. E. (2004). Is it culture, or is it language? Examination of language effects in cross-cultural research on categorization. *Journal of Personality and Social Psychology, 87,* 57-65.

Jones, E. E., & Harris, V. A. (1967). The attribution of attitudes. *Journal of Experimental Social Psychology, 3,* 1-24.

Kitayama, S., Duffy, S., Kawamura, T., & Larsen, J. T. (2003). Perceiving an object and its context in different cultures: A cultural look at new look. *Psychological Science, 14*(3), 201-206.

Kohlberg, L. (1981). *Essays on moral development, Vol. 1: The philosophy of moral development.* Harper & Row.

Kohlberg, L. (1984). *Essays on moral development, Vol. 2: The psychology of moral development.* Harper & Row.

Koppelmans, V., Erdeniz, B., De Dios, Y. E., Wood, S. J., Reuter-Lorenz, P. A., Kofman, I., ... & Seidler, R. D. (2013). Study protocol to examine the effects of spaceflight and a spaceflight analog on neurocognitive performance: extent, longevity, and neural bases. *BMC neurology, 13,* 1-15.

Markus, H., & Kitayama, S. (1991). Culture and self: Implications for cognition, emotion, and motivation. *Psychological Review, 98,* 224-253.

Masuda, T., & Nisbett, R. E. (2001). Attending holistically vs. analytically: Comparing the context sensitivity of Japanese and Americans. *Journal of Personality and Social Psychology, 81,* 922-934.

Masuda, T., & Nisbett, R. E. (2006). Culture and change blindness. *Cognitive Science, 30,* 381-399.

Masuda, T., Ellsworth, P., Mesquita, B., Leu, J., & Veerdonk, E. (2008). Placing the face in context: Cultural differences in perceiving emotions from facial behavior. *Journal of Personality and Social Psychology, 94,* 365-381.

Masuda, T., Gonzalez, R., Kwan, L., & Nisbett, R. E. (2008). Culture and aesthetic preference: Comparing the attention to context of East Asians and Americans. *Personality and Social Psychology Bulletin, 34*(9), 1260-1275.

McGuire, W. J. (1967). Cognitive consistency and attitude change. In M. Fishbein (Ed.), *Attitude theory and measurement* (pp. 357-365). John Wiley.

Miller, J. G. (1984). Culture and the development of everyday social explanation. *Journal of Personality and Social Psychology, 46,* 961-978.

Miyamoto, Y., Nisbett, R. E., & Masuda, T. (2006). Culture and the physical environment: Holistic versus analytic perceptual affordances. *Psychological Science, 17,* 113-119.

Morris, M. W., & Peng, K. (1994). Culture and cause: American and Chinese attributions for social and physical events. *Journal of Personality and Social Psychology, 67,* 949-971.

Nisbett, R., & Ross, L. (1980). *Human inference: Strategies and shortcomings of social judgment.* Prentice-Hall.

Nisbett, R. E. (2003). *The geography of thought: How Asians and Westerners think differently … and Why.* The Free Press.

Norenzayan, A., & Kim, B. J. (2002). A cross-cultural comparison of regulatory focus and its effect on the logical consistency of beliefs. Unpublished manuscript, University of British Columbia.

Norenzayan, A., Choi, I., & Nisbett, R. E. (2002). Cultural similarities and differences in social inference: Evidence from behavioral predictions and lay theories of behavior. *Personality and Social Psychology Bulletin, 28,* 109-120.

Norenzayan, A., Smith, E. E., Kim, B. J., & Nisbett, R. E. (2002). Cultural preferences for formal versus intuitive reasoning. *Cognitive Science, 26,* 653-684 .

Peng, K., & Nisbett, R. E. (1999). Culture, dialectics, and reasoning about contradiction. *American Psychologist, 54,* 741-754.

Simpson, E. L. (1974). Moral development research: A case study of scientific cultural bias. *Human Development, 17,* 81-106.

Snarey, J. R. (1985). Cross-cultural universality of social-moral development: A critical review of Kohlbergian research. *Psychological Bulletin, 97,* 202-232.

Sullivan, E. V. (1977). A study of Kohlberg's structural theory of moral development: A critique of liberal social science ideology. *Human Development, 20,* 352-376.

Tardif, T. (1996). Nouns are not always learned before verbs: Evidence from mandarin speakers' early vocabularies. *Developmental Psychology, 32,* 492-504.

Vasudev, J., & Hummel, R. C. (1987). Moral stage sequence and principled reasoning in an Indian sample. *Human Development, 30*(2), 105-118.

제6장 문화와 정서

김정운(2001). 관계적 정서와 문화적 정서: 정서의 문화심리학적 접근. **한국심리학회지: 일반, 20**(2), 389-407.

박종삼(1985). **한국인의 사회행동에서 나타나는 체면-기분-눈치에 대한 정신분석학적 이해의 가능성.** 숭전대학생 지도연구.

안신호, 이승혜, 권오식(1993). 정서의 구조: 한국어 정서단어 분석. **한국심리학회지: 사회, 7**(1), 107-123.

오세철(1994). **한국인의 사회심리.** 박영사.

이만영, 이홍철(1990). 형용사 서술의미의 구조에 관한 연구: 정서 관련 어휘를 중심으로. **한국심리학회지: 실험 및 인지, 2,** 118-138.

이은경, 서은국, Chu, T., Kim, H. S., & Sherman, D. K. (2009). 정서 억제와 주관적 안녕감: 문화비교연구. **한국심리학회지: 사회 및 성격, 23**(1), 131-146.

조긍호(2003). 한국인 이해의 개념틀. 나남출판.

최상진(1997). 한국인의 심리특성. 학문사.

최상진, 최연희(1989). 눈치의 사회심리학적 구조: 눈치의 개념화를 위한 탐색적 시안. 한국심리학회 연차학술발표논문집, 212-221.

한국갤럽조사연구소(1990). 한국인의 인간가치관. 한국갤럽조사연구소.

四方田 犬彦 (2002). 大好きな韓国. 日本放送出版協会.

大坊 郁夫, 上出 寛子, 村澤 博人, 趙 鏞珍, 毛 新華, 高橋 直樹 (2007). 顔形態特徴の日中韓比較(1): 顔面表情に伴う顔形態の文化比較(対面コミュニケーション―顔を中心的メディアとした). 電子情報通信学会技術研究報告. HCS, ヒューマンコミュニケーション基礎, 107(241), 13-18.

土居 健郎 (1971). 甘えの構造. 弘文堂.

道上 尚史 (2001). 日本外交官、韓国奮闘記(文春新書). 文藝春秋.

渡部 昌平 (2006). つきあいきれない韓国人(中公新書ラクレ). 中央公論新社.

Abu-Lughod, L. (1986). *Veiled sentiments*. University of California Press.

Anderson, J. C., Linden, W., & Habra, M. E. (2006). Influence of apologies and trait hostility on recovery from anger. *Journal of Behavioral Medicine, 29*(4), 347-358. https://doi.org/10.1007/s10865-006-9062-7

Averill, J. R. (1982). *Anger and aggression: An essay on emotion*. Springer.

Averill, J. R. (1985). The social construction of emotion: With special reference to love. In K. J. Gergen & K. E. Davis (Eds.), *The social construction of the person* (pp. 89-109). Springer.

Bagozzi, R. P., Wong, N., & Yi, Y. (1999). The role of culture and gender and the relationship between positive and negative affect. *Cognition and Emotion, 3*, 641-672.

Bellah, R. N., Madsen, R., Sullivan, W. M., Swidler, A., & Tipton, S. M. (1985). *Habits of the heart: Individualism and commitment in American life*. Harper & Row.

Biehl, M., Matsumoto, D., Ekman, P., Hearn, V., Heider, K., Kudoh, T., & Ton, V. (1997). Matsumoto and Ekman's Japanese and Caucasian Facial Expressions of Emotion (JACFEE): Reliability data and cross-national differences. *Journal of Nonverbal Behavior, 21*(1), 3-21. https://doi.org/10.1023/A:1024902500935

Bochner, S., & Hesketh, B. (1994). Power distance, individualism/collectivism, and job-related attitudes in a culturally diverse work group. *Journal of Cross-Cultural Psychology, 25*(2), 233-257.

Briggs, J. L. (1970). *Never in anger: Portrait of an Eskimo family*. Harvard University Press.

Buck, R. (1988). *Human motivation and emotion* (2nd ed.). Wiley.

Campos, J. J., & Miyake, K. (1992). *Development of attachment and emotion in Japanese infants*. Paper presented at the International Conference on Emotion and Culture, Eugene, OR.

Camras, L., Oster, H., Campos, J. J., & Bakeman, R. (2003). Emotional facial expressions in European-American, Japanese, and Chinese infants. In P. Ekman, J. J. Compos, R. J. Davidson, & F. B. M. De Waal (Eds.), *Emotions inside out: 130 years after Darwin's "The expression of the emotions in man and animals"* (Vol. 1000, pp. 135-151). New York Academy of Sciences.

Casey, R. J. (1993). Children's emotional experience: Relations among expression, self-report, and understanding. *Developmental Psychology, 29*, 119-129.

Cohen, D., Nisbett, R. E., Bowdle, B. F., & Schwarz, N. (1996). Insult, aggression, and the southern culture of honor: An "experimental ethnography". *Journal of Personality and Social Psychology, 70*, 945-960.

Darwin, C. R. (1872). *The expression of emotions in man and animals*. Murray.

Das, V. (1992). Moral orientations to suffering: Legitimation, power and healing. In L. Chen, A. Kleinman, & N. Ware (Eds.), *Health and social change in international perspectives*. Sage.

Diener, E., & Larsen, R. J. (1993). The experience of emotional wellbeing. In M. Lewis & J. M. Haviland (Eds.), *Handbook of emotion* (pp. 405-415). Guilford.

Ekman, P. (1972). Universals and cultural differences in facial expression of emotion. In J. Cole (Ed.), *Nebraska symposium on motivation, 1971*. University of Nebraska Press.

Ekman, P. (1994). Strong evidence for universals in facial expression: A reply to Russell's mistaken critique. *Psychological Bulletin, 115*, 268-287.

Ekman, P., & Friesen, W. V. (1969). The repertoire of nonverbal behavior: Categories, origins, usage, and coding. *Semiotica, 1*, 49-98.

Ekman, P., & Friesen, W. V. (1971). Constants across culture in the face and emotion. *Journal of Personality and Social Psychology, 17*, 124-129.

Ekman, P., Sorenson, E. R., & Friesen, W. V. (1969). Pan-cultural elements in facial displays of emotion. *Science, 164*, 86-94.

Elfenbein, H. A., & Ambady, N. (2002). On the universality and cultural specificity of emotion recognition: A meta-analysis. *Psychological Bulletin, 128*(2), 203-235. https://doi.org/10.1037/0033-2909.128.2.203

Ellsworth, P. C. (1994). Sense, culture, and sensibility. In S. Kitayama & H. R. Markus (Eds.), *Emotion and culture: Empirical studies of mutual influence* (pp. 23-50). American Psychological Association.

Friesen, W. V. (1972). Cultural differences in facial expressions in a social situation: An experimental test of the concept of display rules. Unpublished doctoral dissertation, University of California, San Francisco.

Frijda, N. H. (1986). *The emotions*. Cambridge University Press.

Frijda, N. H., & Mesquita, B. (1994). The social rule and functions of emotions. In S. Kitayama & H. R. Markus (Eds.), *Emotion and culture: Empirical studies of mutual influence* (pp. 51-87). American Psychological Association.

Geertz, H. (1959). Colourful Whorfian ideas: Linguistic and cultural influences on the perception and cognition of colour, and on the investigation of them. *Mind and Language, 10*, 199-225.

Geertz, C. (1973). *The interpretation of cultures*. Basic books.

Geertz, C. (1983). *Local knowledge: Further essays in interpretive anthropology*. Basic Books.

Gross, J. J. (1998). Anteceden-and response-focused emotion regulation: Divergent consequences for experience, expression, and physiology. *Journal of Personality and Social Psychology, 74*, 224-237.

Gross, J. J., & Levenson, R. W. (1993). Emotional suppression: Physiology, self-report, and expressive Behavior. *Journal of Personality and Social Psychology, 64*, 970-986.

Gross, J. J., & Levenson, R. W. (1997). Hiding feelings: The acute effects of inhibiting negative and positive emotion. *Journal of Abnormal Psychology, 106*, 95-103.

Haidt, J., & Keltner, D. (1999). Culture and facial expression: Open-ended methods find more expressions and a gradient of recognition. *Cognition and Emotion, 13*, 225-266.

Harre', R. (Ed.). (1986). *The social construction of emotions*. Blackwell.

Heine, S. J. (2008). *Cultural psychology*. Norton.

Heiner, S. J., Kitayama, S., Lehman, D. R., Takata, T., Ide, E., Leung, C., & Matsumoto, H. (2001). Divergent consequences of success and failure in Japan and North America: An investigation of self improving motivations and malleable selves. *Journal of Personality and Social Psychology, 81*, 599-615.

Hiatt, L. R. (1978). Classification of the emotions. In L. R.

Hiatt (Ed.), *Australian aboriginal concepts* (pp. 182-187). Humanities Press.

Hofstede, G. (1980). *Culture's consequences: International differences in work-related values*. Sage.

Hyson, M. C., & Izard, C. E. (1985). Continuities and changes in emotion expression during brief separation at 13 and 18 months. *Developmental Psychology, 21*, 1165-1170.

Izard, C. E. (1994). Innate and universal facial expressions: Evidence from developmental and cross-cultural research. *Psychological Bulletin, 115*, 288-299.

Kemper, T. (1984). Power, status, and emotions: A sociological contribution to a psychophysiological domain. In K. Scherer & P. Ekman (Eds.), *Approaches to emotion* (pp. 369-383). Erlbaum.

Kitayama, S., & Markus, H. R. (Eds.). (1994). *Emotion and culture: Empirical investigations of mutual influence*. American Psychological Association.

Kitayama, S. Markus, H. R., Matsumoto, H., & Norasakkunkit, V. (1997). Individual and collective processes of self-esteem management: Self-enhancement in the United States and self-criticism in Japan. *Journal of Personality and Social Psychology, 72*, 1245-1267.

Kitayama, S., Mesquita, B., & Karasawa, M. (2006). Cultural affordances and emotional experience: Socially engaging and disengaging emotions in Japan and the United States. *Journal of Personality and Social Psychology, 91*(5), 890-903.

Kleinman, A. (1988). *Rethinking psychology: From cultural category to personal experience*. Free Press.

Lazarus, R. S. (1968). Emotions and adaptation: Conceptual and empirical relations. In W. J. Arnold (Ed.), *Nebraska symposium on motivation, 16* (pp. 175-270). University of Nebraska Press.

Lazarus, R. S. (1991). *Emotion and adaptation*. Oxford University Press.

Lazarus, R. S., Averill, J. R., & Opton, E. M. (1970). Towards a cognitive theory of emotion. In. M. B. Arnold (Ed.), *Feelings and emotions: The Loyola symposium* (pp. 207-232). Academic Press.

Lazarus, R. S., Speisman, J. C., Mordkoff, A. M., & Davidson, L. A. (1962). A laboratory study of psychological stress produced by a motion picture film. *Psychological Monographs, 76*, 553.

Lutz, C. (1980). Emotion words and emotional development on Ifaluk atoll. Unpublished doctoral dissertation, Harvard University.

Lutz, C. (1988). *Unnatural emotions: Everyday sentiments on a Micronesian atoll and their challenge to Western theory*. University of Chicago Press.

Markus, H. R., & Kitayama, S. (1991). Cultural variation in the self-concept. In J. Strauss & G. R. Goethals (Eds.), *The self: Interdisciplinary approaches* (pp.18-48). Springer.

Matsumoto, D. (1989). Cultural influence on the perception of emotion. *Journal of Cross-Cultural Psychology, 20*, 92-105.

Matsumoto, D., & Willingham, B. (2006). The thrill of victory and the agony of defeat: Spontaneous expressions of medal winners at the 2004 Athens olympic games. *Journal of Personality and Social Psychology, 91*, 568-581.

Matsumoto, D., Kudoh, T., Scherer, K. R., & Wallbott, H. (1988). Antecedents of and reactions to emotions in the United States and Japan. *Journal of Cross-Cultural Psychology, 19*(3), 267-286.

Meng, Z., Yan, J., & Meng, X. (1985). A preliminary study on facial expression patterns of infants'[in Chinese], *Acta Psychologica Sinica, 17*, 55-61,

Mesquita, B., & Frijda, N. H. (1992). Cultural variation in emotion: A review. *Psychological Bulletin, 112*, 170-204.

Mesquita, B., & Walker, R. (2003). Cultural differences

in emotions: A context for interpreting emotional experiences. *Behaviour Research and Therapy, 41*, 773-793.

Miyake, K., Campos, J. J., Kagan, J., & Bradshaw, D. L. (1986). Issues in socioemotional development. In H. Stevenson, H. Azuma, & K. Hakuta (Eds.), *Child development and education in Japan* (pp. 239-261). Freeman.

Oster, H. (2005). The repertoire of infant facial expressions: An ontogenetic perspective. In J. Nadel & D. Muir (Eds.), *Emotional development: Recent research advances* (pp. 261-292). Oxford University Press.

Oyserman, D., Coon, H. M., & Kemmelmeier, M. (2002). Rethinking individualism and collectivism: Evaluation of theoretical assumptions and meta-analyses. *Psychological Bulletin, 128*, 3-72.

Rosaldo, M. Z. (1980). *Knowledge and passion: Ilongot notions of self and social life*. Cambridge University Press.

Russell, J. A. (1991). Culture and categorizations of emotions. *Psychological Bulletin, 110*, 426-450.

Russell, J. A. (1994). Is there universal recognition of emotion from facial expression? A review of the cross-cultural studies. *Psychological Bulletin, 115*, 102-141.

Russell, J. A., & Yik, M. S. M. (1996). Emotion among the Chinese. In M. H. Bond (Ed.), *The handbook of Chinese psychology* (pp. 166-188). Oxford University Press.

Schachter, S. (1964). The interaction of cognitive and physiological determinants of emotional state. In L. Berkowitz (Ed.), *Advances in experimental social psychology* (Vol. 1., pp. 49-80). Academic Press.

Schachter, S., & Singer, J. E. (1962). Cognitive, social, and physiological determinants of emotional state. *Psychological Review, 69*, 379-399.

Scherer, K. R. (1997a). Profiles of emotion-antecedent appraisal: Testing theoretical predictions across cultures. *Cognition & Emotion, 11*, 113-150.

Scherer, K. R. (1997b). The role of culture in emotion-antecedent appraisal. *Journal of Personality and Social Psychology, 73*, 902-922.

Schieffelin, E. L. (1979). Mediators as metaphors: Moving a man to tears in Papua New Guinea. In A. L. Becker & A. Yengoyan (Eds.), *The imagination of reality: Essays in southeast Asian conference systems*. Ablex.

Schimmack, U., Oishi, S., & Diener, E. (2002). Cultural influences on lation between pleasant and unpleasant emotions: Asian dialectic philosophies or individualism-collectivism. *Cognition and Emotion, 16*, 705-719.

Schwartz, S. H. (1994). Beyond individualism/collectivism: New cultural dimensions of values. In U. Kim, H. C. Triandis, C. Kagitcibasi, S.-C. Shoi, & G. Yoon (Eds.), *Individualism and collectivism: Theory, method, and applications* (pp. 85-119). Sage.

Serrano, J. M., Iglesias, J., & Loeches, A. (1995). Infants' responses to adult static facial expressions. *Infant Behavior and Development, 18*(4), 477-482.

Serrano, L., Kellis Jr, J. T., Cann, P., Matouschek, A., & Fersht, A. R. (1992). The folding of an enzyme: II. Substructure of barnase and the contribution of different interactions to protein stability. *Journal of molecular biology, 224*(3), 783-804.

Shiller, V, M., Izard, C. E., & Hembree, E. A. (1986). Patterns of emotion expression during separation in the strange-situation procedure. *Developmental psychology, 22*, 378-382.

Shweder, R. A. (1993). The cultural psychology of the emotions. In M. Lewis & J. M. Haviland (Eds.), *Handbook of emotions* (pp. 417-431). Guilford.

Stephan, W. G., Stephan, C. W., & De Vargas, M. C. (1996). Emotional expression in Costa Rica and the United States. *Journal of Cross-Cultural Psychology, 27*(2), 147-160.

Suh, E., & Diener, E. (1995). 삶의 질의 심리학 (*Subjective well-being: Issue for cross-cultural research,* pp. 147-

165). (한국심리학회 편). 한국심리학회.

Taylor, S. E., & Brown, J. D. (1988). Illusion and well-being: A social psychological perspective on mental health. *Psychological Bulletin, 103*, 193-210.

Tomkins, S. S. (1962). *Affect, imagery, consciousness, Vol. 1: The positive affects*. Springer Publishing Co. https://doi.org/10.1037/14351-000

Tomkins, S. S. (1984). Affect theory. In K. R. Scherer & P. Ekman (Eds.), *Approaches to emotion* (pp. 163-196). Lawrence Erlbaum.

Triandis, H. C. (1990). Cross-cultural studies of individualism and collectivism. In J. J. Berman (Ed.), *Nebraska symposium on motivation, 1989: Cross-cultural perspectives* (pp. 41-133). University of Nebraska Press.

Tsai, J. L., & Levenson, R. W. (1997). Cultural influences on emotional responding: Chinese American and European American dating couples during interpersonal conflict. *Journal of Cross-Cultural Psychology, 28*, 600-626.

Tsai, J. L., Knutson, B., & Fung, H. H. (2006). Cultural variation in affect valuation. *Journal of Personality and Social Psychology, 90*, 288-307.

White, G. M. (1993). Emotions inside out: The anthropology of affect. In M. Lewis & J. M. Haviland (Eds.), *Handbook of emotions* (pp. 29-30). Guilford.

White, K., & Lehman, D. R. (2005). Culture and social comparison seeking: The role of self motives. *Personality and Social Psychology Bulletin, 31*(2), 232-242.

Wierzbicka, A. (1994). Emotion, language, and cultural scripts. In S. Kitayama & H. R. Markus (Eds.), *Emotion and culture* (pp. 133-196). American Psychological Association.

Wierzbicka, A. (1995). Emotion and facial expression: A semantic perspective. *Culture and Psychology, 1*, 227-258.

Zborowski, M. (1969). *People in pain*. Jossey-Bass.

Zola, I. K. (1966). Culture and symptoms: An analysis of patients' presenting complaints. *American Sociological Review, 31*, 615-630.

제7장 문화와 사회

류수영, 이경묵(2009). 군자적 리더십의 개념 및 측정도구 개발연구. **한국심리학회지: 일반, 28**(1), 209-237.

박희봉, 이희창(2009). 한국과 일본의 신뢰 특성 비교: 신뢰 유형별 특성 및 제도신뢰에 미치는 영향 분석. **한국행정학보, 43**(4), 105-128.

이강옥(2005). **대학 리더십**. 청람.

이경묵(2006). 사서에 나타난 리더십. **리더십 연구, 1**, 83-140.

이누미야 요시유키, 최일호, 윤덕환, 서동효, 한성열(1999). 비현실적 낙관성(unrealistic optimism) 경향에 있어서의 비교 문화 연구: 상호독립적 상호협조적 자기관과의 관계를 중심으로. **한국심리학회지: 사회 및 성격, 13**(1), 183-201.

조긍호(1996). 문화 유형과 타인이해 양상의 차이. **한국심리학회지: 일반, 15**(1), 104-139.

조긍호, 김은진(2001). 문화 성향과 동조행동. **한국심리학회지: 사회 및 성격, 15**(1), 139-165.

조선영, 김재신, 최일호(2005). Effects of Independent-Interdependent Self-Construal on Social Anxiety in South Korea and Japan: Mediational Effects of Self-Esteem and Public Self-Consciousness. **한국심리학회지: 사회 및 성격, 19**(4), 49-60.

최진희, 구민경, 최인철(2002). 관계고양 지각이 관계만족도에 미치는 영향: 부부관계와 부모-자녀관계에서. **한국심리학회지: 사회 및 성격, 16**(3), 53-74.

한규석(2002). **사회심리학의 이해**(개정판). 학지사.

허태균, 서신화, 이종원, 김혜진(2012). 한국인의 특성 연구보고서. 한국형경영연구원.

高田 利武, 大本 美千恵, 清家 美紀 (1996). 相互独立的-相互協調的自己観尺度(改訂版)の作成. 奈良大学紀要(24), 157-173.

阿形 亜子, 釘原 直樹 (2008). 相独立的自己観・協調的自己

観が社会的手抜きに及ぼす影響. 対人社会心理学研究, 8, 71-76.

石井 敬子, 北山 忍. (2004). コミュニケーション様式と情報処理様式の対応関係: 文化的視点による実証研究のレビュー. 社会心理学研究, 19, 241-254.

岩田 紀 (1997). こころの国際化のために ― データを通して見る. 北大路書房.

垣内 理希, 山岸 俊男 (1997). 一般的信頼と依存度選択型囚人のジレンマ. 社会心理学研究, 12(3), 212-221.

菊地 雅子, 渡辺 席子, 山岸 俊男 (1997). 他者の信頼性判断の正確さと一般的信頼-実験研究. 実験社会心理学研究, 37(1), 23-36.

小杉 素子, 山岸 俊男 (1995). 認知特性としての信頼. 日本グループダイナミックス学会第43回大会発表論文集, 150-151.

小杉 素子, 山岸 俊男 (1996). 信頼と騙されやすさ. 日本社会心理学会第37回大会発表論文集. 288-289.

竹村 幸祐, 結城 雅樹, Maddux, W. W. (2004). 集団間比較志向と集団内関係志向: 2つの集団主義の日米比較. 日本心理学会第68回大会発表論文集, 240. (於: 関西大学, ポスター発表)

統計數理研究所國民性調査委員會(編) (1982). 日本人の國民性(第4版). 出光書店.

野村 昭 (1979). 人間関係の規範－公的場面と私的場面. 野村 昭 (編) 人間探求の社会心理学 2 人間と人間 (pp. 36-52.). 朝倉書店.

橋本 博文 (2011). 相互協調性の自己維持メカニズム. 実験社会心理学研究, 50(2), 182-193.

増田 貴彦, 山岸 俊男 (2010a). 文化心理学〈上〉: 心がつくる文化、文化がつくる心(心理学の世界 専門編). 培風館.

増田 貴彦, 山岸 俊男 (2010b). 文化心理学〈下〉: 心がつくる文化、文化がつくる心(心理学の世界 専門編). 培風館.

村本 由紀子, 山口 勧 (1997). もう一つの self-serving bias: 日本人の帰属における自己卑下.集団奉仕傾向の共存とその意味について. 実験社会心理学研究, 37, 65-75.

山岸 俊男 (1998). 信頼の構造――こころと社会の進化ゲーム. 東京大学出版会.

尹 秀美 (2010). 日本人と韓国人の発話理解の責任主体: テレビドラマの会話分析に基づいて. 論文集: 金沢大学経済学部社会言語学演習, 5, 21-37.

尹 秀美 (2011). 発話理解における話し手責任の日韓比較: 謝罪場面での発話量および表現形式を中心に. 韓國語學年報, 7, 1-17.

吉野諒三 環太平洋価値観国際比較調査. http://www.ism.ac.jp/~yoshino/

Ambady, N., Koo, J., Lee, F., & Rosenthal, R. (1996). More than words: Linguistic and nonlinguistic politeness in two cultures. *Journal of Personality and Social Psychology, 70,* 996-1011.

Asch, S. E. (1951). Effects of group pressure upon the modification and distortion of judgment. In H. Guetzkow (Ed.) *Groups, leadership and men.* Carnegie Press.

Asch, S. E. (1955). Opinions and social pressure. *Scientific American, 193,* 31-35.

Barnlund, D. C., & Araki, S. (1985) Intercultural encounters: The management of compliments by Japanese and Americans. *Journal of Cross-Cultural Psychology 16,* 9-26.

Bass, B. M. (1985). *Leadership and performance beyond expectation.* Free Press.

Bass, B. M. (1997). Does the transactional-transformational leadership paradigm transcend organizational and national borders?. *American Psychologist, 52,* 130-139.

Berry, J. W. (1967). Independence and conformity in subsistence-level societies. *Journal of Personality and Social Psychology, 7,* 415-418.

Berry, J. W. (1979). A cultural ecology of social behavior. In L. Berkowitz (Ed.), *Advances in experimental social psychology* (Vol. 12, pp. 177-206). Academic Press.

Biggart, N. W., & Hamilton, G. G. (1987). An institutional theory of leadership. *Journal of Applied Behavioral Science, 23,* 429-441.

Bond, M. H. (1991). Cultural influences on modes of impression management: Implications for the culturally diverse organization. In R. A. Giacalone & P. Rosenfield (Eds.). *Applied impression management: How image-making affects managerial decisions* (pp. 195-218). Sage.

Bond, M. H., & Hwang, K. K. (1986). The social psychology of Chinese people. In M. H. Bond (Ed.), *The psychology of Chinese people* (pp. 211-266). Oxford University Press.

Bond, R., & Smith, P. (1996). Culture and conformity: A meta-analysis of studies using Asch's(1952b, 1956) line-judgement task. *Psychological Bulletin, 119,* 111-137.

Brown, J. D. (1986). Evaluation of self and others: Self-enhancement biases in social judgment. *Social Cognition, 4,* 353-376.

Brown, J. D., & Kobayashi, C. (2002). Self-enhancement in Japan and America. *Asian Journal of Social Psychology, 5,* 145-168.

Burns, J. M. (1978). *Leadership.* Harper & Row.

Chang, W. J. (1983). *The prediction of junior high-school students' sociometric status from some psycho-social variables.* Unpublished doctoral thesis, University of Oregon.

Chen, G. M. (1995). Differences in self-disclosure patters among Americans versus Chinese. *Journal of Cross-Cultural Psychology, 26,* 84-91.

Chien, M. (1977). Factors related to peer interaction among school children in urban and rural areas. *Psychological Testing, 24,* 32-40.

Choi, S. C., & Choi, S. (1990). We-ness: The Korean discourse of collectivism. Paper presented at annual meeting of the Korean Psychological Association, Yonsei University, Seoul, Korea.

Cohen, D. (2001). Cultural variation: Considerations and implications. *Psychological Bulletin, 127,* 451-471.

Cohen, D. & Nisbett, R. E. (1994). Self-protection and the culture of honor: Explaining southern violence. *Personality and Social Psychology Bulletin, 20,* 551-567.

Earley, P. C. (1989). Social loafing and collectivism: A comparison of the United States and the people's republic of China. *Administrative Science Quarterly, 34,* 565-581.

Earley, P. C. (1993). East meets west meets Midwest: Further explorations of collectivistic and individualistic work groups. *Academy of Management Journal, 36,* 319-348.

Endo, Y., Heine, S. J., & Lehman, D. R. (2000). Culture and positive illusions in close relationships: How my relationships are better than yours. *Personality and Social Psychology Bulletin, 26,* 1571-1586.

Fernandez, J. A. (2004). The gentleman's code of confucius: Leadership by virtues. *Organizational Dynamics, 33,* 21-31.

Frager, R. (1970). Conformity and anti-conformity in Japan. *Journal of Personality and Social Psychology, 15,* 203-210.

Fukuyama, F. (1995). *Trust: The social virtues and the creation of prosperity.* Free Press.

Gabrenya, W. K., Wang, Y., & Latané, B. (1985). Social loafing on an optimizing task: Cross-cultural differences among Chinese and Americans. *Journal of Cross Cultural Psychology, 16,* 223-242.

Gelfand, M. J., Chan, D. K-S., Triandis, H. C., Yamaguchi, S., & Nishii, L. H. (1998). Toward a theory of tightness-looseness: Further empirical evidence from the U. S. and Japan. Paper presented at the 25th Annual Conference of the International Association of Cross-Cultural Psychology.

Hall, E. T. (1976). *Beyond culture.* Doubleday.

Hall, J., & Taylor, S. E. (1976). When love is blind: Maintaining idealized images of one's spouse. *Human Relations, 29,* 751-761.

Harkins, S., & Szymanski, K. (1989). Social loafing and

group evaluation. *Journal of Personality and Social Psychology, 56,* 934-941.

Hersey, P., & Blanchard, K. H. (1969). Life cycle theory of leadership. *Training and Development Journal, 23,* 26-34.

Holtgraves, T., & Yang, J. (1992). The interpersonal underpinnings of request strategies: General principles and differences due to culture and gender. *Journal of Personality and Social Psychology, 62,* 246-256.

Iwata, O. (1991). A cross-cultural study of socially appropriate behavior: A comparison between Japanese and United States undergraduates. *Psychologia, 34*, 149-156.

Karau, S. J., & Williams, K. D. (1993). Social loafing: A meta-analytic review and theoretical integration. *Journal of Personality and Social Psychology, 65,* 681-706.

Karau, S. J., & Williams, K. D. (1997). The effects of group cohesiveness on social loafing and social compensation. *Group Dynamics: Theory, Research, and Practice, 1*, 156-168.

Kim, K., Lee, C-W., Hu, S-H., & Gelfand, M. J. (2004). Cultural tightness and looseness: A comparative study between Korea and the United States. Paper presented at the International Congress of the International Association for Cross-Cultural Psychology, Xian, August 2-6, China.

Koh, H. H., & Iwata, O. (1993). A cross-cultural study of socially appropriate behavior between Korean and Japanese undergraduates. *Psychologia, 36*, 185-191.

Kuhlen, R. G., & Lee, B. J. (1943). Personality characteristics and social acceptability in adolescence. *Journal of Educational Psychology, 34,* 321-340.

Latané, B., Williams, K., & Harkins, S. (1979). Many hands make light the work: The causes and consequences of social loafing. *Journal of Personality and Social Psychology, 37,* 822-832.

Matsuda, N. (1985). Strong, quasi-, and weak conformity among Japanese in the modified Asch procedure. *Journal of Cross-Cultural Psychology, 16,* 83-97.

Meade, R. D., & Barnard, W. A. (1973). Conformity and anticonformity among Americans and Chinese. *Journal of Social Psychology, 89,* 15-24.

Misumi, J. (1985). *The behavioral science of leadership: An interdisciplinary Japanese research program.* University of Michigan Press.

Miyamoto, Y., & Schwarz, N. (2006). When conveying a message may hurt the relationship: Cultural differences in the difficulty of using an answering machine. *Journal of Experimental Social Psychology, 42,* 540-547.

Nisbett, R. E. (1993). Violence and U. S. regional culture. *American Psychologist, 48,* 441-449.

Nisbett, R. E., & Cohen, D. (1996). *Culture of honor: The psychology of violence in the south*. Westview Press.

Scollon, R., & S. W. Scollon. (1995). *Intercultural communication: A discourse approach*. Blackwell.

Smith, P. B., & Bond, M. H. (1993). *Social psychology across cultures: Analysis and perspectives*. Harvester Wheatsheaf.

Smith, P. B., Misumi, J., Tayeb, M. H., Paterson, M., & Bond, M. H. (1989). On the generality of leadership style across cultures. *Journal of Occupational Psychology, 30*, 526-537.

Taylor, S. E., & Koivumaki, J. H. (1976). The perception of self and others: Acquaintanceship, affect and actor-observer differences. *Journal of Personality and Social Psychology, 33,* 403-408.

Vandello, J. A., Cohen, D., & Ransom, S. (2008). U. S. southern and northern differences in perceptions of norms about aggression: Mechanisms for the perpetuation of a culture of honor. *Journal of Cross-Cultural Psychology, 39*, 162-177.

Wagner, J. A., III, & Moch, M. K. (1986). Individualism-collectivism: Concept and measure. *Group and Organizational Studies, 11*, 280-303.

Wheeler, L., Reis, H. T., & Bond, M. H. (1989). Collectivism-individualism in everyday social life: The middle kingdom and the melting pot. *Journal of Personality and Social Psychology, 57,* 79-86.

Williams, T. P., & Sogon, S. (1984). Group composition and conforming behavior in Japanese students. *Japanese Psychological Research, 26,* 231-234.

Yamagishi, T., & Yamagishi, M. (1994). Trust and commitment in the United States and Japan. *Motivation and Emotion, 18(2),* 129-166.

Yuki, M. (2003). Intergroup comparison versus intragroup relationships: A cross-cultural examination of social identity theory in North American and East Asian cultural contexts. *Social Psychology Quarterly, 66,* 166-183.

Yuki, M., Maddux, W. W., Brewer, M. B., & Takemura, K. (2005). Cross-cultural differences in relationship-and group-based trust. *Personality and Social Psychology Bulletin, 31,* 48-62.

제8장 문화와 정신건강

구자영, 서은국(2007). 행복의 양이 한정되어 있다는 믿음과 주관적 안녕감. **한국심리학회지: 사회 및 성격, 21**(4), 1-19.

권석만(2003). **현대 이상심리학**. 학지사.

김은정, 조용래(2008). 가해염려를 동반한 사회공포증과 분노 관련 변인들 및 개인주의-집단주의 성향과의 관계. **한국심리학회지: 임상, 27**(3), 613-632.

서은국, 구재선(2011). 단축형 행복 척도(COMOSWB) 개발 및 타당화. **한국심리학회지: 사회 및 성격, 25**(1), 96-114.

송지연, 박기환(2009). 가해염려형 사회불안에 영향을 미치는 사회문화적 변인: 체면, 눈치, 문화적 자기관을 중심으로. **한국심리학회지: 건강, 14**(2), 329~343.

오강섭, 허묘연, 이시형(1999). 대인불안과 사회문화적 요인의 상관관계. **신경정신의학, 38**, 64-76.

원두리(2011). 성격 강점이 청소년의 안녕감과 적응적 대처 방식에 미치는 영향. **한국심리학회지: 건강, 16**(1), 151-167.

윤성민, 신희천(2012). 한국 수도권 중년여성들의 성격적 강점과 행복과의 관계. **한국심리학회지: 상담 및 심리치료, 24**(1), 27-49.

이시형, 김형태, 김성희(1987). 사회공포증의 유형별 임상고찰. **신경정신의학, 26**, 618-627.

이시형, 신영철, 오강섭(1994). 사회공포증에 관한 10년간의 임상연구. **신경정신의학, 33**, 305-312.

이지선, 김민영, 서은국(2004). 한국인의 행복과 복: 유사점과 차이점. **한국심리학회지: 사회 및 성격, 18**(3), 115-125.

임낭연, 이화령, 서은국(2010). 한국에서의 Diener의 삶의 만족 척도(Satisfaction With Life Scale: SWLS) 사용 연구 개관. **한국심리학회지: 일반, 29**(1), 21-47.

임영진(2012). 성격강점과 정신적 웰빙의 관계. **한국심리학회지: 임상, 31**(3), 713-730.

정현옥, 오윤희, 오강섭(2002). 사회공포증 환자의 MMPI 프로파일-가해형과 비가해형 사회공포증 환자의 비교-. **한국심리학회지: 임상, 21**(1), 259-268.

조선영, 이누미야 요시유키, 김재신, 최일호(2005). 한국과 일본에서 상호독립적-상호협조적 자기관이 대인불안에 미치는 영향: 자아존중감과 공적 자기의식의 매개효과를 중심으로. **한국심리학회지: 사회 및 성격, 19**(4), 49-60.

조용래, 김은정(2005). 가해염려를 동반한 사회공포증: 한국판 TKS의 신뢰도와 타당도. **한국심리학회지: 임상, 24**(2), 397-411.

하승수, 권석만(2011). 기질과 지각된 부모 양육태도가 성격강점에 미치는 영향: 지각된 부모 양육태도의 매개효과를 중심으로. **한국심리학회지: 임상, 30**(1), 263-284.

内田 由紀子, 荻原 祐二 (2012). 文化的幸福観: 文化心理学的知見と将来への展望. 心理学評論, 55, 26-42.

大石 繁宏 (2006). 文化とWell-Being. 島井 哲志 (編) ポジティブ心理学: 21世紀の心理学の可能性 pp. 114-131). ナカニシヤ出版.

大石 繁宏 (2009). 幸せを科学する: 心理学からわかったこと. 新曜社.

大竹 恵子, 島井 哲志, 池見 陽, 宇津木 成介, Peterson, C., & Seligman, M. E. P. (2005). 日本版生き方の原則調査票(VIA-IS: Values in Action Inventory of Strengths)作成の

試み. 心理学研究, 76(5), 461-467.

小川 捷之, 木村 方美, 林 洋一 (1980). 対人恐怖症者に認められる対人不安意識に関する研究(3): 幼少期の家庭環境と自己像に関する比較文化的検討. 横浜国立大学教育紀要, 20, 60-77.

小川 捷之, 林 洋一, 永井 撤, 白石 秀人 (1979). 対人恐怖症者に認められる対人不安意識に関する研究(1): 比較文化的観点から. 横浜国立大学教育紀要, 19, 205-220.

北山 忍 (1998). 自己と感情: 文化心理學による問いかけ. 共立出版株式會社.

島井 哲志 (2006). ポジティブな特性としての人徳: 日米の比較. 島井 哲志 (編) ポジティブ心理学: 21世紀の心理学の可能性 (pp. 155-174). ナカニシヤ出版.

清水 健司, 岡村 寿代 (2010). 対人恐怖心性−自己愛傾向2次元モデルにおける認知特性の検討: 対人恐怖と社会恐怖の異同を通して. 教育心理学研究, 58(1), 23-33.

谷 冬彦 (1997). 青年期における自我同一性と対人恐怖的心性. 教育心理学研究, 45(3), 254-262.

増田 貴彦, 山岸 俊男 (2010). 文化心理学〈上〉: 心がつくる文化、文化がつくる心 (心理学の世界 専門編). 培風館.

増田 貴彦, 山岸 俊男 (2010). 文化心理学〈下〉: 心がつくる文化、文化がつくる心 (心理学の世界 専門編). 培風館.

森田 正馬 (1921). 神経質及神経衰弱の療法. 日本精神医学会.

山下 格 (1977). 対人恐怖. 金原出版.

吉田 綾乃 (2006). 自己卑下呈示と精神的健康との関連: 文化的な自己呈示規範内在化傾向の世代差が及ぼす影響. 東海女子大学紀要, 25, 127-133.

吉田 綾乃, 浦 光博 (2003). 自己卑下呈示を通じた直接的・間接的な適応促進効果の検討. 実験社会心理学研究, 42(2), 120-130.

吉田 綾乃, 浦 光博, 黒川 正流 (2004). 日本人の自己卑下呈示に関する研究: 他者反応に注目して. 社会心理学研究, 20(2), 144-151.

American Psychiatric Association. (2015). DSM-5 정신질환의 진단 및 통계 편람-제5판) (*Desk Reference to the Diagnostic Criteria from DSM-5*, 5th ed.). (권준수, 김재진, 남궁기, 박원명, 신민섭, 유범희, 윤진상, 이상익, 이승환, 이영식, 이헌정, 임효덕 공역). 학지사. (원저는 2013년에 출판).

Bagozzi, R. P., Wong, N., & Yi, Y. (1999). The role of culture and gender in the relationship between positive and negative affect. *Cognition and Emotion, 13,* 641-672.

Bolger, N., & Amarel, D. (2007). Effects of social support visibility on adjustment to stress: Experimental evidence. *Journal of Personality and Social Psychology, 92*, 458-475.

Carr, J. E. (1978). Ethno-behaviorism and the culture-bound syndromes: The case of amok. *Culture, Medicine and Psychiatry, 2*, 269-293.

Chang, W. C. (1985). A cross-cultural study of depressive symptomology. *Culture, Medicine, and Psychiatry, 9*, 295-317.

Compton, W. M., Helzer, J. E., Hwu, H. G., Yeh, E. K., McEvoy, L., Tipp, J. E., & Spitznagel, E. L. (1991). New methods in cross-cultural psychiatry: Comparing rates of psychiatric illness in Taiwan to rates in the United States. *American Journal of Psychiatry, 148*, 1697-1704.

Diener, E. (1984). Subjective well-being. *Psychological Bulletin, 95*, 542-575.

Diener, E., & Biswas-Diener, R. (2002). Will money increase subjective well-being? A literature review and guide to needed research. *Social Indicators Research, 57*, 119-169.

Diener, E., & Diener, M. (1995). Cross-cultural correlates of life satisfaction and self-esteem. *Journal of Personality and Social Psychology, 68*, 653-663.

Diener, E., & Oishi, S. (2000). Money and happiness: Income and subjective well-being across nations. In E. Diener & E. M. Suh (Eds.). *Culture and subjective well-being* (pp. 185-218). MIT Press.

Diener, E., & Suh, E. (1999). National differences in

subjective well-being. In D. Kahneman, E. Diener, & N. Schwarz (Eds.), *Well-being: The foundations of hedonic psychology* (pp. 434-450). Russell Sage Foundation.

Diener, E., & Suh, E. M. (2000). Measuring subjective well-being to compare the quality of life of cultures. In E. Diener & E. M. Suh (Eds.). *Culture and subjective well-being* (pp. 3-12). MIT Press.

Diener, E., Diener, M., & Diener, C. (1995). Factors predicting the subjective well-being of nations. *Journal of Personality and Social Psychology, 69*, 851-864.

Diener, E., Kahneman, D., Tov, W., & Arora, R. (2010). Income's association with judgments of life versus feelings. *International differences in well-being, 3*, 15.

Diener, E., Scollon, C. K., Oishi, S., Dzokoto, V., & Suh, E. M. (2000). Positivity and the construction of life satisfaction judgments: Global happiness is not the sum of its parts. *Journal of Happiness Studies, 1*, 159-176.

Diener, E., Suh, E. M., Lucas, R., & Smith, H. (1999). Subjective well-being: Three decades of progress. *Psychological Bulletin, 125*, 276-302.

Dinnel, D. L., Kleinknecht, R. A., & Tanaka-Matsumi, J. (2002). A cross-cultural comparison of social phobia symptoms. *Journal of Psychopathology and Behavioral Assessment, 24*, 75-84.

Earleywine, M. (2001). Cannabis-induced Koro in Americans. *Addiction, 96*, 1663-1666.

Eid, M., & Diener, E. (2001). Norms for experiencing emotions in different cultures: Inter-and intranational differences. *Journal of Personality and Social Psychology, 81*, 869-885.

Falk, C. F., Dunn, E. W., & Norenzayan, A. (2010). Cultural variation in the importance of expected enjoyment for decision making. *Social Cognition*, *28*(5), 609-629.

Falk, C. F., Heine, S. J., Yuki, M., & Takemura, K. (2009). Why do westerners self-enhance more than East Asians?. *European Journal of Personality, 23*, 183-203.

Gobster P. H., & Delgado, A. (1992). Ethnicity and recreation use in Chicago's Lincoln Park: In-park user survey findings. In GobsterP. (Ed.), *Managing urban and high-use recreation settings* (General Technical Report NC-163, pp. 75-81). U. S. Department of Agriculture.

Heine, S. J. (2008). *Cultural psychology.* Norton.

Heine, S. J., & Hamamura, T. (2007). In search of East Asian self-enhancement. *Personality and Social Psychology Review, 11*, 4-27.

Hwu, H. G., Yeh, E. K., & Chang, L. Y. (1989). Prevalence of psychiatric disorders in Taiwan defined by the Chinese diagnostic interview schedule. *Acta Psychiatrica Scandinavica, 79*, 136-147.

Inglehart, R., Foa, R., Peterson, C., & Welzel, C., (2008). Development, freedom and rising happiness: A global perspective (1981-2007). *Perspectives on Psychological Science 3*, 264-285.

Jablensky, A., Sartorius, N., Ernberg, G., Anker, M., Korten, A., & Cooper, J. E. (1992). Schizophrenia: Manifestations, incidence, and course in different cultures-A World Health Organization ten-country study. *Psychological Medicine, Monograph Supplement, 20*, 1-97.

Kasahara, Y. (1986). Fear of eye-to-eye confrontation among neurotic patients in Japan. In T. S. Lebra & W. P. Lebra (Eds.), *Japanese culture and behavior* (pp. 379-387). University of Hawaii Press.

Kessler, R. C., McGonagle, K. A., Zhao, S., Nelson, C. B., Hughes, M., Eshleman, S., Wittchen, H. U., & Kendler, K. S. (1994). Lifetime and 12-month prevalence of DSM—III—R psychiatric disorders in the United States: Results from the national comorbidity survey. *Archives of General Psychiatry 51*, 8-19.

Kim, K. I. (1995). Culture and mental illness in Korea. *Mental Health Research, 14*, 236-244.

Kitayama, S., & Markus, H. R. (2000). The pursuit of happiness and the realization of sympathy: Cultural patterns of self, social relations, and well-being. In E.

Diener & E. M. Suh (Eds.), *Culture and subjective well-being*. MIT Press.

Kitayama, S., Markus, H. R., & Kurosawa, M. (2000). Culture, emotion, and well-being: Good feelings in Japan and the United States. *Cognition & Emotion, 14,* 93-124.

Kitayama, S., Mesquita, B., & Karasawa, M. (2006). Cultural affordances and emotional experience: Socially engaging and disengaging emotions in Japan and the United States. *Journal of Personality and Social Psychology, 91,* 890-903.

Kleinknecht, R. A., Dinnel, D. L., Kleinknecht, E. E., Hiruma, N., & Harada, N. (1997). Cultural factors in social anxiety: A comparison of social phobia symptoms and Taijin kyofusho. *Journal of Anxiety Disorders, 11*, 157-177.

Kleinman, A. (1988). *Rethinking psychiatry: From cultural category to personal experience*. Free Press.

Koro study team. (1969). The Koro "epidemic" in Singapore. *Singapore Medical Journal, 10*, 234-242.

Kunzmann, U., & Baltes, P. B. (2003). Wisdom-related knowledge: Affective, motivational, and interpersonal correlates. *Personality and Social Psychology Bulletin, 29*, 1104-1119.

Lee, S. H.. (1987). Social phobia in Korea. In *Social Phobia in Japan and Korea: Proceedings of the First Cultural Psychiatry Symposium Between Japan and Korea* (pp. 24-52). East Asian Academy of Cultural Psychiatry.

Leff, J., Sartorius, N., Jablensky, A., Korten, A., & Ernberg, G. (1992). The iternational pilot study of schizophrenia: Five-year follow-up findings. *Psychological Medicine, 22*, 131-145.

Lu, L. (2001). Understanding happiness: A look into the Chinese folk psychology. *Journal of Happiness Studies, 2*, 407-432.

Lu, L., & Gilmour, R. (2004). Culture and conceptions of happiness: Individual oriented and social oriented SWB. *Journal of Happiness Studies, 5*, 269-291.

Lucas, R. E., Diener, E., & Suh, E. (1996). Discriminant validity of well-being measures. *Journal of Personality and Social Psychology, 71*, 616-628.

Markus, H. R., & Kitayama, S. (1998). The cultural psychology of personality. *Journal of Cross-Cultural Psychology, 29*, 63-87.

Marsella, A. J., & Yamada, A. M. (2007). Culture and psychopathology: Foundations, issues, directions. In S. Kitayama & D. Cohen (Eds.), *Handbook of cultural psychology* (pp. 797-818). Guildford Press.

Matsumoto, D., Kudoh, T., Scherer, K., & Wallbott, H. (1988). Antecedents of and reactions to emotions in the United States and Japan. *Journal of Cross-Cultural Psychology, 19*, 267-286.

Mesquita, B. (2001). Emotions in collectivist and individualist contexts. *Journal of Personality and Social Psychology, 80*, 68-74.

Mesquita, B., & Karasawa, M. (2002). Different emotional lives. *Cognition and Emotion, 16*, 127-141.

Mezulis, A. H., Abramson, L. Y., Hyde, J. S., & Hankin, B. L. (2004). Is there a universal positive bias in attributions?: A meta-analytic review of individual, developmental, and cultural differences in the self-serving attributional bias. *Psychological Bulletin, 130*, 711-747.

Mumford, D. B., Whitehouse, A. M., & Choudry, I. Y. (1992). Survey of eating disorders in English-medium schools in Lahore, Pakistan. *International Journal of Eating Disorders, 11*, 173-184.

Oishi, S. (2002). Experiencing and remembering of well-being: A cross-cultural analysis. *Personality and Social Psychology Bulletin, 28*, 1398-1406.

Oishi, S. (2007). The application of structural equation modeling and item response theory to cross-cultural positive psychology research. In A. Ong & M. van Dulmen (Eds.), *Oxford handbook of methods in positive psychology* (pp. 126-138). Oxford University Press.

Oishi, S., & Diener, E. (2001). Goals, culture, and subjective well-being. *Personality and Social Psychology Bulletin, 27*, 1674-1682.

Oishi, S., & Diener, E. (2003). Culture and well-being: The cycle of action, evaluation and decision. *Personality and Social Psychology Bulletin, 29*, 939-949.

Oishi, S., Diener, E., Lucas, R., & Suh, E. M. (1999). Cross-national variations in predictors of life satisfaction: Perspectives from need and values. *Personality and Social Psychology Bulletin, 25*, 980-990.

Oishi, S., Graham, J., Kesebir, S., & Galinha, I. C. (2013). Concepts of happiness across time and cultures. *Personality & Social Psychology Bulletin, 39*(5), 559-577.

Oishi, S., Lun, J., & Sherman, G. D. (2007). Residential mobility, self-concept, and positive affect in social interactions. *Journal of Personality and Social Psychology, 93*, 131-141.

Okazaki, S. (1997). Sources of ethnic differences between Asian American and white American college students on measures of depression and social anxiety. *Journal of Abnormal Psychology, 106*, 52-60.

Park, N., Peterson, C., & Seligman, M. E. P. (2004). Strengths of character and well-being. *Journal of Social and Clinical Psychology, 23*, 603-619.

Parker, G., Cheah, Y. C., & Roy, K. (2001). Do the Chinese somatize depression? A cross-cultural study. *Social Psychiatry and Psychiatric Epidemiology, 36*, 287-293.

Peng, K., & Nisbett, R. E. (1999). Culture, dialectics, and reasoning about contradiction. *American Psychologist, 54*, 741-754.

Peterson, C., & Seligman, M. E. P. (2004). *Character strengths and virtues: A handbook and classification.* Oxford University Press.

Ryder, A. G., Yang, J., Zhu, X., Yao, S., Yi, J., Heine, S. J., & Bagby, R. M. (2008). Culture and depression: Are there differences in Chinese and North American symptom presentation?. *Journal of Abnormal Psychology, 117*, 300-313.

Sartorius, N., Jablensky, A., Korten, A., Ernberg, G., Anker, M., Cooper, J. E., & Day, R. (1986). Early manifestations and first-contact incidence of schizophrenia in different cultures. *Psychological Medicine, 16*, 909-928.

Schimmack, U., Oishi, S., & Diener, E. (2002). Cultural influences on the relation between pleasant emotions and unpleasant emotions: Asian dialectic philosophies or individualism-collectivism?. *Cognition and Emotion, 16*, 705-719.

Schmidt, K., Hill, L., & Guthrie, G. (1977). Running Amok. *International Journal of Social Psychiatry, 23*, 264-274.

Schug, J., Yuki, M., Horikawa, H., & Takemura, K. (2009). Similarity attraction and actually selecting similar others: How cross-societal differences in relational mobility affect interpersonal similarity in Japan and the United States. *Asian Journal of Social Psychology, 12*, 95-103.

Scollon, C. N., Diener, E., Oishi, S., & Biswas-Diener, R. (2004). Emotions across cultures and methods. *Journal of Cross-Cultural Psychology, 35*, 304-326.

Sheldon, K. M., & Kasser, T. (1998). Pursuing personal goals: Skills enable progress, but not all progress is beneficial. *Personality and social psychology bulletin, 24*(12), 1319-1331.

Shweder, R. A. (1994). "You're not sick, you're just in love": Emotion as an interpretive system. In P. Ekman & R. J. Davidson (Eds.), *The nature of emotion: Fundamental questions* (pp. 32-44). Oxford University Press.

Sue, D., & Sue, S. (1987). Cultural factors in the clinical assessment of Asian Americans. *Journal of Consulting and Clinical Psychology, 55*, 479-487.

Suh, E. M. (2002). Culture, identity consistency, and subjective well-being. *Journal of Personality and Social Psychology, 83*, 1378-1391.

Suh, E., Diener, E., Oishi, S., & Triandis, H. C. (1998).

The shifting basis of life satisfaction judgments across cultures: Emotions versus norms. *Journal of Personality and Social Psychology, 74,* 482–493.

Tsai, J. L., Knutson, B., & Fung, H. H. (2006). Cultural variation in affect valuation. *Journal of Personality and Social Psychology, 90,* 288–307.

Tsai, J. L., Louie, J. Y., Chen, E. E., & Uchida, Y. (2007). Learning what feelings to desire: Socialization of ideal affect through children's storybooks. *Personality and Social Psychology Bulletin, 33,* 17–30.

Tseng, W. (2001). *Handbook of cultural psychiatry.* Academic Press.

Tseng, W. S., Kan-Ming, MO., Li-Shuen, L., Guo-Qian, C., Li-Wah, O., & Hong-Bo, Z. (1992). Koro Epidemics in Guangdong, China A Questionnaire Survey. *The Journal of nervous and mental disease, 180*(2), 117–123.

Turner S. M., Beidel D. C., & Townsley R. M. (1992). Social phobia: A comparison of specific and generalized subtype and avoidant personality disorder. *Journal of Abnormal Psychology, 101,* 326–331.

Uchida, Y., & Kitayama, S. (2009). Happiness and unhappiness in east and west: Themes and variations. *Emotion, 9,* 441–456.

Uchida, Y., Kitayama, S., Mesquita, B., Reyes, J. A. S., & Morling, B (2008). Is perceived emotional support beneficial?: Well-being and health in independent and interdependent cultures. *Personality and Social Psychology Bulletin, 34,* 741–754.

Uchida, Y., Norasakkunkit, V., & Kitayama, S. (2004). Cultural constructions of happiness: Theory and empirical evidence. *Journal of Happiness Studies, 5,* 223–239.

Ulusahin, A., Basoglu, M., & Paykel, E. S. (1994). A cross-cultural comparative study of depressive symptoms in British and Turkish clinical samples. *Social Psychiatry and Psychiatric Epidemiology, 29,* 31–39.

Wittchen, H. U., & Fehm, L. (2003). Epidemiology and natural course of social fears and social phobia. *Acta Psychiatrica Scandinavica, 108,* 4–18.

World Health Organization. (1973). *The international pilot study of schizophrenia.* WHO.

World Health Organization. (1983). *Depressive disorders in different cultures: Report on the WHO collaborative study on standardized assessment of depressive disorders.* WHO.

World Health Organization. (2004). *Age-standardized DALYs per 100,000 by cause, and member state, 2004.* [cited 2011-04-01].

Zhang, F. C., Mitchell, J. E., Kuang, L., Wang, M., Yang, D., Zheng, J., Zhau, Y. R., Zhang, Z. H., Filice, G. A., Pomeroy, C., & Pyle, R. L. (1992). The prevalence of anorexia nervosa and bulimia nervosa among freshman medical college students in China. *International Journal of Eating Disorders, 12,* 209–214.

제9장 문화 적응과 다문화주의

교육부, 한국교육개발원(2023). **교육기본통계 조사 결과 발표.** https://www.moe.go.kr/boardCnts/viewRenew.do?boardID=294&boardSeq=96191&lev=0&searchType=null&statusYN=W&page=1&s=moe&m=020402&opType=N에서 인출.

권복순, 차보현(2006). 농촌지역 코시안 가정주부의 의사소통능력, 문화적 정체성이 결혼만족도에 미치는 영향. **한국사회복지학회지,** 58(3), 109–134.

금명자, 권해수, 이희우(2008). 탈북 청소년의 문화 적응 과정 이해. **한국심리학회지: 상담 및 심리치료,** 16(2), 295–308.

김무인(2020). **다문화쇼크.** 스리체어스.

김은경, 권정혜(2009). 탈북자 문화적응척도 타당화연구. **한국심리학회지: 임상,** 28(3), 761–781.

김중혁, 황기식, 송문석(2019). 한국의 단일민족주의와 다문화 수용방안. **사회과학연구,** 35(4), 177–202.

김혜숙, 김도영, 신희천, 이주연(2011). 다문화시대 한국인의 심리적 적응: 집단정체성, 문화적응 이데올로기와 접촉이 이주민에 대한 편견에 미치는 영향. **한국심리학회지: 사회**

및 성격, 25(2), 51-89.

노경란, 방희정(2008). 한국대학생과 국내체류 외국대학생 간에 인종에 대한 암묵적 및 명시적 태도의 차이. **한국심리학회지: 사회 및 성격, 22**(4), 75-92.

노경란, 방희정(2009). 다문화시대 한국 초등학생의 인종에 대한 암묵적 및 명시적 태도발달과 태도변화. **한국심리학회지: 사회문제, 15**(1), 49-79.

박주희, 정진경(2008). 타문화에 대한 태도발달검사의 타당화 연구. **한국심리학회지: 사회 및 성격, 22**(1), 1-21.

법무부(2023a). **출입국 · 외국인 정책 통계연보**. https://www.index.go.kr/unity/potal/main/EachDtlPageDetail.do?idx_cd=2819에서 인출.

법무부(2023b). **출입국 · 외국인 정책 통계월보**. https://www.immigration.go.kr/immigration/index.do에서 인출.

성현란(2011). 남편의 성역할 고정관념, 다문화 감수성 및 아내문화수용이 결혼이주여성의 문화적응, 결혼 및 삶의 만족에 미치는 영향: 대구경북지역 다문화 가정. **한국심리학회지: 사회문제, 17**(2), 219-239.

심경섭(2014). 유교가치관 척도 타당화 연구. 고려대학교 대학원 박사학위논문.

심경섭, 이누미야 요시유키, 윤상연, 서신화, 장양, 한성열(2012). 유교가치관 척도 개발연구. **한국심리학회지: 일반, 31**(2), 465-491.

윤인진(2005). 민족문제의 재성찰: 민족주의와 국민정체성. 한국사회의 재구조화와 문화변동. 한국사회회학회 심포지엄 논문집.

이애란(2003). 남한거주 북한이탈주민의 식생활행동에 관한 연구: 인구통계학적 특성과 심리적 문화적응전략유형을 중심으로. 이화여자대학교 대학원 석사학위논문.

전은애(2008). 다문화가정의 어머니-아동 상호작용과 어머니 문화적응차원과의 관계. 서울대학교 대학원 석사학위논문.

정진경, 양계민(2004). 문화적응 이론의 전개와 현황. **한국심리학회지: 일반, 23**(1), 101-136.

최상진(2011). **한국인의 심리학**. 중앙대학교출판부.

최혜지(2009). 이주여성의 문화적응유형과 관련 특성에 관한 연구. **한국사회복지학회지, 61**(1), 163-194.

통계청(2022). **2021년 장래인구추계를 반영한 내 · 외국인 인구전망: 2020~2024**. https://kostat.go.kr/board.es?mid=a10301020100&bid=207&tag=&act=view&list_no=417775&ref_bid=203,204,205,206,207에서 인출.

한민(2011). 문화진화론적 인종도식의 영향. **아세아연구, 54**(2), 323-368.

鈴木 一代 (1997). 異文化遭遇の心理學: 文化社會の中の人間. ブレーン出版.

Altrocchi, J., & Altrocchi, L. (1995). Polyfaceted psychological acculturation in Cook islanders. *Journal of Cross-Cultural Psychology*. *26*. 426-440.

Atkinson, D. R., Morten, G., & Sue, D. W. (1998). *Counseling American minorities: A cross-cultural perspective* (5th ed.). Mcgraw-Hill.

Barna, L. M. (1997). Stumbling blocks in intercultural communication. In L. Samovar & R. Porter (Eds.), *Intercultural communication: A reader* (pp. 370-378). Wadsworth.

Barona, A., & Miller, J. A. (1994). Short Acculturation Scale for Hispanic Youth (SASH-Y): A preliminary report. *Hispanic Journal of Behavioral Sciences*, *16*, 155-162.

Bell, A., Funk, M. S., Joshi, K. Y., & Valdivia, M. (2016). Racism and white privilege. In M. Adams, L. A. Bell, D. J. Goodman, & K. Y. Joshi (Eds.), *Teaching for diversity and social justice* (3rd ed., pp. 133-181). Routledge.

Bennett, M. J. (1979). Overcoming the golden rule: Sympathy and empathy. In D. Nimmo (Ed.), *Communication Yearbook 3*. Sage.

Bennett, M. J. (1986). A developmental approach to training for intercultural sensitivity. *International Journal of Intercultural Relations, 10*, 179-196. https://doi.org/10.1016/0147-1767(86)90005-2

Berry, J. W. (1985). Psychological adaptation of foreign students in Canada. In R. Samuda & A. Wolfgang (Eds.), *Intercultural counseling and assessment: Global perspectives*. (pp. 235-248). Hogrefe.

Berry, J. W., & Sam, D. L. (1997). Acculturation and adaptation. In J. W. Berry, M. H. Segall, & C. Kagitcibasi (Eds.), *Handbook of cross-cultural psychology: Vol. 3. Social behavior and applications* (2nd ed., pp. 291-326). Allyn & Bacon.

Berry, J. W., Kim, U., Power, S., Young, M., & Bujaki, M. (1989). Acculturation attitudes in plural societies. *Applied Psychology: An International Review, 38*(2), 185-206.

Brewer, M. B., & Brown, R. J. (1998). Intergroup relations. In D. T. Gilbert, S. T. Fiske, & G. Lindzey (Eds.), *The handbook of social psychology* (pp. 554-594). McGraw-Hill.

Church, A. T. (1982). Sojourner adjustment. *Psychological Bulletin, 91,* 540-572.

Fazio, R. H., Jackson, J. R., Dunton, B. C., & Williams, C. J. (1995). "Variability in automatic activation as an unobtrusive measure of racial attitudes: A bona fide pipeline?". *Journal of Personality and Social Psychology, 69,* 1013-1027.

Ghaffarian, S. (1987). The acculturation of Iranians in United States. *Journal of Social Psychology*, *127*, 565-571.

Graves, T. D. (1967). Psychological acculturation in a tri-ethnic community. *Southwestern Journal of Anthropology, 23,* 337-350.

Gullahorn, J. T., & Gullahorn, J. E. (1963). An extension of the U-curve hypothesis. *Journal of Social Issues, 19,* 33-47.

Guthrie, G. M., & Zektick, I. N. (1967). Predicting performance in the peace corps. *Journal of Social Psychology, 71,* 11-21.

Heine, S. J. (2008). *Cultural psychology*. Norton.

Hsiao-Ying, T. (1995). Sojourner adjustment: The case of foreigners in Japan. *Journal of Cross-Cultural Psychology, 26,* 523-536.

Kim, Y. Y. (1989). Intercultural adaptation. In M. K. Asante & W. B. Gudykunst (Eds.), *Handbook of international and intercultural communication* (pp. 279-294). Sage.

Kosmitzki, C. (1996). The reaffirmation of cultural identity in cross-cultural encounters. *Personality and Social Psychology Bulletin, 22,* 238-248.

Lee, S. (1995). Reconsidering the status of anorexia nervosa as a Western culture-bound syndrome. *Social Science and Medicine, 42,* 21-34.

Matsumoto, D. (2000). *Culture and psychology: People around the world* (2nd ed.). Wadsworth.

Matsumoto, D., Weissman, M., Preston, K., Brown, B., & Kupperbush, C. (1997). Context-specific measurement of individualism-collectivism on the individual level. The Individualism-Collectivism, Interpersonal Assessment Inventory. *Journal of Cross-Cultural Psychology, 28,* 743-767.

Marin, G., Sabogal, F., Vanoss Marin, B., Otero-Sagobal, R., & Perez-Stable, E. (1987). Development of a Short Acculturation Scale for Hispanics. *Hispanic Journal of Behavioral Sciences, 9*, 183-205.

McAuliffe, G., Kim, B. S. K., & Park, Y. S. (2020). Ethnicity. In G. McAuliffe (Ed.), *Culturally alert counseling: A comprehensive introduction* (3rd ed., pp. 63-76). Sage.

Mendoza, R. H. (1989). An empirical scale to measure type and degree of acculturation in Mexican-American adolescents and adults. *Journal of Cross-Cultural Psychology*, *20*(4), 372-385.

Montgomery, J. D. (1992) Job Search and Network Composition: Implications of the Strength of Weak Ties Hypothesis. *American Sociological Review*, *57*, 586-596.

Oberg, K. (1960). Culture shock: Adjustment to new cultural environments. *Practical Anthropology, 7,* 177-182.

OECD/EU (2018). *Settling in 2018: Indicators of immigrant integration*. OECD Publishing/Brussels; European Union.

Redfield, R., Linton, R., & Herskovits, M. J. (1936).

Memorandum for the study of acculturation. *American Anthropologist, 38,* 149-152.

Ross, M., Xun, W. Q. E., & Wilson, A. E. (2002). Language and the Bicultural Self. *Personality and Social Psychology Bulletin, 28*(8), 1040-1050.

Schrader, A., Nikles, B. W., & Griese, H. M. (1979). *Die zweite Generation* (2nd ed.). Athenäum.

Suinn, R. M., Ahuna, C., & Khoo, G. (1992). The Suinn-Lew Asian self-identity acculturation scale: Concurrent and factorial validation. *Educational& Psychological Measurement, 52,* 1041-1046.

Takaki, R. (1998). *Strangers from a different shore: A history of Asian Americans* (rev. ed.). Back Bay Books.

Tsai, J. L., Ying, Yu-Wen., & Lee, P. A. (2000). The meaning of "being Chinese" and "being American": Variation among Chinese American young adults. *Journal of Cross-Cultural Psychology, 31,* 302-332.

Ward, C., & Kennedy, A. (1995). Crossing cultures: The relationship between psychological and sociocultural dimensions of cross-cultural adjustment. In J. Pandey, D. Sinha, & D. P. S. Bhawuk (Eds.), *Asian contributions to cross-cultural psychology* (pp. 289-306). Sage.

Ward, C., Bochner, S., & Furnham, A. (2001). *The psychology of culture shock.* Routledge.

Wong-Rieger, D., & Quintana, D. (1987). Comparative acculturation of Southeast Asian and Hispanic immigrants and sojourners. *Journal of Cross-Cultural Psychology, 18*(3), 345-362.

Yee, B. W .K. (1992). Elders in South East Asian refugee families. *Generations, Summer issue,* 25-27.

Zheng, X., & Berry, J. W. (1991). Psychological adaptation of Chinese sojourners in Canada. *International Journal of Psychology, 26,* 451-470.

제10장 문화와 범죄

모지환, 배진희(2011). 자살행동 영향 요인: 성별, 연령별 집단 비교를 중심으로. **보건사회연구,** 31(2), 121-145.

박소진(2016). '마음'의 학문적 재발견: 개인과 집단의 마음, 그리고 한마음. **문화와 사회,** 22, 59-97.

윤상연, 백승경, 허태균(2023). 묻지마 범죄의 학문적 재정립: 이상동기 범죄의 개념화 및 통계적 관리방안. **한국범죄학,** 17(3), 83-100.

이누미야 요시유키, 한민, 이다인, 이주희, 김소혜(2007). 주체성-대상성-자율성 자기척도의 개발. **한국심리학회지: 사회 및 성격,** 21(2), 17-34.

이수정(2017). **최신범죄심리학**(4판). 학지사.

한민(2022). **선을 넘는 한국인, 선을 긋는 일본인: 심리학의 눈으로 보는 두 나라 이야기.** 부키.

한성열(2008). 한국문화의 맥락에서 본 교육의식: 한국사회에서 교육적 성취에 대한 심리학적 분석. **한국심리학회지: 문화 및 사회문제,** 14(1), 33-46.

Anderson, C. A., & Bushman, B. J. (2018). Media violence and the general aggression model. *Journal of Social Issues, 74*(2), 386-413.

Bandura, A., Ross, D., & Ross, S. A. (1963). Imitation of film-mediated aggressive models. *The Journal of Abnormal and Social Psychology, 66*(1), 3-11.

Berkes, F., Colding, J., & Folke, C. (2000). Rediscovery of traditional ecological knowledge as adaptive management. *Ecological applications, 10*(5), 1251-1262.

Bettelheim, B. (1977). *The uses of enchantment: The meaning and importance of fair tales.* Vintage.

Bills, C. B. (2017). The relationship between homicide and suicide: a narrative and conceptual review of violent death. *International Journal of Conflict and Violence, 11,* 1-9.

Campbell, C. (2012). *Scapegoat: A history of blaming other people.* Abrams.

Campbell, E. D. (2003). *The celluloid south: Hollywood and the southern myth.* University of Tennessee Press.

Chagnon, N. A. (1968). *Yąnomamö, the fierce people: The fierce people.* Holt, Rinehart and Winston.

Chiu, E. M. (2006). Culture as justification, not excuse.

American Criminal Law Review, 43, 1317-1374.

Clarke, S. (2017). *Social theory, psychoanalysis and racism*. Bloomsbury Publishing.

Cohen, A. K. (1955). *Delinquent boys: The culture of the gang*. Free Press.

Cohen, A. K. (2015). Subculture theory: Delinquent boys. In *Criminology Theory* (pp. 133-147). Routledge.

Corry, S. (2013). *The case of the 'brutal savage': Poirot or clouseau? Why Steven Pinker, like Jared Diamond, is wrong*. openDemocracy.

de Mause, L. (1998). The history of child abuse. *The Journal of Psychohistory, 25*(3), 216-236.

Dowler, K., Fleming, T., & Muzzatti, S. L. (2006). Constructing crime: Media, crime, and popular culture. *Canadian Journal of Criminology and Criminal Justice, 48*(6), 837-850.

Ebner, D., & Langman, L. (2001). *Hollywood's image of the south: A century of southern films*. Bloomsbury Publishing USA.

Elias, N. (2000) *The civilizing process: Sociogenetic and psychogenetic investigations*. Basil Blackwell.

Evans, R. W., Avery, P. G., & Pederson, P. V. (2000). Taboo topics: Cultural restraint on teaching social issues. *The Clearing House, 73*(5), 295-302.

Franklin, J. C., Ribeiro, J. D., Fox, K. R., Bentley, K. H., Kleiman, E. M., Huang, X., ... & Nock, M. K. (2017). Risk factors for suicidal thoughts and behaviors: A meta-analysis of 50 years of research. *Psychological Bulletin, 143*(2), 187-232.

Freud, S. (1904). *Totem and taboo*. L'année Sociologique.

Freud, S. (2012). *Totem and taboo*. Routledge.

Galtung, J. (1990). Cultural violence. *Journal of Peace Research, 27*(3), 291-305.

Geen, R. G., & Thomas, S. L. (1986). The immediate effects of media violence on behavior. *Journal of social issues, 42*(3), 7-27.

Girard, R., Antonello, P., & de Castro Rocha, J. C. (2004). *Les origines de la culture*. Desclée de Brouwer.

Hassanli, N., Walters, T., & Williamson, J. (2021). 'You feel you're not alone': How multicultural festivals foster social sustainability through multiple psychological sense of community. *Journal of Sustainable Tourism, 29*(11-12), 1792-1809.

Hernandez, S. K., & Mauger, P. A. (1980). Assertiveness, aggressiveness and Eysenck's personality variables. *Personality and Individual Differences, 1*(2), 143-149.

Hodge, J. (2011). Why do humans commit violence?: Violence, war and rioting in the modern world and Rene Girard's mimetic theory. *Compass: A review of topical theology*, 3-12.

Holt, T. J., & Bossler, A. M. (2020). *The palgrave handbook of international cybercrime and cyberdeviance* (pp. 743-769). palgrave macmillan.

Hsu, M. (1973). Cultural and sexual differences on the judgment of criminal offenses: A replication study of the measurement of delinquency. *The Journal of Criminal Law & Criminology, 64*, 348-353.

Hughes, B. T. (2015). Strictly taboo: Cultural anthropology's insights into mass incarceration and victimless crime. *Journal of Criminal and Civil Confinement, 41*, 49-83.

Johnson, M. T., & Johnson, M. T. (2013). What is culture? What does it do? What should it do?. *Evaluating culture: Well-being, institutions and circumstance*, 97-119.

Kahane, A. (2021). *The effects of a taboo*. After Auschwitz: The Difficult Legacies of the GDR.

Kauffman, J. M. (1997). *Characteristics of emotional and behavioral disorders of children and youth*. Merrill/Prentice Hall.

Kellman, S. (1982). The Yanomamis: Their battle for survival. *Journal of International Affairs, 36*(1), 15-42.

Kiernan, V. (2016). *The duel in European history: Honour and the reign of aristocracy*. Bloomsbury Publishing.

Lee, H. O., & Rogan, R. G. (1991). A cross-cultural comparison of organizational conflict management behaviors. *International Journal of Conflict Management, 2*(3), 181-199.

Lefcourt, H. M. (1991). *Locus of control*. Academic Press.

Lemieux, A., & Felson, M. (2011). Tourist and visitor crime. In M. Natarajan (Ed.), *International crime and justice* (pp. 223-228). Cambridge University Press.

Levy, R., & Srebnick, A. G. (2017). *Crime and culture: An historical perspective*. Routledge.

Low, J. (2016). *Manhood and the duel: Masculinity in early modern drama and culture*. Springer.

Matza, D., & Sykes, G. (1957). Techniques of neutralization: A theory of delinquency. *American Sociological Review, 22*(6), 664-670.

Modestin, J., & Emmenegger, P. A. (1986). Completed suicide and criminality: lack of a direct relationship. *Psychological Medicine, 16*(3), 661-669.

Morphy, H. (2020). Cultural adaptation. In *Human adaptation* (pp. 99-150). Routledge.

Morris, D. (2002). *Peoplewatching*. Random House.

Nisbett, R. E., & Cohen, D. (1999). Violence and honor in the Southern United States. *Guns in America: A reader*, 264-274.

Parsons, O. A., & Schneider, J. M. (1974). Locus of control in university students from eastern and western societies. *Journal of Consulting and Clinical Psychology, 42*(3), 456-461.

Piatkowska, S. J. (2020). Poverty, inequality, and suicide rates: a Cross-National Assessment of the Durkheim Theory and the Stream Analogy of Lethal Violence. *The Sociological Quarterly, 61*(4), 787-812.

Rotter, J. B. (1966). Generalized expectancies for internal versus external control of reinforcement. *Psychological monographs: General and applied, 80*(1), 1-28.

Schwartz, S. H. (2014). Values and culture. In *Motivation and culture* (pp. 69-84). Routledge.

Sellin, T. (1938). Culture conflict and crime. *American Journal of sociology, 44*(1), 97-103.

Sharpe, J. A. (1981). Domestic homicide in early modern England. *The Historical Journal, 24*(1), 29-48.

Shelley, L. (2011). The globalization of crime. International crime and justice. In M. Natarajan (Ed.), *International crime and justice* (pp. 3-10). Cambridge University Press.

Spencer-Oatey, H., & Franklin, P. (2012). What is culture. A compilation of quotations. *GlobalPAD Core Concepts, 1*(22), 1-21.

Sponsel, L. E., (1998). Yanomami: An area of conflict and aggression in the Amazon. *Aggressive Behaviour, 24*(2), 977-122. doi: 10.1002/(SICI)1098-2337.

Steinberg, S. R., & Cornish, L. (2010). *Taboo: Essays on culture and education*. Peter Lang.

Sykes, G. M., & Matza, D. (2017). Techniques of neutralization: A theory of delinquency. In *Delinquency and Drift Revisited, Volume 21* (pp. 33-41). Routledge.

Tetlock, P. E., Kristel, O. V., Elson, S. B., Green, M. C., & Lerner, J. S. (2000). The psychology of the unthinkable: Taboo trade-offs, forbidden base rates, and heretical counterfactuals. *Journal of Personality and Social Psychology, 78*(5), 853-870.

Thomas, S. A., Medaris, D. C., & Tuttle, C. R. (2018). Southern culture and aggravated assault: Exploring the generality of the southern cultural of violence. *Sociological Spectrum, 38*(2), 103-116.

Wall, D. (2014). *The commons in history: Culture, conflict, and ecology*. MIT Press.

Wedenoja, W., & Sobo, E. J. (2014). Unconscious motivation and culture. In *Motivation and culture* (pp. 159-177). Routledge.

Wiltenburg, J. (1995). Family murders: Gender, reproduction, and the discourse of crime in early modern germany. In *Colloquia germanica* (Vol. 28, pp. 357-374). Narr Francke Attempto Verlag GmbH Co. KG.

Wiltenburg, J. (2004). True crime: The origins of modern sensationalism. *The American Historical Review, 109*(5),

1377-1404.

Wiltenburg, J. (2012). Crime and culture in early modern Germany. University of Virginia Press.

Wong, P. T. (2009). Chinese positive psychology. *Encyclopedia of Positive Psychology, 1*, 148-156.

제11장 한국인의 마음

김경자, 한규석(2000). 심정대화의 특성: 심정표상과 심정대화의 경험적 분석. **한국심리학회지: 사회 및 성격, 14**(1), 1-22.

김민수, 홍웅선(1974). **신국어대사전**. 어문각.

김성태(1989). **경과 주의(증보판)**. 고려대학교 출판부.

김은미(1994). 정 수준과 우리성 수준이 도움행동에 미치는 효과. 중앙대학교 대학원 석사학위논문.

김정운(2001). 관계적 정서와 문화적 정서: 정서의 문화심리학적 접근. **한국심리학회지: 일반, 20**, 389-407.

박가열(1996). 공감경향성, 정 수준이 도움행동에 미치는 영향. 중앙대학교 대학원 석사학위논문.

서신화, 한민, 허태균(2016). 억울 경험의 과정과 특성에 대한 실증적 연구. **한국심리학회지: 문화 및 사회문제, 22**(4), 643-674.

손영미, 최상진(1999). 한국인의 심정적 대화상황분석을 통한 심정심리분석. **한국심리학회 연차학술대회 논문집**.

송경재, 김윤영, 박율우, 박성미, 신지영, 한성열(2010). '삐침'의 심리적 구조 및 특성에 관한 연구. **한국심리학회지: 사회문제, 16**(1), 43-61.

이규태(1991). **한국인의 의식구조 1**. 신원문화사.

이부영(1988). **한국인의 성격-한국인의 성격의 심리학적 고찰**. 한국정신문화연구원.

이희승(1961). **우리말 대사전**. 민중서관.

임능빈(1981). **퇴계의 도덕심리학적 일연구**. 율곡논총 12.

임태섭(1995). **정, 체면, 연줄, 한국인의 인간관계**. 한나래.

조긍호(2003). **한국인 이해의 개념틀**. 나남출판.

최상진(1993). 한국인과 일본인의 '우리'의식 비교. **한국심리학회 연차학술대회발표논문집**, 229-244.

최상진(1997). 한국인의 고유심리에 대한 분석과 한국인 심리학 이론의 구성. 학문사.

최상진(1999). 한국인의 마음. 최상진 외 공저, **동양심리학: 서구심리학에 대한 대안 모색** (pp. 377-479). 지식산업사.

최상진(2000). **한국인심리학**. 중앙대학교 출판부.

최상진, 김기범(1999a). 한국인의 self의 특성: 서구의 self 개념과 대비를 중심으로. **한국심리학회지: 사회 및 성격, 13**(2), 279-295.

최상진, 김기범(1999b). 한국인의 심정심리: 심정의 성격, 발생과정, 교류양식 및 형태. **한국심리학회지: 일반, 18**(1), 1-16.

최상진, 김정운(1998). "Shim-Cheong" psychology as a cultural psychological approach to collective meaning construction. **한국심리학회지: 사회 및 성격, 12**(2), 79-96.

최상진, 박수현(1990). '우리성'에 대한 사회심리학적 한 분석. **한국심리힉회 연차대회 학술발표논문집**, 69-78.

최상진, 유승엽(1994a). 한국인의 의례적 언행과 그 기능. **한국심리학회 연차대회 학술발표논문초록집**, 369-385.

최상진, 유승엽(1994b). 한국인과 일본인의 '정'에 관한 심리학적 비교분석. **인문학연구, 21**, 중앙대학교 인문과학연구소.

최상진, 이요행(1995). 한국인 화병의 심리학적 개념화 시도. **한국심리학회 연차학술대회 발표논문집**, 327-338.

최상진, 이장주(1999). 정의 심리적 구조와 사회-문화적 기능분석. **한국심리학회지: 사회 및 성격, 13**(1), 219-234.

최상진, 한규석, 김기범(2000). 문화사회심리학에서의 마음. **한국심리학회 연차학술대회 발표논문집**, 241-249.

최상진, 한규석, 김기범(2002). 한국인의 마음속에 형상화된 '마음' 모델 구성을 위한 시론. **한국심리학회 연차학술대회 발표논문집**, 261-267.

한규석, 최상진(2008). 마음의 연구와 심리학: 마음의 문화심리학적 분석에 바탕한 심리의 작용 틀. **한국심리학회지: 일반, 27**(2), 281-307.

한덕웅(1994). **퇴계심리학**. 성균관대학교 출판부.

Boesch, E., E. (1991). *Symbolic action theory and cultural psychology*. Springer-Verlag.

Choi, S. C. (1998). The third-person-psychology and the first-person psychology: Two perspectives on human relations. *Korean Social Science Journal, 25*, 239-264.

Choi, S. C. (2004). The rule of justice and the way of heart: And analysis of western and eastern conceptions of social relationship. A keynote address in the 28th World Congress of Psychology, Beijing, Aug. 8-13.

Choi, S. C., & Choi, S-H. (1994). We-ness: A Korean discourse of collectivism. In G. Yoon & S. C. Choi (Eds.), *Psychology of the Korean people: Collectivism and individualism* (pp. 57-84). Dong-A Publishing & Printing Co., Ltd.

Choi, S. C., Han, G., & Kim, C-W. (2007). Analysis of cultural emotion: Understanding of indigenous emotion-Understanding of indigenous psychology for universal implications. In J. Valsiner & A. Rosa (Eds.), *Cambridge handbook of sociocultural psychology* (pp. 318-342). Cambridge University Press.

Choi, S-C., Han, G., & Choi, B-Y. (2006). Bicameral spheres: A proposal for the psychology of mind. Presented at the 18th Congress of International Association of Cross-Cultural Psychology, 11-15, July, Spetses, Greece.

Danziger, K. (1997). *Naming the mind: How psychology found is language*. Sage.

Ekman, P. (1972). Universals and cultural differences in facial expressions of emotion. In J. K. Cole (Ed.), *Nebraska symposium on motivation*. University of Nebraska Press.

Frijda, N. H. (1986). *The emotions*. Cambridge University Press.

Gergen, K. J. (1997). *Realities and relationships: Soundings in social construction*. Harvard University Press.

Hall, E. T. (2000). **침묵의 언어** (*Silent language*). (최효선 역). 한길사. (원저는 1990년에 출판).

Han, M., & Cunha, C. (2015). *The subjectified and subjectifying mind*. Inc.

Han, M., & Song, K-J. (2015). Pbichim: A culturally patterned form of subjectified communication. In M. Han & C. Cunha (Eds.), *The subjectified and subjectifying mind*.

Kitayama, S., & Markus, H. M. (1994). *Emotion and culture: Empirical studies of mutual influence*. American Psychological Association.

Lutz, C. (1982). The domain of emotion words on Ifaluk. *American Ethnologist, 9*, 113-128.

Mauro, R., Sato, K., & Tucker, J. (1992). The role of appraisal in human emotions: A cross-cultural study. *Journal of Personality and Social Psychology, 62,* 301-317.

Mesquita, B., & Frijda, N. (1992). Cultural variations in emotions: A review. *Psyhological Bulletin, 112*, 179-204.

Premack, D. G., & Woodruff, G. (1978). Does the chimpanzee have a theory of mind?. *Behavioral and Brain Sciences, 1*, 515-526.

Simpson, J., & Weiner, E. (1989). *The Oxford English dictionary*. Claredon Press.

Strong, B., & DeVault, C. (1992). *The marriage and family experience*. West Publishing co.

Triandis, H. C. (1989). The self and social behavior in differing cultural contexts. *Psychological Review, 93*(3), 506-520.

Wellman, H. M. (1990). *The child's theory of mind*. MIT Press.

Zabinsky, B., & Valsiner, J. (2004). Affective synthesis of the other through the self: A new look at empathy. Pater presented at the 3rd International Conference on Dialogical Self, Warsaw, Poland, Aug. 28.

제12장 한국인의 자기관

강준만(2006). **한국인 코드**. 인물과 사상사.

김동직, 한성열(1998). 개별성-관계성 척도의 제작과 타당화 연구. **한국심리학회지: 사회 및 성격**, 12(1), 71-93.

김수빈, 정영주, 정영숙(2017). 자기자비와 한국인의 심리: 국내연구 메타분석. **한국심리학회지: 일반**, 36(3), 325-358.

류승아, 김경미, 한민(2014). 문화적 자기관에 따라 스트레스 대처방식이 행복 및 대인관계 만족도에 미치는 영향. 한국심리학회지: 문화 및 사회문제, 20(3), 177-203.

성영신(1994). 한국인의 그릇된 물질주의와 과소비 유형. 한국심리학회지: 문화 및 사회문제, 1(1), 69-82.

여동찬(1987). 이방인이 본 한국, 한국인. 중앙일보사.

염동섭, 유승엽(2012). 한국 소비자의 명품 소비행동은 어떠한가?: 동기, 혜택 및 손실요인을 중심으로. 한국심리학회지: 소비자 광고, 13(3), 323-341.

이누미야 요시유키(2004). 한일 비교 성격론. 인본연구, 11, 101-124.

이누미야 요시유키(2009). 주체성-대상성 자기와 긍정적 환상의 관계에 관한 한일비교 연구. 한국심리학회지: 일반, 28(1), 115-146.

이누미야 요시유키, 김윤주(2006). 긍정적 환상의 한일비교: 주체성 자기와 대상성 자기에 의한 설명. 한국심리학회지: 사회 및 성격, 20(4), 19-34.

이누미야 요시유키, 최일호, 윤덕환, 서동효, 한성열(1999). 비현실적 낙관성(unrealistic optimism) 경향에 있어서의 비교 문화 연구: 상호독립적-상호협조적 자기관과의 관계를 중심으로. 한국심리학회지: 사회 및 성격, 13(1), 183-201.

이누미야 요시유키, 한민, 이주희, 이다인, 김소혜(2007). 주체성-대상성-자율성 자기 척도의 개발, 한국심리학회지: 사회 및 성격, 21(2), 17-34.

이부영(1988). 한국인의 성격-한국인의 성격의 심리학적 고찰. 한국정신문화연구원.

정욱, 한규석(2005). 자기고양 현상에 대한 조절변인으로서 자존감. 한국심리학회지: 사회 및 성격, 19(1), 199-216.

조긍호(2002). 문화성향과 허구적 독특성 지각 경향. 한국심리학회지: 사회 및 성격, 16(1), 91-111.

조긍호, 명정완(2001). 문화성향과 자의식의 유형. 한국심리학회지: 사회 및 성격, 15(2), 111-139.

조선영, 이누미야 요시유키, 김재신, 최일호(2005). 한국과 일본에서 상호독립적-상호협조적 자기관이 대인불안에 미치는 영향: 자기존중감과 공적자기의식의 매개효과를 중심으로. 한국심리학회지: 사회 및 성격, 19(4), 49-60.

천수성(1992). 일본어뱅크 日本語 중급. 일본어뱅크.

최상진, 김기범(1999). 한국인의 self의 특성: 서구의 self 개념과 대비를 중심으로. 한국심리학회지: 사회 및 성격, 13(2), 279-295.

최상진, 박정열, 이장주(1997). 한국인의 우쭐심리. 한국심리학회 연차대회 학술논문발표집, 391-400.

한규석(2002). 사회심리학의 이해. 학지사.

한글학회(1994). 우리말 큰사전. 어문각.

한민, 류승아(2018). 부당한 상황에서 경험되는 정서의 문화차이: 한국, 중국, 일본, 미국을 중심으로. 한국심리학회지: 문화 및 사회문제, 24(2), 251-272.

한민, 류승아, 김경미(2013). 사회비교와 행복의 관계에서 문화적 자기관의 역할. 한국심리학회지: 문화 및 사회문제, 19(4), 529-549.

한민, 한성열(2007). 신명에 대한 문화심리학적 고찰. 한국심리학회지: 일반, 26(1), 83-103.

한민, 한성열(2009). 신명의 심리학. 21세기 북스.

한성열(2003). 자기고양편파와 심리적 적응의 관계에 대한 비교문화 연구. 한국심리학회지: 사회문제, 9(2), 79-99.

허태균, 서신화, 이종원, 김혜진(2012). 한국인의 특성 연구보고서. 한국형경영연구원.

홍이화(2016). 한국인의 수치심(shame) 이해를 위한 하인즈 코헛(Heinz Kohut) 이론의 재고찰-객체적 자기인식(objective self-awareness) 안에서의 수치심-. 신학과 실천, 48, 171-194.

渡部 昌平 (2006). つきあいきれない韓国人(ラクレ). 中央公論新社.

木野 和代, 速水 敏彦 (2009). 仮想的有能感の形成と文化的要因: 大学生を対象に. *日本語教育心理學會總會發表論文集, 51*, 26.

本村 汎, 洪 上旭 (1983). 日・韓兩國の親子關係をめぐる比較硏究 -親の養育觀・養育態度と子の心理社會的特性を中心として-. 大阪市立大學生活科學部紀要, 31, 345-362.

小倉 紀藏 (2001). 韓国人のしくみ: 〈理〉と〈気〉で読み解く文化と社会(講談社現代新書). 講談社.

速水 敏彦 (2011). 仮想的有能感硏究の展望. 教育心理學年報, 50, 176-186.

須永 進, 青木 知史, 趙 晤衍 (2005). 日韓の子育て観に關する比較研究. **秋草學園短期大學紀要**, 22, 131-144.

吳善花 (1992). **新スカートの風: 日韓あわせ鏡の世界**. 三交社.

趙 善英, 松本 芝之, 木村 裕 (2009). 公的自己意識と対人不安、自己顕示性の関係への自尊感情の調節効果の日韓比較. **心理學硏究**, 80(4), 313-320.

趙 善英, 松本 芝之, 木村 裕 (2011). 回想された親の養育行動が大学生の自尊感情に及ぼす影響の日韓比較: 行動分析学的な解釈. **社會心理學硏究**, 27(1), 1-12.

Alford, C. F. (2000). 한국인의 심리에 관한 보고서 (*Think no evil*). (남경태 역). 그린비. (원저는 1999년에 출판).

Baumeister, R, F., Tice, D. M., & Hutton, D. G. (1989). Cognitive processes during deliberate self-presentation: How self-presenters alter and misinterpret the behavior of their interaction partners. *Journal of Experimental Social Psychology, 25*(1), 59-78.

Cooley, C. H. (1902). *Human nature and the social order*. Scribner's.

Crane, P. (1978). *Korean patterns* (4th ed. rev.). Royal Asiatic Society.

Cross, S. E., Bacon, P. L., & Morris, M. L. (2000). The relational-interdependent self-construal and relationships. *Journal of Personality and Social Psychology. 78*(4), 791-808.

Cumings, B. (1997). *Korea's place in the sun: A modern history*. W.W. Norton.

Danziger, K. (1997). The historical formation of selves. In R. D. Ashmore & L. Jussim (Eds.), *Self and identity: Fundamental issues* (pp. 137-159). Oxford University Press.

Devos, G. A. (1973). *Socialization for achievement*. University of California Press.

Festinger, L. (1954). A theory of social comparison processes. *Human Relations, 7*, 117-140.

Giddens, A. (1991). *Modernity and self-identity: Self and society in the late modern age*. Stanford University Press.

Heine, S. J., & Lehman, D. R. (1995). Cultural variation in unrealistic optimism: Does the west feel more invulnerable than the east?. *Journal of Personality and Social Psychology, 68*, 595-607.

Heine, S. J., & Lehman, D. R. (1997). The cultural construction of self-enhancement: An examination of group-serving biases. *Journal of Personality & Social Psychology, 72*(6), 1268-1283.

Heine, S. J., Kitayama, S., Lehman, D. R., Takata, T., Ide, E., Leung, C., & Matsumoto, H. (2001). Divergent consequences of success and failure in Japan and North America. An investigation of self-improving motivations and malleable selves. *Journal of Personality and Social Psychology, 81*, 599-615.

Higgins, E. T. (1998). Promotion and prevention: Regulatory focus as a motivational principle. In M Zanna (Ed.), *Advances in experimental social psychology* (Vol. 30, 1-46). Academic Press.

Holland, D. (1997). Selves as culture: As told by an anthropologist who lacks a soul. In R. D. Ashmore & L. Jussim (Eds.), *Self and identity: Fundamental issues* (pp. 161-190). Oxford University Press.

Hsu, F. L. K. (1981). *Americans and Chinese: Passage to differences*. University Press of Hawaii.

James, W. (1890). *Principles of psychology* (vol. 2). Holt.

Jang, M-H., & Kim, K. (1996). The self-concept in the Korean family. Paper presented at the 50th Anniversary Conference of the Korean Psychological Association, June 27-29, Seoul, Korea.

Kohut, H. (1971). *The analysis of the self*. International Universities Press.

Kwan, V. S. Y., Bond, M. H., & Singelis, T. M. (1997). Pancultural explanations for life satisfaction: Adding relationship harmony to self-esteem. *Journal of Personality and Social Psychology, 73*, 1038-1051.

Levine, T. R., Bresnahan, M. J., Park, H. S., Lapinski, M. K.,

Wittenbaum, G. M., Shearman, S. M., Lee, S. Y., Chung, D., & Ohashi, R. (2003). Self-construal scales lack validity. *Human Communication Research, 29*(2), 210-252.

Markus, H. R., & Kitayama, S. (1991). Culture and the self: Implications for cognition, emotions, and motivation. *Psychological Review, 98*, 224-253.

Mead, G. H. (1934). *Mind, self, and society from the standpoint of a social behaviorist*. University of Chicago Press.

Neff, K. (2003). Self-compassion: An alternative conceptualization of a healthy attitude toward oneself. *Self and Identity, 2*(2), 85-101.

Rosenberg, M. (1965). *Society and the adolescent self-image*. Princeton University Press.

Triandis, H. C. (1988). Collectivism vs. individualism: A reconceptualization of a basic concept in cross-cultural social psychology. In G. K. Verma & C. Bagley (Eds.), *Cross-cultural studies of personality, attitudes and cognition* (pp. 60-95). Macmillan.

제13장 한국인의 사회심리

강준만(2013). **갑과 을의 나라**. 인물과 사상사.

김경동(1992). **한국인의 가치관과 사회의식-변화의 경험적 추적**. 박영사.

김기범, 김미희, 최상진(2002). 한국인의 대인관계에서의 기본도덕으로서의 의리분석: 한국인에게 진정한 친구는 의리있는 친구인가. **한국심리학회지: 사회문제, 8**(1), 79-101.

김우택, 김지회(2002). 신뢰의 개념과 신뢰연구의 맥락. 김우택 외 공저, **한국사회 신뢰와 불신의 구조-미시적 접근** (pp. 11-52). 도서출판 소화.

김장이(2001). 한국형 감수성훈련 모델의 개발: 한국인의 의사소통. **한국심리학회 연차대회 학술논문발표집**, 106-109.

김정탁(2004). **禮&藝: 한국인의 의사소통 사상을 찾아서**. 한울.

문찬기, 한규석(2013). 서열적 교류의 사회심리: 공손성과 서열관계 스트레스. **한국심리학회지: 사회 및 성격, 27**(4), 1-28.

박태원(1984). 불교 언어의 이해와 불립문자. 고려대학교 대학원 석사학위논문.

배재창(2017). 참견과 도움행동의 판단 준거 및 개입동기에 대한 탐색적 연구. **사회과학연구, 28**(4), 261-286.

배재창, 정재훈, 한규석(2011). 참견하는 사람들의 상황판단과 개입동기. **한국심리학회 연차대회 학술논문발표집**, 429.

손진혁, 양난미(2020). 대학생 대인관계 체면민감성 척도 개발 및 타당화. **상담학연구, 21**(2), 315-338.

송경재(2011). 한국적 의사소통 교육 프로그램 개발과 효과: 군 장병을 대상으로. 고려대학교 대학원 박사학위논문.

신인아(2001). 동서양의 인간관계. 김숙현, 김평희, 박기순, 신인아, 이두원, 정현숙, 최윤희 공저, **한국인과 문화간 커뮤니케이션** (pp. 114-140). 커뮤니케이션북스.

양정은(2019). 한국적 집단주의(우리성, we-ness)가 대인 커뮤니케이션에 미치는 영향에 대한 연구. **한국콘텐츠학회논문지, 19**(5), 1-14.

양진성(2003). 한국과 미국의 문화간 커뮤니케이션 갈등에 관한 연구: Hofstede의 문화표현모델을 중심으로. 연세대학교 대학원 석사학위논문.

오세철(1979). **문화와 사회심리이론**. 박영사.

윤경우(2006). 한중일 3국 기업문화의 유사성과 차이성 비교. **중소연구, 29**(4), 47-99.

윤태림(1986). **한국인의 성격**. 동방도서.

이규태(1977). **한국인의 의식구조**. 문리사.

이규태(1983). **한국인의 의식구조 1, 2**. 신원문화사.

이선미, 천우영(2013). 다문화가정 아동이 지각한 부모-자녀 간의 의사소통 유형이 아동의 자아정체성에 미치는 영향. **아동교육, 22**(1), 33-54.

이슬비, 허재홍(2018). 눈치와 정서조절의 관계: 개인 문화성향의 조절효과. **상담학연구, 19**(6), 37-53.

이예지(2022). 한국인의 체면 손상과 사회적 낙인, 전문적 도움 추구 태도 간의 관계. 아주대학교 대학원 석사학위논문.

장낙인(1998). 동양의 커뮤니케이션 사상. **한국커뮤니케이션학, 6**, 13-36.

장수지(2010). 대인 간 갈등 해결 전략에 대한 비교문화 연구: 한국, 일본, 미국 대학생을 대상으로. **한국심리학회지: 사회**

및 성격, 24(4), 1-17.

장응철(1998). 노자의 세계. 동남풍.

정하영(2011). 동아시아 관료제 비교: 인정과 체면을 중심으로. 정부학연구, 17(3), 143-179.

조자의, 한성열(2008). 행위자의 화(火)가 한국 대학생의 도덕적 판단에 미치는 영향. 한국심리학회지: 사회문제, 14(1), 47-75.

차운아(2009). 부러움: 한국의 "무해한 선망". 한국심리학회지: 사회 및 성격, 23(2), 171-189.

차운아(2010). 부러움: 연합과 접근의 동기를 알리는 전략적 커뮤니케이션. 한국심리학회지: 사회 및 성격, 24(2), 51-72.

차재호(1983). 국민성의 활성화시안: 시안의 심리학적 접근. 한국정신문화연구원 연구논집 83-2. 한국정신문화연구원.

최상진(1991). '한'의 사회심리학적 개념화 시도. 한국심리학회 91 연차대회 학술발표논문초록, 339-350.

최상진, 김기범(1998). 체면의 내적 구조. 한국심리학회 연차대회 학술발표논문집, 559-577.

최상진, 김기범(1999). 한국인의 self의 특성: 서구의 self 개념과 대비를 중심으로. 한국심리학회지: 사회 및 성격, 13(2), 275-292.

최상진, 김기범, 강오순, 김지영, 김양하(2005). 한국문화에서 대인관계 신뢰와 불신의 기반과 심리적 기능에 대한 문화심리학적 분석. 한국심리학회지: 사회문제, 11(특), 1-20.

최상진, 김의철, 김기범(2003). 한국사회에서의 대인관계 속의 신뢰와 불신의 기반으로서의 마음에 대한 문화심리학적 접근. 한국심리학회지: 사회문제, 9(2), 1-17.

최상진, 박정열, 이장주(1997). 한국인의 우쭐심리. 한국심리학회 연차대회자료집, 391-400.

최상진, 유승엽(1992). 한국인의 체면에 대한 사회심리학적 한 분석. 한국심리학회지: 사회, 6(2), 137-157.

최상진, 최수향(1990). 정의 심리적 구조. 한국심리학회 연차대회 학술발표논문초록집, 1-9.

최재석(1976). 한국인의 사회적 성격. 개문사.

최재석(1994). 한국인의 사회적 성격. 현음사.

최준식(2000). 한국인은 왜 틀을 거부하는가. 소나무.

한규석(2000). 한국인의 공과 사의 영역: 공정과 인정의 갈등. 한국심리학회지: 사회문제, 6(2), 39-63.

한덕웅(1999). 사회비교의 목표와 성공/실패 경험에 따른 비교대상의 선택. 한국심리학회지: 사회 및 성격, 13(2), 311-329.

한덕웅, 장은영(2003). 사회비교가 분노경험, 주관안녕 및 건강지각에 미치는 영향. 한국심리학회지: 건강, 8(1), 85-112.

한민, 한성열(2007). 신명에 대한 문화적 고찰. 한국심리학회지: 일반, 26(1), 83-103.

한성열(2005). 한국사회의 신뢰와 불신에 관한 심리학 연구의 과제 및 제언. 한국심리학회지: 사회문제, 11(특), 163-174.

허용회, 박선웅, 허태균(2017). 저신뢰 사회를 만드는 고신뢰 기대? 가족확장성과 신뢰기준의 역할. 한국심리학회지: 문화 및 사회문제, 23(1), 75-96.

허재홍, 박원주(2013). 눈치척도 개발 및 타당화. 상담학연구, 14(6), 3537-3555.

허재홍, 오충광(2018). 눈치와 개인의 문화성향, 그리고 주관적 안녕감과 대인관계의 관계. 청소년학연구, 25(1), 341-364.

허태균, 서신화, 이종원, 김혜진(2012). 한국인의 특성 연구보고서. 한국형경영연구원.

황용희(1996). 불교경전에 나타난 의사소통 현상의 이론적 분석. 동국대학교 대학원 석사학위논문.

加瀨英明(1988). 한의 한국인, 황송해하는 일본인 (恨の韓国人 畏まる日本人). (한국브리태티커 편집실 역). 한국브리태니커. (원저는 1988년에 출판).

Adorno, T. W., Frenkel-Brunswick, E., Levinson, D. J., & Sanford, R. N. (1950). *The authoritarian personality*. Harper and Row.

Allport, W. G. (1958). *The culture of prejudice*. Doubleday & Company, Inc.

Cai, D. A., & Fink, E. L. (2002). Conflict style differences between individualists and collectivists. *Communication Monographs, 69*(1), 67-87.

Helgeson, V. S., & Taylor, S. E. (1993). Evaluative and affiliative comparisons and coping among cardiac patients. *Journal of Applied Social Psychology, 23*, 1171-1195.

Hofstede, G. (1991). *Cultures and organizations: Software of the mind*. McGraw Hill.

Hsu, F. L. K. (1972). *Psychological anthropology*. Cambridge.

Liu, L. A., Friedman, R. A., & Chi, S. (2005). "Ren Quing" versus the "big five". The role of culturally sensitive measures of individual difference in distributive negotiations. *Manage of Organizational Review, 1*, 225-247.

Molleman, E., Pruyn, J., & van Knippenberg, A. (1986). Social comparison processes among cardiac patients. *British Journal of Social Psychology, 25*, 1-13.

Rahim, M. A. (1983). *Rahim organizational conflict inventory-II: Forms A, B, & C*. Consulting Psychologists Press.

Rahim, M. A. (1985). Referent role and styles of handling interpersonal conflict. *The Journal of Social Psychology, 126*(1), 79-86.

Rahim, M. A., & Bonoma, T. V. (1979). Managing organizational conflict: A model for diagnosis and intervention. *Psychological Reports, 44*, 1323-1344.

Sherif, M., & Sherif, C. W. (1953). *Groups in harmony and tension*. Harper.

Stern, D. N. (1985). *The interpersonal world of the infant: A view from psychoanalysis and developmental psychology*. Basic Books inc.

Taylor, S. E., & Lobel, M. (1989). Social comparison activity under threat: Downward evaluating and upward contacts. *Psychological Review, 96*, 569-575.

Triandis, H. C. (2001). Individualism-collectivism and personality. *Journal of Personality, 69*(6), 907-924.

Triandis, H. C., Brislin, R., & Hui, C. H. (1988). Cross-cultural training across the individualism-collectivism divide. *International Journal of Intercultural relations, 12*, 269-289.

Valsiner, J. (1997). *Culture and the development of children's action* (2nd ed.). Wiley.

제14장 한국인의 마음건강

강준만(2006). **한국인 코드**. 인물과 사상사.

고영건, 김진영(2005). 한국인의 정서적 지혜-한의 삭임. **정신문화연구, 28**(3), 255-290.

구병수, 김동일(1997). 홧병 연구에 대한 검토와 전망. **동국논총, 36**, 265-283.

권호인, 김종우, 권정혜(2008). 화병환자의 MMPI-2 프로파일 특성. **한국심리학회지: 여성, 13**(3), 379-395.

김가람, 정세원, 최인철, 최은수(2023). 한국인의 지루함: 일상에서의 경험표집 방법을 사용하여. **한국심리학회지: 사회 및 성격, 37**(2), 189-213.

김교헌(2002). 심리학적 관점에서 본 중독. **한국심리학회지: 건강, 7**(2), 159-179.

김기범, 김지영, 최상진(2002). 한국인의 자기조망 양식으로서의 팔자귀인. **한국심리학회지: 여성, 7**(2), 17-29.

김열규(1982). **한국인의 신명**. 주류.

김원호(1999). **풍물굿 연구**. 학민사.

김의철, 박영신(2006). 한국사회에서 삶의 질을 구성하는 요인들에 대한 탐구. **한국심리학회지: 사회문제, 12**(5), 1-25.

김정호(2007). 삶의 만족 및 삶의 기대와 스트레스 및 웰빙의 관계: 동기상태이론의 적용. **한국심리학회지: 건강, 12**(2), 325-345.

김정호, 유제민, 서경현, 임성견, 김선주, 김미리혜, 공수자, 강태영, 이지선, 황정은(2009). "삶의 만족"은 만족스러운가: 주관적 웰빙 측정의 보완. **한국심리학회지: 사회문제, 15**(1), 187-205.

김지영, 김기범(2005). 한국인의 자기신세 조망양식으로서 팔자의 이야기분석과 통제신념과의 관계분석. **한국심리학회지: 사회문제, 11**(1), 85-108.

김효창(2010). 자살: 문화심리학적 관점에서의 조망. **한국심리학회: 사회문제, 16**(2), 165-178.

나윤선(1991). 한국 춤의 정서에 나타난 한과 신명에 대한 연구. 한양대학교 대학원 석사학위논문.

마광수(1984). 음양사상과 카타르시스. **인문과학, 52**, 1-15.

마광수(1988). 카타르시스의 실제적 효용에 관한 연구. **延世論叢, 24**, 1-27.

문순태(1988). 한이란 무엇인가. 서광선 외 공저, **한의 이야기** (pp. 135-196). 보리.

민성길(2006). **최신정신의학**. 일조각.

박영숙(1993). 한국인의 방어기제: 속담과 '이화방어기제검사'를 중심으로. **한국심리학회 대외심포지엄, 3호**, 101-116.

배재창, 한규석(2016). 우리성 관계에서는 상처받기도 쉽다!. **한국심리학회지: 사회 및 성격, 30**(4), 51-80.

백세시대연구소(2022). **2022 중산층 보고서**. NH투자증권.

서영석, 조화진, 안하얀, 이정선(2012). 한국인이 경험한 외상사건: 종류 및 발생률. **한국심리학회지: 상담 및 심리치료, 24**(3), 671-701.

송호근(2006). **한국의 평등주의, 그 마음의 습관**. 삼성경제연구소.

신승배(2015). 한국인의 행복감 결정요인. **사회과학연구, 41**(2), 183-208.

안수정, 고세인, 김수림, 서영석(2023). 한국인들이 경험하는 외로움에 대한 질적 연구. **한국심리학회지: 상담 및 심리치료, 35**(1), 131-176.

안신호(1997). 한, 한국인의 부적 감정?. **심리과학, 6**(2), 61-74.

양옥경, 최명민(2001). 한국인의 한(恨)과 탄력성(Resilience). **정신보건과 사회사업, 11**, 7-29.

오영희(2006). 한국인의 상처와 용서에 대한 조사. **교육심리연구, 20**(2), 467-486.

유나영, 정여진, 김비아, 정영숙, 신현정(2015). 한국인의 행복 개념 탐색연구. **한국민족문화, 55**(5), 197-230.

이부영(1980). 원령전설과 한의 심리. 김홍규 외 공저, **전통사회와 민중예술**. 마음사.

이어령(1978). **한국인 재발견**. 교학사.

이어령(1982. 9. 23.). 푸는 문화, 신바람의 문화. 중앙일보.

이어령(2003). **푸는 문화 신바람의 문화**. 문학사상사.

이종목, 손병일(1993). 속담을 통해서 본 한국인들의 스트레스 대처 전략. **한국심리학회지: 임상, 12**(2), 218-243.

이지선, 김민영, 서은국(2004). 한국인의 행복과 복: 유사점과 차이점. **한국심리학회지: 사회 및 성격, 18**(3), 115-125.

조동일(1996). 연극미학의 세 가지 기본 원리, '카타르시스', '라사', '신명풀이' 비교연구. **구비문학연구, 3**, 439-473.

조동일(1997). **카타르시스, 라사, 신명풀이: 연극 · 영화미학의 기본원리에 대한 생극론의 해명**. 지식산업사.

조윤경(2002). 한국인의 나의식-우리의식 척도개발 및 타당화. 고려대학교 대학원 박사학위논문.

조향(1988). 예술체험으로서의 무속을 통해 본 '恨'과 '신명'. **행당논집, 3**, 315-344.

차경호(2004). 한국과 미국대학생의 주관적 안녕감과 심리적 안녕감의 관계. **한국청소년학회, 11**(3), 321-337.

채정민, 이순묵, 김종남, 최승원 (2015). 한국인 우울 연구를 위한 문화심리학적 고찰과 제언. **한국심리학회지: 문화 및 사회문제, 21**(2), 205-225.

채희완(1983). 집단연희에 있어서 예술체험으로서의 신명. **호서문화논집, 2**, 107-121.

천이두(1993). **한의 구조연구**. 문학과 지성사.

최길성(1991). **한국인의 한**. 도서출판 예진.

최상진(1991). '한'의 사회심리학적 개념화 시도. **한국심리학회 91 연차대회 학술발표논문초록**, 339-350.

최상진(1992). 한국인의 문화적 자기: 하나의 자기발견적 탐색. **한국심리학회 연차대회 학술발표논문초록집**, 263-274.

파이낸셜뉴스(2014. 8. 12.). 우리나라 우울증환자 자살 높은 이유는.

한국보건사회연구원(2016). **한국 국민의 건강행태와 정신적 습관의 현황과 정책대응**.

한국자살예방협회(2009). **자살의 이해와 예방**. 학지사.

한민, 한성열(2007). 신명의 개념화 및 구조화 연구. **한국심리학회지: 일반, 26**(2), 279-306.

한민, 한성열(2008). 신명척도의 개발 및 타당화. **한국심리학회지: 일반, 27**(1), 259-280.

황성훈(2010). 해리 경향을 보이는 사람들의 자기 구조 특성. **한국심리학회지: 임상, 29**(3), 821-837.

吉川 良三 (2001). **神風(シンパラム)がわく韓国(くに)ーなるほど、なるほど！日常・ビジネス文化の日韓比較**. 白日社.

大坊 郁夫、上出 貴子、村澤 博人、趙 鏞珍、毛 新華、高橋 直樹 (2007). 顔形態特徴の日中韓比較(1): 顔面表情に伴う顔形態の文化比較(対面コミュニケーション―顔を中心的メディアとした). 電子情報通信学会技術研究報告、HCS、ヒューマンコミュニケーション基礎、107(241), 13-18.

道上 尚史 (2001). 日本外交官、韓国奮闘記(文春新書). 文藝春秋.

西方田 犬彦 (2002). 大好きな韓国. 日本放送出版協会.

平井 敏晴 (2012). 韓国の文化―ビビンバ.コスモロジーの世界像. 小倉 紀藏(編). 現代韓国を学ぶ.有斐閣選書、17-48.

American Psychiatric Association. (1994). *Diagnostic and statistical manual of mental disorders: DSM-IV* (4th ed.). American Psychiatric Association.

Anderson, C. R. (1977). Locus of control, coping behaviors, and performance in a stress setting: A longitudinal study. *Journal of Applied Psychology, 62*, 446-451.

Andrew, F. M., & Withey, S. B. (1976). *Social indicators of well-being: America's perception of life quality*. Plenum Press.

Baumeister, R. F. (2003). *Escaping the self*. Basic books.

Beck, A. T. (1983). Cognitive therapy of depression: New perspectives. In P. J. Clayton & E. Bamett (Eds.), *Treatment of depression: Old controversies and new approaches* (pp. 265-284). Raven Press.

Brenner, C. (1973). *An elementary textbook of psychoanalysis* (2nd ed.). Anchor Press.

Campbell, A. (1981). The sense of well-being. *American Psychologist, 31*, 117-124.

Chaplin, S. L. (1997). Somatization. In W. Tseng & J. Wtrezer (Eds.), *Culture and psychopathology: A guide to clinical assessment* (pp. 67-86). Brunner/Mazel Inc.

Compton, A. (1985). The concept of identification in the work of Freud, Frenczi, and Abraham. *Psychoananal Qua, 4*, 200-233.

Deiner, E., Emmons, R. A., Larsen, R. J., & Griffin, S. (1985). The satisfaction with life scale: A measure of global life satisfaction. *Journal of personality Assessment, 49*, 71-79.

Diener, E., & Diener, M. (1995). Cross-cultural correlates of life satisfaction and self-esteem. *Journal of Personality and Social Psychology, 68*, 653-663.

Diener, E., & Emmons, R. A. (1984). The independence of positive and negative effect. *Journal of Personality and Social Psychology, 47*, 1105-1117.

Diener, E., Suh, E., Lucas, R. E., & smith, H. (1999). Subjective well-being: Three decades of progress. *Psychological Bulletin, 125*, 276-302.

Edwards, A. L. (1957). *The social desirability variable in personality assessment and research*. Dryden Press.

Ford, C. (1986). The somatizing disorders. *Psychosomatics, 27*, 327-337.

Friedman, M. D., & Rosenman, R. H. (1974). *Type a behavior and your heart*. Knopf.

Glass, D. C. (1977). *Behavior patterns, stress and coronary disease*. Erlbaum.

Hofstede, G. (1994). *Cultures and organizations, software of the mind: Intercultural cooperation and its importance for survival*. McGraw-Hill.

Kellner, R. (1991). *Psychosomatic syndromes and somatic symptoms*. American Psychiatric Press, Inc.

Kendall, P. C., Howard, B. L., & Hays, R. C. (1989). Self-referent speech and psychopathology: The balance of positive and negative thinking. *Cognitive Therapy and Research, 13*, 583-598.

Kim, K., Won, H., Liu, X., Liu, P., & Kitanishi, K. (!997). Students' stress in China, Japan, and Korea. A transcultural study. *International Journal of Social Psychiatry. 43*. 87-94.

Langer, E. J. (1975). The illusion of control. *Journal of Personality and Social Psychology, 32*, 311-328.

Langer, E. J., & Rodin, J. (1976). The effects of choice and enhanced personal responsibility for the aged: A filed experiment in an institutional setting. *Journal of Personality and Social Psychology, 34*, 191-198.

Lipowski, Z. J. (1988). Somatization: The concept and its clinical application. *American Journal of Psychiatry, 145*(11), 1358-1368.

Matthews, K. A. (1982). Psychological perspectives on the type A behavior pattern. *Psychological Bulletin, 91*, 293-323.

Pang, K. Y. (1990). Hwa-Byung: The construction of a Korean popular illness among Korean elderly immigrant women in the United States. *Culture, Medicine, and Psychiatry, 14*, 495-512.

Pittman, N. L., & Pittman, T. S. (1979). Effects of amount of helplessness training and internal-external locus of control on mood and performance. *Journal of Personality and Social Psychology, 37*, 39-47.

Shen, C., Zhang, R., Yu, J., Sahakian, B. J., Cheng, W., & Feng, J. (2025). Plasma proteomic signatures of social isolation and loneliness associated with morbidity and moratality. *Nature Human Behaviour volume 9*, 569-583.

Taku, K., Calhoun, L. G., Tedeschi, R. G., Gil-Rivas, V., Kilmer, R. P., & Cann, A. (2007). Examining posttraumatic growth among Japanese university students. *Anxiety, Stress, and Coping, 20*(4), 353-367.

Taku, K., Calhoun, L. G., Tedeschi, R. G., Gil-Rivas, V., Kilmer, R. P., & Cann, A. (2007). Examining posttraumatic growth among Japanese university students. *Anxiety, Stress, and Coping, 20*(4), 353-367.

Taylor, S. E., & Brown, J. D. (1988). Illusion and well-being: A social psychological perspective on mental health. *Psychologist, 49*, 972-973.

Teuting, P., Koslow, S. H., & Hirschfeld, R. M. A. (1981). *Special report of depression research*. National Institute of Mental Health.

Tseng, W. S. (1975). The nature of somatic complains among psychiatric patients: The Chinese case. *Comparative Psychiatry, 16*, 237-245.

Vrendenburg, K., O'Brien, E., & Krames, I. (1988). Depression in college students: Personality and experiential factors. *Journal of Counseling Psychology, 35*, 419-425.

Warwick, H. M. C., & Salkovskis, P. M. (1987). Hypochondriasis. In J. Scott, J. M. G. Williams & A. T. Beck (Eds.), *Cognitive therapy: A clinical casebook*. Routledge.

Warwick, H. M. C., & Salkovskis, P. M. (1990). Hypochondriasis. *Behaviour Research and Therapy, 28*, 105-117.

Yoshmita, T., Kavano, M., & Takayama, I. (1971). Masked depression in the department of medicine. *Journal of the Japanese Psychosomatic Society, 11*, 48.

제15장 유교심리학

고려대학교 민족문화연구원 한국사상사연구소(2007). **자료와 해설, 한국의 철학사상**. 예문서원.

고재홍, 전병우(2003). 두 자기평가 편향과 자존감 간의 관계. **한국심리학회: 사회 및 성격, 17**(2), 1-16.

권수영(2007). **한국인의 관계심리학**. 살림출판사.

금장태(1980). **유교와 한국사상**. 성균관대학교 출판부.

금장태(1982). **한국유교의 재조명**. 전망사.

금장태(1989). **한국유교의 이해**. 민족문화사.

금장태(1990). 경재잠도(敬齋箴圖)와 퇴계의 거경수양론(居敬修養論). **퇴계학보, 68**, 84-99.

금장태(1994). **한국유학사의 이해**. 민족문화사.

금장태(2003). **현대 한국유교와 전통**. 서울대학교출판부.

금장태(2005). 한국 유가철학의 과제와 전망. **한국유학 사상대계 II(哲學思想編 上)**. 한국국학진흥원.

금장태(2007). **유학 사상의 이해**. 한국학술정보.

김경동(1964). 태도척도에 의한 유교 가치관의 측정. **한국사회학회지: 한국사회학, 1**(1), 3-20.

김경동(2004). **한국인의 가치관과 사회의식(상): 변화의 경험적 추적**. 한국학술정보.

김경일(2001). **공자가 죽어야 나라가 산다**. 바다출판사.

김경탁(1965). 退·高의 四·七論辯. **아세아연구, 8**(2), 1-26.

김석근(1998). '유교적 사유'와 그 구성원리: 최근의 '유교 재조명' 작업에 대한 비판적 덧붙임. **아세아연구, 99**(1), 19-43.

김성태(1976). **성숙인격론**. 고려대학교출판부.

김성태(1989). **증보 경과 주의**. 고려대학교출판부.

김승혜(1990). **원시유교**. 민음사.

김승혜(1999). 한국유교 연구 100년. 김성례 외 공저, **한국 종교문화연구 100년**. 청년사.

김승혜(2001a). **유교의 뿌리를 찾아서**. 지식의풍경.

김승혜(2001b). 20세기 한국유교 연구의 다섯 가지 쟁점. **한국종교연구, 3**, 1-66.

김은미(2007). **한국인의 겸손의 심리: 문화심리학적 분석**. 한국학술정보.

김은정, 범기수(2011). 공손성과 커뮤니케이션 능력의 관점에서 본 애매한 언술전략에 관한 연구: 공공기관 내 상사-부하 간 커뮤니케이션을 중심으로. **한국광고홍보학보, 13**(3), 234-266.

김의철(2000). 토착심리학과 문화심리학의 과학적 토대. **한국심리학회지: 문화 및 사회문제, 6**(3), 1-24.

김의철(2006). 한국인의 자기 인식에 나타난 토착문화심리 분석. **한국심리학회지: 사회문제, 12**(4), 1-36.

김재은(1987). **한국인의 의식과 행동양식**. 이화여자대학교 출판부.

김정운(2001). 관계적 정서와 문화적 정서: 정서의 문화심리학적 접근. **한국심리학회지: 일반, 20**(2), 389-407.

김정운, 한성열(1998). 문화심리학 어떻게 할 것인가. **한국심리학회지: 일반, 17**(1), 97-114.

김정탁(2004). **한국인의 의사소통 사상을 찾아서**. 한울아카데미.

김충열(1984). 중국철학사 서설. **중국학논총, 1**, 9-45.

김충열(1991). **중국 철학의 이해**. 외계.

김충열(2009). **유가윤리강의**. 예문서원.

김태길(2001). **유교적 전통과 현대 한국**. 철학과 현실사.

나은영, 민경환(1998). 한국 문화의 이중성과 세대차의 근원에 관한 이론적 고찰 및 기존 조사자료 재해석. **한국심리학회: 사회문제, 4**(1), 75-93.

나은영, 차유리(2010). 한국인의 가치관 변화 추이. 1979·1998·2010년의 조사결과 비교. **한국심리학회: 사회 및 성격, 24**(4), 63-92.

나은영, 차재호(1999). 1970년대와 1990년대 간 한국인의 가치관 변화와 세대차 증감. **한국심리학회지: 사회 및 성격, 13**(2), 37-60.

류수영(2007). 한국인의 유교적 가치측정 문항개발연구. **인사·조직연구, 15**(4), 171-205.

류승국(1976). **한국의 유교**. 세종대왕기념사업회.

류승국(1988). **한국사상과 현대**. 동방학술연구원.

류승국(2009). **한국유학사**. 성균관대학교출판부.

민경환(1997). 성격심리학에서의 비교문화 연구. 한국심리학회 학술위원회 편, **심리학에서의 비교문화 연구**. 성원사.

민경환(1998). 이수원 선생을 추모하며. **한국심리학회지: 사회 및 성격, 12**(2), 1-8.

민경환, 김지현, 황석현, 장승민(1998). 성, 세대, 성격유형에 따른 정서 반응양식 차이. **한국심리학회지: 사회 및 성격. 12**(2), 119-140.

박민아, 송정기(2000). 동아시아 유교적 가치에 관한 실증적 연구. **사회과학연구, 26**, 137-162.

배종호(1978). **한국 유학사**. 연세대학교 출판부.

성균관대학교대동문화연구원(1965). **경서(經書): 대학, 논어, 맹자, 중용**. 성균관대학교.

손병욱(2006). 함양성찰, 마음을 다스리는 공부. 한국사상사연구회 편, **조선유학의 개념들**. 예문서원.

송긍섭(1974). 사칠논쟁에서의 '사단' 해석. **문학학총, 2**, 57-74.

신수진(1998). 한국의 가족주의 전통. **한국가족관계학회지, 3**(2), 127-152.

신수진, 최준식(2002). **현대 한국사회의 이중가치체계**. 집문당.

신정근(1999). 유학심리학 서평. **철학연구, 제44집**, 325-329.

신창호(2010). **함양과 체찰: 조선의 지성 퇴계 이황의 마음공부법**. 미다스북스.

심경섭(2014). 유교 가치관 척도 타당화 연구. 고려대학교 대학원 박사학위논문.

심경섭, 이누미야 요시유키, 윤상연, 서신화, 장양, 한성열(2012). 유교 가치관 척도 개발연구. **한국심리학회지: 일반,**

31(2), 465-491.

안병주(1980). 유교의 憂患의식과 퇴계의 [敬]. 윤사순 외 공편, **퇴계학 연구논총 제3권: 철학사상(상)**. 퇴계연구소.

안병주(1987). 퇴계의 학문관-심경후론을 중심으로. **퇴계학연구, 1**, 39-59.

유교대사전편찬위원회(1990). **유교대사전**. 박영사.

유권종(2001). 退溪 禮學 硏究의 과제와 전망. **퇴계학보, 109집**, 110-152.

유권종, 강혜원, 김경호, 박충식, 최상진(2009). **유교적 마음 모델과 예교육**. 한국학술정보.

유권종, 최상진(2003). 한국인의 내면에 형상화된 마음. **동양철학연구, 34**, 125-151.

유민봉, 심형인(2013). 한국사회의 문화적 특성에 관한 연구: 문화합의이론을 통한 범주의 발견. **한국심리학회지: 문화 및 사회문제, 19**(3), 457-485.

유승엽(1996). 한국인의 상호작용에서 나타나는 의례성의 심리과정과 그 기능. 중앙대학교 대학원 박사학위논문.

유승엽(1998). 대인 상호작용에서 나타나는 의례성 심리과정 모형과 그 기능. **한국심리학회지: 사회 및 성격, 12**(2), 161-179.

유승엽(2007). 한국인의 문화심리 특성요인과 의례소비. **한국심리학회지: 소비자 · 광고, 8**(2), 205-233.

유승엽, 최상진(1995). 한국인의 '의례성'에 관여되는 심리과정 분석. **한국심리학회 연차대회 발표논문집**, 523-541.

유영희(2006). 사단칠정: 도덕적 감정과 일반적 감정. 한국사상사연구회 편, **조선유학의 개념들**. 예문서원.

유정동(1976). 四七論辨의 顚末과 未解決問題. **대동문화연구, 13**, 21-33.

유정동(1985). **한국유학의 재조명**. 현담 유정동선생 기념사업회.

윤사순(1971). 퇴계의 심성관에 관한 연구: 사단칠정론을 중심으로. **아세아연구, 14**(1), 181-215.

윤사순(1986). **한국유학 사상론**. 열음사.

윤사순(2002). **윤사순 교수의 한국유학 사상사론**. 예문서원.

윤사순(2003). 이황의 성학십도. 한국사상사연구회 저, **도설로 보는 한국유학**. 예문서원.

윤사순(2006). **유학의 현대적 가용성 탐구**. (주)나남출판.

윤사순, 금장태(1997). **퇴계학 연구논총 제3권: 철학사상(상)**. 퇴계연구소.

윤태림(1964). **한국인의 성격**. 현대교육총서.

윤태림(1970). **한국인**. 현암사.

윤태림(1986). **한국인의 성격**. 동방서적.

이동식(1981). **한국인의 주체성과 도**. 일지사.

이병도(1989). **한국유학사**. 아세아문화사.

이상은(1973). 사칠논변과 대설 · 인설의 의의. **아세아연구, 49**, 1-34.

이상은(1998). **한국철학 I**. 예문서원

이수원(1995). 한국인의 인정: 그 심리학적 함의(I). 임능빈 외 공저, **동양사상과 심리학**. 성원사.

이수원(1997). 동양 심리학의 모색: 중용의 심리학적 탐구. **한국심리학회 추계심포지엄 자료집**, 107-129.

이수원, 이헌남(1993). 한국인의 인정에 관한 사회심리학적 이해. **한국심리학회 추계심포지엄 자료집**, 61-80.

이승률(2002). 郭店楚簡『唐虞之道』의 謙遜思想 硏究(I)-道家 및 儒家의 謙遜思想과의 比較考察을 중심으로-. **동양철학연구, 28**, 235-263.

이언호(1999). **공자를 알아야 나라가 산다**. 큰방.

이영찬(2002). **유교사회학**. 예문서원.

이은선(2003). **유교, 기독교 그리고 페미니즘**. 지식산업사.

이을호, 장병길, 최길성, 김열규, 이남영, 최병헌, 심재용, 조명기, 목정배, 이종익, 안계현, 이기백, 윤사형, 금장태, 김길환, 민병수, 김영호, 정창열, 김한식, 박충석, 신용하, 강만길, 박성래(1982). **韓國思想의 深層硏究**. 우석.

이정훈(1993). 한국 노동문화의 특징에 관한 연구. 단국대학교 대학원 박사학위논문.

이희승(2013). 국어대사전. 민중서림.

임능빈(1981a). 율곡의 도덕심리학적 연구. **부산대학교 사회과학논문집, 20**, 233-255.

임능빈(1981b). 퇴계의 도덕심리학적 일연구. **성곡논총, 12**, 7-48.

임능빈(1984). 성리학의 심리학적 일고찰. **심리학의 연구문제, 1**, 71-93.

임능빈(1995). 심경연구-성격과 정서통제를 중심으로-. 임능빈 외 공저, **동양사상과 심리학**. 성원사.

임능빈, 정양은, 한덕웅, 전겸구, 조긍호, 윤호균, 최상진, 이수원, 오수성, 홍숙기(1995). **동양사상과 심리학**. 성원사.

임태섭 편저(1995). **정, 체면, 연줄 그리고 한국인의 인간관계**. 한나래.

장숙필(2003). 권근의 입학도설과 그 영향. 한국사상사연구회 저. **도설로 보는 한국유학**. 예문서원.

전병재(1979). 퇴계 · 고봉의 사칠논쟁. **동방학지, 21**, 19-54.

전호근(1995). 주희 심성론의 한국적 전개를 위한 최초의 갈등. 한국철학사상연구회 저, **논쟁으로 보는 한국철학**. 예문서원.

정양은(1970). 감정론의 비교연구—사회적 감정을 중심으로. **한국심리학회지, 1**(3), 77-90.

정양은(1976). 심리구조이론의 동서 비교. **한국심리학회지: 일반, 2**(2), 68-79.

정진홍(1986). **한국 종교문화의 전개**. 집문당.

조긍호(1990). 맹자에 나타난 심리학적 함의(I): 인성론을 중심으로. **한국심리학회지: 사회, 5**(1), 59-81.

조긍호(1991). 맹자에 나타난 심리학적 함의(II): 교육론과 도덕실천론을 중심으로. **한국심리학회지: 사회, 6**(1), 73-108.

조긍호(1993). 대인평가의 문화 간 차이: 대인평가 이원모형의 확대—시론. **한국심리학회: 사회 및 성격, 7**(1), 124-149.

조긍호(1994). 순자에 나타난 심리학적 함의(I): 천인관계론에 기초한 연구 방향의 정초. **중심으로. 한국심리학회지: 사회, 8**(2), 34-54.

조긍호(1995). 순자에 나타난 심리학적 함의(II): 인성론을 중심으로. **한국심리학회지: 사회, 9**(1), 1-25.

조긍호(1997). 순자에 나타난 심리학적 함의(III): 예론을 중심으로. **한국심리학회지: 사회 및 성격, 11**(2), 1-27.

조긍호(1998a). 순자에 나타난 심리학적 함의(IV): 수양론을 중심으로. **한국심리학회지: 사회 및 성격, 12**(2), 9-37.

조긍호(1998b). **유학심리학**. 나남출판.

조긍호(2003). **한국인 이해의 개념틀**. 나남출판.

조긍호(2006). **이상적 인간형론의 동 · 서 비교: 새로운 심리학의 가능성 탐색 I**. 지식산업사.

조긍호(2007). 동아시아 집단주의와 유학 사상: 그 관련성의 심리학적 탐색. **한국심리학회지: 사회 및 성격, 21**(4), 21-53.

조긍호(2008). **선진유학 사상의 심리학적 함의**. 서강대학교 출판부.

조긍호(2012). **사회관계론의 동 · 서 비교: 새로운 심리학의 가능성 탐색 II**. 서강대학교 출판부.

조남국, 조남욱(1982). **성학과 경**. 양영각.

차재호(1980). 한국인의 성격과 의식. **한국사회과학연구협의회 세미나 논문집**, 6-58.

차재호(1983). 국민성의 활성화시안: 시안의 심리학적 접근. **한국정신문화연구원 연구논총, 83**(2). 322-327.

차재호(1994a). **문화 설계의 심리학**. 서울대학교 출판부.

차재호(1994b). 지난 100년간에 일어난 한국인의 가치, 신념, 태도 및 행동의 변화. **한국심리학회지: 사회, 8**(1), 40-58.

차재호, 장영수(1992). 한국 대학생들의 중요한 가치. **한국심리학회지: 사회, 6**(2), 123-136.

차재호, 정지원(1993). 현대 한국 사회에서의 집합주의. **한국심리학회지: 사회, 7**(1), 150-163.

최병철(1999). **공자가 살아야 나라가 산다**. 시아출판사.

최봉영(2002). **한국 문화와 성격**. 사계절.

최봉영(2012). **한국인에게 나는 누구인가**. 지식산업사.

최상진(1993). 한국인의 심정심리학: 정과 한에 대한 현상학적 한 이해. **한국심리학회 연차대회 심포지엄 발표논문집**, 5-21.

최상진(1999). 한국인의 마음. 최상진 외 공저, **동양심리학: 서구심리학에 대한 대안모색**(pp. 377-479). 지식산업사.

최상진(2000a). 한국 문화심리학의 이론과 실제: 지난 20여 년간의 심리학 연구를 통해서 얻은 문화심리학적 경험. **한국심리학회지: 사회문제, 6**(3), 25-40.

최상진(2000b). **한국인 심리학**. 중앙대학교 출판부.

최상진(2011). **한국인의 심리학**. 중앙대학교출판부.

최상진, 김기범(1999). 한국문화적 심리치료접근으로서의 심정치료. **한국심리학회지: 상담 및 치료, 11**(2), 1-17.

최상진, 김기범(2000). 체면의 심리구조. **한국심리학회지: 사회 및 성격, 14**(1), 185-202.

최상진, 김기범(2011). **문화심리학**. 지식산업사.

최상진, 유승엽(1992). 한국인의 체면에 대한 사회심리학적 한 분석. **한국심리학회지: 사회, 6**(2), 137-157.

최상진, 유승엽(1994). 한국인의 의례적 언행과 그 기능. 한국심리학회 연차대회 발표논문집, 369-385.

최상진, 윤호균, 한덕웅, 조긍호, 이수원(2001). 동양심리학: 서구심리학에 대한 대안 모색. 지식산업사.

최상진, 최연희(1989). 눈치의 사회심리학적 구조: 눈치의 개념화를 위한 탐색적 시안. 한국심리학회 연차대회 발표논문집, 212-221.

최상진, 최인재, 김기범(1999). 정, 체면 민감성과 스트레스, 문제대응방식 간의 관계. 사회 및 성격심리학회 동계학술발표논문집, 28-44.

최상진, 한규석(1998). 심리학에서의 객관성, 보편성 및 사회성의 오류: 문화심리학의 도전. 한국심리학회지: 일반, 17(1), 73-96.

최연희(1990). 눈치기제가 유발되는 상황과 이유에 대한 연구. 중앙대학교 대학원 석사학위논문.

최재석(1989). 한국인의 사회적 성격. 현음사.

최준식(1997). 한국인에게 문화는 있는가. 사계절출판사.

최준식(2000). 한국인에게 문화가 없다고?. 사계절출판사.

한국갤럽조사연구소(2004). 韓國人의 宗教와 宗教意識: 제4차 비교조사. 한국갤럽.

한국공자학회(2006). 현대사상가: 이상은 선생과 한국 신유학. 한울.

한국국학진흥원 국학연구실(2005). 한국유학 사상대계Ⅲ. 예문서원.

한국사상사연구회(2006). 조선유학의 개념들. 예문서원.

한국심리학회 학술위원회(1997). 심리학에서의 비교문화연구. 성원사.

한국철학사상사연구회(2005). 논쟁으로 보는 한국철학. 예문서원.

한국철학사상연구회(2005). 강좌 한국철학: 사상, 역사, 논쟁의 세계로 초대. 예문서원.

한규석(1991). 사회심리학 이론의 문화 특수성: 한국인의 사회심리학 연구를 위한 고찰. 한국심리학회지: 사회, 6(1), 132-155.

한규석(2002). 한국적 심리학의 전개 현황과 과제. 한국심리학회지: 일반, 21(2), 67-95.

한규석(2010). 사회심리학의 이해. 학지사.

한규석, 신수진(1999). 한국인의 선호가치 변화—수직적 집단주의에서 수평적 개인주의로. 한국심리학회지: 사회 및 성격, 13(2). 293-310.

한덕웅(1993). 한국 성리학에서의 심적 자기조절론: 퇴계 심학을 중심으로. 한국심리학회 연차학술대회 학술발표논문집, 23-44.

한덕웅(1994). 퇴계심리학: 성격 및 사회 심리학적 접근. 성균관대학교출판부.

한덕웅(1996). 퇴계 심학의 실증적 연구방향 모색. 퇴계학보, 89(특집호), 44-62.

한덕웅(1997). 한국 유학의 심리학적 기초와 현대 심리학적 의의: 퇴계 율곡과 다산의 심리학을 중심으로. 한국심리학회지: 일반, 16(1), 40-79.

한덕웅(2000). 대인관계에서 4단7정 정서의 경험. 한국심리학회지: 사회 및 성격, 14(2), 145-166.

한덕웅(2001a). 한국유학의 4단7정 정서설에 관한 심리학적 실증연구. 한국심리학회지: 일반, 20(1), 1-40.

한덕웅(2001b). 한국의 유교문화에 관한 심리학 연구의 비판적 개관. 한국심리학회지: 일반, 20(2), 449-479.

한덕웅(2002). 한국문화는 유교에서 어떤 영향을 받았는가. 한국심리학회 연차학술대회 자료집, 254-260.

한덕웅(2003a). 한국유학심리학: 한국유학의 심리학설과 유교문화에 관한 심리학적 접근. 시그마프레스.

한덕웅(2003b). 한국인들이 인식하는 한국문화의 기본 구조. 한국심리학회 연차학술대회 자료집, 365-367.

한덕웅(2004a). 한국문화에 관한 심리학 연구의 흐름과 과제. 한국심리학회 연차학술대회 자료집, 173-174.

한덕웅(2004b). 한국인의 중요한 가치. 한국심리학회 연차학술대회 자료집, 183-184.

한덕웅, 강혜자(2000). 한국어 정서단어들의 적절성과 경험빈도. 한국심리학회지: 일반, 19(2), 63-99.

한덕웅, 이경성(2003). 한국인의 인생관으로 본 가치관: 30년간 비교. 한국심리학회지: 사회 및 성격, 17(1), 49-67.

한민, 한성열(2007). 신명에 대한 문화심리학적 고찰. 한국심리학회지: 일반, 26(1), 83-103.

한성열(1993). 한국가족의 형태와 발달의 과제. 한국심리학회 추계심포지엄 발표논문집, 45-59.

한성열(1994). 한국문화와 그릇된 교육의식 및 관행. 한국심

리학회지: 사회문제, 1(1), 95-107.

한성열(2005). 한국사회의 신뢰와 불신에 관한 심리학 연구의 과제 및 제언. 한국심리학회지: 사회문제, 11, 163-174.

한성열(2008). 한국문화의 맥락에서 본 교육의식: 한국사회에서 교육적 성취에 대한 심리학적 분석. 한국심리학회지: 사회문제, 14(1), 33-46.

함재봉(1998). 탈근대와 유교, 한국정치담론의 모색. 나남출판

함재봉(2000). 유교 · 자본주의 · 민주주의. 전통과 현대.

현상윤(1949). 조선유학사. 민중서관.

현상윤(2008). 기당 현상윤전집 1. 원전 조선유학사. 나남.

홍승직(1969). 아세아문제연구소 한국사회과학연구총서 10: 한국인의 가치관 연구. 고려대학교 아세아문제연구소.

KBS인사이트아시아 유교 제작팀(2007). 유교 아시아의 힘. 예담.

姜在彦 (2003). 선비의 나라 한국유학 2천년 (朝鮮儒教の二千年). (하우봉 역). 한길사. (원저는 2001년에 출판).

高橋 亨 (2001). 다카하시 도루의 조선유학사. (이형성 편역). 예문서원.

勞思光 (1986). 中國哲學史 (中國哲學史). (정인재 역). 탐구당. (원저는 1968년에 출판).

島田 虔次 (1986). 주자학과 양명학 (朱子学と陽明学). (김석근, 이근우 공역). 까치. (원저는 1967년에 출판).

白川 靜 (1995). 孔子傳. 中央公論社.

山田 慶兒 (1991). 주자의 자연학 (朱子の自然學). (김석근 역). 통나무. (원저는 1978년에 출판).

任繼愈 (1990). 中國哲學史. (전택원 역). 도서출판 까치. (원저는 1973년에 출판).

任繼愈 (2012). 유교는 종교인가 1: 유교종교론 (儒教問題爭論集). (금장태, 안유경 공역). 지식과교양. (원저는 2000년에 출판).

朱熹 (1984). 주자대전 (朱子大全). (보경문화사 편집부 역). 보경문화사. (원저는 1265년에 출판).

陈伟平 (2005). 공자평전 (孔子評傳). (신창호 역). 미다스북스. (원저는 1997년에 출판).

馮友蘭 (1977). 중국철학사 (中國哲學史). (정인재 역). 형설출판사. (원저는 1948년에 출판).

戶川 芳郎, 蜂屋 邦夫, 溝口 雄三 (1990). 유교사 (儒教史). (조성을, 이동철 공역). 이론과 실천. (원저는 1987년에 출판).

Bell, D. A. (2000). 유교민주주의, 왜 & 어떻게 (*Confucian democracy, why & how*). (함재봉, 함재학, 데이빗 홀 편). 전통과 현대.

Bell, D. A., & Hahm, C. (2003). *Confucianism for the modern world*. Cambridge University Press.

Bond, M. H. (1988). Finding universal dimensions of individual variation in multicultural studies of values: The Rokeach and Chinese Value Surveys. *Journal of Personality and Social Psychology, 55*(6), 1009-1015.

Bond M. H. (2008). Role of emotions and behavioral responses in mediating the impact of face loss on relationship deterioration: Are Chinese more face sensitive than Americans?. *Asian Journal of Social Psychology, 11*(2), 175-184.

Bond, M. H., & Forgas, J. P. (1984). Linking person perception to behavioral intention across cultures: The role of cultural collectivism. *Journal of Cross-Cultural Psychology, 15*, 337-352.

Ching, J. (1993). 유교와 기독교 (*Confucianism and christianity*). (변선환 역). 분도출판사. (원저는 1977년에 출판).

Choi, I., koo, M., & Choi, J. A. (2007). Individual differences in analytic versus holistic thinking. *Personality and Social Psychology Bulletin, 33*, 691-705.

Choi, S. C,. & Kim, K. (1999). Shimcheong: The key concept for understanding Koreans' mind. *Paper presented at the 3rd Conference of the Asian Association of Social Psychology, August 4-7.*

Choi, S. C., & Han, G. S. (2000). Korea. In A. E. Kazdin (Ed.), *Encyclopedia of psychology, 8*, 456-458. American Psychology Association.

Chung, E. Y. J. (1995). *The Korean Neo-Confucianism of Yi T'oegye and Yi Yulgok: a reappraisal of "four-seven thesis" and its practical implications for self-cultivation.*

State University of Press.

Creel, H. G. (2003). **공자: 인간과 신화** (*Confucius: The man and myth*). (이성규 역). 지식산업사. (원저는 1949년에 출판).

Goffman, E. (1967). *Interaction ritual: Essays on face-to-face behavior*. Random House.

Gross, J. J., & John, O. P. (2003). Individual differences in two emotion regulation process: Implications for affect, relationship, and well-being. *Journal of Personality and Social Psychology, 85*, 348-362.

Hall, E. T. (1976). *Beyond culture*. Double day Anchor Books.

Ho, D. Y. F. (1976). On the concept of face. *American Journal of Sociology, 81*, 867-884.

Hofstede, G. (1990). **경영문화의 국제비교** (*Culture's consequences: Comparing values, behaviors, institutions, and organizations across nations*). (김주수 역). 한국생산성본부. (원저는 1980년에 출판).

Hofstede, G. (2006). **세계의 문화와 조직** (*Cultures and organizations: Software of the mind*). (차재호, 나은영 공역). 학지사. (원저는 1991년에 출판).

Hofstede, G., & Bond, M. H. (1988). The confucius connection: From cultural roots to economic growth. *Organizational Dynamics, 16*(4), 5-21.

Hu, H. C. (1944). The Chinese concept of face. *American Anthropologist, 46*(1), 45-64.

Hyun, K. J. (2001). Sociocultural change and traditional values: Confucian values among Koreans and Korean Americans. *International Journal of Intercultural relations, 25*, 203-229.

Kalton, M. C. (1988). *To become a sage: The ten diagrams on sage learning by Yi T'oegye*. Columbia University Press.

Keum, J. T. (2000). *Confucianism and Korean thoughts*. Jimoondang Publishing Company.

Kim, K. O. (1996). The reproduction of confucian culture in comtemporary Korea. In W. Tu (Ed.), *Confucian tradition in East Asian modernity* (pp. 202-227). Harvard University Press.

Kim, U. (2001). Culture, science, and indigenous psychologies. In D. Matsumoto (Ed.), *The handbook of culture and psychology* (pp. 51-75). Oxford University Press.

Kim, U., Triandis, H. C., Kagitcibasi, C., Choi, S. C., & Yoon, G. (1994). *Individualism and collectivism: Theoretical and methodological issues*. Sage.

Kitagawa, J. M. (1968). *Religious of the east*. Westminster Press.

Kitayama, S., Markus, H. R., & Kurokawa, M. (2000). Culture, emotion, and well-being: Good feelings in Japan and the United States. *Cognition & Emotion, 14*, 93-124.

Kitayama, S., Markus, H. R., & Kurokawa, M. (2000). Culture, emotion, and well-being: Good feelings in Japan and the United States. *Cognition & Emotion, 14*, 93-124.

Kitayama, S., Mesquita, B., & Karasawa, M. (2006). Cultural affordances and emotional experience: Socially engaging and disengaging emotions in Japan and the United States. *Journal of Personality and Social Psychology, 91*(5). 890-903.

Koh, B. (1996). Confucianism in comtemporary Korea. In W. Tu (Ed.), *Confucian tradition in East Asian modernity* (pp. 191-201). Harvard University Press.

Koh, S, D. (1991). *Selected writings of Soon D. Koh*. The University Of Illinois At Chicago.

Langness, L. L. (1982). *The study of culture*. Chandler & Sharp.

Markus, H. R., & Kitayama, S. (1991). Culture and the self: Implications for cognition, emotion, and motivation. *Psychological Review, 98*(2), 224-253.

Marsella, A., J. (1985). Culture, self, mental disorder. In J. M. Athony, G. DeVos, & F. L. K. Hsu (Eds.), *Culture and self: Asian and western perspectives*. Tavistock.

Needham, J. (1988). 중국의 과학과 문명 (*History of scientific thought: Science and civilisation in China. Vol 2*). (이석호 외 공역). 을유문화사. (원저는 1969년에 출판).

Nisbett, R. E. (2004). 생각의 지도: 동양과 서양, 세상을 바라보는 서로 다른 시선 (*The geography of thought: How Asians and westerners think differently and why*). (최인철 역). 김영사. (원저는 2003년에 출판).

Nisbett, R. E., Peng, K., Choi, I., & Norenzayan, A. (2001). Culture and systems of thought: Holistic versus analytic cognition. *Psychological Review, 108*(2), 291-310.

Park, Y. S., & Kim, U. (2006). Family, parent-child relationship, and academic achievement in Korea: Indigenous, cultural, and psychological analysis. In U. Kim, K. S. Yang, & K. K. Hwang (Eds.), *Indigenous and cultural psychology: Understanding people in Ccontext* (pp. 421-443). Springer.

Stern, D. (1993). The role of feelings for an interpersonal self. In U. Neiser (Ed.), *The perceived self: Ecological and interpersonal sources of self-knowledge*. Cambridge University Press.

Taylor, E. (1988). Contemporary interest in classical eastern psychology. In A. Paranjpe, D. Ho, D, & R. Rieber (Eds.), *Asian contributions to psychology*. Praeger Publishers.

The Chinese Culture Connection. (1987). Chinese values and the search for culture-free dimension of culture. *Journal of Cross-Cultural Psychology, 18*, 143-164.

Triandis, H., C. (1979). Values, attitudes, and interpersonal behavior. *Nebraska Symposium on Motivation, 27*, 195-259.

Triandis, H. C. (1989). The self and social behavior in differing cultural contexts. *Psychological Review, 96*, 506-520.

Triandis, H. C. (1995). *Individualism and collectivism*. Westview Press.

Triandis, H. C., & Gelfand, M. J. (1998). Converging measurement of horizontal and vertical individualism and collectivism. *Journal of personality and Social Psychology, 74*, 118-128.

Tsai, J. L., Knutson, B. K., & Fung, H. H. (2006). Cultural variation in affect valuation. *Journal of personality and Social Psychology, 90*, 288-307.

Tseng, W. S., Chang, S. C., & Nishizono M. (2005). *Asian culture and psychotherapy: Implications for east and west*. University of Hawaii Press.

Wei-Ming, Tu. (1978). Yi Hwang's perception of the mind. *T'oegye Hakpo, 19*(1), 76-88.

Wei-Ming, Tu. (1985). Self-hood and otherness in confucian thought. In A. J. Marsella, G. DeVos, & F. L. K. Hsu (Eds.), *Culture and self: Asian and western perspectives* (pp. 231-251). Tavistock.

Wei-Ming, Tu. (1996). *Confucian tradition in east Asian modernity*. Harvard University Press.

Yang, J. (1999). Confucianism, institutional change and value conflict in Korea. *Korean social science journal, 26*(1), 209-236.

Yao, X. (2000). *An introduction to confucianism*. Cambridge University Press.

제16장 한국의 범죄 현상

김경동(1993). **한국인의 가치관과 사회의식**. 박영사.

김수영, 박준혁, 권하늬(2022). 1인 가구 노동자의 생산-재생산 활동에 대한 사례분석: 개인화된 사회의 자기중심적 생산-재생산 메커니즘에 관한 시론적 탐색. **한국사회정책**, 29(4), 105-150.

김양혁(2024. 10. 16.). [사건 포커스] 10대부터 유명인까지… 100조원 넘어선 불법 도박. 조선비즈.

김재한(2004). 한국사회의 불신 구조: 정부부문과 비정부부문의 비교. **한국부패학회보**, 9(2), 35-57.

김한균(2017). 사이버성범죄 · 디지털성범죄 실태와 형사정책. **이화젠더법학**, 9(3), 27-57.

김현옥(2002). 일상생활 속의 군사주의 재생산과 성별 경험: 의식 · 경험 · 행위 간 관계를 중심으로. **한국여성학**, 18(1), 71-107.

남선모(2021). 고소 · 고발 남용사건의 제한을 위한 효율적 대처방안에 관한 연구. **인문사회과학연구, 29**(3), 50-74.

문준영(2007). 한국의 형사사법과 민사분쟁형 고소사건: 구한말과 일제시대의 경험. **법학연구, 48**(1), 1401-1437.

민경환(1989). 권위주의 성격과 사회적 편견: 대학생 집단을 중심으로. **한국심리학회지: 사회, 4**(2), 146-168.

박소현(2023). 촉법소년에 대한 국가개입의 개선방안. **형사정책, 35**(2), 105-130.

사기방지연구회(2020). **사기의 세계: 전문가가 알려주는 평생 사기방지비법**. 박영사.

송현주(2024. 10. 2.), 年 2만번 그놈이 침입했다… 공포에 떠는 '나홀로 가구'. 서울신문

세계일보(2019. 9. 7.). 갑질 피해당하면서 갑질… 미워하며 닮는 '을의 굴레' [대한민국 신인간관계 보고서].

신수진, 최준식(2002). **현대 한국사회의 이중가치체계**. 집문당.

아시아 경제(2018. 11. 19.). 맥도날드, 양진호… 한국은 지금 갑질공화국.

여성가족부(2022). **2022년 여성폭력통계**. 여성가족부.

연합뉴스(2021. 1. 6.). BBC, 조두순 주취감경 집중조명… "사법체계 논쟁 불러".

윤상연(2016). 위계적 관계와 범죄. **한국심리학회 학술대회 자료집**, 144.

이데일리(2016. 4. 19.). 직장인 90%, '갑질 스트레스'로 질병 겪어.

이종원, 윤상연, 김혜진, 허태균(2014). 권위주의 성격과 인기도에 따른 학교괴롭힘의 참여 역할. **한국심리학회지: 학교, 11**(1), 109-135.

임희섭(2003). **한국의 사회변동과 가치관**. 나남출판사.

장은진(2018). 범죄피해 외상 경험자의 심리적 어려움과 대처과정에 관한 질적 연구: 근거이론을 중심으로. **사회과학연구, 29**(1), 295-316.

최아라(2021). 코로나 스트레스가 대학생의 스마트폰 중독에 미치는 영향: 자기조절능력의 매개효과. **Human Ecology Research, 59**(4), 557-567.

치안정책연구소(2020. 12.). 치안전망 2021. 치안정책연구소.

한겨레 신문(2022. 12. 29.). 우리나라 여성 38.6% '성폭력 경험'… 디지털 성범죄 증가세 심각.

한국사이버폭력대응센터(2018). 불법 도촬, 온라인 그루밍에 노출… 촬영물 유포도 '성범죄'.

황지태(2010). 범죄피해율과 공식범죄발생률 간의 비교분석: 2008년도 주요범죄 암수추정. **형사정책연구**, 7-51.

JK DAILY(2022. 2. 21.). 한국은 사기공화국인가?

KBS 뉴스(2018. 8. 6.). [뉴스해설] 주취범죄 가중처벌 해야.

MBN 뉴스(2007. 3. 21.). 성범죄 피해여성, 신고 기피 여전.

Adorno, T. (2019). *The authoritarian personality*. Verso Books.

Adorno, T., Frenkel-Brunswik, E., Levinson, D., & Sanford, R. N. (1950). *The authoritarian personality*. Harper.

Cohen, L. E., & Felson, M. (1979). Social change and crime rate trends: A routine activity approach. *American Sociological Review, 44*, 588-608.

Cohen, L. E., & Felson, M. (2010). Social change and crime rate trends: A routine activity approach. In L. E. cohen & M. Felson (Eds.), *Classics in environmental criminology* (pp. 203-232). Routledge.

Erikson E. H. (1950). Growth and crises of the healthy personality. In M. J. E. Senn (Ed.), *Symposium on the healthy personality* (pp. 91-146). Suppl. 2. Transactions of the fourth conference on problems of infancy and childhood. Josiah Macy Jr. Foundation.

Feigenson, N. (2000). *Legal blame: How jurors think and talk about accidents*. American Psychological Association.

Fukuyama, F. (1995). Social capital and the global economy. *Foreign Affairs, 74*, 89-103.

Goodenough, O. R. (2001). Mapping cortical areas associated with legal reasoning and moral intuition. *Jurimetrics, 41*, 429-442.

Inglehart, R. (1999). Trust, well-being and democracy. *Democracy and trust*, 88-120.

Inglehart, R. (2000). Culture and democracy. *Culture matters: How values shape human progress*, 80-97.

Knafo, A. (2003). Authoritarians, the next generation:

Values and bullying among adolescent children of authoritarian fathers. *Analyses of social issues and public policy, 3*(1), 199-204.

Kramer, M. W. (1999). Motivation to reduce uncertainty: A reconceptualization of uncertainty reduction theory. *Management communication quarterly, 13*(2), 305-316.

Loewenstein, G. F., Weber, E. U., Hsee, C. K., & Welch, N. (2001). Risk as feelings. *Psychological bulletin, 127*(2), 267-286.

Malathesh, B. C., Das, S., & Chatterjee, S. S. (2020). COVID-19 and domestic violence against women. *Asian Journal of Psychiatry 53,* 102-227. DOI: 10.1016/j.ajp.2020.102227.

Mayer, R. C., & Davis, J. H. (1999). The effect of the performance appraisal system on trust for management: A field quasi-experiment. *Journal of Applied Psychology, 84*(1), 123-136.

Mayer, R. C., Davis, J. H., & Schoorman, F. D. (1995). An integrative model of organizational trust. *Academy of management review, 20*(3), 709-734.

Park, J., Kitayama, S., Markus, H. R., Coe, C. L., Miyamoto, Y., Karasawa, M.. & Ryff, C. D. (2013). Social status and anger expression: The cultural moderation hypothesis. *Emotion, 13*(6), 1122-1131.

Perez-Vincent, S. M., Carreras, E., Gibbons, M. A., Murphy, T. E., & Rossi, M. (2020). *COVID-19 Lockdowns and domestic violence: Evidence from to studies in argentina*. Inter-American Development Bank.

Putnam, R. D. (1993) *Making democracy work: Civic traditions in modern Italy*. Princeton University Press.

Robertson, I. (2013). *The winner effect*. Bloomsbury Publishing.

Rotter, J. B. (1971). Generalized expectancies for interpersonal trust. *American psychologist, 26*(5), 443-552.

Rotter, J. B. (1980). Interpersonal trust, trustworthiness, and gullibility. *American psychologist, 35*(1), 1-7.

Sifat, R. I. (2020). Impact of the COVID-19 pandemic on domestic violence in Bangladesh. *Asian journal of psychiatry, 53*, 102-393.

The New York Times. (2020. 3. 15.). "How coronavirus is changing our daily lives." https://www.nytimes.com/live/2020/coronavirus-update-03-13

The New York Times. (2020. 4. 6.). A new Covid-19 crisis: Domestic abuse rises worldwide.

Weiner, B. (1995). *Judgments of responsibility: A foundation for a theory of social conduct*. Guilford Press.

Yamagishi, T. (2001). Trust as a form of social intelligence. In K. Cook (Ed.), *Trust in society*. Russell Sage Foundation.

저자 소개

한민(Han, Min)

멸종위기 1급 토종문화심리학자. 고려대학교 심리학과에서 학사, 석사, 박사 학위를 받았다. 고려대학교 행동과학연구소 연구교수, 미국 Clark 대학교 박사후 연구원, 서울대학교 심리과학연구소 선임연구원을 역임하였으며, 우송대학교에서 초빙교수로 근무하였다. 현재는 문화심리학을 기반으로 한 다양한 저서[『한국인의 부자 유전자』(21세기북스, 2025), 『숭배하는 자들 호모 피델리스』(저녁탈, 2024), 『선을 넘는 한국인 선을 긋는 일본인』(부키, 2022), 『슈퍼맨은 왜 미국으로 갔을까』(부키, 2018) 등]를 바탕으로 대중 문화심리학자로 활동 중이다. 한국인의 심리에 관심이 깊으며 다양한 방법론적 접근을 통해 한국의 토착적 심리개념을 개념화하는 한편, 한국인 심리의 이론화를 꾀하고 있다.

이누미야 요시유키(犬宮 義行, INUMIYA, Yoshiyuki)

一橋(히토츠바시)大學(日本) 법학부를 졸업하고, 1993년에 한국에 유학 온 후 고려대학교 심리학과에서 임상심리학을 전공하여 1998년에 석사학위를 받았고, 동 대학원에서 문화심리학을 전공하여 2002년에 박사학위를 받았다. 그 후 고려대학교, 명지대학교, 서강대학교 등에서 문화심리학, 종교심리학, 일본문화의 이해, 비교문화심리학, 사회심리학 등을 강의해 왔으며, 현재 우석대학교 심리학과 외래교수로 재직 중이다. 주요 논문으로 「韓國人의 來世觀에 관한 探索的 硏究」「사생관 척도의 개발」「주체성-대상성 자기와 긍정적 환상의 관계에 관한 한일 비교 연구」 등이 있다.

심경섭(Shim, Kyungsub)

성균관대학교 동양철학과를 졸업하고, 동 대학원에서 한국 실학사상 연구로 석사학위를 받았다. 도덕 윤리과 교사로 재직 중 의사소통 및 상담의 필요성을 느껴 고려대학교 교육대학원에서 상담심리교육으로 두 번째 석사학위를 취득하였다. 동시에 집단상담 대가 중 한 분인 지운 유동수 선생님을 만나 감수성훈련 집단상담 전문가로 5년간 수련을 받았다. 이 과정에서 조선시대의 유학사상과 서구 상담심리학의 접목에 뜻을 두게 되어 고려대학교 대학원 문화 및 사회심리 전공에서 유교 가치관 척도 개발에 관한 연구로 박사학위를 받았다. 한국 전통문화에 기초한 한국인의 감정, 행동 및 의사소통에 관한 연구를 하고 있으며, 실천적으로는 감수성훈련 집단상담 워크숍을 운영하고 있다. 한국 문화와 동양철학에 기반한 가족상담, 집단상담, 다문화 상담, 북한이탈주민을 위한 개인 및 집단 상담에 관심을 두고 있다. 현재 심&심 상담센터를 운영하며 국민대학교 교육대학원에서 상담심리 전공 겸임교수를 맡고 있다.

윤상연(Yoon, Sangyeon)

고려대학교 법학과를 졸업하고 공군 학사장교로 입대하여 헌병 소대장으로 근무하였으며, 소대원 관리를 위해 심리학을 공부하기 시작하였다. 본격적인 심리학을 배우기 위해 동 대학 심리학과 대학원에 진학하여 문화 및 사회심리학을 전공하였으며, 이때부터 범죄현상 연구 및 범죄심리사 자격 활동을 이어 오고 있다. 박사학위 취득 후 경찰대학 치안정책연구소 범죄수사연구실에서 근무하는 동안에 범죄 현상은 물론이고 경찰과 관련된 각종 심리적 현상을 연구하였으며, 범죄 행동의 본질을 이해하기 위한 연구, 강의, 실무 활동을 이어 가고 있다. 현재 경상국립대학교 심리학과에 신설된 사회 및 범죄심리 전공을 운영하고 있으며, 한국심리학회 범죄심리사 자격관리위원장으로 활동하고 있다.

서신화(Suh, Shinhwa)

성신여자대학교에서 일어일문학을 전공하던 중 교양으로 개설된 심리학 수업을 통해 진로를 변경하게 되었다. 현실 적용력이 높고 일상을 변화시키는 공부를 하고 싶어 심리학의 길로 들어섰고, 고려대학교 심리학과에 진학하였다. 여러 심리학 전공 중에서도 개인을 둘러싼 문화를 이해하는 것은 자기 자신과 타인의 근원을 알아 가는 과정이라고 생각하여 문화 및 사회심리학을 선택하였다. 서로 다른 문화적 환경에서 살아온 개인들 간에 필연적으로 발생할 수밖에 없는 갈등을 다루는 데 관심이 많으며, 인간을 건강하게 성장시키는 대인관계를 이루기 위한 실천적 방안을 제시하는 연구에 중점을 두고 있다. 현재는 인천대학교 기초교육원에서 강의교수로 재직하며 연구와 강의를 이어 가고 있다.

문화심리학(2판)

Cultural Psychology (2nd ed.)

2015년 3월 31일 1판 1쇄 발행
2023년 8월 10일 1판 6쇄 발행
2025년 9월 10일 2판 1쇄 발행

지은이 • 한민 · 이누미야 요시유키 · 심경섭 · 윤상연 · 서신화
펴낸이 • 김진환
펴낸곳 • ㈜ 학지사
04031 서울특별시 마포구 양화로 15길 20 마인드월드빌딩
대표전화 • 02-330-5114 팩스 • 02-324-2345
등록번호 • 제313-2006-000265호

홈페이지 • http://www.hakjisa.co.kr
인스타그램 • https://www.instagram.com/hakjisabook

ISBN 978-89-997-3532-5 93180

정가 27,000원

서자와의 협약으로 인지는 생략합니다.
파본은 구입처에서 교환해 드립니다.